CW00501988

SOCIOLOGÍA POLÍTICA

CIENCIAS SOCIALES
ENSAYO

ROBERT E. DOWSE
JOHN A. HUGHES

SOCIOLOGÍA POLÍTICA

Versión de:

José María Rolland Quintanilla

Revisada por:

Salvador Giner

Alianza Editorial

Título original:
Political Sociology

Primera edición en «Alianza Universidad»: 1975
Primera edición en «Ensayo»: 1999

© 1972 by John Wiley & Sons, Ltd. Todos los derechos reservados
© Ed. cast.: Alianza Editorial, S. A. Madrid, 1975, 1977, 1979, 1982, 1986, 1990,
1993, 1999
Calle Juan Ignacio Luca de Tena, 15; 28027 Madrid; teléf. 91 393 88 88
ISBN: 84-206-2956-1
Depósito legal: M. 32.842-1999
Impreso en Lavel. Los Llanos, c/ Gran Canaria, 12. Humanes (Madrid)
Printed in Spain

ÍNDICE

A Patricia Ann
(R. E. D.)
A mis padres
(J. A. H.)

INTRODUCCION

Este libro es producto de tres años de colaboración en la enseñanza de sociología política en la Universidad de Exeter. Después de haberse prestado gustosos a hacerse cargo de ese curso, los autores se dieron pronto cuenta de que, hasta el presente, no se había realizado ningún intento continuado de presentar el tema en su conjunto, aunque no se carecía de compilaciones de artículos más o menos abreviados. Cuando empezamos a pensar en el marco y contenido de un curso de sociología política, pudimos apreciar que no es tarea sencilla la de ofrecer de modo abreviado artículos especializados: no es fácil hallar una base clara de selección y, por lo tanto, no hay criterios de exclusión. No estamos seguros de haber conseguido trazar una panorámica clara de la materia, pero creemos que hemos aludido a los temas de mayor interés para el especialista en sociología política. No se ha pretendido abarcar todo, ni tampoco eludir los problemas más graves que el tema plantea. Por ejemplo, podríamos habernos extendido más sobre cuestiones de método en el capítulo 1, pero preferimos ofrecer los enfoques generales de los autores, dejando al lector interesado que profundice en el tema a base de las referencias bibliográficas.

Las referencias de este volumen son de dos tipos:

(1) Origen de las citas y alusiones incluidas en el texto, indicadas por un número volado en el texto[2], y ordenadas numéricamente al final de cada capítulo, bajo el título de *Referencias bibliográficas*.

(2) Sugerencias de bibliografía adicional, e información complementaria sobre los temas tratados en el texto, indicadas por un número entre paréntesis dentro del texto [2]. También están ordenadas numéricamente al final de cada capítulo, bajo el título *Notas y bibliografía adicional.*

Varios colegas y amigos han leído partes del texto, lo han mecanografiado y nos han estimulado cuando acudimos a ellos: Teresa Baggs, Anthony Birch, Elizabeth Brown, Jacky Jowett, John Lee, Ken Newton, Edith Revesz, Virginia Richards, Susan Ridler, Jeffrey Stanyer y Jackie West.

Queremos agradecer también a nuestro colega y amigo Salvador Giner, por poner sus conocimientos de sociología y de español tan amablemente a nuestra disposición.

Julio de 1969-mayo de 1971

ROBERT E. DOWSE, Universidad de Exeter
JOHN A. HUGHES, Universidad de Lancaster

Capítulo 1
EL AMBITO DE LA SOCIOLOGIA POLITICA

1.1. Introducción

Los autores de libros de texto suelen iniciar su tarea definiendo la disciplina que desean presentar al presunto estudiante. El problema que para nosotros plantea esta costumbre es el de la posición institucional particular de la sociología política: en algunos casos, su enseñanza se imparte en el marco de los departamentos de ciencia política; y en otros, en el de los departamentos de sociología. El problema podría parecer de importancia menor a no ser porque ni la sociología ni la ciencia política se caracterizan por tener claramente definidos su ámbito y su método. En sociología, por ejemplo, resulta obligado discutir los méritos relativos de las teorías del consenso o del conflicto social, de la llamada teoría *pura* frente al empirismo *vulgar,* de los métodos cuantitativos frente a los cualitativos, etc. De forma similar, en la ciencia política el debate se centra en cuestiones tales como el del conductismo *frente* a las formas de investigación política más tradicionales, la importancia del estudio comparado, el significado del término *político* y el de la posible aplicación actual de la filosofía y la teoría política clásicas. Indudablemente, la existencia de tal ambigüedad en la posición de esta disciplina con respecto a la ciencia política y la sociología no hará sino desafiar toda posible elucidación definitiva.

El problema no es puramente conceptual, sino que en gran

parte es consecuencia del desarrollo histórico de las ciencias
sociales, en especial de la sociología y de la ciencia política. Los
primeros científicos sociales, si tales se les puede llamar, eran
extremadamente eclécticos tanto en sus intereses como en sus
métodos de análisis de la conducta social. Su preocupación no era
ni la ciencia política ni la sociología, y es probable que no
hubieran comprendido esta distinción. Para ellos la sociedad era
una entidad que debía estudiarse en su totalidad, es decir, holísti-
camente. Los nombres de Tocqueville, Marx, Pareto, Mosca,
Spencer y Weber descuellan como los héroes intelectuales de la
ciencia política y la sociología. Responsable en último término de
la actual división inestable de las ciencias sociales ha sido un
proceso que ha caracterizado el desarrollo académico en las
sociedades industriales durante el último siglo, es decir la profe-
sionalización de la actividad académica y la diferenciación institucionalizada de las actividades de estudio. Ya no es posible que
los estudiosos reciban una misma educación clásica. Por el
contrario, la especialización empieza pronto, y son necesarios
muchos años de aprendizaje dentro del *campo* elegido antes de
poder gozar de un pleno reconocimiento profesional. Esta tendencia tiene su reflejo organizativo en las dimensiones y complejidad crecientes de las instituciones de enseñanza superior. Cada
vez responden menos, o nada, a la imagen de aquellas salas
acogedoras con que asociamos, pongamos por caso, la vida
académica de comienzos del siglo XIX. Por el contrario, se trata
de instituciones grandes, organizadas a nivel federal, con presupuestos considerables, y con problemas de contabilidad y dirección similares a los de las grandes empresas. Como parte de estos
procesos, la sociología y la ciencia política empezaron a alejarse,
en base no tanto a diferencias conceptuales y analíticas de sus
enfoques como a criterios de carácter profesional[1].

Desde luego no se trata sólo de esto. Las discusiones en torno
al enfoque *apropiado* de la ciencia política y de la sociología no
responden solamente a una voluntad de autojustificación profesional. Estas discusiones pueden servir, y sirven de hecho, para
orientar el tema hacia problemas significativos. Sin embargo, el
contexto social en el que se desarrolla una disciplina constituye
un factor de interés más que pasajero. Los especialistas en

---

[1] Véase, por ejemplo, A. Lepawsky, «The Politics of Epistemology», *Procee-
dings of the Western Political Science Association* (suplemento 15), *Western
Political Quarterly,* **17** (1964). El autor llama la atención sobre la *política* de la
diferenciación disciplinaria entre sociología y política en los Estados Unidos a
comienzos de este siglo.

ciencias sociales olvidan con facilidad que ellos y la disciplina que enseñan forman parte de la sociedad objeto de su estudio. Y aunque no podamos afirmar que esta actitud les *invalide*, sí tiene importantes repercusiones en la naturaleza de las disciplinas en cuestión. La compartimentación de las ciencias sociales ha supuesto, en primer lugar, el desarrollo independiente de cada una de ellas. Muestra clara de ello es la economía, que se ha desarrollado prescindiendo de los hallazgos de la psicología, de la sociología, de la ciencia política o de la antropología. Además, ha conducido a que algunos sectores de las ciencias sociales, como es el caso de la sociología política, cabalguen inestablemente sobre disciplinas independientes.

Afortunadamente, existen indicios de que esta compartimentación se está mitigando. Los especialistas en ciencias sociales se muestran cada vez más receptivos a las ideas y conclusiones de sus colegas de otras áreas de estudio. Muestra de ello es el uso que los historiadores hacen de modelos formales de desarrollo económico, el interés de los especialistas en psicología social por las predisposiciones psicológicas que contribuyen al crecimiento económico, el creciente interés de algunos economistas hacia la base psicológica de la conducta del consumo, etc. Del mismo modo, es también patente la insatisfacción reinante en los círculos de ciencia política para con el tradicional interés por el derecho, la historia constitucional y la teoría política. Durante la década pasada, ha cambiado de manera fundamental el conjunto de asignaturas enseñadas en el marco de la mayoría de los departamentos de ciencia política. En resumen, no pecaríamos de imprecisión si dijéramos que se ha producido un cambio orientado hacia el llamado estilo *conductista* en la investigación política.

El movimiento conductista en la ciencia política

El *movimiento conductista* subraya la necesidad de considerar y explicar la conducta política *observada* en relación con una concreta organización institucional legal. Pongamos un ejemplo obvio: el conocimiento de las minucias de la Constitución norteamericana no nos dice mucho sobre el proceso político norteamericano como tal. No nos explica cómo se adoptan en la práctica las decisiones políticas, ni la naturaleza particular del lazo social que une a un congresista y sus electores, etc. Esto no quiere decir que haya que abandonar el estudio del derecho, de la organización constitucional, etc., sino más bien que es preciso

considerarlo como una de las muchas variables de las que podríamos servirnos para explicar aquellos aspectos del proceso
político que nos interesan.

Desde luego, nada de esto es totalmente nuevo. A comienzos
de este siglo ya se realizaban estudios de investigación sobre la
conducta electoral, las opiniones, las actitudes y la adhesión a los
partidos. Esta tendencia se afianzó considerablemente en los
años 30 y en los 40 con el desarrollo de las técnicas de prospección social, del muestreo, de la entrevista, de la elaboración de
cuestionarios y de medición de la personalidad [2]. El alcance
actual de este cambio quedó demostrado inequívocamente en un
estudio realizado entre profesores de ciencia política norteamericanos. Cuando se les pidió que especificaran el área de la ciencia
política en que se estaban realizando sus investigaciones más
importantes, concedieron mayor peso al *gobierno comparado* y a
la *conducta política* que a los campos más tradicionales del
derecho público y de la *teoría política*. Los especialistas en
ciencia política mencionados con mayor frecuencia por la importancia de sus aportaciones desde la segunda guerra mundial
fueron los conductistas Robert Dahl, Harold Lasswell, Herbert
Simon, David Truman y V. O. Key [1]. Y aunque no existen
estudios semejantes para Gran Bretaña y otros países, no hay
duda que se ha producido un cambio parecido, aun cuando no
con la amplitud que en los Estados Unidos.

No obstante, a pesar de haberse convertido el movimiento
conductista en la fuerza dominante dentro de la ciencia política,
no ha sido objeto de general reconocimiento. Hay muchos especialistas en ciencia política que ponen en tela de juicio que la
ciencia política *conductista* refleje el enfoque *adecuado* de la
disciplina [2]. No nos ocupa ahora el analizar los pros y los
contras de este debate, sino que simplemente queremos dejar
constancia de los efectos del *conductismo* en la ciencia política, y
de manera especial la disposición entre los especialistas en ciencia política a buscar nuevas teorías y métodos de investigación
procedentes de las demás ciencias sociales, incluida la sociología.

[2] Algunos de los primeros y mejor conocidos de estos estudios son: S. A.
Rice, *Quantitative Methods in Politics,* Knopf, Nueva York, 1928; H. Tingsten,
Political Behaviour: Studies in Election Statistics, P. S. King, Londres, 1937; C.
E. Merriam y H. F. Gosnell, *Non-Voting,* University of Chicago Press, Chicago,
1924. Véase también P. H. Rossi, «Four Landmarks in Voting Research», en E.
Burdick y A. J. Brodbeck (eds.), *American Voting Behaviour,* Free Press,
Glencoe, 1959.

Sociología y ciencia política

Mientras la ciencia política puede haberse abierto y mostrado más receptiva al desarrollo experimentado por disciplinas afines, el caso de la sociología es algo diferente. En primer término, no ha tenido necesidad de salir de sí misma para buscar nuevas ideas, técnicas y sugerencias hasta un extremo comparable con la ciencia política. Esto no quiere decir que de ello se haya beneficiado o perjudicado, sino, simplemente, que su rasgo distintivo ha sido, por lo general, considerarse a sí misma algo así como una ciencia universal de la vida social, que comprende todos los aspectos de las relaciones sociales. En otras palabras, la sociología ha tendido a considerar de su competencia todos los fenómenos sociales. Los estudios sobre la conducta económica, la desviación social, la estratificación, la vida política, la vida familiar, la vida urbana, etc., se han emprendido de una forma que no resultaba viable para los especialistas en ciencia política, los economistas o los psicólogos. Como consecuencia, los sociólogos han tendido a considerar a las demás ciencias sociales, en cierto modo, como *derivadas* de la sociología. Por ejemplo, un sociólogo afirmaba al escribir sobre la relación entre la sociología y la ciencia política que «de no haber sido por el hecho histórico de que el enfoque conductista de la política surgió en el marco de los departamentos de ciencia política ya existentes, no hay razones para creer que no sería hoy una subdivisión especial de la sociología, de forma parecida a como ocurre con la estratificación o la sociología de la Religión» [3].

Sin embargo, debido a la compartimentación de la ciencia política y de la sociología, no hay bases para afirmar la existencia de un conjunto unitario de conocimientos sociológico-políticos, como existe sobre la familia, la estratificación, la industria, etc. Con ello no queremos negar su existencia, sino simplemente afirmar que no se han reunido en una disciplina única. Para hacerlo, por supuesto, es imprescindible establecer una base conceptual que sirva de fundamento para la investigación y la ordenación del conocimiento. Y de ello nos ocupamos a continuación.

1.2. ¿Qué es la sociología política?

Ya hemos indicado que, debido al desarrollo histórico de la ciencia política y de la sociología como dos disciplinas con tradiciones de actividad intelectual diferentes, se plantea un problema de definición. Básicamente, el problema se centra a este nivel en la palabra *política* y su alcance, palabra sobre la que no existe acuerdo y, como dificultad adicional, sobre la que se han escrito verdaderas montañas. Para empezar, tomemos la definición, probablemente extrema, que da Crick de este término. Crick afirma que «la política depende de un cierto orden establecido. Los grupos pequeños forman parte de este orden. Estos pueden contribuir a crear política, pero su conducta interna no es política por la sencilla razón de que su función individual es diferente de la del Estado como tal» [4]. La política, pues, versa sobre las condiciones del orden, y Crick deja después bien claro que esto hace referencia a un proceso de conciliación *en el seno de los estados*. El problema es que, si se acepta esta concepción, carece de sentido referirse a la política de una sociedad sin estado, a la política de la empresa o a la política de cualquier otra organización no estatal. Por ello, la tarea de la sociología política sería el análisis de las instituciones del Estado. Como dicen Greer y Orleans (aunque con menos firmeza que Crick), «el principal problema empírico que se le plantea hoy a la sociología política parecería ser entonces la descripción, el análisis y la explicación sociológica de la particular estructura social llamada Estado» [5].

Este punto de vista tiene tras sí una larga tradición. Pero existe otro punto de vista, igualmente antiguo y persuasivo, que hace hincapié en la presencia de la política en casi todas las relaciones sociales. Este enfoque insiste en la idea de que la política versa sobre la utilización y el desarrollo del poder, y puesto que el poder se genera en casi todo grupo social e institución, el alcance de la política es por ello mucho mayor de lo que pudiera parecer en una primera aproximación. Este enfoque, radicalmente opuesto al de Crick, quizá quede perfectamente ilustrado por Harold Lasswell, al indicar que «el marco de referencia unificador para el estudiante especializado en política es el significado rico y variable de 'la influencia y lo influyente', del 'poder y lo poderoso'» [6]. Este enfoque está dentro de la tradición sociológica que tiende a considerar el poder, la autoridad y la influencia como procesos característicos de control social, y no como exclusivos de un tipo particular de grupo social. Los padres pueden ejercer poder en la familia de la misma manera que un capataz o un supervisor pueden ejercerlo sobre los obreros de una fábrica. Según la definición de Dahl, «un sistema político es cualquier modelo constante de relaciones humanas en el que entren en juego, hasta un cierto grado, poder, normas o autoridad» [7]. Esto no quiere decir que no existan diferencias en la forma en que se hace uso del poder en los diferentes grupos sociales, sino simplemente que, de una u otra forma, es una característica potencial de casi todos los tipos de relación social. Max Weber, por ejemplo, considera que el poder no es sino la aptitud de un grupo (o individuo) para imponer sus preferencias sobre otros. Define el poder como «la posibilidad de un hombre o conjunto de hombres de realizar su voluntad a través de una acción común, incluso frente a la resistencia de los otros que participan en la acción» [8]. Para él, el Estado es una institución especial que posee el monopolio del uso legítimo del poder en el marco de un territorio dado.

La ventaja de este enfoque es la mayor amplitud de su campo de análisis, pudiendo examinar en el marco de la política una variedad de estructuras e instituciones que de otra forma se perderían para su estudio. El caso de las sociedades *sin estado* constituye un ejemplo evidente; los gobiernos privados y los modelos de socialización en la familia y la situación laboral, que tienen implicaciones en la vida política, constituyen ejemplos adicionales. En otras palabras, la concepción más amplia de la política tiende a resaltar la importancia política *potencial* de casi todos los aspectos de la vida social no relacionados directamente con el gobierno y el Estado[3]. De esta forma, al tener un impacto, manifiesto o no, en el sistema político, todas las estructuras y procesos pasan a tener interés para el estudiante de la vida política.

Pero esta misma ventaja podría convertirse en un inconveniente ya que, debido a su amplitud, no excluiría nada. Esta dificultad queda claramente expresada por Bendix: «si al definir la política no se la pone en relación con instituciones socialmente definidas —por ejemplo, si se analiza el aspecto *político* de la familia o de la sociedad anónima—, el alcance de nuestra comparación puede resultar tan amplio que, en último término, nada quede excluido de nuestra consideración, y por lo mismo careceríamos de líneas directrices de análisis» [9]. La solución que ofrece Bendix a este problema es un enfoque de la política como algo socialmente definido en relación con el Estado, como único centro legítimo de autoridad. De esta manera se limita automáti-

---

[3] Para una argumentación convincente sobre este punto véase P. Worsley, «The Distribution of Power in Industrial Societies», *Sociological Review Monograph,* **8,** 15-34 (1964).

camente el alcance de la definición al hacer correlativos los términos político y estado nacional. Pero en seguida surge una dificultad ya que, en cierto modo, el proceso de desarrollo del estado nacional, de interés inmediato para los especialistas en ciencia política, se convierte en pre-político. En otras palabras, el proceso de cambio de una organización sociopolítica *previa* al estado nacional, proceso que está teniendo lugar en la mayoría de las zonas del mundo, no constituye algo político, sino un fenómeno distinto no especificado, que tiende hacia lo político, hasta que se hace político con la formación de un estado nacional (siempre que llegue a este punto), con un gobierno central legítimo, único y reconocido.

No es necesario insistir demasiado en este punto, pero podemos observar que en los años 70 los centros de autoridad central únicos son muy raros. Tanto Gran Bretaña como Norteamérica, considerados como ejemplos de sociedades políticas muy estables, están pasando hoy por una fase en la que sectores de su población empiezan a poner en cuestión la legitimidad de los llamados *centros de autoridad*. En Estados Unidos, los Panteras Negras, los Weathermen, las protestas estudiantiles contra la guerra del Vietnam, son todos ellos movimientos o hechos que bien podrían reflejar una puesta en tela de juicio de la legitimidad gubernamental. En Gran Bretaña, los disturbios estudiantiles y la reciente ola de huelgas podrían apuntar hacia un proceso similar. Lo mismo ocurre en América latina, y en la mayoría de los países de Africa y Asia. Cualesquiera que fueren las razones de esta actitud, sirve para mostrar los problemas relacionados con la noción de centros de autoridad legítima.

Por desgracia, estas discusiones en torno a una definición pueden ser interminables, y la única forma de zanjar la cuestión es aclarando lo que queremos decir con este término, y justificando nuestra postura. Así pues, para nosotros la política hace referencia al ejercicio del poder en situaciones sociales. Por ello, el estudio de la política se ocupa de la comprensión de todos los problemas relacionados con el poder y con el uso que de él se hace en contextos sociales, de las *cantidades* relativas de poder, de su estructuración y legitimación en el marco de grupos de distintos tipos, etc. Y esto nos acerca a la definición dada por Lasswell y Dahl ya citada anteriormente, y por la que nos inclinamos. En otras palabras, no parecen existir suficientes razones de carácter *analítico* para que limitemos nuestro estudio a las instituciones gubernamentales o estatales, aunque *de hecho* los especialistas en sociología política tiendan a centrarse en la consideración de las formas en que la sociedad afecta al Estado. Como dicen Bendix y Lipset, «la sociología política empieza en la sociedad y examina la forma en que ésta afecta al Estado» [10]. Se trata de una preferencia respaldada por la tradición y basada en el interés personal, no en definición alguna. Y a no ser por razones de orden estrictamente práctico, no deseamos restringir necesariamente el ámbito de la sociología política a las instituciones puramente estatales. Por el contrario, deseamos aceptar la variada naturaleza del material que nos sirve para comprender la conducta humana y su subclase, la conducta política. En otras palabras, lo que tratamos de hacer es comprender la *conducta de poder,* allí donde se produzca, y servirnos de aquellos instrumentos que puedan valernos. Pero como ya dijimos anteriormente, esta actitud convierte a la sociología política prácticamente en sinónimo de la sociología en general. No obstante, en la práctica los especialistas en sociología política tienden a concentrar su atención en la *conducta de poder,* en cuanto ayuda a comprender el funcionamiento de los sistemas políticos. O lo que es lo mismo, mantenemos que la sociología política es una rama de la sociología que se ocupa básicamente de analizar la interacción entre política y sociedad. Esta concreción habrá de prestarse inevitablemente a ambigüedades. Pero ello no es óbice para que asumamos la tarea de delinear el objeto de este libro. Lo que pretendemos es definir la política en términos de una clase de acciones, no en términos de un conjunto de instituciones u organizaciones. En otras palabras, no deseamos equiparar por definición la política con una forma organizativa particular, como hace Crick con el Estado, sino más bien enfocar la política como un conjunto especial de actos sociales, reflejados y constituidos en variados contextos organizativos.

Hemos ofrecido ya una definición de la política que se acerca al alcance que nosotros deseamos darle, es decir, que la política hace referencia al *poder;* que hay política allí donde existen diferencias relativas de poder o autoridad. El poder existe en todas las sociedades, y si hacemos equivalente política y poder, entonces la política es también endémica a la vida social. Esta es la posición a la que llegamos anteriormente. Lo que pretendemos ahora es especificar un conjunto de relaciones que constituyen la preocupación básica de la sociología política. Para ello acudamos al concepto de organización. El hecho de que la gente llegue a organizarse presupone que existen reglas que gobiernan las relaciones entre los miembros del grupo. Si el grupo está altamente organizado, como ocurre con el ejército, una empresa o una escuela, estas reglas especificarán posiciones y servirán para definir lo que hace cada uno y cuándo y cómo lo hace. Si, por el contrario, el grupo está menos organizado, las normas serán menos específicas, su aplicación será menos estricta y menos regularizada. En ambos casos, las normas pueden ser el producto de una evolución a través del tiempo o haber sido especialmente dictadas para atender a situaciones particulares. Estas normas pueden resultar adecuadas durante un largo período de tiempo y cubrir la mayor parte de las eventualidades que surjan. Pero, tarde o temprano, es de prever que se produzcan desacuerdos sobre la interpretación de las normas, sobre si determinados conjuntos particulares de normas son válidos o adecuados, sobre si una norma concreta cubre o no este o aquel problema, etc. Una vez llegados a este punto se plantea el problema de la *creación normativa* o de la *fijación normativa*. Por ello, en cierto modo, tenemos que establecer normas sobre las normas.

Este proceso de *creación normativa* es un proceso bastante común, que abarca una parte considerable de la vida social. La familia decide formular reglas sobre la conducta a seguir durante las comidas; las bandas juveniles establecen normas sobre quién ha de dirigirles y sobre sus derechos y deberes; los gobiernos dictan normas, que denominamos leyes, para gobernar la conducta de los ciudadanos de una sociedad, etc. Estos actos de *creación normativa* se producen cuando la situación, no cubierta por las normas existentes, pide la formulación de nuevas líneas rectoras.

Un tipo particular de actividad creadora de normas es el proceso especificador de normas en el seno de unidades relativamente autosuficientes, unidades para las que las normas se han concebido como absolutas. A esto nos referimos cuando hablamos de gobierno. Esta actividad particular de creación de normas no tiene por qué ser coto especial de ninguna institución particular concreta; el único criterio a seguir es que existen normas que rigen a los miembros de una unidad social autosuficiente particular, bien se trate de una tribu, de un pueblo o de un estado nacional. Desde luego, éste es sólo un tipo de actividad creadora de normas. Las empresas de negocios y otras organizaciones participan en el proceso de creación normativa tanto como los gobiernos. Pero sus actividades carecen de la voluntad totalizadora que tiene el proceso de creación normativa de los gobiernos. Desde esta perspectiva, la sociología política se ocupa de los procesos subyacentes a este hecho societal de creación normativa. Esto supone necesariamente la consideración del problema del orden social, que viene a significar que las normas creadas, de una forma y otra, son obedecidas. La razón por la que se obedecen las normas establecidas en diferentes contextos y por autoridades diferentes constituye una cuestión de gran amplitud y fundamental para la sociología política. A su vez, este interés conduce necesariamente al especialista en sociología política a estudiar las estructuras sociales, y su desarrollo, en cuyo marco se crean las normas. A lo largo de este libro nos ocuparemos de los orígenes sociales y las diferentes formas de creación societal de normas, de los distintos niveles y modos de participación en la actividad de creación de normas y del impacto de las autoridades creadoras de normas sobre el resto de la sociedad. Pero, reiterando lo ya dicho anteriormente, los especialistas en sociología política no deberán ocuparse solamente de lo que hemos llamado creación normativa societal, o gobierno. Deberán también ocuparse de las actividades de creación normativa, y todo lo que ello implica, en diversas organizaciones de la sociedad, como los sindicatos, las empresas, el ejército, etc. Lo que es más, el estudio de tales formas podría ayudarnos a comprender el impacto y las formas de la actividad gubernamental.

Así pues, tras haber delineado lo que consideramos como objeto fundamental de la sociología política, pasaremos a exponer brevemente la forma en que suele realizarse este estudio.

Aquí volvemos a encontrarnos con un tema objeto de muchas discusiones, el del valor de los métodos utilizados por las ciencias sociales. Tal como nosotros lo concebimos, la finalidad de toda ciencia conductista es tratar de elaborar teorías verificables empíricamente que expliquen por qué los seres humanos se comportan de formas determinadas. No existe acuerdo sobre si esto es o no posible, y, en caso de serlo, cómo puede alcanzarse[4]. En este libro se parte de la base de que sí es posible, aunque todavía nos falte mucho para conocer en detalle cómo o, aún más, para poder elaborar un entramado teórico comparable con el que disponen las ciencias físicas. A pesar de todo, consideramos que éste es el objetivo hacia el que tienden los científicos conductistas. En calidad de sociólogos interesados en la actividad política, queremos explicar cómo y de qué formas se interrelacionan lo social y lo político. Cómo, por ejemplo, se relacionan las llamadas formas democráticas de creación normativa guber-

[4] Para una discusión seria sobre estos problemas, véase P. Winch, *The Idea of a Social Science*, Routledge and Kegan Paul, Londres, 1958; E. Nagel, *The Structure of Science*, Routledge and Kegan Paul, Londres, 1961; A. Ryan, *Philosophy of the Social Sciences*, Macmillan, Londres, 1970.

namental con otros factores sociales, tales como el nivel de
desarrollo económico, la alfabetización, los sistemas de propiedad territorial, la estratificación social, los modelos de socialización, etc.

Es importante insistir en que no se trata de una actividad de
reduccionismo social, que limita los hechos políticos a un subproducto de los hechos sociales, sino de considerar el problema de la
interacción entre lo social y lo político. Más adelante discutiremos con detalle el efecto que diversos factores tienen sobre la
vida política, pero también está claro que las instituciones políticas, a la vez que están asentadas en un entramado social,
influyen a su vez sobre el sistema social del que forman parte. Es
de lamentar la poca atención que se ha prestado a las organizaciones y procedimientos políticos tradicionales (por ejemplo,
administraciones, legislaturas —normas constitucionales y electorales), y al impacto ejercido por ellas en la sociedad que las
alberga. A este respecto, los trabajos de mayor valor se han
centrado en el proceso de *transferencia institucional,* como, por
ejemplo, la superposición de burocracias y legislaturas occidentales en sociedades no occidentales.

Puede resultar evidente, a partir de lo explicado hasta ahora,
que las regularidades que requieren explicación tienen, en esta
actividad, un carácter fundamental. Así pues, en sociología política, las conexiones que aparecen con regularidad entre las clases
sociales y la conducta electoral, o entre el desarrollo económico y
la estabilidad política, o entre las circunscripciones de un solo
miembro y los sistemas bipartidistas, muestran el tipo de cosas
que requieren explicación. Para ello, es preciso mostrar cómo
pueden predecirse o deducirse de un conjunto de proposiciones
teóricas más generales. La relación indicada entre clase social y
preferencia en el voto se explica (aunque aquí se plantea la
cuestión de *hasta qué punto* se explica) mostrando cómo puede
deducirse esta relación de una teoría de las clases sociales. Tal
teoría puede formularse como versión simplificada de la teoría
marxista de las clases sociales: que la posición en la estructura
económica desarrolla en el individuo intereses comunes con otros
sujetos situados en una posición similar, lo que a su vez constituye la base de agrupamientos solidarios con voluntad de acción
política. En la física, o en cualquier otra ciencia igualmente
desarrollada, una teoría como ésta se elaboraría de manera
estricta con la ayuda de las matemáticas, de forma que cada
elemento y proposición de las teoría estuvieran lógicamente
relacionados con los demás [11]. En las ciencias sociales, sin

embargo, debemos contentarnos, por el momento, con teorías de formulación mucho menos estricta. No obstante, el punto central es que las conexiones entre los acontecimientos y objetos de los que nos ocupamos se explican relacionándolas con proposiciones generales de carácter teórico.

Así pues, nuestro punto de vista es que los hechos sólo tienen interés mientras puedan ponerse en relación con una teoría. El saber que un x por ciento de la clase obrera vota regularmente por un partido determinado no nos aporta prácticamente ninguna información pertinente, *desde un punto de vista sociopolítico,* a no ser que lo pongamos en relación con una teoría de las clases sociales o de la conducta electoral, por ejemplo, o de las fuentes sociales del atractivo que ofrece un partido político. En otras palabras, al especialista en sociología política le interesa más la elaboración de teorías sobre los hechos que los hechos en sí. En cierto sentido, es lo opuesto de lo que le ocurre al historiador a quien, en conjunto, tienden a preocuparle hechos particulares como la Revolución francesa, la dimisión de Sir Alex Douglas-Home como primer ministro de Gran Bretaña, la Guerra Civil norteamericana, etc.[5]. Esto no quiere decir que al especialista en sociología política no le interese el pasado. Por el contrario, se han realizado excelentes estudios para explicar la vida política del pasado y, además, para explicar históricamente las actuales configuraciones políticas[6]. En muchos casos, una exposición de la vida política contemporánea corre el peligro de resultar insuficiente si no se adopta una perspectiva histórica[7]. Pero, el especialista en sociología política, o en cualquiera de las ciencias sociales, es más probable que considere los hechos del pasado como un pozo de datos, más o menos accesibles, que sirven para comprobar sus proposiciones generales. Puede estar interesado en el proceso de formación de la nación, y para ello necesita acudir a los datos del pasado que le permitan formular un modelo de este proceso. Algunos ejemplos conocidos de esta actividad

[5] Esta diferencia no debe exagerarse, pues hace referencia más a una tendencia que a una práctica actual. Para un debate sobre la diferencia entre estudios históricos y científicos, véase J. Galtung, *Theory and Methods of Social Research.* George Allen & Unwin, Londres, 1967, p. 22.

[6] Un ejemplo reciente y magnífico es B. Moore, *The Social Origins of Dictatorship and Democracy,* Penguin, Londres, 1967.

[7] Por ejemplo, en el caso de la política soviética, puede verse un estudio, por otra parte valioso y esclarecedor de la posición soviética, pero carente de perspectiva histórica, F. C. Barghoorn, *Politics in the U.S.S.R.,* Little, Brown, Boston, 1966, y contrastarlo con M. Fainsod, *How Russia is Ruled,* Harvard University Press, Cambridge, Mass., 1963.

histórica pueden encontrarse en el segundo volumen de *Das Kapital* de Marx, en el conjunto de estudios sociológicos de Max Weber, en el amplio volumen que Mosca dedicó a las élites y en el estudio realizado por Lipset sobre el proceso de formación de la nación en los Estados Unidos [12].

Los hechos, por tanto, sólo tienen interés desde el momento en que se relacionan con una teoría. Pero ¿qué teoría? El problema es que muchos de los llamados *hechos* en las ciencias sociales pueden explicarse por más de una teoría. Pongamos un ejemplo para explicar mejor esta cuestión. Supongamos que tenemos que llegar a la conclusión de que, a medida que se desarrolla su industrialización, las sociedades se vuelven más pluralistas, en el sentido de que los centros de poder e influencia de la sociedad se hacen más difusos y menos concentrados en el centro. Supongamos también que nos ponemos de acuerdo sobre la medición de las variables de *industrialización* y de *pluralismo*. El problema se centra, entonces, en formular una teoría que pueda explicarlo. El gráfico 1 muestra la relación descubierta entre una muestra de sociedades, unas industrializadas y otras no, de la que se deduce que las industrializadas son también pluralistas.

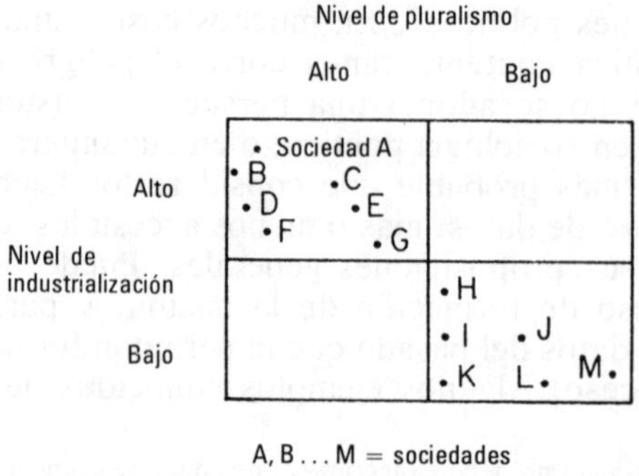

GRÁFICO 1.   Relaciones hipotéticas entre nivel de industrialización y pluralismo.

En la práctica, no debe esperarse una correlación tan estrecha como la expresada en el gráfico, por muy fuerte que sea el parentesco. Un simple error de medición puede hacer que algunas sociedades aparezcan en la casilla inferior izquierda o superior derecha. Por otra parte, nos podríamos considerar muy afortunados en dar, en este estadio del estudio científico, con una relación invariante como ésta.

Sin embargo, dejando de lado este punto, una de las explicaciones que podemos ofrecer de esta relación es una teoría de la coerción estructural, consistente en que, a medida que las sociedades se industrializan, los valores y las estructuras asociados con la industrialización, como la eficiencia, la racionalidad, la reinversión de excedentes, el desarrollo de las grandes corporaciones, etc., crean centros alternativos de poder que ocasionan una erosión en el poder y en las prerrogativas del gobierno central. En otras palabras, esta teoría sugiere un tipo de relación funcional entre industrialización y pluralismo. (Hay que tener en cuenta que, para que esta teoría sea plenamente aplicable, tendríamos que desarrollar por completo las proposiciones expuestas anteriormente de forma esquemática, pasando de lo más general a lo específico, siguiendo un orden lógico en cada paso. Tal teoría sería algo muy complejo.)

Sin embargo, podría argüirse que esta relación puede ser explicada por otra teoría. Supongamos, según la línea probable de razonamiento, que afirmásemos que una condición previa para la industrialización es un aumento de los niveles educacionales de la población, y que este aumento es responsable de un mayor pluralismo político. Esto conduciría a la misma relación, es decir, a la relación entre industrialización y pluralismo, pero a partir de una explicación muy diferente. Según esta teoría, industrialización y pluralismo van unidos solamente por su dependencia de un tercer factor, a saber, un aumento de los niveles educacionales, y no tienen ninguna relación más que ésta (véase gráfico 2) [13].

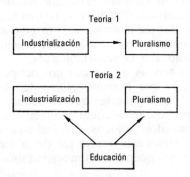

GRÁFICO 2. Lazos causales expuestos por dos teorías que explican la relación hipotética entre industrialización y pluralismo.

Dadas estas dos teorías, igualmente coherentes en su explicación de la relación entre industrialización y pluralismo, el problema estriba en decidirse por una de ellas. Lo único que queda por hacer es continuar investigando. La segunda teoría especifica una observación de la mayor importancia: el nivel educacional; si pudiéramos demostrar, haciendo uso de técnicas adecuadas, que el modelo causal inherente a la segunda teoría ofrece una representación más precisa de los datos, tendríamos entonces base suficiente para rechazar la primera teoría.

No hemos hecho sino tomar un ejemplo hipotético bastante simplificado del proceso de comprobación de una teoría. Hay muchos modos de llevar a cabo esta tarea[8]. Para nosotros, lo esencial es saber hasta qué punto podemos realizar observaciones cruciales para comprobar la validez de nuestras teorías. En las ciencias formalmente más desarrolladas, como por ejemplo la física, el conjunto de observaciones cruciales deriva normalmente de manera estrictamente lógica de las premisas y proposiciones de la teoría, de manera que observaciones en sentido contrario exigen cambios en las premisas correspondientes, o en la teoría. En las ciencias sociales no hemos alcanzado todavía este nivel. Las teorías se formulan con frecuencia de modo vago e inadecuado, y su conexión con el *mundo real* es a menudo algo remota. Así pues, a lo largo de este libro no nos ocuparemos solamente de los múltiples tipos de *teoría,* sino también de las múltiples variantes para la explicación teórica de un mismo conjunto de datos. Este estado de casi anarquía teórica es característico de las ciencias sociales en la actualidad. Sin embargo, esto no debe inducir al desánimo, sino, por el contrario, ha de servir de estímulo moral para proseguir nuestro estudio. A la manera del comentario de Pitt Rivers, en una reunión de arqueólogos a raíz de la publicación del *Origen de las especies* de Darwin, «el pensar en nuestro humilde origen ha de servir de incentivo al trabajo y a la respetabilidad».

Muchas de las teorías de las que nos ocuparemos tienen un alcance limitado, lo que Merton califica de «teorías de escala media» [14]. Se trata de teorías que se ocupan de un conjunto limitado de fenómenos, tales como conducta electoral, grado de jerarquía en los partidos políticos, revoluciones, etc.; teorías que reclaman para sí solamente un sector de la vida social. Otras teorías de las que nos ocuparemos muestran una mayor voluntad

---

[8] Véase J. Galtung, *Theory and Methods of Social Research,* George Allen & Unwin, Londres, 1967, para una revista de los mismos.

de generalidad, pretendiendo ser teorías generales sobre áreas mucho más amplias de la realidad social. Por desgracia, el nivel de muchas de estas teorías deja mucho que desear.

Así pues, el especialista en sociología política tomará, muy probablemente, prestado su aparato conceptual del sociólogo; éste incluye básicamente la idea de una red de relaciones sociales a analizar a partir de conceptos como rol, norma, valores, estructura y localización social, su transmisión a través de las sucesivas generaciones y el concepto de organización. Estos conceptos se agrupan en teorías de mayor o menor complejidad y rigor lógico. El área básica de preocupación para el especialista en sociología política es más difícil de precisar, pero nos inclinamos por una definición amplia de lo político, de tal modo que la limitación arbitraria de su campo de interés no sea inherente a su definición. No obstante, creemos que un área de especial preocupación para el especialista en sociología política es el problema del orden social y de la obediencia política. La sociología política es, por tanto, el estudio del comportamiento político dentro de un marco o perspectiva sociológica. Nos damos cuenta plenamente de la vaguedad de tal *definición,* pero confiamos en que el contenido de este texto aclare esta disciplina al lector hasta el punto de hacerle ver que carecería de utilidad limitarla de antemano.

REFERENCIAS BIBLIOGRÁFICAS

[1]   A. SOMIT y J. TANENHAUS, «Trends in American Political Science», *American Political Science Review,* **62,** 933-947 (1963).
[2]   B. CRICK, *The American Science of Politics,* Routledge and Kegan Paul, Londres, 1959; M. Q. Sibley en J. C. Charlesworth (ed.), *Contemporary Political Analysis,* Free Press, Nueva York, 1967, pp. 51-71; S. Wolin, *Politics and Vision,* Little, Brown, Boston, 1960, pp. 352-434.
[3]   N. J. SMELSER, *Essays in Sociological Explanation,* Prentice-Hall, Englewood Cliffs, 1968, p. 31; L. Coser (ed.), *Political Sociology,* Harper & Row, Nueva York, 1966, p. 1: «La sociología política es la rama de la sociología...».
[4]   B. CRICK, *In Defence of Politics,* Penguin, Londres, 1964, p. 30.
[5]   S. GREER y P. ORLEANS, «Political Sociology», en R. L. Faris (ed.), *Handbook of Modern Sociology,* Rand McNally, Chicago, 1964, p. 810.
[6]   H. LASSWELL, *Politics: Who Gets What, When, How,* Meridian Books, Nueva York, 1958, p. 23.
[7]   R. A. DAHL, *Modern Political Analysis,* Prentice-Hall, Englewood Cliffs, 1963, p. 6.
[8]   M. WEBER, «Class, Status, Party», en M. Gerth y C. W. Mills, *From Max Weber,* Routledge and Kegan Paul, Londres, 1948, p. 180.

[9]   R. BENDIX (ed.), *State and Society: A Reader in Comparative Political
      Sociology,* Little, Brown, Boston, 1968, p. 6.
[10] R. BENDIX y S. M. LIPSET, «Political Sociology: An Essay and Bibliogra-
      phy», *Current Sociology,* vol. 6, UNESCO, París, 1957, p. 87.
[11] Véase E. NAGEL, *The Structure of Science,* Routledge and Kegan Paul,
      Londres, 1961.
[12] R. BENDIX, *Max Weber: An Intellectual Portrait,* Heinemann, Londres,
      1960; G. Mosca, *The Ruling Class,* McGraw-Hill, Nueva York, 1939; S. M.
      Lipset, *The First New Nation,* Heineman, Londres, 1964.
[13] H. M. BLALOCK, *Theory Construction,* Prentice-Hall, Englewood Cliffs,
      1969; H. A. Simon, «Spurious Correlation: A Causal Interpretation», *Jour-
      nal of the American Statistical Association,* **49,** 467-479 (1954).
[14] R. K. MERTON, *Social Theory and Social Structure,* 2.ª ed., Free Press,
      Glencoe, 1968, pp. 39-72.

Capítulo 2
FUNDAMENTOS CONCEPTUALES DE LA SOCIOLOGIA POLITICA

2.1. El problema del orden

En este capítulo expondremos y analizaremos distintas teorías o perspectivas sobre la naturaleza y el funcionamiento de los procesos sociales. Los tratadistas de sociología política hacen suyas diferentes tradiciones de pensamiento que se remontan casi a los orígenes de la reflexión autoconsciente sobre el hombre y sus relaciones sociales. Lo que haremos en este capítulo será delinear algunas de las contribuciones que estas diferentes tradiciones aportan a una discusión del problema del orden, problema que consideramos de interés central para la sociología política. En resumen, el orden social es para nosotros el proceso por el que las interacciones de los miembros de grupos sociales se convierten en modelos, lo que viene a significar que las interacciones son relativamente estables en el tiempo y que la forma que adoptan puede resultar a veces relativamente previsible.

El orden social, el problema de la permanencia y el cambio, ha sido siempre considerado como problemático, como algo que necesita comprenderse por sí mismo o porque se creía que la investigación habría de conducir a un cambio controlado. Quizás, la mayor diferencia entre Platón y Aristóteles tenía que ver con una observación desde fuera. En cualquier caso, es indudable que el problema del orden no tiene por qué considerarse como de interés exclusivo de los teóricos de tendencia más conservadora. Es difícil imaginar el orden social sin su contrario, el desorden social; y toda posible explicación de uno habrá de suponer, al menos implícitamente, una explicación del otro, aunque, como ocurre con el análisis funcional y la teoría del conflicto, algunas perspectivas teóricas están orientadas hacia el orden o la ruptura, respectivamente. No obstante, el énfasis tradicional sobre el tema del orden tiene, aunque de manera un tanto imprecisa, un contenido fuertemente empírico, ya que *obviamente* es cierto que la mayoría de las sociedades despliegan con mayor frecuencia orden que caos, y si nosotros empezamos partiendo del supuesto del orden no es que pretendamos establecer un juicio prescriptivo (para que no caigan los paraísos filosóficos), sino simplemente iniciar la discusión a partir de una observación bastante elemental.

Es fácil explicar por qué la preocupación por el orden ha sido una cuestión central en la historia del pensamiento social: si la sociedad ha de pervivir durante cierto período de tiempo, la gente que forma esta sociedad debe vivir sin que pese sobre ella un sentimiento de amenaza o de probabilidad de muerte. Quizás exprese de la manera más viva este concepto la frase de Hobbes, familiar a todos los estudiantes de la historia de las ideas, según la cual la vida del hombre en el estado de naturaleza es «solitaria, miserable, repugnante, brutal y breve». El hecho de que la constitución humana sea frágil y fácil de destruir hace que, para cualquier tipo de orden social, sean necesarias normas o leyes que prohiban la violencia, a no ser en circunstancias especiales. Y casi puede afirmarse que el orden social es necesario también para que la vida social continúe, en el sentido de que sin él la gente podría reproducirse, pero no podría educar a sus descendientes al no haber nada en qué iniciarlos: es decir, no habría sociedad. Y aunque se trata casi de una perogrullada, no deja de ser cierto que la creación y el mantenimiento del orden representan un problema real. El orden no es algo que el especialista en ciencias sociales pueda considerar como *dado,* como el producto, digamos, de la estructura biológica o genética del hombre, y, por tanto, como un problema para el biólogo o el bioquímico, y no para el sociólogo. Se trata —repetimos— de algo problemático, al menos en el sentido práctico de que todas las sociedades experimentan alguna vez síntomas de ruptura del orden.

En términos generales, el pensamiento social ha seguido tres caminos en el estudio del problema del orden, que nosotros presentaremos de una forma ligeramente abreviada y exagerada con el fin de aislar los temas centrales de las tres líneas argumentales. Intentaremos también delinear los defectos y aciertos de cada perspectiva y exponer brevemente la imagen del hombre y la sociedad en la que se basan. Analizaremos las áreas de problemática intelectual relacionadas con cada una de estas tres perspectivas que han planteado sus distintos defensores. Las teorías de la coacción de un tipo u otro han subrayado, desde que se empezó a estudiar sistemáticamente la sociedad, la primacía de la fuerza como agente subyacente a la obediencia y el orden sociales. En segundo lugar, se ha considerado a la sociedad como cierto tipo de organización de interés mutuo dentro de la cual una consideración prudente o racional —esto es en términos de cálculo— del coste y los beneficios de las acciones sociales hace que los hombres se conduzcan como miembros pacíficos de la sociedad. Igualmente antigua es la tradición que concede prioridad a un cierto tipo de compromiso popular con las normas u objetivos del Estado o de la sociedad.

2.2. La coerción como solución al problema del orden

Al igual que todas las demás teorías sobre la cohesión o el orden societal, la teoría de la coacción supone una concepción del hombre. En general, los teóricos de la coerción fundamentan sus ideas en una concepción del hombre como un individuo más bien egoísta, de mente estrecha y ansioso de poder. Esta concepción queda expresada con la mayor claridad en las palabras de Maquiavelo: «los hombres tienen menos escrúpulos en ofender a aquellos que se hacen querer que a aquellos que se hacen temer; pues el amor se mantiene por una cadena de obligaciones que, debido a la condición egoísta del hombre, se rompe cuando le conviene; el temor, en cambio, se mantiene gracias a un miedo al castigo que nunca falla» [1]. Concepción parecida sobre la naturaleza humana es la adoptada por Thomas Hobbes, quien consideraba como primera característica o «inclinación general de toda la humanidad, un deseo permanente e inagotable de poder, que cesa sólo con la muerte... porque no puede asegurarse el poder y los medios para vivir bien que tiene en la actualidad más que con la adquisición de otros nuevos» [2]. En esta concepción *egoísta* de la naturaleza humana, los orígenes de los impulsos son varios: en el caso de Hobbes y Maquiavelo son simplemente parte de la naturaleza humana (Hobbes invita a aquellos que no le creen a detenerse un momento en la contemplación de sí

mismos). La naturaleza humana *no* cambia el vivir en sociedad.
El *comportamiento* puede cambiar, ya que el hombre puede ser
razonablemente prudente y planear con un cierto grado de
confianza, pero su personalidad o sus impulsos son anteriores a
la sociedad y permanecen inalterados en ella. En versiones
posteriores, los impulsos son productos sociales o, mejor, son
moldeados por la sociedad. Para Freud, los niños nacen con
fuertes impulsos agresivos y sexuales cuya expresión ilimitada, si
se permite que se desarrolle en una mayoría de los individuos,
pondría en peligro la estabilidad de la sociedad: «los hombres
son... criaturas entre cuyos instintos hay que contar una fuerte
dosis de agresividad. Como consecuencia, su vecino es, para
ellos, no sólo un colaborador o un objeto sexual en potencia, sino
también alguien sobre quien se sienten tentados a satisfacer su
agresividad, a explotar sin compensación su capacidad de trabajo, a servirse sexualmente de él sin su consentimiento, a apode-
rarse de sus bienes, a humillarlo, a causarle dolor, a torturarlo y
a matarlo»[1]. En el *ello* freudiano se agazapan monstruos anti-
sociales. Estos monstruos son controlados, aunque a veces de
modo precario, por el *super-yo,* socialmente condicionado, que
es el representante, en la personalidad del niño o del adulto, de
los valores y las presiones de la sociedad en que madura la
persona. Y si el *super-yo* no consigue controlar al individuo en su
voluntad por satisfacer sus deseos más profundos —por ejemplo,
el deseo del incesto— entonces la ley recaerá sobre él, pues la
ley supone un tipo de acuerdo entre los hombres según el cual «la
satisfacción de estos instintos naturales va en detrimento de los
intereses generales de la sociedad»[2]. La sociedad como conjunto
es un mecanismo de coerción que, constituido a costa de la
felicidad personal, conduce a un modelo de frustración-agresión,
que a su vez necesita de control. La ciencia social postfreudiana y
de influencia freudiana tiende a subrayar el desplazamiento de

[1] Sigmund Freud, *Civilisation and its Discontents,* Norton, Nueva York,
1961, p. 58. Freud considera en su forma más aguda el conflicto entre los
impulsos biológicos individuales y las exigencias de la organización social.
Encontró pocas compatibilidades auténticas entre la sociedad y las necesidades
individuales: «Se ha llegado a la civilización mediante la renuncia a las satisfacciones de los instintos, y ésta exige la misma renuncia a cada nuevo miembro»,
citado en P. Roazen, *Freud: Political and Social Thought,* Hogarth Press,
Londres, 1969, p. 196.

[2] Esta frase corresponde al antropólogo Sir James Frazer, citado por Freud,
que aprueba su afirmación en *Totem and Taboo,* Routledge & Kegan Paul,
Londres, 1960, p. 123 (hay edición castellana, Alianza Editorial, Libro de Bolsi-
llo). Véase también P. Roazen: *Freud, Political and Social Thought,* Hogarth
Press, Londres 1969, en especial capítulo IV.

los desajustes de la personalidad, etc., sobre los sistemas sociales y políticos, haciendo hincapié también en la existencia de una relación entre las distintas configuraciones político-económicas y los diferentes tipos de personalidad. Esta relación puede concebirse de dos maneras: Freud consideraba que los diferentes tipos de personalidad determinaban los tipos político-económicos, mientras que una gran cantidad de estudios modernos sobre la socialización tienden a destacar el carácter determinante del entorno sobre los rasgos de la personalidad [3].

Subyacente a estas teorías de la coerción que acabamos de esbozar, existe una psicología que mantiene que la fuerza es necesaria, o que al menos se aplica como *correctivo* a la naturaleza fundamentalmente antisocial del hombre. Pero no es en absoluto necesario lógicamente que las teorías de la coerción o del conflicto social se apoyen en proposiciones psicológicas sobre la naturaleza humana. Todas las obras mencionadas al final de este capítulo, en el apartado 3 de las *Referencias bibliográficas,* subrayan que es más importante como punto de estudio y de interés la estructura social que los diferentes tipos de personalidad: el ejemplo más conocido a este respecto es el de Karl Marx. Es cierto que elaboró una psicología —sus ideas sobre la percepción, por ejemplo, son consecuencia de su *materialismo*—, pero la psicología no constituía ni mucho menos su punto fuerte, ni tampoco existe una concepción psicológica autónoma sobre la personalidad humana *subyacente* a ninguna de sus principales teorías. Esta afirmación es válida no sólo para la obra de Marx posterior a 1844, sino también para sus más psicologistas *Manuscritos* de 1844, en los que critica a Hegel por no darse cuenta de que «la conciencia de la alienación es una 'expresión en el pensamiento y en el conocimiento de la alienación *real* del ser humano', de su alienación en el proceso de trabajo»[3]. Para Marx, la relación entre conciencia y sociedad no es, como ocurre en Engels, un proceso unidireccional (de la sociedad a la conciencia), sino una relación de interpenetración de carácter más dialéctico: «La doctrina materialista, según la cual el hombre es producto de las circunstancias y de la educación, por lo que un cambio en las circunstancias y la educación produce hombres

---

[3] Robert Tucker, *Philosophy and Myth in Karl Marx,* Cambridge University Press, Nueva York, 1961, p. 128. Pero debe tenerse también en cuenta que en sus *1844 Economic and Philosophical Manuscripts* (Manuscritos Filosóficos y Económicos de 1844), Marx parece conceder una importancia histórica central a la codicia y al ansia de adquirir como fuerzas sociales fundamentales.

distintos, olvida que es el hombre quien cambia las circunstancias y que el propio educador ha de ser educado. Por ello, esta doctrina llega necesariamente a dividir a la sociedad en dos partes, una de las cuales es superior a la otra» [4]. Antes de poder cambiar esta situación, habrían de introducirse cambios estructurales en la sociedad, y esta tarea es la que Marx confía al proletariado, el cual a su vez es definido por su relación de dependencia de los medios de producción. Oprimido y dependiente de su propio trabajo expropiado, producto del cual son las fábricas, las máquinas, el capital, etc., por las que y en cuyo marco es oprimido, el proletario llega a convertirse en una fuerza consciente de sí mismo como parte de una clase, o, empleando los términos del propio Marx, como parte de una «clase para sí misma». Es decir, el proletariado, como fuerza revolucionaria, es consciente de su situación problemática y de su destino histórico de derribar el sistema capitalista. Para Marx, el sistema capitalista genera conflicto, un conflicto que puede ser más o menos abierto, pero que el aparato legal en su conjunto y la ideología oficial controlan en interés de una clase, la burguesía[4].

Cualquiera que fuere la fuente de conflicto en las teorías de la fuerza, bien sea producto de una configuración psicológica original del hombre o de una conciencia societalmente generada, el conflicto ha de ser contenido, y las teorías de la fuerza la conciben en última instancia como origen del orden social. Según este modo de ver, el orden existe en la sociedad en gran medida como resultado del empleo o de la amenaza de emplear el poder que algunos hombres poseen y pueden utilizar para asegurar la conformidad y obediencia de los otros. El hombre hace lo que se espera de él, porque si no se somete puede verse amenazado por un castigo físico, una privación o una sanción. El hombre obedece, porque de no hacerlo podría ser castigado; según este punto de vista, la base del orden social es la fuerza.

«¡Hijo mío! —exclamó— ¿ves a aquel loco que con sus dientes muerde la nariz del adversario que ha derribado, y a aquel otro que golpea la cabeza de una mujer con una gran piedra?»

«Sí —dijo Bulloch— están creando el derecho, están fundando la propiedad; están estableciendo los principios de la

---

[4] De hecho, cuando Marx analiza las consecuencias del golpe de estado de Luis Bonaparte afirma que en algunos aspectos el Estado permaneció fuera de la escisión societal fundamental, «The 18th Brumaire of Louis Bonaparte», *Selected Works*, vol. I, pp. 221-311; véase también F. Engels, «The Origin of the Family, Private Property and State», *Selected Works*, vol. II, p. 290.

civilización, las bases de la sociedad y los cimientos del Estado.»[5].

La teoría de la fuerza debe basarse en una proposición elemental sobre la distribución de poder en la sociedad, a saber, que el poder está distribuído de forma desigual: unos hombres tienen más poder que otros. Las teorías de la fuerza, por ello, suponen una cierta teoría de la élite, como subcategorías de la teoría más general. La proposición de que la distribución desigual de poder acompaña necesariamente a las teorías de la fuerza pueden apreciarse con mayor claridad en Hobbes, quien afirma de forma inequívoca que mientras los hombres sean básicamente iguales en términos de fuerza y astucia será imposible toda sociedad. Sólo comienza la sociedad cuando los hombres establecen el Leviatán, que monopoliza el poder. Se trata de la versión más sencilla posible de una teoría de la élite. Hace referencia a una élite de un solo individuo (Hobbes era partidario de la monarquía) y a una sociedad en la que todos los demás miembros se encontrarían en idéntico estado de ánimo egoísta: *individualistas posesivos* potencialmente enfrentados, que son controlados por el monopolizador de la fuerza. Esta versión nos informa muy poco sobre cómo utilizará el poder su monopolizador, o sobre las condiciones sociales en las que descansa. Para Hobbes, la cuestión quedaba solucionada haciendo referencia a la alternativa al monopolio, a saber, la anarquía: la sociedad vuelve a la barbarie, a la «guerra de todos contra todos». En este sentido, Hobbes es profundamente asociológico en su manera de enfocar el problema de la fuerza, ya que ni los gobernados ni el que gobierna cambian en absoluto como consecuencia de su mutua relación: el gobernante sigue siendo un individuo, y los gobernados, una amalgama de individuos. Las teorías modernas de la élite rechazan este individualismo y defienden, en cambio, un sistema de interacción.

La interacción entre gobernantes y gobernados implica, no obstante, un debilitamiento de la teoría pura de la fuerza, al hacer referencia a un cierto grado de compromiso entre las dos partes o al señalar que la posición de la élite depende de un cierto tipo de negociación. Esto es fácilmente demostrable si consideramos el caso de un monopolio del poder ligeramente más complejo que

---

[5] Anatole France, *Penguin Island*. León Tolstoi se refirió a ello de manera más sucinta al afirmar que quien no había estado en la cárcel, no conocía lo que es el Estado. ¡Quizás sea aún más convincente la muy general prohibición legal a los policías de realizar una huelga!

el del monopolio de un solo individuo explicado por Hobbes. Desde esta perspectiva más compleja, el poder sigue estando monopolizado por unos pocos gobernantes (mientras que los gobernados carecen de poder) que necesitan llegar a un acuerdo sobre las recompensas derivadas de su ejercicio. Tal es el caso de muchas sociedades dominadas, por ejemplo, por el ejército o la marina, o por una combinación de las fuerzas armadas y la policía que deben llegar a un acuerdo, como condición mínima de control, sobre la forma de distribuir el prestigio, el status, la renta, etc. Si no llegan a un acuerdo, acabarán por producirse conflictos entre compañeros sobre la distribución de los beneficios. Aun cuando aceptemos la idea de un monopolizador del poder, intuitivamente resulta evidente que no puede gobernar solo, y que necesitará como mínimo el apoyo o la tolerancia de las fuerzas armadas; de aquí se deduce que el monopolizador del poder habrá de atender a ciertas expectativas mínimas de aquellos que controlan las fuerzas armadas. Este era el punto de vista de Mosca cuando en la década de 1880 escribía que «el hombre situado al frente del Estado no podría gobernar sin el apoyo de una clase numerosa que haga respetar y cumplir sus órdenes; y, aceptando que pueda hacer sentir el peso de su poder sobre un individuo o muchos individuos de la clase dirigente, no hay duda de que no puede estar a mal con la clase en su conjunto, o prescindir de ella» [5]. De aquí se desprende que la teoría pura de la fuerza con un solo monopolizador del poder es una imposibilidad práctica: por lo menos debe limitar su poder con un tipo de coalición basada en un mínimo de recompensas a cambio de un mínimo de apoyo.

Si es cierto que las teorías de la élite suponen un cierto tipo de coalición, es prácticamente posible que, por ejemplo, los jefes del ejército en coalición con el monopolizador de la fuerza hayan de atender, por su parte, a ciertas expectativas del cuerpo de oficiales, tales como la promoción rápida, la mejora de las condiciones, un armamento mejor, un ejército más numeroso, etc., etc. Una rápida consideración de la expansión de las fuerzas armadas y de la revolución en el sistema de promoción, posterior a la intervención del ejército en Latinoamérica, Asia y Africa, lo confirmaría. Por ello es posible, teórica y empíricamente, que las coaliciones de élites dependan de las expectativas de las no-élites, consideración que supone un debilitamiento considerable de la teoría pura de la fuerza en beneficio de teorías basadas en el interés o en cierto tipo de consenso. Para demostrarlo examinaremos brevemente varias teorías de la élite.

2.3. Relación entre la teoría de la élite y la coerción

El modelo coercitivo considera que la fuerza es el factor primario de cohesión en la sociedad; la teoría de la élite hace hincapié en la posesión de la fuerza por una minoría. Los teóricos de las élites se ven conducidos a centrar su examen en el estudio de la cohesión de las élites y, a nivel más general, la(s) fuente(s) de dominación de la élite. Así pues, subyacente a la mayoría de las teorías de la élite aparece una concepción de las relaciones, aunque sean bastante desiguales, entre la élite y el resto de la sociedad, y que no son simplemente relaciones de dominación y sumisión, sino que en ellas, hasta un cierto punto, las acciones de la élite deben tener en cuenta las respuestas de los demás. Para la teoría de la élite, las relaciones exclusivas de dominio o de fuerza resultan inadecuadas para explicar el orden, y esto por varias razones. Por ejemplo, las relaciones de poder desembocarán, por su propia naturaleza, en conflicto: «... esta distribución diferencial de la autoridad se convierte invariablemente en el factor determinante de conflictos sociales sistemáticos» [6]. Del mismo modo, en el problema ya mencionado del monopolio del gobierno de una sociedad por las fuerzas armadas, está claro que, desde el momento que ejercen un monopolio efectivo de la fuerza, se las debe comprar o neutralizar mediante la creación de antagonismos internos o grupos de poder en competencia (policía secreta, milicia de partido, etc.). La última alternativa no es muy brillante, al menos en términos de la teoría del poder, pues debilita los instrumentos por medio de los cuales se asegura el orden social. Conscientes de ello, los teóricos de la élite centran su atención en tres aspectos del control: (1) la cohesión de la élite, (2) la falta relativa de organización en la no-élite, y (3) las interrelaciones entre estos dos factores. Una clara implicación de estas consideraciones, para los teóricos de la élite, es que mientras la fuerza es una condición necesaria del orden social, *no* es su condición suficiente.

El aspecto de estas teorías que nos interesa más es que, aun cuando parecen formar parte de la teoría de la fuerza, apuntan de hecho hacia otras soluciones del problema del orden. Como ya hemos indicado, las relaciones en el interior de la élite no están basadas en la fuerza sino más bien en el interés mutuo, aunque sólo sea el interés común de resistir al grupo más numeroso de la no-élite. La teoría de la élite subraya también el carácter de cuerpo de la élite, como resultado de los modelos educacionales comunes, de unos principios ideológicos comunes, de un estilo de vida o de unos orígenes étnicos, sociales o geográficos comunes. Además, todos los teóricos de la élite insisten en el apoyo institucional del poder de la élite en sectores claves de la sociedad, como las empresas, el parlamento y el poder ejecutivo, las fuerzas armadas, la policía y las organizaciones religiosas. Finalmente, se concede importancia destacada a la superioridad técnica de la élite: «prescindiendo de la tendencia de los dirigentes a organizarse y a consolidar sus intereses, y prescindiendo también de la gratitud de los gobernados hacia los dirigentes y de la pasividad e inmovilismo general de las masas, habremos de concluir que la causa principal de la existencia de una oligarquía en los partidos democráticos se encuentra en el carácter técnicamente indispensable del liderazgo» [7].

En la versión que ofrece Pareto de la teoría de la élite, una élite podría perder su superioridad por mostrarse débil, por no saber reclutar a los elementos más activos de las masas, o por un cambio en las condiciones materiales, pudiendo ser desplazada entonces por una contraélite bien dotada y enérgica. Este proceso, llamado de circulación de las élites, se produce en todas las sociedades, y a todos los niveles de la sociedad —desde la banda de ladrones hasta el gobierno—, pero no afecta al hecho fundamental del gobierno de la élite, aunque su posibilidad pueda hacer que una élite vigile con cuidado a la población para descubrir posibles muestras de desafección. En general, el proceso no afecta a las formas sociales, que permanecen relativamente constantes, mientras la sociedad se caracteriza por una tensión estable [8].

De manera característica la teoría de la élite tiene una *pobre* opinión sobre la naturaleza humana, en especial sobre la naturaleza de los gobernados: «Tras lo ocurrido a Virginia, la plebe de Roma se retiró en armas al monte Sacro. El Senado envió mensajeros para informarse de acuerdo con qué autoridad habían desertado de sus oficiales y se habían retirado al monte; y era tan grande el respeto que la plebe tenía por la autoridad del Senado que, al no ir con ellos ninguno de sus jefes, nadie se aventuró a contestar... Esto muestra claramente lo inútil que es una multitud sin un jefe»[6]. La principal característica de las masas es la

[6] Machiavelli, *The Discourses of Niccolo Machiavelli*, Routledge & Kegan Paul, Londres, 1950, vol. I, p. 312. En sus escritos como marxista, A. Gramsci hacía observar que para los pensadores de élite «Las masas sirven sólo para *manejarlas* y se las *entretiene* con sermones morales, estímulos sentimentales, mitos mesiánicos de una próxima edad fabulosa», *The Modern Prince*, Lawrence and Wishart, Londres, 1957, p. 148.

inconstancia y la pasividad, salvo cuando la incompetencia de sus jefes las lanza a una furia desatada: carecen de voluntad de mando, y desean ser dirigidos y disfrutar de una seguridad casi bovina. Desde un punto de vista ligeramente diferente, la masa carece de la visión de la sociedad necesaria para la dirección de los asuntos públicos, no tiene capacidad organizativa y «seguirían siendo instrumentos pasivos en la lucha por el poder, por muy 'popular' que fuera la forma de gobierno local bajo la que vivieran» [9].

Aunque carentes de todo respeto hacia la masa, los teóricos de la élite son conscientes del peso potencial de ésta si los dirigentes no le prestan una atención asidua; por ello los teóricos de la élite conceden importancia considerable a las técnicas de control y al proceso de movilización de las masas. En la variante leninista del marxismo, los dirigentes pueden convertir a las masas, previamente un conjunto informe de individuos, en agentes conscientes y disciplinados de un cambio social total[7]. Escribiendo desde un ángulo muy diferente, Georges Sorel intentaba convencer a los dirigentes del movimiento sindical para que abandonaran la conciliación y la negociación para adoptar el mito de la huelga general contra la sociedad burguesa en su conjunto. Con esta técnica se reavivaría la unidad perdida del proletariado, y saldrían a la superficie «los sentimientos más nobles, profundos y conmovedores que el proletariado posee; la huelga general los agrupa en una imagen coordinada y, a través de ella, da a cada uno su máxima intensidad» [10]. *El Príncipe* se encuentra dentro de la misma tradición: tratar al pueblo debidamente, unirlo al carro del usurpador mediante la fuerza y la astucia, organizarlo en milicia popular, etc., etc., y se convierte en arma poderosa en las manos de un dirigente decidido.

De manera específica, está implícito en la teoría de la élite que la relación entre los gobernados y los gobernantes es de manipulación y que, por tanto, no depende de la fuerza bruta sino de la comprensión de la psicología de masas, que en general supone que éstas son sensibles a las ideologías, a los símbolos y a los

---

[7] V. I. Lenin, *¿Qué hacer?*, Ediciones en Lenguas Extranjeras, Moscú, 1950, en especial capítulos IIa y IVa-e. Lenin sigue en este punto la línea de anteriores teóricos, como Babeuf y Blanqui, quienes también creían que a un derrocamiento por la fuerza de sociedades actuales e injustas podría seguir una reordenación del sistema educativo y de propiedad que suprimiría el egoísmo y, por lo tanto, produciría un nuevo y duradero orden moral basado en la armonía *natural;* véase J. L. Talmon, *The Origins of Totalitarian Democracy,* Secker and Warburg, Londres, 1955, pp. 167-200.

sentimientos. Las élites que se dan cuenta, quizá de manera intuitiva, de la profunda necesidad sentida por las masas de ser gobernadas «no a base de la pura fuerza física o intelectual, sino de un principio moral»[8], reaccionan *proporcionando* ideologías y símbolos con los que las masas puedan identificarse. Estos símbolos e ideologías sirven para crear lazos emocionales entre la masa y la élite, y para legitimar la posición de la élite; en otras palabras, para transformar la fuerza en autoridad, cambio que es indicativo de nuevas bases de obediencia, y por tanto de orden social.

La teoría de la élite parece enfocar de manera más sutil que la teoría de la pura fuerza el problema de la conformidad o de la obediencia sociales. Sugiere un nuevo planteamiento, partiendo de la base de que la fuerza es insuficiente para mantener la obediencia durante un período largo de tiempo, y que la prudencia de la élite y el cálculo es un nuevo factor necesario para la cohesión social. El elemento de prudencia indica que existen límites de mando que no sería acertado sobrepasar. El elemento de cálculo supone que las élites son conscientes de esta limitación a su libertad de mando, que lo tendrán en cuenta *antes* de mandar, y que la obediencia no es una simple consecuencia del mando, a pesar de la apariencia de una relación de superior a subordinado basada en la fuerza. Otro elemento de la teoría de la élite es que la obediencia podría ser consecuencia de una transformación, al menos en la masa, de la relación de poder en un liderazgo moralmente justificado, basado en una adhesión ideológica y simbólica.

2.4. Insuficiencias de la teoría de la coacción

Quizá la mayor insuficiencia de la teoría de la coacción es que adopta una perspectiva demasiado simplista frente al problema de la obediencia; en el párrafo anterior indicamos algunas de sus limitaciones. No ofrece solución a largo plazo al problema del orden; el ejercicio del poder puede engendrar por sí mismo

---

[8] Gaetano Mosca, *The Ruling Class*, McGraw-Hill, Nueva York, 1939, p. 71. Mosca dice también que «las presiones surgidas del descontento de las masas gobernadas, de las pasiones por las que se ven dominadas, ejercen cierta influencia sobre las decisiones políticas del sector gobernante, la clase política» (p. 51). Pareto afirma también que en una democracia «el primer instrumento de gobierno es la manipulación de los seguidores políticos», citado en P. Bachrach, *The Theory of Democratic Elitism*, Little, Brown, Boston, 1967, p. 12, n.º 9.

conflictos; el necesario proceso de delegación de poderes y de coalición en sociedades amplias crea nuevos problemas de control e indica la necesidad de otras bases de poder y, por lo mismo, de orden social.

Examinemos brevemente algunas otras insuficiencias de las teorías de la coacción. Para el estudiante de las instituciones comparadas —y la sociología política debería ser una disciplina comparativa— la mayor limitación es que no explica la naturaleza ordenada de las llamadas sociedades sin estado, o acéfalas. En tales sociedades no existe centralización de la autoridad, ni una maquinaria administrativa especializada o diferenciada y, desde luego, ningún monopolio de poder central; y sin embargo dichas sociedades tienen cohesión, que puede considerarse como un resultado de «un equilibrio de lealtades locales opuestas y de lazos de parentesco y rituales divergentes» [11]. Escribiendo sobre la organización de una de estas sociedades, la de los Nupe en el centro de Nigeria, al norte del área altamente centralizada de los yorubas, S. F. Nadel indica que la unidad de este pueblo se basa en «una reserva de tradiciones relativas a un origen común, a ciertas formas características de la estructura social, a creencias religiosas, a un conjunto de rituales de las estaciones que aporta a su ciclo de la vida su atracción interior, su sentido más profundo y su anclaje sagrado en lo sobrenatural... tenemos ante nosotros... una base espiritual antes que una uniformidad organizada, una idea antes que una verdadera maquinaria de cooperación» [12]. Tales sociedades parecen mantenerse unidas, y tener una estructura, gracias no a un monopolio centralizado de la coacción, sino a un cierto tipo de religión y mitología comunes junto con el matrimonio fuera del grupo de parentesco inmediato, que puede servir para evitar conflictos. Otra forma de evitar conflictos es la necesidad de formar coaliciones para solucionar un posible problema atrayéndose a grupos cada vez menos relacionados con la disputa inicial[9]. Aun cuando los teóricos de la fuerza argumentaran que *en el interior* de cada parte de una sociedad segmentaria la fuerza es la condición previa para la cohesión, tal definición estaría muy lejos del postulado inicial según el cual la fuerza es la que mantiene unida a la sociedad en su conjunto.

[9] Véase Lloyd Fallers, «Political Sociology and the Anthropological Study of African Politics», *European Journal of Sociology,* vol. 4, n.º 2, reimpreso en R. Bendix, *State and Society,* Little, Brown, Boston, 1968, pp. 73-86. Estos ejemplos indican la existencia de un sistema de valores comunes o de una relación calculada que sirven de inhibidores de los conflictos.

Una nueva serie de dificultades surgen en torno al hecho bastante evidente de que a la gente le *interesa* obedecer a la ley: a este respecto, el ejemplo que con mayor frecuencia se cita es el de las leyes de tránsito, que, de no existir, nadie estaría a salvo en las carreteras. Se deduce de ello que la gente obedece al menos ciertas leyes, no ya por el castigo a su incumplimiento, sino también porque de la obediencia se derivan beneficios claros. Se minimizan los costes y la gente puede aunar esfuerzos, con la consiguiente mejora en el bienestar general. Un requisito previo para esta mejora es que la mayoría de la gente obedezca en razón de las ventajas alcanzadas. Pero puesto que para todo individuo sería racionalmente mejor obtener ventajas de carácter público —carreteras, seguridad, protección policial, etc.— sin pagar por ellas, resulta que la coacción, o al menos las obligaciones no voluntarias, aparece como necesaria para poder proporcionarlas. La gente necesita y desea gozar de ventajas de carácter público, pero cualquier individuo puede también obtener dichas ventajas —si se proporcionan a la comunidad— sin pagar: de ahí la necesidad de la coerción [10]. Puede emplearse la fuerza para obligar a hacer algo a una minoría de recalcitrantes o de desviados sociales, pero la fuerza es entonces una explicación residual y no primaria de la obediencia.

Ya hemos indicado que las teorías de la fuerza no explican la cohesión de las sociedades acéfalas *simples,* pero también es poco probable que estas teorías ayuden a explicar al menos algunos de los aspectos importantes de las sociedades *complejas,* en especial los estados industriales desarrollados [11]. Pongamos por caso la Unión Soviética en los períodos comprendidos entre 1928 y 1938, y desde comienzos de la década de 1950 en adelante. Durante el primer período, el problema era el aumento rápido de la producción de acero, petróleo, carbón y otros productos pesados, al mismo tiempo que se mantenía el control de una población que sufría un descenso general en su nivel de vida y, en el caso del campo, una situación real de hambre. Sin extenderse en demasiados detalles, la cuestión es que la URSS pasó por un período de industrialización forzada que el pueblo pagó con sudor, hambre y explotación. Durante este período de desarrollo a marchas forzadas, uno de los principales incentivos al trabajo

[10] Para un examen más detallado de esta cuestión, véase M. Olson, *The Logic of Collective Action,* Schocken Books, Nueva York, 1968, en especial caps. 1 y 4.

[11] Con los términos *simple* y *complejo* queremos significar sociedades en las que está más o menos desarrollada la diferenciación institucional y personal. Volveremos a ocuparnos de esta distinción en el cap. 4.

fue el terror y el temor de las masas rusas a sufrir penalidades físicas; pero incluso entonces se utilizaron otros incentivos, además de la pura fuerza. De este modo, Stalin estimuló a los obreros para que compitieran por la obtención de recompensas más altas *(estajanovismo* y *emulación socialista)*, proporcionando a los más activos y afortunados oportunidades para ascender rápidamente en la jerarquía político-industrial: «La tarea es no desanimar a los camaradas que muestren iniciativa, sino promoverlos abiertamente a posiciones de mando; darles la oportunidad de desplegar sus capacidades organizativas y de completar sus conocimientos» [13].

Se hizo uso de la fuerza en el primer período para cambiar la estructura de la sociedad, para cambiar las actitudes de la población y para dominar las tensiones surgidas de estos cambios. El gobierno de una sociedad industrial más compleja, con directivos, científicos, economistas, técnicos militares, etc., hace imperativa, al menos, una cierta contención en el uso de la fuerza y, en cualquier caso, es inútil intentar obligar por la fuerza a una persona a que se haga físico atómico o mecánico cualificado. Se necesita de algo diferente y, sea lo que fuere, los teóricos de la fuerza no pueden ofrecer ese otro elemento sin forzar la teoría. Es innegable que al menos los peores excesos del estalinismo se han mitigado en la URSS. Y, al menos parcialmente, lo exige así probablemente el creciente perfeccionamiento técnico de la industria soviética, la confianza que algunos grupos de la sociedad soviética tienen en su carácter de indispensables y el hecho de que los políticos soviéticos se hayan dado cuenta de que la fuerza tiende a volverse contra los que la utilizan[12]. Así pues, incluso un rápido examen del caso soviético indica que, al mismo tiempo que la Rusia de los años 30 constituía un buen ejemplo del uso de la pura fuerza, su cohesión fue consecuencia no sólo de la utilización de la fuerza, sino también del empleo de incentivos. Durante la guerra, a partir de 1941, Stalin consideró conveniente confiar en un grado muy superior en el patriotismo, y desde los años 50 la fuerza ha desempeñado probablemente un papel mu-

---

[12] Esta es una versión de la teoría de la *convergencia* según la cual la industrialización hace que, por su propia lógica, dos sociedades industriales acaben pareciéndose estructuralmente a la larga; esto suele aplicarse a EE. UU. y la Unión Soviética. Para un estudio más matizado véase Z. Brzezinski y S. Huntington, *Political Power: USA-USSR*, Viking Press, Nueva York, 1964. Véase también C. Kerr, J. T. Harbison y F. A. Myers, *Industrialism and Industrial Man*, Harvard University Press, Cambridge, Mass., 1960; John Goldthorpe, «Social Stratification and Industrial Society» en R. Bendix y S. M. Lipset, *Class, Status and Power*, Free Press, Chicago, 1966, 2.ª ed., pp. 648-659.

cho menos destacado en la vida soviética, aunque no sea más que porque una sociedad compleja no puede ser organizada a base de la fuerza.

Pero no se trata solamente de una cuestión de determinismo tecnológico, en el caso de las sociedades avanzadas, y de costumbre, tradición, equilibrio, etc., en las menos desarrolladas, sino más bien de la observación elemental de que, en todas las sociedades, aquellos que se encuentran en posiciones de poder «deben *persuadir* a los inferiores para que acepten su mando»[13]. Esta persuasión puede lograrse por medio de ideologías que propugnan el sacrificio del presente en beneficio del futuro —estalinismo, marxismo, nazismo y gran parte del nacionalismo actual—, o de ideologías que equiparan el éxito personal con el progreso social (liberalismo benthamista o *darwiniano*), o de una sanción divina:

> *El rico en su castillo,*
> *El pobre en el portal:*
> *Dios los hizo altos o humildes*
> *y ordenó su lugar.*

Puede también adoptar la forma de una ideología de servicio, como en el caso de muchas aristocracias, o del temor a un enemigo exterior que sólo los elegidos pueden detectar, o también, como en la China anterior a 1949, de un mandato del cielo. Cualquiera que sea el *artificio* —y en la enumeración anterior no se pretende ni mucho menos ser exhaustivo—, el hecho es que en ninguna parte un grupo o clase dirigente permitirá por mucho tiempo que se considere que gobierna sólo por la fuerza.

Nos hemos ocupado con cierta amplitud de las insuficiencias de la teoría de la fuerza, y ahora pasaremos a examinar brevemente sus aciertos. No nos extenderemos en este punto, porque pensamos ocuparnos de la teoría de la fuerza cuando tratemos de hacer una evaluación de las demás teorías del orden social. Su primera virtud radica en que no elude el hecho cierto de la *existencia* de los conflictos en la sociedad: ¡tras los jueces y los funcionarios civiles está el ejército, la policía y las cárceles, la tortura y los verdugos! Y lo que es más importante, la teoría de la fuerza dirige nuestra atención hacia un factor muy descuidado en política, el factor tiempo.

---

[13] H. D. Duncan, *Symbols in Society*, Oxford University Press, Nueva York, 1968, p. 53. Esta obra ofrece un análisis muy agudo de la sociedad como drama.

Aun cuando aceptemos que las sociedades occidentales actuales no se basan en la fuerza —y son muchos los que no opinan así— sino fundamentalmente sobre un cierto tipo de consenso popular, tenemos que explicar la formación de ese consenso durante cierto período de tiempo. Tomemos el caso de Gran Bretaña, de hecho un imperio que, partiendo de Inglaterra, conquistaría por la fuerza Gales, Irlanda y Escocia. Estos territorios, antes de la conquista, representaban civilizaciones independientes, y en el caso de Irlanda y Escocia, eran países más orientados a Europa que a Inglaterra. En el curso de su incorporación al Reino Unido, se hizo uso deliberado de la fuerza para destruir las lealtades locales y las concentraciones de poder local, para desviar el comercio hacia Inglaterra, repoblar algunas zonas, destruir los idiomas locales y la pequeña nobleza, etc. En un primer momento la utilización de la fuerza fue lo único que mantuvo unidos los distintos elementos mientras iban formándose gradualmente otros lazos: un idioma común, una misma Iglesia extendida gradualmente, famosas victorias sobre el *extranjero,* y lazos de una economía interdependiente. Nada de esto podría haberse conseguido sin la utilización de la fuerza, como puede demostrarse fácilmente si examinamos los países del Tercer Mundo que han accedido recientemente a la independencia y en los que no existe un poder central. ¡La falta de poder corrompe!

La teoría de la fuerza tiene también la ventaja de dirigir nuestra atención hacia una de las dicotomías centrales del pensamiento social y político europeo moderno, a saber, la distinción entre Estado y sociedad; distinción que normalmente atribuye al Estado «el método de coacción y compulsión», mientras la sociedad «utiliza el método de la acción voluntaria y el proceso de persuasión» [14]. Se atribuye, por ello, al Estado el monopolio legal del poder, en el sentido de ser la autoridad soberana, la autoridad que realiza el ajuste final de los conflictos societales y los soluciona, si llega a ser necesario, mediante el empleo de su monopolio legal de la fuerza. La existencia de una dicotomía entre el Estado y la sociedad, entre el hombre y el ciudadano, vuelve a plantear el problema de la posibilidad de que aparezcan lealtades divergentes, problema al que han tenido que hacer frente las sociedades occidentales desde el nacimiento del cristianismo: «Dad al César lo que es del César y a Dios lo que es de Dios.» El problema queda resuelto legalmente con el concepto de la soberanía, según el cual el Estado no tiene limitaciones legales ⌐ su poder; pero en la práctica existen, por supuesto, muchas limitaciones. A grandes rasgos, existe una distinción analítica entre Estado y sociedad, y gran parte de la historia de la sociología política ha consistido en delimitar las fronteras entre ambos (la filosofía política liberal británica se basó y fracasó en su voluntad de hacer operativa esta distinción) o de subsumir el uno en el otro[14]. Pero hoy parece aceptado que mientras lo que define al Estado es el monopolio legítimo de la fuerza, a la larga no puede hacer uso de este monopolio teórico de su soberanía, a menos que consiga la lealtad y el apoyo de los miembros de la sociedad por medios distintos a la fuerza.

En este punto podemos pasar a examinar una explicación alternativa o en competencia del orden social, que considera a la organización social como resultado del interés mutuo o como consecuencia del interés individual debidamente entendido.

2.5. El orden social: teoría del interés

Desde esta perspectiva, el problema del orden consiste en conciliar los intereses individuales o de grupo para llegar, al menos, a un mínimo de armonía entre los hombres. En la teoría de la coacción, no era posible la conciliación sin la fuerza, pero en las teorías de las que nos ocupamos ahora, el interés es el mecanismo de la conciliación y, por tanto, del orden social. Las teorías del interés son, a nuestro entender, teorías que afirman que los hombres hacen lo que desean hacer, y que el orden social es el resultado de este hecho. Los hombres no están coaccionados por la autoridad pública ni hacen lo que quieren porque la autoridad pública los haya inducido a ciertas predisposiciones de comportamiento. Las teorías del interés parecen situarse entre las teorías de la fuerza y las teorías sociológicas modernas que hacen hincapié en un consenso basado en una socialización en pautas de comportamiento públicamente aceptables. Pueden apreciarse dos grandes variantes de la teoría del interés, que insisten en una consideración individualista del hombre, por la

[14] De este modo, según Marx y el marxismo, el Estado acaba por desaparecer para dar paso a una sociedad libre; según el socialismo gremial y el anarquismo, el Estado es sustituido por organizaciones societales, como sindicatos y cooperativas; según Saint-Simon por administradores, banqueros y expertos, y según la sociología moderna por la organización socialmente sensible. Para un estudio brillante de esta cuestión véase S. Wolin, *Politics and Vision*, Little, Browm, Boston, 1960, cap. 10; B. Crick, *In Defence of Politics*, Penguin, Londres, 1964, y también E. H. Carr en introducción a Bujarin y Preobrazhenski, *The A.B.C. of Comunism*, Pelican, Londres, 1969, pp. 13-37.

que su actuación responde a motivaciones u objetivos fundamentalmente privados. Estos objetivos o motivos pueden variar desde el orgullo, la búsqueda insistente de seguridad, el placer, la eliminación del dolor, etc., hasta la búsqueda del beneficio o de la estima social. Para las teorías del interés el artificio consiste en hacer de estos asuntos privados medios de cohesión social, y es precisamente en la elaboración de este artificio en lo que difiere el énfasis de estas teorías.

2.6. Teoría del interés: la variante prudencial

Los hombres tienen intereses privados que desean alcanzar, pero se les oponen peligros naturales (¡leones y tigres con dientes afilados!). Con el fin de crear un contexto seguro en el que puedan alcanzarse estos intereses privados, deben agruparse —aunque no sea más que para mantener ardiendo el hogar: ello supone un acuerdo, un sistema de reglas sobre la recogida de madera y la vigilancia. Es difícil pensar en un ejemplo más sencillo, pero en seguida nos vienen a la mente otros más complejos, como la cooperación para construir un puente, levantar una presa en un río, construir una tumba, etc.

Se fijan reglas que definen los derechos y obligaciones derivados de la conciencia colectiva de la necesidad de un esfuerzo común. Las reglas no hacen sino establecer una división del trabajo. El orden es, pues, consecuencia de que varios individuos se dan cuenta de los beneficios en términos de seguridad o de ventajas de uno u otro tipo; en otras palabras, son conscientes racionalmente de los beneficios de la cooperación y, por lo tanto, del orden. No es precisa la coacción; se trata simplemente de que, en su calidad de seres racionales o, en cualquier caso, de individuos con visión clara, los hombres son capaces de prever las ventajas personales que produce un esfuerzo común.

El punto central de esta variante de la teoría del interés es el concepto de la igualdad en la gratificación, es decir, que todos los que participan en una sociedad se benefician de esta participación en términos básicamente equivalentes por esfuerzos básicamente iguales. Una insuficiencia de esta variante reside en que no explica los hechos empíricamente comprobables de la estratificación social, y la consiguiente desigualdad de recompensas. Esta teoría sólo podrá explicar la desigualdad en los beneficios añadiendo nuevas proposiciones, según las cuales, por ejemplo, algunos trabajos o tareas requieren mayor habilidad, preparación, experiencia, etc., que deben premiarse para que se realicen. Otra proposición alternativa podría ser que la organización establecida en un principio para beneficio mutuo se hace, de algún modo, más poderosa de lo previsto y usa el poder para romper el equilibrio de igualdad. Esta es la alternativa elegida en distinto grado por un número considerable de teóricos sociales, y que acude a la distinción, a la que anteriormente hicimos referencia, entre sociedad y Estado.

No importa cuál sea el origen del poder del Estado, ni siquiera su justificación; para estos teóricos se trata de un peligro para los intereses individuales o de grupo, y es fuente o consecuencia de la corrupción de la sociedad: «El gobierno, como el vestido, es muestra de la inocencia perdida; los palacios de los reyes se construyen sobre las ruinas de los aposentos del paraíso», escribía Tom Paine en enero de 1776 [15]. La corrupción, por el gobierno y la civilización, de la inocencia original y de la igualdad de los hombres es el tema del *Discurso sobre el origen de la desigualdad* de Rousseau, y aunque éste no concluyó que los gobiernos son siempre malos (solamente deseaba su control), los teóricos de tradición anarquista no han dudado en extraer esta consecuencia. Según esta tradición, la desigualdad y la corrupción son *causadas* por los gobiernos, por la autoridad *política* organizada; desembarazarse del gobierno y regresar al equilibrio natural de la sociedad es un imperativo moral, y la existencia del gobierno es suficiente en sí misma para explicar las desigualdades. Según la tradición anarquista, el orden, tal como está constituido, es una creación de los gobiernos coactivos y una imposición que destruye el equilibrio natural u orden de la sociedad civil; basta con permitir la vuelta de este orden *natural* para que los intereses *naturales* del hombre encuentren la justa estabilidad. Este orden natural deriva, para Proudhon, de la lógica de la economía: «Todos los esfuerzos deberían concentrarse en la organización de las fuerzas económicas. La auténtica idea de la Revolución es asentar la sociedad sobre fuerzas económicas organizadas, sin coacción por parte del gobierno» [15].

[15] J. Hampden Jackson, *Marx, Proudhon and European Socialism,* English Universities Press, Londres, 1957, p. 100. Probablemente Proudhon tomó esta idea de los primeros escritos de Saint-Simon, que decía «En un Estado bien ordenado, el gobierno no ha de ser sino un auxiliar de la producción, una agencia al servicio de los productores, quienes pagan por ello, para que proteja sus personas y sus bienes mientras trabajan... El sumo de la perfección se alcanzaría cuando todo el mundo trabajara y nadie gobernara»; citado por E. Halévy, *The Era of Tyrannies: Essays on Socialism and War,* Penguin, Londres, 1967, p. 25.

Del mismo modo, en la versión de Godwin del anarquismo la fuerza más poderosa que se opone a la felicidad humana es el gobierno, y «no deberíamos olvidar que el gobierno es un mal, una usurpación impuesta al criterio privado y a la conciencia individual de la humanidad» [16]. Prescindir, hasta donde sea posible, del gobierno, descentralizar el resto, educar a la población, y el orden quedará asegurado mediante «la vigilancia por cada hombre de la conducta de sus vecinos» [17].

Esta variante prudencial de la teoría del interés, del mismo modo que la variante de la que nos ocuparemos ahora mismo, considera la sociedad según la dualidad Estado-sociedad, en la que la política sería en el mejor de los casos un mal necesario, según la versión no anarquista, y un mal no muy necesario, según la tradición anarquista. Tanto en la concepción anarquista como en la no anarquista del interés, la fuerza es innecesaria, salvo como método de deshacerse de las instituciones de control político, responsables del desequilibrio entre el Estado y la sociedad.

2.7. Teoría del interés: la variante de la competencia

El elemento principal en esta variante de la teoría del interés es la consideración del orden como consecuencia involuntaria de la interacción humana, mientras en la variante prudencial el orden es considerado como resultado de una voluntad humana de cooperación. La teoría prudencial del interés hace especial hincapié en la cooperación —un ejemplo de esto sería la *Ayuda mutua* (1902) del príncipe anarquista Kropotkin—, mientras que la segunda versión tiende especialmente a subrayar el orden como resultado de la competencia[16]. Los hombres aparecen como peor preparados que en la variante prudencial para apreciar los beneficios de la cooperación, y los teóricos de la persuasión competitiva se muestran mucho más escépticos sobre los posibles beneficios de tal cooperación. Los hombres persiguen su propio interés sin preocuparse demasiado por los intereses de los demás,

---

[16] En una formulación anterior, la de Mandeville, se hace hincapié en el poder del egoísmo individual, que sólo puede doblegarse en la práctica mediante la adulación y el elogio. Los hombres sólo se mueven por impulsos egoístas y siguen sus propias inclinaciones con exclusión de los demás, pero una consecuencia societal general era que «todas las partes estaban llenas de vicio y sin embargo el conjunto era un Paraíso». Lo mismo que para Smith, la sociedad es un producto involuntario de la búsqueda individual del interés propio. Bernard Mandeville, *The Fable of the Bees: or Private Vices, Publick Benefits*, F. B. Kaye (ed.) volumen I, Clarendon Press, Oxford, 1924; publicado por primera vez en 1714.

y están motivados fundamentalmente por el amor propio: «Siempre que no viole las leyes de la justicia, todo hombre es libre de buscar su propio interés de la forma que quiera y de poner su trabajo y su capital en competencia con los de cualquier otro hombre o grupo de hombres.» La justicia sirve de protección contra el robo de las ganancias de la competencia, y es necesaria en virtud de que «la opulencia de los ricos excita la indignación de la mayoría» [18]. En esta versión de la teoría del interés, los hombres han de competir por recursos limitados, siendo los competidores desiguales por razón del nacimiento, edad, riqueza y capacidad, con el resultado de que los recursos están distribuidos desigualmente en la sociedad. Por ello, la sociedad está estratificada según principios económicos, pero debido a la competencia las escisiones son fluidas en el sentido de que hombres capaces o con suerte pueden ser económicamente móviles. El gran resultado de esta competencia económica es que «al orientar ese trabajo de forma que su producto sea del mayor valor [el hombre económico] sólo persigue su propio beneficio, y en este caso, como en muchos otros, es dirigido por una mano invisible hacia un fin que no entraba en su *intención*... Al perseguir su propio interés contribuye con frecuencia a promover el de la sociedad de manera más eficaz que si *intentara* realmente promoverlo» [17].

La versión de Smith de la teoría del interés puede explicar, a base de criterios puramente económicos, la cohesión económica —escasez de recursos más distribución diferencial de las capacidades humanas— y la existencia del gobierno, que protege los resultados de la competencia. Puede también justificar el *gobierno limitado,* cuyos límites serían el resultado de la complejidad del sistema de intercambio económico «que no podría confiarse, no ya a una sola persona, sino tampoco a ningún tipo

---

[17] Adam Smith, *An Inquiry Into the Nature and Causes of the Wealth of Nations,* vol. II, E. Cannan (ed.), Methuen, Londres, 1964, p. 421. El subrayado es nuestro. El concepto hegeliano de la astucia de la razón, el surgimiento de la *Idea* a través de las consecuencias inesperadas de las acciones de los hombres, podría deber algo a la idea de Smith de la *mano invisible;* véase R. W. Tucker, *Philosophy and Myth in Karl Marx,* Cambridge University Press, Cambridge, 1961, p. 66. De manera parecida, Kant afirma que las decisiones personales son con frecuencia libres, y sin embargo forman parte de un modelo de comportamiento colectivo con regularidad propia: «Los seres humanos considerados individualmente, cada uno de los cuales persigue sus propios fines según sus inclinaciones y con frecuencia en conflicto con otros..., favorecen sin proponérselo, como si de su objetivo se tratara, un fin cuya naturaleza desconocen», citado en C. J. Friedrich (ed.), *The Philosophy of Kant's Moral and Political Writings,* Modern Library, Nueva York, 1949, p. 177.

de consejo o senado» [19]. La base del orden económico radica en que, dada una intervención gubernamental absolutamente mínima, la distribución de los beneficios permita la maximización de la satisfacción humana. El principio del orden en economía se hace extensivo al conjunto social, en el sentido de que la fuerza motriz de la economía y de la sociedad es el interés individual. La forma en que se pone en relación al individuo y la sociedad en esta versión competitiva de la teoría del interés constituye un principio básico de la sociología moderna. Sin embargo, otro principio fundamental es que el hombre *necesita* de un medio estable, y que tiende a sentirse más seguro en asociaciones de grupo que, como indica la economía utilitarista, luchando y compitiendo siempre por un máximo de recursos físicos. Puesto que esta competencia por un máximo de recursos conduce a una considerable fluidez social —cambios de colocación y de formas de vida—, se halla en conflicto con la necesidad de un medio estable y previsible. Así pues, el principio de la maximización utilitarista es negado siempre, en parte, por el manifiesto deseo del hombre de alcanzar un entorno estable[18].

La conexión entre el interés económico individual y el *interés económico societal* se realiza a través de un concepto de consecuencias no proyectadas por el sujeto, y se estructura de modo similar la conexión entre los valores de un individuo y los valores de otro. En su examen de los valores morales individuales, Smith dedica bastante espacio a demostrar que son productos sociales, y que un hombre al margen de la sociedad carecería de principios morales, puesto que la conducta o los juicios morales dependen de la respuesta que da un espectador a los mismos. Según esta tradición, que parte de Locke, el hombre adopta una conducta para conseguir la admiración, la aprobación o la *estima* de sus conciudadanos: la sociedad es una especie de espejo moral en el que se mira el individuo[19]. Podría decirse que el espejo moral

[18] Véase M. Olson, «Rapid Growth as a Destabilizing Force», *Journal of Economic History*, 23, 529-552 (1963), y el planteamiento imaginativo de esta cuestión en M. Young, *The Rise of the Meritocracy*, Penguin, Londres, 1961, en especial cap. 8.

[19] Este tema queda claramente expuesto en R. V. Sampson, *Equality and Power*, Heinemann, Londres, 1965, p. 150: «la metafísica del egoísmo defiende una sociedad asentada en el impulso a la emulación y en una veneración del principio de desigualdad». Es interesante señalar que, al igual que en otras versiones explicativas del orden que subrayan la prioridad de la sociedad sobre el Estado, se hace hincapié en ésta en la opinión pública como agente de control de primera importancia: todos los anarquistas lo hacen, el énfasis de Lenin en la crítica y la autocrítica es otro ejemplo, lo mismo que la prioridad que se otorga a este tema en los estudios actuales sobre la cohesión de la comunidad.

aparece ya en la primera infancia cuando la *buena* conducta es recompensada (reforzada) y la *mala* conducta es castigada. Consecuencia de esta sensibilización a los demás es un paralelo moral de la mano invisible: «actuando con arreglo al dictado de nuestras facultades morales, seguimos de manera necesaria el medio más eficaz para promover la felicidad de la humanidad» [20].

Es evidente que el orden, según esta versión de la teoría del interés, es un producto de las interacciones societales, y que el gobierno es un elemento coactivo que interviene sólo en casos menores, cuando la armonía se vea temporalmente afectada o para proteger a la sociedad de una intervención extranjera. La solidaridad surge de factores societales, y no de la coacción ejercida por una autoridad política centralizada. Caracteres equivalentes tiene la versión del darwinismo social de Spencer, que, desde una perspectiva evolucionista, hace hincapié en la necesidad de permitir la libre competencia en la sociedad para facilitar el mayor progreso posible, sobre la base de la selección natural. Al igual que en las teorías del interés, el darwinismo social parte del individuo, pone la sociedad por encima del Estado y hace equivalentes los intereses individuales con los del agregado social: «reconocer y asegurar los derechos del individuo es, al mismo tiempo, reconocer y asegurar las condiciones necesarias para una vida social normal»[20]. En las sociedades industriales, el orden social es un producto del esfuerzo individual en pos del beneficio y del acceso a los recursos escasos, siendo dichos recursos distribuidos de la mejor forma bajo las condiciones de la competencia. En el otro tipo de sociedad, *la militar,* se consigue la integración no por acuerdo o por contrato, sino por la coacción ejercida por la fuerza político-militar. De acuerdo con la dicotomía Estado-sociedad, la teoría del interés es claramente parcial a favor de una sociedad como un orden autosostenido, orden que a su vez sería un producto de procesos a nivel *individual.* Pero es muy posible demostrar, sin necesidad de añadir nuevos elementos al modelo del interés, que el conflicto entre los grupos, y no el orden, puede ser el resultado de la búsqueda del interés personal[21]. Tal sería el caso si partiéramos de la idea de que, en su búsqueda del interés personal e individual, un hombre podría

[20] Herbert Spencer, *The Man Versus the State,* Watts, Londres, 1940, páginas 123-124.
[21] También debemos recordar que es perfectamente posible demostrar que se puede llegar a un equilibrio en el campo de la economía alejado de la condición óptima, y que éste puede dar lugar a un fuerte paro, causa a su vez de conflictos.

unirse a otros para ejercer un monopolio o privilegio legal de algún tipo sobre los competidores. Adam Smith y los seguidores de su escuela eran muy conscientes de esto y tuvieron que reconocer que tal acción restaría valor al conjunto de los beneficios sociales[22]. Pero es posible también que un grupo se beneficie a expensas de individuos no organizados, quienes, si actúan de manera racional y con cálculo, deben a su vez organizar grupos compensadores. Esta consideración fue tenida en cuenta por Jeremy Bentham en su concepto del *interés siniestro*, que hacía referencia a hombres que, agrupados, habían conseguido posiciones o privilegios que defendían por medio de una variedad de doctrinas políticas, de acuerdo con las cuales se equiparaban sus intereses siniestros con los intereses de la mayoría. Pero lo importante es que para él no había razones para considerar irracional el que los hombres se agruparan en búsqueda del beneficio propio: «Mientras un hombre cualquiera participe siquiera mínimamente de este interés siniestro, tendrá un sentimiento de compañerismo hacia cualquiera de los otros hombres que en la misma situación tienen un interés del mismo tipo» [21].

De esta situación pueden derivarse tres consecuencias cuando el principio rector se ha anquilosado. En primer lugar, en un universo acorde con los principios de Smith, la máxima estrategia que una mayoría en desventaja podría adoptar sería, por definición, el restablecimiento de la libre competencia individual, retirando el monopolio de la minoría o sus privilegios legislativos. Por supuesto, ésta es la razón por la que los utilitaristas ingleses optarían por acortar los períodos de mandato parlamentario, para evitar que los diputados pudieran convertirse en velados grupos de interés[23].

La segunda consecuencia radica en un análisis del proceso político en términos de competencia o alianzas de grupo, es decir, del impacto de los grupos organizados en las predisposiciones y en las decisiones políticas. Esto ha conducido a que

[22] *The Wealth of Nations* representa una amplia polémica en contra de cualquier restricción al comercio, pero Smith era consciente de que «Las personas de una misma rama de comercio rara vez se reúnen... pero la conversación finaliza en una conspiración contra el público». Adam Smith, *An Inquiry Into the Nature and Causes of the Wealth of Nations*, vol. I, E. Cannan (ed.), Methuen, Londres, 1964, p. 130. Era también consciente de que las personas que viven de rentas, salarios o beneficios podrían considerar, de manera incorrecta, que sus intereses son distintos de los de los demás (vol. I, pp. 247-250).

[23] Esta fue la gran contribución de James Mill a la teoría política del utilitarismo, además de su principio del interés individual, que culmina en el sufragio universal masculino.

algunos especialistas en ciencia política examinen las formas en que los grupos de interés o de presión contribuyen a mantener unidos a los individuos que tienen un *interés común* pero que están desorganizados.

La tercera consecuencia del proceso de formación de grupos ha sido señalada por Marx, quien indicaba que un resultado lógico de la competencia era la formación de una sociedad básicamente dicotómica, sin interés común en el mantenimiento del orden establecido. Para Marx, el resultado de esta competencia no era, desde luego, la armonía de intereses, sino más bien un proceso de crisis crecientes y, en último término, de revolución[24]. Mientras tanto, consideraba Marx, el orden se mantenía en la sociedad por una combinación de coerción, de justificación ideológica y por la división de la clase obrera.

2.8. Evaluación de las teorías del interés

El aspecto más importante de las versiones históricas de la teoría del interés que hemos considerado es, sin duda, la atención dedicada al individuo, y la relativa libertad de movimientos que proporciona al estudioso para pasar de una perspectiva individual a otra de grupo. Analicemos ahora brevemente las implicaciones de la teoría del interés para la teoría sociológica. Pero antes de hacerlo, queremos subrayar una vez más que la conexión entre el orden individual y el social derivada de la teoría del interés competitivo constituye un punto de vital importancia para la teoría sociológica moderna. La cuestión es relativamente sencilla, aunque su desarrollo sea complejo: los sistemas sociales suponen o significan un comportamiento previsible y ordenado de los participantes; el problema es, entonces: ¿cómo se obliga o induce a los participantes a comportarse de manera ordenada? Desarrollando el concepto de interacción, Parsons, junto con Edward Shils, postulaba un actor que actuaría con el fin de maximizar la gratificación de sus impulsos o necesidades en una situación compartida con otros actores. Para Parsons y los que piensan como él, el artificio se realiza mediante la noción de normas, reglas de comportamiento que la gente llega a considerar como debidas u obligatorias, que se cumplen normalmente en contextos sociales particulares. «Los *actores* se encuentran en-

[24] Antes de Marx, la posibilidad de este resultado fue apuntada por Sismondi; véase E. Halévy, *The Era of Tyrannies: Essays on Socialism and War,* Penguin, Londres, 1967, pp. 1-16.

tonces en posición de hacerse demandas unos a otros, de tener expectativas mutuas (de manera complementaria) y de considerarse unos a otros como fuentes de control y gratificación de necesidades... normas que surgen para regular la acción... Los valores comunes, las normas y las cogniciones se institucionalizan, y surgen intereses para su protección y reforma. Cuando la interacción se institucionaliza y estabiliza, se desarrollan los sistemas sociales» [22].

Este punto de vista deriva de la proposición según la cual el mero hecho de que dos personas interactúen regularmente puede producir por sí mismo una norma sobre la forma y la regularidad de la interacción: que uno no faltará unilateralmente a las reuniones, no cambiará las citas, no llevará a otros consigo, etc. Y si uno hace algo inesperado en la relación, puede resultar entonces una cierta tensión por haber roto las expectativas; es decir, de las reuniones regulares ha surgido una norma que pesa sobre las decisiones individuales *independientemente* de las disposiciones del individuo. Se ha creado un *hecho social* que es propiedad emergente de la relación y, como lo definió Durkheim, «Se reconocerá un hecho social por el poder de la coacción externa que ejerce o que puede ejercer sobre los individuos» [23].

Desde la perspectiva de la teoría de la acción de Parsons, el punto débil de la teoría del interés es que presta insuficiente atención a la configuración del comportamiento por la aceptación de las normas sociales por parte de los actores. No es preciso detenerse a este respecto en el pensamiento de Parsons, a no ser para mencionar brevemente que en su teoría de la acción desarrolla una concepción de la cultura y de la personalidad. La cultura aparece como un conglomerado de símbolos, creencias y valores morales que modelan la manifestación socialmente permisible de los *impulsos o necesidades* de los actores; la interiorización —que hace de la cultura parte de la personalidad— a través de las recompensas y castigos sociales, en su mayor parte durante la niñez, constituye una fuente importante de control social en toda sociedad. La cultura interiorizada canaliza y dirige los impulsos *primitivos* hacia formas de acción socialmente aceptadas, o por lo menos toleradas. En esencia, la personalidad no se diferencia mucho de la concepción del siglo XVIII del hombre calculador. Se apreciará que el esquema de Parsons es una actualización de algunas ideas básicas del siglo XVIII: (1) la idea de los impulsos, (2) el comportamiento de los actores se orienta hacia otros actores (tanto en las relaciones sociales como en las económicas), (3) las consecuencias involuntarias de la interacción constituyen el

orden social. Sin embargo, la riqueza en el detalle y el establecimiento de conexiones complejas entre la personalidad, el sistema
social y la cultura carecen de equivalente previo; esto es lo que
ocurre especialmente con el amplio desarrollo realizado por
Parsons de la idea de normas, en las que se apoya su tratamiento
del consenso moral (véase cap. 2.9).

Así pues, desde el punto de vista de la teoría de la acción de
Parsons, las anteriores teorías del interés fallan al no conceder la
atención debida a las normas sociales. Esto no quiere decir que
Parsons olvide los intereses individuales o de grupo, sino simplemente que cree que «los elementos normativos son más
importantes que los *intereses materiales* de las unidades constitutivas» para explicar el orden y la cohesión social [24]. Otro punto
débil es que algunas personas pueden afectar los esfuerzos de
otras por conseguir sus fines o que incluso podrían estar en
situación de *determinar* aquellos fines. *Ego* puede tener en la
mayoría de los casos mayor efecto sobre *alter* que al revés, y un
examen de esta posibilidad podría alejarnos considerablemente
de las teorías del interés. Las teorías del interés se basan en una
serie de supuestos que podrían ser inaceptables; por ejemplo,
parecen partir de un supuesto que requiere explicación: ¿por qué
acepta la gente actuar unos sobre otros, aun cuando puedan
obtener de ello poco o ningún beneficio? Se define a la persona
como un calculador racional; en consecuencia, cuando interactúa
obtiene un beneficio. ¿Por qué se mantienen unidas las sociedades? ¡Porque hombres racionales obtienen un beneficio!

Bajo un punto de vista empírico, las teorías del interés sufren
de otra insuficiencia importante, ya que, de hecho, en la mayoría de las sociedades las condiciones bajo las que compiten los
actores están distribuidas diferencialmente en el sentido de que
algunos empiezan gozando de considerables ventajas derivadas
de la posición social o del poder político. Pongamos al respecto
un ejemplo actual, y veamos cómo lo trataría la teoría del interés.

Es fácil demostrar que en Gran Bretaña los niños de la clase
media gozan de ventajas considerables en la competencia por los
recursos educacionales estratégicos, y en último término, por
tanto, para ocupar posiciones más altas que los niños de la clase
obrera. Así pues, los niños de la clase obrera se encuentran en
clara desventaja en la competencia por las plazas en las escuelas
de enseñanza media, que son casi un requisito previo para el
ingreso en las universidades británicas, y esto ocurre en grupos
de un mismo nivel de capacidad comprobada [25]. Cuando un
niño de la clase obrera entra en una escuela de enseñanza media

es probable que su rendimiento escolar sea inferior al de su
compañero de la clase media con un nivel de inteligencia equivalente y es más probable que abandone los estudios [26]. Además,
el niño de la clase media tiene unas posibilidades superiores de
recibir una educación superior[25]. La selección para puestos altos
en Gran Bretaña está también muy influida por la clase a la que
pertenece la familia, con una *superrepresentación* de los hijos de
la clase media en las profesiones cultas, como la abogacía, la
contabilidad, la medicina, la enseñanza universitaria, y en las
posiciones de influencia económica, como directores de banco,
de compañías de seguros, de grandes empresas, etc.; lo mismo
ocurre en los escalones superiores de la administración y el
Parlamento[26]. Salvo en lo que respecta a ciertas cualificaciones
estadísticas, más bien de detalle, los aspectos fundamentales no
son objeto de discusión, ni tampoco se discute que, en conjunto,
el nivel de vida y los ingresos de la clase obrera están por debajo
de los de la clase media. Como es de suponer, no existe acuerdo
sobre las implicaciones que estos hechos tienen para la realidad
política: ¿puede solucionarse la situación; *debería* el gobierno
intentar poner remedio a ello; está mejorando o empeorando la
situación; la pobreza es un sistema autosostenido?, etc.

No nos proponemos contestar a todas estas cuestiones, sino
simplemente preguntarnos si pueden ser compatibles con la teoría del interés. La teoría del interés racional es inaplicable por la
sencilla razón de que los individuos no compiten en absoluto en
igualdad de condiciones, y, por tanto, no puede producirse la distribución óptima de beneficios que esta teoría postula. Una
distribución óptima de los beneficios se produce cuando no se
aparta *artificialmente* al talento y al capital de perseguir rendi-
mientos más altos, pero el ejemplo puesto anteriormente, y

[25] Véase A. Little y J. Westergaard, «The Trend of Class Differentials in
Educational Opportunity in England and Wales», *British Journal of Sociology,*
15, n.º 4, 301-316 (1964), quien afirma que la hija de un obrero no cualificado tiene
aproximadamente una posibilidad entre 600 de estudiar en la Universidad, proporción cien veces inferior a la de una muchacha cuyos padres tengan una profesión
liberal.
[26] Sobre este tema existe una abundante bibliografía, de calidad desigual;
véase W. L. Guttsman, *The British Political Elite,* MacGibbon and Kee, Londres,
1963; R. Lewis y R. Stewart, *The Boss,* Dent, Londres, 1961; J. F. S. Ross,
Parliamentary Representation, Eyre and Spottiswoode, Londres, 1948; R. K.
Kelsall, *Higher Civil Servants in Britain,* Routledge and Kegan Paul, Londres,
1955; A. Sampson, *Anatomy of Britain,* Hodder and Stoughton, Londres, 1962;
T. Lupton, y C. S. Wilson, «The Social Background and Connections of Top
Decision Makers», *Manchester School,* **27,** n.º 1, 30-46 (1959).

podríamos citar otros muchos[27], muestra que la oportunidad para competir está distribuida diferencialmente y que, por ello, en términos de la teoría del interés, debe conducir a una mala distribución de beneficios y de recursos humanos. La cuestión es entonces, ¿cuál es la respuesta de aquellos que están en desventaja por su posición en el orden social? Al ser muy pocos los que optan por salirse de él, en el sentido de intentar reestructurar el sistema, debe ser, según la teoría del interés, porque reciben recompensas suficientes como para asegurar su continuado compromiso con el sistema. Así pues, la argumentación se muerde la cola.

Además, es probable que la mayoría de los individuos de la clase obrera no están compitiendo con la mayoría de los individuos de la clase media por alcanzar un status, prestigio, renta, etc., *ni aspiran a hacerlo.* (Esta limitación de horizontes fue observada por Marx, denunciada por Ferdinand Lasalle e inmortalizada por George Orwell en su obra *The Road to Wigan Pier* [Hacia el muelle de Wigan].) En términos generales, el medio familiar y el sistema educacional establecen límites a las pautas de aspiraciones de la clase obrera de forma que, como clase, no tienen motivaciones para competir o aspirar a ocupar puestos altos, y si aspiran a hacerlo, no pueden competir [27]. ¿Cuáles serían las consecuencias si la sociedad entera fuera a competir por obtener las mismas y limitadas recompensas? ¿Puede pensarse razonablemente que fueran a aceptar un sistema que estructuralmente está orientado en contra de una competencia en igualdad de condiciones? ¿No podría ocurrir que los desfavorecidos discutieran entre ellos sobre sus quejas y llegaran a una conclusión común, a una conclusión dominada por su situación común? Puesto que se parte de los mismos objetivos —el de obtener los máximos beneficios—, pero la situación reinante es sistemáticamente parcial en contra de una clase, grupo o tipo de personas, nos encontramos con que en la situación existe una fuente de conflicto potencial[28]. Según el análisis marxista de la situación, sin embargo, los desheredados acaban por crear un

---

[27] Por ejemplo, *todos* los datos disponibles indican que en Norteamérica los niños negros y puertorriqueños han de enfrentarse con privaciones sistemáticas, y que supuesta una misma capacidad se encuentran en desventaja sistemática con respecto a los blancos; véase P. Lauter y F. HowE, «How the School System is Rigged for Failure», *New York Review of Books,* 18 de junio (1970).
[28] Esta consideración se encuentra en la base del concepto de anomia de R. K. Merton, *Social Theory and Social Structure,* ed. rev., Free Press, Glencoe, 1957, pp. 131-194.

conjunto de contravalores y pueden rebelarse contra el sistema en su conjunto, que en último término está sostenido por un monopolio del poder. Según otras versiones de la teoría del interés, los grupos desfavorecidos y los que se encuentran en una situación temporalmente ventajosa lucharán, dentro del orden existente, para ajustar la distribución de recompensas en su favor[29].

Para la teoría del consenso, de la que nos ocuparemos en el siguiente párrafo (2.9.), la teoría del puro interés plantea una dificultad básica al no poder dar cuenta satisfactoria de los elementos aparentemente irracionales de la vida social, tales como los rituales, el castigo legal, la abnegación religiosa, el heroísmo, el sacrificio personal o el suicidio, etc. Afirmar que todo esto está motivado por el interés personal es, cuando menos, una trivialidad. Un rasgo más importante, desde una perspectiva lógica, es que la explicación de todo comportamiento como derivado del interés personal conduce a privar de sentido al concepto de interés[30]. Se adopta un comportamiento no racional como referencia a elementos de la vida social distintos del interés personal y, de manera particular, a valores u obligaciones morales como posibles bases del orden social. Aunque en las obras de tratadistas de filosofía política como Edmund Burke, Hegel, T. H. Green y F. H. Bradley se examina con cierto detenimiento el papel social del sentimiento, los símbolos, las normas y los valores morales, son los escritos de Talcott Parsons los que han ejercido una influencia mayor en la sociología política contemporánea. Tras realizar un examen a fondo y penetrante de las teorías del poder y del interés del orden social, Parsons concluye que «la solución de la cuestión del poder... supone una referencia común al hecho de la integración de los individuos en base a un sistema de valores comunes, manifestado en la legitimidad de las normas institucionales, en los fines últimos comunes de la acción, en el ritual y en distintos modos de expresión. Todos estos fenómenos pueden remitirse a su vez a una emergente propiedad

[29] Esta versión de la teoría del interés se ha convertido en punto de partida para una serie de teorías formales del comportamiento, entre ellas la teoría del juego y la teoría del intercambio, y también de teorías menos formales del pluralismo de grupos de presión.

[30] Esto fue motivo de un ataque feroz en 1829 por parte de Lord Macaulay, «No ganamos nada con saber esto, a no ser el placer, si placer hubiera, de multiplicar las palabras inútiles», Macaulay, *Speeches on Politics and Literature*, Dent, Londres, sin fecha, p. 433; y en 1876 por F. H. Bradley, *Ethical Studies*, Oxford University Press, Londres, 1927, en el ensayo «Pleasure for Pleasure's Sake».

única de sistemas de acción social que podría denominarse 'integración de valores comunes'» [32]. Pasaremos ahora a examinar esta y otras teorías bajo el título general de teoría del consenso de valores.

2.9. El orden social: teoría del consenso de valores

Esta teoría y sus variantes tratan de explicar el orden social a partir de la noción de aceptación general de los valores comunes, y consideran sin sentido toda referencia al individuo, a no ser cuando se habla de él como producto societal: «Sin un sistema bien definido de valores, compartidos hasta cierto grado con otros miembros de la comunidad, el individuo concreto es impensable»[31]. Debido a que comparten ciertos valores comunes, los hombres participan también de un sentimiento de identidad común y de un sentido de aquello por lo que merece la pena esforzarse. Por ello, como afirma M. Levy, «para que una sociedad pueda gozar de estabilidad es preciso que sus miembros lleguen a un cierto grado de acuerdo general sobre las orientaciones de valor básicas» [29]. Otro componente de la teoría del consenso de valores es que debe existir también un acuerdo sobre los medios a través de los cuales los hombres pueden alcanzar lo valioso; éste es el elemento normativo de la sociedad. La mayoría de las veces, y para la mayor parte de las interacciones, la gente considera como dados los valores y las normas, y no los ponen en cuestión porque se les ha enseñado a considerarlos como naturales. Las normas son más específicas que los valores. Por ejemplo, uno de los valores sociales más destacados de la Inglaterra victoriana era el de la libre empresa con normas, fijadas a veces en ley, que regulaban las formas de actuación como *empresarios libres*. La salud es también otro valor social general, pero las normas relativas a las formas de mantenerse en esta condición pueden variar de un grupo a otro, dentro de una sociedad, o de una sociedad a otra. Así, en los EE. UU. se condena la *medicina socializada,* que aparece en conflicto con el

---

[31] T. Parsons, *The Structure of Social Action,* Free Press, Nueva York, 1961, p. 399. Es una nueva formulación de la antigua concepción de los griegos, según la cual los hombres que estuvieran fuera del sistema social serían dioses o animales, la última de las analogías orgánicas entre las partes y el todo y la reacción *romántica* decimonónica contra el utilitarismo. Sobre esto último, véase la seria evaluación de J. Bramson, *The Political Context of Sociology,* Princeton University Press, New Jersey, 1961, parte I.

valor *libertad;* por esta razón las normas que regulan las formas de mantenerse en buena salud difieren de las de Gran Bretaña, donde la *libertad* se define de forma que dé cabida a un servicio médico nacional. No obstante, la cuestión es sencilla: «El análisis de la acción humana muestra que no puede comprenderse al margen de un sistema de valores últimos» [30].

Aunque la teoría del consenso de valores de Parsons parte de un yo o *ego* y un otro o *alter* en interacción, pasa pronto a ocuparse de los valores y las normas *que estructuran* esa interacción, tanto desde la perspectiva del observador como desde la de los participantes. Los valores y las normas de una sociedad caracterizan su cultura y su estructura, constituyendo el ingrediente *necesario* del orden y la cohesión sociales. Esta consideración hace referencia a *hechos,* cuya fuente no son sólo los individuos sino algo *externo* al individuo: «... cuando cumplo con mi obligación como hermano, marido o ciudadano, cuando cumplo mis contratos, cumplo con deberes establecidos, fuera de mí y de mis actos, por la ley y la costumbre. Y aun cuando coincidan con mis sentimientos y sienta su realidad de manera subjetiva, esta realidad sigue siendo objetiva, porque yo no los creé» [32]. De esta forma se hace hincapié en la influencia societal sobre el individuo, al tener la sociedad ciertas características o propiedades emergentes de las que carece el individuo; la teoría funcionalista ha hecho de esta proposición su punto de partida, pretendiendo dar una respuesta a la cuestión del orden desde una perspectiva societal y no individual. (Véase capítulo 3.6.)

La escuela funcionalista contemporánea, con la que Parsons está fuertemente relacionado, parte de la siguiente pregunta: ¿cuáles son los requisitos previos de una sociedad? ¿qué *debe* ocurrir para que *cualquier* sociedad pueda seguir existiendo? Puesto que se parte de la idea de que la sociedad o el sistema social es una entidad moral compuesta por creencias, normas y valores mutuamente aceptados y más o menos integrados *en la mente de la gente,* la fuente primaria del orden social ha de buscarse en la mente de la gente. Pero, las mentes están en cuerpos que hay que mantener. Por ello, ha de mantenerse a un número de gente suficiente para producir y cuidar de los jóvenes. Debe solucionarse el problema del orden ligado al de la escasez, es decir, debe evitarse la guerra de todos contra todos [32].

---

[32] Emile Durkheim, *The Rules of Sociological Method,* Free Press, Glencoe, 1938, p. 1. Para una discusión y exposición esclarecedoras de la *realidad objetiva* de la sociedad, véase P. L. Berger y T. Luckman, *The Social Construction of Reality,* Penguin, Londres, 1967, espec. pp. 63-146.

Partiendo de la base de que esto puede conseguirse, el imperativo
final es mantener el nivel de satisfacción (motivación) de la gente
a un nivel tal que les permita participar en el sistema. En la teoría
del interés individual, el artificio del orden social se realizaba a
través de la concepción de las consecuencias no previstas de las
acciones individuales, pero en la teoría del consenso de valores el
orden social está implícito en la noción misma de los valores y las
normas (y su ajuste mutuo), que son socializados en los jóvenes,
de modo que «la regulación normativa de los medios define
positivamente los medios *(en su mayor parte no coactivos)* para
alcanzar los objetivos de la sociedad» [33]. Así pues, la fuerza y
la coacción constituyen una categoría analítica residual en la
teoría del consenso de valores; esto *no* significa que los que
defienden esta teoría se olviden de ellos, sino que no los consideran el centro de su análisis del orden[33].

2.10. Insuficiencias de la teoría del consenso de valores

La noción de consenso sobre valores y normas es decisiva en
esta teoría para explicar el orden y la cohesión sociales, pero
resulta difícil intentar explicar cómo apareció en una sociedad
concreta un sistema *particular* de valores y normas. A nivel
superficial, existe el problema de la gran variedad de valores y
normas que son *comunes* a los miembros de sociedades diferentes. Tomando varios ejemplos al azar, podríamos citar los niveles
diferenciales de tolerancia del homicidio, la infinita variedad de
comportamientos sexuales socialmente aceptables y la variedad
de creencias morales y religiosas estudiadas por sociólogos y
antropólogos. ¿Puede considerarse que todos ellos contribuyen a
la cohesión social? Y si fuera así, ¿existe algún límite a la teoría
del consenso de valores que no sea el hundimiento manifiesto de
una sociedad, lo que sería indicativo, probablemente, de una
contradicción intolerable entre valores y normas, o de la existencia de valores socialmente inadecuados?

Debe también especificarse, como hace Parsons, un consenso
de valores válido para toda una sociedad, y elevarlo a un alto
grado de generalización, de forma que la sociedad norteamericana puede caracterizarse como sociedad de *activismo instru-*

---

[33] Sobre esta base, la autoridad de un sistema político o un gobierno es
legítima si el pueblo considera de modo rutinario que debe obedecer en la mayoría
de las circunstancias y, lo que es quizá más exacto, si de manera rutinaria no se
les plantea la cuestión de la desobediencia.

mental que «favorece el aumento del nivel de flexibilidad de la adaptación, básicamente a través de un aumento del conocimiento y de la producción económica» [34]. Pero ¿qué haremos entonces con el ritmo de crecimiento relativamente bajo de la economía norteamericana, con la exclusión, por razones no económicas, de los negros de ciertos sectores de la economía, con el conflicto entre los beneficios a corto plazo y la maximización del crecimiento mediante la restricción de la producción, etc.? Y ¿cómo enfocar las conclusiones, ampliamente demostradas, según las cuales, superado un cierto nivel de consumo, la gente prefiere disponer de tiempo libre a seguir trabajando? ¿Son todas éstas excepciones sin importancia?

Puede salvarse la teoría acudiendo a una forma de darwinismo moral: que la formación de un sistema de valores comunes en una sociedad es el resultado de procesos similares a los de la selección natural en la lucha por la existencia en biología y botánica, de una lucha en el interior de la sociedad entre aquellos que poseen sistemas de valores menos adaptables, y aquellos que poseen valores mejor adaptados y de mayor cohesión: «...sólo sobrevivieron y perpetuaron su cultura los grupos que elaboraron y mantuvieron entre sus miembros un conjunto de fines últimos comunes. Lo importante no fue tanto el contenido particular del fin, sino más bien el hecho de tener fines comunes»[34]. Por desgracia, al intentar salvarla, se reduce la teoría a una banalidad: decimos que sobreviven los valores más adecuados (comunes), pero ¿cómo podemos saberlo? Porque han sobrevivido, Q.E.D.*.

Otro problema que se plantea en relación con la teoría del consenso de valores es que carece de una perspectiva de las personas o los grupos que influyen en el sistema de valores: ¿a quién interesa que se acepten por ejemplo, los valores implícitos en el marxismo soviético, o en el capitalismo del bienestar británico, o en el mito norteamericano de que todo el mundo tiene las mismas oportunidades? Los valores de una sociedad, suponiendo su existencia común, no se limitan a estar ahí, no son un simple hecho, aunque puede ocurrir que una vez *implantados* en la mente de la gente sean como piedras y bosques. Pero no siempre habían estado allí y, como hace notar Barrington Moore

---

[34] Kingsley Davis, *Human Society,* Macmillan, Nueva York, 1966, p. 144. Este punto de vista fue ya adoptado por T. H. Huxley en 1894 en su obra *Evolution and Ethics,* Macmillan, Londres, 1894.

* Q. E. D.:*Quod erat demonstrandum:* lo que había que demostrar. *(N. del T.)*

al hablar de los comerciantes japoneses, «Para mantener y transmitir un sistema de valores, hay seres humanos a quienes se golpea, se intimida, se encarcela, se encierra en campos de concentración, se halaga, se soborna, se convierte en héroes, se anima a que lean periódicos, se les pone contra una pared y se les fusila» [35]. Ciertamente, al menos los golpeados y los halagados pueden dudar de que exista un consenso de valores. De manera parecida, aunque se admita que el consenso de valores explica la cohesión societal, no se puede suponer que ese consenso excluye la explotación más burda de un grupo por otro.

Probablemente otro de los problemas que se plantea en relación con la teoría del consenso de valores es la enorme dificultad de contemplar un consenso de valores, dado que se supone que se encuentra en la mente de la gente, a partir de la observación de su comportamiento, y de la deducción de un sistema de valores partiendo de este comportamiento. Pero los valores *no* son equivalentes a la conducta, puesto que los primeros son un estado mental y la segunda una acción de uno u otro tipo. Esta dificultad es la que hizo que algunos psicólogos abandonaran pura y simplemente el concepto de mente en sus elaboraciones intelectuales y se centraran exclusivamente en un modelo de comportamiento del tipo estímulo-respuesta, que no precisa de la noción de la actividad mental reflexiva[35]. Dejando de lado, por el momento, esta dificultad, se plantea el problema técnico de medir la amplitud y distribución del consenso de valores en sociedades enteras. Realizando una prospección social en gran escala, puede descubrirse cuáles son los valores que la gente acepta de hecho, pero en cuanto se haga esto se descubrirá la existencia de valores muy variados, y no siempre compatibles[36]. Teniendo en cuenta la presencia perfectamente demostrada de valores diferentes en todas las sociedades, salvo en las más indiferenciadas, ¿qué

[35] Una introducción útil al conductismo en su forma reforzada y no reforzada es la de B. F. Skinner, *Science and Human Behaviour*, Macmillan, Nueva York, 1953, y el conductismo de estímulo-respuesta está plenamente desarrollado en J. Watson, *Psychology from the Standpoint of a Behaviourist*, Lippincot, Chicago, 1919.

[36] Véase H. H. Hyman, «The Value Systems of Different Classes» en R. Bendix y S. M. Lipset (eds.), *Class, Status and Power*, Free Press, Glencoe, 1966, pp. 488-499; I. L. Horowitz, «Consensus, Conflict and Cooperation: A Sociological Inventory», *Social Forces*, **41**, 177-188 (dic. 1962); y H. McClosky, «Consensus and Ideology in American Politics», *American Political Science Review*, **58**, 361-382 (1964), reimpreso en E. C. Dreyer y W. A. Rosenbaum, *Political Opinion and Electoral Behaviour: Essays and Studies*, Wadsworth, California, 1968, pp. 237-266.

queda de la teoría del consenso de valores? Podría decirse que lo que se ha encontrado en las investigaciones no son realmente valores últimos, y que hay un sistema más general de valores con el que pueden conciliarse los valores aparentemente incongruentes e incompatibles. Pero de esta argumentación se deduce que en la búsqueda de esos valores generales se puede desembocar en un proceso sin fin, o hallar valores tan difusos y vagos que podrían aplicarse a cualquier cosa.

Suponiendo que en una sociedad hemos encontrado una serie de valores diferentes, suposición bien fundamentada por Parsons y Durkheim [36], que esos valores están distribuidos de manera fortuita, o bien de forma no fortuita, podríamos desembocar en una situación de conflicto explicitada en una de estas formas. En primer lugar, si los valores están distribuidos al azar, los individuos luchan por realizar sus valores, lo que nos conduce a la teoría del interés competitivo (párrafo 2.7.). Esto es claramente incompatible con la teoría del consenso de valores, y podría conducir a un conflicto de naturaleza destructiva. En segundo lugar, suponiendo algo empíricamente más probable, a saber, que los valores particulares tienden a estar asociados con grupos particulares, desembocamos una vez más en un conflicto potencial, al afanarse cada grupo por realizar sus objetivos de valor. En el segundo caso podemos evitar la competencia desorganizadora, introduciendo en el modelo la noción de que, aunque es posible que la gente no esté de acuerdo sobre los valores, puede que estén de acuerdo sobre normas (es decir, los medios a través de los cuales pueden realizarse los valores).

El acuerdo relativo a ciertas normas representa el concepto de cohesión social más importante, tanto desde el punto de vista de la teoría de Hobbes (el contrato, origen de la sociedad civil) como para la teoría que explica la cohesión social por el interés, ya que este último punto de vista depende de manera esencial de la proposición de que los hombres son muy diferentes en cuanto a capacidades, valores, inteligencia, perseverancia, interés, etc. Si todos los hombres fueran iguales, no se ganaría nada con el intercambio, de modo que cuanto mayor sea la diversidad entre los hombres —o naciones o regiones de una nación— tanto mayores son los beneficios probables de la especialización en términos de costes comparativos. Por ello, la diversidad puede ser fuente de cohesión en una sociedad con respecto a los bienes privados, es decir esos bienes cuyo consumo es esencialmente privado o por lo menos familiar. Con respecto a los bienes públicos, aquellos de los que se benefician los no compradores

—carreteras, defensa, leyes, etc.—, la ausencia de diversidad de deseos puede ser fuente de cohesión social. Así pues, cuanto mayor es la diversidad de una sociedad con respecto a los bienes privados, y cuanto mayor es su homogeneidad con respecto a los bienes públicos, tanto mayor será probablemente su cohesión [37]. Sin embargo, el problema que se plantea ahora es el carácter cambiante de la distinción entre bienes *públicos* y *privados;* la gente que paga por los bienes públicos puede desear que la carga de su pago se transfiera, o por lo menos se altere, y podría producirse un movimiento colectivista para transferir bienes del terreno privado al público. De este modo, volvemos a encontrarnos con el problema de las normas.

Cuando partimos del supuesto que la gente acepta las normas —«las reglas del juego»—, nos queda todavía el problema de por qué obedecen los individuos las reglas. Según la teoría de la coacción, la obediencia es consecuencia de un temor al castigo por la no conformidad, mientras que la teoría del interés mantiene que la obediencia es producto de la satisfacción del interés personal. La teoría del consenso de valores dice que la obediencia es producto de una aceptación socializada del orden social vigente. Hemos indicado algunos de los problemas que plantea el inclinarse por alguna de estas teorías como explicación única del orden social, pero puede ser que cada teoría adopte un enfoque que no debamos ignorar. La teoría del consenso de valores explica con bastante claridad por qué en la mayoría de los casos la gente obedece las reglas sin hacer preguntas, pero es insuficiente para explicar, o al menos no ofrece el enfoque adecuado, cómo se mantiene el orden cuando algunas personas —por las razones que fueren— pierden, o no han adquirido, el hábito de obedecer [38]. La teoría del interés puede aclarar por qué actúa entre sí la gente, señalando que se trata de satisfacer impulsos de uno u otro tipo; pero no puede explicar de forma suficiente el orden que aparece en la interacción, lo que sí puede hacer la teoría del consenso de valores al proporcionar un contexto social y un contenido a impulsos sin forma del individuo. Así pues,

[37] Debemos este enunciado a M. Olsen, «The Relationship Between Economics and the Other Social Sciences», en S. M. Lipset (ed.), *Politics and the Social Sciences,* Oxford University Press, Nueva York, 1969, pp. 137-162.

[38] Véase J. Rex, *Key Problems of Sociological Theory,* Routledge and Kegan Paul, Londres, 1961, cap. 6, y W. C. Mitchell, *Sociological Analysis and Politics,* Prentice Hall, Englewood Cliffs, 1967, p. 39: «Contrariamente a la opinión general, Parsons ha tratado ampliamente de los orígenes y causas del conflicto, *aunque se ha ocupado mucho menos de cómo se enfrentan los sistemas políticos con el problema».* El subrayado es nuestro.

estas dos teorías, aisladamente o combinadas, siguen dejando abierta la posibilidad de conflicto, por lo que es necesario recurrir a algunos elementos de la teoría de la coacción. Incluso en un sistema que no se caracterice por el uso regular de la fuerza podría ser necesario recurrir, llegado el caso, a ella para lograr la obediencia, ya que, a todas luces, el orden no es algo ineludible. Además, puede emplearse la fuerza para mantener unida una sociedad que se encuentra bajo las tensiones del cambio —el Reino Unido entre los años 1790 y 1840 aproximadamente, o Rusia en la década de 1930, o China en la de 1950. La fuerza puede ser también necesaria para mantener unidas sociedades que tienen la forma legal de Estado, pero dentro de las cuales no existe un consenso de valores ni tampoco gran acuerdo en cuanto a las reglas del juego: ejemplos contemporáneos evidentes son las guerras civiles de Nigeria y Paquistán. Si la fuerza no las mantiene unidas, resultará imposible que aparezca ningún sentimiento de nacionalidad o de acuerdo sobre las reglas del juego.

2.11. Conclusiones y perspectivas

En los párrafos anteriores hemos hecho algunas consideraciones generales sobre los problemas del mantenimiento del orden social, y una conclusión es que la solución a esta cuestión será más fácil adoptando otros enfoques. Pero esta conclusión resulta insuficiente después de una exposición tan amplia. Lo que hemos tratado de mostrar es que esta cuestión está anticuada, y que existen importantes antecedentes históricos para tratar de hallar respuestas más actuales. En cierto sentido, el resto del libro será un intento de ofrecer explicaciones más actuales sobre el orden y el desorden sociales, sobre el conflicto y su resolución y sobre sus fuentes en el Estado y la sociedad. Si, aun así, un examen tan extenso no nos condujera a nada más, el esfuerzo podría no haber merecido la pena. Creemos, no obstante, que su examen nos ha conducido por lo menos hacia algunas cuestiones centrales de la sociología política, que se refieren a la distinción entre Estado y sociedad y al problema del orden social o del control social.

La distinción entre Estado y sociedad puede basarse en las teorías de Weber, haciendo hincapié en la posesión del monopolio de la fuerza legítima que el Estado utiliza para mantener el orden legal. Pero la discusión anterior indicaba que el poder o la fuerza del Estado es sólo uno de los medios de control social. Por ello, uno de los puntos de interés central para la sociología política es no sólo el describir cómo y en qué condiciones surgió el Estado, sino también la variedad de relaciones posibles entre el Estado y la sociedad; que van desde el uso casi constante de la fuerza como medio de control hasta el mantenimiento de la fuerza como categoría residual, garantía última del orden. Por ejemplo, en aquellos estados en los que la fuerza parezca no ser sino una garantía latente del orden, el interés se centrará en los procesos subyacentes al orden social de los que esté ausente la fuerza. En este contexto, el interés se orientará hacia las formas de transmisión de las necesidades sociales a la autoridad política y al proceso de equilibrar y agregar esas necesidades a través de instrumentos como las elecciones, los partidos políticos, los grupos de interés, la corrupción, los medios de comunicación, etc. De aquí se deduce que la sociología política debe ocuparse también de los procesos por los que se alcanza un sentido de nacionalidad en áreas multiculturales, dentro del marco del Estado. Además, la sociología política prestará atención también al problema de la desintegración del orden por la violencia, la guerra y la revolución, la apatía, etc.

Si los especialistas en sociología política han de estudiar las estructuras sociales complejas y los procesos subyacentes al orden y al desorden, es evidente que para ello necesitan modelos que muestren la conexión existente entre los hechos políticos y sociales con mayor detalle que los que nosotros hemos apuntado. Necesitamos, como mínimo, de esos modelos más detallados para ordenar las prioridades de investigación; pero también porque las interconexiones entre sociedad y Estado son más complejas de lo que hacen suponer las teorías del interés, de la coacción o del consenso de valores.

Vamos a dirigir ahora nuestra atención a esta enorme tarea.

REFERENCIAS BIBLIOGRAFICAS

[1] MACHIAVELLI, The Prince, Mentor Books, Nueva York, 1952, p. 90.
[2] THOMAS HOBBES, Leviathan, Basil Blackwell, Oxford, 1955, p. 64.
[3] S. M. LIPSET, «Working Class Authoritarianism», Political Man, Mercury Books, Londres, 1963, cap. 4, pp. 97-130; Geoffrey Gorer y T. Rickman, People of Great Russia, Cressett Press, Londres, 1949; Ruth Benedict, The Chrysanthemum and the Sword, Houghton Mifflin, Boston, 1946. Para un estudio detallado de estas ideas véase Margaret Mead, «The Study of National Character», en D. Lerner y H. Lasswell (eds.), The Policy Sciences, Stanford University Press, 1951.

[4] KARL MARX y FREDERICK ENGELS., *Selected Works*, Lawrence and Wishart, Londres, 1951, vol. II, pp. 365-366.

[5] GAETANO MOSCA, *The Ruling Class*, McGraw-Hill, Nueva York, 1939, p. 51.

[6] R. DAHRENDORF, *Class and Class Conflict in Industrial Society*, Routledge and Kegan Paul, Londres, 1959, p. 165.

[7] ROBERT MICHELS, *Political Parties*, Dover Publications, Nueva York, 1959, p. 400.

[8] A. J. GREGOR, *The Ideology of Fascism*, Collier-Macmillan, Londres, 1969, capítulo 2, p. 40.

[9] H. STUART HUGHES, *Consciousness and Society: The Reorientation of European Social Thought 1890-1930*, MacGibbon and Kee, Londres, 1959, p. 254.

[10] GEORGES SOREL, *Reflections on Violence*, Free Press, Glencoe, 1950, p. 145.

[11] M. FORTES y E. E. EVANS-PRITCHARD, *African Political Systems*, Oxford University Press, Nueva York, 1940, p. 13. Véase también la brillante obra de M. Bloch, *Feudal Society*, Routledge & Kegan Paul, Londres, 1965, en especial la parte 3.

[12] S. F. NADEL, «Nupe State and Community», *Africa*, **8**, n.º 3, reimpreso en R. Cohen y T. Middleton, *Comparative Political Systems: Studies in the Politics of Pre-Industrial Societies*, Natural History Press, Nueva York, 1967, p. 296.

[13] J. STALIN, *Problems of Leninism*, Foreign Languages Publishing House, Moscú, 1945, p. 367.

[14] ERNEST BARKER, *Principles of Social and Political Theory*, Oxford University Press, Oxford, 1951, pp. 43-44.

[15] ——, «Common Sense» en *Selected Works of Tom Paine*, Howard Fast (ed.), Bodley Head, Londres, 1948, pp. 15-16.

[16] GODWIN, *Political Justice*, citado en G. Woodcock, *Anarchism*, Penguin, Londres, 1962, p. 75.

[17] ——, *Political Justice*, citado en G. Woodcock, *Anarchism*, Penguin, Londres, 1962, p. 78.

[18] ADAM SMITH, *An Inquiry Into the Nature and Causes of the Wealth of Nations*, vol. II, E. Cannan (ed.), Methuen, Londres, 1964, pp. 194 y 203.

[19] ——, *An Inquiry Into the Nature and Causes of the Wealth of Nations*, vol. II, E. Cannan (ed.), Methuen, Londres, p. 421.

[20] ——, *The Theory of Moral Sentiments*, en H. W. Schneider (ed.), *Adam Smith's Moral and Political Philosophy*, Hafner, Nueva York, 1948, p. 194.

[21] JEREMY BENTHAM, *The Handbook of Political Fallacies*, Harper Torchbooks, Nueva York, 1962, p. 231.

[22] W. C. MITCHELL, *Sociological Analysis and Politics*, Prentice-Hall, Englewood Cliffs, 1967, pp. 28-29.

[23] E. DURKHEIM, *The Rules of Sociological Method*, Free Press, Nueva York, 1966, p. 10.

[24] T. PARSONS, *Societies: Evolutionary and Comparative Aspects*, Prentice-Hall, Englewood Cliffs, 1966, p. 113.

[25] J. W. B. DOUGLAS, *The Home and the School: A Study of Ability and Attainment in the Primary School*, MacGibbon and Kee, Londres, 1964.

[26] Central Advisory Council for Education (Inglaterra y Gales), *Early Leaving*, HMSO, Londres, 1954.

[27] B. JACKSON y D. MARSDEN, *Education and the Working Class*, Routledge and Kegan Paul, Londres, 1962; B. Bernstein, «Social Structure, Language

and Learning», *Educational Research*, **3**, 763-776 (1960-1961); H. Himmelweit, A. Halsey y A. Oppenheim, «The Views of Some Adolescents on Some Aspects of the Class Structure», *British Journal of Sociology*, 3, número 2, 148-172 (1952).

[28] T. PARSONS, *The Structure of Social Action*, Free Press, Nueva York, 1961, p. 768.

[29] ——, En H. Eckstein (ed.), *Internal War*, Free Press, Nueva York, 1964, páginas 251-252.

[30] ——, *Internal War*, Free Press, Nueva York, 1964, p. 391.

[31] D. ABERLE, A. COHEN, A. DAVIS, M. LEVY y F. SUTTON, «The Functional Prerequisites of a Society», *Ethics*, **60** (1950), reimpreso en N. Demerath y R. A. Peterson (eds.), *System, Change and Conflict*, Free Press, Nueva York, 1967, pp. 317-331.

[32] TALCOTT PARSONS y EDWARD SHILS (eds.), *Toward a General Theory of Action*, Harvard University Press, Cambridge, Mass., 1951, p. 180; «El orden —coexistencia pacífica en condiciones de escasez— es uno de los primerísimos imperativos funcionales de los sistemas sociales.»

[33] D. ABERLE, A. COHEN, A. DAVIS, M. LEVY y F. SUTTON, «The Functional Prerequisites of a Society», *Ethics*, **60** (1950), reimpreso en N. Demerath y R. A. Peterson (eds.), *System, Change and Conflict*, Free Press, Nueva York, 1967, p. 327. El subrayado es nuestro.

[34] T. PARSONS, *Structure and Process in Modern Societies*, Free Press, Glencoe, 1961, p. 172.

[35] B. MOORE, *Social Origins of Dictatorship and Democracy*, Penguin, Londres, 1967, p. 486.

[36] E. DURKHEIM, *The Division of Labour in Society*, Free Press, Glencoe, 1933, en especial pp. 366-371.

Capítulo 3
TEORIAS DEL PROCESO POLITICO

3.1. Consideraciones previas

En este capítulo expondremos y examinaremos diversas teorías sobre los procesos político y social. Objetivo básico de cualquier teoría es el de explicar, concepto éste de enorme complejidad filosófica [1]. Otro objetivo propio de una teoría es el de poner orden en la investigación: es decir, una teoría indica las relaciones existentes entre aquellos fenómenos en los que estamos interesados, con la esperanza de que un investigador no se hunda en un puro mar de hechos. El investigador tendrá una idea más o menos clara sobre la ordenación o la relación de los hechos en los que se interesa, y esto ocurrirá haya o no elaborado conscientemente una teoría o esquema previo a la reunión de los datos. Incluso el especialista en ciencias sociales o el historiador menos teórico y más empírico tendrán una u otra *imagen* implícita sobre los procesos sociales, una idea sobre lo que es importante en relación con un problema y sobre lo que no lo es, y en ello se basará para la selección de los hechos, lo que a su vez no deja de influir en sus conclusiones sobre las relaciones sociales[1]. Este puro empirismo supone varios peligros, entre

---

[1] Ranke, el gran historiador alemán, quiso «limitarse a los hechos» y «exponer las cosas tal y como eran», pero su patriotismo alemán influyó en gran medida en sus conclusiones. G. P. Gooch, *History and Historians in the Nineteenth Century*, Longmans, Londres, 1952, p. 74.

ellos el de su ineficacia técnica y su tendencia a recurrir al
sentido común para explicar relaciones descubiertas en el curso
de la investigación. Pero la cuestión, tal como indicábamos en el
capítulo 1, es simple: para merecer la calificación de científica, la
sociología política debe elaborar teorías claras de las que derivará
hipótesis empíricamente verificables[2]. Este proceso de extraer hipótesis de teorías constituye, sin duda, una forma de explicación: los hechos confirman o invalidan hipótesis que, a su vez,
inducen a admitir o a rechazar la teoría de la que se extrajeron las
hipótesis, siendo explicados los hechos dentro del marco de la
teoría general.

En las ciencias físicas, de mayor desarrollo, existen varias de
estas teorías más amplias, por ejemplo las leyes de la termodiná-
mica y la teoría de la relatividad, de las que pueden extraerse
matemáticamente deducciones precisas; tales deducciones son
afirmaciones sobre los fenómenos comprendidos por la ley general. En las ciencias sociales, de menor desarrollo y en las que las
teorías están menos elaboradas y definidas con menor precisión,
apenas se han alcanzado niveles parecidos de rigor científico[3].
No nos interesa ahora descubrir si la razón de esta carencia
reside en la ignorancia del especialista en ciencias sociales de la
lógica y las matemáticas, o en la gran complejidad de la vida
social, o incluso en que los métodos lógicos y matemáticos no
son aplicables a amplios sectores de la realidad social. El hecho
es que se ha producido muy poco en este campo que pueda
satisfacer al lógico o al matemático (y con frecuencia al estadístico). Pero se plantea un problema: ¿por qué servirse de unas
teorías que carecen de suficiente rigor? Posiblemente sólo podamos decir, parafraseando a Mao Tse-Tung, que «el viaje más
largo se empieza dando un paso». Además, como advierte Merton, la búsqueda de una pureza lógica absoluta por parte de
aquellos que carecen de una formación lógica o matemática,
puede servir de inhibición para cualquier investigación: «La
búsqueda prematura de precisión a toda costa puede esterilizar
hipótesis imaginativas. Puede conducir a una nueva formulación
del problema científico para hacer posible su medición, con la
consecuencia de que, a veces, los datos posteriores no tienen que

    [2] R. K. Merton, *Social Theory and Social Structure*, ed. rev., Free Press,
Glencoe, 1957, capítulo 4, para un estudio detallado sobre este punto.
    [3] Véase R. E. Dowse, «A Functionalist's Logic», World Politics, **18**, n.º 4,
607-622 (1966), quien enfoca el funcionalismo desde esta perspectiva. Para una
reciente aplicación del rigor matemático a la teoría sociológica véase J. S.
Coleman, *Introduction to Mathematical Sociology*, Free Press, Glencoe, 1964.

ver con el problema en cuestión» [2]. Otra posibilidad es iniciar
una investigación con una comprensión más o menos intuitiva de
los factores relacionados con un *problema,* y limitarse a medir las
relaciones pertinentes mediante técnicas estadísticas apropiadas,
en la confianza de que salgan a la luz por sí mismas las regularidades existentes de interacción de causa y efecto, y que de ellas
puedan deducirse nuevas relaciones teóricas generales. Finalmente, el especialista en sociología política puede contentarse
con la simple clasificación de los hechos observados, o incluso
con la elaboración de esquemas de clasificación. Podrá apreciarse
en este volumen que las dos últimas tareas mencionadas son
labor más característica del especialista en sociología política que
ha de elaborar teorías deductivas. Y aquellos que se tomen la
molestia de consultar la bibliografía citada observarán que
cuando se utiliza la palabra *teoría* suele hacerse referencia a una
especie de modelo, a una proposición, a una generalización
obtenida con pruebas limitadas o incluso a un sistema de clasificación.

Hemos de recordar que la tarea fundamental de la sociología
política es la de dar respuesta a problemas planteados por la
cuestión central: ¿por qué obedecen los hombres? En el capítulo 2 ofrecimos tres enfoques. En este capítulo examinaremos un
poco más de cerca la complejidad del mundo social *real,* estudiando las formas en que los sociólogos han considerado conveniente tratar del proceso de formación de pautas de vida social en
diferentes sociedades. A este fin, debemos precisar las formas de
relación existentes entre los distintos individuos, el desarrollo de
grupos y colectividades y su combinación para formar el sistema
social. Para los fines de nuestro estudio consideramos conveniente empezar examinando las relaciones (eslabones) entre los
individuos.

3.2. Individuo e individuo

Es un hecho evidente que los individuos viven unidos. ¿Cómo
se conceptualiza este hecho? Se conceptualiza en términos de
relaciones sociales, lo que indica que gran parte del comportamiento responde a pautas establecidas, y que, por tanto, es
previsible. Entonces se plantea la siguiente cuestión: ¿por qué
responde a pautas el comportamiento individual? Las acciones de
la gente están en gran parte, aunque *no totalmente,* guiadas o
condicionadas por las expectativas referentes a las respuestas de

otras personas. Por lo tanto, existen varios mecanismos productores de modelos que constituyen la base de todo orden social.

Conceptualmente, una relación social es una inferencia derivada de la observación del comportamiento entre dos o más personas; de manera más específica, esta relación es entre personas que ocupan roles determinados. Los roles son actuaciones culturalmente prescritas de una posición determinada dentro de una red de relaciones sociales. Todos los individuos están hasta cierto punto inmersos en la estructura social a través de una red de relaciones sociales que oscilan desde relaciones interpersonales limitadas hasta la sociedad total. Todo rol supone al menos otro con el que se relaciona, y, en la práctica, muchos más.

Examinemos lo dicho anteriormente a la luz de un ejemplo familiar, el de una clase de un colegio. Dentro del marco de la clase hay definidas dos posiciones de roles principales: el del profesor y el del alumno. Unido a cada rol hay una serie de expectativas sobre el comportamiento de las personas concretas que desempeñan los roles. Por tanto, *no* han de equipararse los roles con la totalidad del individuo, sino solamente con un aspecto de su comportamiento. El rol de profesor está en parte definido formalmente por las autoridades académicas —enseñar en tiempos determinados, enseñar unas asignaturas específicas, castigar dentro de límites formalmente prescritos, títulos precisos para poder desempeñar el rol, etc. Otro elemento que sirve para definir el rol de profesor es la estructura de las expectativas de los alumnos sobre ese rol —que se impartan las enseñanzas de modo mínimamente interesante, un cierto grado de tolerancia, etc. De manera similar, la contrapartida del rol de profesor es el de alumno, al que van unidos ciertos aspectos formalmente prescritos, tales como el acudir a la escuela entre los cinco y los dieciséis años, la asistencia regular y *buena* conducta. Además, el profesor esperará también ciertas formas de conducta de sus alumnos —que observen buenos modales, realicen sus deberes, presten atención a sus enseñanzas, etc. Si, por un momento, consideramos al profesor como una persona, y no en el rol de profesor, podrá ser también marido o amante, secretario de una asociación política o social, miembro de una organización profesional; todas estas funciones representan roles con definiciones y expectativas más o menos rigurosas. Lo mismo puede decirse del alumno, que puede ser capitán de un equipo de atletismo, miembro de la asociación de alumnos, estudiante universitario en potencia, hijo de viuda, etc., roles que, a su vez, están más o menos rigurosamente definidos y a los que acompañan much~

tipos de expectativas y de comportamiento. Estas posiciones de roles múltiples constituyen los primeros eslabones estructurales entre individuos, y hemos de recordar que los roles no solamente están definidos formalmente, sino que suponen también expectativas sobre la actuación de los individuos en roles.

Es preciso que examinemos con mayor detalle dos características de las expectativas. La primera es su carácter anticipador. Un individuo no sólo espera (aunque normalmente no actúe de manera tan reflexiva como podría deducirse de lo dicho) actuar de forma determinada en situaciones concretas, sino que, junto con otros individuos, mantiene expectativas sobre el comportamiento de otros sujetos con los que se relaciona. Esto destaca el carácter previsible de la mayor parte de nuestra vida social. La importancia de este aspecto de la interacción puede subrayarse recordando las situaciones en las que las expectativas alcanzan un límite mínimo, como ocurre con el primer día en un nuevo empleo, en el que uno experimenta sentimientos de incertidumbre y duda, y trata de hallar nuevos puntos de referencia sociales. Este tipo de situaciones, en las que las expectativas son mínimas, puede ponerse en contraste con otras situaciones en las que las expectativas son más precisas, como ocurre con el comportamiento tranquilo y cómodo que adoptan dos viejos e íntimos amigos al encontrarse, cuando se reúne un tribunal de justicia, en las sesiones del Parlamento, etc., etc. Esta dimensión anticipadora de la interacción guía el comportamiento del individuo. Al poder anticipar y prever la forma más probable en que otros van a reaccionar ante su comportamiento, el individuo puede modelar su conducta de acuerdo con ello. La segunda gran característica de las expectativas de rol es su normatividad. El fracaso en el ajuste a las expectativas provocará probablemente sorpresa, desagrado, disgusto o indignación, o, quizás, consecuencias aún más graves para la persona que no ha sabido conformarse a ellas. Esto nos pone de nuevo en contacto con las normas sociales que especifican, con mayor o menor detalle, lo que los hombres deben hacer y se espera que hagan en circunstancias determinadas. Pueden oscilar desde las reglas formales del contrato legal hasta las normas mucho menos formales de la etiqueta o de las relaciones familiares o amistosas[4]. Se verá que dichas normas pueden variar en alto grado de un grupo a otro de

---

[4] Ejemplo excelente, aunque un tanto singular, es M. F. Weinberg, «Sexual Modesty, Social Meanings and the Nudist Camp», *Social Problems,* **12,** 311-318 (1965).

la sociedad, de una sociedad a otra y de un individuo a otro en situaciones diferentes, y puesto que varían en su mayor o menor grado de etiqueta pueden ser mal interpretadas. Pero la característica común es que su violación acarreará sanciones o privaciones cuya intensidad podrá variar desde el castigo físico hasta una mirada irónica, desde la pérdida de un contrato de negocios hasta no ser recompensado por la sonrisa aprobatoria de una madre.

Otro conjunto de características de un rol es su *peso* específico en relación con el individuo que lo desempeña: en la mayoría de los casos era anterior a él y seguirá existiendo cuando desaparezca; en torno a él hay expectativas de actuación que no puede eludir con facilidad. Los roles variarán considerablemente en flexibilidad. Los médicos, abogados, oficiales del ejército, funcionarios, están más condicionados por su rol que, digamos, los traperos, los desinsectadores o los políticos. Por ello, el entrar en el rol de médico significa que el peso de las expectativas sociales es grande: vestirá *de manera respetable,* tratará a sus pacientes con comprensión, desarrollará un gran tacto en el ejercicio de su profesión y en general no se permitirá a sí mismo una conducta impropia de ésta. Gran parte de la vida del actor del rol se hace francamente previsible, y si sus actitudes no se adecúan al rol en un principio, probablemente lo hará tras un breve lapso de tiempo. Sin embargo, al no estar tan estrictamente definido el rol para el desinsectador y el político, éstos disponen de un margen de maniobra mayor para cambiar aspectos del rol y para la innovación cultural[5].

Las normas están relacionadas con otra categoría de ideas, a saber, la estructura axiológica de un grupo. De la misma manera que los miembros de un grupo comparten expectativas con respecto al comportamiento mutuo, generalmente comparten también nociones relativas a las condiciones o situaciones deseables. A éstas se les llama valores. Su clasificación dependerá de la importancia que les concedan los miembros de un grupo. Valores destacados de un grupo de estudiantes podrían ser, por ejemplo, para una chica tener un gusto *avant garde* para vestirse, o para un chico tener pelo largo, poseer un coche deportivo, capacidad intelectual, etc. Mientras que las jerarquías de valores del individuo pueden variar, en el interior de un grupo concreto con cohesión puede llegarse a un consenso sobre la importancia relativa de los valores. La ordenación axiológica de un grupo

[5] Véase P. L. Berger, *Invitation to Sociology,* Penguin, Londres, 1966, cap. 5, que constituye una magnífica introducción a la teoría de los roles.

puede variar en gran medida con respecto a otros grupos. Es muy probable que un grupo de estudiantes clasifique en importancia los mismos valores de manera muy diferente a como lo haría un grupo de padres. Las normas están relacionadas con los valores porque el someterse a las reglas normativas de comportamiento se cree que favorece que la situación definida por el valor pueda conseguirse.

3.3. Cultura

Las normas y valores que, hasta cierto punto, caracterizan una sociedad o grupo concretos pertenecen a lo que se llama *la cultura*. La *cultura* hace referencia no sólo a normas y valores, sino también al conocimiento, a las creencias, las artes, los artefactos y al lenguaje: «la cultura es *conocimiento* tanto existencial como normativo, socialmente compartido y transmitido, simbolizado en el arte y el artefacto» [3]. Su significación es que, dentro de un área culturalmente delimitada, la mayor parte de las acciones individuales tienen sentidos comunes. Suele ilustrarse esta definición poniendo el ejemplo del hombre de Marte que ve en Nueva York cómo la gente obtiene bienes y servicios a cambio de trozos de papel. En otras palabras, el *significado* de estos trozos de papel está culturalmente definido como *dinero,* y hay que estar familiarizado con estos significados culturales para comprender lo que ocurre. Del mismo modo, cuando uno observa que unas personas cubren a otras de regalos costosos, o que destruyen sus propiedades, o que gastan enormes sumas de dinero en lo que parece ser entretenimiento, es necesario *penetrar* en la cultura en la que se desarrollan estos actos aparentemente extraños para comprender su sentido o significado. Es la cultura la que da sentido a objetos y acciones. Si alguien mata a otra persona en determinadas circunstancias, esa persona será acusada de asesinato y castigada. Pero si el mismo acto se comete en condiciones diferentes, el homicida será tratado como un héroe.

La mayoría de los actos ejecutados dentro del marco de una cultura no son considerados como arbitrarios por los otros miembros de la misma cultura: pueden ser buenos o malos, útiles o inútiles, interesantes o aburridos, pero no arbitrarios, ya que pueden clasificarse con arreglo a esquemas culturalmente adecuados. Pero no debe interpretarse esta consideración en el sentido de que la cultura de una sociedad sea homogénea, a no ser, como los valores, a un nivel muy especial.

La cultura se aprende. Inicialmente se aprende dentro del marco de la familia (o su equivalente), en las escuelas, en las empresas, en las organizaciones deportivas o en cualquier otro tipo de organizaciones. Del mismo modo que hemos señalado la posibilidad de definir un rol político en términos de una definición de lo político, podemos hablar de cultura política de acuerdo con una definición similar del concepto de *política*. La cultura política da sentido a los actos políticos individuales y a las pautas institucionales y de grupo. «La cultura política proporciona al individuo directrices de control para un comportamiento político efectivo, y a la colectividad una estructura sistemática de valores y consideraciones racionales que asegura la coherencia del funcionamiento de las instituciones y organizaciones» [4].

Así pues, el comportamiento individual está determinado en parte por la cultura, que contribuye a definir los distintos roles desempeñados por el individuo. Es posible poner en relación los roles entre sí, puesto que no se distribuyen al azar a lo largo de la vida de una persona, sino que están estructurados en conjuntos de roles más o menos coherentes. Cada rol supone un rol contrario (alumno-profesor), y un conjunto de roles es una agrupación de roles en torno a un rol central: profesor supone alumnos, que implican otros profesores, que suponen a su vez autoridades académicas, etc. Cada uno de estos eslabones es un punto de conflicto potencial, ya que los titulares de los roles contrarios pueden tener expectativas diferentes en lo que respecta al rol central. De este modo, pueden existir expectativas incompatibles en lo que respecta al titular de un rol central, y cuanto más diferenciada —en términos de rol— sea una sociedad, tanto más probable es la existencia de tales expectativas incompatibles.

Así pues, el nivel de relación de individuo a individuo es concebido en sociología en términos de roles y de expectativas de carácter cultural que se agrupan en torno a los roles y contribuyen a definirlos. Es evidente que si se consigue definir de manera adecuada el concepto de *política,* se podrá empezar a hablar del comportamiento político en términos de rol, conjuntos de roles y conflicto de roles, etc., y de esta manera disponer de todo el entramado del análisis de los roles para una mejor comprensión del comportamiento político.

3.4. El individuo y el grupo

La gente se asocia por muchas razones, que pueden variar desde la diversión hasta la camaradería, el robo, la búsqueda de un interés, la elección de diputados, etc. A partir de la asociación, la gente puede empezar a desarrollar un sentido de identidad con aquellos con quienes se reúne periódicamente o con quienes tiene características o intereses comunes[6]. Se consideran a sí mismos como parte de un agregado definible, y, como mínimo, las identificaciones pueden consistir en reconocer y aceptar que no todo el mundo forma parte del agregado. Pero las identificaciones pueden suponer un compromiso profundo y quizás duradero con el grupo, lo que puede ir acompañado de una profunda antipatía hacia aquellos a los que se considera excluidos del grupo. Por ello, una característica fundamental de un grupo es la intensidad del compromiso individual con el mismo, que variará en gran medida de un grupo a otro, desde el débil lazo que une a un miembro con su club de tenis hasta la adhesión mucho más intensa de un soldado o guerrillero a su unidad[7].

Otro elemento diferenciador de los grupos es el número, que determinará de manera importante el carácter de la interacción de grupo. Cuanto más numeroso es el grupo, tanto más probable es que los contactos entre individuos sean irregulares e indefinidos, y este hecho subraya ampliamente la distinción entre grupos primarios y secundarios[8]. Los grupos primarios se caracterizan por los contactos directos personales. Esto significa que los miembros de tales grupos desarrollan cierta conciencia de la individualidad e independencia de cada uno de los otros. miembros, interactúan con ellos más como *personalidades totales* que como titulares de roles especializados.

Pero a medida que el grupo se hace más numeroso, las relaciones primarias se vuelven menos probables. Las relaciones individuales adquieren un carácter más especializado y pueden empezar a perder el sentido fuertemente afectivo que define a las relaciones primarias. En estos grupos secundarios de mayores dimensiones, empiezan a surgir reglas o normas de comporta-

[6] Véase W. Buckley, *Modern Systems Analysis,* Prentice-Hall, New Jersey, 1967, cap. 5, para un examen a fondo del proceso de la interacción individual y de grupo.
[7] Para un estudio excelente de grupos, véase S. Verba, *Small Groups and Political Behaviour,* Princeton University Press, New Jersey, 1961.
[8] El primero en utilizar estos términos fue C. H. Cooley. Véase C. H. Cooley, *Social Organization,* Charles Scribner's Sons, Nueva York, 1937, pp. 23-28.

miento más formales, y la naturaleza del grupo comienza a
depender cada vez menos del tipo de individuos que lo componen[9]. Las relaciones se regularizan a través de roles situados
dentro de la estructura organizativa *que está surgiendo* o *que ha
surgido*. Sin embargo, aunque la mayoría de las organizaciones
formales, como burocracias, empresas, partidos políticos, etc.,
no proceden de estructuras primarias, investigando se hallará que
contienen una red intrincada de tales grupos primarios unidos por
la estructura más formalizada. Estos grupos pueden ejercer una
considerable influencia tanto sobre el comportamiento de los
individuos como sobre las instituciones y sociedades en las que
están inmersos.

El mecanismo de reforzamiento y reestructuración de actitudes dentro de los pequeños grupos ha sido objeto de numerosas
investigaciones[10]. Un análisis de la Wehrmacht durante la segunda guerra mundial sirve de ejemplo para mostrar cómo
pueden mantener sus actitudes los grupos primarios [5]. Según
este estudio, los soldados alemanes pudieron mantener una moral
alta aun cuando, al final de la guerra, la situación resultara
desesperada para un observador exterior. Esta actitud se debía a
que el grupo de lucha primario de la Wehrmacht era una entidad
emocionalmente autosostenida, en cuyo interior las necesidades
físicas y emocionales del individuo se satisfacían a través de los
contactos personales con los compañeros miembros de la unidad.
El apoyo interactivo experimentado en estas unidades tenía poco
que ver con la ideología oficial nazi, o con la estructura organizativa de la Wehrmacht. Pero, indirectamente, mantenía al régimen
nacionalsocialista y a la estructura oficial de mando del ejército
alemán. La solidaridad de grupo puede también funcionar en
oposición a la organización más amplia en la que está inmerso el
grupo primario. Este es el caso de muchas situaciones laborales,
en las que las normas del grupo surgen en torno a la idea del
«rendimiento adecuado de una jornada de trabajo». Allí donde
surgen tales normas, el trabajador con exceso de celo puede

[9] Es una distinción del tipo de la de Tönnies *(Gemeinschaft* y *Gesellschaft),*
Maine *(status* y *contrato),* Durkheim (solidaridad *mecánica* y *orgánica)* y
Redfield *(Popular* y *urbano).* Para un análisis de estos conceptos véase E. A.
Shils, «Primordial, Personal, Sacred y Civil Ties», *British Journal of Sociology,*
8, n.º 2, 130-145 (1957).

[10] Se ha investigado también la socialización anticipada, en la que el aspirante
adopta las ideas y las normas públicas del grupo, aún antes de pertenecer
plenamente a él. Véase L. Hudson, *Frames of Mind,* Penguin, Londres, 1970,
esp. capítulos 4, 5 y 6, para una exposición fascinante de este proceso en los
niños pequeños.

verse sometido a intensas presiones de grupo para que se adecúe a la norma de rendimiento en el trabajo. En parte para suprimir prácticas de este tipo, Stalin apoyó con tanta decisión el principio del estajanovismo y de la emulación socialista[11].

Bajo un punto de vista analítico, parecería que nos encontramos ante dos procesos distintos. En primer lugar, está el proceso al que nos hemos referido antes en esta sección, por el que los individuos se adhieren a grupos con los que tienen un cierto grado de afinidad normativa. En segundo lugar, en tanto que miembros de grupos, es probable que los individuos se den cuenta de que sus predisposiciones normativas son canalizadas y pueden ser reforzadas. Al ser miembro de un grupo, el individuo empieza, pues, a desarrollar ideas, creencias, normas y valores en comunidad con otros miembros del grupo. De este modo, el centro del análisis se traslada de las relaciones entre los individuos a las relaciones existentes entre el individuo y el grupo. El significado de estos dos tipos de relaciones está en que forman parte de la interacción ordenada que constituye una sociedad.

Desde un punto de vista analítico, puede concebirse un nuevo nivel de relaciones: las existentes entre dos grupos. Se puede considerar, por tanto, a los grupos como unidades de análisis, prescindiendo, para ciertos efectos, de los individuos que constituyen el grupo. Las uniformidades de la sociedad pueden considerarse como consecuencia de las interacciones de grupos. En este sentido, no hay que considerar a los grupos como entidades categóricas o estadísticas, como los analfabetos, las categorías de edad y las categorías demográficas, sino como entidades dentro de las cuales se producen ciertas interacciones o relaciones que dan al grupo su forma o dirección.

Por supuesto, el individuo en sociedad está en relación con diferentes tipos de asociaciones de grupo. Algunos de estos grupos estarán relativamente poco estructurados, influyendo poco sobre sus miembros, mientras otros pueden adquirir una importancia central y abrumadora para el individuo. El grado de adhesión emocional del individuo a un grupo no es realmente consecuencia de ninguna cualidad intrínseca, mérito o importancia estructural del mismo, sino que depende mucho más del deseo del individuo. Es muy posible que algunos individuos estén tan profundamente dedicados a un grupo de tenis o ajedrez como

---

[11] La obra clásica sobre normas de grupo en la situación laboral es la de F. J. Roethlisberger y W. J. Dickson, *Management and the Worker,* Harvard University Press, Cambridge, Mass., 1939, en la que da cuenta del famoso experimento de Hawthorne.

otros a grupos cuyo fin sea cambiar la sociedad o que esperan el fin del mundo. En teoría, es posible que una persona pertenezca a un grupo o a muchos. Empíricamente, puede comprobarse que la mayoría de la gente pertenece sólo a un número relativamente reducido de grupos organizados, y este hecho tiene implicaciones importantes para el orden social y político.

Se pueden considerar las asociaciones de un individuo a grupos como una cadena acumulativa o no acumulativa. En la cadena acumulativa de asociación a grupos, el individuo tiene actitudes o disposiciones para la acción que son reforzadas a cada *nivel* de la cadena, cosa que no ocurre en el proceso no acumulativo. En este último tipo de procesos, el individuo participa en grupos que operan con acciones y valores hasta cierto punto contradictorios. Por ejemplo, un individuo puede verse presionado en el modo de ejercer su profesión por los valores de la religión a la que pertenece. En este caso se encontraría un médico católico a quien se le pidiera que practicara un aborto. Estas adhesiones cruzadas, que sumen al individuo en una situación de cierta ambivalencia social, representan una característica constante de la vida en sociedades complejas. Tal situación está en agudo contraste con la pertenencia acumulativa a grupos, en la que es poco probable tal conflicto de valores. Pongamos el caso de un médico católico en un país predominantemente católico, en el que la ley prohíbe el aborto y cuyo colegio profesional es fundamentalmente católico. Otro ejemplo de cadena acumulativa es el del individuo que pertenece a un partido político que controla un movimiento sindical, en el que hay un servicio médico, organizaciones deportivas y de recreo, un ala juvenil y una ideología. El carácter acumulativo de la pertenencia a este tipo de grupos puede hacerse evidente de varias maneras. Puede ocurrir, por ejemplo, que el individuo sea miembro de una comunidad relativamente aislada, como es el caso de los pescadores, de las comunidades mineras, de los leñadores, etc., cuya cultura y estructura social son homogéneas. Otro ejemplo podría ser el de una minoría étnica que con el fin de conservar su identidad cultural funda una iglesia, un periódico, escuelas, instituciones económicas, todas ellas de apoyo mutuo —por ejemplo en Belfast, donde los obreros protestantes y católicos son vecinos, pero tienen organizaciones distintas para asuntos escolares, religiosos, políticos y de conspiración, de modo que desde la niñez se habla de los católicos como *gandules, cerdos, papistas* y *gallinas*, mientras que los niños católicos «son apasionadamente fanáticos, y a todos los niños de la zona les gusta llevar

insignias alusivas a James Conally [*sic* Conolly] y silbar cancio-
nes republicanas» *(The Times,* 8 de abril de 1971). Otro ejemplo,
cuya relación con la política posiblemente sea aún más evidente,
es el de los partidos revolucionarios, que, obligados a moverse en
un medio político hostil a los objetivos de estos partidos, precisan de una fuerte cohesión de grupo para que sea posible la
supervivencia individual. En estos casos, la unidad básica del
partido, ya sea la célula o el grupo de guerrilla, puede adoptar
muchas de las características de una pequeña comunidad.

Son evidentes las consecuencias de esta línea de análisis para
las teorías que basan el orden social en un cierto consenso de
valores. Puede demostrarse que un individuo mantiene con mayor firmeza sus valores, y existen menos probabilidades de que
tienda a cambiarlos, cuando recibe el apoyo del grupo [6]. Por
ejemplo, experimentos de laboratorio han demostrado que la alta
valoración del grupo al que se pertenece está relacionada con la
capacidad de resistencia del individuo a las comunicaciones que
parecen contrarias a los valores del grupo.

Sirviéndonos de una imagen, podemos decir que este proceso
es una filtración selectiva de los mensajes contrarios al grupo,
procedentes del medio exterior al grupo; de aquí se deduce que
cuanto más homogéneo es el contexto de grupo del individuo,
tanto mayor es el proceso de filtración y más *restringido* es el
medio exterior al grupo del que proceden los mensajes. Si pensamos ahora en un estado en el que haya dos amplios conjuntos
de grupos que filtran los mensajes que van de uno a otro, nos
encontraremos con una situación de rechazo o incomprensión
mutuas. Aunque este simple modelo dicotómico de incomprensión total no se encuentra en el mundo real, son frecuentes, en
cambio, las situaciones que se acercan a él. Los partidos políticos de base étnica con o sin fuertes raíces regionales, las religiones que adoptan una forma política, las comunidades aisladas con
una pauta de apoyo unipartidista, todos estos son ejemplos en los
que la red de afiliaciones al grupo puede considerarse como una
cadena acumulativa que refuerza la identidad del grupo. Son
numerosos los ejemplos de partidos políticos de base étnica como
Action Group (Grupo de Acción) y el National Council of Nige-
rian Citizens (Consejo Nacional de Ciudadanos Nigerianos) en
Nigeria, y los partidos separatistas del Canadá francés. Como
ejemplo de partidos religiosos, pueden citarse los demócrata-
cristianos en Italia y en la República Federal Alemana, la Liga
Musulmana en Paquistán, etc.

Una consecuencia de las características acumulativas de la

pertenencia a grupos es que pueden constituir un grave peligro para la estabilidad del orden político y social, ya que podrían llevar a plantear demandas no negociables, es decir, demandas sobre las que no se acepte un compromiso. Se pueden distinguir dos niveles de demandas de este tipo. El primero implica un distanciamiento emocional y posiblemente social de la sociedad general para practicar o iniciar una actividad de acuerdo con los valores del grupo. Son numerosos los ejemplos de este proceso, que incluyen comunidades religiosas como los Dukhobors y los Hutterites en Estados Unidos y Canadá, las comunidades *hippies,* las comunidades utópicas y las numerosas comunidades que esperan pacientemente el Segundo Advenimiento, el fin del mundo o ambas cosas a la vez. En conjunto, estos grupos no afectan seriamente al mantenimiento del orden político o social, pero, por supuesto, hay muchas posibilidades de que esta situación cree tensiones. La razón radica en que estas comunidades pueden constituir una afrenta permanente e institucionalizada a los valores y normas de la sociedad más amplia: el desnudo en público, la ausencia de lazos matrimoniales convencionales, la sustitución de la competencia por la cooperación, etc. Y aunque estas comunidades no supongan una amenaza política real, su misma presencia puede inducir a otros elementos a iniciar una acción *directa* contra la comunidad separatista, y eso es ya un problema político. Tampoco sería difícil poner ejemplos de casos en los que dichas comunidades han chocado directamente con las autoridades políticas en asuntos de orden fiscal, electoral o de reclutamiento militar.

Dentro de la misma categoría, aunque probablemente con implicaciones políticas y sociales mucho más graves, están aquellos grupos cuyo objetivo es cambiar de alguna manera la configuración económica, social o moral de la sociedad en la que viven. Los cambios que persiguen estos grupos pueden suponer también la disolución de la sociedad que les rodea como unidad geográficamente definida. Tales grupos, en el mejor de los casos, prestan una adhesión muy débil a las normas *dominantes* de la sociedad en que viven, considerándolas como injustas o históricamente superadas. Entre estos grupos están los partidos políticos totalitarios, que persiguen una reorientación fundamental de las actitudes y el comportamiento de sus miembros, los partidos separatistas de base étnica en sociedades con varias etnias y los partidos socialistas en sus años de formación.

El segundo nivel en el que pueden plantearse las demandas de grupo supone una modificación del orden político, económico o de la normativa de la sociedad en la que viven, pero sin cambiar el contexto geográfico de esa sociedad. Para los propósitos de la sociología política, estos grupos *reformistas* pueden dividirse en dos tipos: aquellos cuyo principal objetivo son las autoridades políticas y aquellos cuyas actividades políticas son un subproducto de otras actividades. Un ejemplo puede aclarar esta última categoría. Los grupos interesados en la acumulación, ordenación, discusión y propagación del conocimiento sobre las mariposas pueden verse enfrentados como subproducto de sus intereses con las autoridades políticas, si nuevas normas fiscales o regulaciones de la importación llegaran a afectar a su *raison d'être;* pero limitándose a actuar como coleccionistas de mariposas, tales asociaciones son políticamente neutras. A este tipo de grupos se les ha calificado de *parapolíticos* [7]. Los grupos entre cuyos objetivos fundamentales figura la amenaza, la presión o la persuasión políticas pueden variar enormemente en cuanto a sus dimensiones, ámbito, composición, firmeza de sus intereses políticos e influencia política. Empresas, grupos de empresas, federaciones de directores de escuelas, sindicatos, universidades, agrupaciones agrícolas, etc., no tienen como interés primario la política, pero les interesa en alto grado conseguir que la política del gobierno preste debida atención a sus asuntos. (Véase capítulo 12.)

Ya hemos hablado de los peligros sociales y políticos de las cadenas acumulativas de pertenencia a grupos, pero si nos detenemos un poco veremos que en muchas sociedades, en especial en los estados atlánticos, la pertenencia a grupos no es acumulativa, sino más bien dispersa[12]. Se recordará que, en otras sociedades, la pertenencia acumulativa a grupos podía considerarse como fuente de escisiones societales, con una comunicación muy limitada *a través de* la escisión, lo que conduce a una incomprensión mutua que puede desembocar en el enfrentamiento entre ellos. Donde la pertenencia a grupos no es acumulativa, las lealtades individuales carecen de la intensidad emocional

---

[12] Sería erróneo, sin embargo, considerar que estas afiliaciones cruzadas se limitan a los estados atlánticos: «La organización (de grupo) *Seka,* de base religiosa, política, agrícola, de parentesco o voluntaria, es el meollo de la estructura social balinesa, que, de hecho, puede considerarse como un conjunto de *seka* cruzadas de varios tipos débilmente concertadas entre sí.» C. Geertz, *Peddlers and Princes,* University of Chicago Press, Chicago, 1963, p. 99. Véase también R. Dahrendorf, *Class and Class Conflict in Industrial Society,* Routledge and Kegan Paul, Londres, 1959, pp. 213-240, quien estudia la *superposición* de escisiones tales como ocupación, riqueza, religión, etc., como causa de una intensificación de la violencia de clase.

del sistema acumulativo. Las energías, el tiempo y las capacidades del individuo se dispersan en varios grupos diferentes. Ningún grupo es capaz de atraer toda la lealtad del individuo [13]. Como indicamos anteriormente, esta situación puede incluso sumir al individuo en cierta ambivalencia, y se mostró que cuanto más heterogéneo es el medio social del sujeto, tanto más débiles son sus opiniones, sus actitudes y sus creencias, por lo que resulta menos probable que actúe de acuerdo con un sistema unificado de creencias [8].

Estos dos *tipos ideales* que hemos examinado brevemente nos proporcionan perspectivas bastante importantes sobre algunos problemas del orden social. Por ejemplo, podría esperarse que en sociedades que se caracterizan por cadenas acumulativas de pertenencia a grupos la estabilidad fuera precaria y que se desplegara una gran dosis de fuerza para conseguir un consenso normativo. Además, el concepto de cohesión del grupo por medio de normas del grupo también señala o saca a la luz el problema de los ajustes del grupo a nivel societal: ¿cómo van a concertarse intereses de grupos en conflicto sin hacer que algunos grupos insatisfechos tiendan a desorganizar la sociedad? En otras palabras, la teoría de grupo, considerada desde cierto punto de vista, orienta al estudiante hacia la consideración de la política como un proceso de reparto. Este es el enfoque de muchos teóricos de la actividad de los grupos de presión. El análisis de los grupos de ambos tipos (primario y secundario) facilita la comprensión de los procesos de formación de valores y actitudes y de su transmisión o no transmisión, tanto entre distintos grupos como en el interior de cada uno de ellos. Este es el problema de la socialización, proceso que tiene implicaciones importantes para el estudio del orden político. (Véase capítulo 6.)

Hemos examinado las relaciones entre los individuos y entre el individuo y el grupo, y señalamos en los párrafos anteriores la existencia de relaciones entre los grupos; dedicaremos el resto del capítulo a examinar las teorías que operan a todos o a uno de estos niveles.

---

[13] La exposición clásica de este punto de vista está contenida en D. Truman, *The governmental Process,* Knopf, Nueva York, 1951, donde afirma que en EE. UU. el gobierno y los intereses de grupo están limitados por una imbricación de pertenencia a grupos y por el peligro de activar a los apáticos (grupos potenciales) si sus intereses son violados.

3.5. Algunas teorías del proceso social

«Aunque forma parte del saber convencional el partir del *individuo* y sus actos, sin embargo, como han insistido Mead y muchos otros, no podemos llegar al campo de la sociedad a través del *individuo* mediante una simple suma o agregación. Por el contrario, debemos partir de un campo interactivo de organismos interdependientes en un medio» [9]. Así pues, como indicamos anteriormente, hay propiedades emergentes de las interacciones, y el análisis debe iniciarse bien a nivel de díadas interactuantes, o a partir del medio en el que se producen las interacciones en su conjunto, es decir, al nivel del *sistema*. Empezaremos examinando brevemente algunas teorías basadas en el individuo, y pasaremos después a considerar aquellas cuyo enfoque principal va dirigido hacia el sistema en su conjunto. Las teorías del orden social basadas en el individuo tratan de explicar el orden a partir de los sujetos que interactúan buscando su propio beneficio, bien sea simplemente el poder económico o político, o incluyendo también el prestigio, status, aceptación social y otras gratificaciones psicológicas. Este es el enfoque de las teorías del intercambio y del juego. Tradicionalmente es también el de las teorías utilitaristas, de las que hemos tratado en el capítulo anterior.

Teoría del intercambio

En la teoría del intercambio, se examina el comportamiento a partir de pautas seleccionadas por cada individuo entre un amplio repertorio de comportamientos posibles, de los que se elige el más digno de recompensa o el menos sancionable. En un principio, el comportamiento tiene carácter aleatorio, pero va moldeándose progresivamente. El establecimiento de las pautas deriva de dos proposiciones básicas: (1) Las situaciones pasadas en las que una respuesta concreta ha sido recompensada suscitarán, si la situación se repite con frecuencia, la misma respuesta con frecuencia creciente, y (2) «Cuantas más veces, durante un período de tiempo determinado, la actividad de un individuo premie la actividad de otro, con tanta mayor frecuencia realizará el segundo esa actividad» [10]. Así pues, el orden social es consecuencia de la formación de pautas que, a su vez, están firmemente enraizadas en la psicología individual del ser humano, y no en un imperativo del sistema [14]. Para Homans, las normas son consecuencia de un intercambio: «Una norma es una afirmación hecha por varios miembros de un grupo, no necesariamente por todos ellos, de que los miembros deben comportarse de cierta manera en determinadas circunstancias. Los miembros que hacen esta afirmación encuentran gratificador el hecho de que su propio comportamiento y el de los demás se adecúe, hasta cierto punto, al comportamiento ideal prescrito por la norma» [11]. Los miembros que *no* hacen esta afirmación deben elegir entre el coste (en términos de recompensa o de castigo) de obedecer o de desobedecer; probablemente, aquellos que obedecen lo hacen porque la obediencia supone beneficios que no se obtendrían desobedeciendo. El concepto de autoridad, poder o jefatura (que parecen ser la misma cosa para Homans) surge de las recompensas que la minoría puede dar a la mayoría, como buenos consejos, status material y simbólico, etc., y a cambio de las cuales los gobernados recompensan a los gobernantes con la estima más una participación en los fines del grupo [12]. Las instituciones se mantienen también por medio de recompensas, pero difieren en grado de los grupos en el sentido de que las instituciones se basan en *normas y órdenes explícitas* [13].

Así pues, de arriba a abajo las sociedades se caracterizan y se mantienen unidas en virtud del mismo principio del comportamiento recompensado o sancionado, y si el primero es el comportamiento dominante se deduce que, al menos a la larga, la mayoría del comportamiento observado es recompensado. Tal es también el caso del comportamiento de tipo habitual; por ejemplo, la obediencia ciega es remuneradora en el sentido de que los costes son supuestamente bajos. Todas las acciones son acciones individuales y pueden expresarse en términos de recompensas individuales, y *toda* acción supone un intercambio o trueque.

Los problemas que plantea la versión de Homans de la teoría del intercambio son dobles. En primer lugar, parece olvidar el hecho de que muchas relaciones, a no ser en un sentido trivial o tautológico, *no* son relaciones de intercambio sino de explotación. Aquellos que tienen el poder político o económico pueden decidir sobre las condiciones del intercambio; ejemplo de ello son los monopolios, las castas dirigentes o los dictadores, y es trivial pretender que se produce un intercambio de uno u otro tipo (la

[14] Homans es buen ejemplo de reduccionista psicológico: todos los hechos sociales pueden reducirse a afirmaciones sobre psicología individual. Véase Homans, «Contemporary Theory in Sociology» en R. E. L. Faris, *Handbook of Modern Sociology*, Rand McNally, Chicago, 1964, p. 969.

vida a cambio de la obediencia), ya que la relación entre los que obedecen y los que son obedecidos está dominada por los segundos.

No obstante, Homans reconoce que a nivel institucional no se produce siempre un proceso directo de intercambio. Señala que un hombre adquiere su status «en un grupo privado a través de sus intercambios directos con otros miembros, mientras que en la sociedad lo adquiere por razones de herencia, riqueza, ocupación, cargo, autoridad legal —en todos los casos por su posición dentro de un orden institucional, que con frecuencia tiene tras de sí una larga historia» [14]. En el grupo más amplio y complejo, las actividades tienden a mantenerse no por el «principio de la recompensa primaria» sino por medio de *recompensas artificiales*, como el dinero y la aceptación social. Además, el proceso de intercambio remunerador se hace cada vez más indirecto a medida que la red de interacción se amplía. En otras palabras, a partir de un comportamiento social elemental se desarrollan reglas explícitas que rigen el comportamiento de mucha gente: es decir, Homans no explica todos los acontecimientos sociales por medio de proposiciones psicológicas, sino que desemboca en entidades de mayor importancia que las interacciones individuales y que pueden ser determinantes fundamentales de esas interacciones.

Otro posible punto débil de la teoría del intercambio es que parece incapaz de asumir la gran diversidad de costumbres y normas existentes en sociedades diferentes y que pueden estar en abierto conflicto entre sí. En algunas sociedades rigen normas suntuarias, mientras en otras se fomenta el ahorro; en unas se estimula la valentía y la agresividad masculina, mientras que en otras se desaprueba; algunas sociedades fomentan la *libertad* sexual, y otras son mucho menos permisivas; hay sociedades en las que se estimula el sentimiento, y otras en que ocurre lo contrario, y es de suponer que todas parten de una característica básica del hombre, que es quien, en último término, seleccionará, entre un repertorio de formas de conducta, la más recompensada. Por ello, como ha reconocido Homans, la teoría del intercambio no puede explicar cualquier modelo concreto de comportamiento [15].

La teoría del intercambio y la política

La teoría del intercambio no tiene una subcategoría definida de *lo político*, ya que las relaciones en política son esencialmente iguales y están gobernadas por los mismos procesos que las de otros contextos. No obstante, ofrece una explicación de los orígenes y limitaciones del poder político. Su examen de los orígenes del poder político no es de gran valor ni especialmente penetrante; se limita a hacer notar que algunos hombres disponen de recursos que otros desean, recursos tales como inteligencia, experiencia, bienes y capacidades poco comunes que están dispuestos a ofrecer a cambio de otros recursos, como prestigio, votos, apoyo, promesas de apoyo futuro, etc. De esta manera surgen diferencias de poder, que consiste en la capacidad para hacer que otra persona siga una línea de acción que de otro modo no habría elegido. De mayor importancia e interés es la discusión sobre el carácter contingente del poder político, que gira en torno a una serie de proposiciones sobre las condiciones en que se realiza la asignación de recursos por medio del intercambio.

Los hombres compiten por recursos, persiguiendo decisiones políticas que «son los valores por los que negocian y compiten los actores políticos, y que se distinguen de las decisiones extrapolíticas por su carácter de decisiones de autoridad» [16]. Para conseguir una decisión política, una situación más deseada que la actualmente obtenida, los hombres han de pagar, y equilibrarán los costes potenciales con los beneficios potenciales. Los hombres prefieren altos a bajos niveles de satisfacción, y actuarán de forma que su satisfacción sea máxima; para ello estarán dispuestos a tolerar el coste hasta el punto en el que los costes sean aproximadamente iguales a las recompensas. Los políticos compiten por alcanzar votos a cambio de tiempo, energía y dinero, y son recompensados con prestigio, poder y recursos económicos que distribuyen de forma que su satisfacción sea máxima; ofrecen decisiones políticas (decisiones de autoridad) a cambio de poder, prestigio y dinero. Así pues, si uno pone condiciones concretas para la entrada en el mercado de intercambio político —entrada que es completamente libre, parcialmente libre o imposible—, que vienen a corresponder a condiciones de entrada de hecho, es posible determinar con bastante exactitud los resultados políticos probables sirviéndonos del mismo razonamiento que en el análisis económico de un mercado libre, un mercado oligopólico y un mercado monopolístico [17]. En el intercambio político, el modelo oligopólico es el más adecuado, porque es el que mejor corresponde a la realidad. Por tanto, puede determinarse con bastante precisión el poder político examinando la diferencia entre las recompensas que un político podría obtener en situaciones de competencia y otras de no competencia o, visto desde el otro lado, entre lo que ofrecería una persona que busca decisiones políticas en un mercado político de competencia y otro de no competencia para hacer que sus posibilidades de conseguir un resultado determinado fueran máximas. En todo tipo de mercados los hombres actúan de la misma manera, persiguiendo resultados máximos; pero los resultados concretos son muy diferentes. Además, el precio de entrada en la política varía mucho según las personas, ya que no son iguales los costes de entrada en la política en términos de tiempo, dinero, tiempo libre perdido, etc., ni tampoco lo son los beneficios, y, por ello, es perfectamente posible que un hombre esté asignando racionalmente sus recursos al *no* entrar en política, ni siquiera para votar.

En esta versión de la teoría del intercambio, la noción de consenso normativo desempeña un pequeño papel, por no decir ninguno; en cambio, en la de Blau sí lo tiene: «la obligación de la gente de obedecer las órdenes de la autoridad no es consecuencia de un intercambio social derivado de la contribución de los gobernantes al bienestar general, sino que es una *obligación moral* inculcada por agentes socializadores»[15]. Sin embargo, en la versión de Blau la elección individual refuerza inicialmente el consenso, ya que «...los procesos sociales... transforman las racionalizaciones individuales en valores comunes» [18]. Y los valores comunes surgen de una situación social común, por ejemplo una jerarquía empresarial o un cierto tipo de grupo. Pero cualquiera que sea su génesis, los valores o el consenso son hechos y pueden ejercer una influencia sobre el individuo contraria a su propio interés, pero no necesariamente en contra de sus satisfacciones como miembro de un grupo. La gente puede conceder importancia al grupo y sus valores mucho después de que se haya producido un intercambio racional, en términos de haber elegido inicialmente un grupo concreto o sus valores por su valor de cambio para el individuo. De este modo, al analizar Geertz el rol de innovadores económicos desempeñado por los príncipes balineses, señala que a ellos los ayuda «un gran capital social en forma de lealtades sociales tradicionales», como consecuencia del lugar que ocupan en una estructura social que «ha sido disuelta o drásticamente reorganizada»[16].

[15] P. Blau, *Exchange of Power in Social Life,* Wiley, Nueva York, 1964, página 212. El subrayado es nuestro.
[16] C. Geertz, *Peddlers and Princes,* University of Chicago Press, Chicago, 1963, p. 106. Véase también J. A. Schumpeter, *Capitalism, Socialism and*

Esta versión de la teoría del intercambio puede aproximarse a la versión del consenso de valores de las teorías del orden social, ya que, al parecer, la *obligación moral* puede surgir fuera de las consideraciones del intercambio racional, a no ser que lo entendamos en una versión atenuada del intercambio. Pongamos el caso de un intocable en el sistema de castas hindú: ¿realiza todas las tareas realmente bajas sobre la base de un intercambio racional? Es de suponer que no, a no ser que consideremos que él *cree* que al realizar bien su trabajo aumenta sus posibilidades de mejorar de posición en su próxima reencarnación, y que por ello acepta su posición en el orden presente por razones morales —y porque, hasta hace muy poco, no existían organizaciones que movilizaran los intereses de los intocables contra una opresión *moralmente justificada*. Pero es difícil creer que el propio interés racional fuera el elemento dominante que mantenía la conformidad de los intocables al sistema de castas, aun cuando aceptemos que, en cierto sentido, empezó siendo una cuestión de interés propio. Así pues, al introducir un elemento normativo, es casi seguro que Blau ha fortalecido su postura, aun a costa de una posible inconsecuencia, ya que puede explicar desigualdades *duraderas* de poder haciendo referencia a orientaciones de valor socializadas. La versión de Homans de la teoría del intercambio no puede explicar de la misma manera la existencia de una desigualdad persistente porque no incluye en ella los valores, pero puede argumentar que incluso la aceptación de la desigualdad puede estar socialmente recompensada. Esta afirmación, como hemos dicho anteriormente, es una formulación vacía. ¿Cómo sabemos que la gente es recompensada? Porque actúan de la forma que actúan, ¡formulación ésta digna de Pero Grullo! En la formulación de mayor rigor lógico de Curry y Wade, la permanencia de la desigualdad en las relaciones de intercambio puede explicarse considerando los resultados, pero es difícil comprender por qué los acepta la gente —como ocurre en el mundo real— durante generaciones, a no ser que hayan sido engañados en lo relativo a su interés *real* o que los *explotados* no sean capaces de acabar con el sistema y crear uno más justo.

Otra teoría que parte de una perspectiva individualista es la teoría del juego. Esta teoría no hace sino aceptar la existencia de conflictos entre los distintos intereses y de reglas que especifican

Democracy, Allen and Unwin, Londres, 1943, p. 12: «Las actitudes, los tipos y las estructuras sociales son monedas que no se funden fácilmente. Una vez formadas persisten.»

las posibilidades de elección abiertas a cada una de las partes. No tiene nada que decir sobre el origen de las reglas [19].

Teoría de juegos

En sentido estricto, la teoría de juegos es una rama de las matemáticas que se ocupa de la lógica de las decisiones; pero en este breve apartado trataremos únicamente de un aspecto muy limitado de la teoría de juegos. A diferencia de algunas versiones de la teoría del intercambio, la teoría de juegos da por supuesta la racionalidad de los participantes, afirmando que allí donde son posibles líneas alternativas de acción «con resultados diferentes en dinero, poder o éxito, algunos participantes elegirán la alternativa más remuneradora» y que tal conducta es racional [20]. Riker utiliza un juego de *suma cero* como la segunda condición de análisis, juego de *suma cero* que sería una situación en la que las pérdidas de una persona o grupo son exactamente iguales a las ganancias de otro. Así pues, los individuos compiten por la máxima ganancia, y lo hacen realizando ofertas para conseguir el apoyo de otros jugadores, ofertas cuya naturaleza estaría definida por las reglas del juego: pueden ser en dinero, influencia, buques de guerra, promesas de apoyo, etc. Se trata pues de una situación de conflicto en la que los jugadores disponen de una mayor o menor información sobre estados de ánimo, actuaciones, motivos, disposiciones, etc.: Cuanto mayor es el conocimiento que los participantes tienen sobre otros participantes, tanto mayor será la posibilidad de respuestas puramente racionales a una acción. En política es difícil disponer de una información plena, cuya obtención requiere tiempo y recursos; por ello, el conflicto político no puede ser puramente racional, pero, como indica Riker, se aproxima a un modelo de comportamiento racional, proponiendo además lo que él considera como proposición demostrable obtenida del modelo. Afirma que con un juego de *suma cero* jugado por más de dos jugadores racionales, que pueden apostar por el apoyo de otros públicamente «sólo se producen mínimas coaliciones ganadoras» [21]. Tal proposición es evidente en su exposición, pero sus implicaciones son interesantes ya que, por ejemplo, indica que a la larga, los partidos perderán más del apoyo mínimo necesario para ganar las elecciones, que las coaliciones de triunfo son *siempre* inestables porque la minoría que no participa estará *siempre* dispuesta a hacer una oferta superior a la que obtuvo el miembro de la coalición menos comprometido (menos beneficiado). En el mundo real, las coaliciones, que

carecen de una información perfecta, son mayores de lo mínimamente necesario, debido a que sus miembros nunca saben con
precisión cómo obtener sólo el apoyo que necesitan, existiendo
por ello una tendencia a guardar un margen de seguridad; la
competencia de promesas que los partidos políticos hacen para
conseguir el apoyo electoral sirve de ejemplo de esta actitud. Así
pues, las coaliciones políticas son siempre inestables en el sentido de que cuando una coalición busca el poder siempre carga la
mano en sus apuestas, buscando una base de apoyo amplia, pero
una vez en el poder se da cuenta de que tiene que pagar. Por ello,
los políticos tratan de limitar su base una vez que están en el
poder; pueden permitirse el desengañar a una parte de ese sector
sobrante que les apoya, y si consiguen alejar a algunos partidarios, también consiguen crearse enemigos entre los desilusiona-
dos[17].

Si reducimos el elemento de mensurabilidad del principio de
racionalidad para introducir no solo la maximización de ganancias materiales, sino también la *maximización* de cosas como la seguridad, el bienestar espiritual, el prestigio social, el poder, etc.,
entonces la teoría del juego establece la lógica subyacente a los
mejores medios por los que pueden conseguirse esos fines. En
otras palabras, supuestos ciertos fines y condiciones, la teoría del
juego establece las estrategias posibles. En este sentido, la *teoría
de juegos* no es de utilidad hoy para el especialista en sociología
política, pero ofrece grandes posibilidades como teoría explicati-
va. Por ejemplo, si postulamos que la gente persigue recompensas seguras más que el máximo de gratificación, nos encontra-
ríamos en mejor posición para comprender la actitud prudente
que adoptan los campesinos cuando la situación del mercado les
ofrece una oportunidad de concentrar la producción en un solo
tipo de cosecha que con suerte podría enriquecerlos, pero que, si
el año es malo, podría llevarlos a una situación de hambre. El
repartir los riesgos en varias cosechas, ninguna de las cuales es
eficiente en términos de rentabilidad máxima, supone una respuesta racional de la gente al nivel de subsistencia ante el
problema de las fluctuaciones del mercado, y este enfoque es de
importancia para la planificación económica y política, gran parte
de la cual presupone una estrategia de beneficios máximos.

---

[17] Se plantea un problema a este respecto: es de suponer que los políticos
nunca conocen todos los hechos, y por tanto han de formar *siempre* coaliciones
mayores de lo estrictamente necesario. Sin embargo, como nunca conocen todos
los hechos, nunca se podrá comprobar empíricamente cómo se comportarían
si los conocieran.

También sirve para hacernos comprender mejor la actividad social en situaciones en las que nunca se dispone de información suficiente y oportuna; es decir, sirve para reforzar nuestro análisis de la *mayoría* de las situaciones. En el caso de los partidos políticos, que, en principio, deberán alcanzar triunfos mínimos —siempre que se disponga de información suficiente—, podemos ver que una respuesta racional en el mundo real es la de forzar las apuestas para tratar de atraer el mayor apoyo posible, aun cuando se sepa que esto *no puede* maximizar la gratificación individual: «Cuanto más imperfecta o incompleta es la información, tanto mayores serán las coaliciones que sus creadores traten de formar y con mayor frecuencia las coaliciones triunfadoras que se formen serán más amplias de lo necesario»[18].

Incluso al nivel elementalísimo al que la hemos expuesto, la teoría de juegos tiene una implicación importante, y es que en el mundo real, en el que las coaliciones *deben* ser mayores al mínimo necesario para las coaliciones triunfadoras, *debe* existir siempre competencia entre los contendientes[19]. Desde el punto de vista de las relaciones entre los individuos, y del individuo con el grupo, tiene también la ventaja de especificar con cierto detalle los procesos de compromiso, las ventajas de este compromiso, y de delinear con claridad la mecánica de la formación de grupos (coalición) en situaciones de competencia. Puesto que podemos cuantificar fácilmente las recompensas en una situación de laboratorio, y podemos también introducir nuevos jugadores con nuevos recursos (o sin ellos), la teoría de juegos ofrece también la posibilidad de establecer una prueba exacta; es posible hacer más o menos asequible y más o menos costosa la información, y observar los resultados en el laboratorio, consiguiendo así una verificación experimental de las hipótesis relativas a la información y al principio de las dimensiones.

La teoría del juego parece, pues, ofrecer enfoques serios sobre algunos procesos políticos, pero *quizá* no ocurre lo mismo con otros problemas. Barry ha afirmado que este tipo de análisis no ofrece respuestas a preguntas como: ¿por qué vota la gente?

---

[18] W. H. Riker, *The Theory of Political Coalitions,* Yale University Press, New Haven, 1962, pp. 88-89; sobre el concepto de información véase A. Downs, *An Economic Theory of Democracy,* Harper and Row, Nueva York, 1957, capítulos 5, 6, 7 y K. W. Deutsch, *The Nerves of Government,* Free Press, Glencoe, 1966, parte 2.

[19] Para un estudio a fondo sobre este punto véase T. C. Schelling, *The Strategy of Conflict,* Harvard University Press, Cambridge, Mass., 1960, quien, sin embargo, utiliza el concepto de *expectativas* mutuas.

Ciertamente, un teórico de juegos deberá responder en términos de las ventajas que ofrece a un elector el votar o no votar; el cálculo, tal como lo expresa Barry, es «hasta qué punto se beneficiaría... si el partido de su preferencia ganara las elecciones, multiplicándolo a continuación por la probabilidad de que su voto concedido a ese partido altere el resultado de las elecciones haciéndole ganar en lugar de perder» [22]. Dentro del marco de un electorado de millones de personas, las probabilidades de que esto ocurra son casi infinitesimales, de modo que el ciudadano que actuara racionalmente no votaría —y sin embargo, la mayoría de la gente lo hace. La decisión de votar es, pues, irracional con arreglo a la teoría de juegos, aunque otras consideraciones —fuera de las puramente racionales—, como la adhesión tradicional a un partido, el apoyo al sistema político, el deseo de votar, la satisfacción que produce el haber votado..., podrían explicar la decisión.

Se plantean otras dificultades en relación con la teoría de juegos, además de la complejidad de las matemáticas, que limitan su utilidad para el especialista en ciencias sociales. Como ya dijimos anteriormente, «el teórico de juegos sólo empieza su tarea después de haberse definido las reglas del juego y las ventajas o jerarquías de valores que determinan los beneficios. La génesis del conflicto, sus rasgos psicosociales y su realidad sociocultural quedan fuera del ámbito del análisis» [23]. A fin de examinar algunas de estas características de la vida social, y de alcanzar un nivel *superior* de análisis al del individuo y sus necesidades, pasaremos a ocuparnos de las teorías cuyo enfoque está dirigido en especial hacia el sistema. Lo que pretendemos en el párrafo siguiente es abrir un camino en el que puedan entrar en juego las conexiones entre los grupos.

3.6. Teoría de sistemas

La concepción de la política como sistema ha ido abriéndose progresivamente paso en la ciencia política. La noción de sistema supone la existencia de un grado de interrelación entre las unidades que a uno le interesan. Se da por supuesta la interrelación para operar en el seno del sistema, que consiste en unidades que se limitan o condicionan mutuamente; y el sistema opera en un medio ambiente de algún tipo, del que se diferencia. Condición fundamental de un sistema es, por tanto, el mantenimiento, de una forma u otra, de la *energía* que conserva unido al sistema

—distinto del medio ambiente—, si se quiere que el sistema no se debilite y se confunda con el medio. Dentro del sistema se produce un intercambio de energía entre sus unidades, de forma que si una unidad se ve afectada, también lo serán las demás, hasta un grado que depende de las conexiones dentro del sistema y de la pérdida de energía en el proceso de transmisión. También se gasta energía en el proceso de mantenimiento del sistema como entidad dentro de su medio, por lo que debe recuperarse de alguna forma [20].

En términos generales, es casi evidente que el concepto de sistema —que se utiliza, por ejemplo, en los sistemas de dirección electrónica— puede aplicarse al problema del orden en la sociología política mediante la simple determinación de las interconexiones que en la sociedad atentan contra la transmisión de la *energía* a través de la sociedad. Si limitamos nuestra atención a las interconexiones que están relacionadas en cierto modo con la esfera política, sea cual sea nuestra definición de ésta, entonces tendremos la noción de un sistema político; si aplicamos después la idea de un medio ambiente a la del sistema político, tendremos un sistema político que actúa sobre y reacciona ante su medio, medio que puede ser el sistema social u otros. El centro de atención pasa entonces a la aptitud o «capacidad (del sistema político) para reaccionar ante las condiciones bajo las que funciona... Los sistemas políticos acumulan gran número de mecanismos por medio de los cuales pueden tratar de enfrentarse con su medio. A través de ellos, pueden regular su propio comportamiento, transformar su estructura interna, e incluso llegar hasta remodelar sus fines fundamentales» [24]. Así pues, los sistemas políticos pueden enfocarse desde el punto de vista de la lucha contra retos de varios tipos o demandas del medio, a los que pueden hacer frente reajustando la estructura del sistema para atender a esas demandas, variando la asignación de los recursos escasos, cambiando el carácter del medio o de otras formas. Si hacen esto (luchan contra la *presión* del medio) es que son persistentes *con respecto al* medio; por ello un sistema político puede tener éxito en dos tareas: (1) establecer la asignación de

[20] Para un estudio detenido consúltese W. Buckley, *Modern Systems Analysis*, Prentice-Hall, New Jersey, 1967; J. C. Charlesworth (ed.), *Contemporary Political Analysis*, Free Press, Nueva York, 1967, capítulos 8 y 9; O. R. Young, *Systems of Political Science*, Prentice-Hall, Englewood Cliffs, 1968, capítulos 2 y 3; W. J. M. MacKenzie, *Politics and Social Science*, Penguin, Middlesex, 1967, páginas 96-110.

valores, y (2) inducir a que «la mayoría de los miembros acepten esas asignaciones como decisiones de autoridad».

El hacer frente al medio supone *inputs* en el sistema y *outputs* desde él. Los *inputs* son variables como las demandas y apoyos del medio ambiente; las demandas no son sino *peticiones* de mayor o menor urgencia para una acción de autoridad o asignación desde el sistema político; y los apoyos son simples estados de ánimo favorables o neutros, o acciones de la gente dentro del sistema relativas a las asignaciones desde el sistema o hacia el sistema, o elementos del mismo. Los *outputs* son reglas, reglamentaciones, acciones, leyes, etc., que tienen autoridad *con relación al* medio y que a su vez provocan un cierto cambio en el contexto dentro del cual opera el sistema político y, por lo tanto, afectan al apoyo de que goza el sistema, apoyo que puede aumentar, disminuir o pasar de un nivel a otro del sistema. Los *outputs* pueden contribuir a mantener el apoyo al sistema, y en general están dirigidos a grupos concretos con el fin de generar su apoyo, pero con el tiempo el apoyo *concedido* puede transformarse en un apoyo más generalizado al sistema, y no sólo a un aspecto de él. Con respecto al apoyo, pueden considerarse tres niveles dentro del sistema: la comunidad política, el régimen político y las autoridades políticas. La comunidad política, representa un sentimiento de *solidaridad afectiva* que está en la base del «funcionamiento de todos los sistemas», mantiene unidos a los sujetos que desempeñan roles políticos en el sistema y puede estar más o menos extendido entre los miembros del sistema [25]. Un régimen político equivale, a grandes rasgos, al entramado institucional básico de un sistema político —anciano más jefe, una asamblea bajo el palo baniano, emperador más Dieta más autoridades centrales, Parlamento más monarca más partidos más autoridades locales, etc. El régimen constituye un «método regularizado para ordenar... las relaciones políticas» y procede de la «necesidad de aceptar unos procedimientos y reglas básicos en relación con los medios a través de los que ha de regularse una controversia sobre las demandas» [26]. Según la teoría de roles, el régimen no es sino una agrupación de roles políticos y, por tanto, las autoridades son aquellos individuos que desempeñan los roles. Desde el medio ambiente pueden sentirse distintos grados de entusiasmo hacia cada uno de los tres niveles del sistema, que varían desde un apoyo complaciente a todos los niveles hasta un desagrado activo frente a todos ellos, pasando por una mezcla de apoyo a la comunidad y desagrado hacia el régimen y las autoridades, etc. Una pérdida de apoyo, es decir, una pérdida de entusiasmo o aprobación, o de acciones de apoyo, provocará una respuesta de los titulares de roles si se hacen conscientes de la pérdida, que puede manifestarse por una presión de las demandas; y la respuesta en términos de asignaciones, etc., provocará, a su vez, una respuesta de los afectados[21]. El proceso de canalizar la información sobre las reacciones sociales a las asignaciones de la autoridad es de retroalimentación y es esencial, ya que de otra manera las autoridades no tendrían idea alguna sobre cómo se reciben sus acciones. Los canales de retroalimentación pueden *distorsionar* más o menos la información según el *ruido* de los canales, como es el caso de un partido altamente ideologizado o un grupo de presión que transmite información contraria a sus prejuicios ideológicos, o de una burocracia de casta o de clase que puede mostrarse incapaz de comprender las quejas de otras clases o castas. Puede ocurrir también que los canales estén saturados en términos del tiempo necesario para el tratamiento de las demandas.

El sistema político hace frente a las tensiones y demandas procedentes del medio mediante cambios en su estructura o en las asignaciones, o cambiando el medio; puede medirse su éxito por el grado de apoyo que recibe, y las asignaciones junto con la conformidad son *variables esenciales* del sistema. Un sistema se mantiene cuando sus *variables esenciales* operan «dentro de lo que calificaré como sus límites críticos» [27]. El sistema se mantiene, si, en efecto, sobrevive por medio de un proceso de retroalimentación que permite a las autoridades responder basándose en la información, antes que en el presentimiento o en la intuición. El mantenimiento del sistema dentro de sus límites críticos, que pueden ser muy amplios, se realiza a través de un proceso de regulación tanto de las demandas como de los apoyos, y es en ese punto en el que el análisis de sistemas trata de utilizar las nociones, anteriormente discutidas, de las relaciones entre individuos, grupos y ahora el sistema en su conjunto.

Todos los sistemas políticos desarrollan mecanismos reguladores. En primer lugar, existen elementos estructurales que regulan el flujo de demandas al sistema político, y que varían desde los partidos políticos hasta los grupos de presión, dirigentes de opinión, periódicos, asambleas, etc. En segundo lugar, los mecanismos culturales que definen el alcance de las demandas

---

[21] La pérdida de apoyo se produce por muchas razones, pero «podrían resumirse en gran parte en una categoría: fallo del producto político». D. Eastoñ. *A Systems Analysis or Political Life,* Wiley, Nueva York, 1965, p. 230.

apropiadas posibles para una intervención política son identificables en todos los sistemas y pueden variar enormemente de un sistema a otro. En tercer lugar, las demandas se regulan y canalizan después de haber penetrado en el sistema, lo que supone una capacidad de mensaje (de información) tal en el interior del sistema que las demandas puedan llegar a los centros de autoridad. Además, los canales de información pueden variar en gran medida desde las organizaciones dedicadas principalmente a dicha transmisión (funcionalmente específica) hasta organizaciones que se ocupan de una amplia gama de problemas, pero que se ocupan *entre otras cosas* de transmitir información (funcionalmente difusa). Ejemplos de la primera categoría son los partidos, las elecciones y los grupos de presión, y de la segunda, las redes de grupos primarios. Finalmente, las demandas individuales o de grupo son objeto de una reducción, un compromiso, se hacen compatibles entre sí o se agregan y se hacen más difusas mediante su conversión o compromiso dentro de estructuras políticas tales como —era de esperar— los partidos políticos y los grupos de presión.

Easton define un sistema como «un conjunto de variables elegidas para su descripción y explicación» [28], y difícilmente podríamos poner peros a su decisión de precisar el conjunto de variables que ha elegido; pero se plantea la cuestión de si ha delineado o no una teoría. Esto puede fácilmente descartarse ya que está claro que no lo ha hecho y que, en realidad, Easton se ha limitado a afirmar que su sistema es *una base conceptual* a través de la cual, y con el tiempo, *puede* surgir una teoría. Una base conceptual no es sino un lenguaje orientador que puede o no demostrar su utilidad en el examen de un determinado campo de problemas. De nuestra breve exposición se deduce que su esquema es dinámico, ya que llama la atención sobre los procesos de cambio del sistema y el ajuste a tensiones a varios niveles del sistema y su medio, pero presta atención insuficiente al cambio revolucionario, salvo indicar que es producto de alguna insuficiencia del sistema[22].

Un problema más grave, y posiblemente insoluble, es el relativo al concepto de límites críticos de tolerancia a las tensiones, sobre el que no se nos dice nada fuera de la proposición de que cuando se les supera, el sistema se encuentra en peligro

---

[22] D. Easton, *A Systems Analysis of Political Life,* Wiley, Nueva York, 1965, p. 228; esta observación podría ser injusta porque, en cierto sentido, la revolución no es más que un cambio superior al normal.

aunque sólo lo sabemos con seguridad cuando el sistema se hunde[23]. El problema reside en que en algunos sistemas —electrónico, de calor, de guía, etc.— podemos determinar previamente con precisión los parámetros del sistema, y después comprobar las tensiones (sobrecarga) y observar que el fusible salta. De manera parecida, puede observarse que la mayoría de la gente muere si se le mantiene demasiado tiempo en aceite hirviendo; pero indudablemente no se puede comprobar lo mismo para sistemas políticos totales, aunque en las ciencias sociales pueden detectarse situaciones de laboratorio algo parecidas comparando la información introducida en un grupo de personas (el sistema) con la salida de información. Si los parámetros del sistema no son valores establecidos no estaremos afirmando sino que las cosas están interconexionadas, lo cual no aclara mucho aunque pueda ser cierto. En su detenido análisis sobre el crecimiento económico en las ciudades indonesias, Clifford Geertz se enfrenta con una dificultad parecida y escribe: «Desde luego una conclusión débil y evasiva, muy típica de los especialistas en ciencias sociales, es decir que el crecimiento efectivo requiere tanto de un enfoque de grupo como de un enfoque individual, pero no demasiado ni demasiado poco de uno u otro; *pero en el caso del contraste Tabanan-Modjokuto no puede decirse nada más detallado»* [24].

El enfoque que Easton hace de los sistemas constituye de modo específico un intento muy general de describir los sistemas políticos y la forma en que hacen frente a la tensión, su continuidad frente a los medios cambiantes y estables considerados bajo el punto de vista de asignaciones de valores con autoridad. El sistema se mantiene o sucumbe por su capacidad de hacer frente al problema de la continuidad, que se explica no en términos de asignación (aunque ésta tenga que ver con el problema), sino de voluntad de cambio, tanto del sistema como del medio ambiente, por parte de los miembros del sistema político. El enfoque es muy abstracto y existe un problema, como ya hemos dicho, de provisión de rutinas operativas a través de las cuales puedan examinarse situaciones concretas[25]. Por ejemplo, parece impo-

---

[23] En realidad, Easton acaba por dejar en el olvido el problema de los límites críticos. D. Easton, *A Systems Analysis of Political Life,* Nueva York, 1965, página 223.

[24] C. Geertz, *Peddlers and Princes,* University of Chicago Press, Chicago, 1963, pp. 127-128. El subrayado es nuestro.

[25] Easton es, sin duda, consciente de esto. D. Easton, *A Systems Analysis of Political Life,* Wiley, Nueva York, 1965, p. 480.

sible saber cuándo ha persistido un sistema, ya que, probablemente, como respuesta a tensiones internas y externas al sistema, puede cambiar todo excepto el nombre (Reino Unido, USA); y, como Easton ha escrito: «De este modo en la sociedad llamada Estados Unidos se ha mantenido un sistema político durante siglos por el mero hecho de haber sabido cambiar radicalmente, desde un sistema federal relativamente descentralizado sin una participación popular general en un principio, hasta un sistema caracterizado por un nivel relativamente alto de centralización política y por el sufragio universal» [29]. Parece difícil de captar el concepto de *no-persistencia* de un sistema. El problema reside en que si todo puede cambiar, pero el sistema en cierto modo persiste, ¿en qué sentido puede afirmarse que persiste?

Desde el punto de vista de la sociología política, el análisis de sistemas tiene la ventaja de que permite incorporar formas de análisis menos ambiciosas —teoría de la coalición, teoría del intercambio, teoría de los roles, consenso de valores, etc.—, en la perspectiva más amplia de que, para persistir, los sistemas deben adaptarse: «Estas teorías no son formas de análisis alternativas o en competencia; suponen teorías parciales de asignación, que se refieren y explican un aspecto o parte concreta de un sistema político» [30]. Por ello, el análisis de sistemas constituye un marco organizativo potencialmente valioso en un doble sentido: permite *descender* a otros niveles de análisis, sin perder de vista los problemas más amplios del sistema sobre la forma de reaccionar ante la tensión, y apunta a un conjunto de problemas interconexionados para su análisis e investigación. Su enfoque es también comparativo o, mejor, proporciona una serie de conceptos normalizados con los que encajan y pueden compararse datos de países muy diferentes.

También es útil el análisis de sistemas porque permite salvar dificultades relacionadas con teorías individualistas de la democracia, por ejemplo. De este modo, muchos investigadores han demostrado el bajo nivel de interés individual en la política, la escasa motivación para participar y un desconocimiento de las cuestiones existentes entre partidos, todo lo cual es contrario a las teorías del interés individual de la democracia. Sin embargo, considerado desde el punto de vista fundamental de las «necesidades de la supervivencia de todo el sistema democrático» la *insuficiencia* individual rinde un servicio positivo al sistema. De manera similar, el bajo grado de compromiso con los partidos y las creencias políticas por parte de los no par-

3. Teorías del proceso político

ticipantes, favorece el compromiso y la estabilidad del sistema[26]. Otra ventaja del concepto de sistema es que puede facilitar la tarea de clasificación. Por ejemplo, en la idea de subsistema —económico, político, de integración y cultural— podemos detectar un conjunto correspondiente de mecanismos inductores a la conformidad, a través de los cuales se ejerce el control social. El mecanismo correspondiente en el subsistema económico son los salarios, los sueldos y las recompensas; en el político, es la fuerza, la negociación, el compromiso; el de integración, la presión del grupo, la familia, los amigos, la tribu, etc., para desempeñar un papel de modo adecuado; y en el cultural es el compromiso con valores como el nacionalismo, el individualismo y la religión lo que motiva el desempeñar roles de modo ordenado. Evidentemente, pueden utilizarse sanciones propias de un subsistema para inducir a un comportamiento adecuado en otro, es decir, la persuasión religiosa puede contribuir a buen comportamiento ciudadano y a una actividad empresarial eficiente, y ésta puede contribuir con sus recursos a hacer más eficiente el funcionamiento de una forma de gobierno [31].

Funcionalismo estructural

Otro enfoque global del proceso político es el llamado *funcionalismo*, según el cual las sociedades deben atender ciertas necesidades individuales y de grupo —vivienda, alimentación, renovación, cierta seguridad, etc.—, lo que desemboca en normas, formas (lenguaje, magia, religión) e instituciones que controlan y coordinan a los hombres en un intento por atender esas necesidades[27]. De este modo, las reglas y las normas, gran parte del comportamiento, etc., están relacionadas con la sociedad en el sentido de que están interrelacionadas de manera que se apoyan unas a otras y representan soluciones a los imperativos funcionales del mantenimiento del sistema. Los funcionalistas han dado listas más o menos largas de estos imperativos funcionales que han de atender todo sistema. Según Parsons, el sistema

[26] B. Berelson, P. Lazarsfeld y W. McPhee, *Voting*, University of Chicago Press, Chicago, 1954, pp. 322 y 316. Se trata de una versión moderna de las virtudes públicas y vicios privados de Mandeville.

[27] Este era el enfoque de Malinowski de la antropología, a partir de las necesidades individuales; pero el análisis puede partir de la estructura social y las formas de mantenerla, como hizo Radcliffe-Brown; véase P. Cohen, *Modern Social Theory*, Heinemann, Londres, 1968, pp. 37-45.

debe (1) adaptarse a un medio —adaptación—, (2) realizar objetivos colectivos —realización de objetivos—, (3) mantener un control de las tensiones dentro del sistema —mantenimiento de pautas o control de tensiones—, y (4) integrar las diversas acciones de los miembros de la sociedad —integración. Las acciones y las creencias de una sociedad se *explican,* es decir se aclara su función, de acuerdo con el papel que desempeñan en el cumplimiento de los imperativos funcionales; de esta manera, la religión puede entenderse como medio de control de tensiones y como fuente de integración societal. La actividad política desempeña en primer lugar un papel de adaptación e integración, pero en varios puntos está en relación con todos los aspectos de los imperativos. El problema es que las causas de la actividad son los estados finales producidos, y que, por tanto, una consecuencia explica una causa. Cada uno de los imperativos funcionales puede considerarse como un subsistema relacionado con los otros mediante intercambios realizados a través de los límites de los subsistemas. El análisis funcional distingue normalmente entre funciones que son consecuencia de una acción que contribuye a una mejor adaptación del sistema a su medio, y disfunciones, que tienen el efecto contrario. Es preciso distinguir también entre funciones latentes y manifiestas de las acciones o instituciones, siendo funciones manifiestas las consecuencias del comportamiento sobre el sistema reconocidas y deseadas, y funciones latentes aquellas que tienen consecuencias no reconocidas, aunque reales, sobre el sistema. Evidentemente puede haber también disfunciones latentes y manifiestas [32]. A continuación analizaremos la variante del funcionalismo que más se ha utilizado en la investigación política, conocida como funcionalismo estructural.

El análisis funcional establece requisitos previos para la supervivencia de cualquier sociedad o sistema; el funcionalismo estructural establece los conjuntos de roles conexos que constituyen la estructura que realiza las funciones mediante las cuales opera el sistema político. Con relación a la política, el análisis del funcionalismo estructural se centra en aquellas estructuras relacionadas con la política —como quiera que se la defina— que aparecen inmersas en un medio al que las estructuras han de conformarse. El funcionamiento del sistema político tiene lugar a distintos niveles de capacidad: (1) sus capacidades relativas a otros sistemas en términos de *inputs* y *outputs*. En este punto nos interesan las técnicas y el grado de reglamentación, extracción y distribución de valores por el sistema político sobre otros sistemas. (2) Sus procesos internos, relativos a la forma en que el sistema manipula las entradas de *inputs* y el apoyo en *outputs*. A este respecto puede realizarse una división según la forma en que se desarrollan seis imperativos políticos funcionales: (a) articulación de intereses, es decir el modo en que se forman las demandas, (b) agregación de intereses, es decir combinación de demandas en líneas de acción propuesta, (c) elaboración de reglas, es decir formulación de reglas con autoridad, (d) aplicación de reglas, es decir aplicación y cumplimiento del derecho, (e) adjudicación de reglas, es decir aplicación de reglas a casos individuales, (f) comunicación, es decir comunicación de las actividades anteriores dentro del subsistema político y desde él a otros subsistemas [33]. Finalmente, (3) hay funciones de adaptación y mantenimiento del sistema que se refieren al aprendizaje de roles políticos en la vida preadulta y adulta, y de las técnicas de reclutamiento para ocupar roles políticos. Tanto la dimensión de las capacidades como la dimensión funcional política pueden subdividirse aún en modos de actuación utilizando, por ejemplo, las pautas variables de Parsons. Estas variables son: afectividad y neutralidad afectiva; autoorientación u orientación hacia la colectividad; universalista o particularista; adscripción o logro; especificación y difusión; instrumental o de consumación. Estas variables son oposiciones polares y se refieren a una gama de elecciones disponibles a cualquier actor en cualquier situación, y por extensión pueden caracterizar también la manera en que se atiende un imperativo funcional o pueden utilizarse para describir el carácter de una institución[28]. Así pues, podemos estar interesados en la elaboración de normas desde el punto de vista de si las reglas se elaboran para todo el mundo sin distinción o sólo para algunas personas, y lo mismo podría decirse de los modelos de reclutamiento, es decir si no se hace referencia, por ejemplo, a la clase social o al color de la piel en la selección de personas con aptitudes similares (educación, etc.).

El funcionalismo estructural como modo de análisis político establece que todos los sistemas políticos tienen una estructura política que está más o menos claramente demarcada de otras estructuras del sistema. El sistema político está conceptualmente

---

[28] Véase T. Parsons y E. Shils (eds.), *Toward a General Theory of Action*, Harvard University Press, Cambridge, Mass., 1951, pp. 172-183. Entre los especialistas que utilizan estas variables están W. C. Mitchell, «Occupational Role Strains: The American Elective Public Official», *Administrative Science Quarterly*, 3 (Sept. 1958); D. Apter, «The Role of Traditionalism in the Political Modernization of Ghana and Uganda», en D. Apter, *Some Conceptual Approaches to the Study of Modernization*, Prentice-Hall, Englewood Cliffs, 1968

demarcado de otros sistemas porque se considera que desarrolla las «funciones de integración y adaptación (tanto en el interior del sistema, como en relación con otras sociedades) mediante el uso, o la amenaza del uso, de la coacción física más o menos legítima» [34]. De la misma manera que con el análisis de sistemas, en el funcionalismo el sistema político debe responder a su medio de forma más o menos efectiva, sucumbiendo, cambiando el medio o desarrollando instrumentos para hacer frente a los retos ambientales. Almond y Powell consideran que hay cuatro tipos de retos: (1) el de construir una estructura legal: creación del Estado, (2) el de conseguir una adhesión afectiva: formación de la nación, (3) el de atender las presiones de la población para una participación en la elaboración de decisiones políticas: participación, y (4) la presión para utilizar el monopolio legal de la fuerza para distribuir valores escasos. Todos o cada uno de los niveles de capacidad pueden responder a cada una de estas demandas, por ejemplo, aumentando el índice de regulación, redistribuyendo valores deseados, aumentando la producción de recompensas simbólicas, aumentando las capacidades estructurales de agregación de intereses o técnicas de socialización, etc. [35].

Las funciones se cumplen por o a través de estructuras, pero esto no quiere decir que *solamente* puedan realizar cada función estructuras particulares, o que una estructura no vaya a realizar más de una función. Por ejemplo, la articulación de intereses puede realizarse a través de partidos políticos dedicados básicamente a esta función, o, por medio de disturbios, mediante grupos de afinidad y organizaciones religiosas que sólo de manera intermitente persiguen la articulación de intereses políticos. Por ello, aunque en las sociedades desarrolladas puede esperarse un cierto grado de especialización estructural, por ejemplo, los parlamentos elaboran las reglas pero los tribunales las aplican, observamos que con mucha frecuencia hay burocracias que elaboran reglas y las aplican, y tribunales (por ejemplo, el Tribunal Supremo de los EE. UU) que de hecho elaboran reglas. En sociedades menos desarrolladas, el propio sistema político puede ser intermitente y los roles políticos estar unidos a roles religiosos y judiciales desempeñados por la misma persona posiblemente al mismo tiempo. La cuestión es que *deben* atenderse requisitos previos de carácter funcional y, por lo tanto, si uno se acerca lo suficiente al sistema *debe* descubrir las estructuras a través de las cuales se realizan *de hecho* las funciones.

Al igual que en el análisis de sistemas, el funcionalismo

estructural sirve para relegar la fuerza a una posición de menor importancia en el orden social, haciendo mucho mayor hincapié en el proceso de iniciar a la gente en la(s) cultura(s) política(s) del sistema; este proceso se llama de socialización política. La cultura política está en la mente de la gente y se la define como «las pautas de actitudes y orientaciones individuales hacia la política entre miembros de un sistema político» [29]. Se considera que la cultura es importante para «regular el funcionamiento del sistema político» [36]. Además, el concepto de cultura política, que parece derivarse de todos los imperativos funcionales mencionados anteriormente (pero básicamente del mantenimiento de pautas y el control de tensiones), une a los individuos con el sistema en general *vía* grupos o instituciones, poniendo en relación las «tendencias individuales con las características del sistema» [37]. La cultura política, al igual que los demás conceptos utilizados en el análisis funcional, puede dividirse en varias subcategorías: las culturas localistas se caracterizan por su escasa percepción del sistema nacional, las culturas de súbdito contienen individuos con perspectiva nacional pero sin interés en participar en política, las culturas de participación las forman personas interesadas en la política [38]. Dividimos también las categorías preguntando por qué los participantes o los súbditos son como son: la razón puede ser un sentido de incompetencia, o un sentido de alienación, etc. El problema de este proceso de casi constante subdivisión es que parece no haber límites a la proliferación de las categorías de investigación y análisis. ¡Uno empieza a tener vagas visiones de ángeles sociológicos que danzan sobre la cabeza de un alfiler!

Son innumerables los problemas que se plantean en relación con el tipo de análisis funcionalista, lo que no tiene por qué detenernos, ya que sólo nos interesa la posición del funcionalismo estructural tal como la hemos delineado [30]. En primer lugar,

[29] G. Almond y G. Bingham Powell, *Comparative Politics*, Little, Brown, Boston, 1966, p. 50. Utilizando un esquema extraído de Parsons, consideran que las actitudes individuales con respecto a la cultura política pueden dividirse en un elemento *cognoscitivo* que es el conocimiento de la política, un elemento *afectivo* de adhesión emocional o de rechazo de los hechos políticos, y un elemento *evaluativo* que supone un juicio de los hechos políticos en términos de valores.

[30] Para críticas lógicas de la posición funcionalista véase C. G. Hempel, «The Logic of Functional Analysis», en L. Gross (ed.), *Symposium of Sociological Theory*, Harper, Nueva York, 1959; R. S. Rudner, *Philosophy of Social Science*, Prentice-Hall, Englewood Cliffs, 1966, capítulo 5; y F. Cancian, «Functional Analysis of Change», *American Sociological Review*, **24**, 818-827 (1960). Pueden hallarse críticas desde el punto de vista sociológico en J. Rex, *Key Problems of*

aunque sus protagonistas insisten en calificar de teoría al funcionalismo estructural, en sentido estricto no lo es, dado que su proposición final es muy escurridiza. ¡El problema es que si con A puede pasarse a significar A_1, todo se derrumba! Tampoco sabemos en qué consiste el mantenimiento del sistema fuera de su supervivencia física, y no se nos dice nada sobre la importancia relativa para el mantenimiento del sistema (atendiendo los requisitos previos funcionales) de los diversos elementos del sistema, no pudiendo sino suponer que son igualmente necesarios. Tampoco se nos dice cuál podría ser una lista definitiva de las funciones que el sistema político ha de desarrollar[31]. Como carecemos de una definición de términos básicos, de un calibrador de la importancia funcional de los diferentes elementos del sistema y de una lista definitiva de funciones, la teoría como tal no queda en muy buen lugar.

Cualesquiera que sean sus limitaciones intelectuales, el funcionalismo proporciona un amplio conjunto de categorías de alcance considerable para el análisis comparado, y representa un avance sobre cualquiera de las anteriores tipologías basadas en zonas geográficas contiguas, en instituciones tales como sistemas unipartidistas, bipartidistas o multipardistas, o en semejanzas institucionales como burocracias y asambleas legislativas [39]. No sólo es un estudio comparado, sino que abarca una gama mucho más amplia de tipos societales y, aunque un poco confusamente, incorpora un concepto de secuencias y tensiones de desarrollo político de valor considerable para el estudio de la modernización política [40]. Finalmente, al igual que el análisis de sistemas, el funcionalismo estructural es un análisis de gran amplitud que reúne en un cuerpo de ideas relativamente coherente perspectivas sacadas del análisis del interés, del de la socialización y del de grupo.

Sociological Theory, Routledge and Kegan Paul, Londres, 1961, capítulo 4, y D. Martindale, *The Nature and Types of Sociological Theory*, Routledge and Kegan Paul, Londres, 1961, pp. 441-522. Una crítica desde el punto de vista específico de la ciencia política puede encontrarse en W. Flanigan y E. Fogelman, «Functional Analysis», en J. C. Charlesworth (ed.), *Contemporary Political Analysis*, Free Press, Nueva York, 1967, capítulo 4.

[31] Compárense las listas de G. Almond y J. S. Coleman, *The Politics of the Developing Areas*, Princeton University Press, Princeton, 1960, p. 17, con G. Almond y J. Bingham Powell, *Comparative Politics*, Little, Brown, Boston, 1966, pp. 27-30, y ambas con W. C. Mitchell, *The American Polity*, Free Press, Nueva York, 1962, esp. capítulo 13-14.

3.7. Observaciones a modo de conclusión

Ha sido un capítulo difícil y algo pesado, pero en nuestra defensa diremos que excede de toda capacidad el condensar y abstraer un conjunto de áridas teorías, y hacerlas además interesantes. Sin embargo, el estudiante que se adentra en el campo de la sociología política necesita, al menos, estar algo familiarizado con muchas de las *teorías* y terminología de que nos hemos ocupado, ya que gran parte de los trabajos empíricos que vaya a consultar harán uso de ellas. En esencia, lo que hemos tratado de hacer ha sido presentar una panorámica relativamente completa de las formas en que se enfoca al individuo en relación con su sociedad. Podrá apreciarse que las conceptualizaciones de las relaciones que hemos expuesto no son en absoluto exhaustivas, ni tampoco hemos pretendido que fueran completas. Por ejemplo, no hemos mencionado a Marx en este capítulo ni nos hemos ocupado tampoco de la teoría de la interacción simbólica que se asocia con el profesor Goffman. La razón es sencilla: con respecto al último caso, es muy poco lo que tiene interés directo para el especialista en sociología *política* en el enfoque original de ese autor, y con respecto a Marx, nos ocupamos de él en otras páginas de este libro. *Por cierto,* hemos de excusarnos también por haber ignorado totalmente las grandes novelas políticas, que siempre tienen como tema central precisamente los problemas de los que nos hemos ocupado, es decir, el destino del hombre en tanto que individuo y el destino de su sociedad.

Las relaciones de que hemos hablado en este capítulo son las existentes entre individuos, y entre el individuo y el grupo, y hemos visto que probablemente entran dentro del marco de las teorías del consenso y de las teorías del cálculo; en el primer caso se consideró como importante el concepto de cultura política. Nos hemos servido del concepto de *relaciones* para significar conexiones sin precisar con claridad el nivel conceptual en el que operan. Se puede considerar que las unidades que nos interesan en sociología política pertenecen a distintos niveles de análisis. Por ejemplo, podemos estudiar las propiedades de individuos, sus actitudes, personalidad, deseos, etc., o podemos estudiarlos como miembros de grupos o de colectividades. Por otra parte, podemos estudiar la estructura formal de organismos como los partidos políticos, las burocracias, los ejércitos, etc., y las relaciones entre esas organizaciones. Pero debemos tener cuidado al aplicar conclusiones de un nivel a otro. Por ello, nos referimos con frecuencia a *sistemas* o *colectividades* políticamente inestables, lo que nos podría hacer pensar que la colectividad está formada por *individuos* neuróticos e inestables, pero esta conclusión sería inaceptable. El que el sistema sea inestable no quiere decir que los individuos que lo componen sean necesariamente inestables. Otro ejemplo: si se caracteriza a un sistema como democrático, no hay que concluir que esté compuesto por individuos de mentalidad democrática. De manera parecida, es también inaceptable la conclusión contraria: todos los agentes de policía pueden ser eficientes en el ejercicio de su trabajo, pero por sí sola esta afirmación no significa que el departamento de policía sea eficaz en la prevención del crimen. Todo esto supone que la reunión de datos en la investigación y el análisis debe realizarse a un nivel adecuado al problema [41].

REFERENCIAS BIBLIOGRÁFICAS

[1] E. NAGEL, *The Structure of Science,* Routledge and Kegan Paul, Londres, 1961; R. B. Braithwaite, *Scientific Explanation,* Harper, Nueva York, 1960.
[2] R. K. MERTON, *Social Theory and Social Structure,* ed. rev., Free Press, Glencoe, 1957, pp. 39-72.
[3] E. K. WILSON, *Sociology: Rules, Roles and Relationships,* Dorsey Press, Illinois, 1966, p. 51.
[4] L. W. PYE, «Political Culture and Political Development» en L. W. Pye y S. Verba, *Political Culture and Political Development,* Princeton University Press, Princeton, 1965, p. 7.
[5] E. A. SHILS y M. JANOWITZ, «Cohesion and Disintegration in the Wehrmacht in World War II», *Public Opinion Quarterly,* **12,** 280-313 (1948).
[6] S. ASCH, «Opinions and Social Pressure», G. Harding (ed.), *Science Conflict and Society,* W. H. Freeman, San Francisco, 1969, pp. 52-57.
[7] S. GREER y P. ORLEANS, «The Mass Society and the Parapolitical Structure», *American Sociological Review,* **27,** 634-646 (1962).
[8] B. BERELSON y G. A. STEINER, *Human Behaviour: An Inventory of Scientific Findings,* Harcourt Brace and World, Nueva York, 1964, p. 567. Véase también S. Verba, «Organisational Membership and Democratic Consensus», *The Journal of Politics,* **27,** 467-497 (1965).
[9] W. BUCKLEY, *Modern Systems Analysis,* Prentice-Hall, New Jersey, 1967, p. 100.
[10] GEORGE HOMANS, *Social Behaviour: Its Elementary Forms,* Harcourt Brace and World, Nueva York, 1961, p. 54.
[11] —— *Social Behaviour: Its Elementary Forms,* Harcourt Brace and World, Nueva York, 1961, p. 46.
[12] —— *Social Behaviour: Its Elementary Forms,* Harcourt Brace and World, Nueva York, 1961, cap. 14.
[13] —— *Social Behaviour: Its Elementary Forms,* Harcourt Brace and World, Nueva York, 1961, p. 380.
[14] —— *Social Behaviour: Its Elementary Forms,* Harcourt Brace and World, Nueva York, 1961, p. 379.

[15] «Contemporary Theory in Sociology», en R. E. L. Faris, *Handbook of Modern Sociology*, Rand McNally, Chicago, 1964, p. 969.

[16] R. L. CURRY y L. L. WADE, *A Theory of Political Exchange*, Prentice-Hall, Englewood Cliffs, 1968, p. 3.

[17] —— —— *A Theory of Political Exchange*, Prentice-Hall, Englewood Cliffs, 1968, pp. 31-96.

[18] P. BLAU, *Exchange and Power in Social Life*, Wiley, Nueva York, 1964, p. 208.

[19] A. RAPOPORT, «The Use and Misuse of Game Theory» en G. Harding (ed.), *Science Conflict and Society*, W. H. Freeman, San Francisco, 1969, páginas 286-294.

[20] W. H. RIKER, *The Theory of Political Coalitions*, Yale University Press, New Haven, 1962, p. 23.

[21] —— *The Theory of Political Coalitions*, Yale University Press, New Haven, 1962, p. 32.

[22] B. M. BARRY, *Sociologists, Economists and Democracy*, Collier-Macmillan, Londres, 1970, p. 14.

[23] W. BUCKLEY, *Modern Systems Analysis*, Prentice-Hall, New Jersey, 1967, p. 122.

[24] D. EASTON, *A Systems Analysis of Political Life*, Wiley, Nueva York, 1965, pp. 22-24.

[25] —— *A Systems Analysis of Political Life*, Wiley, Nueva York, 1965, p. 176.

[26] —— *A Systems Analysis of Political Life*, Wiley, Nueva York, 1965, p. 191.

[27] —— *A Systems Analysis of Political Life*, Wiley, Nueva York, 1965, p. 25.

[28] —— *A Systems Analysis of Political Life*, Wiley, Nueva York, 1965, p. 30.

[29] D. EASTON y J. DENNIS, *Children in the Political System*, McGraw-Hill, Nueva York, 1969, p. 49.

[30] D. EASTON, *A Systems Analysis of Political Life*, Wiley, Nueva York, 1965, p. 475.

[31] N. J. SMELSER, *The Sociology of Economic Life*, Prentice-Hall, New Jersey, 1963, cap. 3.

[32] R. K. MERTON, *Social Theory and Social Structure*, Free Press, Glencoe, 1968, cap. 3, pp. 73-133.

[33] G. ALMOND y G. BINGHAM POWELL, *Comparative Politics*, Little, Brown, Boston, 1966, pp. 28-29.

[34] G. ALMOND y J. S. COLEMAN, *The Politics of the Developing Areas*, Princeton University Press, Princeton, 1960, p. 7.

[35] G. ALMOND y G. BINGHAM POWELL, *Comparative Politics*, Little, Brown, Boston, 1966, pp. 34-41.

[36] —— —— *Comparative Politics*, Little, Brown, Boston, 1966, p. 51.

[37] —— —— *Comparative Politics*, Little, Brown, Boston, 1966, p. 52.

[38] G. ALMOND y S. VERBA, *The Civic Culture*, Little, Brown, Boston, 1965, pp. 17-21.

[39] R. C. MACRIDIS y B. E. BROWN (eds.), *Comparative Politics*, Dorsey Press, Illinois, 1968, pp. 34-102.

[40] R. E. JONES, *The Functional Analysis of Politics*, Humanities Press, Nueva York, 1967, pp. 76-96.

[41] H. EULAU, *Micro-Macro Political Analysis*, Aldine, Chicago, 1969, páginas 1-19; J. Galtung, *Theory and Methods of Social Research*, Allen and Unwin, Londres, 1967, pp. 36-48.

Capítulo 4
EL DESARROLLO DE LAS ESTRUCTURAS DE PODER POLITICO EN LAS SOCIEDADES PREINDUSTRIALES

4.1. Obediencia

Gran parte del comportamiento social de la gente es resultado de un hábito, o al menos su origen no suele ser consciente. Otros tipos de acción son el resultado de una consideración detenida de las posibilidades, mientras otros pueden ser el resultado de una orden que alguien recibe de hacer algo. Todos estos tipos generales de acción se dan con frecuencia en la vida social. Sin embargo, el tipo de acciones que nos interesan especialmente para nuestro estudio son aquellas que derivan de mandatos, órdenes o instrucciones.

Puede observarse que en cualquier sistema social hay personas que dan órdenes y otras que obedecen. En este capítulo realizaremos un análisis de este fenómeno en las sociedades preindustriales. A la capacidad de hacerse obedecer le daremos un término genérico: poder. La obediencia y la conformidad son consecuencia del poder. Puede considerarse que el poder procede de tres grandes fuentes, física, material o simbólica.

El poder físico o coactivo se basa en la aplicación o amenaza de sanción física, por ejemplo retirada forzosa de las fuentes de satisfacción, sea ésta material o psicológica. El poder material o remunerador se basa en el control de recursos como sueldos, servicios, consejos y bienes que pueden distribuirse como recompensa por la sumisión. El poder simbólico o normativo se basa en la retención o distribución de recompensas escasas y socialmente deseadas, bajo la forma de prestigio o consideración social, como medallas, recepciones cívicas, invitaciones a acudir a banquetes con famosos, etc. [1]. La combinación en una situación concreta variará en gran medida de un individuo a otro, de un grupo a otro, de una organización a otra y de una situación a otra, pero siempre existirá. El ejercicio del poder para obtener conformidad consiste en el uso de uno o más de esos elementos.

Puede ejercitarse el poder dentro de un marco institucional formal cuando las principales sanciones que acompañan a la no conformidad son consecuencia de roles formales, o, dentro de un marco no formal, cuando la no conformidad no acarrea sanciones institucionalizadas. Por ejemplo, si uno de los autores de este libro deseara trabajar en domingo y el otro se negara a hacerlo, existiría una amplia gama de sanciones posibles —negarse a aconsejar al otro, chantaje emocional, difundir rumores tendenciosos, etc.— que podrían hacer cambiar de opinión al coautor para no tener que enfrentarse a este ejercicio orquestado de la influencia personal. El poder institucionalizado con caracter de rol formal depende mucho menos de las personalidades implicadas y es más un atributo del cargo. De este modo, si una petición semejante para trabajar en domingo la realizara un capataz, el repertorio sancionador sería el mismo pero en primer término podría plantearse la cuestión salarial, de promoción, etc., quedando siempre en último término la posibilidad de despido. La combinación conformidad-técnicas de persuasión varía, pero el hecho o la regularidad de la conformidad puede ser la misma; el poder está siempre presente en la sociedad y sirve para fijar modelos sociales.

En los sistemas políticos hay personas que han adquirido, o se considera que han adquirido, el derecho a dar órdenes que en general esperan que se cumplan. Max Weber agrupa estas expectativas en tres tipos de autoridad, definida por la base en que se apoya la legitimidad de la orden o mandato. Distingue entre autoridad racional-legal, autoridad tradicional y autoridad carismática, todas las cuales se considera que legitiman los mandatos a las órdenes. La legitimidad se refiere al sentimiento que la gente tiene hacia los que emiten las órdenes, y la comprensión o disposición de la gente a obedecer (o desobedecer) depende de la legitimidad de la autoridad de la que proceden las órdenes[1]. Todos los gobiernos, dice Weber, tratan de legitimar su autoridad ante los ojos de los gobernados y, por ello, la legitimidad es una idea en la mente de alguien sobre el derecho a dar una orden. La autoridad tradicional depende de la aceptación de la «santidad de las tradiciones inmemoriales» y es la «más universal y antigua» de las autoridades. Está presente en casi todas las sociedades y se utiliza con frecuencia en países en proceso de modernización como sanción legal de las nuevas instituciones. Constituyen ejemplos de este proceso la adopción por el Dr. Nkrumah de títulos tradicionales de los ashanti cuando era presidente de Ghana, y la formulación del socialismo por Nyerere de acuerdo con los valores africanos *tradicionales*. La autoridad tradicional también está presente en la mayoría de sociedades desarrolladas, por ejemplo en la monarquía británica[2]. En el caso de la autoridad racional-legal, se obedece la *orden impersonal* de normas y reglas que definen el status de la persona que las emite. El prototipo de este tipo de autoridad es la burocracia, que representa *la* organización que ejemplifica el concepto de racionalidad de Weber.

Tanto la autoridad tradicional como la racional-legal son estructuras relativamente permanentes que atienden a las necesidades diarias de la comunidad; pero en el caso de situaciones nuevas o excepcionales (como una crisis o una situación de tensión) puede surgir una nueva forma de autoridad (carismática), basada en las características personales de un individuo, en virtud de las cuales se aleja de los hombres corrientes y se le trata como si estuviera dotado de poderes o cualidades sobrenaturales, sobrehumanas o, por lo menos, excepcionales[3]. Las

[1] En el mundo real, los tipos de autoridad pueden ser mixtos, pero a Weber le interesa elaborar *tipos ideales* que son modelos formados por la exageración o acentuación de uno o más rasgos o punto de vista observables en la realidad. Estos *tipos,* que no existen en forma pura, se utilizan como criterios simplificadores para facilitar el análisis empírico. Véase M. Weber, *The Theory of Social and Economic Organisation,* trad. por A. M. Anderson y Talcott Parsons, Free Press, Glencoe, 1947, pp. 110-111.

[2] La polémica obra de Emund Burke, *Reflections on the French Revolution,* era un canto a esta forma de autoridad. Véase también W. Bagehot, *The English Constitution,* Oxford University Press, Londres, 1952, capítulos 2 y 3 y páginas 34-35. Véase también E. Shils y M. Young, «The Meaning of the Coronation», *Sociological Review,* **1,** 63-81 (1953).

[3] M. Weber, *The Theory of Social and Economic Organisation,* trad. por A. M. Anderson y Talcott Parsons, Free Press, Glencoe, 1947, p. 358. La prueba para detectar la existencia de carisma es «el modo en que el individuo es considerado por aquellos que están sometidos a la autoridad carismática», y lc *esencial* es que el líder reconozca que la tiene *y actúe consecuentemente* (p. 361).

cualidades y las declaraciones del líder son consideradas como soluciones a la crisis. Relacionado con este tipo de autoridad está el entusiasmo colectivo por el que multitudes de personas renuncian, en favor de su líder, a todo juicio individual. En otras palabras, la obediencia a un líder carismático supone un compromiso personal de sus seguidores con la persona del líder, sin equivalente en otras formas de autoridad. Nacido de una crisis, el dilema del líder carismático es opuesto al de las demás formas de autoridad. La autoridad racional-legal y la tradicional se enfrentan con el problema de su debilidad en situaciones de crisis, pero al depender la autoridad carismática de las cualidades personales en tales situaciones, cuando pasa la crisis puede debilitarse el entusiasmo por el líder. También puede desaparecer el líder, aunque la crisis continúe.

La autoridad carismática, si ha de persistir, debe ser en cierto modo transformada, o por lo menos reforzada por uno u otro de los demás tipos de autoridad. Es decir, el líder necesita de cierto apoyo institucional permanente para su persona y, en último término, para su mensaje. Puede observarse este hecho cuando sectas que se basan en las enseñanzas de un hombre, Cristo, Mahoma, Harris, se transforman en organizaciones más formales llamadas iglesias, o cuando partidos políticos basados en un líder se burocratizan[4]. Son muy numerosos los problemas que se plantean en relación con esta concepción del liderazgo carismático; uno de ellos, y no el menos importante, es la extraordinaria veriedad de líderes a quienes se ha atribuido esa cualidad: Hitler, Nehru, Gandhi, Nkrumah, Lenin, Roosevelt, Mussolini, Sekú Turé, Sukarno, el honorable Elijah Mohammed, Mahoma, Winston Churchill y De Gaulle, por no mencionar sino algunos de los más destacados [2]. Las regiones en desarrollo, que se encuentran de manera casi permanente en situaciones críticas, representan una abundante fuente de líderes carismáticos. Es más, es difícil pensar en *un* dirigente de un país en desarrollo que no haya sido calificado de carismático por algún comentarista académico. Un concepto de ámbito tan amplio carece de utilidad analítica. El hincapié puesto en lo que se ha calificado de figuras carismáticas depende también excesivamente de sus seguidores, quienes pueden no sentirse atraídos por cualidad personal alguna sino por lo que el líder promete, por su programa; podría ocurrir que con un programa diferente, el llamado líder carismático hubiera perma-

---

[4] Para ejemplos de este proceso, véase B. R. Wilson, *Sects and Society,* Heinemann, Londres, 1963, y R. Michels, *Political Parties,* Dover Publications, Nueva York, 1959.

necido en la más absoluta de las sombras. El carisma es un atributo contextual que aparece en un contexto de problemas nuevos, y que no depende solamente del líder, sino también de sus seguidores. Por lo tanto este fenómeno se produce cuando surgen situaciones nuevas para las que resultan inadecuadas las ideologías o las estructuras antiguas; por ello el carisma puede encontrarse en las más racionalizadas de las sociedades contemporáneas [3]. No es seguro que se gane mucho con calificar de carismáticos a los líderes que aparecen en tales situaciones, pero sí es importante la situación en la que aparecen los líderes [4].

Considerada según los términos de la tipología tripartita de Etzioni, la autoridad carismática puede entenderse como una forma de poder normativo que descansa en último término en «la capacidad de un actor para ejercer una influencia difusa e intensa sobre las orientaciones normativas de otros actores» [5]. En este caso, el efecto del liderazgo puede ser cambiar la orientación o el sistema de valores de los gobernados, mientras que este cambio puede no aparecer en las demás formas de conformidad, en las que la gente obedece pero no cambia sus criterios de decisión y acción [6]. En ambos tipos de conformidad, el producto final es la obediencia, pero se considera que en la carismática existe un elemento de cambio de actitudes, y quizás de dependencia personal.

Hasta ahora hemos examinado posibles formas de analizar el concepto de conformidad, pero existe otra dimensión analítica del problema, que es la del acceso al poder. Tiene importancia, porque deseamos conocer cuáles son los mecanismos por los que la gente accede al poder, y porque necesitamos saber también si la conformidad está distribuida de manera diferencial o al azar en las sociedades. En relación estrecha con el problema del acceso al poder está el tipo de situación social que puede incitar a la gente a buscar el poder.

4.2. Desarrollo de las estructuras de poder

Como punto de partida, puede enunciarse una proposición de suma generalidad, según la cual el contexto social, geográfico y humano dentro del que se encuentra la gente determina en cierta medida los mecanismos estructurales a través de los cuales se ejerce el poder político, el grado de concentración o dispersión del poder y la disponibilidad relativa de acceso a posiciones de poder. En el mundo moderno, la estructura política más significativa y omnipresente es el estado nacional, que históricamente hace su aparición en tiempos relativamente recientes. Es significativa en el sentido de que hay pocas zonas geográficas que no estén enmarcadas dentro de un Estado, y omnipresente porque, en las zonas más desarrolladas, hay pocas actividades a las que no afecte la estructura estatal en mayor o menor grado. Sus acciones tienen, *en último término,* autoridad, porque suele disponer de un monopolio de la fuerza, o por lo menos de fuerza suficiente para obligar a someterse a todos los contestatarios, salvo los más organizados, o a eliminarlos. Puesto que el Estado dispone de un monopolio legal, y con frecuencia de un monopolio de hecho, de la fuerza (fuerzas armadas, policía, etc.), se deduce que para controlar el Estado se ha de estar en una posición de fuerza que asegure la conformidad a los deseos, los planes o aspiraciones de uno. Esta centralización de la fuerza en el Estado es una novedad en el terreno histórico, y etnográficamente una novedad política, ya que la mayoría de las sociedades no han estado tan organizadas; parece que el poder de coerción ha estado disperso y que incluso ha sido inexistente en muchas sociedades primitivas.

Es conveniente distinguir entre las sociedades que tienen un sistema de gobierno más o menos diferenciado y aquellas que no lo tienen. El primer caso supondrá la existencia de un gobierno centralizado en mayor o menor grado que gozará de soberanía sobre una serie de unidades constitutivas, como ciudades, pueblos y grupos étnicos. En el segundo tipo de sociedades, es decir las llamadas acéfalas o sin estado, existe un sentimiento de identidad común, pero no existe una autoridad política diferenciada que pueda considerarse como el gobierno de toda la sociedad.

Sociedades acéfalas

Existen varios rasgos económicos y geográficos que caracterizan a la sociedad acéfala. Normalmente, estas sociedades subsisten a base del forraje, la caza y la recolección de productos naturales, se asientan varias veces en un lugar durante más de un año, sus dimensiones medias son pequeñas, su densidad de población es baja y su organización política es un reflejo de esta forma de vivir. De esta forma, en un estudio sobre los indios americanos. R. H. Lowie escribe que «aunque los indios Plains desarrollaron indudablemente sistemas de coerción, la dispersión de la autoridad y la desintegración estacional de las tribus hacían imposible la existencia de un Estado permanente de tipo moderno» [7]. Esto nos lleva a considerar otro rasgo característico del sistema político sin estado, el carácter en extremo rudimentario de la diferenciación de roles. Dada la pobreza de estas sociedades, no pueden sostener económicamente a personas que desempeñen roles especializados; es decir, dentro de la división básica de sexos, se espera que todos los adultos desempeñen una gran variedad de roles[5]. Una excepción bastante generalizada frente a esta afirmación se encuentra en la aparición de los roles de jefe, que pueden ser *ad hoc* y transitorios y que cambian de una situación a otra; es decir, una persona puede dirigir una acción de caza, otra puede determinar el tiempo del forraje y otra puede dirigir una acción bélica. Por otra parte, el rol de jefe puede ser, incluso en las sociedades sin estado, más duradero, aunque aquí empieza a confundirse con otras categorías.

En las sociedades *acéfalas,* el liderazgo es consecuencia generalmente de las cualidades personales del jefe reconocidas por sus adeptos, aunque pueden existir restricciones por razón del linaje en la elección del jefe. No es el jefe propiamente el núcleo en torno al cual se constituye la sociedad acéfala, sino que se representa «como la causa de la disposición del grupo a unirse más que como el resultado de la necesidad de una autoridad central sentida por un grupo ya constituido» [8]. Por ello, el jefe no posee un complejo aparato de coacción, sino que ha de basarse en una mezcla de habilidad, suerte y persuasión. El no conseguirlo puede conducir a su sustitución por otro. Además, la experiencia indica que las recompensas materiales del liderazgo son muy limitadas y, lo que es más, pueden llegar a ser económicamente negativas; el jefe *a cambio* obtiene prestigio y la oportunidad de desplegar sus capacidades. Surgen líderes, a pesar de las pobres recompensas materiales, porque, como dice Lévi-Strauss, «en todo grupo humano hay hombres que, a diferencia de la mayoría de sus compañeros, gozan del prestigio por sí mismo, sienten una fuerte llamada hacia la responsabilidad, y para quienes el peso de la dirección de los asuntos públicos lleva en sí mismo su propia recompensa»[6]. En el ejercicio del mando,

---

[5] M. H. Fried, *The Evolution of Political Society,* Random House, Nueva York, 1967, p. 62. No disponemos de espacio para discutir sobre la desproporcionada asignación universal de todos los roles políticos manifiestos a los hombres, pero véase L. Tiger, *Men in Groups,* Nelson, Londres, 1970, pp. 55-92.

[6] C. Lévi-Strauss, «The Nambikuara of North Western Matto Grosso», en R. H. Cohen e I. Middleton (eds.), *Comparative Political Systems,* Natural History

el jefe ha de utilizar el arte del debate, la persuasión, el conocimiento, etc., pero muy pocas veces dispondrá de un aparato de coacción: «... el jefe indio americano más típico no es un legislador, un director de empresa o un juez, sino un pacificador, un benefactor de los pobres y un prolijo Polonio» [9]. No obstante, su tarea de mando se ve facilitada por dos factores. En primer lugar, no existe gran competencia por el rol. En segundo lugar, existe un denso conjunto de obligaciones normativas al que puede apelar un jefe cuando su autoridad como tal sea puesta en tela de juicio. Pero podría pensarse que las obligaciones normativas actuan de tal modo que hacen inútil la existencia de una autoridad ejecutiva o judicial, ya que las consecuencias de no atenerse a la *voluntad general* o al *bien común* podrían ser desastrosas, y se sabe que lo son: «... si los miembros de una horda se pelean, la causa más probable será un desacuerdo sobre cuando ir a esta o aquella zona de veld Kos (comida silvestre como raíces, bayas, etc.). Surgiría un resentimiento amargo, y podría convertirse en una cuestión de vida o muerte, si algunos miembros de una horda se aprovecharan y consumieran más veld Kos del que les corresponde, y sin que lo supieran los demás que contaban con ello. La gente se da plena cuenta de ello y, debido a su instinto de conservación y a su temor a la lucha, se someten a la autoridad del jefe»[7].

Pero el proceso tiene una doble vertiente. Del mismo modo que los miembros de una horda se sienten obligados por un sistema establecido de normas políticas, el jefe también lo está. Puede verse frenado también por la consideración de que en cualquier momento los miembros de la horda pueden retirarle su apoyo, y si se convierte en un auténtico estorbo, pueden alejarse físicamente de él[8]. Y al estar tan estrechamente unidas en estas

---

Press, Nueva York, 1967, p. 61. En su notable libro *La Société féodale*, Marc Bloch adopta un punto de vista parecido: «El buscar un protector, o hallar satisfacción en serlo, es algo corriente en todas las épocas», p. 147.

[7] L. Marshall, «Kung Bushman Bands», en R. H. Cohen e I. Middleton (eds.), *Comparative Political Systems*, Natural History Press, Nueva York, 1967, p. 39. Pero véase R. L. Sharp, «People without Politics», en V. Ray (ed.), *Systems of Political Control and Bureaucracy in Human Societies*, Washington University Press, Seattle, 1958, pp. 1-7, quien afirma que en el grupo de aborígenes estudiado por él todos los roles eran de parentesco excepto el de curandero, y que el sistema político era todavía menos diferenciado que el de los Kung.

[8] E. V. Walter, *Terror and Resistance*, O.U.P., Nueva York, 1969, p. 61, habla de «la evidencia de que (en las sociedades sin Estado) parte de la actividad *política* más importante de la gente de estas comunidades estaba dirigida a limitar o inhibir el liderazgo potencial y de hecho».

sociedades la autoridad política, el parentesco ritual religioso, la educación y la economía, el jefe puede servirse de ellos como medios de control, pero él a su vez está también controlado y limitado por ese conglomerado de autoridad.

Otro ejemplo de sociedad que carece de un sistema político diferenciado es el de los esquimales de Alaska, que no tienen jefes, ni consejo consultivo, ni asambleas deliberantes periódicas, ni siquiera estratificación política permanente de ningún tipo. Al igual que en los otros grupos acéfalos que hemos mencionado, el liderazgo tiende a surgir sólo ante tareas específicas. Por ejemplo, en la caza de la ballena, el propietario del barco está en situación dominante con respecto a la tripulación, y tiene *derechos* preferenciales sobre la captura; pero sería una imprudencia hacer uso de ese *derecho* de tal forma que se alienara a la tripulación, ya que un barco no sirve para nada sin su tripulación y, en cualquier caso, podría tener que compartir más tarde la captura con algún otro individuo. Así pues, comparte la captura con arreglo a obligaciones mutuas determinadas por la costumbre. El acceso a los recursos parece hacerse sobre la base de la igualdad y sin diferencias, con un modelo casi universal de distribución de capturas y hallazgos con otros miembros del grupo. No suele violarse la norma del reparto, al basarse en un sistema que concede considerable prestigio a la generosidad, y en una consideración más prudente: la generosidad estrecha las relaciones y, como no existen medios para la conservación de los alimentos, es mejor almacenarlos en el estómago de un amigo que desperdiciarlos.

En la mayoría de las sociedades acéfalas en las que, por ejemplo, surgiera un conflicto en torno a los alimentos o la propiedad, se pondría en juego para su solución toda la red de obligaciones mutuas. Los litigantes implicarían gradualmente en el asunto a aquellas personas con obligaciones de linaje u otro tipo, hasta llegar a un cierto equilibrio de poder entre las partes en litigio, y se producirían suficientes presiones procedentes de personas cada vez más lejanas al asunto para la conclusión de un acuerdo[9]. Sin embargo, la cuestión es que los jefes, en este tipo

    [9] Véase L. Fallers, «Political Sociology and the Anthropological Study of African Politics», en *European Journal of Sociology*, tiv: 311-325 (1963), reimpreso en R. Bendix, *State and Society*, Little, Brown, Boston, 1968, pp. 73-86. Algo parecido dice L. Bohannan para el segmentado pueblo tiv: «La extensión de la guerra está determinada por el orden segmentado de los grupos implicados. La lucha se prolonga hasta que participan segmentos equivalentes y se limita a ellos», «Political Aspects of Tiv Social Organisation», en J. Middleton y D. Tait, *Tribes Without Rulers*, Routledge and Kegan Paul, Londres, 1958, p. 46.

de pueblos, no son jueces o legiladores, sino simplemente individuos a quienes se rinde obediencia voluntariamente, porque en una situación concreta —la pesca, la caza, el viaje, la religión— una persona o personas concretas han demostrado ser más capaces que sus compañeros para resolver los problemas que se presentan en un medio ambiente hostil. En esta situación de autoridad voluntaria, el linaje y la costumbre suelen ser *agentes* de control social mucho más importantes que los individuos a quienes se concede un poco de autoridad por tiempo reducido.

Sociedades segmentarias

Dentro del marco de la horda acéfala, no se puede hablar con propiedad de desigualdad en la distribución del poder, ya que el mantenimiento de la cohesión del grupo se debe sobre todo a un consenso de valores dentro de un grupo que carece de gran diferencia de intereses. El problema urgente de la supervivencia física, y la inexistencia de un margen significativo entre supervivencia y no supervivencia en un medio hostil, están en contra de la aparición de un jefe con ideas radicalmente nuevas y originales. La horda está tan bien adaptada al medio que resulta casi imposible que un jefe pueda introducir procedimientos nuevos: el rol de jefe no es creador, como podría ocurrir en sociedades más ricas.

Las sociedades a las que hemos hecho referencia son todas muy pequeñas, con un número de miembros que rara vez supera el centenar y cuyas relaciones con grupos geográficamente vecinos suelen ser recelosas y bastante poco frecuentes; pero disponemos de ejemplos de zonas con mayor densidad de población, y por tanto con una interacción de grupos potencialmente mayor. El cambio a escala societal genera problemas organizativos como el de las relaciones *extranjeras,* que rara vez se encuentran en la pequeña horda, y debido a sus mayores dimensiones el informalismo casi anárquico de la horda resulta inadecuado para la elaboración de decisiones. En su lugar, surge una ordenación institucional algo más compleja, cuyo alcance excede al grupo en el que uno ha nacido. Por ello, el aspecto político de la ordenación societal se hace algo más diferenciado y se amplía espacial y societalmente bastante más; las relaciones, que en la horda rara vez exceden sus propios límites, se ramifican, en las sociedades a las que aludimos ahora, a una amplia zona geográfica y social[10], a través de un linaje, una sociedad secreta, un grupo de edad u otras instituciones con finalidades específicas (por ejemplo, religiosa, económica, de caza, de policía). Estas sociedades están generalmente segmentadas, y dentro de ellas las relaciones políticas y sociales descansan en un sistema muy ramificado de relaciones genealógicas. Su forma de vida es sedentaria y agrícola, más que forrajera y recolectora, lo que significa que sus miembros desarrollan intereses más permanentes sobre la tierra y el ganado, lo que a su vez supone que los intereses pueden extenderse más allá de la vida del individuo. Es fácil que esta prolongación de los intereses provoque, a su vez, desigualdades económicas y las consiguientes tensiones sociales, y permita a los ricos la obtención del poder político. Desde luego, el asentamiento permanente hace aumentar también las posibilidades de una guerra *económica* entre grupos segmentarios favorecidos y desfavorecidos [10].

Sin embargo, el factor fundamental es que una vida agrícola sedentaria hace posible la producción de un excedente que permite la aparición de una estructura de mando político más especializada que en la cultura forrajera. A la vez que aparece un grupo político más especializado, va surgiendo un sistema de símbolos y una ideología que con frecuencia justifican al grupo de élite en términos religiosos o semirreligiosos. Este grupo puede o no controlar el uso de la tierra, pero es muy probable que el control se produzca en caso de conquista. Además, este grupo

[10] A un aumento de las dimensiones corresponde un aumento de la posibilidad de diferenciación, y probablemente de la necesidad de diferenciación, relación que puede expresarse estadísticamente:

Estratificación social y dimensiones de la sociedad

Dimensiones aproximadas y organización política	Nivel de estratificación	
	Alto %	Bajo %
Estado grande (10^5 y más)	100	88
Estado pequeño ($10^4 - 10^5$)	92	8
Estado mínimo ($1,5 \times 10^3 - 10^4$)	75	25
Comunidad autónoma (XL $1,5 \times 10^3$)	50	50
Horda familiar (c 10^2)	22	88

Inspirado en K. Svalastoga, «Social Differentiation», en R. E. L. Faris (ed.), *Handbook of Modern Sociology*, Rand McNally, Chicago, 1964, p. 535.

Un nivel alto de estratificación denota uno o más de los siguientes rasgos: estratificación compleja en tres o más clases o castas, aristocracia hereditaria, importantes distinciones por razón de riqueza, esclavitud incipiente o hereditaria. El nivel bajo de estratificación denota la ausencia de todos estos rasgos característicos.

puede iniciar la labor de coordinar tareas sociales anteriormente descuidadas o abandonadas a asociaciones voluntarias. Entre estas tareas pueden citarse la construcción de pirámides y obras hidráulicas, y la defensa pública; en el estado segmentario, del que nos ocuparemos más adelante, el grupo político coordina la defensa y la agresión, tareas anteriormente entregadas a las iniciativas locales. Dado que el grupo político se ha encontrado con la tarea de realizar una serie de grandes proyectos sociales o se ha hecho cargo de ella, el problema de controlar a la gente y los recursos requiere nuevas formas organizativas, de las que la más evidente es la burocracia.

Ejemplo de un sistema de linajes segmentado con grupos de edad (con tres grupos de edad) y con un alto grado de diferenciación económica y social es el de los tiv de Nigeria central. La gente vive en pequeños recintos en los que hay un jefe que «tiene clara autoridad sobre sus miembros y puede expulsar a cualquiera de ellos por crear continuos problemas o por insubordinación» [11]. La influencia parece basarse en una combinación de edad y cualidades generales (conocimiento de la magia y la costumbre), o de riqueza y astucia en la utilización de la riqueza para recompensar a la gente por uno u otro servicio. Los ricos pueden verse frenados por los ancianos en la práctica de la influencia política, ya que se considera que la influencia es producto de la brujería y como tal debe someterse a la autoridad pública de los ancianos, autoridad respaldada por la opinión y la costumbre. Al sujeto que reclama contra los hombres de influencia puede concedérsele una reparación, lo que constituye una forma de redistribución económica[11]. En caso de que los ancianos no adopten una decisión o no tenga éxito, los demandantes pueden dirigirse entonces al grupo de edad de las personas contra las que se reclama, y el grupo de edad puede ejercitar la fuerza física contra ellos. En los casos de robo, el perjudicado puede dirigirse al jefe del recinto para que haga justicia, y éste puede intervenir por iniciativa propia en cuestiones litigiosas.

No existe entre los tiv una jefatura política clara, aparte de alcanzar la ancianidad u obtener influencia, y «la influencia de un hombre equivale a mando solo cuando actua *en favor* de un segmento de la sociedad *en contra* de su equivalente (en una guerra, una investigación, etc.» [12]. En este sentido, el rol de jefe está demarcado de manera estricta; puede conceder salvo-

[11] Véase M. Gluckman, *Politics, Law and Ritual in Tribal Society,* Blackwell, Oxford, 1965, para una explicación de las quejas de los brujos como forma de control social, y p. 221 «La brujería condena la prosperidad indebida».

conductos, mandar en la guerra y representar al segmento en las conversaciones de paz, pero no puede intervenir en los asuntos de otros segmentos con los que no esté relacionado, ni favorecer a otros segmentos antes que al suyo. Pero la jefatura política no es tan precaria como en la horda, ya que va acompañada de características sociales duraderas como la riqueza y la edad. Y, en tanto que la política se refiere al mantenimiento de la paz por medio de varios controles sociales (rituales, linajes, costumbres, juicios, etc.), no existen agentes políticos claramente definidos, sino que, por el contrario, el proceso de control político está inmerso en otros procesos culturales que Bohannan ha calificado de «intrincada interrelación de intereses y lealtades, a través de la interconexión de la ideología cultural, sistemas de agrupamiento social y organizaciones de instituciones, y el consiguiente reforzamiento moral mutuo». Los agentes de distribución política (asignación de valores deseados) están siempre disponibles, por así decirlo, pero no entran en acción hasta que no surge un problema político, cuando temporalmente son activados y se diferencian de otras actuaciones sociales. Estos mecanismos, más o menos diferenciados de otros dispositivos sociales, son agentes a través de los cuales se lleva lo que los funcionalistas llaman *control de tensiones*.

A este nivel organizativo pueden, sin embargo, detectarse aspectos de mayor diferenciación funcional, en especial entre instituciones relacionadas con la coacción física, a saber el poder policial. Así, los tiv realizan la policía de mercado por medio de un grupo de hombres reclutados en la zona en la que se celebra el mercado, y que se encargan de mantener el orden en el mismo. De manera parecida, entre los indios crow surgió un cuerpo de policía con la función regular de castigar a los malhechores, rol que terminaba todos los años con el fin de las tareas de caza. Al igual que la policía de mercado de los tiv, la policía de caza de los crow sólo tenía autoridad dentro del contexto inmediato, en su caso el de la caza [13]. Pueden detectarse también señales de asociaciones que van más allá de los lazos inmediatos de parentesco y que unen a personas, por ejemplo, por grupos de edad en el caso de los tiv, y en asociaciones políticomilitares en el caso de los indios crow. La adhesión a estas asociaciones es menos particularista que los lazos de parentesco y de vecindad y contribuye, por ello, a la formación de un sentimiento comunitario más amplio que el del linaje[12]. Puede considerarse que estas asocia-

---

[12] Pero, como señala L. Fallers, el linaje es también una simple idea, una teoría política, que puede utilizarse con bastante flexibilidad cuando sea necesario

ciones se encuentran en una etapa de desarrollo político apropiada a los problemas más complejos del control social de una sociedad demasiado amplia y económicamente demasiado desarrollada como para ser abarcada simplemente por relaciones de parentesco, pero que todavía ha de desarrollar las instituciones más complejas y diferenciadas propias de lo que Southall denominó *estados segmentarios* [13]. Tales estados tienen algunas instituciones políticas especializadas, como el personal administrativo y los gobernantes hereditarios, en combinación con linajes de significación política [14]. Son estados segmentarios y cada nivel segmentario tiene un linaje principal, del que se recluta una autoridad hereditaria y reconocible.

Lo que sucede al parecer en esta *secuencia de desarrollo* es que surgen órdenes sociales diferenciados más complejos como consecuencia de una serie de factores; entre ellos tienen especial importancia una densidad de población relativamente alta, el comercio y rutas comerciales y los conflictos militares [15]. También parece entrar en juego el nivel de desarrollo económico, en cuanto se producen excedentes, sin los que no existiría la posibilidad de mantener una diferenciación económica y una *clase* semiespecialista de *políticos*.

Es decir, la economía se hace ligeramente más diferenciada que en «las economías primitivas (o de subsistencia) [que] están organizadas de modo que la distribución del trabajo y la tierra, la organización del trabajo en procesos productivos... y la disposición de bienes producidos y servicios especializados son expresiones de una obligación de parentesco subyacente, de la afiliación tribal, y de un deber religioso y moral» [16]. Como parte de la actividad económica está, por así decirlo, separada de la organización tradicional que la controlaba, van surgiendo gradualmente otros mecanismos de control diferenciados, entre los cuales puede detectarse lo *político*. Pero no son sólo los mecanismos de control político (jefes, consejos, sociedades secretas) los que se hacen más especificados y diferenciados, sino también

---

incorporar al grupo a personas ajenas al linaje. L. Fallers, «Political Sociology and the Anthropological Study of African Politics», en *European Journal of Sociology*, iv (1963), reimpreso en R. Bendix, *State and Society*, Little, Brown, Boston, 1968, p. 76.

[13] Robert Lowie apuntaba que esos grupos corporativos, que no se basaban ni en el parentesco ni en la proximidad, podrían ser el núcleo del poder del Estado, ya que trascendían, como en el Estado, los lazos de sangre y de vecindad. Véase R. Lowie, *The Origin of the State*, Harcourt, Nueva York, 1927.

otros sectores, y con mayor frecuencia el religioso, de modo que las funciones religiosas se convierten en algo más próximo a una actividad en dedicación plena de una familia diferenciada que a la actividad esporádica de cualquiera. Así, entre los indios de la costa noroeste de Norteamérica, el shaman procedía de familias especializadas y «tendía a producirse una colusión entre el jefe secular (el jefe) y el jefe espiritual (el shaman). Normalmente colaboraban en asuntos de política»[14].

Los problemas que surgen del control y la dirección de la gama más amplia de actividades de una población mayor y geográficamente dispersa contribuyen también a la aparición de formas de administración y de gobierno más complejas que los mecanismos sociales particularistas, característicos de la pequeña horda [17]. En los estados segmentarios se puede detectar con claridad un conjunto de problemas identificables en el tipo del estado occidental, como por ejemplo el problema de controlar a los poseedores del poder económico, el problema de establecer una articulación central de las unidades periféricas y el problema de conseguir una coordinación y un control de las burocracias y las fuerzas armadas.

La aparición del poder estatal en un sistema segmentado

Un buen ejemplo de este tipo de sociedad lo constituye el estado akan que tiene por centro a Kumasi, en Ghana. Es también de gran utilidad para nuestro estudio, ya que muestra con claridad que es posible la existencia de un sistema segmentado de linajes, con varios linajes de significación política que incorporan desde muy temprano en su formación política a otros linajes extranjeros que carecen de elementos de consanguinidad o mitos de ascendencia común[15]. Por eso, en una obra clásica sobre los akan se explica que Osei Tutu, prácticamente el fundador de la federación ashanti a comienzos del siglo XVIII, aceptaba en su estado a emigrantes de otras regiones. Se asenta-

---

[14] P. Farb, *Man's Rise to Civilisation,* Secker and Warburg, Londres, 1969, pp. 143-144. Farb da cuenta también de la presencia de especialistas artísticos entre los indios.
[15] Para otro buen ejemplo de un Estado conquistador véase S. F. Nadel, *A Black Byzantium,* Oxford University Press, Londres, 1942; y para un Estado altamente burocratizado, M. J. Herskovits, *Dahomey, An Ancient West African Kingdom,* Augustin, Nueva York, 1938.

ban y se les permitía conservar sus propios jefes, pero siempre bajo el control de un anciano procedente de Wenchi, una región del reino ashanti. La comunicación entre el wenchihene (hene = jefe) y los poblados extranjeros se realizaba a través del anciano designado, y no del jefe extranjero electo. Sin embargo, el linaje era el lazo político más importante con otros poblados de linaje similar [18].

Dentro del marco de los poblados asociados se yuxtaponían varios linajes, algunos de ellos de mayor significación política que otros, ya que el jefe electo de los más significados elegía a un anciano quien, junto con otros ancianos de linajes significados, formaban el consejo del jefe. Con arreglo a la costumbre, el jefe había de actuar con el consentimiento y previa consulta de los ancianos, que se reunían casi diariamente para discutir cuestiones de interés común. Al reunirse con los ancianos del poblado, el jefe podía servir de fuerza moderadora o de equilibrio entre los intereses de las distintas secciones o linajes. El jefe podía rechazar la elección de un anciano y pedir que se realizara una nueva elección; el jefe de la región wenchi era también elegido entre los miembros de un único linaje, pero sólo después de haberse llevado a cabo un complejo sistema de consultas con ancianos y otras personas. Estas *otras personas* tienen interés para nuestro estudio. Se trataba de plebeyos que en algunos aspectos estaban *organizados* como tales, más que como miembros de un linaje, y que elegían a un jefe de plebeyos no hereditario (nkwakahene), sobre la base del valor y la elocuencia. El nkwakahene hacía de árbitro en algunos conflictos entre plebeyos y «en cualquier cuestión de importancia exponía los puntos de vista de los jóvenes (otro término para designar a los plebeyos) a los ancianos» [19]. Esta combinación del linaje y lo asociativo o funcional parece típica y constituye la base de la organización guerrera de los ashanti, entre los que se nombraba a cinco mandos diferentes; ocupados, no obstante, estos mandos por jefes de linaje. Dentro de cada mando había varias compañías; pero sólo unas pocas se basaban en criterios de linaje. Pero las formaciones militares sólo se reunían en caso de guerra y, por tanto, el nivel de burocratización de las fuerzas armadas era mínimo. Puesto que las guerras no duraban mucho tiempo y el armamento no era complejo (los asantehene suministrarían el plomo y la pólvora), no había necesidad de una burocracia militar. De manera parecida, en cada linaje había una mujer por encima de las demás que era responsable de las mujeres en asuntos relativos al matrimonio y al divorcio. Había también un proceso de elección, pero se aplicaban criterios particularistas a las personas de posible elección[16].

La federación ashanti se basaba en una serie de divisiones territoriales que debían obediencia al asantehene (jefe ashanti) de Kumasi, y cada organización de esas divisiones era una réplica reducida, aunque menos diferenciada, de la central de Kumasi, donde la división de funciones era más general. Lo mismo que había asambleas de poblado, había también asambleas de división desde las que podían hacerse llegar las decisiones a niveles inferiores, y a través de las cuales el asantehene podía canalizar sus decisiones, o más bien las de su consejo. De este modo el wenchihene tenía obligaciones bien definidas hacia el asantehene, como la de suministrar tropas equipadas para la guerra —no podía iniciar una guerra sin autorización central—, tenía que acudir a festivales en Kumasi, no podía poner en práctica una sentencia de muerte sin la aprobación central y (en casos extremos) podía apelarse contra sus decisiones ante el tribunal del asantehene[17]. Así pues, en el sistema ashanti había una cierta centralización y especialización en materia judicial y de política exterior, unidas a una fuerte descentralización en los asuntos diarios para los jefes que podían actuar de acuerdo con intereses articulados por los ancianos y, en ocasiones, por los plebeyos.

Otro agente de gran importancia para la unidad panashanti era el Banco Dorado, que simbolizaba la unidad espiritual de todo el pueblo, y que estaba guardado en Kumasi. Era un símbolo religioso de los orígenes de la unidad de los ashanti, y por lo tanto el negarse a ayudar al asantehene en la guerra, etc., era enfrentarse con la posibilidad de sanciones religiosas. Aunque no era en absoluto el único vínculo entre los estados de la unión ashanti —el asantehene tenía siempre a su disposición un contingente considerable de fuerzas armadas— el Banco Dorado

---

[16] Esto queda claramente expuesto en D. Apter, *The Gold Coast in Transition,* Princeton University Press, New Jersey, 1955, p. 114: «La confederación ashanti era una burocracia descentralizada. El *asantehene* tenía a su servicio un personal numeroso. Era asistido por una reina madre, y por el *birempon*. Tenía portavoces y funcionarios. Existía un modelo elaborado de relaciones específicas entre el jefe y los principales oficiales en el que sus distintas actividades estaban definidas, aunque sus funciones no lo estaban. Con arreglo a criterios occidentales, las posiciones eran funcionalmente difusas.»

[17] Existía también una disociación considerable entre la persona y el cargo; por ejemplo, podía separarse, con dificultad, a un jefe de su puesto (ser desbancado), tras lo cual dejaba de tener toda significación especial, pues su autoridad procedía enteramente de su cargo, que era sagrado.

proporcionaba sanciones religiosas contra las guerras intestinas. Había también un importante elemento de interés común para los ashanti que iba dirigido contra las tribus que dominaban el Sur, ya que debían actuar a través de ellos para comerciar con los europeos, y algo parecido ocurría con las tribus del Norte, que necesitaban de la autorización de los ashanti para atravesar su territorio como comerciantes.

Aunque hemos simplificado mucho, parece que el sistema podía atender a las dispares necesidades políticas de una comunidad agrícola por la que pasaban las grandes rutas comerciales entre el Norte y el Sur y que estaba en guerra casi constante con los fanti del Sur y los británicos aliados de éstos. En el territorio ashanti se adoptó, con fines comerciales, un sistema centralizado de pesos para el oro. Así pues, vemos que el estado ashanti era un estado segmentario en una región con una densidad de población superior a la media [20]. El aumento de la población, junto con las exigencias del comercio y la guerra, hicieron surgir formas organizativas de considerable alcance político y social. Entre ellas hay que mencionar un sistema de pesos para todo el territorio, una organización militar coordinada desde el centro, un sistema judicial con cierta centralización, un simbolismo político-religioso reflejado en una jerarquía de cargos, una distinción, en términos de rol, entre el cargo y su titular, y un sistema sutil de consultas institucionalizadas en la mayoría de los niveles de gobierno.

La sumisión a la autoridad estaba penetrada de un sentimiento familiar y comunitario, lo que Weber habría llamado elementos tradicionales. De ese modo, todos los tratados y relaciones eran garantizados en último término por un juramento hecho en el nombre y bajo la supuesta presencia de un antepasado. En cuanto tal, el jefe no era simplemente una autoridad secular, sino también un intermediario entre los vivos y los muertos, y de esta relación se derivaba un respeto considerable hacia él como figura política y judicial. Además, se consideraba que la tierra pertenecía a los antepasados y que el jefe era el custodio y el responsable de su utilización adecuada. Otro elemento del modelo de conformidad era el del asentimiento, obtenido a través de un sistema de consulta muy generalizado. Ciertamente, se utilizaba la fuerza para conseguir la conformidad —como lo demuestran las actividades del menos simpático, aunque muy activo, de los oficiales del asantehene, el verdugo. Y con frecuencia también se hacía uso de la fuerza para mantener la obediencia de los estados federados de la unión.

En el sistema político de los ashanti, el poder estaba ciertamente más concentrado que en la sociedad acéfala, y hasta cierto
punto era hereditario. Aunque podía ocurrir que un plebeyo no
perteneciente a la realeza alcanzara gran poder, en especial
después de la introducción del cacao como cultivo rentable, la
tendencia era casi siempre a pedir consejo por razones de prudencia política, y cuando el plebeyo desobedecía, lo hacía por su
cuenta y riesgo. Comparada con cualquiera de las sociedades
acéfalas, la autoridad pública estaba institucionalizada y diferenciada; pero, como en ellas, no se hacía casi distinción entre los
asuntos públicos y los privados, y las decisiones políticas estaban
condicionadas por las decisiones morales y religiosas y de hecho
formaban casi parte de ellas.

El sistema carecía de una burocracia claramente definida aun
a nivel militar, aunque sabemos que desde comienzos del siglo
XIX, los asantehenes estaban «cediendo las funciones de gobierno a una nueva clase de funcionarios dependientes del rey»,
que minaron la autoridad de los funcionarios tradicionales. Gradualmente fue surgiendo en Kumasi una burocracia en gran parte
designada, y con ella el asentehene trató de limitar la independencia de los jefes [21]. Sin embargo, es importante hacer notar
que la organización política de los ashanti se burocratizó de
hecho en un grado muy superior como respuesta al reto que
supuso primero la presencia británica a finales del siglo XIX, y
posteriormente cuando la autonomía regional se vio amenazada
bajo el régimen independiente de Ghana [22].

El poder político en el imperio burocrático

Parece existir una relación compleja entre la percepción de la
necesidad de una gestión societal constante y general y la existencia de formas más burocráticas de organización; el factor
intermedio es la presencia de unos excedentes disponibles con
los que mantener al grupo coordinador. Podría parecer que la
existencia de problemas concretos y apremiantes, como la contención de las aguas, la defensa contra una invasión extranjera, el
gobierno de un territorio muy extenso o la erección de importantes monumentos públicos, como las pirámides de las civilizaciones azteca, inca y egipcia, requiere una maquinaria administrativa permanente y a gran escala[18]. Carece de importancia para

---

[18] C. P. Fitzgerald, *Revolution in China,* Cresset Press, Londres, 1952, p. 10,
al referirse al enorme problema planteado por el control de las aguas en el río
Amarillo afirma que esa tarea estaba por encima de los recursos de los dirigentes

nuestro estudio el responder a la cuestión de *por qué* se consideró necesaria la realización de obras públicas a gran escala, o por qué desearon los gobernantes controlar territorios extensos, pues lo que nos interesa son sólo las implicaciones administrativas y políticas de esta decisión, una vez adoptada. El imperio centralizado y burocrático fue una de las formas políticas más extendidas, y Australia ha sido el único continente que no la ha experimentado como producto indígena. Los imperios burocráticos adoptaron normalmente una forma política relativamente diferenciada, autónoma y centralizada, que se caracterizaba por la existencia de una burocracia claramente delineada, presidida por un gobernante de origen divino. Los contactos entre el gobernante y los gobernados se realizaban en un plano de absoluta desigualdad, al carecer los súbditos de todo derecho político o de reparación a no ser la vaga posibilidad de la rebelión. Como decía un proverbio tradicional chino, «Los que no ocupan puestos de autoridad no deben preocuparse del gobierno». En su forma desarrollada, la burocracia surgió del intento del gobernante de centralizar el poder político, salvando el obstáculo de otros posibles rivales funcionales o tradicionales, como los grupos gobernantes de un territorio conquistado o los jefes militares. Al mismo tiempo, las tareas sociales establecidas por el gobernante requerían de una burocracia de profesionales encargada de la recaudación regular de impuestos, de la coordinación de grupos dispares, del reclutamiento de tropas y mano de obra, etc. Ante la necesidad de ponerse a salvo frente a usurpadores potenciales, los gobernantes podían adoptar una serie de estrategias como burocratizar, destruir o fusionar a la clase gobernante tradicional con la de los conquistadores, o podían aislar a los gobernantes tradicionales de la burocracia naciente. Los gobernantes trataban, en la medida de lo posible, de nombrar para los cargos administrativos a personas leales, no comprometidas políticamente con otros grupos sociales y capacitadas para ejercer tareas burocráticas[19]. De este modo, se reclutaba a los oficiales del

---

locales, de la clase local o de la pequeña autoridad regional y que «Sólo el rey de un extenso reino podría conseguir el apoyo y controlar suficiente territorio; por ello surgieron reinos que ya en sus primeras etapas eran de dimensiones considerables».

[19] Los dos libros más completos sobre el mencionado proceso son S. N. Eisenstadt, *The Political System of Empires,* Free Press, Nueva York, 1963, y K. Wittfogel, *Oriental Despotism,* Yale University Press, New Haven, 1957. Pero en China, el imperio burocrático de mayor duración, la maquinaria administrativa de

ejército entre las clases bajas y se les promocionaba de acuerdo
con sus méritos, o se reclutaba a extranjeros; los burócratas
civiles podían ser esclavos o incluso eunucos, pero pocas veces
procedían de los grupos aristocráticos tradicionales.

En el imperio burocrático, los funcionarios estaban plenamente dedicados a sus tareas, tanto en el centro como en la
periferia. Refiriéndose a Hawaii, Wittfogel explica que el gobernante tenía un jefe para la guerra con dedicación plena, un
administrador jefe, un tesorero, expertos en tierras y un ejército
personal permanente. Estos profesionales no se limitaban a los
escalones superiores, sino que trabajaban también a nivel local,
«dirigiendo las operaciones de adquisición, de organización y de
construcción del régimen. Mantenían un censo de la población,
supervisaban la agricultura, dirigían las obras hidráulicas, movilizaban las prestaciones personales, recaudaban los impuestos»
[23]. El sistema de Hawaii era, en relación con las principales
sociedades burocráticas, muy primitivo y poco desarrollado. En
efecto, en el año 213 a. C., bajo el reino del emperador chino
Chin Shih Huang-ti, 700.000 personas participaron en la construcción de un palacio, y ochocientos años más tarde, 2.000.000
lo hicieron en la construcción de una nueva capital [24]. Al
disponer de una población mucho más numerosa que la de
cualquiera de los grupos acéfalos o de los sistemas segmentarios,
el gobernante se encontraba en mejor posición para mantener una
burocracia que, a su vez, le proporcionaba un dispositivo de
control político mucho más poderoso del que pudiera concebirse
en los sistemas anteriores.

La élite burocrática, que movilizaba a la mayor parte de la
población adulta, penetraba también en la sociedad e influía en
la vida diaria de la gente de manera más profunda que los grupos
gobernantes menos diferenciados del estado segmentario de los
ashanti. Cada aspecto de la vida de los súbditos podía ser objeto
de control, y los límites de este control tenían más carácter
práctico que de principio. La movilización para el trabajo era
universal, y para la guerra tenía bastante amplitud; los conquistadores incas normalizaron las dimensiones de los poblados,
disponían de las familias a su gusto, impusieron prácticas religiosas, el matrimonio era con frecuencia obligatorio y se castigaba

---

todas las dinastías «estaba dirigida por hombres procedentes de las familias
terratenientes», Ping-chia Kuo, *China, New Age and Outlook*, Penguin, Londres,
1959, p. 15.

la ociosidad [25]. En las sociedades segmentarias, la mayoría de estas prácticas eran completamente desconocidas, y si las vidas de la gente estaban controladas, era por la presión de la sociedad (costumbres, etc.) en su conjunto, más que por un sector de la población.

La lealtad y la adhesión al gobernante parecen proceder de dos fuentes. Para los burócratas, el interés personal y las perspectivas de promoción, que dependían de la voluntad del gobernante, tenían probablemente la mayor importancia. Para la masa de la población, las lealtades eran mucho más difusas, se expresaban en términos religiosos tradicionales y se dirigían hacia el gobernante como a una divinidad[20]. Sin embargo, al ser siempre el imperio burocrático menos homogéneo económica y culturalmente que la sociedad segmentaria, el gobernante tenía que equilibrar o compensar intereses en competencia, o bien utilizar la fuerza militar en mayor grado que en los sistemas más tradicionales. Al no existir partidos políticos, el proceso de agregación de intereses tenía que realizarse necesariamente a través de la burocracia, pero al mismo tiempo la burocracia tenía que ser independiente de todo interés particular. De ahí el proceso de reclutamiento de esclavos, eunucos y extranjeros, y de su investidura con privilegios corporativos. De manera parecida, el carácter explotador del sistema hacía necesaria la existencia de un fuerte ejército y una policía permanente, que, a su vez, tenían que ser mantenidos y controlados.

Los gobernantes de un imperio burocrático estaban expuestos a una serie de peligros, el más importante y permanente de los cuales era que, al desplazar a los gobernantes, un intruso podía fácilmente hacerse con el control del Estado, siendo muy improbable que la burocracia o la acobardada población le opusieran resistencia. Esto era sencillamente imposible en el estado ashanti, al menos para los indígenas, y no merecía la pena en el sistema menos desarrollado de la horda. El sistema ashanti suponía, en cierto sentido, una mayor participación, ya que la proporción del pueblo que participaba en las consultas y la adopción de decisiones era mucho más alta que en el imperio burocrático. Debido a estos factores, la estabilidad en el nivel político más elevado del imperio burocrático no era grande, ya que los riesgos quedaban

[20] S. N. Eisenstadt, *The Political System of Empires*, Free Press, Nueva York, 1963; K. Wittfogel, *Oriental Despotism*, Yale University Press, New Haven, 1957, p. 41: «en la zona andina, lo mismo que en la mayoría de las otras zonas de cultura hidráulica, está fuera de duda la unión de los sacerdotes y el gobierno».

compensados con creces por la recompensa de un golpe de estado coronado por el éxito: «el Estado no era solamente una organización que establecía y hacía aplicar las reglas de la lucha por el poder y el privilegio. Era también uno de los objetivos de la lucha. De hecho, era *el premio supremo* para todos aquellos que ambicionaban el poder, el privilegio y el prestigio, debido a los grandes poderes que entrañaba»[21]. ¡Un premio enorme, con un número muy limitado de personas de auténtica significación política que se interponían entre el codicioso y lo codiciado! Gran parte de la historia de esos imperios —China, Egipto, el imperio inca— es precisamente la usurpación del poder por cortesanos ambiciosos, por tías, tíos, hijos, etc., del gobernante y por generales triunfantes. Por ello, aunque las dificultades eran grandes y las consecuencias del fracaso tendían a ser trágicas, siempre había alguien dispuesto a correr el riesgo.

Otro problema de la sociedad centralizada y burocrática es el peligro permanente de que el centro de poder pase de los gobernantes a los burócratas, ya que una burocracia no es un simple instrumento pasivo que maneje a su voluntad el gobernante, sino más bien un contendiente estratégicamente situado en la lucha por la influencia y los recursos. A cierto nivel, la burocracia se limita a luchar para alcanzar una mayor participación en aquello que está disponible para ser distribuido, como el sueldo, la tierra, el aplauso y los servicios. Otro nivel de conflicto potencial gira en torno a las aspiraciones de *las burocracias* de conseguir autonomía e independencia en materia económica y de status político [26]. La burocracia de las sociedades centralizadas trataba de alcanzar una zona de autonomía profesional y legal que se justificaba a base de criterios racionales-legales en mayor grado que el fundamento religioso-político del gobernante. En respuesta a este proceso, el gobernante podía rodearse de una burocracia personal independiente de los burócratas del Estado, o tratar de controlar el reclutamiento del personal burocrático, o podía destituir a los burócratas más importantes. La burocracia era siempre indispensable a la larga, y esta era la fuente última de su poder. Pero la burocracia podía también buscar aliados, o ser *colonizada* por grupos sociales como la burguesía campesina en China, o la nobleza latifundista en la Persia sásanida, o, como en el caso de Francia en los siglos XVII y XVIII, constituirse como

[21] G. Lenski, *Power and Privilege: A Theory of Stratification*, McGraw-Hill, Nueva York, 1966, p. 210. Lenski se refiere a todas las sociedades agrarias, pero es aplicable con mayor fuerza aún a la sociedad agraria burocratizada.

una combinación de aristócratas, profesionales, burgueses y aristócratas recientes. Con relación a los gobernantes, estos grupos formarían una corporación de bastante cohesión.

Así pues, es indudable que el grado de diferenciación social en la sociedad burocratizada era muy superior a cualquier otra de las estudiadas anteriormente. La mayor parte de la población permanecía pasiva y alejada de las preocupaciones básicas del sector políticamente movilizado o comprometido, y se la consideraba como una simple fuente de riqueza o como mano de obra militar y agrícola. El conflicto político giraba en torno al control de la burocracia y las fuerzas armadas, junto con la tendencia de la burguesía campesina o nobleza locales a adquirir o conservar poder independiente del centro y, si fuera posible, a colonizar el aparato burocrático central y las fuerzas armadas. La existencia de una burocracia tanto civil como militar, era necesaria para controlar una sociedad más diferenciada. Si este proceso de control coincidía, por ejemplo, con las exigencias de la irrigación en gran escala, o de una guerra semipermanente, o de una religión estatal cara en recursos (como la maya, la azteca o la faraónica), en ese caso aumentaban en gran medida las probabilidades de que la burocracia interviniera en todos los aspectos de la sociedad.

En ese tipo de sociedades, la diferenciación funcional a nivel político estaba limitada por la legitimación tradicional-religiosa del gobernante y por la total limitación de la masa de la población al papel de espectador pasivo y de bestia de carga política. Al ser tan limitado el sistema de gobierno, la influencia de las fuerzas armadas, o mejor de los mandos superiores, era casi ilimitada y desde luego no estuvo nunca reducida solamente a defender y atacar. A diferencia de las sociedades segmentadas de las que ya hemos hablado, la esfera de la actividad religiosa se diferenciaba de otras actividades; al menos en lo que respecta a los funcionarios religiosos, existía siempre la posibilidad de que las creencias religiosas de una persona le inclinaran en una dirección, y sus deberes de súbdito en otra. En vista de esta posibilidad de cisma entre *iglesia* y *Estado,* e incluso en el seno de los propios movimientos religiosos, y debido a que la legitimidad del gobernante era con frecuencia de carácter religioso, los actos de naturaleza religiosa tenían, ciertamente, un aspecto político, y viceversa. Por ello, el gobernante secular se enfrentaba continuamente con el problema de controlar a la iglesia, y trataba de resolverlo normalmente estableciendo una religión estatal. Como los sacerdotes solían ser el sector más culto de la comunidad, se tendía siempre a emplearlos en cargos burocráticos. Por otra parte, los sacerdotes tenían, como grupo social, gran interés en conservar o conseguir la protección secular para sus propiedades, privilegios y formas religiosas, que la burocracia secular tenía gran interés en «controlar... e incorporar... dentro del marco general de sus actividades administrativas» [27].

Así pues, el grado de conflicto y de tensión era mucho más alto en la sociedad burocratizada, con su mayor variedad de formas e intereses sociales, que en la sociedad menos diferenciada. Los instrumentos de control político, dada la existencia de intereses económicos, geográficos y sociales muy diferentes, eran mucho más permanentes, más diferenciados y visibles. Además, la esfera política se convirtió en el medio principal para mantener unida a una sociedad potencialmente mucho más volátil y menos consensual: los viejos lazos de parentesco, de una religión basada en los linajes y de la proximidad geográfica, ya no eran suficientes para mantener unida a la sociedad, y por ello aparecieron nuevas formas de administración societal. Sin embargo, no se trataba de un sistema racional-legal, aunque surgieran de hecho elementos racional-legales combinados con características atributivas y particularistas. A este respecto, era significativa la tendencia de la burocracia a hacerse hereditaria, a limitar el reclutamiento de personal a ciertos grupos, a basar en el favoritismo la promoción dentro de las fuerzas armadas y a que la gran masa de la población no desempeñara en absoluto ningún papel político organizado e independiente.

Sin duda la conformidad se apoyaba en mayor grado en la fuerza en la sociedad burocrática que en la sociedad segmentaria: Wittfogel enumera, en un capítulo de gran elocuencia, los horrores del poder burocrático (en su caso, el *despotismo hidráulico,* basado en el control de las inundaciones y en las obras públicas que acompañan a este control), y concluye diciendo que «desde el punto de vista del plebeyo, el dispositivo despótico seguía siendo tremendamente irracional, incluso cuando usaba sólo los métodos normales de terror» [28]. Comparada con cualquiera de las sociedades que hemos examinado, el poder estaba distribuido con una mayor desigualdad en el imperio centralizado, ya que el gobernante sólo estaba limitado en sus relacciones con las masas por la prudencia. Considerado desde un punto de vista diferente, las desigualdades de poder eran mucho mayores en el sentido de que la sociedad generaba más poder físico, y la capacidad de usar ese poder, bajo la forma de ejércitos o policía, estaba institucionalizada en beneficio de un sector minúsculo de la comunidad, a saber, la élite burocrática. Desde el punto de vista del gobernante, las distintas élites —burocráticas, militar, territorial y religiosa— eran funcionalmente, aunque no individualmente, indispensables; se podía prescindir de cualquier individuo, pero no del aparato en su conjunto. La no conformidad tenía que adoptar la forma de la resistencia física, el tumulto o la rebelión, debido a la inexistencia de canales de representación permanentes y legales entre el gobernante y los gobernados; pero como las distintas élites eran necesarias para el mantenimiento del sistema, sus intereses institucionales tenían que acoplarse. Esta característica, unida a la capacidad del régimen para movilizar amplios recursos, hacía que el régimen fuera más moderno y más manifiestamente político que el estado segmentario.

El poder político en el feudalismo

El imperio burocrático tenía una serie de problemas internos, el más grave de los cuales era la disminución gradual de los recursos societales debida a la demanda excesiva de mano de obra y otras formas de riqueza por parte del gobernante[22]. Otro problema era la tendencia a la aparición de conflictos entre distintos estratos, y entre el centro y la periferia. Los gobernantes tendían a gravar los recursos más disponibles y a reclutar la mano de obra más disponible, hasta el punto de destruirlos como tales recursos; acudían entonces a los inmediatamente disponibles, minando así gradualmente las bases sociales y económicas de la sociedad. Resultado de esta destrucción era la extensión de la agricultura de subsistencia, la decadencia del comercio y una localización general del poder, junto con una disminución de la efectividad de la burocracia central, lo que permitía a líderes de base local adueñarse del poder local, o de forma alternativa, que se les concediera ese poder a cambio de una lealtad nominal al centro [29]. La variante europeooccidental de este proceso de descentralización fue el feudalismo, sistema de gobierno caracte-

---

[22] Como dice W. C. Beyer, «al igual que la burocracia egipcia, la administración civil romana se hizo opresiva y onerosa. Ella también realizó una regulación excesiva de la vida económica del pueblo y lo sometió a fuertes impuestos para financiar un cuerpo de agentes imperiales en número creciente. Sometido a esta doble frustración, el ciudadano romano padeció la misma baja moral que sus predecesores egipcios bajo los Ptolomeos... En sentido literal... la administración civil de Roma, que en un principio había constituido el instrumento fundamental del imperio de paz y prosperidad para el mundo romano, se convirtió en sus últimas etapas en una de las causas principales del hundimiento del Imperio». «The Civil Service of the Ancient World», *Public Administration Review*, **19**, 243-249 (1959).

rizado por una gran autonomía local, centrada en una aristocracia con deberes diversos (normalmente de carácter militar) frente al rey. Las comunicaciones entre el centro y la periferia eran escasas, de forma que «obligados constantemente a adoptar las más graves decisiones... todo representante local de un gran potentado tendía lógicamente a actuar en beneficio propio, y a acabar por ser un gobernante independiente» [30]. Los dirigentes territoriales, en guerra constante entre sí, eran una amenaza para la paz y la seguridad de los campesinos, quienes, si no estaban ya sometidos a la dependencia de un gobernante local, estarían muy dispuestos a ofrecer su libertad y su tierra a cambio de la protección de éste [31]. Aunque, en principio, el señor feudal no fue más que un ocupante vitalicio de su feudo, a cambio del cual había prestado un juramento de servicio al rey, cada vez resultó más difícil la vuelta de las tierras al trono, y la aristocracia militar acabó normalmente convirtiéndose en hereditaria. Del mismo modo, se hicieron hereditarias las condiciones serviles de las masas rurales. La concesión de un feudo surgió como un asunto puramente personal entre las partes interesadas, estableciéndose así un sistema de lealtad personal entre el señor y sus vasallos. Con el tiempo, la condición puramente personal se transformó en hereditaria, sobre todo por voluntad de los poderosos, y a este respecto la nobleza feudal se parece a los burócratas de los imperios por su intento de convertirse en un grupo corporativo hereditario. A la vez, la nobleza feudal fue limitando también con el tiempo a su clase el derecho de llevar armas, de modo que el llevar armas se convirtió en un símbolo de nobleza; pero fue la aristocracia feudal la que se organizó frente a los campesinos con fuerzas armadas y con el control de la tierra.

La unidad de la sociedad se desarrolló sobre la base de una jerarquía, en la que cada nivel tenía una compleja serie de obligaciones con respecto al nivel superior; pero en general la base de la autoridad era la guerra que «durante muchos siglos se consideraría como la guía normal de la carrera de todo líder, y la *razón de ser* de toda posición de autoridad» [32]. En principio, la autoridad era central, pero de hecho residía en la aristocracia local, porque administrativamente el rey o el emperador eran sencillamente incapaces de proporcionar aquel servicio que, por encima de todos los demás, justificaba las relaciones feudales: el de proteger las vidas y la propiedad de sus súbditos [33]. Como siempre, la obediencia se concedió a la larga a aquellos que disponían de poder efectivo. Pero incluso el poder efectivo a nivel local equivalía a poder militar, y en gran parte los señores feudales no podían influir, o no les interesaba hacerlo, en la vida diaria de sus súbditos más que para alistarlos con fines militares o para trabajar sus tierras. La justicia y la ley estaban con frecuencia descentralizadas bajo la forma del feudo y la costumbre, afectando apenas al señor local las disposiciones judiciales de los feudatarios comunes. En la mayoría de los casos, el señor carecía simplemente del aparato burocrático para imponer su voluntad sobre una amplia gama de asuntos diarios, y allí donde el señor permanecía en silencio, prevalecía la costumbre y el parentesco. En efecto, la costumbre regía en cierto sentido incluso para el señor feudal y para el rey, ya que los textos legales y los códigos más antiguos habían desaparecido gradualmente, y «la costumbre decidió en último término el destino de la herencia legal de la época precedente. La costumbre se había convertido en la única fuente de vida del derecho, y los príncipes apenas pretendían otra cosa al legislar que interpretarla». Este rasgo hace que el derecho feudal esté más cerca del derecho de los ashanti que del derecho del imperio burocrático[23].

El sistema feudal era económicamente muy disperso, se basaba en la agricultura, y estaba formado por unidades locales ampliamente autosuficientes. A diferencia del imperio burocrático, el centro de gravedad económico y político se había desplazado de las ciudades al campo. El control efectivo de la tierra, que para la mayor parte de la gente era la única base para sobrevivir, estaba en manos del señor feudal, quien además tenía un monopolio local del poder militar, lo que le permitía transferir para su beneficio, bajo sanción coactiva, los excedentes de los campesinos[24]. El señor no proporcionaba a los poblados semiautárquicos nada salvo la defensa, y cuando los predadores húngaros y vikingos dejaron de constituir un peligro social, ni siquiera eso, ya que en el mejor de los casos sólo defendía a sus colonos de otros señores feudales. En pocas palabras, el señor feudal era, en el siglo XII, frente a los campesinos, casi exclusivamente un expropiador.

[23] Incluso en el imperio burocrático no fue desconocida la idea de *encontrar* la ley en vez de *elaborarla;* por ejemplo, en el Islam, el califa no tenía en teoría poder legislativo, ya que el Corán tenía carácter supremo y el califa era uno de sus intérpretes. R. Levy, *The Social Structure of Islam,* Cambridge University Press, Londres, 1957, pp. 294-296.

[24] R. H. Hilton, «Peasant Movements in England Before 1381», *The Economic History Review,* segunda serie, **2,** 117-136 (1949): «... el nivel de las rentas en dinero era determinado fundamentalmente, al igual que el de las rentas en alimentos y en trabajo, por la relación política entre el señor y el campesino, y no por una negociación libre en un mercado de la tierra.»

En principio, la conformidad en la Europa feudal era algo muy simple: sólo se atendían las órdenes de la persona a quien se rendía homenaje, y esta obligación tenía carácter absoluto, pero era ignorada con frecuencia por aquellos con poder suficiente para poder desobedecer con impunidad. En la práctica, sin embargo, muchos factores complicaban esta sencilla relación, dando como resultado una red de afiliaciones bastante compleja e intrincada. Por ejemplo, no era excepcional que un hombre jurara lealtad a más de un señor, y los lazos de parentesco, especialmente en las relaciones feudales, estaban en frecuente conflicto con la lealtad a un señor. Un elemento que venía a complicar la ecuación de la conformidad era la presencia de la Iglesia católica, que abarcaba toda Europa y que tenía intereses y propiedades en todas partes, y su propio modelo de autoridad, independiente pero relacionado con el secular. El rey no era solamente un gobernante secular, sino que también ejercía el poder bajo los auspicios divinos, condición simbolizada en la ceremonia de la coronación al aceptar del papa o de su representante símbolos seculares y religiosos —el santo óleo, el orbe, la corona y el cetro—, todo lo cual apuntaba hacia la fusión de lo divino y lo secular. Mientras esta subordinación generalizada del gobernante a la ley divina es característica de la mayoría de los gobiernos preindustriales, las monarquías de Europa occidental tuvieron que hacer frente a una Iglesia universal de organización independiente y semiautónoma, que oponía continuamente su autoridad a las pretensiones de los gobernantes seculares.

La Iglesia era una organización secular, en cuanto disponía de propiedades y ejercía una jurisdicción secular sobre esa propiedad, pero tenía un sistema legal totalmente independiente y, además, era la burocracia mejor organizada de Europa[25]. En la medida en que la Iglesia estaba separada o podía separarse de la autoridad civil, la posibilidad de conflicto entre esas dos organizaciones estaba siempre presente, como ocurrió con la controversia sobre los orígenes de la autoridad real. La Iglesia afirmaba que el emperador o el rey derivaban su autoridad de la ceremonia de la coronación, un servicio religioso durante el cual el rey recibía de manos del papa el símbolo del poder secular, es decir la espada, que representaba un don de Dios por mediación de su Iglesia [34].

---

[25] También es cierto que, en su calidad de organización de grandes dimensiones y de explotación de la propiedad según principios comerciales, la Iglesia de Inglaterra desarrolló una estructura burocrática mucho más compleja, en particular en la producción de lana para el mercado exterior, que la de la mayoría de los señores feudales.

Por ello, el carácter dualista de la lealtad, en la sociedad feudal era una posible fuente de fricción: «Dad al césar lo que es del césar y a Dios lo que es de Dios.» En esta controversia, mientras el cristianismo tuviera importancia en la vida de la gente, o no hubiera fusión de las autoridades secular y clerical, la autoridad religiosa predominaría siempre en el aspecto intelectual: «... en un conflicto ideológico, era la ideología lo que contaba y no la costumbre» [35].

Otro hecho que venía a complicar la sencilla estructura de mando-conformidad de la sociedad feudal era la existencia de ciudades y villas habitadas por una población libre que se dedicaba al comercio y la industria, y que por ello necesitaban de un sistema legal más complejo y gozaban de una autonomía casi total [36]. En el interior de las ciudades se mezclaban gentes de diferentes status feudales y jurídicos, pero en cuanto entidades corporativas, «las ciudades poseían el poder, y se encontraban en posición de reírse en las barbas de los señores territoriales» [37]. Efectivamente, constituían enclaves de poder político y económico casi independiente de la sociedad feudal circundante en virtud de los servicios económicos y financieros indispensables que prestaban a la aristocracia. Dentro del marco de la ciudad no existía, o se encontraba en forma atenuada, la antigua relación feudal de hombre a hombre, y prevalecía cada vez con mayor vigor la más profesionalizada organización gremial, que controlaba el gobierno de la ciudad. De ese modo, los miembros más destacados de los gremios importantes podían controlar la ciudad gracias a su poder económico, y estaban en una posición de mayor fuerza para utilizar el poder político en defensa de su status en el orden de estratificación social [38]. La necesidad de archivos, de técnicas administrativas, de métodos de contabilidad, etc., sentida por los habitantes de las ciudades hizo surgir centros de administración fuera del contexto de la Iglesia y de las primitivas burocracias feudales.

La estructura de poder de la sociedad feudal era, por lo tanto, una estructura dispersa que constaba de una pluralidad de unidades de base local en conficto real o potencial con un centro débil al que, por su parte, la Iglesia disputaba su autoridad; y los poderes locales no tenían con frecuencia más que un control mínimo sobre la Iglesia y las ciudades. La autoridad suprema era precaria, ya que dependía de la obediencia voluntaria y la lealtad puramente personal de un vasallo local, con frecuencia nominal, lo que significaba que el centro tenía pocos medios de influencia independientes sobre la periferia [39]. El sistema de relaciones llevaba implícita la inestabilidad, ya que con el fin de presionar sobre un elemento, como la nobleza feudal, el rey tenía que aliarse con otro, por ejemplo las ciudades u otros señores feudales[26]. La inestabilidad era también endémica en la lealtad dual de una poderosa Iglesia trans-local, lealtad que oscilaba entre el cielo y la tierra y entre una autoridad local y otra.

Para la masa de la población, la vida era una rutina de trabajo casi constante, salpicada de días festivos y fiestas religiosas, amenazada siempre por el hambre y las privaciones, y por el miedo a ser expoliados por una soldadesca merodeadora y casi incontrolada, o por bandidos nunca lejanos. Su participación política era insignificante incluso en las ciudades, y en las zonas rurales los señores poseían una fuerza organizada y un monopolio virtual de la tierra. La población rural era considerada poco más que como los proveedores de las necesidades del señor, quien los trataba con la misma severidad que a sus caballos: «Y de la misma manera que se domina a un caballo y quien monta lo dirige adonde quiere, el caballero debe dirigir a su pueblo según su deseo»[27]. Las incursiones de las masas en la política se limitaban a estallidos espontáneos de violencia y destrucción, unidos a peticiones de una sociedad más justa e igualitaria, dirigida por un rey virtuoso y benevolente que vigilara el restablecimiento de los derechos y privilegios de antaño. La propia debilidad de la organización política feudal hacía que tales tumultos representaran un peligro real; al carecer de un sistema de comunicaciones adecuado, de fuentes de información y de ejércitos centrales permanentes, el sistema de gobierno podía ser desorganizado temporalmente con facilidad incluso por campesinos mal armados y deficientemente organizados[28]. Normalmente, las masas rurales estaban en situación de depresión económica y social, y carecían de una base organizativa independiente sobre la cual pudieran montarse las revueltas, o que sirviera para canalizar sus demandas cuando las formas tradicionales demostraban su impotencia para hacerlo. Problemas a corto plazo, como el hambre o la despoblación causada por la peste negra de la década de 1340, provocaban bajas reales en los niveles de vida,

---

[26] Debido a las condiciones vigentes en la Edad Media, el poder central se limitaba a sí mismo cuando consideraba conveniente o necesario contar con una aristocracia terrateniente.

[27] M. Bloch, *Feudal Society*, Routledge and Kegan Paul, Londres, 1965, p. 319, citando las palabras de un romance medieval.

[28] Para una morfología interesante de tales revueltas véase N. Cohn, *The Pursuit of the Millenium*, Harper and Row, Nueva York, 1961.

o parecían ofrecer posibilidades de mejora (la falta de mano de obra durante el siglo XIV en Gran Bretaña hizo aparecer la posibilidad de salarios más altos, junto a un intento por restablecer obligaciones feudales caducas). Las tendencias a más largo plazo, como la aparición de un importante mercado de comercio exterior en Flandes y partes de Inglaterra, provocaron la aparición de una clase indefinida de «jornaleros y peones, campesinos sin tierra o con tierras demasiado pequeñas para mantenerlos, mendigos y vagabundos, parados y amenazados de paro, todos aquellos que por una razón u otra no podían hallar un lugar seguro o estable» [40]. Tales gentes, lo mismo que los tumultuosos aprendices de las ciudades, estaban desorganizadas, pero dispuestas para la movilización por fanáticos religiosos que predicaban el milenio y el fin de la opresión sobre la tierra.

La forma típica de revuelta campesina era según los términos de Hobsbawn, el *legitimismo populista*. Se trataba de levantamientos limitados contra una injusticia local, como una exacción no sancionada por el uso o un abuso manifiesto de una sancionada por la costumbre. Otras formas de protesta eran los movimientos milenaristas, movimientos religiosos unidos a un espejismo de salvación [41]. Y a una creencia en la inminente aparición de una era de paz y prosperidad. Aunque de carácter manifiestamente religioso, esos movimientos tenían implicaciones políticas, ya que constituían una legitimación religiosa de la no cooperación del pueblo con el poder dominante en su sociedad [42]. Un tercer tipo de inestabilidad social era el bandidismo social. Fundamentalmente, se trataba de una reacción secular contra poderes físicamente superiores, a los que se consideraba ajenos a una forma de vida determinada. El bandido social, como tal, gozaba de un apoyo ilícito de los campesinos de su pueblo o territorio natal, que aceptaban y fomentaban su bandolerismo, siempre que se sometiera a su código social [42].

La indignación del pueblo se dirigía normalmente contra el pequeño burócrata feudal, como el *baile* local o el molinero del señor, o los abogados que estaban en contacto directo con el pueblo, y del que podían esperar un trato rudo o la quema de sus casas. Estos levantamientos eran esporádicos, frecuentes, desorganizados y rara vez conseguían más que un apoyo popular y geográfico muy limitado; pueden ser entendidos mejor como parte de procesos más usuales todavía, a través de los cuales las masas expresaban su resentimiento, por ejemplo, escapando, evadiendo el pago de las rentas, eludiendo el trabajo en las prestaciones al señor, llegando tarde al trabajo, descuidando los animales del señor, etc.

La mayor esperanza para las masas residía, en general, no en alguna institución política, ya que éstas estaban totalmente controladas en las ciudades por los ricos, y en el resto del territorio por los aristócratas, ni tampoco en revueltas esporádicas que eran inevitablemente sofocadas, sino en algún desastre que hiciera escasa la mano de obra. Así, tras la peste negra, se produjo en Europa un período de aumento de salarios y de intentos de la nobleza por restablecer o aumentar las prestaciones feudales; la disminución de la población durante la guerra de los Cien Años tuvo efectos parecidos en Francia y Alemania. De manera similar, disminuían a veces las prestaciones feudales en ciertos territorios a los que, por razones de defensa o de otro tipo, se deseaba atraer colonos; así ocurrió en las marcas orientales de Alemania y en el este de Rusia, y posteriormente en el norte [43]. Ocasionalmente un líder campesino podía acceder al poder político, pero como clase no tenían esperanzas.

A nivel local, la autoridad política era consecuencia de dos factores: (1) el monopolio del poder militar por el señor y (2) su monopolio o control del único recurso económico importante, la tierra. Es posible que en un primer momento la base de la autoridad local fuera, como indica Weber, el carisma del señor, que más tarde se transformaría en patrimonialismo, una forma rutinaria de carisma[29]. Pero la cuestión fundamental es que, con relación a su pueblo y sus territorios, el señor feudal prestaba *de hecho* un servicio de valor incalculable, aunque a un alto precio para los lugareños: les protegía de otros señores de su clase, y de ladrones, bandidos, vikingos, húngaros, etc. Este elemento de reciprocidad en el intercambio era, no obstante, *muy* desigual y, como en la mayoría de las situaciones de este tipo, la justificación de la desigualdad se presentaba bajo la forma de una ideología legitimadora, la de la jerarquía ordenada sobre la tierra, que reflejaba el orden divino dispuesto en el cielo. Otra justificación de la conformidad política era que el orden político representaba un don divino, concedido por la gracia de Dios para aliviar las peores consecuencias del pecado original, sin el cual los hombres se devorarían unos a otros en un estado de completa anarquía [44]. Estas creencias se propagaban en forma simplificada, y sin duda deformada, por la red de

---

[29] Weber consideraba la autoridad feudal como patrimonial: M. Weber, *The Theory of Social and Economic Organisations,* trad. por A. M. Handerson y Talcott Parsons, Free Press, Glencoe, 1947, pp. 363-386.

iglesias católicas diseminada por todo el territorio y a las que casi todo el mundo acudía ,los domingos para conocer sus deberes ante Dios y ante la autoridad secular. En la clase política restringida, la conformidad a la autoridad legal del monarca era más una cuestión de negociación, ya que los impuestos y otros apoyos al gobierno central existente tenían que canalizarse a través de los señores. Así pues, la Europa medieval era para la clase política un sistema consultivo con asambleas periódicas o *ad hoc,* en las que el rey presentaba sus peticiones y la nobleza feudal las discutía.

4.3. Conclusiones

Hemos examinado brevemente varias formas de organización política preindustrial, y hemos visto que son bastante diferentes en lo relativo a su complejidad institucional y a la distribución del poder. Al nivel más sencillo, la sociedad de horda, no se producían excedentes suficientes para mantener a un cuerpo definido de jefes, y la conformidad parece haber sido voluntaria, con arreglo a la costumbre y orientaba hacia tareas concretas. Las ventajas económicas de la jefatura eran mínimas, aunque es muy posible que las satisfacciones psicológicas desempeñaran cierto papel en la gratificación de los jefes; pero se consideraba como muy limitado el ámbito de la jefatura, dada la *estrecha* correspondencia entre la organización de la horda y el medio ambiente hostil. Considerada bajo el punto de vista de la teoría de juegos, nos encontramos ante una situación con un gran riesgo de fracaso y con muchas probabilidades en contra de ganar por medio de una nueva estrategia, ya que los jugadores no pueden acumular excedentes suficientes para hacer que el perder no se convierta en un desastre. El arriesgarse a buscar un charco mejor, o despreciar una fuente de alimentación conocida en favor de otra desconocida, pero potencialmente mejor, no es arriesgarse a un día o dos de hambre o sed, sino a la muerte; el riesgo no merece la pena, no es racional. Todos los miembros de la horda son conscientes de ello, ya que es, por así decirlo, lo que define su situación. El apartarse de la costumbre, que puede considerarse como un depósito de sabiduría tamizada, puede ser desastroso: «La costumbre de compartir la carne está tan firmemente establecida y se sigue con tanta fidelidad que ha conseguido suprimir en las mentes de los Kung el concepto de no compartir» [45]. Un enfoque parecido es adoptado por Bailey, según el cual en

condiciones idílicas o en condiciones menos ideales en las que
se ha sabido encontrar en el pasado soluciones a las crisis, hay
poco campo para la jefatura, «a la que se acude de manera
especial en condiciones de incertidumbre y cuando es necesario
tomar decisiones *que al mismo tiempo supongan innovaciones*» [30].
Al nivel que estamos considerando, no hay campo para la jefatura, ni tampoco excedentes que permitan mantener a una jefatura
diferenciada, que podría hacer que se corrieran riesgos y, en caso
de éxito, que se consiguieran excedentes. Un jefe potencial no
podría tomar decisiones innovadoras, y es muy poco probable
que se le llamara con frecuencia para mediar o decidir en conflictos, ya que para casi todas las posibles fuentes de conflictos entre
individuos o grupos —alimentos, territorio y sexo— es suficiente
la costumbre para que todos sepan lo que es aceptable.

A este nivel de desarrollo económico no existen instrumentos
formales de coacción y muy pocos no formales, y la conformidad
parece deberse al consenso, o a valores de grupo expresados por
los padres o los ancianos. En la medida en que se puede hablar
de sociedades consensuales, éstas lo son. Los problemas políticos relativos a criterios de distribución están inmersos en
el entramado cultural de la horda y permanecen impresos en el
miembro de la horda durante toda su vida; el parentesco, la
cultura, la personalidad y el medio ambiente están tan íntimamente relacionados que, a menos de ser atacados por poderosas
fuerzas externas, lo más probable es que el modelo permanezca
estable y, por lo tanto, queda muy poco campo para la innovación social o política. Su desarrollo tecnológico es mínimo, y en
su relación con el medio ambiente se adaptan al medio, en lugar
de adaptar el medio a sus necesidades, y ejercen una influencia
mínima sobre él. Es decir que, dada su cultura técnica, «ellos [los
esquimales] actúan casi a un cien por cien del potencial del medio
ambiente» de modo que no hay literalmente *lugar* para la menor
innovación [46].

A un nivel superior de desarrollo económico, es decir en
situaciones en las que se producen excedentes con bastante
regularidad, resulta posible la existencia de un orden social más
diferenciado; y parece que cuando una sociedad estratificada es
económicamente posible, esta posibilidad siempre se actualiza.
Según Lenski, este hecho puede presentarse bajo la siguiente
hipótesis: «En las sociedades más sencillas, o en aquellas que

---

[30] F. G. Bailey, *Stratagems and Spoils: A Social Anthropology of Politics*,
Blacwell, Oxford, 1969, p. 59. La bastardilla es del texto.

tecnológicamente son más primitivas, los bienes y servicios disponibles se distribuirán en su totalidad, o en su mayor parte, en base a las necesidades.» Refiriéndose a sociedades más avanzadas, señala que, «con el avance tecnológico, una proporción creciente de los bienes y servicios disponibles de una sociedad se distribuirán sobre la base del poder»[31]. Estas hipótesis derivan de postulados sobre la naturaleza humana, a saber, que «la mayoría de las acciones humanas están motivadas por el interés personal o por el interés partidista del grupo». Sin embargo, como segundo postulado afirma que la mayoría de los intereses egoístas sólo pueden satisfacerse en cooperación con otros, es decir, con otros individuos igualmente egoístas. Por ello, los intereses egoístas llevan al hombre a la actividad social. Proposiciones superiores se derivan de los postulados: «Los hombres compartirán el producto de su trabajo hasta el punto de poder asegurar la supervivencia y continua productividad de aquellos otros cuyas acciones son necesarias o beneficiosas para ellos mismos.» De ahí la primera ley de la distribución. Cuando se producen excedentes (excedente es todo aquello que supera el mínimo necesario para mantener a los productores), entra en juego una segunda ley de la distribución: «El poder determinará la distribución de casi todos los excedentes poseídos por la sociedad» [47]. Por ello, algunos hombres se darán cuenta de que les interesa agruparse para expropiar para su uso conjunto los excedentes societales, y estos hombres se convierten en los poderosos, y los demás, en diversos grados, en los desprovistos de poder.

Hemos podido ver ya un ejemplo de este proceso en un tipo de sociedad más avanzada, la sociedad segmentaria. El concomitante empírico de ese proceso —que no es necesario, sino existencialmente normal— es la elaboración de un sistema ideológico justificador que legitime la distribución del poder y el privilegio. Estas ideologías o bases de legitimación sirven para transformar lo que en un principio pudo no ser sino la ley del más fuerte, o del segmento social mejor organizado, o de un conquistador, en un sistema en el que el puro poder o la fuerza dejan de ser el factor determinante de la conformidad y ceden paso a un componente moral. Se obedece la mayor parte de las veces porque es *correcto* hacerlo. Desde el punto de vista de la élite, el gobernar

---

[31] G. Lenski, *Power and Privilege: A Theory of Stratification*, McGraw-Hill, Nueva York, 1966, p. 48. Lenski utiliza el concepto weberiano de poder que hace referencia a la capacidad de una persona o un grupo de hacerse obedecer, aun cuando a ello se opongan otros.

sólo por la fuerza es más costoso que gobernar a través de símbolos legitimados y de expresiones ideológicas[32]. Las formas de manipulación ideológica y simbólica varían en alto grado en su contenido y expresión formal, desde las expresiones elaboradas y estructuradas como el marxismo o el liberalismo clásico, pasando por las posiciones teológicas del pensamiento político medieval y el sistema familiar del confucianismo chino, hasta las narraciones casi mitológicas sobre los orígenes de los ashanti.

Que el pueblo ashanti produjo excedentes económicos es evidente por las dimensiones de sus ciudades, la existencia de la esclavitud, la capacidad para producir cantidades muy considerables de oro y diamantes y la misma existencia de un sistema de comercio muy amplio. Las diferenciaciones sociales, la existencia de la realeza, los plebeyos y los esclavos, las diferenciaciones funcionales en la organización económica —obreros especializados en el oro y los paños, y una burocracia casi de plena dedicación en el centro—, todo ello es prueba de una sociedad mucho más compleja que la de la horda acéfala[33]. Además, la complejidad y flexibilidad relativa del sistema político emergente indica la existencia de una jefatura bastante bien adaptada y especializada en la adopción de riesgos y en la distribución, y las actividades comerciales de los asantehene en busca de pólvora y plomo para poder luchar y adueñarse de territorios vecinos es una prueba más de la existencia de excedentes con los que se mantiene una jefatura política, que los utiliza para aumentar su propio poder[34]. Las iniciativas de los asantehene de crear una burocracia basada en la lealtad personal y con sede en Kumasi son prueba también de la existencia de una jefatura política muy madura que utiliza su poder para crear un dispositivo de control social más intenso. Como hemos visto, el sistema político ashanti no estaba en absoluto regido por la fuerza, ya que existía un sistema consultivo, pero nos encontramos de nuevo con que los linajes de los jefes tenían mayor poder político que otros linajes,

---

[32] Para un examen útil de los costes y limitaciones del gobierno por la fuerza, véase R. Dahl y C. Lindblom, *Politics, Economics and Welfare,* Harper Row, Nueva York, 1953, pp. 107-109.

[33] Pruebas adicionales de ello pueden encontrarse en proverbios de los akanes: «La pobreza no tiene amigos.» «Lo único que tiene el pobre es lo puesto.» «La pobreza es locura.» «La ira del pobre no cuenta.» «Nadie tiraniza a otro con su pobreza», y otros muchos citados en W. E. Abraham, *The Mind of Africa,* Weidenfeld and Nicolson, Londres, 1967, pp. 71-72.

[34] En la década de 1820, los ashanti controlaban cerca de veinticinco estados indígenas. G. Tordoff, *Ashanti Under the Prempehs,* Oxford, University Press, Londres, 1965, p. 1.

y que, aunque hubiera frenos al abuso de poder (desbancamiento), el fracaso en un intento de desbancamiento podía ser desastroso. De la misma manera, está claro que, aunque todo el pueblo ashanti tenía derecho a recibir el uso de la tierra, ¡era el jefe quien, en su calidad de guardián, determinaba qué tierras obtenía cada uno! Después de examinar el sistema fiscal de los ashanti parece probable que los jefes de los linajes políticos usaron su autoridad para elevar sus propios niveles de vida y su prestigio. El jefe local, por ejemplo, tenía derecho a una parte de los bienes de un hombre muerto, a imponer un gravamen sobre los productos que atravesaban su territorio, a fijar multas en sus cortes y a recibir regalos de todos los litigantes. Después de una guerra victoriosa, el jefe tenía prioridad sobre el botín y disponía de otros varios recursos económicos [48]. Y cuanto más importante era el jefe, tanto mayores eran sus recursos, hasta llegar al asantehene, que tenía un poder económico muy considerable. Los jefes se distinguían de los plebeyos, no sólo por sus posesiones —muchos de ellos no eran ricos—, sino también por su papel como intercesores ante los antepasados del linaje; esta función era importante porque «El estado de los akan era sagrado al estar concebido como un Estado dentro de un mundo habitado por seres humanos y por espíritus y dioses, frente a los cuales los seres humanos tienen deberes específicos que realizar por medio de ritos apropiados», y en la mayoría de los casos el jefe desempeñaba un papel central en los ritos [49]. Es decir, el bienestar espiritual del pueblo dependía de la institución del jefe. El jefe era ritualmente un hombre puro, asesorado por representantes de los distintos linajes políticamente poderosos, que estaba a la cabeza de un sistema político-religioso bien articulado, simbolizado por la ocupación de una jerarquía de taburetes bien definida. A su vez, se consideraba que esos taburetes eran entes espirituales a través de los cuales se manifestaba el alma de los nativos, y con arreglo al concepto que los ashanti tenían de la comunidad política no había distinción entre Estados y sociedad, que aparecían unidos en una sola unidad emotiva. Aunque tenían mayor riqueza, poder y prestigio que los plebeyos, los jefes estaban limitados sin embargo por una fuerte tradición, uno de cuyos aspectos, y no el menos importante, era un fuerte sentido del pasado que invadía el presente: «... entre los ashanti, los que están en el poder sirven al presente sirviendo al pasado» [50]. Por ello había pocas oportunidades para que surgieran instituciones e ideologías puramente políticas, aunque pueda detectarse el comienzo de tales formas. Puede conjeturarse si los asantehene habrían llegado a alejarse de las restricciones tradicionales, pero existían señales ciertas de ese proceso en el siglo XIX, y en el siglo XX la adaptación de la jefatura a formas *modernas* (partidos políticos, asambleas legislativas, etc.) demostró sus posibilidades [51].

El sistema ashanti se diferencia en gran medida de la horda de linaje en otro aspecto muy importante: la no conformidad representaba siempre un problema real. En primer lugar, como estado conquistador incorporaba o trataba de incorporar a un conjunto de entidades hasta entonces independientes, en especial los fanti y los ga que vivían al Sur, y para someter a los elementos insumisos se empleaba una gran dosis de energía militar y diplomática[35]. Otros factores que estimulaban a la no conformidad, incluso en el corazón del Estado, eran la extensión de la educación occidental entre los linajes no reales y, con carácter aún más importante, la posibilidad de asentar el poder social sobre bases distintas, en especial después de la introducción de la venta de las cosechas a comienzos del siglo XX. Muchos y poderosos comerciantes y agricultores podían desafiar, y de hecho lo hicieron, la autoridad tradicional de los jefes, o buscaron para sí posiciones tradicionales de poder. Posteriormente, los llamados jóvenes o plebeyos, que con frecuencia habían recibido una educación occidental, también desafiaron la autoridad tradicional.

Estos problemas eran mucho más agudos en el imperio burocrático, en el que los pueblos sometidos, de una enorme diversidad, eran controlados por una enorme maquinaria gubernamental centralizada con ramificaciones hasta en los límites más alejados del imperio. Estos sistemas se caracterizaban por importantes construcciones de carreteras, redes de comunicaciones rápidas y generalizadas, órdenes formalizadas de funcionarios burocráticos en el centro y en la periferia, enormes disposiciones de defensa y empresas públicas de uno u otro tipo. En efecto, estos imperios eran sistemas movilizadores de recursos que se extendían por vastos territorios. Cuando el soldado español Bernal Díaz entró en la ciudad de México al servicio de Cortés lo hizo como un

---

[35] Esto es, en un sistema político en expansión, el parentesco no sirve de lazo suficiente: «el parentesco, como principio político, disminuía en eficiencia con la distancia; por ello, en el caso de ciertos ashanti del centro y de los lejanos akan, debía utilizarse la fuerza de las armas para respaldar el supuesto de que la homogeneidad cultural constituía una base posible para la construcción de una estructura política mayor», K. Arhin, «The Structure of Greater Ashanti (1700-824)», *Journal of African History*, **8**, 65-85 (1967).

paleto que se admira ante las riquezas y magnificencia de Moctezuma: «Se apeó el gran Moctezuma de las andas, y trayéndole
del brazo aquellos grandes *caciques*, debajo de un palio muy
riquísimo a maravilla, y la color de plumas verdes con grandes
labores de oro, con mucha argentería y perlas... y el gran Moctezuma venía muy ricamente ataviado... y los cuatro señores que le
traían de brazo venían con rica manera vestidos a su usanza»[36].
Considerados desde un cierto punto de vista, estos sistemas no
eran sino unas *taxocracias* acumuladoras de riqueza, que absor-
bían la producción del imperio para consumidores centrales que
habitaban en las grandes ciudades y que permitían a la élite el
mantenimiento de un lujo superior a todo lo imaginable. Pero en
cuanto sistemas de distribución, los imperios burocráticos servían a algo más que al consumo de la élite, ya que movilizaban
recursos para verdaderos problemas societales. Por ejemplo, el
mantenimiento de la paz y el comercio en los imperios mogul y
mongol se basaba en un esfuerzo social muy considerable, y la
realización de obras hidráulicas y de defensa en China eran
tareas necesarias. De modo parecido, y dada la naturaleza de la
religión maya, no podía evitarse una reasignación de recursos
sociales y humanos. O también, la tarea de conquistar territorios
vecinos y de controlar otros anexionados exigía esfuerzos organizados del gobierno como en el Egipto de los faraones.

Tanto la recogida y el consumo como la distribución de
recursos son procesos costosos y a gran escala requieren sistemas de control y contabilidad, y estas eran las tareas societales
de la burocracia. Sobre todo, la burocracia puede considerarse
como una consecuencia institucional de las incertidumbres y los
caprichos del control de las inundaciones, la invasión de los
bárbaros y la permanente incertidumbre del más allá. Se necesitaban grandes esfuerzos coordinados para dominar estas incertidumbres, lo que supone sistemas de contabilidad, de información
regular y de control local y un conocimiento institucionalizado
—no personal— de los mundos natural y social; de ahí los
esfuerzos que se dedicaron a la astronomía, las matemáticas, la
mecánica, etc., en todos los imperios, y la existencia de un
sistema de comunicaciones interiores altamente desarrollado. En
resumen, se trataba de imperios *innovadores* que contaron con
los primeros ejércitos permanentes, los primeros administradores
públicos de carácter oficial y burocrático, las primeras ciudades

---

[36] Bernal Díaz, *The Conquest of New Spain*, Penguin, Londres, 1963, p. 217.
Anteriormente, en el siglo XIII, a Marco Polo le habían impresionado también las
ciudades y el sistema de comunicaciones del imperio mongol.

planificadas en las fronteras militares, las primeras grandes obras hidráulicas y las primeras «ordenanzas sagradas sistematizadas, como en la India, Irán o Babilonia» [52]. Los imperios ofrecían campo para la jefatura y permitían las innovaciones realizadas por una jefatura expropiadora de excedentes.

En la mayoría de los imperios burocráticos, los sistemas de creencias eran más diversos y variados que los de los estados segmentarios; la causa de esta situación estaba en que sus orígenes se encontraban en la conquista. y aunque había religiones de estado, no siempre era así. Por ejemplo, en el imperio romano precristiano se permitía un alto grado de autonomía religiosa, situación que terminó después de la adopción oficial del cristianismo. Por otra parte, el Islam constituía un buen ejemplo de una fusión casi total entre el Estado y la religión; pero incluso en este caso existía siempre la posibilidad de que intereses políticos locales se expresasen como cisma[37]. En el imperio islámico, «en el que la llegada del Islam no hizo necesaria una legislación especial, se permitió que las costumbres locales antiguas continuaran vigentes» [53]. Al igual que en otros imperios burocráticos, las comunicaciones, como el servicio postal y las carreteras, estaban centralizadas y muy desarrolladas, lo mismo que el sistema fiscal, y el sistema de mando militar fue puesto grudualmente bajo el control de la burocracia central. Es significativo que la mayor realización de la burocracia central fuera el sistema postal, que estableció una compleja red de postas y sirvió también de servicio de información, utilizando sus agentes locales para reunir información pertinente para el centro. La centralización del sistema fiscal (y se gravaba con impuestos casi todo) fue temprana, con funcionarios regionales controlados por una burocracia central, cuyos funcionarios eran nombrados por el visir, consejero personal del califa y jefe de la administración. Los impuestos se utilizaban para mantener un gran ejército permanente, para financiar obras públicas a gran escala, para mantener a una burocracia considerable y para enriquecer al gobernante y a los que le rodeaban. La acuñación de moneda estaba también centralizada, la justicia estaba en principio normalizada, y un cuerpo de funcionarios laicos vigilaba desde el centro el cumplimiento de los preceptos morales del Corán.

[37] W. C. Smith, *Islam in Modern History*, Mentor Books, Nueva York, 1957, p. 26; pero obsérvese que la palabra *Estado* no es adecuada. También S. N. Eisenstadt, *The Political Systems of Empires*, Free Press, Nueva York, Glencoe, 1963, pp. 189-191.

Desde un punto de vista técnico, el califa era designado por la divinidad como sucesor del Profeta «para defender la fe y asegurar el recto gobierno del mundo», y el califa se atenía en el derecho a lo declarado en el Corán; la sumisión a sus mandatos estaba ordenada por la divinidad: «Obedece a Dios y a su Apóstol, y a aquellos que tienen autoridad sobre ti» [54]. Además, un califa necesitaba poder afirmar su parentesco con el Profeta y resultar aceptable para la elección por hombres «que poseen influencia real en la comunidad» [55]. Así pues, en el imperio la conformidad estaba asegurada por una combinación compleja y movediza de legitimación ideológica, o autoridad legal de base racional, y, finalmente, por la fuerza, que a veces se ejercía para cambiar la posición religiosa de los conquistados y, de ese modo, acabar legitimando religiosamente la conformidad.

Durante el período del antiguo imperio egipcio, que se extiende del año 2.900 al 2.475 a. C., el faraón era a la vez un dios y un jefe político que controlaba una enorme burocracia a cuya cabeza se encontraban miembros de su familia. Se precisaba saber leer y escribir, y se crearon escuelas en la burocracia para futuros funcionarios con el fin de preparar a la próxima generación de funcionarios de dedicación plena. Cada departamento estaba organizado de manera jerárquica, pero existía la usual y antigua práctica burocrática de transmitir el cargo a los hijos, tanto en la burocracia civil como religiosa. El prestigio del burócrata era grande, y como medio de movilización de recursos la burocracia era eficiente, como lo demuestran los grandes proyectos para el control de las inundaciones, la organización de grandes ejércitos permanentes, la construcción de las pirámides y la obtención regular de excedentes con los que mantener esas actividades [56]. La mayoría de los altos funcionarios de la burocracia pertenecían a la familia real o a la aristocracia terrateniente, combinando así la autoridad religiosa tradicional y la racional-legal. La burocracia egipcia constituía el ejemplo clásico de una organización cuya razón de ser se encontraba en la construcción de grandes proyectos hidráulicos y su control, pero que posteriormente asumió las funciones religiosas de construir las pirámides y templos. Es también un buen ejemplo de la explotación burocratizada de un campesinado sin tierra para la construcción de obras públicas de tipo vario.

Así pues, la legitimación política de los imperios solía hacerse en términos religiosos, pero en comparación con los ashanti, las instituciones religiosas tenían un grado de autonomía limitado, pero importante [38]. Al poseer una base organizativa, estas religiones estatales tenían siempre la posibilidad, cuando menos, de desarrollar una política y unos objetivos opuestos a los del jefe político, abriendo así la posibilidad de que las tensiones y conflictos dentro de la élite se expresaran en términos ideológicos. Por ello, la no conformidad podía tener, a su vez, una justificación ideológica respaldada por una organización religiosa, como por ejemplo en la oposición religiosa al califa, o en la Persia sasánida en la que judíos, cristianos y otras religiones organizadas «tuvieron gran significación en la historia política y social del estado» [57]. Desde luego, la diferenciación religiosa no es sino un ejemplo de las diferenciaciones sociales mucho más importantes de esos imperios (podríamos haber hablado del complejo sistema de estratificación económica), que planteaban a los gobernantes problemas políticos de una complejidad muy superior a aquellos con los que pudieron tener que enfrentarse los ashanti. Aunque la autoridad oficial estaba altamente centralizada, la mayor diferenciación traía consigo procedimientos orientados a impedir que el ejercicio sin límites del poder central se convirtiera en un proceso que a primera vista podría parecer arbitrario y discrecional. Los gobernantes podían amasar enormes fortunas personales e infundir un temor reverencial en la población, pero su poder dependía de su control y de sus alianzas con otros grupos poderosos, como la aristocracia, los militares, la Iglesia y la burocracia. Por tanto, su gobierno tenía que ser una combinación de «fuerza, ideología y utilidad» [58], ignorando simplemente a la población como ente político y obligándola así a canalizar su descontento en la forma del tumulto y la rebelión, como muestran los innumerables levantamientos y casos de bandidaje campesino en China [39].

El feudalismo europeo sucedió al imperio romano dentro de unos límites territoriales muy reducidos, e incluso los imperios merovingio y carolingio demostraron ser formas políticas de transición. Los sistemas de comunicación y la burocracia central se hundieron, y no hubo líder o gobernante que fuera capaz de reunir los recursos técnicos y financieros necesarios para sustituirlos y recuperar el control. La servidumbre y sus variantes,

[38] Una excepción es China, donde el confucianismo no disponía de organización para hacerse autónomo: véase S. N. Eisenstadt, *The Political System of Empires*, Free Press, Nueva York, 1963, pp. 55-58.
[39] No era distinto el caso en las ciudades, aunque los disturbios urbanos por los impuestos y el hambre tenían mayores probabilidades de que se atendieran con una acción de mejora o de diversión —*pan y circo.*

que habían empezado siendo un intercambio de servicios por protección, se habían convertido en el siglo XIII en un sistema de explotación casi constante del campesinado [59]. No podemos saber si la explotación feudal fue más dura que la del imperio burocrático, pero lo que sí es cierto es que los excedentes no estaban centralizados ni se destinaban a la ejecución de grandes obras sociales, con excepción de los castillos e iglesias. La sumisión a las órdenes de una autoridad legal tuvo un carácter más discrecional que en el imperio burocrático, ya que la autoridad central carecía de unos recursos físicos, financieros y burocráticos superiores a los que pudieran disponer uniones limitadas de señores feudales. Por ello, la posibilidad de innovación política por parte del rey dependía del consenso aristocrático en grado muy superior al imperio burocrático, y prueba de este estilo más conciliador es la existencia de distintas formas de asambleas representativas aristocráticas, como el Parlamento británico, las Cortes españolas y los parlamentos franceses. Por otra parte, la sumisión del campesino parece haber sido en alto grado el resultado de la falta de una alternativa viable frente a la alternancia de la obediencia con los levantamientos, las huelgas de brazos caídos y los tumultos campesinos, y con una Iglesia que, por lo menos en su ideología oficial, predicaba la obediencia sobre la tierra y los premios en el cielo.

Hemos indicado en este capítulo que los problemas de división social, y de expropiación y asignación de excedentes están unidos a la aparición de instituciones políticas más o menos especializadas. Esta relación se explica por la aparición y percepción de problemas de gestión social que requieren formas de control nuevas y diferenciadas. En las sociedades más heterogéneas es más probable que se produzcan conflictos de interés que en la sociedad más homogénea, lo que exige de los gobernantes un mayor grado de consulta y sensibilidad para con los intereses en conflicto, o el ejercicio de la fuerza para mantener la conformidad. En el próximo capítulo trataremos del conflicto y la conformidad en el Estado industrial contemporáneo.

REFERENCIAS BIBLIOGRÁFICAS

[1]   A. Etzioni, *A Comparative Analysis of Complex Organisations*, Free Press, Nueva York, 1961, p. 5.
[2]   E. Shils, «The Concentration and Dispersion of Charisma—Their Bearing on Economic Policy in Underdeveloped Countries», *World Politics*, **XI**,

1-19 (julio 1959); W. G. Runciman, «Charismatic Legitimacy and One Party Rule in Ghana», *European Journal of Sociology,* **4,** 148-165 (1963); S. M. Lipset, «The Crisis of Legitimacy and the Role of the Charismatic Leader», *Transactions of the Fifth World Congress of Sociology,* Washington D. C., 2-8 de septiembre de 1962, pp. 310-332 y 357-361.

[3]   E. SHILS, «Charisma, Order and Statutus», *American Sociological Review,* **30,** 199-213 (1965).

[4]   K. G. RATNAM, «Charisma and Political Leadership», *Political Studies,* **12,** 341-354 (oct. 1963), y P. Worsley, *The Trumpet Shall Sound,* 2.ª éd., MacGibbon and Key, Londres, 1968, apéndice.

[5]   A. ETZIONI, *A Comparative Analysis of Complex Organisations,* Free Press, Nueva York, 1961, p. 203.

[6]   H. KELMAN, «Three Processes of Social Influence», en M. Jahoda y N. Warren (eds.), *Attitudes,* Penguin, Londres, 1966, pp. 151-161.

[7]   R. H. LOWIE, «Some Aspects of Political Organisation Among the American Aborigines», en R. H. Cohen y I. Middleton (eds.), *Comparative Political Systems,* Natural History Press, Nueva York, 1967, p. 83.

[8]   C. LEVI-STRAUSS, «The Nambikuara of North Western Matto Grosso», en R. H. Cohen y I. Middleton (eds.), *Comparative Political Systems,* Natural History Press, Nueva York, 1967, p. 52.

[9]   R. H. LOWIE, «Some Aspects of Political Organisation Among the American Aborigines», en R. H. Cohen y I. Middleton (eds.), *Comparative Political Systems,* Natural History Press, Nueva York, 1967, p. 76.

[10] L. BOHANNAN, «Political Aspects of Tiv Social Organisation», en J. Middleton y D. Tait, *Tribes Without Rulers,* Routledge and Kegan Paul, Londres, 1958, pp. 48-49.

[11] —— «Political Aspects of Tiv Social Organisation», en J. Middleton y D. Tait, *Tribes Without Rules,* Routledge and Kegan Paul, Londres, 1958, p. 53.

[12] —— «Political Aspects of Tiv Social Organisation», en J. Middleton y D. Tait, *Tribes Without Rulers,* Routledge and Kegan Paul, Londres, 1958, p. 58.

[13] L. KRADER, *Formation of the State,* Prentice-Hall, Englewood Cliffs, 1968, pp. 34-35.

[14] A. W. SOUTHALL, *Alur Society,* Heffer, Cambridge, 1954, capítulo 9.

[15] R. F. STEVENSON, *Population and Political Change in Tropical Africa,* Columbia University Press, 1968.

[16] G. DALTON, «Theoretical Issues in Economic Anthropology», Nueva York, *Current Anthropology,* **10** (feb. 1969).

[17] M. FORTES y E. E. EVANS-PRITCHARD, *African Political Systems,* Oxford University Press, Londres, 1964, pp. 5-7.

[18] K. A. BUSIA, *The Position of the Chief in the Political System of Ashanti,* Frank Cass, Londres, 1951, capítulo 1.

[19] —— *The Position of the Chief in the Political System of Ashanti,* Frank Cass, Londres, 1951, p. 10.

[20] R. F. STEVENSON, *Population and Political Change in Tropical Africa,* Columbia University Press, Nueva York, 1968.

[21] D. TORDOFF, *Ashanti Under the Prempehs,* Oxford University Press, Londres, 1965, pp. 7-8.

[22] —— *Ashanti Under the Prempehs,* Oxford University Press, Londres, 1965; R. E. Dowse, *Modernisation in Ghana and the USSR,* Routledge and Kegan Paul, Londres, 1969, capítulo 2; L. Fallers, *Bantu Bureaucracy,* University of Chicago Press, Chicago, 1965, presenta otro ejemplo del mismo proceso.

[23] K. WITTFOGEL, *Oriental Despotism,* Yale University Press, New Haven, 1957, p. 241.
[24] —— *Oriental Despotism,* Yale University Press, New Haven, 1957, p. 40.
[25] S. ANDRESKI, *The Uses of Comparative Sociology,* University of California Press, Berkeley, 1964, pp. 314-320.
[26] S. N. EISENSTADT, *The Political System of Empires,* Free Press, Nueva York, 1963, p. 159.
[27] —— *The Political System of Empires,* Free Press, Nueva York, 1963, p. 185.
[28] —— *The Political System of Empires,* Free Press, Nueva York, 1963, pp. 148-149.
[29] —— *The Political System of Empires,* Free Press, Nueva York, 1963, pp. 300-360.
[30] MARC BLOCH, *Feudal Society,* Routledge and Kegan Paul, Londres, 1965, p. 65.
[31] —— *Feudal Society,* Routledge and Kegan Paul, Londres, 1965, p. 160.
[32] —— *Feudal Society,* Routledge and Kegan Paul, Londres, 1965, p. 151.
[33] H. Pirenne, *A History of Europe,* Allen and Unwin, Londres, 1939, pp. 146-150.
[34] W. ULLMAN, *A History of Political Thought: The Middle Ages,* Penguin, Londres, 1965, en especial pp. 85-115.
[35] —— *A History of Political Thought: The Middle Ages,* Penguin, Londres, 1965, p. 143.
[36] H. PIRENNE, *A History of Europe,* Allen and Unwin, Londres, 1939, p. 221.
[37] M. WEBER, *General Economic History,* Free Press, Glencoe, 1950, p. 133.
[38] H. PIRENNE, *A History of Europe,* Allen and Unwin, Londres. 1939, pp. 223-224.
[39] M. WEBER, *The Theory of Social and Economic Organisation,* trad. por A. M. Handerson y Talcott Parsons, Free Press, Glencoe, 1947, p. 376.
[40] N. COHN, *The Pursuit of the Millenium,* Harper and Row, Nueva York, 1961, p. 29.
[41] —— «Medieval Millenarianism: Its Bearing on the Comparative History of Millenarian Movements», en *Comparative Studies in Society and History,* Suplemento II, Mouton Co., La Haya, 1962, p. 31.
[42] E. J. HOBSBAWN, *Primitive Rebels,* Norton, Nueva York, 1965, pp. 57-92.
[43] G. LENSKI, *Power and Privilege. A Theory of Stratification,* McGraw-Hill, Nueva York, 1966, p. 276.
[44] W. ULLMAN, *A History of Political Thought: The Middle Ages,* Penguin, Londres, 1965; O. Gierke, *Political Theories of the Middle Ages,* Beacon Press, Boston, 1958.
[45] R. H. COHEN e I. MIDDLETON (eds.), *Comparative Political Systems,* Natural History Press, Nueva York, 1967, p. 23.
[46] P. FARB, *Man's Rise to Civilisation,* Secker and Warburg, Londres, 1969, p. 35.
[47] G. LENSKI, *Power and Privilege: A Theory of Stratification,* McGraw-Hill, Nueva York, 1966, capítulo 3.
[48] M. J. HERSKOVITZ, *Economic Anthropology,* .W. W. Norton, Nueva York, 1952, pp. 417-421.
[49] W. E. ABRAHAM, *The Mind of Africa,* Weidenfeld and Nicolson, Londres, 1962, p. 51.
[50] D. APTER, *Some Conceptual Approaches to the Study of Modernisation,* Prentice-Hall, Englewood Clifs, 1968, p. 119.

[51] R. E. Dowse, *Modernisation in Ghana and the USSR*, Routledge and Kegan Paul, Londres, 1969, capítulos 1-4.
[52] M. Weber, *The Sociology of Religion* (1920), capítulo 2, reimpreso en R. Robertson (ed.), *Sociology of Religion*, Penguin, Londres, 1969, p. 409.
[53] R. Levy, *The Social Structure of Islam*, Cambridge University Press, Londres, 1962, p. 295.
[54] —— *The Social Structure of Islam*, Cambridge University Press, Londres, 1962, p. 286.
[55] —— *The Social Structure of Islam*, Cambridge University Press, Londres, 1962, p. 286.
[56] W. C. Beyer, «The Civil Service of the Ancient World», *Public Administration Review*, **19,** 243-248 (1959).
[57] S. N. Eisenstadt, *The Political System of Empires*, Free Press, Nueva York, 1963, p. 51.
[58] G. Lenski, *Power and Privilege: A Theory of Stratification*, McGraw-Hill, Nueva York, 1966, p. 179.
[59] R. H. Hiton, «Peasant Movements in England Before 1381», *The Economic History Review*, segunda serie, **2,** 118 (1949).

Capítulo 5
LAS ESTRUCTURAS DE PODER EN LA SOCIEDAD INDUSTRIAL: LOS MODELOS PLURALISTA Y DE ELITE

5.1. Marco general

Podemos caracterizar la sociedad industrializada por un conjunto de procesos generales. En la esfera de la tecnología, se pasa de técnicas tradicionales y sencillas que se servían de la energía animal y humana a una aplicación más decidida y general de las máquinas y a la aparición de una clase de personas cada vez mejor preparadas que se dedican a la aplicación de las innovaciones técnicas en la producción. Dentro de esta clase se va a producir una doble especialización, con un grupo dedicado a la producción de innovaciones técnicas y un grupo de administradores —políticos o industriales— encargados de dirigir y controlar las innovaciones y sus consecuencias. La innovación se convierte en un valor, en algo deseable por sí mismo, y es un proceso que necesariamente crea tensiones. El cambio técnico no se reduce a la industria, sino que la agricultura se convierte en una rama de la industria. La tendencia a largo plazo en las sociedades industrializadas se orienta hacia la despoblación rural, trasladándose, o viéndose empujada, la población hacia áreas de expansión urbana y desarrollo económico. Las relaciones basadas antes en la costumbre y la tradición, por ejemplo los precios justos, la manera tradicional y adecuada de hacer las cosas, la primogenitura, los niveles salariales sancionados por la religión, etc., van disolviéndose gradualmente y siendo sustituidas por los precios de mercado y la negociación[1].

Este proceso de disolución de los antiguos lazos sociales está acompañado por una movilidad social cada vez más rápida con grupos que ascienden y otros que descienden en la escala social, como consecuencia del crecimiento urbano espectacular y de los cambios de valores consiguientes, en especial del individualismo y las ideologías que hacen hincapié en el éxito y los valores pecuniarios. Esta característica de la rápida movilidad y el utilitarismo es la que Durkheim pone en el centro de la sociedad industrial cuando dice que los hombres que carecen de otros patrones que el de sus logros en comparación con otros hombres o su éxito, en la búsqueda de una felicidad evasiva, sólo pueden resolver en último término esta difícil situación mediante el suicidio. En la sociedad derivada de la industrialización, el principio rector era para Weber la racionalidad, que *invadía* todas las formas sociales que se convertían en racional-legales, es decir, en burocráticas [1].

La familia, que durante siglos ha sido una unidad de producción semiautárquica, se integra mucho más en la economía y, por ello, se hace dependiente de procesos estructurales sobre los que no tiene ningún control. En términos generales, las dimensiones de la unidad de producción, agrícola o industrial, aumentan y también se hacen más específicos los objetos producidos. De este modo, la agricultura se especializa en un número mucho más reducido de productos, y la industria puede producir partes de unidades mayores. Por ello aumenta la interdependencia de las empresas productivas, y con ello crece la dependencia mutua de cada unidad hasta el punto de que una crisis en un sector se hace sentir en el conjunto del sistema. En unos sistemas tan interdependientes, cualquier desajuste es probable que tenga consecuencias societales más graves que en la economía tradicional, de carácter más discontinuo[2].

---

[1] Refiriéndose a este proceso en Occidente, en el siglo XVI, W. H. McNeil afirma que «por primera vez en la historia de la civilización, una absoluta mayoría de la población dejó de tener sus vidas circunscritas por una serie de labores agrícolas de tradición inmemorial. En su lugar, se encontraron frente a los altibajos de una economía de mercado impredecible», *The Rise of the West*, Chicago University Press, Chicago, 1963, p. 585.

[2] Del mismo modo, cuando aumentan las dimensiones de las empresas existe una tendencia a pasar de una situación económica de competencia, en la que la demanda es tan independiente de cualquier empresa como lo es la oferta, a una

Así pues, considerada desde un punto de vista estructural, la sociedad industrial supone un cambio de estructuras de organización y roles multifuncionales a varias estructuras más especializadas. La producción, anteriormente situada en la unidad familiar ampliada, se traslada de modo típico a organizaciones económicas especializadas; las funciones médica y de adiestramiento, que antes se realizaban dentro del marco de la familia, se desarrollan en unidades especializadas, como las escuelas y los hospitales; la mayoría de los individuos se especializan mucho más, al menos en las relaciones económicas, y los roles que desempeñan resultarán probablemente mucho menos compatibles entre sí que antes. En la sociedad preindustrial (simplificaremos mucho) el padre era el cabeza de familia, la fuente de las principales decisiones económicas, la voz moral más importante y en general una figura de considerable, aunque difusa, autoridad, mientras que en la sociedad industrial con frecuencia no es nada de eso, o al menos no se produce una transferencia simple desde la autoridad paternal como entidad económica al puesto de guía moral. De manera parecida, las instituciones políticas tienden a una mayor especificación y especialización, con la aparición de una administración profesional, de una organización general y burocratizada de los partidos, de una clase política profesionalizada y con frecuencia de una ampliación considerable del concepto de ciudadanía [2].

A nivel de actitudes o normas, se considera que la sociedad industrial se caracteriza por cambios importantes en las orientaciones de la gente entre sí y con respecto a la sociedad en la que viven. Una tipología de las distintas orientaciones es la que ofrece Parsons en su obra sobre las variables del modelo[3]. Estos cinco extremos dicotómicos representarían las elecciones polares para la acción de los actores en una situación, con un conjunto alternativo de elecciones característico de la moderna sociedad industrial y otro característico de la sociedad pre-moderna o agrícola. El primer par alternativo es *afectividad* y *neutralidad*

competencia monopolística u oligopolística en la que entran en juego otras fuerzas que no son las del mercado y que, por lo tanto, podría justificar la intervención política.

[3] Véase T. Parsons, *The Social System*, Tavistock, Londres, 1952, páginas 158-167. Parsons se apoyó en la obra anterior de Max Weber y F. Toennies relativa a los tipos de acción social, es decir, la afectiva, la tradicional, la instrumental-racional y la racional de valores absolutos. Véase M. Weber, *The Theory of Social and Economic Organisation*, Free Press, Glencoe, 1947, pp. 115-118, y T. Parsons y N. J. Smelser, *Economy and Society*, Routledge and Kegan Paul, Londres, 1956, p. 33.

afectiva, que se refiere a la carga emocional de los actores en una situación mientras que en la sociedad industrial de base racional el actor considera de manera típica sus roles, en especial los roles político y laboral, desde una posición no emotiva y calculadora. Es decir, se considera que los roles públicos no familiares tienen una baja cualidad evocadora de emoción. El segundo conjunto de variables es el de autoorientación *frente* a orientación hacia la colectividad, que se refiere a si un individuo actúa en interés propio o en el de la colectividad en caso de conflicto[4]. Una tercera variable es la de elección de valores universalista frente a particularista, que se refiere a si los patrones de juicio de valor deben ser aplicables a todos o sólo a grupos limitados. Así, en la sociedad feudal un hombre nace en un estado particular y es juzgado por los patrones de éste, le resulta difícil cambiar de status social y su lugar de residencia puede estar determinado. Logro *frente* a adscripción es otro conjunto de variables, y se refiere a los principios mediante los cuales se realiza la asignación de roles en una sociedad, es decir, si el criterio es la capacidad probada y pública de satisfacer demandas de roles, o si, por el contrario, es de mayor importancia algún otro factor, como el nacimiento, el color de la piel o el status social. Finalmente, la especificación *frente* a la difusión hacen referencia a la definición social de roles, es decir si están definidos en términos amplios o limitados. Así, un campesino realiza en una sociedad agrícola todas las tareas relacionadas con la cosecha, pero también puede construir su casa, producir sus vestidos y actuar como cabeza de una familia económicamente semiautárquica.

La cuestión es que un conjunto de estas variables —neutralidad afectiva, autoorientación, universalismo, logro y especificación— caracterizaría las relaciones y actitudes en las sociedades industrializadas o en proceso de industrialización, mientras que el otro conjunto sería más característico de las sociedades premodernas[5]. Además, puede que ninguno de estos conjuntos se

[4] Pueden verse una serie de exposiciones y refutaciones interesantísimas sobre el carácter apropiado de esta variable particular en el contexto africano, en I. Kopytoff, «Socialism and Traditional African Societies», en W. H. Friedland y C. G. Rosberg, *African Socialism,* Stanford University Press, 1964, pp. 53-79, y en W. J. Argyle, «The Concept of African Collectivism», *Mawaza,* **1,** n.º 4, 37-43 (dic. de 1968).

[5] No hemos leído tal afirmación en Parsons, pero si en F. Riggs, *Administration in Developing Countries: The Theory of Prismatic Society,* Houghton Mifflin, Boston, 1964, capítulo 1. Véase también J. Huizinga, *The Waning of the Middle Ages,* Doubleday, Nueva York, sin fecha, en especial capítulos 1 y 3.

realice totalmente en ninguna sociedad; por ejemplo, la Iglesia y los ejércitos medievales tenían elementos de ambos conjuntos, lo mismo que ocurría con los ejércitos y las burocracias de los imperios burocráticos, y la sociedad industrial, desde luego, no se basa exclusivamente en el logro o la neutralidad afectiva. Por ejemplo, casi todos los trabajadores japoneses que no son ejecutivos son reclutados, incluso en las empresas más grandes, porque miembros de su familia trabajaban ya en la empresa, o porque proceden del mismo pueblo o son amigos íntimos de trabajadores ya empleados en la empresa. Tampoco ocurre necesariamente que, si las normas públicas tienden hacia uno de esos conjuntos, las actitudes privadas vayan a hacerlo también. El nepotismo, la corrupción, el prejuicio por el color de la piel o la clase y el favoritismo político no son desconocidos, desde luego, como criterios de selección, incluso para las autoridades públicas de las sociedades industriales avanzadas.

De esta manera Parsons, siguiendo y elaborando una antigua tradición, establece los principales elementos normativos asociados con el cambio de las sociedades tradicionales a las industriales.

Se considera que esta combinación de cambios estructurales y de actitudes está asociada al desarrollo de la sociedad industrial, pero también que esta combinación caracteriza al sistema político *desarrollado*. Suele considerarse a la sociedad desarrollada como una nación-estado, y el desarrollo político «se convierte en el proceso mediante el cual las comunidades que son naciones-estado sólo en la forma... se convierten realmente en naciones-estado» [3]. A ello se llega básicamente (1) infundiendo en una población de diversidad potencial un sentido de pertenencia y adhesión a una nueva entidad legal, por ejemplo, Ghana, Zambia, Tanzania, etc., y (2) desarrollando la maquinaria política, por ejemplo, partidos, grupos de presión, burocracias, parlamentos, ejércitos, asociados con la nación industrial occidental[6]. El desarrollo político se convierte entonces en el proceso de creación de un sentido de nacionalidad y de construcción de organizaciones por las que el gobierno pueda hacer sentir sus decisiones políticas, y a través de las cuales puede, a su vez, ser influenciado. Consecuencia de este enfoque es que la sociedad moderna es, por lo menos, potencialmente participativa. La entrada de las

[6] Buenos ejemplos de este enfoque son los de R. Bendix, *Nation-Building and Citizenship*, Anchor Books, Nueva York, 1969, y R. Emerson, *From Empire to Nation*, Beacon Press, Boston, 1960.

masas de Occidente en la política fue en general bastante lenta,
mientras que en los nuevos países en desarrollo su acceso ha sido en
general muy rápido, lo que abre la posibilidad de una manipulación de poblaciones ignorantes por parte de la élite [4]. Pero sea
lento o rápido el proceso de incorporación de las masas, y estén
más o menos manipuladas, la cuestión es que no se las puede
ignorar. A diferencia de las sociedades de las que nos ocupamos
en el capítulo anterior, la sociedad moderna debe tener presentes
a las masas.

El desarrollo político puede considerarse también como la
creación de una capacidad creciente para reaccionar con éxito
ante los retos del medio ambiente, introduciendo o por lo menos
permitiendo que se produzcan cambios. Las instituciones se
hacen más complejas, se crean otras nuevas y surgen nuevos
roles políticos de forma que el sistema político adquiere «nueva
capacidad, en el sentido de una estructura de roles especializada
y de orientaciones diferenciadas que juntas proporcionan a un
sistema político la posibilidad de responder de manera eficiente...
a una nueva gama de problemas». Almond sugiere que *todos* los
sistemas políticos en desarrollo han de adquirir, de una forma u
otra, las siguientes capacidades: (1) capacidad para integrar a su
población, (2) capacidad para establecer relaciones exteriores al
sistema, (3) capacidad de crear una cultura política de participación y (4) una capacidad distributiva o de bienestar social [5].
Estas capacidades pueden considerarse como su capacidad de
respuesta. Cuanto más desarrollado es un sistema, tanto mayor
es su capacidad para responder al cambio que se genera en su
entorno local o internacional. De este modo, Eisenstadt insiste en
que la modernización supone necesariamente cambios, y argumenta que el desarrollo político significa un aumento de la
«capacidad para absorber variedades y tipos cambiantes de demandas políticas y de organización» [6].

Vamos a considerar ahora las implicaciones que estas innovaciones en las actitudes, valores y procesos estructurales tienen
sobre el carácter de la política en las sociedades industriales[7].

---

[7] Somos conscientes de que al utilizar palabras como *asociado* hemos descuidado la interesante cuestión de las *causas* de la modernización. Los interesados
en esta cuestión no deberán dejar de consultar A. Diamant, «Political Development: Approaches to Theory and Strategy», en J. Montgomery y W. Siffin (eds.),
Approaches to Development, McGraw-Hill, Nueva York, 1966, pp. 15-47; L.
Salomon, «Comparative History and the Theory of Modernization», *World Politics,* **23,** n.º 1, 83-103 (1970).

5.2. Obediencia y estabilidad en la sociedad industrial

En comparación con las sociedades estudiadas en el capítulo 4, la sociedad industrial muestra una mayor diferenciación social o división del trabajo. Esto significa que ocupaciones o tareas, que antes eran desconocidas o estaban unidas, se convierten en procesos separados, aunque interdependientes. Así las industrias se convierten en entidades de un solo producto, con tareas de gestión que anteriormente podrían haber estado fundidas y que ahora se han dividido en departamentos de personal, de producción, de formación, de planificación a largo plazo, de diseño, etc., cada uno con sus administradores de formación especializada. Surgen ocupaciones totalmente nuevas, como analistas de sistemas, pilotos aéreos, diseñadores industriales, especialistas en publicidad, etc. El proceso general es de innovación constante y progresiva, no sólo desde el punto de vista tecnológico, sino también cultural y estructural [7]. En vista de esto, se plantean una serie de problemas desde el punto de vista del control social.

En primer lugar, la innovación puede incluso colocar a ciertos grupos en posición de franca desventaja, aunque, en cierto sentido, la innovación sea en general beneficiosa. A los mineros de la región de los Apalaches difícilmente les beneficiará la expansión del petróleo y la energía atómica, o a los pequeños comerciantes los supermercados, a los empleados las computadoras, al asalariado campesino las máquinas, etc. Con la aparición de ocupaciones nuevas, surge también la posibilidad de nuevas fuentes de lealtades en competencia y conflicto. En resumen, es grave el problema de combinar el orden con la innovación, cuando las actitudes y las bases de lealtad tradicionales han perdido efectividad. Es también característico de la sociedad industrial que el proceso de innovación no sea uniforme, y que los cambios más importantes se produzcan siempre en las mismas zonas, quedando el resto del país como *desiertos* pretecnológicos en situación de desventaja. Como ejemplo, basta comparar California con la región de los Apalaches, el norte y el sur de Italia, Inglaterra con el resto del Reino Unido, el Ruhr con Baviera [8]. La tirantez o la tensión hacen su aparición en las sociedades industriales de muchas otras formas. Indudablemente, con la aparición de profesiones nuevas, no se han podido definir con claridad los roles y surge por tanto una ambigüedad de roles. Los emigrantes de las zonas rurales tienen un escaso conocimiento de los modelos de comportamiento de la vida urbana, y no pueden adaptarse a ella con facilidad. El estado industrial no

resuelve de forma automática los problemas de la extrema pobreza o de la pobreza heredada. Además, debido al mayor grado de
interdependencia mutua que caracteriza a la sociedad industrial
es mucho más probable que las dislocaciones ocurridas en un
sector repercutan en el resto de la sociedad que en ninguno de los
sistemas anteriores; esta situación, a su vez, obliga a las autoridades políticas a tomar medidas para solucionarla. Evidentemente, estos procesos crean tensiones que han de reducirse de una
forma u otra a niveles razonables, si se quiere que la sociedad
perdure.

Paralelamente al proceso de la desaparición de las estructuras
y lealtades anteriores, integradas pero localistas, surge otro proceso de reintegración, normalmente de mayor alcance geográfico
y social que en la sociedad anterior. La gente se integra en una
comunidad *nacional,* más que local. Se trata de un proceso
multifacético. La gente se integra en una economía nacional a
través de los sistemas monetario, bancario y de las organizaciones industriales nacionales que abastecen a un mercado nacional
e internacional. Los estilos de vida, las costumbres y las pautas
de consumo se unifican a escala nacional con la aparición de unas
redes de comunicación de ámbito nacional, como carreteras,
ferrocarriles, canales, periódicos y libros. Dentro de este proceso
está el descubrimiento de la identificación histórica de la nación
por medio de la historia, la mitología, la música y los antepasados
heroicos. De este modo, el período dorado de las obras de
historia coincidió en Alemania e Italia con las sacudidas nacionalistas del siglo XIX, en que los historiadores, folkloristas y poetas
cantaban las glorias de los antepasados heroicos germanos e
italianos, portadores del espíritu nacional[8]. Identificándose con
esos héroes simbólicos, aprendiendo el idioma y la herencia
nacional en escuelas creadas y controladas por la autoridad
política nacional, las *masas* penetraban en una cultura nacional
mucho más amplia[9].

Dado el mayor número de personas potencialmente implicadas, y que presionaban por estarlo, organizaciones como los
partidos políticos y los grupos de presión servían para movilizar

[8] Véase H. Maus, *A Short History of Sociology,* Routledge and Kegan Paul,
Londres, 1962, pp. 22-35, para una exposición de estas influencias en la sociología
alemana.
[9] Para una exposición general de este proceso en zonas en desarrollo actuales
véase también L. Pye, *Aspects of Political Development,* Little, Brown, Boston,
1966, espec. pp. 1-112, y C. Hill, *Reformation to Industrial Revolution,* Penguin,
Londres, 1969, espec. pp. 25-123.

y canalizar a los nuevos participantes. Esos partidos podían ser antiguos como el partido conservador del Reino Unido, o nuevos, surgidos con el fin específico de presentar las quejas y defender los intereses de los que buscaban verse representados en la vida política. Normalmente, después de la lucha o la competencia entre los partidos, la sociedad industrial responde a las principales quejas de las masas concediéndoles el derecho a la representación, proyectos de bienestar social, redistribuciones de renta marginal, ordenanzas sobre la mejora de las condiciones en las fábricas, etc.

Sin embargo, todo esto quiere decir que existe un armazón político viable, capaz de controlar inmediatamente las tensiones provocadas por el cambio societal y que tiene la flexibilidad suficiente para incorporar nuevas demandas políticas. El peligro en este terreno reside en que se mantenga al margen del gobierno a las nuevas clases, es decir a la burguesía, y después al proletariado, y en que sus aspiraciones se vean frustradas, lo que podría conducir, como ocurrió en Francia, Alemania y Rusia, a que tales grupos marginados trataran, no de reformar el sistema, sino de derrocarlo. La alienación del sistema político puede medirse en tales casos por el contenido ideológico de la política de esos grupos marginados, y por su grado de coincidencia y unión con escisiones religiosas, de partido, de clase y quizás étnicas. Si las escisiones son acumulativas, la gestión es mucho más difícil y por lo tanto, la estabilidad mucho más problemática [9].

Respondiendo a las presiones, demandas y exigencias de los conflictos nacionales, el propio gobierno se ve cada vez más profundamente implicado en problemas de gestión societal. Como vimos en el caso del imperio burocrático, las agencias administrativas del gobierno se vuelven más grandes y burocratizadas, de manera que el aparato del Estado se convierte fácilmente en el mayor de la nación. En Norteamérica, en la actualidad, el gobierno emplea a una de cada seis personas, mientras en 1930 empleaba a una de cada quince; en el Reino Unido, el gobierno emplea a una de cada cuatro, mientras en 1930 la proporción era del 10 por ciento. Mientras se desarrolla este proceso, la capacidad impositiva de la población aumenta, de modo que en el Reino Unido el gasto público aumentó en un 600 por ciento aproximadamente, y en EE. UU. en un 1.100 por ciento aproximadamente, durante el siglo XX. Al mismo tiempo, el gobierno se apropia de una parte creciente de la renta nacional, aumentando así su capacidad para atender los deseos y aspiraciones de la población. Por ejemplo, hay constancia de que en EE. UU. la redistribución gubernamental de los ingresos fiscales favorece en conjunto a aquellas zonas con renta inferior a la media nacional [10]. Este efecto parece constituir una característica casi universal de gobierno en la sociedad industrial, y permite al gobierno y sus agentes reaccionar frente a las tensiones endémicas de una sociedad cada vez más heterogénea e innovadora. Esta relación parece ser válida para todos los países, excepto EE. UU. y Canadá y los países de agricultura de subsistencia; pero «allí donde los niveles de renta son superiores y los sectores industrial y comercial más amplios, es *normal,* y parecería más o menos esperado, que el papel del gobierno se amplíe, dado que una economía moderna no puede funcionar sin una actividad gubernamental considerable» [10].

La capacidad de respuesta de las sociedades industriales puede medirse en términos políticos y económicos. Podemos afirmar que la estabilidad está estrechamente relacionada con el nivel de desarrollo económico, el cual a su vez está en relación con la industrialización, el grado de urbanización y de educación. Y no es difícil encontrar las razones de las interrelaciones en términos de la teoría de grupo: «Al ser más probable que las personas de mayor nivel de renta y educación pertenezcan a organizaciones voluntarias, la propensión a formar tales grupos parece estar en función de los niveles de renta y de las oportunidades de ocio» [11]. Además, podemos hallar una conexión entre los altos niveles de industrialización y la capacidad del sistema para evitar la frustración económica, y la capacidad de los gobiernos para gravar con impuestos y redistribuir la renta, todo ello con el fin de *sobornar* a posibles descontentos. En parte al menos, la política social de Bismarck y Lloyd George fueron

[10] Lo *normal* se refiere a la probabilidad estadística; B. Russett, *Trends in World Politics,* Macmillan, Nueva York, 1965, pp. 132-133. Véase también J. H. Goldthorpe, «The Development of Social Policy in England, 1800-1914», en *Transactions of the Fifth World Congress of Sociology,* **4,** 41-56 (1962), y A. V. Dicey, *Law and Public Opinion in England,* Macmillan, Londres, 1952, en especial pp. 211-310. Para las cifras relativas al Reino Unido en las que se muestra que el gasto público en bienes sociales ha pasado de 1,2 por ciento en 1850 a 10,7 por ciento en 1950, véase J. Stirling, «Social Services Expenditure During the Last 100 Years», *Advancement of Science,* **8,** n.º 32 (1952).

[11] S. M. Lipset (ed.), *Politics and the Social Sciences,* Oxford University Press, Nueva York, 1969, p. 67. A Lipset le interesaba la relación entre la democracia —que se define como una combinación de instituciones legítimas como los partidos, la prensa libre, etc.—, un conjunto de dirigentes en el poder y, por lo menos, un conjunto de dirigentes que trata de llegar al poder sirviéndose de las instituciones legítimas.

intentos conscientes de integrar a la clase obrera y, en este contexto, no deberían desdeñarse las delicias embriagadoras del imperialismo como antídoto político. Tampoco es probable que en Alemania y en Gran Bretaña fuera accidental la relación entre la política social y el imperialismo. La capacidad para atender los deseos y aspiraciones del pueblo se ha considerado también como consecuencia importante del desarrollo de un sistema nacional de comunicaciones con cierto grado de urbanización, nivel de educación y porcentaje de población agrícola [11]. Al tiempo que las naciones desarrollan estas capacidades, pueden aparecer también instituciones políticas complejas y especializadas que les dan una capacidad de respuesta mayor a la de las naciones menos desarrolladas[12]. De modo parecido, puede demostrarse que una burocracia efectiva constituye un agente del gobierno con una enorme capacidad de respuesta y que «depende mucho de unos niveles de desarrollo económico, de alfabetización, de urbanización y de capacidad de comunicación relativamente avanzados»[13]. Puede demostrarse también que existe una asociación positiva entre las formas de gobierno que permiten la competencia entre los partidos y grupos de presión y su desarrollo en términos de riqueza, industrialización, urbanización e índices educacionales [12]. Finalmente, el nivel de competencia política en los estados de EE. UU. —definida en términos de rotación de cargos y márgenes electorales estrechos— se ha visto que está íntimamente relacionado con el número de años de educación de los ciudadanos, la riqueza, la urbanización y el grado de industrialización. Un alto nivel de riqueza y urbanización estaba íntimamente asociado con los estados de sistema bipartidista, mientras que bajos niveles de riqueza, educación, ur-

[12] Para un análisis excelente de las razones por las que se podría esperar que se diera esta relación véase K. W. Deutsch, *The Nerves of Government,* Free Press, Nueva York, 1966, en especial partes 2 y 3.

[13] J. Forward, «Toward an Empirical Framework for Ecological Studies in Comparative Public Administration», en N. Raphaeli, *Readings in Comparative Public Administration,* Allyn and Bacon, Boston, 1967, pp. 450-472. Sobre las razones por las que podría haberse esperado que se diera esta relación véase J. La Palombara, *Bureaucracy and Political Development,* Princeton University Press, Princeton, 1963, capítulos 1 y 2. Nos ocupamos de estas cuestiones con mayor detalle en los capítulos que tratan de la revolución y de la intervención militar, pero el lector interesado en estudiarlas con mayor detalle podrá consultar B. Russett, *Trends in World Politics,* Macmillan, Nueva York, 1965, capítulo 8, y H. A. Scarrow, *Comparative Political Analysis,* Harper and Row, Nueva York, 1969, capítulo 9, y para un examen general de las implicaciones de estas relaciones, D. Lerner, *The Passing of Traditional Society,* Free Press, Nueva York, 1964, pp. 60-65.

banización e industrialización correspondían a estados unipartidistas [13].

Todas las configuraciones societales que hemos enumerado, además de los agentes políticos como partidos y grupos de presión, unidos a las mitologías y símbolos nacionales, constituyen gran parte del dispositivo de control de tensiones de la sociedad industrial. Además, los mayores recursos del Estado industrial le permiten promover profesiones e instituciones de investigación y apoyo dedicadas de manera específica a mejorar las tensiones. De este modo, la policía se convierte en nacional y altamente profesionalizada, y patrocina estudios sobre el suicidio, la propensión a las drogas, la criminalidad, la delincuencia juvenil, el alcoholismo, etc. Surgen profesiones distintas, que con frecuencia están patrocinadas por el Estado, para detectar tensiones y controlar el medio ambiente, a saber urbanistas, agencias de colocación para los jóvenes, organizadores del ocio, especialistas en problemas juveniles, asistentes sociales para problemas psiquiátricos, agencias de reciclaje obrero, etcétera.

El control de las tensiones puede realizarse de dos formas, que no se excluyen mutuamente: dejando que sean agencias no gubernamentales las que realicen el ajuste, o bien a través de la intervención gubernamental o por una combinación de ambas. La combinación varía en los diferentes estados industriales. Hay quienes afirman que la sociedad por sí misma es un mecanismo o sistema de autoajuste de tal complejidad que incluso la intervención gubernamental mejor intencionada resultaría perjudicial. Esta podría ser una argumentación atractiva para los que se encuentran en una posición societal privilegiada, pero sus cualidades seductoras no son en cambio tan evidentes para aquellos grupos que, con razón o sin ella, se consideran desfavorecidos dentro del sistema. Una variante de esta argumentación es la de Durkheim, quien afirma que la propia complejidad y diferenciación de la sociedad industrial constituye la base de su solidaridad; el hombre es interdependiente y está demasiado especializado para poder vivir sin la ayuda de los demás, y de esta interdependencia funcional surge lo que él llama *solidaridad orgánica*. Sin embargo, Durkheim señala que, aunque existe una interdependencia mutua, también existe una situación de choques potenciales, ya que el interés sólo puede mantener unida en paz a la gente mientras persista esta mutualidad de intereses, y por ello el Estado ha de asegurar que los deberes que acompañan a las distintas posiciones se cumplan con independencia de los intereses o deseos individuales[14]. En otras palabras, deben vincularse estrechamente los intereses y las dependencias y hacerlos mutuamente compatibles, mientras que deben aislarse o mantenerse alejados los intereses desorganizativos; para ello conviene que existan procedimientos o leyes conocidos que determinen la forma en que pueden definirse y perseguirse los intereses. El Estado es el agente en la sociedad industrial moderna que, entre otros, desempeña la tarea de regular y definir las reglas mediante las cuales deben perseguirse los intereses sociales, y de esa manera mantener la cohesión social.

En esta versión de la teoría de la solidaridad, aunque no existan bases lógicas para ello, el Estado es considerado normalmente como una especie de agente honrado, que está por encima de la competencia y los conflictos pasajeros y del tumulto de la vida competitiva. No es un agente de lucha social, sino un árbitro que juzga y compone sobre la base de un supuesto interés común. Parecida en muchos aspectos a esta versión de la obediencia en el estado industrial es la teoría pluralista de la democracia.

5.3. Poder, obediencia y pluralismo

Los actores fundamentales de la teoría pluralista de la obediencia son grupos de personas con intereses comunes, producto de la ocupación, la vecindad, la ideología, la propiedad, etc., que se asocian para conseguir ese interés. Las instituciones estatales son consideradas, en teoría, como fuentes de valores y reglas de autoridad que los grupos persiguen, pero que no pueden, al menos a la larga, actuar en interés de un grupo hasta el punto de alienarse a otro sector considerable de intereses. De este modo, uno de los supuestos de los pluralistas es que en la lucha los grupos pueden ejercer presión sobre el gobierno bajo la forma de votos, asentimiento, cooperación e información. Otro supuesto es que la política no está dominada por un solo centro de poder, sino que más bien el poder está disperso en «múltiples centros de poder, ninguno de los cuales es o puede ser totalmente soberano» [14]. Con la creciente diferenciación social entran en la

---

[14] E. Durkheim, *The Division of Labour in Society*, Free Press, Glencoe, 1960, capítulo 7. A esta forma de solidaridad en una sociedad diferenciada la llamó *solidaridad orgánica*, mientras que a la solidaridad de las sociedades segmentadas e indiferenciadas le dio la apelación de *mecánica*.

escena política nuevos grupos con demandas de ayuda y ofertas de asistencia y, por lo tanto, no son desatendidos[15].

Así pues, la teoría pluralista establece que la política gubernamental es esencialmente un compromiso entre los distintos grupos de interés implicados, que la política es resultado de las presiones y los cambios en el equilibrio de la influencia social y política [15]. Se supone que ningún grupo es suficientemente poderoso para controlar los *productos* del gobierno frente a la competencia de otros grupos interesados. De esta manera, el poder y la influencia políticos están fragmentados, al no tener suficiente fuerza ningún grupo de intereses para convertirse en un dictador, sino que, por el contrario, cada grupo tiene una especie de veto sobre la influencia política de los demás. Todo este planteamiento está contenido en el concepto de *poder compensador*[16]. La idea es que si un grupo de intereses demuestra ser lo suficientemente fuerte como para dominar a los demás grupos, comienzan unos procesos por los que los grupos amenazados reúnen recursos y apoyos como contrapeso al poder e influencia del grupo original. Estos procesos pueden verse en el desarrollo de organizaciones de consumidores, como respuesta al poder manifiesto de control sobre los precios del mercado de las organizaciones de venta al por menor. De modo parecido, la historia de las relaciones laborales muestra el desarrollo paralelo de organizaciones de empresarios y empleados, creadas de forma específica para hacer frente a las actividades de su contraria. Elemento de importancia crucial en el modelo pluralista es que la *perturbación* societal, provocada bien por la acción del gobierno o de otros sectores, puede hacer entrar en acción intereses anteriormente no organizados (intereses potenciales) cuando esos intereses se ven afectados, y que una consecuencia de esa posibilidad es que, al adoptar o demandar medidas políticas, el gobierno y los intereses organizados tienen en cuenta esta posibilidad. Esta consideración tiene un efecto moderador sobre las demandas y los resultados.

[15] D. B. Truman, *The Governmental Process,* Knopf, Nueva York, 1958, p. 44: «El modelo cambiante de una sociedad compleja como la nuestra está compuesto por cambios y perturbaciones en los submodelos habituales de interacción, seguidos de una vuelta al anterior estado de equilibrio o, si las perturbaciones son intensas o prolongadas, del surgimiento de nuevos grupos cuya función especializada es la de facilitar la consecución de un nuevo equilibrio.»

[16] Sobre los grupos con poder de veto véase D. Riesman, *The Lonely Crowd,* Doubleday Anchor, Nueva York, 1950, pp. 244-251; sobre el *poder compensador,* véase J. K. Galbraith, *American Capitalism, the Concept of Countervailing Power,* Pelican, Londres, 1963.

Otro aspecto interesante de la teoría pluralista es el uso del concepto de *solidaridades cruzadas*, como explicación adicional de por qué no se persiguen intereses de manera que se *sobrecargue* el sistema[17]. Esta argumentación se apoya en el alto nivel de diferenciación social característico de las sociedades complejas. En algunas de estas sociedades, los individuos participan en muchas organizaciones e instituciones, cuyas lealtades y demandas no siempre son compatibles entre sí. En consecuencia, es más probable que el individuo se enfrente con la necesidad de tener que elegir entre líneas de acción alternativas e incompatibles y lealtades que le empujan en direcciones diferentes. En tales casos, es muy probable que el individuo se dé cuenta del valor del compromiso y de la moderación, o que quizás esté tan desgarrado que se muestre reacio a elegir.

El modelo pluralista de la obediencia hace referencia también a un conjunto de reglas del juego político; en especial, pero no necesariamente, a las de la democracia. Tales reglas suponen que las fuerzas políticas opuestas deben tener acceso a los puestos que adoptan las decisiones de autoridad; la violencia, la intimidación y el fraude están excluidos de la escena política; las orientaciones de participación son instrumentales, y no ideológicas; y el gobierno no es exclusivo de ningún grupo [16]. Hay dos sanciones para estas reglas: los grupos marginales pueden integrarse, por lo que no es acertado ultrajarlos, y, en segundo lugar, los intereses potenciales pueden sentirse ultrajados por la violación de las reglas y actuar para restablecerlas. La condición subyacente a estas sanciones es el sufragio de los adultos, que exige la competencia para conseguir el apoyo de aquellos que carecen de recursos económicos significativos.

En la sociedad industrial pluralista, la conformidad está mediatizada por la afiliación a grupos, estando implicadas las *masas* de manera sólo indirecta pero que, probablemente, exige al menos retribuciones mínimas de los dirigentes de grupo a cambio de su apoyo. La estructura pluralista de grupos en competencia y semiautónomos trae consigo que el gobierno quede libre de demandas excesivas de las masas, en virtud del efecto amorti-

[17] D. B. Truman, *The Governmental Process,* Knopf, Nueva York, 1958, capítulo 16. Los grupos potenciales «son significativos no sólo porque pueden convertirse en la base para grupos de interés organizados, sino porque la pertenencia a tales grupos potenciales coincide en parte con la pertenencia a distintos grupos de intereses organizados... es esta pertenencia múltiple a grupos potenciales... la que sirve de mecanismo de equilibrio en un sistema político en marcha» (pp. 512-513).

guador de la afiliación cruzada y del carácter moderado del liderazgo del grupo [17]. En virtud de las afiliaciones a grupos, la gente tiene un sentido de implicación política y social, o al menos de satisfacción, y debido a ello, así como a las retribuciones, apoyan al sistema y a las reglas y productos del sistema. Newton afirma que básicamente «La importancia de un sistema político pluralista no reside en el número o en la naturaleza competitiva de las élites, sino en el grado en que las élites son sensibles y responsables hacia las no élites» [18]. Pero podría añadirse que, en toda teoría pluralista, es condición necesaria de la existencia de una capacidad de respuesta que haya competencia entre las élites para alcanzar el apoyo popular.

El modelo pluralista sería especialmente adecuado para el análisis de la conformidad en las sociedades industriales diferenciadas; y, como hemos indicado, no es un modelo de democracia de participación directa, sino por el contrario un modelo de participación indirecta y mediata en el que la gran masa del pueblo obedece y se desinteresa de la participación directa. Aunque en la mayoría de los sistemas democráticos se afirma que los valores manifiestos son de participación e igualdad, de hecho los niveles de interés y participación quedan lejos del ideal. Los pluralistas consideran que esta insuficiencia no es algo malo, ya que la participación directa conduciría a la demagogia, a la violencia y la inestabilidad, algo que los dirigentes de grupos tienen un interés directo en evitar. «Al tener mayor influencia, ellos [los dirigentes de grupos] son privilegiados; y al ser privilegiados, tienen un interés especial, con pocas excepciones, en la continuidad del sistema político en el que se apoyan sus privilegios» [18]. La mayoría de los pluralistas considerarían esta situación como deseable, estructuralmente condicionada, y como una imagen precisa de las sociedades democráticas occidentales; para el modelo pluralista, el ciudadano es un recurso político importante, cuyas energías son, y deben ser, canalizadas y movilizadas; los dirigentes de los diversos grupos compiten por ellas en el proceso político, y es posible que el mismo éxito de este proceso mantenga niveles de participación ciudadana relativamente bajos, ya

---

[18] D. Truman, «The American System in Crisis», *Political Science Quarterly,* 481-497 (1959). Enfoque parecido es el de V. O. Key, en *Public Opinion and the American Democracy,* Knopf, Nueva York, 1961, p. 588, R. A. Dahl, *Who Governs?,* Yale University Press, New Haven, 1961, pp. 311-325, y S. M. Lipset (ed.), *Politics and the Social Sciences,* Oxford University Press, Nueva York, 1969, capítulo 4; todos ellos son plenamente conscientes de los *peligros* de la implicación y la participación de las masas en la política.

que hay un mecanismo a través del cual pueden dirigirse e incluso prevenirse las quejas[19]. Refiriéndose de manera específica a la política exterior norteamericana, Rosenberg habla de su *impresión* de que la *élite política* sigue una línea política determinada «debido, en parte, a las expectativas de que la desaprobación o indignación públicas ante políticas conciliadoras podría ser causa de pérdidas electorales y otras desventajas adicionales» [19]. En esta situación, el ciudadano medio tiene pocos incentivos para negociar su energía a cambio de retribuciones políticas, ya que de todas maneras las obtiene, y de ahí el bajo nivel de interés y participación política en las sociedades industriales desarrolladas. Como dice Dahl, «la política es un espectáculo de segunda clase en el teatro de la vida. Incluso cuando los ciudadanos utilizan sus recursos para tener influencia, normalmente no tratan de influir sobre los políticos sino sobre los miembros de la familia, los amigos, los socios, los empleados, los clientes, las empresas de negocios y otras personas dedicadas a actividades no gubernamentales»[20].

Como forma de análisis académico, el pluralismo puede considerarse como una respuesta a la evidencia empírica de que la inmensa mayoría de la gente, en el mejor de los casos, está informada, comprometida o interviene en los asuntos públicos de manera intermitente, tiene poco interés en ellos y parece atribuir sólo posibilidades limitadas a la influencia de la participación personal sobre los resultados. En este sentido, supone una simple descripción de la situación existente: la mayoría de la gente

---

[19] Lo importante a este respecto es que los individuos y los grupos no actúan en el vacío, sino que tienen cierta noción de las reacciones de otras personas y grupos, y por lo tanto conforman sus acciones de acuerdo con las reacciones previstas, véase C. J. Friedrich, *Man and His Government*, McGraw-Hill, Nueva York, 1963, capítulo 11. Refiriéndose a las reformas sociales generalmente esperadas y que habrían de realizarse después de la segunda guerra mundial, Calder afirma que en 1942 «Los jefes de industria más sagaces se preparaban igualmente a *reculer pour mieux sauter*», y en la Cámara de los Comunes «la mayoría conservadora... no se atrevía a entorpecer medidas que habría de aceptar como necesarias». A. Calder, *The People's War*, Panther, Londres, 1971, p. 292.

[20] R. H. Dahl, *Who Governs?*, Yale University Press, New Haven, 1961, p. 305. Esto tiene paralelismos evidentes con la teoría del intercambio discutida anteriormente, según la cual los costes marginales del compromiso exceden los beneficios marginales para la mayoría de la gente; véase R. Curry y L. Wade, *A Theory of Political Exchange*, Prentice-Hall, Englewood Cliffs, 1968, pp. 20-26; véase también W. H. Morris-Jones, «In Defence of Apathy», *Political Studies*, **II**, 25-37 (1954). Cuando se atienden o se preveen las quejas, la actividad política tendrá probablemente una limitada prioridad de intercambio; y, por supuesto, puede afirmarse también la relación contraria.

no desea participar; sólo lo desean algunos que suelen ser los de mayor nivel educativo, los mejor informados y en general los sectores ilustrados de la población. Estos sectores *son* una minoría. A diferencia de la antigua tesis prescriptiva de la participación, defendida por teóricos como J. S. Mill, el pluralismo pretende ser una descripción y no una recomendación [20]. Describe cómo sobrevive, e incluso florece, el sistema, supuesta la indiscutible participación mínima de la mayoría del pueblo; es decir, se sustituye el énfasis en la teoría normativa democrática, que subrayaba las cualidades moralizadoras de la participación para el desarrollo individual de la responsabilidad cívica y personal, por el énfasis en las necesidades del sistema, que se atienden con una intervención limitada y no general y constante de las *masas*[21]. El énfasis pasa también de la participación individual a la participación de grupo y, supuesto el hecho de que solo una minoría de la gente pertenece a grupos políticamente significativos, y que sólo una minoría de esta minoría es activa, el énfasis recae sobre la competencia entre las oligarquías [21]. Podemos denominarlo *pluralismo de élite*.

El pluralismo *no es una alternativa* a la teoría de la élite, sino un desarrollo de la misma que insiste en el rol central de las élites en todos los aspectos de la vida social, pero se diferencia de la teoría de la élite en varios aspectos. En primer lugar, la teoría de la élite debe postular la existencia de una élite unida, cuyas filas padecen sólo diferencias superficiales, pero que están unidas en la cuestión del mantenimiento del poder de élite [22]. En segundo lugar, la teoría de la élite dependerá de la proposición de que los gobernantes pueden manipular a los ciudadanos por medios como los símbolos, las ideologías, el reclutamiento de los ciudadanos más capacitados y las concesiones para obtener la aceptación activa o pasiva del gobierno unitario de la élite. Finalmente, la teoría de la élite afirmará que, por ejemplo, la riqueza económica o el prestigio social pueden traducirse en influencia política, y que esos atributos tienden a ser acumulativos, es decir que la estructura de poder político es consecuencia de las demás líneas de estratificación social[22]. Todas estas proposiciones de la teo-

---

[21] En los últimos tiempos se han escrito numerosas obras sobre el tema, producto de la época nazi y fascista, que tienen como antecedente a Tocqueville y que no sólo son descriptivas sino también persuasivas; cf. Ortega y Gassett, *The Revolt of the Masses,* Labour Book Service, Londres, 1940. Para una exposición de esas obras, véase W. Kornhauser, *The Politics of Mass Society,* Routledge and Kegan Paul, Londres. 1960.

[22] N. Polsby, *Community Power and Political Theory,* Yale University Press, New Haven, 1963, capítulo 1. Polsby va desde luego demasiado lejos en el

ría de la élite son negadas por los pluralistas. De esta manera, la diferencia principal entre los dos modelos reside en que el modelo de la élite postula una élite unida que atiende a las demandas de los ciudadanos como concesión prudencial, mientras que el pluralista afirma que la capacidad de respuesta es una condición estructural de la existencia de distintas élites en competencia.

Aunque el modelo pluralista ha sido especialmente fértil en la producción de monografías y artículos que describen la actividad de los grupos de presión, ha hecho que se preste también una atención considerable a los problemas de la participación y el poder en la política local. Un estudio de este tipo es la investigación empírica sobre New Haven realizada por Dahl [23]. En ese estudio se puso a prueba la hipótesis de que todas las decisiones importantes procedían de un grupo unido de personas que controlaba los principales recursos de influencia en la comunidad. Dahl puso a prueba esta idea analizando la forma en que se adoptaban las decisiones en tres *áreas de problemática;* las decisiones eran de contenido vario, para poder probar adecuadamente si aquellos que adoptaban las decisiones de un tipo adoptaban o no también las de otro. Con arreglo a ello, seleccionó tres áreas de problemática en las que razonablemente se podía esperar que los miembros de mayor significación política de la comunidad tuvieran algún interés en influir en los resultados. Se estudiaron varias decisiones adoptadas por «funcionarios *políticos»* para ver el compromiso y la participación en la comunidad, y se distinguieron tres grupos de dirigentes potenciales —políticos, notables sociales y notables económicos— por razón del cargo, la reputación y los recursos de mando. Se descubrió que, por ejemplo, los dirigentes económicos no coincidían con los políticos, incluso antes de considerar las tres áreas de problemática, es decir que las posiciones no eran acumulativas ni se superponían, y que, por tanto, estaban potencialmente en competencia. El grupo de participación más regular era el económico, pero durante el transcurso del estudio su actuación se limitó a una de las tres áreas de problemática, la de la reordenación urbana, actividad que afecta directamente a los intereses económicos y en la que, sin embargo, había poca solidaridad en el interior del grupo. Dahl concluyó de ello: «Los notables económicos, lejos de ser un grupo rector, forman sim-

---

sentido contrario al no hallar conexión alguna entre recursos económicos e influencia política, véase pp. 100-104.

plemente uno de los muchos grupos de los que esporádicamente surgen individuos que influyen en las decisiones políticas y en los actos de los funcionarios de la ciudad. Casi todo lo que pudiere decirse sobre la influencia de los notables económicos, podría decirse con igual justicia de casi media docena de otros grupos de la comunidad de New Haven» [24]. Aunque no sea en absoluto *una democracia ideal,* en New Haven la influencia no es sólo desigual, es también no-acumulativa; el sistema es de *desigualdades dispersas* [25], y la falta de poder económico en un sector puede compensarse con el poder político, con una mayor popularidad o con un fuerte apoyo étnico en otro[23].

Hay fuertes argumentos a favor del modelo pluralista de Dahl sobre la política urbana en EE. UU., y una aceptación general de que el poder está relativamente disperso en la política de las ciudades [26]. Además, hay ciertas pruebas de que la fragmentación de la influencia es relativamente reciente y está asociada con características definidas de la comunidad. Muchas investigaciones en EE. UU. han mostrado la existencia de estructuras de poder monolíticas en pequeñas ciudades de una sola actividad industrial. Por ejemplo, el estudio de Lynd sobre Middletown precisaba los enormes recursos económicos, políticos y sociales que estaban controlados por unos pocos individuos (la familia X); o también Hunter identificó en Regional City instituciones económicas que dominaban sobre las demás[24]. Aún más, cuando Dahl se ocupa en su propio estudio sobre New Haven del período *previo* a la afluencia masiva de inmigrantes y el surgimiento de una poderosa organización del partido demócrata, muestra el mismo modelo: «las instituciones y los procesos de la sociedad industrial produjeron una dispersión de recursos políticos» [27].

[23] R. H. Dahl, *Pluralist Democracy in the United States,* Rand McNally, Chicago, 1967, p. 378. Los activos políticos, *recursos políticos,* de la lista de Dahl comprenden tiempo, dinero, capacidad, energía, cargo político, apoyo de grupo, inteligencia, etc., que son no-acumulativos.

[24] R. S. y H. M. Lynd, *Middletown in Transition,* Harcourt, Brace and World, Nueva York, 1937; F. Hunter, *Community Power Structure, A Study in Decision Making,* University of North Carolina Press, Chapel Hill, 1953. Véase también R. Agger, D. Goldrich y B. Swanson, *The Rulers and the Ruled,* Wiley, Nueva York, 1964, y R. Presthus, *Men at the Top,* Oxford University Press, Nueva York, 1964, quienes perciben una mayor gama de posibilidades empíricas que los teóricos pluralistas o de la élite. Pero Presthus señala que «Los notables sociales y económicos tienden, por lo menos en Edgewood y Riverview, a ser miembros importantes de la estructura de poder. Se puede no querer definirlos como *élite gobernante,* pero constituyen un segmento vital del uno por ciento de la comunidad que participa activamente en la formulación y control de las principales decisiones de la comunidad en nuestra muestra» (p. 421).

Las comunidades caracterizadas por estructuras monolíticas de poder son típicamente pequeñas, con un nivel bajo de industrialización y con empresas de propiedad local, con una población étnicamente homogénea, un sindicalismo poco desarrollado y sistemas unipartidistas; los cargos gubernamentales están dominados por hombres de negocios que pertenecen también a la élite social, fundiendo así los tres tipos de recursos políticos [28].

Si llega la industrialización a tales sistemas, y cuando esto ocurre, se producen varios cambios que proporcionan la base para una estructura de poder de élite más pluralista. Aunque no están enraizados en la comunidad, los directivos profesionales de las grandes corporaciones constituyen una oposición potencial para la antigua élite de los negocios, la cual ya no puede realizar demandas apoyadas por un monopolio del poder económico. Una clase obrera más numerosa, más móvil y organizada presenta también un reto a la antigua élite y se encuentra en una posición más fuerte para movilizar votos[25]. De este modo, reaccionando a cambios ambientales, el sistema político pasa de un sistema de élite a un sistema de élite pluralista, dentro del cual la influencia está dispersa y donde la base de las obediencia pasa, de una situación en la que la gente obedece porque tiene pocas alternativas, a una situación en la que la obediencia es más una cuestión de retribuciones y satisfacción.

5.4. Insuficiencias del pluralismo

Pasemos ahora a considerar la utilidad del pluralismo como explicación del proceso político en las sociedades industriales.

En primer lugar, es probable que la definición de lo *político* empleada por los pluralistas sea demasiado restringida. Por ejemplo, Dahl limita su «atención a las decisiones adoptadas por funcionarios *políticos*», estrategia que desdeña el ejercicio del

[25] R. O. Schulze, «The Bifurcation of Power in a Satellite City», en M. Janowitz (ed.), *Community Political Systems*, Free Press, Nueva York, 1961, páginas 19-81. Conviene señalar que en la sociedad industrial, caracterizada por su elevada movilidad (cerca de un 10 por ciento de la población británica cambia de domicilio todos los años), los emigrantes pueden no tener tiempo para formar lazos políticos, pero no dependen económicamente de una élite local; véase M. Stacey, *Traditions and Change*, Oxford University Press, Londres, 1960, R. Millar, *The New Classes*, Longmans, Londres, 1966, pp. 56-105, y W. Watson, «Social Mobility and Social Class in Industrial Communities», en M. Gluckman (ed.), *Closed System and Open Minds*, Oliver and Boyd, Edimburgo, 1964, pp. 129-157.

poder dentro de las corporaciones y entre ellas sobre cuestiones como los niveles salariales, los tipos de bienes y servicios disponibles, el nivel de empleo, la disponibilidad de créditos, etc. Los que adoptan esas decisiones no son en absoluto responsables, al menos en las grandes concentraciones económicas, pero constituyen una minoría pequeña, y casi con seguridad dotada de cohesión [29]. Es posible que estas personas no ejerzan un mayor impacto que otras en las decisiones *políticas,* pero sus decisiones afectan la vida diaria de muchos, y el prescindir por principio de esta consideración puede ser indicio de una carencia de *imaginación sociológica.*

En segundo lugar, parece haber algo extraño en la noción de *recursos no acumulativos,* al menos en el sentido en que Dahl sugiere que los que carecen de un recurso pueden compensar esta carencia con otro: «Aunque tiene menos dinero, puede disponer de más tiempo, de más energía, de una mayor popularidad» [30]. Desde luego, esto es posible y no ha de descartarse; pero de las pruebas disponibles puede deducirse también lo contrario, es decir que aquellos que disponen de mayores recursos económicos no carecen al menos de otros recursos. Lo más probable es que sean personas de la clase media y no obreros quienes voten, se adhieran a partidos, ocupen cargos, tengan un mayor sentido de la competencia política, dispongan de conocimientos y capacidades organizativas mayores y de más tiempo para dedicarse a la política, etc. [26]. Estas relaciones acumulativas representan las conclusiones más elaboradas y fundamentadas de la sociología política. Según el modelo, los que carecen de los recursos anteriormente mencionados ejercen influencia indirecta por medio de sus votos, y porque la prudencia de la élite hará que se tengan en cuenta los intereses de las no élites [31]. El propio Dahl nos dice que «gran parte de la población adulta de New Haven ni siquiera vota» [32]. Pero, y también se trata ahora de una conclusión muy estudiada, son precisamente las personas que no votan quienes disponen de menos recursos en dinero, tiempo, educación, etc. [33].

---

[26] Véase L. W. Milbrath, *Political Participation,* Rand McNally, Chicago, 1965. R. H. Dahl, *Who Governs?,* Yale University Press, New Haven, 1961, páginas 245 y 287, reconoce la existencia de cierta acumulación. No obstante, la naturaleza no-acumulativa de los recursos se manifiesta en las sociedades más sencillas, en las que «El prestigio de que goza incluso el cazador más poderoso no es transferible a otras zonas, y no constituye una base firme de poder político». M. Fried, *The Evolution of Political Society,* Random House, Nueva York, 1967, p. 66.

En tercer lugar, el método de plantear los problemas utilizado por Dahl para descubrir las zonas de influencia en New Haven tiende a evitar aquellas cuestiones que nunca se plantean, o que se deciden sin espectacularidad, pero que acumulativamente pueden ser muy significativas. Como señalan Bachrach y Baratz, uno de los supuestos metodológicos básicos de los pluralistas es que «el poder está totalmente incorporado y plenamente reflejado en las *decisiones concretas,* o en los actos que conducen directamente a su adopción» [34]. Esto plantea un problema, ya que el método pluralista no proporciona ninguna regla establecida que sea adecuada para distinguir entre cuestiones *clave* y rutinarias, y, como indicamos antes, el «modelo no explica el hecho de que el poder pueda ser, y sea con frecuencia, ejercido limitando el ámbito de la adopción de decisiones a cuestiones seguras» [34]. La noción de los pluralistas del *área de problemática* no tiene en cuenta lo que Bentley llama el «marco de los hábitos» de una comunidad y su papel en el proceso o el no proceso político. Varios valores determinarán con frecuencia dentro de la comunidad qué cuestiones son asuntos de interés público, y cuáles no alcanzan ese nivel. Por ejemplo, durante años el grado de pobreza no llegó a constituir en los Estados Unidos una cuestión política importante, lo mismo que la condición y el estado de los viejos quedó fuera de la escena política británica durante bastante tiempo[27].

Finalmente, podría dudarse de la afirmación pluralista de que la pasividad relativa de los no comprometidos es prueba evidente de que sus intereses se tienen en cuenta y que en la mayoría de los casos son atendidos al menos parcialmente [35]. Pero hay otra explicación de la pasividad de sectores del electorado relativamente amplios, que subraya que la «minoría puede hacerse apática porque cree que la participación es inútil. Sus intereses no aparecen como demandas a considerar por los dirigentes políticos» [36]. En un estudio de tres áreas de problemática de Newark, de interés para los habitantes del ghetto negro, el autor concluía que: «Puesto que los datos disponibles indican que un grupo activo de la clase baja no ejerce influencia alguna, no encuentro razón de peso para concluir que ese grupo ejerce poder a través de medios indeterminados cuando está inactivo» [37]. Esta retirada podría estar asociada con sentimientos de impotencia política, sentimientos de cinismo y anomia, que en

---

[27] Sobre el nivel de pobreza en EE. UU., véase M. Harrington, *The Other America,* Penguin, Londres, 1962.

general se encuentran ligados a una falta de recursos como la educación, el status o el orgullo étnico [38]. Así pues, no podemos sino mostrarnos escépticos frente a la afirmación de que los que no participan son los satisfechos. Además, ¡la larga historia de violenta represión contra la población negra norteamericana podría ser un indicio de que hay grietas en la ecuación pasividad igual a satisfacción![28]. Probablemente, la pasividad puede ser consecuencia *bien* de la satisfacción *o* de un sentimiento de ineficacia política, que puede expresarse en formas *no políticas,* como los delitos violentos, una religiosidad emotiva y un sectarismo extremado, características del ghetto negro norteamericano o de Sudáfrica [39], una despreocupación apática, o simplemente un desinterés total hacia las idas y venidas de las personalidades públicas. Cualquiera que fuere la causa, y es prematuro zanjar la cuestión atribuyendo el desinterés a la satisfacción, es evidente que el nivel general de interés en los asuntos públicos es bajo [40].

En una democracia pluralista, como se afirma que es la de EE. UU., es perfectamente posible aislar sectores de la población cuyos intereses son ignorados por las buenas durante un período muy largo de tiempo; por ejemplo los negros, los indios norteamericanos o el campesinado pobre. Si esos intereses se canalizan separadamente o en coalición, como actualmente puede comprobarse que ocurre, podría plantearse una amenaza contra la estabilidad del sistema. Como dice Templeton, «La estabilidad del sistema político [norteamericano] parece depender de la ausencia de canales institucionalizados a través de los cuales pudiera expresarse de manera efectiva el descontento», más que de la satisfacción popular ante el sistema político [41]. Podría ocurrir que cuando tales intereses ejerzan finalmente un impacto sobre el sistema, su influencia tienda a ser extremadamente destructora [42]. Incluso puede aparecer la tendencia a rechazar el compromiso supuestamente implícito en el proceso de negociación hasta en grupos que están dentro del proceso político general, disponen de una organización bien estructurada y tienen acceso a los puestos que adoptan las decisiones. Esto es precisamente lo que ocurre en períodos de cambio político o técnico que perjudican a grupos anteriormente poderosos o de status alto: por ejemplo, los colonos franceses en Argelia, la antigua clase media

---

[28] Véase C. Perrow, «The Sociological Perspective and Political Pluralism», *Social Research,* **31,** 420 (1964), «La teoría del pluralismo político no... explica el comportamiento de los que están fuera del sistema —las clases bajas, los parados, las minorías excluidas, etc.».

norteamericana, los pequeños agricultures y comerciantes en Francia, etc. [43]. Estos grupos existen dentro de una sociedad pluralista, pero se encuentran con que no pueden ser o no son atendidos, y por tanto sienten fuertes motivaciones para cambiar el sistema.

Ocurre también que no todos los intereses compiten sobre una base de igualdad. Los intereses de los consumidores están particularmente mal organizados, y son mucho más difíciles de organizar que los intereses de los productores. Quizás sea más importante el hecho de que las ideas no compitan en términos de igualdad: En Gran Bretaña, instituciones importantes, como la monarquía, las *public schools,* el ejército, las universidades, y el enorme peso de las empresas de la propiedad privada suponen valores que están estrechamente relacionados con el partido conservador, y en oposición general frente al partido laborista. Por ello, si existe un sistema pluralista en Gran Bretaña se trata de un pluralismo en el que no todos los grupos están situados en condiciones de igualdad: «... la mayoría de las principales instituciones participan de valores que no son fácilmente compatibles con el socialismo [y por tanto] puede esperarse que el ámbito de influencia efectiva de cualquier gobierno laborista sea muy inferior al de un gobierno conservador» [44]. Además, la congruencia entre los principales valores sociales y los valores del partido conservador significa que este partido goza de hecho de una ventaja electoral, en cuanto el socialismo o los votos laboristas representan una *desviación,* obtenida a un coste considerable, de una estructura que constantemente favorece al partido conservador.

Así pues, la teoría de la élite nos señala las desventajas *sistemáticas* en que se encuentra la gran masa de la población, no sólo por carecer de recursos materiales, de educación y tiempo libre, sino, de forma aún más importante, por la asimilación de los valores y recursos personales que conducen al éxito social. De este modo, Bernstein ha mostrado las consecuencias psíquicas y de comportamiento de las formas de discurso de base clasista y con repercusiones profundas sobre la vida de los niños, al contribuir a reproducir las divisiones de clase [45]. Otros estudios han mostrado el desarrollo relativamente lento de la capacidad verbal y motora de los niños de la clase obrera, desde el primer año de su vida[29]. Pero otras investigaciones han seña-

---

[29] Refiriéndose a la cultura política y al sistema educativo británico, R. Rose ha subrayado que «hacía hincapié en normas culturales relativas a la desigualdad.

lado que un sector importante de la clase obrera *cree* de hecho
que los miembros de la élite y de la clase alta están más dotados
para gobernar que los menos privilegiados[30]. Otros trabajos interesantes han demostrado la aparición sistemática de sentimientos
de desvalimiento e incapacidad, y de inferioridad racial, en
poblaciones enteras que están sometidas al dominio extranjero[31].

Lo que estos estudios indican es que hasta cierto punto entra
en funcionamiento un mecanismo de predicción inevitable, que
define a los pobres, los desposeídos, los inmigrantes, los negros,
etc., como seres apáticos, ignorantes, de segunda clase y satisfechos con su suerte. Y con arreglo a la definición social popular de
tales minorías, se las trata como si fueran apáticas, pudiendo así
convertirse en ello. En un artículo publicado recientemente se
demuestra la existencia de este mecanismo y se añade una dimensión de clase de interés para el especialista en sociología política.
Desde hace algún tiempo, se sabe ya que los resultados escolares
de los niños están relacionados con una serie de factores, como
la inteligencia, la base familiar, el amor propio del niño, y
también con las expectativas que los profesores tienen sobre los
resultados de los niños a su cargo. Si el profesor espera un buen
rendimiento del niño, está estadísticamente demostrado que el
niño rendirá bien. En una escuela negra de Washington D.C., se
observó que, desde los primeros días de la educación del niño, la
profesora —también negra— tendía a favorecer *inconscientemente* a los niños mejor vestidos, más limpios, a los que se

---

La desigualdad se presenta como natural, y con frecuencia como deseable», en
Politics in England, Little, Brown, Boston, 1964, p. 65. Los estudios británicos y
norteamericanos sobre el desarrollo de los niños muestran, entre otras cosas, que
hacia la edad de *un año* existe una diferencia importante, y socialmente desventa-
josa en potencia, en los cocientes de inteligencia de los niños de la clase obrera y
de la clase media. Véase también B. Jackson y D. Marsden, *Education and the
Working Class,* Pelican, Londres, 1966, en especial capítulo 3, donde se hace un
análisis interesante del empobrecimiento intelectual de la vida de la clase obrera,
al menos en términos de éxito académico.

[30] Véase E. Nordlinger, *The Working Class Tories,* MacGibbon and Key,
Londres, 1967, en especial pp. 23-43. En un artículo muy interesante, B. Stacey y
R. Green demuestran que un número considerable de empleados y obreros
apoya al partido conservador, porque son atraídos en parte por su «elitismo,
jerarquía y privilegio», «Working-Class Conservatism: A Review and an Empirical Study», *British Journal of Social and Clinical Psychology,* **10,** 10-26 (1971).

[31] Hay numerosas obras que tratan de esta cuestión; véase F. Fanon, *Black
Skin, White Masks,* Grove Press, Nueva York, 1967; O. Mannoni, *Prospero and
Caliban,* Praeger, Nueva York, 1956; G. Jahoda, *White Man,* Oxford University
Press, Londres, 1961.

expresaban mejor y a los que tenían unos padres de mayor cultura y de nivel más alto de renta. La profesora ponía juntos a esos niños y los calificaba de *buenos alumnos* a las dos semanas de su llegada a la escuela. Partiendo de esta consideración, los trataba de tal forma que estimulaba su capacidad verbal, intelectual y social, mientras que tácitamente desanimaba al resto; y, a lo largo de un curso, el grupo favorecido aprendía a su vez, «imitando a la profesora, cómo comportarse con los otros niños negros que procedían de familias de renta más baja y de menor cultura». Los niños que en un principio fueron calificados de *buenos estudiantes* se convirtieron en *buenos estudiantes* y, aunque no se hace referencia a ello, probablemente en individuos aptos para desempeñar posiciones rectoras al llegar a adultos[32]. Esto último se demostró en un estudio de cinco escuelas inglesas, según el cual los profesores de escuelas secundarias modernas no esperaban de sus alumnos que se interesaran o supieran de política. Las expectativas de los profesores se cumplieron en gran parte [46].

Las implicaciones de estos estudios son sencillas: las masas no permanecen alejadas de la escena política por estar satisfechas con sus productos, sino más bien porque la socialización las conduce a aceptar el orden vigente. No se trata tanto de un problemas de élites que compiten sobre bases de igualdad, como de una competencia de élites, de la cual gran parte de los más necesitados son excluidos sistemáticamente por tener recursos limitados. Y, dado que las cualificaciones educacionales son cada vez más importantes para poder iniciar carreras que posibilitan la movilidad social y facilitan la adquisición de capacidades políticas, la parcialidad sistemática en el sistema educativo tiene evidentes consecuencias a largo plazo en la distribución de las carreras políticas significativas. En resumen, la situación de élite es aquella en la que la mayoría de las sociedades avanzadas parecen actuar de forma que excluyen *sistemáticamente* a la mayoría de todo lo que pueda parecerse a una oportunidad equitativa sobre el conjunto de las instituciones societalmente significativas. Y, aunque algunos sectores estén peor en términos de oportunidad que otros (¿qué les *ocurrió* a las

---

[32] R. Rist, «Student Social Class and Teacher Expectations: The Self-Fulfilling Prophecy in Ghetto Education», *Harvard Educational Review*, **40**, n.º 3, 385-451 (1970). Rist concluye: «...el sistema de educación pública perpetúa de hecho... las barreras de clase, que tienen como consecuencia la desigualdad en la vida social y económica de los ciudadanos».

quinientas familias de New Haven estudiadas por Dahl que fueron trasladadas para permitir una reordenación?), la mayoría no tienen una oportunidad justa, dado el ciclo que refuerza y relaciona unas con otras las desventajas económicas, políticas, psicológicas, educativas y culturales[33]. Además, no sólo se encuentra mucha gente, casi con seguridad la mayoría, en situación de inferioridad en términos de participación efectiva, sino que las cuestiones que potencialmente son importantes para los sectores menos poderosos de la comunidad, no tienen las mismas oportunidades que aquellas que están sancionadas por los intereses y valores poderosos que forman parte del sistema político.

5.5. El poder, la obediencia y el modelo de élite

El modelo pluralista democrático se basa, como hemos afirmado anteriormente, en una élite o un conjunto de élites interesadas que no tienen el poder último para restringir la entrada en la escena política, mientras que el modelo de la élite gobernante es más sensible a las dificultades que tiene la no élite para incidir sobre las decisiones que influyen en la distribución básica de poder e influencia en la sociedad. A diferencia del modelo pluralista, se afirma que la influencia está concentrada, que es acumulativa y que, en gran parte, aquellos que gozan de influencia pueden utilizarla para facilitar el acceso a posiciones de influencia política. Aunque no siempre ocurre así, los teóricos de la élite saben distinguir entre la élite y la élite potencial, de la que se recluta la élite. La élite potencial puede ser considerada como un puente entre la élite y el resto de la sociedad, como un canal de información que desempeña funciones menores de dirección y como fuente de reclutamiento para los escalones superiores de influencia [47]. La élite potencial, o *clase política* según el término de Mosca, está formada por aquellos que están dispuestos, o pueden, competir por la influencia, de los que saldrá la *élite política* —los que ejercen de hecho la influencia política. A diferencia de la élite política, la élite potencial es un grupo o una serie de grupos relativamente dispares «que pueden estar en grados varios de cooperación, competencia o conflicto

---

[33] Aunque refiriéndose sólo a los negros norteamericanos, la afirmación de M. Tumin de que, *supuesta la igualdad de oportunidades y de formación,* los negros y los blancos pueden «intercambiarse al azar para todos los roles culturales» es de gran alcance.

entre sí» [48]. Las diferencias fundamentales entre este enfoque y el modelo pluralista son que: (1) los recursos son acumulativos y potencialmente transferibles entre las instituciones; (2) las preferencias políticas concuerdan en su mayoría en el seno de la élite; (3) estas preferencias determinarán asignaciones políticas y económicas, que la población normalmente acepta, y (4) la élite tiene poderes considerables para determinar el acceso a posiciones de élite.

La característica más importante probablemente es la primera (que los recursos de poder son acumulativos y potencialmente transferibles), ya que sin ella el modelo de *élite* se convierte en un modelo de *élites* en competencia, muy parecido al de los pluralistas. Las otras condiciones parecen ser cuestiones de opinión más que un valor absoluto, ya que, por ejemplo, ningún teórico de la élite afirmaría que una élite política es totalmente unánime o que la élite es impermeable a determinados candidatos.

Parece haber dos grandes tipos de pruebas en favor del planteamiento de la estructura del poder político que hace la teoría de la élite. En primer lugar, tratadistas como Pareto, Mosca y Schumpeter tienen en poco valor la capacidad de las masas para autogobernarse, o incluso su deseo de hacerlo, afirmando que la mayoría de la gente está muy dispuesta a ceder la carga de adoptar decisiones a los que están dispuestos a hacerlo. Como prueba de esta afirmación, se dice con frecuencia que una minoría tiene siempre la ventaja de disponer de una mayor capacidad organizativa que una mayoría: «Sus canales internos de comunicación e información son mucho más sencillos. Pueden comunicarse sus miembros con mayor rapidez» [49]. De este modo la minoría tiene ventajas en cualquier situación que requiera aunque sólo sea un mínimo de organización. En segundo lugar, y quizás sea éste el rasgo más característico de la teoría moderna de la élite, aparece el uso de datos basados en el origen social de los que adoptan las decisiones. El supuesto subyacente a los datos es que la base social y la formación de una persona determinan su enfoque y su reacción ante los problemas, y que si los dirigentes proceden de un medio social determinado, sus elecciones políticas estarán condicionadas a favor de ese medio. Así pues, con sólo demostrar que los que adoptan las decisiones proceden de medios similares, los teóricos de la élite defenderán, cuando menos, que su comportamiento y decisiones políticas favorecen al grupo del que proceden. Como hemos expuesto y haremos más adelante, hay muchas pruebas en apoyo del enfoque de las élites, según el cual algunos sectores sociales gozan de especiales ventajas en cuanto a su reclutamiento para posiciones de influencia. Una vez demostrado esto, los teóricos de las élites tratan de demostrar que la élite puede marcar el tono de la sociedad, desarrollando una ideología de legitimación a través de su control de los medios de comunicación de masas y de los planes de estudios de los colegios y universidades, de la elaboración de las leyes, la manipulación de los símbolos nacionales y la canalización del descontento hacia salidas políticas inocuas.

Existen muchas pruebas en apoyo de la afirmación de que las personas que ocupan *posiciones superiores* en las sociedades industriales proceden en número desproporcionado de sectores limitados de la población, mientras otros sectores se encuentran en desventaja relativa en la *competencia* por alcanzar posiciones superiores. La técnica utilizada consiste en aislar una serie de posiciones importantes de la sociedad —legisladores, altos funcionarios, altos mandos de las fuerzas armadas, consejeros de grandes empresas y altos dirigentes religiosos institucionalizados— e investigar sus orígenes sociales y educacionales. A continuación se utiliza esta procedencia para dar cuenta del reclutamiento diferencial, ya que equivale a una ventaja socialmente estructurada en la *competencia* por las posiciones superiores. Por ejemplo, Guttsman demuestra, en unos de sus estudios más rigurosos sobre la élite parlamentaria, la cambiante composición social de la élite durante los últimos cien años, cuando pasó de ser una élite territorial a una élite basada en criterios comerciales y profesionales (véase cuadro 1)[34]. De modo parecido, las cifras referentes a los diputados muestran que la base de la élite tiende a pasar del campo a la ciudad; así entre 1868 y 1910 los terratenientes pasaron de constituir un 36 por ciento de los diputados conservadores y liberales a un 16,5, mientras que la categoría *Comercio e Industria* aumentó de un 40,5 por ciento a un 59,5 por ciento en el mismo período. Existen cifras comparables para la categoría *Legal y Profesional,* que pasó de un 13 por ciento en 1868 a un 17,5 por ciento en 1910[35]. Es evidente que

[34] W. L. Guttsman, *The British Political Elites,* MacGibbon and Key, Londres, 1963. Véase también R. Rose, «Class and Party Divisions: Britain as a Test Case», Survey Research Centre, University of Strathclyde, Occasional Paper n.º 1, cuadro 2, que muestra la disminución de la proporción de miembros de la clase obrera en los gabinetes laboristas, que ha pasado de un 55 por ciento en 1924 a un 9 por ciento en 1967, es decir de 11 a 2.

[35] *Id.,* página 104; en 1964 cerca de un 44 por ciento de todos los diputados tenían una profesión liberal.

esas personas proceden de una zona de reclutamiento limitada pero cambiante, que refleja la naturaleza cambiante de la economía británica; pero es importante señalar que *se ha producido* un cambio[36]. En otras palabras, incluso estas pocas cifras rudimentarias muestran que con el tiempo la élite, suponiendo que hubiera deseado hacerlo, no pudo limitar totalmente el acceso de otros sectores[37].

CUADRO 1. Estructura de clase de los miembros del gobierno, 1868-1955

	1868-86	1886-1916	1916-35	1935-55	Total
Aristocracia	28	49	22	21	120
Clase media	22	49	45	54	170
Clase obrera	0	2	20	21	43
Total	50	100	87	96	313

De W. L. Guttsman, *The British Political Elite,* MacGibbon and Key, Londres, 1963, y Basic Books, Nueva York, 1963.

Puede demostrarse que la base educativa es importante para que una persona pueda acceder a posiciones de élite. Las cifras relativas a educación en los gobiernos conservador de 1964 y laborista del mismo año son las que constan en el cuadro 2[38].

[36] Datos parecidos para el Reino Unido aparecen en J. F. S. Ross, *Parliamentary Representation,* Eyre and Spottiwoode, Londres 1948; P. W. Buck, *Amateurs and Professionals in British Politics,* University of Chicago Press, Chicago, 1963.
[37] Desde Pareto y Mosca, los teóricos de las élites han subrayado, por supuesto, la importancia para la estabilidad de la élite de la inclusión en ella de representantes de fuertes intereses sociales; véase J. H. Meisel, *The Myth of the Ruling Class,* University of Michigan Press, Ann Arbor, 1962, pp. 42-43.
[38] Hay pruebas de que los factores educativos desempeñaron un papel antes de las elecciones, en el sentido de que las personas educadas en las *public schools* y en la Universidad tenían una posibilidad, en los dos partidos principales, más alta que la derivada del azar de ser elegidos, especialmente para los escaños con mayores posibilidades de triunfo; véase M. Rush, *The Selection of Parliamentary Candidates,* Nelson, Londres, 1969, pp. 87 y 206. Rush dice también de todos los candidatos «que son reclutados de una fuente general común —*la clase media»* (p. 206).

CUADRO 2.   Base educativa del personal
del gobierno británico

	Gobierno conservador	Gobierno laborista
Public Schools*	30	9
Grammar Schools*	3	6
Otros centros de enseñanza secundaria	0	9
Universidad	16	13

De R. Millar, The New Classes, Longmans, Londres, 1966, p. 274.

Cifras comparables para los diputados son:

	Diputados conservadores	Diputados laboristas
Public Schools*	297	58
Grammar Schools (primaria y secundaria)*	39	177
Oxford y Cambridge	159	60
Otras universidades	33	74

Adaptado de D. Butler y A. King, The British General Election of 1964, Macmillan, Londres, 1964, p. 237. [38].

* Véase nota a las Conclusiones del cap. 7. (N. del T.)

Estas cifras indican que, en el terreno político, cuanto más cerca se está del centro de poder —el gobierno—, tanto mayor es la concentración de educación y procedencia de clase alta[39]. No se trata solamente de ocupar roles formales de significación política, sino también de que se les atribuya influencia política; y puede demostrarse también que aquellos con mayores posibilida-

[39] De este modo, en las elecciones generales de 1966, se presentaron 1707 candidatos, y fue elegido un 37 por ciento. De los candidatos por los partidos laborista y conservador, 436 eran licenciados universitarios, de los cuales 356, el 82 por ciento, resultaron elegidos. En el partido laborista, resultaron elegidos el 77 por ciento de los candidatos graduados, frente al 44 por ciento de los no graduados; en el gobierno laborista de 1967, el 81 por ciento (17) de los miembros eran licenciados universitarios, de los cuales el 82 por ciento (14) habían estudiado en las universidades de Oxford y de Cambridge.

des de ingresar en organismos consultivos gubernamentales, ser miembros de consejos de administración, gobernadores de organizaciones de carácter público tales como la BBC, etc., proceden en un porcentaje desproporcionado de los grupos que tienen mayores probabilidades de desempeñar roles políticos oficiales [50]. Además, una gran mayoría de los altos funcionarios británicos procede del mismo sector relativamente limitado de la población; una investigación nos dice que, en 1959, casi un 70 por ciento de todos los funcionarios superiores procedían de las universidades de Oxford y Cambridge [51].

Una pauta parecida puede obtenerse en el ejército, que ha pasado de estar dominado por terratenientes y clase media rural a ser una profesión urbana, pero todavía con predominio de la clase media y alta, con parecida parcialidad educacional que la de los dirigentes políticos y administrativos: «... en manos de los chicos de las Public Schools de la mitad sur de Inglaterra, territorio de hecho de la clase media rural tradicional» [52].

El cuadro 3 muestra la situación con gran claridad:

CUADRO 3.   Procedencia social de altos oficiales británicos y otros grupos (en %)

	Clase alta	Clase media alta	Clase media	Clase obrera
Oficiales ejército brit.				
Tte. Gral., 1956-60	18	39	43	—
Gral. de Div., 1956-60	10	36	54	—
Directores empresa brit.	2	33	56	9
Funcionarios civiles			41	27
Población en conjunto			35	62

De P. Abrams, «The Late Profession of Arms: Ambiguous Goals and Deteriorating Means in Britain», *European Journal of Sociology*, **6**, 238-261 (1965).

En un estudio sobre la procedencia social de los tres grados superiores del ejército británico entre 1870 y 1959, Otley concluye que sólo un 3 por ciento, de una muestra de 330 oficiales, procedía de la clase media baja, y ninguno de la clase obrera. El medio educacional de esta élite era igualmente restringido, con un 69 por ciento de titulados en sólo diez colegios de internado, y tendía a relacionarse estrechamente, por nacimiento o matrimonio, con otros sectores de la élite británica, según muestra el cuadro 4 [53].

CUADRO 4.   Conexiones por nacimiento y matrimonio de la élite militar con otras élites

Año	Oficiales estrechamente relacionados con miembros de la:				Total de conexiones de élite	
	Elite económica A	Elite militar B	Elite política C	Elite administrativa D	E	
	%	%	%	%	Núm.	%
1870	33	15	30	10	41	51
1897	19	27	11	6	27	43
1913	21	24	12	7	25	43
1926	27	13	15	15	19	40
1939	27	22	11	4	22	49
1959	31	17	3	3	16	44
Medias	26	20	16	8	150	46

A, hijos o yernos de grandes terratenientes, grandes financieros, empresarios y directores de empresa; B, hijos o yernos de oficiales del ejército con rango de general de división o su equivalente en la Marina; C, hijos o yernos de pares, ministros del gobierno o diputados; D, hijos o yernos de personalidades diplomáticas, funcionarios civiles, etc.; E, algunos oficiales tenían conexiones múltiples, por ello esta columna no es la suma de las cuatro precedentes.

De C. Otley, «Social Affiliations of the British Army Elite», en J. van Doorn (ed.), *Armed Forces and Society,* Mouton, La Haya, 1970.

Modelos muy parecidos se obtienen de investigaciones sobre los hombres de negocios y los dirigentes religiosos de Gran Bretaña, que proceden en un porcentaje desproporcionado de un medio social y educacional limitado, y lo mismo se deduce de todos los estudios sobre la base social y educacional de las personas que ocupan posiciones de prestigio y de poder (excepto en el sector de entretenimiento). Además, la abundancia de material comparado disponible sobre Francia, Alemania, Italia y EE. UU. muestra, en grados diferentes, el mismo fenómeno[40].

[40] Los datos relativos a los países occidentales están bien resumidos en R. Miliband, *The State in Capitalist Society,* Weidenfeld and Nicolson, Londres, 1969, en especial capítulos 2 y 3, quien concluye diciendo que «resulta un hecho básico en los países capitalistas avanzados que la gran mayoría de los hombres y mujeres de esos países han estado gobernados, representados, administrados, juzgados y mandados en la guerra por personas procedentes de otras clases económica y socialmente superiores, y relativamente distantes» (p. 67).

Puede mostrarse que los ocupantes de las posiciones superiores no son un microcosmos de sus sociedades, sino que suponen el primer paso para establecer un modelo de dominio de élite, aunque, apunte, empleando los términos de Mosca, hacia la existencia de una clase política de la que se reclute predominantemente la élite gobernante. Se supone que estas personas, que proceden de medios similares, han sido influidas por ideas culturales equivalentes, a través de experiencias educacionales parecidas y de contactos regulares con otras personas en la misma situación, y que por lo tanto basarán sus acciones en los mismos valores. Además, dada su situación de privilegio, tienen interés en mantener las líneas básicas de la estructura social en las que se apoyan esos privilegios, y se encuentran en buena posición para legitimar esa estructura en las mentes de los no privilegiados. Aunque este proceso de legitimación de privilegios puede considerarse como producto de una manipulación consciente por parte de la élite, de hecho la mayoría de los teóricos de las élites consideran que la élite está tan convencida del contenido de la ideología como la no-élite. Lo importante es que la población considera la misma estructura de privilegio como natural, y que esta estructura está legitimada por las instituciones de la sociedad: «El avance de la producción capitalista genera una clase obrera que por educación, tradición, costumbre, considera las *condiciones de ese modo de producción como leyes de la Naturaleza, evidentes de por sí...* Por supuesto, se utiliza la fuerza, además de las condiciones económicas, *pero sólo excepcionalmente*»[41]. Del mismo modo, el teórico de las élites considera que el sistema educativo, si no ha sido ideado para ello, al menos funciona para producir, no críticos radicales de la sociedad, sino más bien individuos que acepten y admiren la estructura general de la sociedad, y con ella la distribución del poder y el privilegio [54]. Refiriéndose a la socialización política en la sociedad capitalista, Miliband dice «que gran parte del proceso está dirigido... a fomentar la aceptación de un orden social *capitalista* y sus valores, la adaptación a sus exigencias, el rechazo de las alternativas al mismo»[42]. Podrían enumerarse las demás técnicas, como los proyectos de bienestar social, la adhesión a los símbolos de la

[41] Karl Marx, *Capital,* vol. I, Foreign Languages Publishing House, Moscú, 1954, p. 737 (el subrayado es nuestro); véase también R. Bendix, *Work and Authority in Industry,* Harper and Row, Nueva York, 1963, para un estudio comparado de las ideologías legitimadoras de las relaciones obrero-empresario.
[42] R. Miliband, *The State in Capitalist Society,* Weidenfeld and Nicolson, Londres, 1969, p. 182; véase el capítulo titulado «The Process of Legitimation».

nación, la persuasión ideológica a través de los medios de comunicación de masas, el conservadurismo general de gran parte del adoctrinamiento religioso, todo lo cual se considera que explica la pasividad generalizada, eludiendo la necesidad de, para utilizar la frase de Marx, la *fuerza directa,* ya que la población ha sido convencida o acepta el *statu quo* sin poner en duda sus principios fundamentales.

De este modo, se mantiene a la población en un estado de pasividad, mientras que la élite goza de cohesión gracias a pautas sociales comunes, educativas y de carrera. Individuos no pasivos, o especialmente dotados, de la masa pueden ascender hasta incorporarse a la élite, pero sus pautas cambiarán para adecuarse a las exigencias del dominio de élite. Los datos ya estudiados muestran que jóvenes de la clase obrera ascienden a puestos de oficiales, altos funcionarios, diputados, etc.; pero para los teóricos de las élites se trata de hombres comprados, o de hombres que luchan contra dificultades que acabarán venciéndolos[43].

También se considera y estudia la organización de élite desde una perspectiva algo diferente, la de las interconexiones entre las posiciones institucionales clave. El grado en que las instituciones están entrelazadas a través de altas personalidades y lazos legales se considera como indicador del poder de la élite. Aunque sin pretenderlo de manera específica, los teóricos de las élites demuestran de esta manera el carácter transferible o acumulativo del poder. Por ejemplo, disponemos de estudios detenidos sobre los complicados modelos de engranar las direcciones de diferentes empresas industriales, bancarias y comerciales, de forma que un número de personas relativamente pequeño, *un grupo coherente,* ejerce un poder muy considerable [55]. Muchos estudios han demostrado también el carácter intercambiable del personal superior de las fuerzas armadas, las universidades, los servicios públicos, los órganos legislativos, los grupos de presión influyentes y los consejos de administración de poderosas empresas privadas con numerosos accionistas. Después de estudiar la estructura de la élite norteamericana, Wright Mills concluye que «el hecho de entrelazar las juntas directivas de las empresas no es ya una frase; indica un rasgo significativo de la vida de

[43] W. L. Guttsman, *The British Political Elite,* MacGibbon and Key, Londres, 1963, p. 319, refiriéndose a la élite británica dice que «han ingresado en ella hombres nuevos, pero que en general se han asimilado a los grupos de los que proceden la mayoría de sus colegas».

los negocios, una base sociológica de la comunidad de intereses y la unificación de perspectivas y políticas que dominan entre las clases poseedoras»[44].

Esto nos conduce a una cuestión clave en los estudios de las élites: ¿qué es lo que mantiene unida a la élite? Ya hemos visto que los estudios sobre las élites centran su atención en pautas comunes de educación y de carrera y, en algunos casos, en pautas comunes de ocio, que se consideran importantes pero no cruciales. Más importante es el *interés* que la élite o las élites tienen en mantener el *statu quo,* esto es, mantener la sociedad de forma que los miembros de la élite continúen recibiendo los beneficios que acompañan a su posición. Tienen un interés común en la organización social en la que se inserta su posición; escribiendo sobre la élite británica, un grupo explicaba el mecanismo de la manera siguiente: «Los grupos pueden representar varios intereses —financieros, de dirección, industriales—, pero en toda oligarquía verdadera la *competitividad natural* de estas élites de poder ha quedado subsumida en su interés mayor —la causa mutua de la propiedad corporativa» [56]. Wright Mills afirma, de manera parecida, que el «mando supremo de la burocracia obtiene su derecho a actuar de la institución de la propiedad privada; actúa hasta donde puede, en la forma que cree útil para el sistema de propiedad privada»[45]. De este modo, los estudios empíricos sobre las élites tienen por objeto mostrar que la élite se recluta a partir de un sector social más o menos limitado, pero que está cogida en una red de instituciones importantes, que estas instituciones están interconexionadas por sus títulos legales y sus personas, y que en la sociedad industrial capitalista esta organización tiene como función la defensa de los intereses de la propiedad de la élite. Pueden verse obligados o estar dispuestos a hacer concesiones y reformas antes de que se produzcan disturbios graves, pero tales reformas no afectan a las principales configuraciones institucionales y a los intereses para cuya defensa existen las instituciones.

---

[44] C. Wright Mills, *The Power Elite,* Oxford University Press, Nueva York, 1956; fue confirmado por lo que respecta al Reino Unido en *The Insiders,* New Left Review, Londres, 1958, p. 30.

[45] C. Wright Mills, *White Collar,* Oxford University Press, Nueva York, 1956, p. 102. De modo parecido, P. C. Lloyd señala, refiriéndose a las élites tradicionales africanas, que «gozando de amplios privilegios, forman un grupo de intereses para la protección de esos privilegios frente a las masas»; «The Political Structure of African Kingdoms», en M. Banton (ed.), *Political Systems and the Distribution of Power,* Tavistock Publications, Londres, 1968, p. 76.

5.6. Insuficiencias de la teoría de la élite

Aunque tienen su importancia, los datos y consideraciones expuestos *no* constituyen una prueba crucial para la teoría de la élite, dado que ésta incluye también un fuerte elemento de conciencia y de perspectiva social común de la élite. En otras palabras, ha de demostrarse que en casos de conflicto entre la élite y la no élite, la primera pensará y actuará de una sola manera. Por supuesto, se trata de una prueba muy difícil para la teoría, debido a la dificultad práctica de obtener información sobre la forma en que se alcanza el acuerdo de la élite. Los teóricos de las élites deben precisar con cierto detalle lo que consideran como decisiones o estructuras cruciales, sobre las que debe estar de acuerdo la élite; si no lo hacen, nos encontraremos entonces en una situación casi sin salida, en la que los estudios empíricos demuestran desacuerdos específicos sobre cuestiones políticas en el seno de la élite, pero que los teóricos de la élite consideran que no son cruciales. Los ejemplos abundan: la decisión de lanzar bombas atómicas sobre Japón; la decisión de invadir Suez en 1956; el actual debate sobre Vietnam; la política del New Deal de Roosevelt; el ingreso de Gran Bretaña en el Mercado Común; la crisis de los misiles en Cuba, y otros muchos, todos muestran las disputas internas de la élite, sea cual sea la definición que se de de ella. Si estas decisiones no eran cruciales, es difícil entonces saber qué es una decisión crucial. Por otra parte, es un hecho que muy pocas personas participan realmente en tales decisiones. No hay duda de que, en conjunto, la élite política se recluta a partir de un sector bastante limitado, que ocupa posiciones centrales y que, de acuerdo con Dahl, tiene un «alto potencial de control», pero en todos los casos anteriormente mencionados —y hay muchos más— la élite estaba de hecho dividida; mostraba un «bajo potencial de unidad» [57]. El que un grupo *pueda* ejercer control si está motivado para hacerlo, no quiere decir que lo ejerza *de hecho:* «La *eficacia política* práctica de un grupo está en función de su potencialidad de control *y* de su potencialidad de unidad» [57].

Edinger y Searing consiguieron, en un interesante artículo, clarificar la cuestión de las actitudes de la élite, y relacionar estas actitudes con factores de base en un grupo de dirigentes alemanes y franceses. En primer lugar, se reunieron datos sobre la experiencia de base teniendo en cuenta 40 dimensiones, entre ellas la ocupación, la afiliación a los partidos, la clase social, la especialización en los estudios universitarios, el rango militar, la zona de nacimiento, la religión, etc. A continuación se distribuyeron cuestionarios de actitudes manifiestas y latentes a 220 encuestados. Finalmente, la información de base fue sometida a prueba en cuanto a su capacidad de predicción con relación a las actitudes manifestadas por el cuestionario. Descubrieron que algunos factores de base —clase social, zona de nacimiento, educación universitaria, participación en organizaciones voluntarias y en el servicio militar, ocupación, afiliaciones a partidos— servían mejor para predecir las actitudes que otros factores. Descubrieron también que la élite francesa tenía una menor cohesión en sus actitudes que la élite alemana. Y lo que es más significativo, encontraron que reuniendo datos sobre la base social podrían realizar predicciones sobre las actitudes manifiestas, que variaban entre un 66 y un 80 por ciento en cuanto a la precisión de la asignación [58]. De este modo, aunque las conclusiones eran *manifiestamente provisionales,* parece muy probable que las élites tengan realmente por lo menos algunas actitudes comunes —aunque, por supuesto, no se debe pensar que esto significa que no comparten estas actitudes con las no-élites, ni que estas actitudes determinan necesariamente su comportamiento.

Se plantea otro problema crucial en relación con la teoría de la élite: si la élite y la no-élite participan en los mismos valores y normas culturales básicos, es decir, si los miembros de la élite no son manipuladores simbólicos o ideológicos, ¿en qué sentido constituyen una élite, a no ser por tratarse de personas que ocupan posiciones superiores en la sociedad? En este sentido, la teoría de la élite se convierte en una forma más de señalar que en una organización o sistema de gobierno sólo una minoría toma decisiones de manera activa o participa en su adopción[46]. ¡Esto es cierto, pero no resulta muy revelador! Dahl ha afirmado que antes de poder identificar a una élite es preciso disponer de diferentes preferencias políticas, dándose un grupo, la élite, que de manera regular consigue su posición preferida. Si pudiéramos identificar a un grupo que de manera regular consigue lo que se propone, ¿sería adecuado referirse a él como a una élite? Lo sería si pudiera demostrarse que la indiferencia de las masas era consecuencia de la manipulación de la élite a través del sistema educativo, etc., o si la indiferencia procediera de derrotas constantes en la lucha entre intereses en conflicto, con el consiguiente

---

[46] Para un estudio del concepto de oligarquía véase C. W. Cassinelli, «The Law of Oligarchy», *APSR,* **XLVII,** n.º 3, 773-784 (sept., 1953).

descenso de la moral popular. En la mayoría de los casos, se afirma la manipulación de la élite por el simple hecho de que dispone tanto de la oportunidad como de la razón; es decir, dispone de posiciones superiores, y, por lo tanto, del deseo colectivo de proteger esas posiciones.

Es un hecho que todos los sistemas educativos moldean en grado mayor o menor a los niños hacia pautas culturales particulares, pero la cuestión de importancia crucial es si la élite determina o no el contenido cultural de la sociedad y su modelo de educación, y hasta qué punto. El hecho es que los modelos educativos y, aún más, el contenido de la educación han sido elaborados intencionalmente para atender las que se consideraban necesidades nacionales de ciudadanos *mejor* educados, de obreros más capacitados, de burócratas más leales, de reclutas mejor adaptados a los ejercicios técnicos, etc. [47]. No hay duda de que tales objetivos fueron deliberados, que produjeron generaciones de ciudadanos, soldados, obreros y burócratas leales, pero todo indica que el grupo rector estuvo gravemente dividido en cada caso. Por ejemplo, la reforma educativa fue extremadamente tardía en Gran Bretaña, a ella se opusieron muchas personas influyentes y, en muchos aspectos, no se adaptaba a las necesidades de una sociedad industrial. O también, la legislación sobre las fábricas sufrió la oposición durante mucho tiempo de la gran mayoría de los propietarios industriales, hasta que la impuso el Parlamento, lo que prueba que la élite estaba dividida. Otro ejemplo: la élite estuvo dividida sobre la cuestión del sufragio de los adultos, y sin embargo se acabó concediendo el sufragio ante la oposición de sectores de la élite.

Partiendo de esta consideración, los partidarios de una teoría de la élite podrían afirmar que la oposición ignoraba sus verdaderos intereses ya que las quejas de la población, que de otra manera podían haberse acrecentado hasta el estallido, estaban dispersas. Los partidarios de una teoría de la élite podrían afirmar también que las concesiones eran necesarias para hacer más eficiente el sistema y para dar a la población un falso sentimiento de participación. Pero es difícil saber cuál es el interés de una persona, a no ser que se le pregunte a ella o se deduzca de sus acciones. De este modo, nos encontramos rápidamente en medio de especulaciones metafísicas sobre los intere-

[47] Se han escrito numerosas obras sobre este tema; véase, por ejemplo, A. H. Halsey, «The Sociology of Education», en N. Smelser, *Sociology*, Wiley, Nueva York, 1967, pp. 384-434.

ses reales *en oposición* a los declarados, y nos encontramos inmersos en el ambiente bastante enrarecido de una historia contraria a los hechos. Es ésta una dificultad importante de la teoría de la élite: nos introduce en una serie de suposiciones, ninguna de las cuales puede ni demostrarse ni someterse a una comprobación empírica.

Por estas razones, Dahl ha tratado de construir una formulación rigurosa del modelo de la élite basándose en un enfoque del poder que hace hincapié en la elaboración de decisiones. Antes de poder hablar con cierto sentido de una élite es necesario, afirma Dahl, comprobar si se cumplen estas condiciones:

(1)   La hipotética élite gobernante es un grupo bien definido.

(2)   Hay una considerable muestra de casos relativos a decisiones políticas clave en las cuales las preferencias de la hipotética élite rectora son contrarias a las de cualquier otro grupo que pueda indicarse.

(3)   En tales casos, las preferencias de la élite prevalecen regularmente[48].

A este respecto corresponde a los partidarios de la teoría de la élite demostrar que se dan las tres condiciones; pero debe tenerse presente que Dahl se refiere a *comunidades norteamericanas* y probablemente no al sistema nacional de EE. UU. o de otro país, ni tampoco de manera específica a los llamados *sistemas totalitarios*[49]. En este sentido, las propuestas de Dahl son potencialmente muy limitadas, pero en principio no hay razón para que

---

[48]   «A Critique of the Ruling Elite Model», *APSR*, **52**, 466 (1958). Ocurre también que Dahl confunde una teoría con un modelo, al insistir en la aplicación de un criterio de falsedad en el juicio del modelo de la élite, ya que un modelo no es verdadero o falso, sino más o menos útil. Ciertamente, los argumentos elitistas se parecen más a modelos que a teorías y, sin duda alguna, el teórico de la élite no tendría ninguna dificultad en tratar sus afirmaciones como un modelo; véase el interesantísimo artículo de V. Dusek, «Falsifiability and Power Elite Theory 1», *Journal of Comparative Administration*, **1**, n.º 2 (1969).

[49]   Debería hacerse también la advertencia de que, en realidad, es bastante difícil realizar una investigación sobre aquellos que se cree que constituyen la élite. Por ello, R. Lewis y R. Stewart, en un estudio sobre los hombres de negocio británicos, hacen notar la dificultad de convencer al «sujeto para que se preste al estudio», *The Boss*, Dent, Londres, 1963, p. 273; y A. Kornhauser señala que la misma afirmación es aplicable a los EE. UU., A. Kornhauser (ed.), *Problems of Power in America*, Wayne State University Press, Detroit, 1959, página 195; Presthus padeció problemas parecidos en su intento de acceder a información sobre empresas británicas, R. Presthus, *Behavioural Research on British Executives*, University of Alabama Press, Alabama, 1965, p. 105.

sus pruebas no puedan ser aplicadas a cualquier sistema no totalitario a cualquier nivel.

5.7. Elites en la URSS

La dificultad radica en la aplicación de este criterio a las sociedades totalitarias, ya que algunas de las características que definen a tales sociedades —el monopolio de los medios de comunicación de masas y de todos los medios de movilización social— pueden dar por resultado una población manipulada y controlada por una élite. Constituye una dificultad, porque en la sociedad totalitaria el resultado del control de monopolio es precisamente impedir que la población tenga intereses y opiniones contrarios a los de la élite gobernante. De este modo, la segunda de las tres condiciones señaladas por Dahl para la existencia de una élite no puede cumplirse en este caso.

Podría decirse que los métodos de control totalitario tienen rasgos diferenciales, en el sentido de que una minoría ideológicamente consciente de sí puede utilizar comunicación y las técnicas de *persuasión* del estado industrial para hacer que las actitudes políticas y sociales de la población concuerden con la ideología del grupo gobernante. En Rusia, un pequeño partido minoritario, que englobaba con seguridad a menos del 1 por ciento de la población, predominantemente urbano, con una *intelligentsia* en gran parte no rusa, se hizo con el poder en medio del caos de la invasión alemana, de las intervenciones de los aliados y de la incompetencia administrativa[50]. Inicialmente, hubo un período de consolidación política del poder con la prohibición legal de los grupos de oposición, la reconquista de la mayor parte del imperio zarista, la reforma de las fuerzas armadas bajo el control del partido y la formación gradual de una fuerte burocracia de partido, unida a la prohibición de establecer facciones en el seno del partido[51]. El control del partido sobre la población era relativamente mínimo en el campo, pero fuerte en las ciudades, y el control central *por medio* de la burocracia de

---

[50] La composición social de los bolcheviques está admirablemente estudiada en D. Lane, *The Roots of Russian Communism,* Van Gorcum, La Haya, 1968, y en M. Fainsod, *How Russia is Ruled,* Harvard University Press, Cambridge, Mass., 1963, capítulos 1-4.

[51] Sobre este proceso véase L. Schapiro, *The Origins of the Communist Autocracy,* Bell, Londres, 1955.

partido sobre los miembros del partido fue fortaleciéndose gradualmente a partir de 1922.

El marxismo clásico había subrayado que la sociedad socialista sucedería a un régimen capitalista desarrollado dentro del cual se habrían resuelto los problemas de la producción. Ciertamente no era éste el caso de Rusia, donde el nivel técnico de la población era bajo y la industria moderna se había desarrollado de manera bastante desigual. En una revisión importante del marxismo, Lenin insistió en que, abandonada a sus propias fuerzas, la clase obrera sería incapaz de realizar una crítica científica de la sociedad —encaminada a derrocarla—, sino que más bien sería atrapada por las concesiones y conquistas a corto plazo, en actitudes favorables al mantenimiento y estabilidad del régimen [59]. La conciencia socialista proletaria que, en términos generales, era para Marx consecuencia del desarrollo de fuerzas sociales y económicas, según Lenin tenía que llevarse a los obreros desde fuera del medio inmediato de la lucha económica y social obrera. El llevar la conciencia socialista a los obreros era la tarea histórica de la avanzadilla *organizada* de la revolución, el partido de la élite militante y consciente de sí misma. Desde un principio, la facción de Lenin fue concebida como un directorio fuertemente ideológico, bien organizado y clandestino: un instrumento de control social que dirigiría a una clase posiblemente reacia hacia la nueva sociedad socialista. Según el canon leninista, la sociedad era un órgano dúctil en el que una dirección decidida podía dejar su impronta y que, con métodos científicos adecuados, podía moldearse de acuerdo con los deseos socialistas. Pero, ¿cómo era este molde? ¿Cuál habría de ser la forma de la sociedad?

Ciertamente, en el período de 1917-1922 los bolcheviques constituían un grupo bastante definido, y hacia 1922 estaban asentados con bastante firmeza en el poder en Rusia. Pero también es cierto que no cumplían la segunda condición de Dahl, ya que en una decisión tras otra los bolcheviques cedieron en sus principios y lo hicieron con los ojos bien abiertos. Tal fue el caso, por ejemplo, de la paz de Brest-Litovsk, el retroceso del control obrero de las fábricas, el empleo de oficiales y burócratas zaristas, la concesión de tierras a los campesinos, y lo más importante, la Nueva Política Económica de 1922, a la que Lenin concretamente calificó como un *retroceso*. Fue un retroceso ante un campesinado resentido y alienado que se negaba abiertamente a producir lo suficiente para alimentar a la población urbana. Se hicieron concesiones a grupos o categorías como directores de fábrica, burócratas y oficiales del ejército con el fin de obtener, por lo menos, apoyo explícito.

En este punto podemos mejorar la definición de Dahl: una élite puede no conseguir su objetivo porque éste resulta impracticable debido a la falta de recursos adecuados, o porque «las preferencias de la hipotética élite gobernante son contrarias a las de cualquier otro grupo que pueda mencionarse». Las consecuencias no son las mismas según la explicación que se dé, ya que en el primer caso el grupo de élite puede seguir manteniendo su posición preeminente de poder e influencia relativa *frente* a otros grupos de la sociedad, mientras que en el último caso el poder de la élite está amenazado. La mayoría de esas decisiones fueron anulándose en la URSS a medida que Stalin fue asumiendo gradualmente las palancas de poder de la sociedad soviética. Pero fue un proceso relativamente gradual, durante el cual fue destruida casi toda la élite antigua. El problema es entonces de tiempo y de continuidad personal. Dahl no diferencia suficientemente entre lo que podríamos calificar las posiciones o roles de élite y los titulares de esos roles. Durante la década de 1930, en la Unión Soviética se produjo un cambio casi total de las personas que desempeñaron los roles de élite en las fuerzas armadas, las burocracias del Estado y el partido y en el complejo industrial; y sin embargo, considerados en conjunto, esos roles fueron importantes y proporcionaron a sus titulares, cualesquiera que fueran, considerable poder colectivo[52]. Una consideración de este tipo es la que tenía presente Pareto al decir de la clase gobernante: «Desde luego, han de inclinarse de vez en cuando a los caprichos de soberanos y parlamentos ignorantes y dominantes, pero pronto vuelven a su labor tenaz, paciente y constante, que es la consecuencia más importante» [60]. De la misma manera, los que desempeñaban roles importantes tenían un interés común mediatizado a través de su pertenencia al partido comunista, tenían un interés grande en mantener sus privilegios comunes y un incentivo fuerte para mantenerse unidos, como decía Lenin, para no dispersarse.

Durante el período inicial, hasta mediados de la década de 1930 aproximadamente, la élite soviética estaba formada por miembros del comité central del partido comunista, cuyo prin-

---

[52] El enfoque según el cual la élite obtiene su poder ocupando *posiciones pivotales* que constituyen los «puestos de mando estratégicos» de la estructura social fue apuntado ya por C. Wright Mills en su obra *The Power Elite*, Oxford University Press, Nueva York, 1956, p. 4.

cipal objetivo era consolidar la revolución y controlar las organizaciones anteriores a la revolución (en especial, la burocracia estatal) y organizaciones nuevas (el ejército y la policía) que estaban regidas fundamentalmente por mandos antiguos. De ahí la proliferación de sistemas de control de uno u otro tipo, por ejemplo, la Comisión de Control del Partido, el Comité de Seguridad del Estado (KGB, Cheka, GPU, Rabkrin, etc.), la Comisaría Política de las fuerzas armadas, etc. [61]. Durante ese período, los niveles superiores del partido se «caracterizaron por una mezcla de destreza política y de destreza de los especialistas en persuasión» [62]. No pueden precisarse áreas especiales de reclutamiento, aunque los grupos minoritarios principales, como los polacos, los judíos y los latvios, estaban fuertemente representados y en la base se trató de conseguir la adhesión de la clase obrera. Aunque no es posible identificar a la élite con algún grado de precisión, podemos afirmar con seguridad que el comité central del partido, el personal superior de la burocracia estatal, la policía y los directores de las industrias tenían evidente importancia. Pero la mayor parte del personal estaba bajo la vigilancia continua del partido, con una pequeña capa de bolcheviques de confianza —aunque no siempre efectivos— en las principales operaciones de dirección.

Esferas completas de la vida social permanecieron relativamente al margen del partido: el arte, la literatura, el teatro, la familia y la educación fueron afectadas sólo marginalmente, a no ser por la escasez, mientras que casi no se molestó al campesinado salvo para los impuestos y el reclutamiento militar. Como se puede imaginar fácilmente, durante ese primer período del desarrollo soviético la obediencia procedía de diversas fuentes: en las ciudades, los soviets controlados por el partido, la falta de alternativas viables tras la guerra civil, el hambre y la pobreza, el oportunismo, el patriotismo y el compromiso moral, son factores que desempeñaron un papel significativo. El campo, en el que vivía más del 80 por ciento de la población, fue durante la mayor parte de la década de 1920 —salvo en las zonas próximas a las ciudades— prácticamente autónomo, y se preocupó básicamente de sobrevivir y retener las tierras, lo que por encima de todo mantuvo la neutralidad benevolente del campesinado hacia el régimen. No debe olvidarse tampoco que la draconiana disciplina social prerrevolucionaria y el hábito de obedecer a la autoridad constituida significaban que los bolcheviques podían confiar por lo menos en el consentimiento pasivo de los campesinos, siempre que no trataran de privarles de la tierra.

Esta pauta fue totalmente abandonada durante el período de colectivización y los dos primeros planes quinquenales, en los que el partido hizo frente a dos problemas paralelos, el del control del campesinado y el del crecimiento del sector industrial. Hacia 1928, la producción agrícola e industrial soviética alcanzaba, aproximadamente, los niveles de 1914, pero las perspectivas de desarrollo no eran buenas ya que el crecimiento de la industria y sobre todo de la agricultura había dado origen a una *clase* de ricos de quienes se temía que constituyeran la base social de un resurgimiento *capitalista*. Como suele ocurrir en la producción agrícola, una parte sustancial de los excedentes comercializables era producida por el sector relativamente reducido de los mayores productores, y existía el peligro de que pudieran (no habiendo leído a Dahl) transformar el poder económico en poder político. Pero sin esta clase, productora de excedentes para la exportación y el mercado urbano, las autoridades soviéticas serían incapaces de financiar nuevos bienes de capital en el extranjero ni de alimentar al proletariado urbano que tendría que manejar la nueva maquinaria. La colectivización fue la espada de que se sirvieron para cortar ese nudo gordiano: fue tanto una operación de control político como una técnica para arrancar al campesinado unos excedentes para el desarrollo, al mismo tiempo que se obligaba a los campesinos a abandonar la tierra para integrarse en las nuevas industrias, es decir, a formar el proletariado del que Marx hacía depender el éxito del socialismo. Puesto que se tomó la decisión de colectivizar rápidamente y por la fuerza —después del fracaso de intentos anteriores de persuasión—, había que emplear nuevos sistemas. El nivel de vida en las ciudades se mantuvo muy bajo, y hubo que enseñar al nuevo campesinado urbano la disciplina de la sirena de la fábrica y la regularidad del trabajo en ella[53].

Los objetivos establecidos por la élite eran los de industrializar con la mayor rapidez posible. Es fácil establecer este objetivo, pero es mucho más problemático el conseguirlo en una sociedad predominantemente agrícola. La más destacada de las dificultades era quizás la ausencia de un proletariado especializado y de una fuerza de trabajo acorde con el ritmo de la sociedad moderna. Además, había que transferir recursos de

---

[53] Para un estudio más detallado de esta cuestión véase R. Bendix, *Work and Authority in Industry,* Harper and Row, Nueva York, 1956, y R. E. Dowse, *Modernisation in Ghana and the USSR,* Routledge and Kegan Paul, Londres, 1968, en especial capítulo 3.

sectores considerados menos importantes a los que se consideraban esenciales para conseguir este objetivo; y en la práctica esto significa que, al tratar de realizar la transferencia, se está privando a la población de incentivos materiales inmediatos. En el caso soviético esto supuso un descenso considerable del nivel de vida en el campo y un estancamiento, e incluso una disminución, del nivel de vida urbano. A la menor ocasión, es probable que las personas afectadas intenten formar organizaciones para oponer resistencia a este proceso: en la URSS se idearon una serie de técnicas para hacer frente a esta posibilidad.

En primer lugar, y aunque construido sin tener como objetivo la colectivización, lo cierto es que a comienzos de la década de 1930 el partido era una entidad poderosa y unida, en cuyo seno se había eliminado la principal oposición a Stalin, y en el que se había formado un cuadro extraordinariamente experimentado de administradores —los *aparatchiki*. Además, era un partido muy sensible a las decisiones políticas de la dirección, y estaba bien asentado en posiciones clave de la burocracia estatal, de las fuerzas armadas, de los sindicatos, de la policía secreta, del aparato estatal y de los elementos directivos existentes[54]. En el período 1928-1930 era, con mucho, el grupo mejor organizado y de mayor conciencia de la URSS y constituía una poderosa palanca organizativa para la movilización de una masa desorganizada. En principio, y de hecho en gran medida, la jerarquía dual de la organización del partido le proporcionó un medio para poder supervisar la mayoría de los aspectos de la vida social. Dentro del partido se consideraba que los miembros estaban siempre a disposición de sus superiores políticos, pudiendo ser trasladados de un puesto a otro, y de un terreno de actividad a otro.

Una serie de agentes socializadores contribuyeron también a la formación de ciudadanos comunistas leales, en especial entre los jóvenes. Por ejemplo, algunas escuelas estaban bajo la poderosa influencia del partido, y se fueron introduciendo gradualmente libros de texto de orientación marxista, al mismo tiempo que los jóvenes pioneros y el Komsomol formaban a jóvenes promesas como posibles miembros del partido. En los años veinte, se fue poniendo de manera gradual bajo la influencia del partido a los profesores en período de formación, aunque el

---

[54] Para una exposición excelente de este proceso véase A. Avtorkhanov, *The Communist Party Apparatus,* H. Regnery Company, Chicago, 1966, en especial capítulos 12, 13, 15 y 16.

medio de sovietización más importante para los jóvenes de las zonas rurales fue el período de servicio militar obligatorio. Durante el mismo, se enseñaban los rudimentos del marxismo al campesino recluta, y se le iniciaba en el marco más amplio de la vida política de la Unión Soviética[55].

Sobre estas bases de apoyo, se inició la colectivización y el programa de industrialización intensiva, pero toda resistencia fue neutralizada por el terror: es decir, mediante el uso de la violencia destinada a someter a la gente por el temor, la incertidumbre y un progresivo sentimiento de desvalimiento frente a las fuerzas con las que se enfrentan[56]. Desde una perspectiva sociológica, el terror supone el empleo de una violencia sin trabas con objeto de crear en la población sentimientos de desconfianza mutua y un sentimiento permanente de inquietud. El terror cae casi arbitrariamente sobre los justos y los injustos, sobre los culpables y los inocentes, los comprometidos y los no comprometidos: no tiene en cuenta fronteras sociales, creando así lo que se ha llamado una población atomizada. Nadie puede estar seguro de no ser el próximo en la lista ni saber por qué está en ella, aunque es posible obtener cierta seguridad demostrando lealtad mediante la denuncia. De este modo, nadie puede confiar en su vecino, en su amigo o en su compañero de trabajo, por lo que no pueden existir organizaciones o grupos de apoyo mutuo para oponerse a la élite. Así escribe Barrington Moore que «El terror acaba por destruir la red de expectativas estables relativas a lo que harán los demás, que constituye la base de todas las relaciones humanas organizadas» [63]. Se suprimen así los límites entre lo real y lo irreal, y desaparecen las antiguas certidumbres para dar paso a la realidad impuesta por la élite ideológica. De este modo, se priva al individuo de las relaciones de apoyo de las amistades, el parentesco, la lealtad de grupo primario, las relaciones entre el yo y el grupo. Sin embargo, aunque las autoridades controlaran los medios de comunicación de masas, hay suficientes elementos de juicio para afirmar que ese monopolio no impidió totalmente la transmisión de información ilegal a través de una comunicación oral informal y no oficial [64]. Se priva también al individuo de la posibilidad de prever las consecuencias de una acción, por lo que

[55] Para un examen útil sobre las bases del apoyo a los bolcheviques en la década de 1920 véase P. Sorlin, *The Soviet People and their Society,* Pall Mall Press, Londres, 1968, capítulo 3.

[56] Véase E. V. Walter, *Terror and Resistance,* Oxford University Press, Nueva York, 1969, quien intenta «elaborar una teoría general del terrorismo» con referencias más específicas a los zulúes.

no le queda otra alternativa que obedecer los dictados de los que poseen la autoridad [65]. El aislamiento completo del hombre en la sociedad totalitaria se hace explícito en la escena de tortura de *1984*, cuando Winston Smith es obligado por el terror a reconocer que dos y dos sólo son cuatro cuando sus torturadores así lo afirman. Como el hombre en la sociedad totalitaria, Winston Smith está entonces preparado para su *reeducación*.

Como era de prever, el terror es mayor allí donde la resistencia es potencialmente más fuerte, por lo que el partido y las fuerzas armadas, así como la administración del Estado y la economía y, finalmente, la propia organización del terror sufren purgas una y otra vez. Las purgas traen consigo la sustitución de una generación de antiguos funcionarios del gobierno y del partido por otra nueva, que debe su promoción y educación al régimen. Entre 1933 y 1938 fueron objeto de purga cerca de 800.000 miembros del partido, el alto mando del ejército casi desapareció, y la anterior generación fue sustituida por un grupo más joven de «directores de fábrica, ingenieros, técnicos y personal científico que desempeñaron un papel de importancia creciente en el funcionamiento y la dirección de la economía»[57]. Stalin acertó en el significado de este cambio cuando dijo que la *«intelligentsia* soviética es totalmente nueva, unida por sus propias raíces a la clase obrera y al campesinado» [66]. («Clase obrera y campesinos» es un eufemismo para designar al partido comunista.) En la década de 1930, de ser un partido predominantemente *persuasivo* y manipulador de agitadores y activistas políticos, se transformó en una élite joven, de alta formación técnica, reclutada en las filas de los administradores, directores y técnicos del sector administrativo y económico en rápido desarrollo.

Durante la década de 1930, la estructura social de la Unión Soviética se transformó de manera espectacular en la de una sociedad industrial urbana, con un sector rural numéricamente importante de *proletarios* sin tierra, organizados en una variedad de granjas colectivas y· controlados a través de un sistema de avanzadas

---

[57] M. Fainsod, *How Russia is Ruled*, Harvard University Press, Cambridge, Mass., 1963, pp. 260-262; John Erikson, *The Soviet High Command*, Macmillan, Londres, 1962. Las condiciones de ingreso en el partido para el obrero cualificado y el técnico se suavizaron en los nuevos estatutos del partido de 1934: «la preponderancia del obrero manual dejó de ser un *imperativo categórico»*, A. Avtorkhanov, *The Communist Party Apparatus*, H. Regnery Company, Chicago, 1966, p. 78.

comunistas urbanas, las Estaciones de Maquinaria y Tractores[58].
Se obligó a millones de campesinos a trasladarse a las ciudades y
a las nuevas zonas industriales y, una vez allí, tuvieron que
adaptarse al ritmo de la vida industrial, empujados por el hambre,
las privaciones, la falta de alternativas, una feroz disciplina de trabajo y el terror puro y simple. En este proceso, los sindicatos, dominados por el partido comunista, fueron utilizados, no para defender
el nivel de vida de los obreros, sino para disciplinar a sus
miembros[59].

Lo primero que hay que decir sobre ese cambio es que, desde
luego, la población ni lo quería ni fue consultada, como tampoco lo fue el partido; fueron Stalin y un sector de la dirección
del partido quienes lo iniciaron. No fue sólo un proceso de
cambio estructural, sino una práctica masiva de reorientación
de actitudes, proceso que Lenin había iniciado con bastante poco
éxito poco después de la revolución y que fue continuado en
condiciones más *favorables* por Stalin en las décadas de 1930 y
1940[60]. El objetivo del régimen era la creación del Nuevo Hombre Soviético, un ciudadano leal, laborioso y obediente que abrigara
un afecto sin límites hacia el régimen y sus dirigentes —y en gran
parte lo consiguió[61]. La educación fue sometida a un control
estricto y se extendió enormemente, la propaganda y la agitación fueron constantes y se eliminaron prácticamente las
fuentes de información alternativa, la Iglesia fue aniquilada casi
por completo, la generación prerrevolucionaria fue retirada de las
posiciones de influencia y «se abrieron extraordinarias oportunidades de movilidad social para aquellos que estuvieran dispuestos a ponerse de parte del régimen o fueran capaces de aprender
nuevas técnicas especializadas»[62]. Los ciudadanos soviéticos

[58] Sobre la agricultura soviética, véase N. Jasny, *The Socialised Agriculture
of the USSR,* Stanford University Press, Stanford, 1949. En 1927, cerca del 19
por ciento de la población vivía en las ciudades; en 1933, el porcentaje era de
cerca de un 23 por ciento, y en 1938, de un 32 por ciento aproximadamente.
[59] Sobre este proceso, véase I. Deutscher, *Soviet Trade Unions,* Royal
Institute of International Affairs, Londres, 1950.
[60] Sobre los intentos de Lenin por inculcar una ética del trabajo, véase R.
Bendix, *Nation-Building and Citizenship,* Wiley, Nueva York, 1964, pp. 149-158.
[61] Sobre las técnicas de manipulación utilizadas para hacer surgir el Nuevo
Hombre Soviético, véase H. Cantril, *Soviet Leaders and Mastery Over Man,*
Rutgers University Press, New Brunswick, 1960.
[62] A. Inkeles y R. Bauer, *The Soviet Citizen,* Oxford University Press,
Londres, 1959, p. 193, y véase también capítulo 16 para una evaluación favorable
del éxito del régimen en su intento por inculcar actitudes de apoyo, especialmente
entre los jóvenes. Sobre el sistema educativo como método de control y resocialización, véase G. Kline, *Soviet Education,* Routledge and Kegan Paul, Londres,

abandonaron los valores rurales tradicionales —devoción por la tierra, la comunidad local, la religión y el inmovilismo social—, adoptando a cambio los valores del orden industrial, «que suponen una ética de consumo, una movilidad geográfica y social y el éxito económico. La población está orgullosa de los éxitos soviéticos y no pone en tela de juicio las premisas básicas del régimen» [67].

Utilizando el aparato de control total que habían creado, un pequeño grupo de personas pudo cambiar un país enorme de arriba abajo, y cambiarlo *de acuerdo con su propósito,* por lo menos en su fundamental configuración societal y de actitudes. Una élite modernizadora, que disponía de una perspectiva ideológica relativamente clara, puso a una sociedad subdesarrollada en el camino del desarrollo económico y la estabilidad política[63]. Por ello, podría parecer a primera vista que el modelo pluralista no es aplicable al caso soviético, y que no será aplicable en ningún caso en que la rápida movilización política y social sea un elemento clave del proceso de industrialización. El ejemplo soviético se ha convertido —acertada o equivocadamente— en un modelo dominante para las principales figuras intelectuales de casi todos los países en desarrollo, es decir de la mayor parte del mundo [68].

A mediados de los años 1950, la URSS era una sociedad industrial de pleno derecho, lo que plantea la cuestión de hasta qué punto el cambio de naturaleza del sistema socioeconómico está relacionado con los cambios, si hubiere alguno, en el sistema político de la sociedad. Un enfoque de este problema revela que el impacto que ejerce la tecnología moderna y la economía avanzada en una sociedad produce un orden social en el que el Estado se encarga de regular la competencia entre los intereses que la economía moderna siempre crea, y de unir esos intereses sobre la base de un *entramado de reglas* ampliamente aceptadas. La industrialización origina una población relativamente más homogénea que su predecesora en términos de riqueza, status y poder político. Una economía avanzada exige un número creciente de personal bien formado cultural y profesionalmente, y

---

1957, y J. S. Coleman (ed.), *Education and Political Development,* Princeton University Press, Princeton, 1968 (Introducción y capítulo 8 escrito por J. R. Azrael).

[63] Sobre el bolchevismo como ideología del desarrollo, véase J. H. Kautsky (ed.), *Political Change in Underdeveloped Countries,* Wiley, Nueva York, 1962, en especial pp. 57-119, y también Kautsky, *Communism and the Politics of Development,* Wiley, Nueva York, 1968, especialmente capítulos 8, 9 y 10.

por ello se amplía el sector medio de la pirámide jerárquica, mientras la base se contrae, resultando una jerarquía social en forma de diamante con un estrato medio homogéneo y creciente [69]. En la economía avanzada, la *eficiencia* requiere el consentimiento y la participación de los expertos, técnicos y profesionales a quienes ha costado mucho formar y que tienen, o llegan a tener, cierta independencia funcional con respecto al régimen: «... una estructura monolítica cede paso a otra en la que hay varias élites *estratégicas* y diferentes focos de poder»[64]. De este modo, los cambios en la economía provocan presiones sobre el sistema político que no pueden, al menos a la larga, ignorarse o canalizarse en otras direcciones, y que, por ello, deben gozar de suficiente peso en el proceso político de la toma de decisiones. Ya hemos visto funcionar este proceso en los cambios de composición del partido comunista, pero no se trata simplemente de una cuestión de cambio en la composición, sino también de considerar y tener en cuenta en las decisiones políticas a este personal funcionalmente necesario. Así pues, este modelo tiene mucho en común con el modelo pluralista de las élites, que subraya también la diferenciación y autonomía institucional y su expresión política. En la Unión Soviética, se considera que tales organizaciones y grupos, como los mandos superiores de las fuerzas armadas, los escalones superiores de la burocracia estatal y del partido, la dirección de las empresas, las figuras más destacadas del *establishment* científico, ejercen presión sobre la élite política; actuando solos o en unión, estos grupos son lo suficientemente poderosos como para constituir un sistema de élites compensadoras[65].

Es indiscutible que en la URSS ha aparecido una población muy culta, un estrato técnico muy bien formado, una clase obrera cualificada, una amplia burocracia y unos mandos milita-

---

[64] J. H. Goldthorpe, «Social Stratification in Industrial Society», *Sociological Review Monograph*, n.º 8 (oct., 1964). Sobre el gran número de grupos de participación política potenciales y las consecuencias probables para el futuro de la sociedad soviética, véase también Z. Brzezinski, «The Soviet Political System: Transformation or Degeneration», *Problems of Communism*, 1-15 (enero-febrero, 1966).

[65] Por ejemplo, R. Pethybridge, *A Key to Soviet Politics*, Allen and Unwin, Londres, 1962, p. 30, habla de la posibilidad de «colusión burocrática con uno, o más de uno, de los sectores que administra». Véase también C. Lindon, «Krushchev and the Party Battle», *Problems of Communism*, **14**, n.º 5 (1963), quien dice que Krushchev, a diferencia de Stalin, «se mueve en medio de una alineación de fuerzas políticas», y que su principal imperativo político es tomar decisiones políticas que tengan éxito (p. 28).

res de gran experiencia. Tampoco puede discutirse que de este grupo depende el funcionamiento de la economía, y que el terror ya no ocupa la posición central de otros tiempos. Pero todo esto no significa que la élite política haya perdido las riendas del control y que no pueda volver a surgir el terror: «El arsenal del totalitarismo, sus instrumentos de represión, el terror y la censura, han de mantenerse dispuestos, pero deben emplearse con menos frecuencia mientras el régimen base su política del momento en su capacidad para persuadir y demostrar a los ciudadanos soviéticos que el comunismo es una forma de vida viable y con vigor» [70]. La élite ha de atender las expectativas de la población —el llamado *socialismo de goulash*— pero ¿es necesario, para atender esas expectativas, que el partido retenga el control? De este modo Schapiro dice, al examinar el programa del partido de 1961, que «expresa abiertamente el hecho concreto de que ha de mantenerse la dominación del partido. Hace una llamada al ciudadano soviético para que reconozca y acepte este hecho... A cambio, le promete grandes beneficios y prosperidad» [71]. Tampoco tenemos pruebas de que las élites compensadoras puedan de hecho determinar o influir en gran medida en las decisiones políticas, a no ser en un sentido instrumental haciéndolas operativas. Los experimentos económicos de Liberman sobre las preferencias del consumidor no van en contra de la posición del partido, ya que no podrían haberse realizado sin autorización política, pero hacen más eficiente la distribución y sirven para contrarrestar los conocidos estrangulamientos de la economía soviética[66]. Además, aunque las fuerzas armadas soviéticas han estado siempre en bastante buena posición —en la década de 1930 el crecimiento de la producción de potencial de guerra superó siempre el de los demás sectores—, siempre han estado controladas y a disposición de la élite del partido y nunca han intentado llevar a cabo iniciativas políticas independientes. Por otra parte, siempre han buscado, y han obtenido gradualmente, una cierta autonomía en cuestiones de interés puramente profesional, pero la condición de esta autonomía es que no «desafíe los básicos poderes de decisión política del partido»[67].

[66] H. Shaffer, «What Price Economic Reforms», *Problems of Communism*, **12**, n.º 3, pp. 18-24 (1963), cuya conclusión es que «los objetivos económicos importantes habían de ser decididos todavía por la agencia central de planificación», y que el fin de los experimentos es «la ejecución más eficiente de las tareas prescritas por el gobierno».

[67] T. W. Wolfe, «Political Primacy versus Professional Elan», *Problems of Communism*, **13**, n.º 3, 44-52 (1964); pero Wolfe afirma que la relación es bastante

Otro posible desafío a la hegemonía de la élite del partido lo constituye la clase gestora, en rápido crecimiento, que desde luego podría, si quisiera o lo creyera posible, hacerse gradualmente con las riendas del poder. Pero el hecho es que sus miembros no parecen considerarse como una alternativa o como posibles sucesores; más bien parecen ser técnicos realistas cuyo «realismo está dentro de una amplia ortodoxia ideológica, que encuentra su principal expresión en la ejecución de la línea fijada por el partido» [68]. A pesar de la restructuración general de la burocracia estatal y económica durante la década de 1950, tampoco hay pruebas de que los burócratas fueran consultados o de que opusieran una resistencia seria —o de que iniciaran tales cambios. No obstante, había otro grupo de presuntos herederos claros o liberalizadores, la *intelligentsia,* que incluye a los artistas, dramaturgos, poetas y, en general, al estrato más culto que ha constituido una *oposición* tradicional en la URSS. Este grupo puede dividirse en «una nueva *intelligentsia* preocupada por la eficiencia», de la que ya nos hemos ocupado, y «la *intelligentsia* más tradicional, preocupada por la verdad», cuyas ideas «parecieron tener cierto eco en la generación joven» [72]. Es posiblemente un síntoma de la importancia de este último grupo la continua serie de vituperaciones y censuras a que les somete el régimen, pero no podemos saber si los ataques constituyen una respuesta casi condicionada de los gobernantes de un país muy consciente de la influencia potencial de las artes en la política, o si se trata simplemente de un ataque contra un grupo relativamente inocuo, pero desviado. En uno u otro caso, es probable que la *intelligentsia* que busca la verdad sea una pequeña minoría sin gran respaldo, de modo que, por lo menos en términos estalinistas, el régimen puede permitirse la indulgencia con ella. Cuando un grupo de manifestantes fue procesado por protestar en Moscú, en enero de 1967, contra el arresto de varios escritores, los presos fueron sometidos a un juicio que podríamos calificar de normal, dispusieron de un abogado defensor y pudie-

---

tensa. Véase también el detallado estudio de R. Holkowicz, *The Soviet Military and the Communist Party,* Princeton University Press, Princeton, 1967.

   [68] J. Azrael, *Managerial Power and Soviet Politics,* Harvard University Press, Cambridge, Mass., 1968, p. 162. De modo parecido, Inkeles y Bauer afirman que los managers, ingenieros, etc., aceptan «los principios subyacentes al control político soviético sobre los objetivos del comportamiento económico y administrativo». A. Inkeles y R. Bauer, *The Soviet Citizen,* Oxford University Press, Londres, 1959, p. 389.

ron apelar contra la sentencia. Sin embargo, es significativo que, aunque en la actualidad todo ciudadano soviético teóricamente pueda tener las opiniones que guste, un abogado defensor que pedía la libertad para uno de sus clientes dijo que «Debe ser reeducado lenta y pacientemente, debe ayudársele a abandonar sus ideas infantiles sobre Rousseau y el Parlamento inglés como ideales del orden social» [69].

Así pues, los datos indican que la industrialización no es incompatible con una forma modificada de control totalitario, y que es perfectamente posible que haya grupos funcionalmente importantes para la sociedad y la economía, pero que son incapaces, no están dispuestos o no son conscientes culturalmente de la posibilidad de cambiar un tipo de autoridad por otro. Las estructuras pluralistas en la economía o en la sociedad no están necesariamente unidas a las influencias plurales sobre el sistema político. En el mejor de los casos, las demandas impersonales de eficiencia económica y burocrática pueden suponer concesiones técnicas —una cierta autonomía profesional, la consulta a los expertos sobre la forma de poner ·en práctica las decisiones políticas, las recompensas por los logros, la concesión de elementos de preferencia de consumo, el fin de la imprevisibilidad social producto del terror—, pero todo esto, y más, es compatible con un modelo de dominación o tutela de la élite política. Una forma de expresar esta situación es lo que Fischer llama un sistema de ejecutivos duales, es decir altos burócratas del partido con experiencia y formación en los sectores político y económico. Debido a esta doble formación, estos hombres sirven para «*contrarrestar* la proliferación de actividades especializadas y las presiones muy reales que podrían ejercer en favor de la división del trabajo» [73]. Así pues, la existencia de élites plurales no supone necesariamente la existencia de una competencia entre las élites por la influencia política; la élite política pudo movilizar en la URSS masas de gente y hacer que aceptaran los valores básicos de la sociedad industrial socialista. Los ciudadanos soviéticos aceptan la idea de la propiedad pública de la economía, están bien dispuestos hacia el sistema político, pero desean un «trato honesto por parte de los dirigentes y que muestren cierto interés por su bienestar». No hay un sustancial «rechazo del sistema

[69] P. Litvinov, *The Demonstrations in Pushkin Square*, Harvill Press, Londres, 1969, p. 39. Para un elemento de comparación con la década de 1930 véase la novela de Evgenia Ginsburg, *Into the Whirlwind*, Heron Books, Londres, 1967, capítulo 29, «A Fair and Expeditious Trial».

apoyado de forma predominante sobre bases ideológicas generales o cuestiones de principio»[70].

Ha cambiado desde luego la base de la obediencia en la URSS en los tres períodos considerados. En un principio, una población indiferente seguía prestando su lealtad tradicional a una autoridad central, seguía manteniendo una pauta de casi insensata *idiotez rural* y carecía de todo tipo de alternativa viable, tras la destrucción de los partidos de oposición hacia 1922. Durante este período, se consolidaron los antiguos límites del imperio zarista, el partido se disciplinó y las ciudades fueron sometidas a control. En el segundo período —desde 1938, aproximadamente, hasta mediados de la década de 1950— se empleó el terror para acabar con toda oposición real o posible a la dirección del partido, se sometió el campo al control del partido, se crearon oportunidades de trabajo a enorme escala, se extendió enormemente la educación y el adoctrinamiento y se aumentaron considerablemente las recompensas para los especialistas de todo tipo; y el uso de himnos y símbolos patrióticos durante la guerra, así como un sentimiento de orgullo amargo ante el final surgimiento de Rusia tras siglos de atraso, desempeñaron también su papel en la creación de un sentimiento de lealtad hacia el régimen [74]. Pero la fuente más importante de obediencia fue el temor y sus consecuencias: «la completa destrucción de la personalidad humana —una ausencia de autoridad establecida, de ortodoxia, de relaciones personales estables, en general la 'atomización' de la sociedad» [75]. En este período se abolió la distinción entre lo político y lo que en la sociedad occidental se considera a menudo como no político, de modo que todo, toda actividad, quedó politizado. Ya no existía nada que se pareciera a una vida privada o a una esfera privada de actividad; la política abarcaba todo.

Durante el último período, cuando casi toda la población no conocía sino la autoridad soviética, la élite gobernante se encontró legitimada porque la población había asimilado una cultura política experimentada en una red de instituciones controladas por una jefatura ideológicamente consciente[71]. Disponiendo de

[70] A. Inkeles y R. Bauer, *The Soviet Citizen,* Oxford University Press, Londres, 1959, pp. 392-3. Para conclusiones muy parecidas, véase Z. Byrski, «The Communist Middle Class in the USSR and Poland», *Survey,* n.º 73, 80-92 (1969).

[71] C. P. FitzGerald, *Revolution in China,* Cressett Press, Londres, 1952, afirma que las experiencias históricas en China durante el período posterior a 1900, unidas a una *necesidad* psicológica sentida por la mayor parte de la población de una autoridad segura, hizo innecesario el empleo por el régimen

un control total sobre la economía y el gobierno, la jefatura pudo hacer importantes concesiones que casi con seguridad tuvieron el efecto de reforzar la lealtad popular. Esta lealtad parece que se atribuye a la capacidad del sistema para proporcionar satisfacciones y, por lo tanto, en parte a decisiones políticas que no pueden ser arbitrarias como en el período anterior, sino que deben ser el resultado de consideraciones sistemáticas de los intereses y grupos implicados.

5.8. Conclusiones

Hemos examinado dos modelos que pretenden explicar la distribución de la obediencia y el poder en las sociedades industriales, y ambos tienen cierto grado de verosimilitud. Pero en ambos modelos se plantean problemas. Por ejemplo, tanto Gran Bretaña como EE. UU. son países industriales, pero los partidarios de un modelo los consideran como más o menos pluralistas, mientras que el otro enfoque piensa que están dominados por una élite. Aparecen de inmediato varias posibilidades a considerar: ambos modelos son inadecuados; uno de ellos es inadecuado; los dos son adecuados, pero centran su atención en diferentes aspectos o niveles del sistema político. Es difícil señalar cuál de estas alternativas representa la caracterización más precisa, ya que ambos modelos tienen, como hemos expuesto, sus ambigüedades y sus faltas de precisión conceptual. Teniendo en cuenta esto, los problemas de hacer operativa y de investigar y construir una imagen precisa de la distribución del poder resultan más complicados. Como hemos visto, Dahl ha hecho hincapié en un conjunto de condiciones tan estrictas para verificar el modelo de la élite, que casi excluye la posibilidad de que exista una élite; pero al mismo tiempo ha limitado tanto su propio modelo que uno no está del todo seguro sobre si es aplicable fuera de New Haven. Desde luego, puede afirmarse que el *pluralismo* de New Haven no es un modelo válido para todas las ciudades norteamericanas, ni tampoco lo pretende Dahl, ya que, para él, el pluralismo está

---

comunista de una fuerza numerosa después de su triunfo en la guerra civil. La ideología y el autoritarismo del PCC «satisface el deseo tácito de muchos» y, por ello, hace inútiles algunos de los peores excesos de Stalin (p. 191). Ping-chia Kuo, *China, New Age and Outlook,* Penguin, Londres, 1959, p. 77, adopta un punto de vista muy parecido, haciendo hincapié en que «el determinismo marxista correspondía bien al temperamento del pueblo chino».

unido a una división industrial del trabajo relativamente amplia: a la existencia de ciudades multiindustriales con una clase ejecutiva peripatética y una clase obrera móvil organizada en sindicatos y partidos en competencia. De un análisis interno puede deducirse que el modelo pluralista, tal como ha sido desarrollado por Dahl, es aplicable a las sociedades industriales occidentales —lo que niegan firmemente los elitistas— y que tiene una aplicación muy escasa en el Tercer Mundo.

Sin embargo, es posible imaginar decisiones más o menos pluralistas cuando, como dice Presthus, consideramos al *pluralismo* como un continuo, en el que el contexto de las principales decisiones puede considerarse como *más* o *menos* pluralista [76]. La medición del pluralismo exige entonces precisar la participación directa real de los individuos en varias decisiones —acudiendo a reuniones, contribuyendo con dinero y tiempo, votando, etc.— y la participación mediatizada a través de la pertenencia a asociaciones voluntarias implicadas [77]. Empleando estos índices, Presthus halló que la participación variaba en sus dos comunidades y según el tipo de cuestiones a decidir, pero salvo en una decisión sobre la construcción de un hospital «pocas organizaciones participaron alguna vez. Y sólo una organización local desempeñó un papel activo en la mitad al menos de las decisiones»[72]. Como el pluralismo subraya la importancia de la participación mediatizada a través de grupos, y Presthus halló una participación muy baja en los grupos y un nivel muy bajo de participación de los grupos en la toma de decisiones —«sólo un 6 por ciento de las 52 organizaciones desempeñaron un papel activo en más de una decisión»—, concluye *provisionalmente* diciendo «que se ha exagerado el papel de las organizaciones voluntarias en el afianzamiento de las formas pluralistas de adopción de decisiones». Desde luego, esto no representa un test suficiente del modelo pluralista, según el cual los que toman las decisiones tienen en cuenta incluso a los grupos e intereses que no participan, pero sugiere que corresponde a los pluralistas el demostrar que se tienen en consideración esos intereses de otra manera que por su simple afirmación por parte de los que toman las decisiones. Pero es muy difícil imaginar cómo podría conse-

---

[72] R. Presthus, *Behavioural Research on British Executives,* University of Alabama Press, Alabama, 1965, p. 281. Presthus escribe también: «Aunque los miembros de la estructura de poder de Edgewood y Riverview no forman una élite monolítica cerrada, el proceso de toma de decisiones se parece mucho al del modelo elitista» (p. 283).

guirse de hecho esta demostración —tan difícil como es para el modelo de la élite cumplir las condiciones de Dahl.

Por otra parte, los críticos pluralistas han apuntado acertadamente varias deficiencias importantes del modelo de la élite: su carácter autosuficiente; su tendencia a extraer y mezclar pruebas procedentes de distintos países, períodos y condiciones sociales; su incapacidad para aislar decisiones cruciales; su sociologismo con frecuencia ingenuamente cuantificador, etc. Sin embargo, parece que en la mayoría de los sistemas estables existen ventajas sistemáticas para que un grupo o clase social relativamente restringidos puedan acceder a papeles de considerable importancia social. Esta podría ser la principal virtud del modelo de las élites, pero aparte de ello no sirve para explicar adecuadamente la relación existente entre una decisión política concreta y los intereses concretos de un grupo particular. Los intentos de aplicación son problemáticos, ya que los estudios de las élites tienen la tendencia a definir la élite en términos de los resultados de las decisiones políticas: *¡post hoc ergo propter hoc!* Un método alternativo de identificar los intereses de la élite es estudiar sus antecedentes sociales, sus propiedades, etc., y definir a continuación los resultados de las decisiones políticas como la defensa más o menos sutil de esos intereses. Esta deficiencia del modelo de las élites constituye el núcleo central de investigación del modelo pluralista y es también la deficiencia más importante del modelo pluralista fuera de EE. UU.: lo importante es que este enfoque está condicionado culturalmente. En ninguna otra sociedad industrial hay tantas decisiones políticas y económicas a las que se llegue tan abiertamente, con frecuencia a la luz de la publicidad y la investigación, como en EE. UU. Por supuesto, no se trata de una objeción a la precisión del modelo, pero es una dificultad importante para que puedan cumplirse los criterios que Dahl establece para una élite.

Otro problema que se plantea en relación con el modelo de la élite es que las desigualdades de que habla sirven para cualquier sociedad, excepto las más indiferenciadas y sencillas, pero la cuestión real en sociología política es *si estas desigualdades afectan al proceso de toma de decisiones y cómo afectan.* No hay respuesta fácil a este problema, ya que incluso en el caso aparentemente sencillo de la URSS no resulta en absoluto evidente la existencia de una relación simple entre el régimen político y las estructuras social e industrial actuales. Sin embargo, en capítulos ulteriores examinaremos las relaciones que existen entre la estructura social y fenómenos como el del voto, los niveles y tipos de participación política, las actitudes hacia el sistema político, el impacto de los grupos y partidos en ciertas decisiones concretas, las fuentes sociales de la lealtad y deslealtad, etc. Pero no supondrá una teoría general que prediga resultados políticos concretos a partir de particulares configuraciones económicas, sociales o de actitudes, ya que tal teoría no existe.

REFERENCIAS BIBLIOGRÁFICAS

[1] I. DAVIES, *Social Mobility and Political Change,* Pall Mall, Londres, 1970, capítulo 1.
[2] T. H. MARSHALL, «Citizenship and Social Class», en *Sociology at the Cross Roads,* Heinemann, Londres, 1963, pp. 67-127.
[3] L. PYE, *Aspects of Political Development,* Little, Brown, Boston, 1966, p. 37.
[4] E. SHILS, «Demagogues and Cadres in the Political Development of the New States», en L. Pye (ed.), *Communications and Political Development,* Princeton University Press, New Jersey, 1963, pp. 64-77.
[5] G. ALMOND, *Political Development,* Little, Brown, Boston, 1970, páginas 159-179.
[6] J. LA PALOMBARA (ed.), *Bureaucracy and Political Development,* Princeton University Press, New Jersey, 1963, p. 96.
[7] H. HART, «Social Theory and Social Change», en L. Gross (ed.), *Symposium on Sociological Theory,* Harper and Row, Nueva York, 1959, pp. 196-238; N. J. Smelser, «Mechanism of Change and Adjustment to Change», en J. Finkle y R. Gable, *Political Development and Social Change,* Wiley, Nueva York, 1968, pp. 28-43.
[8] C. S. WHITAKER, «A Disrhythmic Process of Political Change», en *World Politics,* 19, 190-217 (1967).
[9] S. M. LIPSET, *Political Man,* Mercury Books, Londres, 1963, capítulo 3.
[10] W. C. MITCHELL, «The Shape of Political Theory to Come», en S. M. Lipset (ed.), *Politics and the Social Sciences,* Oxford University Press, Nueva York, 1969, p. 116.
[11] P. CUTWRIGHT, «National Political Development: Its Measurement and Social Correlates», en N. W. Polsby, R. Dentler y P. Smith (eds.), *Politics and Social Life,* Houghton Mifflin, Boston, 1963, pp. 569-582; D. McQuail, *Towards a Sociology of Mass Communications,* Collier-Macmillan, Londres, 1970, capítulo 1, en especial p. 13.
[12] G. ALMOND y J. COLEMAN, *The Politics of the Developing Areas,* Princeton University Press, Princeton, 1960, pp. 532-576 y apéndice.
[13] T. W. CASSTEVENS y C. PRESS, «The Context of Democratic Competition in American State Politics», *American Journal of Sociology,* 68, 536-543 (marzo 1963); R. E. Dawson y J. A. Robinson, «Inter-Party Competition, Economic Variable and Welfare Policies in the American States», *Journal of Politics,* 25, 265-289 (mayo 1963).
[14] R. H. DAHL, *Pluralist Democracy in the United States,* Rand McNally, Chicago, 1967, p. 24.
[15] E. E. SCHATTSNEIDER, *The Semisovereign People,* Holt, Rinehart and Winston, Nueva York, 1960, p. 141.

[16] J. R. GUSFIELD, «Mass Society and Extremist Politics», *American Sociological Review*, **27**, n.º 1, 19-30 (feb., 1962).

[17] W. KORNHAUSER, *The Politics of Mass Society*, Routledge and Kegan Paul, Londres, 1960; S. M. Lipset, *Political Man*, Mercury Books, Londres, 1963, capítulo 2, y Tocqueville en su clásico estudio *Democracy in America*.

[18] K. NEWTON, «A Critique of the Pluralist Model», *Acta Sociologica*, **12**, 209-223 (1969).

[19] J. ROSENAU (ed.), *Domestic Sources of Foreign Policy*, Free Press, Nueva York, 1967, p. 150.

[20] R. DAHL, «Further Reflections on the 'Elitist Theory of Democracy'», *APSR*, **60**, 298 (1966).

[21] R. PRESTHUS, *Men at the Top*, O.U.P., Nueva York, 1964, pp. 238-281.

[22] R. ARON, «Social Structure and the Ruling Class», *British Journal of Sociology*, I, Parte I, 1-16; Parte II, 126-143 (junio, 1950).

[23] R. H. DAHL, *Who Governs?*, Yale University Press, New Haven, 1961.

[24] —— *Who Governs?*, Yale University Press, New Haven, 1961, p. 72.

[25] —— *Who Governs?*, Yale University Press, New Haven, 1961, p. 85.

[26] E. C. BANFIELD y J. Q. WILSON, *City Politics*, Harvard and MIT Press, Cambridge, Mass., 1963, pp. 244-245.

[27] R. H. DAHL, *Who Governs?*, Yale University Press, New Haven, 1961, p. 85.

[28] D. ROGERS, «Monolithic and Pluralistic Community Power Structures», en B. E. Swanson (ed.), *Current Trends in Comparative Community Studies*, Community Studies Inc., Kansas City, 1962, pp. 31-48.

[29] T. GITLIN, «Local Pluralism as Theory and Ideology», en H. P. Dretzel, *Recent Sociology*, Macmillan, Nueva York, 1969, pp. 62-87.

[30] R. H. DAHL, *Pluralist Democracy in the United States*, Rand McNally, Chicago, 1967, p. 378.

[31] —— *Who Govern:.*, Yale University Press, New Haven, 1961, p. 164.

[32] —— *Who Governs?*, Yale University Press, New Haven, 1961, p. 277.

[33] L. W. MILBRATH, *Political Participation*, Rand McNally, Chicago, 1965, pp. 55-66.

[34] P. BACHRACH y M. BARATZ, «Two Faces of Power», *The American Political Science Review*, **56**, 948 (1962).

[35] N. POLSBY, *Community Power and Political Theory*, Yale University Press, New Haven, 1963, p. 118; J. Walker, «A Critique of the Elitist Theory of Democracy», *APSR*, **60**, 285-295 (1966); R. H. Dahl, *Who Governs?*, Yale University Press, New Haven, 1961, pp. 101, 140 y 163.

[36] G. PARRY, *Political Elites*, Allen and Unwin, Londres, 1969, p. 126.

[37] M. PARENTI, «Power and Pluralism: A View From the Bottom», *Journal of Politics*, **32**, n.º 3, 501-530 (1970).

[38] M. E. OLSEN, «Alienation and Political Opinions», *Public Opinion Quarterly*, **29**, 200-212 (1965); S. J. Kenyon, 'The Development of Political Cynicism Among Negro and White Adolescents', documento presentado en la conferencia de SPSA de 1969; R. E. Dowse y A. Brier, «Political Mobilisation: A Case Study», *International Review of Community Development*, **19-20**, 327-340 (1968); B. Barry, *Political Argument*, Routledge and Kegan Paul, Londres, 1965, capítulos 14 y 15, para un estudio formal de la cuestión.

[39] R. K. MERTON, *Social Theory and Social Structure*, Free Press, Nueva York, 1968, capítulos 6 y 7; M. B. Clinard, *Anomie and Deviant Behaviour*, Free Press, Glencoe, 1964.

[40] B. CRICK, «'Them and Us': Public Impotence and Government Power», *Public Law*, 8-27 (primavera de 1968).

[41] F. TEMPLETON, «Alienation and Political Participation, Some Research Findings», *Public Opinion Quarterly*, XXX, n.º 2, 249-261 (verano de 1966).

[42] W. KORNHAUSER, *The Politics of Mass Society*, Routledge and Kegan Paul, Londres, 1960.

[43] J. R. GUSSFIELD, «Mass Society and Extremist Politics», *American Sociological Review*, 27, n.º 1, 19-30 (1962); S. M. Lipset, «Social Stratification and Right Wing Extremism», *British Journal of Sociology*, 10, 1-32 (1959); M. Trow, «Small Business, Political Tolerance and Support for the McCarthy», *American Journal of Sociology*, 64, 270-281 (1958).

[44] F. PARKIN, «Working Class Conservatives», *British Journal of Sociology*, 18, n.º 3, 281 (1967).

[45] B. BERNSTEIN, «Some Sociological Determinants of Perception», *British Journal of Sociology*, 9, n.º 2 (1958); también «Language and Social Class», *British Journal of Sociology*, 11, n.º 3 (1960).

[46] R. DOWSE y J. HUGHES, «The Family, The School and The Political Socialization Process», *Sociology*, 5, n.º 1, 21-45 (1971).

[47] G. PARRY, *Political Elites*, Allen and Unwin, Londres, 1969, pp. 33-34; T. Bottomore, *Elites and Society*, C. A. Watts, Londres, 1964, pp. 2-15.

[48] T. BOTTOMORE, *Elites and Society*, C. A. Watts, Londres, 1964, p. 9.

[49] G. PARRY, *Political Elites*, Allen and Unwin, Londres, 1969, p. 37; J. H. Meisel, *The Myth of the Ruling Class*, University of Michigan Press, Ann Arbor, 1962, p. 35.

[50] W. L. GUTTSMAN, *The British Political Elite*, MacGibbon and Key, Londres, 1963, pp. 319-367.

[51] T. LIPTON y C. S. WILSON, «The Social Background and Connections of 'Top Decision-Makers'», *Manchester School*, 27, n.º 1, 30-51 (enero de 1959); R. K. Kelsall, *The Higher Civil Servants in Britain*, Routledge and Kegan Paul, Londres, 1955; C. H. Dodd y J. F. Pickering, «Recruitment to the Administrative Class 1960-64», partes 1 y 2, *Public Administration*, 45 (verano y primavera de 1967).

[52] P. ABRAMS, «Democracy, Tecnology and the British Officer», en S. P. Huntington (ed.), *Changing Patterns of Military Politics*, Free Press, Nueva York, 1962, p. 155.

[53] C. OTLEY, «Social Affiliations of the British Army Elite», en J. van Doorn (ed.), *Armed Forces and Society*, Mouton, La Haya, 1970, pp. 84-108.

[54] D. GLASS, «Education» en M. Ginsberg (ed.), *Law and Opinion in England in the Twentieth Century*, Stevens, Londres, 1959, pp. 318-346.

[55] S. FLORENCE, *The Logic of British and American Industry*, Routledge and Kegan Paul, Londres, 1961, p. 193.

[56] C. WRIGHT MILLS, *The Insiders*, New Left Review, Londres, 1958, p. 31.

[57] R. DAHL, «A Critique of the Ruling Elite Model», *APSR*, 52, 463-469 (1958).

[58] L. EDINGER y D. SEARING, «Social Background in Elite Analysis», *APSR*, 61, 423-445 (1967).

[59] V. I. LENIN, ¿*Qué hacer?*, Ediciones en Lenguas Extranjeras, Moscú, 1950, primera edición en 1902.

[60] J. A. ARMSTRONG, *The Soviet Bureaucratic Elite*, Atlantic Books, Londres, 1959, p. 2.

[61] M. FAINSOD, *How Russia is Ruled*, Harvard University Press, Cambridge, Mass., 1963, en especial capítulo 12.

[62] G. FISCHER, *The Soviet System and Modern Society*, Atherton Press, Nueva York, 1968, p. 7.

[63] BARRINGTON MOORE, jr., *Terror and Progress, USSR*, Harvard University Press, Cambridge, Mass., 1954, p. 176.

[64] R. A. BAUER y D. GLEICHER, «World-of-Mouth Communication in the Soviet Union», *Public Opinion Quarterly*, **17**, 297-310 (julio, 1953).

[65] H. ARENDT, *The Origins of Totalitarianism*, Allen and Unwin, Londres, 1958, parte 3; C. J. Friedrich y Z. K. Brzezinski, *Totalitarian Dictatorship and Autocracy*, Harvard University Press, Cambridge, Mass., 1956, capítulo 13; H. Eckstein y D. Apter, *Comparative Politics*, Free Press, Nueva York, 1963, pp. 433-483; R. J. Lifton, *Thought, Reform and the Psychology of Totalism*, Penguin, Londres, 1967; C. W. Cassinelli, «Totalitarianism, Ideology and Propaganda», *Journal of Politics*, **22**, n.º 1, 68-95 (1960).

[66] J. STALIN, *On the Draft Constitution of the USSR*, Foreign Languages Publishing House, Moscú, 1950, discurso de 1936, p. 21.

[67] A. INKELES y R. BAUER, *The Soviet Citizen*, Oxford University Press, Londres, 1959, pp. 380-381.

[68] M. WATNICK, «The Appeal of Communism to the Underdeveloped Peoples», *Economic Development and Cultural Change*, **1**, n.º 1 (1952); E. Shils, «The Intellectuals in the Political Development of New States», *World Politics*, **12**, n.º 3 (1960). Para el estudio de un caso concreto, véase R. E. Dowse, *Modernisation in Ghana and the USSR*, Routledge and Kegan Paul, Londres, 1968.

[69] C. KERR, J. DUNLOP, F. HARBISON y C. MYERS, *Industrialisation and Industrial Man*, Oxford University Press, Londres, 1964; A. Inkeles y R. Bauer, *The Soviet Citizen*, Oxford University Press, Londres, 1959, en especial capítulos 1, 2 y 10; T. Parsons, «Communism and the West: the Sociology of the Conflict», en A. y E. Etzioni (eds.), *Social Change*, Basic Books, Nueva York, 1964, y «Evolutionary Universals in Society», *American Sociological Review*, **24**, n.º 3 (1964); sección 7 de P. Hollander, *American and Societ Society*, Prentice-Hall, Englewood Cliffs, 1969.

[70] A. ULAM, «The New Face of Soviet Totalitarianism», *World Politics*, **12**, n.º 3, 409 (1959-60).

[71] L. SCHAPIRO, *The USSR and the Future*, Praeger, Londres, 1963, p. XIV, y véase su introducción «From Utopia Towards Realism».

[72] J. H. BILLINTON, «The Intellectuals», en A. Kassof (ed.), *Prospects for Soviet Society*, Praeger, Nueva York, 1968, pp. 449-470.

[73] G. FISCHER, *The Soviet System and Modern Society*, Atherton Press, Nueva York, 1968, p. 14.

[74] R. BAUER, A. INKELES y C. KLUCKHOLM, *How the Soviet System Works*, Vintage Books, Nueva York, 1956, pp. 265-266.

[75] C. W. CASSINELLI, «Totalitarianism, Ideology and Propaganda», *Journal of Politics*, **22**, n.º 1, 90 (1960).

[76] R. PRESTHUS, *Behavioural Research on British Executives*, University of Alabama Press, Alabama, 1965, p. 242.

[77] —— *Behavioural Research on British Executives*, University of Alabama Press, Alabama, p. 267.

Capítulo 6
LA SOCIALIZACION POLITICA Y LA
PSICOLOGIA SOCIAL DE LA POLITICA

6.1. Concepto y procesos de socialización

Hemos explicado antes a grandes rasgos que, para tener cohesión, todas las sociedades humanas dependen hasta cierto grado de una concepción común de los valores, las normas, los símbolos, etc.; de hecho, de todo lo que constituye la idea de cultura. Estas concepciones comunes no nacen con el individuo, sino que se adquieren a lo largo de la vida. Este proceso de aprendizaje social es conocido con el nombre de socialización, y representa el medio por el cual «los individuos adquieren el conocimiento, las capacidades y disposiciones que les permiten participar con mayor o menor eficacia en los grupos sociales y en la sociedad»[1]. Aunque el período fundamental de iniciación a la cultura suele ser el de la niñez y la primera adolescencia, se trata no obstante de una experiencia que dura toda la vida. Situaciones

[1] O. G. Brim, Jr., «Socialisation Through the Life Cycle», en O. G. Brim, Jr., y S. Wheeler, *Socialisation After Childhood,* Wiley, Nueva York, 1966; de modo parecido I. L. Child en G. Lindzey (ed.), *Handbook of Social Psychology,* Addison-Wesley, Cambridge, Mass., 1954, vol. 2, p. 655, define la socialización como «el proceso de conjunto por el cual un individuo, nacido con una gama de comportamiento potencial enormemente amplia, es conducido a desarrollar un comportamiento con límites más restringidos —consistente en lo que es habitual y aceptable con arreglo a las normas de su grupo».

nuevas y cruciales como una revolución política, una catástrofe social y la emigración a culturas nuevas llevan consigo el aprendizaje de nuevas pautas. Igualmente importante, aunque menos espectacular, es el hecho de que toda nueva experiencia, y en especial la que se obtiene al adoptar un rol muy estructurado, como ocurre durante la iniciación a una profesión establecida, supone nuevas experiencias de socialización para muchos adultos jóvenes. Considerada desde el punto de vista de la colectividad, sea ésta una sociedad o un grupo, la socialización es un mecanismo por el que se mantiene la relativa permanencia de la cultura, a pesar del carácter fundamentalmente temporal de la participación en ella de cualquier conjunto de individuos. Este enfoque nos obliga a realizar un examen de los agentes sociales, tanto manifiestos como latentes, a través de los que se transmite y es mediatizada la cultura. Desde el punto de vista individual, la socialización sería, en resumen *lo que* aprende el individuo, *cuándo* y *cómo* lo aprende, y las consecuencias personales de este proceso.

Hay varias orientaciones intelectuales posibles para el estudio de la socialización: socialización como transmisión intergeneracional de cultura; como el proceso de adquirir controles socialmente aceptables a impulsos *básicos,* y como aprendizaje de roles o preparación para la participación social. Estas tradiciones teoréticas, aunque no son opuestas, hacen hincapié en diferentes factores.

Socialización como aculturación

Esta es la perspectiva adoptada en general por los antropólogos culturales, quienes consideran que el problema fundamental de la vida social es la conservación y la transmisión de modelos culturales característicos a través de las sucesivas generaciones. En su versión más sencilla, este enfoque considera que la adquisición y la interiorización de la cultura es un proceso casi automático por el que el individuo adquiere la cultura por su contacto con ella a lo largo del tiempo. Este proceso de absorción cultural era concebido como un todo, sin que se considerara ligado de forma específica a ningún mecanismo particular de aprendizaje [1]. Aunque algunas versiones más complejas de este punto de vista intentaron analizar los mecanismos de transmisión de la cultura [2], se conservaron, sin embargo, los siguientes elementos característicos. En primer lugar, se consideraba al niño como un receptor casi pasivo de la cultura. Segundo, era concebido como un todo al considerarse que una cultura estable proporcionaba un contenido consecuente —en el que se entrelazaban y complementaban unos elementos con otros— con el que el niño estaba en contacto. Por último, se insistía en que las relaciones específicas de causa-efecto no podían aislarse del conjunto de pautas mutuamente reforzadas de interacción y significado dentro de la cultura.

Este enfoque fundamentalmente antropológico se basaba en investigaciones de campo en pequeñas sociedades primitivas estables. (Y también en una adhesión un tanto romántica a una de las partes de las dicotomías popular-urbano, *gemeinschaft-gessellschaft*, status-contrato.) El comportamiento parecía ser realmente una pieza, una consecuencia de una adhesión irreflexiva a una cultura coherente en la que el conflicto y la disensión eran mínimas, y en la que, por lo tanto, si se producía una innovación solía tener un carácter desorganizador y era siempre de origen exterior.

Socialización como control de impulsos

Como vimos en el capítulo 2, una línea del pensamiento social, cuyos orígenes se remontan a Platón, considera que el problema del orden consiste básicamente en encontrar los medios mediante los cuales pueden controlarse los impulsos innatos del hombre. De esta línea de pensamiento se deriva la concepción de la socialización como el proceso de frenar los impulsos potencialmente desorganizativos, canalizándolos en direcciones socialmente aceptables. Esta es, por supuesto, la concepción de Freud y de la tradición psicoanalítica[2]. Según esta tradición de pensamiento, la participación política podría considerarse como la transferencia de impulsos personales y privados —que podrían adoptar otras formas— a la escena pública, en la que pueden tener efectos de gran alcance o ser relativamente inocuos. Es decir, al psicólogo podría interesarle responder a esta cuestión: ¿cómo se sirve el individuo —conscientemente o, lo que es más probable, inconscientemente— de su actividad política, o de cualquier otro tipo de actividad, para satisfacer ciertos impulsos, liberar ten-

---

[2] Véase S. Freud, *Civilisation and its Discontents*, ed. James Strachey, Hogarth Press, Londres, 1963, y J. W. Whiting y R. L. Child, *Child Training and Personality*, Yale University Press, New Haven, 1953; y sobre la aplicación de la tradición a la política véase H. Lasswell, *Power and Personality*, Norton, Nueva York, 1948; véase también el cuidado capítulo de P. Rieff, *Freud: The Mind of the Moralist*, Viking, Nueva York, 1959, pp. 220-256.

siones personales, etc.? Por otra parte, al sociólogo político le interesa mucho más la posible relacción existente entre ciertos tipos de personalidad y la estructura social; está interesado en el impacto de esos tipos en el sistema político, en las posibilidades de que disponen personalidades diferentes de hallar salidas políticas (por supuesto, podrían encontrar también otras salidas). Es también de interés, a nivel menos *básico* y más abierto, la manera en que se enseña a la gente la actuación *correcta* en los roles políticos más evidentes, con independencia de la personalidad *básica*, que han de encontrarse en las sociedades, como por ejemplo los de jefe, caudillo militar, legislador, activista político, funcionario civil, etc. Finalmente, al especialista en sociología política le interesa también si ciertos tipos de personalidad son o no *atraídos* hacia ciertos roles políticos.

Socialización como enseñanza de roles

Este enfoque subraya el objeto social de la socialización, consistente en conseguir la conformidad de los individuos con la estructura normativa de la sociedad. La socialización es un proceso por el que se enseña al niño a participar en la sociedad. El punto de partida de este enfoque reside en que para la supervivencia estructural se necesita encontrar personas que desempeñen los roles institucionalizados que constituyen el orden social. Para algunas versiones de esta teoría, el proceso de socialización es un mero apéndice del proceso social general, dándose más o menos por descontado una adecuada socialización. Sin embargo, en formas más complejas la relación entre la socialización y las demandas de roles es considerada como algo más problemático, y todo el proceso de socialización aparece como un ajuste con mayor o menor éxito del individuo a las necesidades de la sociedad. Según esta línea de pensamiento, la estructura social y la personalidad aparecen como sistemas *diferentes* con sus propias exigencias para el mantenimiento del sistema, y el proceso de socialización se encarga de crear una compatibilidad mínima entre ambos [3].

Como hemos dicho anteriormente, estas ideas no son incompatibles, pero nos inclinaremos de manera más decidida hacia la concepción de la socialización como enseñanza de roles, ya que ofrece varias ventajas desde el punto de vista de la sociología política. Concede un papel central al proceso de socialización como conformador del comportamiento individual y de sus consecuencias para la sociedad. Además, este enfoque centra su atención en una serie de agentes de socialización tales como la familia, la escuela, el grupo de iguales, la fábrica, la oficina, etc. Al ofrecer la posibilidad de una interación entre los agentes de socialización, prevee como posibilidad permanente la existencia del conflicto y el cambio en cualquier sistema. El primer enfoque lo discutiremos con mayor detalle en el capítulo 7, cuando analicemos la idea de cultura política. Del segundo enfoque nos ocuparemos en el presente capítulo, cuando tratemos de algunas bases psicológicas del comportamiento político.

6.2. Socialización política

Dirigir el estudio general de la socialización hacia el análisis de la socialización política implica una consideración de la importancia de los procesos y pautas de socialización para el funcionamiento del sistema político y para la comprensión del comportamiento político. Estamos interesados en las formas en que la gente *estructura* su mundo político, cognoscitiva y afectivamente, en comparar éstas tanto en el interior de los sistemas como entre ellos, y en analizar esta estructuración mediante una consideración de los agentes, procesos, duración y cambio [4]. Estamos también interesados en el efecto de los agentes de socialización manifiestamente no políticos que generan actitudes y un comportamiento con consecuencias políticas. Por ello, un elemento importante a tener en cuenta es que gran parte de la socialización política es no-política en sus orígenes, y latente en su proceso.

El gráfico 3 muestra en diagrama el proceso de socialización política (al menos en sociedades estructuralmente diferenciadas). A grandes rasgos, esos son los agentes de socialización política. Pero es muy poco lo que nos aclaran sobre varios problemas importantes. Primero, el agente no nos dice nada sobre el *contenido* de la socialización política; es algo que ha de investigarse. En segundo lugar, y de mayor importancia para nuestro estudio, el interés del diagrama para el especialista en sociología política reside en el último paso, que sugiere que las actitudes, opiniones, ideas o similares de una u otra forma dirigen o determinan el comportamiento político de una persona. Como veremos más adelante en este mismo capítulo, esta tesis resulta muy problemática [5]. Finalmente, y en cuanto especialistas en sociología política, estamos interesados en la relación existente entre el proceso delineado en el gráfico 3 y el efecto que el comportamiento político popular *resultante* tiene en la política y la estabilidad del gobierno. Como veremos más adelante, tal relación tampoco es fácil de precisar.

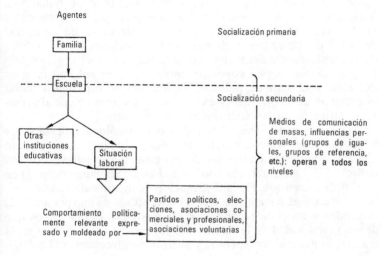

GRÁFICO 3.   Proceso y agentes de socialización política en sociedades complejas.

La primera etapa de la socialización en todas las sociedades suele tener lugar dentro de la familia o en el marco del grupo de parentesco o de iguales. En esta fase, el niño empieza a aprender un lenguaje y una serie de normas culturales sobre lo bueno y lo malo, así como ciertas pautas de comportamiento referentes básicamente a roles de edad y sexo. En esta etapa, la socialización política abierta y manifiesta tiene un papel muy reducido, pero lo que se aprende puede transferirse al contexto de lo político. Esta situación puede apreciarse con la mayor claridad en las sociedades relativamente indiferenciadas, en las que el sistema familiar o de parentesco es casi correlativo con el sistema político. Le Vine ha estudiado la autoridad y las actitudes hacia ella en dos sistemas de linaje segmentarios, el nuer y el gusii, hallando un contraste sorprendente entre ellos [6]. Los nuer son reacios a aceptar posiciones de autoridad, mientras los gusii no lo son; los nuer practican el odio de sangre mientras que los gusii solucionan los conflictos ante los tribunales; los nuer hacen hincapié en su independencia personal, y sólo de mala gana aceptan órdenes directas, mientras que los gusii muestran una actitud deferente hacia las personas de posición superior. En pocas palabras, los nuer son igualitarios en actitudes y comportamiento, mientras que los gusii tienen en grado mucho mayor valores de respeto hacia la autoridad. Tratando de hallar una explicación a estas diferencias, Le Vine cree que ha de buscarse en la «socialización en el seno de la estructura de autoridad de la familia [que] deja [a la persona] con valores y expectativas de rol aplicables a unidades sociopolíticas de nivel superior a la familia. Debido a esta conexión entre el primer entorno familiar del niño y el sistema político, es lógico que esperemos hallar diferencias en las primeras experiencias de aprendizaje de individuos típicos en las sociedades gusii y nuer» [7].

Sirviéndose de ideas elaboradas por psicólogos sociales, Le Vine propone «que las actitudes del individuo con respecto a la autoridad están en función de sus primeras relaciones con sus padres» [7]. Las relaciones con los padres se examinan después en una triple dimensión: (1) la distribución de la autoridad en la familia, es decir si es compartida o está concentrada en una persona; (2) la solidez y cordialidad de las relaciones entre el niño y los que tienen la autoridad en la familia; (3) las pautas de disciplina en la familia, es decir si son severos y utilizan con frecuencia el castigo físico, o si son más indulgentes y tienden más a la recompensa. A este respecto existe una diferencia considerable entre las dos culturas, que explicará las diferencias subsiguientes en cuestiones políticamente importantes. Los padres gusii no se ocupan de los niños y sólo intervienen para castigarles, mientras los padres nuer son cariñosos y con frecuencia juegan con el niño. Además, las familias gusii insisten en que los niños no deben luchar sino plantear las causas de sus riñas a los adultos para que éstos decidan, mientras que los nuer conceden gran valor a la agresión y la independencia durante la niñez.

Como indican estos ejemplos, cuando en las sociedades indiferenciadas el sistema político está sumido en un nexo de familia y parentesco, la socialización familiar tiene una influencia directa sobre el comportamiento *político* de los miembros de la sociedad. En las sociedades más diferenciadas ha de considerarse la posibilidad al menos teórica de que existan influencias no congruentes sobre la socialización. Surgen inconsecuencias potenciales cuando hay más de un agente importante de socialización. De este modo, en una sociedad culturalmente variada o racialmente mixta, la socialización en subculturas podría influir en la aptitud de los individuos a integrarse en la cultura política oficial o dominante. Por ejemplo, en la Italia meridional, la familia constituye la asociación a la que se ha de prestar adhesión, confiar, proteger y por la que hay que luchar, con exclusión de todas las demás asociaciones a través de las cuales el individuo podría entrar en contacto con la sociedad en general. Dentro de la familia aprende el niño a desconfiar de los forasteros —*familismo amoral*— y a considerarlos como amenazas potenciales para el bienestar del individuo que sólo puede conseguirse a través de la familia unida. De este modo, la familia mina de manera sistemática la confianza y aptitud de sus miembros para participar en la sociedad general, aun cuando haya agentes en competencia, como las escuelas, los periódicos y los partidos, que representan las perspectivas más amplias de una sociedad nacional [8]. Como hemos indicado en capítulos precedentes, una heterogeneidad de este tipo es típica de las zonas en desarrollo débilmente integradas, donde los procesos de socialización de la familia y los grupos de parentesco pueden ir en contra del desarrollo de instituciones nacionales viables.

Un resultado característico de la existencia de modelos de socialización no congruentes es la inercia y la corrupción burocráticas en las zonas en desarrollo. En esas sociedades, el primer valor social puede ser el respeto a los mayores, o el dar o recibir regalos por los servicios prestados y las obligaciones múltiples del parentesco. Todos esos valores tienen sus orígenes en la fase primaria de la socialización, pero son totalmente opuestos a las formas burocráticas de organización características de cualquier sociedad desarrollada. Cuando el burócrata se encuentra ante el caso de un pariente o ante una petición de trabajo de un pariente, se encuentra automáticamente ante el problema de resolver una situación disonante de conflicto de valores. Puede resolverlo adoptando una actitud totalmente impersonal con todos sus clientes, cayendo así en una pauta de conducta rígida e inútil, o puede asumir su obligación *primaria*, con lo que negaría su razón de ser como burócrata; pero, haga lo que haga, se encontrará ante el dilema inevitable provocado por las exigencias de roles en conflicto [9]. A un nivel de mayor sutileza psicológica, Pye afirmaba en su estudio sobre Birmania que «la familia indudablemente constituye el punto de referencia central de toda la vida social birmana» [10], y que dentro de la familia la madre pasa con rapidez «de la máxima cordialidad y afecto al mayor desinterés y exasperación» [11]. Este comportamiento contradictorio de la madre hacia sus hijos conduce al niño a pensar que carece de control sobre las formas en que es tratado por los demás, ya que el comportamiento de su madre tiene escasa relación con su propio comportamiento. «De este modo, desde sus primeras experiencias, el niño vive en un mundo en el que no existen relaciones racionales, no hay una relación clara de causa-efecto entre su capacidad de acción y de elección y las cosas que más desea» [12]. Como consecuencia de esta experiencia, el niño birmano acaba por pensar inconscientemente que el mundo es inconstante y que las relaciones humanas, incluso con aquellos que parecen cariñosos y próximos, carecen esencialmente de permanencia.

A medida que el niño madura, no se le enseña de forma clara cómo reducir la imprevisibilidad de las relaciones sociales. Lo único que aprende es que debe tratar de evitar convertirse en un estorbo, y esperar seguridad a cambio de su sumisión y complacencia con sus superiores. Además, el niño birmano se hace dependiente de las opiniones de los demás, porque el proceso de socialización le ha proporcionado pocos modelos de comportamiento interiorizado que puedan servir de base para cualquier tipo de independencia segura de sí misma.

También se enseña al niño birmano que la familia es el centro de su existencia, y que la lealtad y la sumisión a los padres es la prueba definitiva de su carácter. Por ello, desde muy pronto, «El niño birmano aprende a ser totalmente sumiso ante cualquier forma de autoridad y a suponer que una actitud pasiva y dócil es más apropiada para agradar a los que detentan el poder» [12]. Los efectos de conjunto de estas tempranas experiencias de socialización parecen ser, según Pye, una «mezcla curiosa de una capacidad permanente para el optimismo y una desconfianza y recelo difusos y omnipresentes en cualquier relación particular» [13]. Esto hace que a los birmanos les resulte extremadamente difícil actuar de manera eficaz en cualquier contexto organizativo, y dentro del marco de la creación de la nación esta mezcla peculiar de «fe en lo difuso y recelo hacia lo particular» es lo contrario de lo que se necesita para *construir* un estado moderno viable.

La conexión entre socialización familiar y comportamiento político adulto en la sociedad más industrializada, y por tanto más diferenciada, es probablemente más indirecta. La razón está en que el alcance social de la familia es bastante más limitado que en las sociedades de las que nos hemos ocupado antes, ya que muchas de las funciones familiares mencionadas han pasado a agentes sociales especializados. Debido a este *declinar* de la familia, el individuo tiene, después de la niñez, muchas menos relaciones intrafamiliares (en especial relaciones de parentesco ampliadas), y por ello la influencia potencial de la familia en el comportamiento y las actitudes del individuo es indudablemente mucho más débil. Más concretamente, una gran parte de la socialización del individuo es experimentada en instituciones diferentes de la familia. La familia ha demostrado ser totalmente inadecuada en las sociedades industriales para preparar a los individuos para el desempeño de roles especializados en la vida adulta, que requieren un alto grado de pericia y de neutralidad afectiva. Por ello, pueden aparecer influencias en conflicto entre los distintos agentes de socialización.

Sin embargo, en la sociedad industrial el niño crece en un medio bastante homogéneo formado por la familia y unas relaciones más amplias de parentesco y vecindad, lo cual habrá de tener una influencia acumulativa durante esos años de formación de la vida de un individuo. Durante ese período, empieza a tomar forma la responsabilidad política, según muchos tratadistas, incluso antes de entrar en la escuela[3]. Considerándolo desde el punto de vista del sistema político, uno de los primeros aspectos del aprendizaje es la adhesión a la comunidad política. Esta adhesión empieza por ser afectiva, teniendo poco contenido racional u objetivo. Las investigaciones norteamericanas indican que estas orientaciones tempranas suelen ser positivas, considerando de manera casi unánime a los dirigentes políticos como benevolentes y amistosos [14]. Además de estas orientaciones básicas hacia la comunidad política, el niño puede también empezar a identificarse con un partido político, aunque esta identificación suele carecer igualmente de todo contenido racional, que tiende a desarrollarse después de los diez años. De manera parecida, el niño empieza a ser consciente y a identificarse con otras agrupaciones societales como la clase social, los grupos religiosos y las agrupaciones étnicas o raciales. Pero el elemento racional es también débil, y la identificación responde a categorías bastante rudimentarias y poco definidas. De este modo, el niño desarrolla una adhesión emocional positiva hacia su medio ambiente inmediato, en especial hacia su padre y su madre, y proyecta después, según se ha señalado, esos sentimientos en figuras e instituciones políticas como, en el caso mejor estudiado, el presidente norteamericano: «Las actitudes hacia el presidente de los Estados Unidos son inicialmente actitudes que se habían dirigido hacia otras figuras de autoridad, y que se transfieren ahora a

---

[3] Como dicen D. Easton y R. Hess en «The Child's Political World», *Mid-West Journal of Political Science,* **6,** 231-235 (1962), «Todo demuestra que el mundo político del niño empieza a tomar forma mucho antes de su ingreso en la escuela primaria...».

un objeto adicional» [15]. Por ello, la mayor parte de la relación emotiva inicial con el sistema político está mediatizada e inspirada por sus compromisos emotivos familiares.

El niño ve a las autoridades públicas como figuras muy próximas y visibles para él, en los términos de las imágenes benevolentes engendradas en el contexto familiar: «... el alcalde ayuda a todos a tener buenas casas y trabajos» [16]. De este modo el niño penetra en el sistema político a través de la transferencia de compromisos afectivos, de lazos que preceden a toda comprensión racional del sistema. De manera parecida, el niño empieza a identificarse, al menos en la sociedad norteamericana, con el partido político más destacado para él, que suele ser el de sus padres. Como en sus otras adhesiones, el elemento racional es débil ya que el niño sabe muy poco de política, etc. A medida que el niño va haciéndose mayor, su ámbito racional se precisa y va disminuyendo gradualmente el aura benevolente que rodea a la autoridad pública: se hace más *realista*. En términos generales, entre los siete y los trece años el niño se aproxima al mundo de manera más abstracta: la imagen de la nación se separa en parte de la jefatura política, los políticos pierden el aura benevolente y son apreciados en términos más realistas, a la vez que aumenta paralelamente el conocimiento político.

La mayoría de los niños norteamericanos han adquirido antes de los quince años muchos elementos de su yo político maduro. Se han fijado las adhesiones políticas afectivas a la nación, al sistema democrático, a los partidos políticos y a las normas del régimen. El conocimiento de los roles y funciones de la vida y las instituciones políticas ha aumentado, y después de los quince años los modelos preadolescentes cristalizan, aumentando las oportunidades de compromiso del niño.

Sin embargo, durante el período de su vida posterior a los siete años, aproximadamente, el niño participa por lo general en una institución de socialización más formal que la familia, la escuela, en la que se encuentra con amigos, competidores, ideas y autoridades extrafamiliares. La pauta de conducta de la autoridad escolar, es menos personal que en el hogar; los jefes de grupo, vigilantes, profesores, capitanes de juego se eligen por sus acciones y logros, o al menos según criterios que no regían en la familia. Entra en contacto con un sistema social en el que la actuación se mide cada vez más por los logros, en el que los roles están más diferenciados que en la familia, y en el que hay un conjunto de autoridades menos personales que en su familia. Por ejemplo, como figura de autoridad, el profesor se parece más a una autoridad política que a sus padres, es decir existe un considerable elemento de separación entre el rol y la persona del profesor. El niño aprende a abedecer a cualquier persona que ocupe el rol de profesor.

En la escuela se enseña al niño la historia, la literatura y la cultura general de su propia sociedad, y a aprender a valorarlas, y de esta manera se le enseña a ser *buen* ciudadado. De manera menos formal, aunque no por ello menos importante, el mecanismo de hecho de la educación puede poner al niño en una vía social *predeterminada*. En las investigaciones realizadas por británicos y norteamericanos sobre el sistema de clasificación de los alumnos en las escuelas, se ha hallado que los niños clasificados en un nivel inferior pueden empeorar en cuanto a IQ*, estando sus resultados académicos muy por debajo de lo que sus aptitudes intelectuales podrían hacer esperar. Los niños responden según *se espere* de ellos, y los que se encuentran en los niveles inferiores de la clasificación son considerados como incapaces. La conclusión es que en ambos países la clasificación inicial está fuertemente influida, si no determinada, por criterios raciales y de clase: los negros y los obreros se encuentran en los niveles inferiores de la clasificación [17]. El programa de estudios incluye a veces lecciones formales de *ciudadanía*, pero existen algunas dudas sobre su eficacia. Parece que, en general, tales programas son más eficaces cuando no discrepan demasiado con lo que observa de hecho el niño y con su conocimiento limitado de la vida política. Un trabajo de investigación norteamericano sobre la educación cívica en varias escuelas secundarias mostró que los programas de estudios cívicos tenían un mayor impacto cuando el contenido del curso estaba de acuerdo con otros agentes de especialización. De manera concreta, hizo aumentar en los estudiantes el «apoyo a los procesos democráticos», valor éste fuertemente afincado ya en la comunidad, pero no produjo un impacto especial sobre las actitudes hacia la participación política [18]. En una investigación realizada en Francia se decía que en la escuela se enseñaba a los niños a adoptar una actitud benevolente y confiada con respecto a la autoridad política; mientras que en su casa esa autoridad era objeto de constantes críticas e improperios. El resultado es que la enseñanza política formal era relativamente ineficaz porque no estaba reforzada [19].

Las cuestiones mencionadas hasta ahora con relación a la

---

* Intelligence Quotient: relación del nivel de inteligencia de un individuo con una media establecida. *(N. del T.)*

educación escolar corresponden básicamente al nivel manifiesto, pero gran parte de la socialización escolar es más latente. Todo indica que el interés político aumenta durante los años escolares, que en el uso de los medios de comunicación de masas se presta un poco más de interés hacia la política, que aumenta el nivel de conocimientos políticos y que también lo hace, progresivamente, el nivel de realismo político [20]. Según Parsons, en Estados Unidos la clase es un microcosmos de aprendizaje de las normas sociales norteamericanas en el cual el niño interioriza las normas del régimen «a un nivel más elevado de lo que puede aprender sólo en su familia». En la clase se le plantea «el valor fundamental norteamericano de la igualdad de oportunidades, por cuanto se concede valor *tanto* a la igualdad inicial como a los logros diferenciales» [21].

Esta es la pauta modal de socialización política infantil en Norteamérica, que en cuanto tal prescinde de las desviaciones importantes del modelo que se producen en este país y no es necesariamente característica de otras sociedades *avanzadas*. En primer lugar, existe el problema de la socialización subcultural. Por ejemplo, hay grupos en EE. UU. que no adoptan la misma actitud benevolente hacia el sistema: por ejemplo los niños de la región de los Apalaches eran notablemente menos favorables al presidente. Jaros y sus colegas señalan que para muchos de los niños estudiados «parece que el proceso dirigido hacia el desarrollo del apoyo político no resulta operativo» [22]. En este estudio influía de manera importante la presencia o la ausencia del padre: cuando estaba presente, con frecuencia estaba en paro y por lo tanto resentido, y transmitía este sentimiento a sus hijos: ¡Podría pensarse que un sentimiento similar de desencanto hacia el sistema fuera la norma entre los habitantes de los ghettos urbanos! Las normas que se enseñan a los niños son normas del régimen, y en EE. UU. esto significa que como casi todo el poder político es poder blanco, lo que se enseña al niño negro en las escuelas «son normas y comportamientos esencialmente blancos». Aunque los resultados obtenidos en una investigación sobre la eficacia política y los niveles de conocimiento y participación de jóvenes negros y blancos eran prácticamente idénticos, con el tiempo los negros menos jóvenes estaban muy por debajo de los blancos de edades parecidas [4]. De esto parece deducirse que el individuo aprende un comporta-

---

[4] Joan Laurence, «White Socialisation: Black Reality», *Psychiatry,* **33,** 174-194 (1970); joven = 8 a 11 años, viejo = 12 a 15 años.

miento adecuado a posiciones, clases o vecindades determinadas, y no a un sistema generalizado.

Otra consideración es que en esta pauta modal se presta insuficiente atención a otras instituciones distintas a la familia en la que se encuentran los niños, y que *podrían* constituir experiencias no congruentes. De manera más concreta, lo que aprende el niño en un sector de su medio ambiente puede no concordar con las experiencias alcanzadas en otro: el negro norteamericano oye hablar en la escuela y los medios de comunicación de las cabañas de madera como etapas intermedias a la Casa Blanca, de la igualdad, libertad, oportunidad, movilidad, etc., pero se encuentra con que la vida no es tan sencilla para un negro. De manera parecida, puede haber estímulos en conflicto para la mayoría de los niños socializados por sus padres —pertenecientes a una generación anterior— pero que han de hacer frente a problemas y actitudes contemporáneas. Hay un desfase inevitable entre el período en el que se realizó gran parte del aprendizaje político básico y el momento en que el individuo desempeña roles políticos explícitos. En todas las sociedades, a no ser en las más estables, o mejor dicho estancadas, se producen cambios, y cuanto mayores son éstos, es tanto más probable que las pautas antiguas de socialización sean incongruentes con las exigencias de roles políticos nuevos o nacientes. Un ejemplo de ello sería un cambio revolucionario en las instituciones del régimen político. De este modo, el régimen de la República de Weimar se caracterizaba por «una democracia sin reservas» (sufragio universal, representación proporcional, presidencia plebiscitaria, etc.) mientras la «sociedad [estaba] saturada de relaciones autoritarias y obsesionada por el autoritarismo» [23]. Pero, por supuesto, no siempre el cambio resulta tan drástico como el realizado en Alemania en 1920, o en Rusia en 1918; sin embargo, las sociedades cambian y existen discontinuidades en todas ellas, excepto en las totalmente integradas —que solo representan una posibilidad teórica.

6.3. Educación y socialización política en Gran Bretaña

Como hemos visto, la educación es un proceso en el que no sólo se imparten conocimientos y técnicas concretas, sino que también se inicia al niño en las normas y los valores de la cultura. Por supuesto, la cultura en la que se inicia al niño variará de una sociedad a otra, y los procesos educativos habrán de reflejar esas

diferencias. De la cultura política británica se ha dicho con
frecuencia que tiene un marcado elemento deferente, unido a un
fuerte sentimiento de confianza respecto a las buenas intenciones
del gobierno [24]. Un «desarrollo político gradual ha permitido que
las actitudes tradicionales hacia la autoridad se fundan con los
valores democráticos más recientes para formar una tradición
de gobierno en la que se espera de los dirigentes que gobier-
nen» [25]. Estas normas culturales se reflejan en los sistemas educativos, uno de cuyos rasgos destacados es la selección muy
temprana y que en gran parte determina el futuro (status) del
niño. La gran mayoría de los niños británicos, hasta muy recientemente, eran seleccionados para ingresar en una *grammar
school** o en una *modern secondary school** a la edad de 11
años, y este hecho determinaba, en gran medida, la posibilidad
de acceso a una educación superior. La selección en este sector
de la enseñanza estatal se basaba en los resultados obtenidos en
unos exámenes competitivos, y en 1964 sólo un 31 por ciento de
los niños que se presentaron al examen consiguieron ingresar en
una *grammar school*. El resto, si permanecían en el sector de la
enseñanza estatal, se educaban en *modern secondary schools*.
Los niños de las *grammar schools* eran sometidos a una serie de
pruebas educacionales que determinaban si estaban o no capacitados para pasar a una educación superior, pruebas que rara vez se
realizaban con los niños de las *modern secondary schools*.

De este modo, se dividía desde muy pronto a los niños entre lo
que constituía en la práctica una élite potencial y una masa con
pocas posibilidades de alcanzar status superiores. Este es el
sistema que Turner calificó de *movilidad apadrinada* en la que
«los candidatos a la élite son elegidos por la élite o sus agentes,
y el status de élite *se concede* sobre la base del mérito supuesto y
que no puede *alcanzarse* por ningún tipo de esfuerzo o estrategia» [26]. Otro elemento de patrocinio lo forma el sector de las
llamadas *public schools,* al que en 1964 pertenecían un 2,7 por
ciento aproximadamente de todos los alumnos de enseñanza
secundaria. La selección para este sector se basa en primer
término en la capacidad de los padres de pagar los honorarios del
colegio, ya que estas escuelas están financiadas con fondos
privados. La educación en este sector proporciona al niño la
oportunidad clara de mantener un status de élite, debido, entre
otras razones, a la alta calidad que tiene generalmente la enseñanza que se imparte en esos colegios, la favorable proporción

* Véase nota el último párrafo del capítulo 7. *(N. del T.)*

de profesores por número de alumnos, el conocimiento a fondo de las necesidades universitarias, etc.

Estos tipos de centros de enseñanza secundaria reflejan con bastante exactitud la estructura de clases de Gran Bretaña, por cuanto el tipo de colegio al que acude un niño está en estrecha relación con la clase a que pertenecen sus padres[5]. Pero lo que a nosotros nos interesa destacar es que, desde una edad muy temprana, el niño sabe cuál es su lugar en el mundo y que, exceptuando a un porcentaje relativamente insignificante de niños de *modern secondary schools* que llegan a puestos de influencia, el modelo establecido a los 11 años se mantiene en mayor o menor grado durante el resto de sus vidas. Además, se afirma que «casi todas las escuelas mantienen dentro del marco de la propia comunidad escolar un sistema jerárquico de autoridad, formando a los jóvenes para los roles diferentes, pero complementarios, de dirigente y dirigido»[6].

Una investigación que pone en relación el tipo de colegio y las aspiraciones profesionales de los estudiantes demuestra con claridad que se ha socializado a los niños desde edad muy temprana en la procedencia más o menos firme, en términos de carrera, de aquello para lo que se les ha preparado en las escuelas. El informe muestra que los niños de la clase media y de la clase obrera que pertenecían a las *grammar schools* esperaban ocupar puestos de trabajo no manual, mientras que los niños de las *modern secondary schools* esperaban realizar trabajos manuales[7]. Según este informe, los estudiantes de las *modern secondary schools* carecerán en general de capacidad para actuar con éxito en política, ya que ésta está en función de la educación y de un sentimiento

[5] Véase el «Report of the Minister of Education's Central Advisory Committee (The Crowther Report)», *Fifteen to Eighteen*, HMSO, Londres, 1959, y J. W. B. Douglas, J. M. Ross y H. R. Simpson, *All Our Future: A Longitudinal Study of Secondary Education*, Davies, Londres, 1968.

[6] R. Rose, *Politics in England*, Little, Brown, Boston, 1964, p. 71. En el curso 1966-1967 costaba 150 libras esterlinas la educación de cada alumno de las *grammar schools;* en las *secondary modern schools* el coste era de 114 libras; *The Times*, 9 de marzo de 1970.

[7] P. Abramson, «The Diferential Political Socialization of English Secondary School Students», *Sociology of Education*, **40**, 246-269 (1967). Esta conclusión confirma otras anteriores contenidas en H. T. Himmelweit, A. Halsey y A. Oppenheim, «The Views of Adolescents on Some Aspects of the Social Class Structure», *B.J.S.*, **25**, 148-172 (1952); M. D. Wilson, «The Vocational Preferences of Secondary Modern School Children», *British Journal of Educational Psychology*, **23**, 97-113 (1953), y G. H. Elder, «Life Oportunity and Personality: Some Consequences of Stratified Secondary Education in Great Britain», *Sociology of Education*, **38**, 173-202 (1965).

de competencia general, y el no ser seleccionado para ingresar en
una *grammar school* hace aún más remota la posibilidad de
conseguir esa capacidad. En el trabajo de Abramson se concluía
que los niños de las *modern secondary schools* se interesaban
menos por la política, creían que era poco probable que personas
como ellos llegaran a tener cargo de responsabilidad política y
marginalmente eran más sumisos que los niños de las *grammar
schools*. Estas conclusiones fueron confirmadas por otro estudio
en el que se veía que, en todas las edades, los niños de las
grammar schools se sentían con mayores posibilidades de actuar
en la política que los niños de las *modern secondary schools*
(véase cuadro 5). De este estudio se deducía también que los

CUADRO 5.   Escuela, edad y eficacia política

Edad	Grammar school			Secondary modern school		
	Alta %	Baja %	Total	Alta %	Baja %	Total
15+	62,5	37,5	120	52,5	47,5	44
13-14	45,5	54,5	95	41,5	58,5	170
11-12	53,5	46,5	75	49,0	51,0	121
		Total	292		Total	335

De R. Dowse y J. Hughes, «The Family, The School and the Political
Socialisation Process», *Sociology*, **5**, n.º 1, 21-45 (enero, 1971).

niños de las *grammar schools* tenían muchas más probabilidades
que los niños de las *modern secondary schools* de alcanzar un
alto nivel de conocimientos políticos, y estaban más interesados
en la política; los niños de las *modern secondary schools* eran
marginalmente más sumisos que los niños de la misma edad de
las *grammar schools*.

Ya hemos dicho que en Gran Bretaña existe una relación
estrecha entre la clase social de los padres y la situación escolar
del niño. También hay una estrecha relación, de la que los niños
son desde luego conscientes, entre las posibilidades profesionales
y el tipo de escuela al que se ha acudido, de modo que la escuela
tiende a funcionar como un agente de socialización y estratificación anticipadas. La escuela contribuye a crear y fijar en los
niños ideas sobre lo que es posible y adecuado para ellos. Si en
un futuro su situación laboral implicara una autonomía y respon-

sabilidad reducidas, esto reforzaría lo que habían aprendido en la escuela, y en general esa es la situación vital del niño que sale de una *modern secondary school* para iniciar una ocupación manual. De manera parecida, puede esperarse que se sientan más eficaces y participen con mayor frecuencia en la vida política los niños de clase media de las *grammar schools*, que se dedican posteriormente a profesiones liberales o de cuellos blancos, en las que son mayores las oportunidades para ejercer la responsabilidad y un comportamiento autónomo. También puede esperarse de ellos que desarrollen una capacidad organizativa en la escuela y en el trabajo, que puede traducirse en ventajas políticas, y que, en general, los miembros de la clase obrera no tienen tantas oportunidades de adquirir.

Por supuesto, en Gran Bretaña existen variaciones de este modelo general. En primer lugar, hay variaciones regionales, pues el sistema educativo escocés difiere del de Gran Bretaña, y en Gales el porcentaje de niños de clase obrera en las *grammar schools* es notablemente superior a la media nacional. En segundo lugar, con la abolición gradual del sistema de *grammar schools* y *modern secondary schools* en favor de un sistema integrado no selectivo, es de esperar que se debiliten las relaciones existentes entre clase social y actitudes políticas, participación, etc. Por desgracia, no se ha realizado ningún estudio de las escuelas integradas para investigar la orientación política, y, además, tampoco hay una generación completa de alumnos de escuelas integradas inglesas que pueda ser objeto de investigación[8]. Dos aspectos de interés más general son los que hacen referencia a las diferencias del sexo en la experiencia de la socialización y a la variabilidad de la participación de la clase obrera en la actividad política.

Uno de los hechos mejor investigados en la política británica es que las mujeres participan menos y declaran tener un menor grado de interés en la política que los hombres. Menos mujeres que hombres ocupan posiciones políticas de importancia a todos los niveles, y la probabilidad del voto femenino es inferior a la del masculino. En general, las mujeres son políticamente más conservadoras y tienen menos interés en la política que los hombres, hecho éste que, por supuesto, no se limita a Gran Bretaña [27]. Desde la perspectiva de la enseñanza de roles de la teoría de la socialización, estos hechos estarían relacionados

---

[8] En 1970, cerca de un 30 por ciento de los niños en edad escolar británicos acudían a *comprehensive schools*.

con las diferentes formas en que se educa en el hogar y en las escuelas a los niños y las niñas. Se puede aplicar también a Gran Bretaña la afirmación de Robert Lane de que «Un rasgo característico de la tipificación de los dos sexos en nuestra cultura es la asignación al hombre del rol predominante y detentador de poder, y de un rol dependiente y receptivo a la mujer» [9]. En una investigación en la que se estudiaba, entre otras cosas, el anterior postulado, se concluyó que las diferencias políticas básicas entre los chicos y las chicas *no* eran demasiado grandes, ni respondían a modelo sistemático alguno [28]. Por ejemplo, aunque las chicas tenían en general niveles de conocimiento político inferiores que los chicos, las diferencias desaparecían prácticamente entre los alumnos de las *grammar schools*. Las chicas no afirmaban tener un interés por la política muy inferior a los chicos, y probablemente tampoco discutían menos de política que ellos. Aunque los chicos eran *superiores* a las chicas, las diferencias eran relativamente insignificantes, salvo que los chicos respondían casi siempre con mayor seguridad que las chicas, mientras éstas tendían a ser menos precisas en sus respuestas [10]. Las diferencias entre chicos y chicas eran sólo muy ligeras, y solían producirse en la dirección esperada, de forma que podemos concluir señalando que las principales diferencias entre los sexos en la edad adulta, si es que se producen entre los encuestados, serán probablemente consecuencia de las experiencias posteriores a la adolescencia. Es decir que las experiencias de la socialización política más temprana pueden no ser determinantes claves de la forma en que se comportan los participantes políticos. El comportamiento de los adultos puede estar mucho más influenciado por sus experiencias de adulto, incluyendo entre ellas el reclutamiento y la iniciación en roles políticos. Por ejemplo, hay pruebas de que los procuradores y concejales norteamericanos, aunque puedan recordar experiencias políticas tempranas, no han sido afectados por ellas en el desempeño de su rol como titulares electos [29].

[9] R. Lane, *Political Life,* Free Press, Nueva York, 1965, p. 213; R. Rose, *Politics in England,* Little, Brown, Boston, 1965, p. 63, afirma que «Una mujer que participe en una actividad política nacional hallará que su sexo supone para ella una desventaja, porque la actividad política nacional no se considera un rol de mujer».

[10] Las conclusiones son parecidas a las que se han obtenido en Norteamérica, en el sentido de que «en cualquier edad hay más muchachas que muchachos que afirman no saber muy bien lo que significa la palabra *gobierno*», D. Easton y J. Dennis, *Children and the Political System,* McGraw-Hill, Nueva York, 1969, página 338.

Consecuencia de este punto de vista es que la concepción del mundo que tienen las mujeres, lo mismo que los negros y obreros defensores de doctrinas autoritarias, no es necesariamente una consecuencia exclusiva de la socialización en el hogar y en la escuela. Por el contrario, sus actitudes y comportamiento están determinados tanto por la situación real —de desvalimiento— en que se encuentran como por las experiencias de socialización de su pasado.

6.4. Significación política de la socialización de los adultos

Estas consideraciones nos llevan a la socialización en la edad adulta y a las formas en que la vida adulta puede modificar o reforzar las predisposiciones surgidas durante la niñez. Como muestra del impacto político de las experiencias de la edad adulta, empezaremos por examinar el problema de los niveles generalmente inferiores de interés y participación de las mujeres en la política. Como hemos visto, las investigaciones realizadas nos permiten afirmar que, en general, las chicas son socializadas en un rol de carácter más apolítico que los chicos. Además, nuestras propias investigaciones muestran que, en términos de conocimientos políticos, interés político, estímulo de los padres hacia un interés por la política, sentido de eficacia, etc., *las muchachas de la clase obrera* estaban siempre por debajo de todas las demás categorías. A conclusiones equivalentes se llega en relación con los adultos, según las cuales el nivel más bajo de participación corresponde a la mujer en general, y a la mujer de la clase obrera en particular. De este modo, en un estudio sobre la vida política británica, Butler y Stokes dicen que un 60 por ciento de las mujeres encuestadas no estaban muy interesadas en política, frente al 33 por ciento de los hombres [30]. Y ocupándose de los candidatos parlamentarios, Buck escribe que «Aunque las mujeres llevan más de cuarenta años participando en la política británica, se trata de una actividad dominada todavía por el hombre» [11]. Almond y Verba hallaron que las mujeres británicas discutían de política menos que los hombres, estaban menos dispuestas que los hombres a considerar la participación como un deber y se sentían políticamente menos competentes que ellos [31].

---

[11] P. W. Buck, *Amateurs and Professionals in British Politics,* University of Chicago Press, Chicago, 1963, p. 35; para un estudio sobre las candidaturas políticas locales, véase L. J. Sharpe (ed.), *Voting in Cities,* Macmillan, Londres, 1967, pp. 317-319.

Está bien documentada la tendencia de las mujeres británicas a votar por el partido conservador (véase cuadro 6).

CUADRO 6.   Relación entre sexo y voto en las elecciones generales

	Porcentaje de distribución, según los sexos		
	Hombres	Mujeres	Ambos
	%	%	%
Conservador	44	50	47
Laborista	56	50	53
	100	100	100

De F. Bealey, J. Blondel y W. McCann, *Constituency Politics,* 1965, p. 171. Reproducido con autorización de Faber and Faber Ltd., Londres.

La cuestión es que, mientras hay pocas diferencias entre los chicos y las chicas, las diferencias se agudizan y evidencian entre los adultos de distintos sexos, por lo que se deduce de manera casi necesaria que algo ocurre en la vida adulta que conduce a las mujeres hacia roles más apolíticos que los de los hombres.

Una posible explicación es que los roles extrapolíticos de la mujer, como la dirección del hogar y el cuidado de los niños, le impiden el establecimiento de lazos estrechos con la red más amplia de los contactos sociales que contribuyen a mantener el interés y la participación política. En otras palabras, los medios ambientales de las mujeres tienden a actuar como barrera frente a los estímulos políticos, limitando las probabilidades de que participen en la política [32]. La experiencia vital de la mujer suele reforzar las pautas previas de la niñez, aunque la diferenciación primera no sea muy fuerte. El examen que sigue plantea consideraciones más amplias sobre el nivel en que las tempranas experiencias de socialización determinan las actitudes y la participación en la edad adulta[12]. Se trata de un problema a elucidar, porque, como adulta, la persona está sometida a una serie de experiencias y *exigencias* sociales desconocidas en la niñez.

[12] Véase también R. S. Milne y H. C. MacKenzie, *Straight Fight,* Hansard Society, Londres, 1954, pp. 38-39; W. G. Runciman, *Relative Deprivation and Social Justice,* Routledge and Kegan Paul, Londres, 1966, p. 172.

Estas experiencias pueden dividirse, para nuestro estudio, en dos grupos: experiencias adultas congruentes con las experiencias de la socialización en la niñez, y experiencias de la edad adulta que no son congruentes.

Un ejemplo del segundo tipo es el caso del individuo socialmente móvil que puede haber sido socializado en un medio y pasar posteriormente a otro para el que no ha sido plenamente preparado socialmente. Ya hemos indicado que tal proceso no es en absoluto poco frecuente, dado que (1) el ritmo de movilidad social y geográfica de la gente es bastante rápido en las sociedades industriales, y (2) no puede anticiparse el rápido cambio tecnológico y social para hacer frente a la educación infantil[13].

La significación en estos procesos es la siguiente: la teoría sociológica o sociopsicológica hace notar que, en las situaciones para las que no está preparada, la gente experimenta un grado de tensión y ansiedad que, según se postula, la mayor parte de la gente tratará de reducir. Una técnica para reducir las tensiones es adaptarse plenamente al medio o grupo de status final, asumiendo si es posible las características sociales y de actitudes de ese grupo o medio[14]. Esto supone un elemento de resocialización, ya que el sujeto móvil social o geográficamente necesita aprender nuevas formas de comportamiento, y estas nuevas formas pueden suponer cambios de actitudes y comportamiento político. Además, puede postularse que cuanto más homogéneo es el medio a que conduce la movilidad, tanto mayor es el impacto probable en el migrante, ya que se reduce la probabilidad de recibir mensajes y hallarse en situaciones que refuercen compromisos anteriores.

Algunos estudios realizados en Gran Bretaña y Norteamérica han mostrado la probabilidad elevada de que los individuos en proceso de ascenso social adopten las actitudes y el comportamiento político del estrato al que acceden. Como han indicado Butler y Stokes, los hijos de padres laboristas que ascienden socialmente muestran una clara tendencia a hacerse conservadores, mientras que los que permanecen en la clase obrera son mucho más fieles al partido laborista[15]. Es igualmente sorprendente la

---

[13] Sobre estas cuestiones véase A. Rose, «Incomplete Socialisation», *Sociology and Social Research,* **44,** 244-250 (1960).

[14] Para un examen general de este concepto véase L. Festinger, *A Theory of Cognitive Dissonance,* Harper and Row, Nueva York, 1957.

[15] D. Butler y D. Stokes, *Political Change in Britain,* Macmillan, Londres, 1969, p. 98. Los datos disponibles indican, por cierto, que es menos probable que quien desciende en la escala social vote por el partido laborista que quien

tendencia de las localidades a comportarse políticamente de manera homogénea, tal como han mostrado al menos las pautas electorales. En las ciudades mineras, el 14 por ciento de los entrevistados en el estudio de Butler y Stokes se declaraban miembros de la clase media (el 11 por ciento tenían de hecho ocupaciones de clase media), mientras que en las ciudades de reposo el 43 por ciento se clasificaban a sí mismos como miembros de la clase media (el 44 por ciento tenían ocupaciones de este tipo). Pero en las ciudades mineras, el partido laborista atraía al 36 por ciento de los votos de la clase media —muy por encima de la media nacional alcanzada— y sólo un 10 por ciento de la clase obrera no votaba por ese partido —cifra muy inferior a la media perdida por los conservadores. De manera parecida, en las ciudades de reposo el partido conservador gozaba de un favor mayoritario entre la clase obrera. Existe una relación muy estrecha entre la homogeneidad de clase y el apoyo a uno u otro de los dos grandes partidos. Si la zona es predominantemente obrera, existe una tendencia a que la proporción de la clase obrera que apoya al partido conservador sea inferior a la media nacional. En circunscripciones predominantemente de clase media, la proporción de la clase media que vota en favor del partido laborista es inferior a la media nacional[16]. El mismo fenómeno, observado por primera vez en Suecia por Tingsten, fue descubierto en una investigación realizada en Norteamérica, de acuerdo con la cual «en circunscripciones donde la proporción de trabajadores manuales representa el 85 por ciento o más de la población, cerca de un 76 por ciento votó por Stevenson; en aquellas donde constituían entre el 65 por ciento y el 84 por ciento de la población, cerca de un 64 por ciento votó por Stevenson; y donde eran menos del 65 por ciento de la población, sólo un 36 por ciento votó por Stevenson»[17]. Aunque no existan

---

asciende vote por el partido conservador (p. 100). Sobre este punto general véase también B. Stacey, «Inter-General Mobility and Voting», *Public Opinion Quarterly*, **30**, 133-139 (1966). .

[16] —— *Political Change in Britain*, Macmillan, Londres, 1969; véase también el interesante estudio de H. Pelling, *The Social Geography of British Elections*, Macmillan, Londres, 1967, en especial pp. 420-421, sobre 15 circunscripciones electorales mineras inglesas «en las que los votos de los mineros superaban probablemente el 40 por ciento» y el apoyo de la clase media a los candidatos unionistas y conservadores era del 38,1 por ciento, muy por debajo de la media de Inglaterra, situada en un 50,8 por ciento.

[17] D. Katz y S. Eldersveld, «The Impact of Local Party Activity Upon the Electorate», *Public Opinion Quarterly*, **25**, 12-15 (1961); véase también I. Foladare, «The Effect of Neighbourhood on Voting Behaviour», *Political Science Quarterly*, **83**, 516-529 (1968), que aporta nuevas pruebas.

pruebas empíricas sobre esta cuestión, en Gran Bretaña podría esperarse que un adulto que se traslade a un medio político homogéneo diferente de su comunidad de origen, empezará pronto a adoptar una posición política más congruente con su nuevo medio que con el antiguo. El emigrante social, si las demás circunstancias no han cambiado, resolverá las condiciones adoptando una pauta de comportamiento congruente con la dominante en el nuevo medio.

Todo este análisis hace referencia a la importancia de las influencias de las instituciones y los grupos en el proceso de socialización continua. Examinaremos más a fondo esta cuestión analizando el conservadurismo obrero en Gran Bretaña.

6.5. Conservadurismo obrero en Gran Bretaña

Una de las relaciones mejor documentadas que se han descubierto en las investigaciones sobre el comportamiento electoral en Gran Bretaña es la estrechísima relación existente entre la clase social —sea cual sea la definición de este concepto— y la inclinación hacia un partido político u otro. Es muy probable que los obreros manuales voten por los partidos de izquierdas y que los que realizan trabajos no manuales voten por los partidos del centro y la derecha. También se sabe que la condición de trabajador no manual está asociada más estrechamente con el voto al partido conservador que la condición de trabajador manual con el voto al partido laborista (véase cuadro 7).

Políticamente, el problema del elector conservador de la clase obrera es importante al menos en el aspecto práctico, ya que aproximadamente un tercio de la clase obrera vota por el partido conservador, lo que supone cerca de la mitad de los votos totales recibidos por el partido conservador en las elecciones de la postguerra. A nivel más abstracto, el problema del conservadurismo de la clase obrera se plantea en relación con las expectativas de inspiración marxista sobre las clases y sus relaciones con el comportamiento político, según las cuales la clase obrera deja de ser atraída con el tiempo por la ideología de la clase dominante, actuando progresivamente como una fuerza coherente y consciente[18]. Los especialistas en el estudio del sufragio han mos-

---

[18] Sobre esta cuestión, véase J. H. Goldthorpe, F. Bechofer, y J. Platt, *The Affluent Worker in the Class Structure,* Cambridge University Press, Londres 1969, capítulo I.

CUADRO 7.   Voto por clases en Gran Bretaña

Clase	% de la población	Cons. %	Lab. %	Otros %
Clase media (trabajadores no manuales)	15	85	10	5
Clase media baja	20	70	25	5
Clase obrera alta (trabajadores manuales)	30	35	60	5
Clase obrera	35	30	65	5

De M. Abrams, R. Rose y R. Hinden, *Must Labour Lose,* Penguin, Londres, 1960, p. 76. Copyright © Mark Abrams, Richard Rose y Rita Hinden, 1960. El cuadro «representa a grandes rasgos las medias obtenidas por nosotros para las elecciones de la postguerra...».

trado un gran interés por estas expectativas, y de ahí que se hayan dedicado muchos estudios a explicar esa relación.

Como punto de partida, puede afirmarse que Gran Bretaña es el ejemplo más puro de comportamiento electoral clasista de cualquier democracia angloamericana [33]. Sin embargo, la polarización está muy lejos de ser total, tal como muestra el cuadro 7. Descompongamos ahora las frías cifras del apoyo electoral al partido conservador, y tratemos de perfilar al elector de la clase obrera que apoya al partido conservador. En primer lugar, el conservador de la clase obrera será probablemente mujer, y entre ellas las «mujeres obreras de mayor edad votan por el partido conservador con una frecuencia considerablemente mayor que otros grupos» [34]. En segundo término, hay pruebas de que dentro del marco de la clase obrera, el apoyo al partido laborista está en relación con la pertenencia a un sindicato (véase cuadro 8).

Por supuesto, estas dos conclusiones no sorprenden y están relacionadas entre sí. Las mujeres están menos sindicalizadas que los hombres, y en general no trabajan en las fábricas de grandes dimensiones y no reciben, por tanto, las mismas influencias izquierdistas. Otro elemento relacionado con el voto conservador de la clase obrera es su tendencia a utilizar a la clase media como grupo de referencia cuando definen su pertenencia a

CUADRO 8. Apoyo al laborismo en familias sindicadas y no
sindicadas, según grados ocupacionales, 1964

	No manual supervisión III	No manual bajo IV	Manual espec. V	Manual no espec. VI
	%	%	%	%
Proporción de votos laboristas en familias sindicadas	42	56	23	80
En familias no sindicadas	18	20	53	62

De D. Butler y D. Stokes, *Political Change in Britain,* Macmillan, Londres, 1969, p. 156, y St. Martin's Press, Inc., Nueva York, con autorización[19].

una clase social, y al hacerlo siguen la pauta política más característica de la clase media, el voto unánime por el partido conservador (véase cuadro 9).

Desde el punto de vista de las actitudes, el miembro de la clase obrera que vota por el partido conservador tendrá una mala opinión del sindicalismo con más probabilidad que el que lo hace por el laborista. De la misma manera, algunos conservadores de la clase obrera adoptan con frecuencia una orientación instrumental hacia el partido conservador, en cuanto se trata del partido que lleva las cosas a la práctica; mientras que otros parecen considerarlo como una élite que merece respeto y apoyo[20]. Sin embargo, el conjunto de las investigaciones realizadas sobre este problema demuestra que existen perspectivas culturales notablemente similares dentro de la clase obrera, tanto si se

[19] Pero, como afirma el autor, es muy posible que las personas que apoyan al partido laborista *se adhieran* a sindicatos y no que apoyen al partido laborista por pertenecer a un sindicato. Utilizando un tipo de muestreo diferente, R. McKenzie y A. Silver, *Angels in Marble,* Heinemann, Londres, 1968, p. 98, afirman que «la pertenencia a un sindicato (de los obreros encuestados) está relacionada con las preferencias en el voto de manera sólo limitada: el 23 por ciento de los miembros... votan por los conservadores, frente a un 35 por ciento de los obreros que no pertenecen a un sindicato».

[20] Pero al menos en un estudio se afirma que los obreros que votan por los laboristas matizan cada vez más su apoyo al partido, y que lo abandonarían si el partido conservador pudiera o de hecho «cumpliera lo prometido» a la clase obrera. Véase J. H. Goldthorpe, F. Bechofer y J. Platt, *The Affluent Worker in the Class Structure,* Cambridge University Press, Londres, 1969.

CUADRO 9. Preferencia de partidos; según la autodefinición de
«clase», dentro de un estrato ocupacional

	No manual		Manual	
	Autodef. clase media %	Autodef. clase obrera %	Autodef. clase media %	Autodef. clase obrera %
Conservador	52	23	36	16
Liberal	25	23	19	16
Laborista	11	37	31	55
Otros	1	0	0	1
No saben o no contestan	11	17	14	12
Total	100	100	100	100
	($n=365$)	($n=124$)	($n=303$)	($n=610$)

De W. G. Runciman, *Relative Deprivation and Social Justice,* Routledge and
Kegan Paul, Londres, 1966, p. 171. Publicado originalmente por University of
California Press; reproducido con autorización de las autoridades de la Universi-
dad de California.

trata de votantes laboristas o de conservadores. Como dicen
McKenzie y Silver, «es difícil pensar en los conservadores de la
clase obrera británica como normalmente desviantes de la cultura
política de la clase obrera; por el contrario, parecen expresar
aspectos de un amplio consenso nacional» [34].

Si este consenso está mejor representado por el partido
conservador y se refleja en las principales instituciones de la
sociedad británica, como las escuelas selectivas, las organizaciones económicas y de negocios, la monarquía, la Iglesia de
estado y los medios de comunicación de masas, entonces el
obrero que vota por el partido conservador no puede ser considerado como un desviante, como se afirma según la teoría de
inspiración marxista. Más bien habría que considerarlo como
bastante bien integrado en la sociedad, y al que vota por el
partido laborista como un desviante. El conservador de la clase
obrera está respaldado por la mayoría de las instituciones y
procesos característicos de la sociedad británica, y podría decirse, por tanto, que allí donde la clase obrera esté más aislada de
esta cultura, la desviación social será mayor. Es decir, cuando
los obreros forman parte de un subsistema normativo que tiene
apoyos estructurales que les protegen de la cultura predominante, puede esperarse que los votos laboristas e izquierdistas, así

como otras actividades políticas, sean más numerosos. Ya hemos mostrado que dentro de comunidades fuertemente obreras, un *votante* conservador obrero es más raro que en comunidades socialmente más heterogéneas. Otros estudios han mostrado que los miembros de la clase obrera que se asignan a la clase media probablemente residen en zonas sociales heterogéneas, y que en zonas con predominio de la clase media es probable que los miembros de la clase obrera se asignen la condición de clase media [35]. Sabemos que uno de los síntomas de esta tendencia a servirse de la clase media como grupo de referencia es votar como lo hace ella: «La regla... es que cuanto más predomina la clase media en una circunscripción, tanto más se identifica con ella la clase obrera, y, a propósito de ello, tanto más vota por el partido conservador»[21]. De este modo, el mero hecho de que en ciertas zonas haya un fuerte predominio de la clase obrera supondrá un mayor número de votos laboristas, y por tanto desviantes.

Otra fuente de apoyo para los electores laboristas es la situación laboral: la dimensión de las fábricas está estrechísimamente relacionada con las pautas electorales, en el sentido de que los trabajadores de pequeñas empresas tienden a apoyar al partido conservador y los obreros de las grandes industrias al partido laborista (véase cuadro 10). Sabemos también que la sindi-

CUADRO 10. Número de obreros por industria y comportamiento electoral

	Número de obreros por industria		
	1-10	51-300	1000+
Conservador %	62	37	25
Laborista %	38	63	75
Total %	100	100	100
Número total	37	82	160

E. A. Nordlinger, *The Working Class Tories,* MacGibbon and Kee, Londres, 1967, p. 205[22].

[21] P. Willmott y M. Young, *Family and Class in a London Suburb,* Routledge and Kegan Paul, Londres, 1960, p. 115; véase también F. Bealey, J. Blondel y W. McCann, *Constituency Politics,* Faber, Londres, 1965, p. 183, quienes llegan a conclusiones parecidas.
[22] Véase también G. Ingram, «Plant Size: Political Attitudes and Behaviour», *Sociological Review,* 17, 235-249 (1969).

calización es mucho más fuerte en la gran industria. A este respecto parece producirse un proceso similar al subyacente a la búsqueda de congruencia anteriormente delineado; es decir, la subcultura normativa de la gran fábrica sindicalizada apoya el voto en favor del partido laborista, y no del conservador: «deseando no parecer *diferentes* a ellos mismos o a otros, y al constituir una minoría a la que le resulta difícil justificar ante sí mismos y los demás sus preferencias políticas, algunos obreros conservadores se desplazan gradualmente hacia la izquierda» [36].

Hemos examinado los problemas relacionados con la votación conservadora por parte de la clase obrera para aclarar algunas cuestiones que surgen al tratar de la reducción de tensiones en situaciones disonantes o de presiones cruzadas. Indicamos que en tales situaciones la gente parece tener la tendencia a seguir la pauta del medio social último al que llega, en especial si ese medio es homogéneo. Las ideas o las adhesiones pueden modificarse o cambiar totalmente si el individuo se enfrenta de manera constante a situaciones y experiencias que están en conflicto con las de su niñez. Por otra parte, «el obrero que se ha trasladado a las afueras puede seguir recibiendo estímulos izquierdistas de sus compañeros de trabajo, de su enlace sindical, de sus conflictos con la dirección en la fábrica, todo lo cual puede contrarrestar las presiones encaminadas a que se adapte a los valores más conservadores de su vecindad» [37]. Es posible también que situaciones y experiencias congruentes con las ya aprendidas refuercen las adhesiones y modelos de la niñez, pero creemos que en una sociedad móvil y tecnológicamente en desarrollo probablemente serán más frecuentes las incongruencias.

6.6. Socialización y personalidad política

Otro elemento en el estudio de la socialización política es el que se ocupa de analizar los efectos de los procesos tempranos sobre la formación de la personalidad, y los efectos de la personalidad sobre el comportamiento. Es un aspecto del empeño sociopsicológico y más general de enlazar la personalidad y el sistema social.

La noción de personalidad es siempre difícil de definir. Los psicólogos, los sociólogos y los especialistas en ciencia política no han conseguido ponerse de acuerdo. Allport, en un texto clásico, distingue más de cincuenta definiciones diferentes de *personalidad* [38]. Sin embargo, sí parecen concordar en que el término *personalidad* se refiere a fenómenos no observables directamente, sino a una *entidad* inferida y a la que se acude para dar cuenta de las regularidades del comportamiento de un individuo en respuesta a diversos estímulos externos. Representa, pues, un campo de interés que apunta a procesos *más profundos* que las actitudes manifiestas.

A nosotros nos interesa examinar algunas de las cuestiones y problemas relacionados con los procesos de socialización, de los que se afirma que producen diferentes tipos de personalidad, y considerar los efectos de tales personalidades en el sistema político. Una de las dimensiones más investigadas de la personalidad política es la del *autoritarismo* [39]. Esta investigación se vio estimulada por el estudio de Adorno y sus colegas sobre la psicología del antisemitismo[23]. En este estudio se afirmaba que el antisemitismo formaba parte de un síndrome de la personalidad que calificaron como *la personalidad autoritaria*. Los rasgos que caracterizaban este tipo de personalidad incluían la intolerancia, el antisemitismo, el etnocentrismo, la relación dominio-sumisión, la intolerancia frente a la ambigüedad y una tendencia a considerar las relaciones sociales en términos de poder. El autoritario tiene orientaciones hacia la autoridad que son en alto grado ambivalentes, y esta ambivalencia es central en la lógica de este tipo de personalidad. Tal individuo, formalmente servil y sumiso frente a sus superiores, alberga también fuertes sentimientos negativos hacia ellos. Sin embargo, este odio es reprimido por fuertes defensas del ego. Abunda en elogios a las personas que tienen autoridad sobre él, y reprime sus impulsos críticos hacia ellos. De esta represión derivan otros elementos del síndrome de la personalidad: los impulsos hostiles reprimidos buscan salidas alternativas, que normalmente son canalizadas hacia aquellos a quienes se considera como débiles e inferiores. De este modo, el autoritario busca inconscientemente individuos o grupos débiles y desfavorecidos como los negros, los judíos y otras minorías sobre quienes dar salida a la hostilidad reprimida frente a quienes disponen de autoridad.

Un importante elemento de este estudio, derivado de la tradición psicoanalítica de la que forma parte, era la tarea de descubrir los antecedentes del autoritarismo en la niñez, y en

---

[23] T. W. Adorno, E. Frenkel-Brunswick, D. Levinson y R. Sanford, *The Authoritarian Personality*, Harper and Row, Nueva York, 1950; y para una crítica, véase R. Christie y M. Jahoda, *Studies in the Scope and Method of the Authoritarian Personality*, Free Press, Glencoe, 1954.

particular los procesos de socialización que daban como resultado la personalidad autoritaria. Se consideraba que los primeros determinantes típicos del modelo eran los padres que administraban una disciplina rígida y que concedían su afecto a cambio de la obediencia expresa del niño. Dentro de la familia, los roles estaban definidos en términos de dominio y sumisión. Por ello, «obligados a una sumisión formal a la autoridad de los padres, los niños desarrollan una hostilidad y agresión mal canalizadas» [40]. Se considera que este desarrollo de un antagonismo reprimido frente a la autoridad es la fuente de una hostilidad autoritaria frente a los grupos marginales. Hay numerosas pruebas de que estas pautas de socialización primaria producen este tipo particular de personalidad, *pero la relación entre la personalidad y el sistema político es mucho más ambigua.* Como señala Smelser, «En la actualidad carecemos de la capacidad metodológica para establecer las relaciones causales entre un agregado de estados de miembros individuales de un sistema y una característica global de un sistema» [41]. En las sociedades primitivas, como hemos visto anteriormente, los tipos de personalidad producidos por la socialización de la familia se reflejan más en la estructura política debido a la estrecha interpenetración de los roles familiares y políticos. Pero en las sociedades complejas, como también indicamos anteriormente, la conexión entre familia y sistema político es más lejana y está mediatizada por un conjunto de instituciones intermedias. La consecuencia principal de este hecho es que el autoritario, por ejemplo, dispone de un abanico mucho más amplio de oportunidades para expresar las necesidades de su personalidad. Como ha señalado Greenstein, personas con parecidas características psicológicas pueden tener creencias políticas diferentes o pueden expresar sus necesidades, por ejemplo, organizando un negocio en vez de presidir una circunscripción electoral o de adherirse a un grupo extremista [42].

Los autores de la obra *The Authoritarian Personality* [La personalidad autoritaria] no solucionaron (1) la compleja cuestión de cómo enlazar los rasgos de la personalidad con las creencias y el comportamiento políticos reales, y (2) la relación entre la distribución de disposiciones psicológicas en una sociedad y su estructura política y social global.

Una escuela de pensamiento que trató de explicar las dos relaciones anteriores fue la primera escuela de la cultura y la personalidad, en especial la que se refiere al carácter nacional. El error común de este enfoque era el inferir un tipo único de carácter nacional de diversas características del sistema social, sirviéndose después de ese tipo de caracter para explicar los mismos atributos del sistema social. En general, el enfoque del carácter nacional descubre casi una uniformidad de carácter, producto de las pautas de socialización temprana o, como ocurre con el caso del estudio de Gorer sobre la población de Rusia, de los métodos de poner los pañales a los niños, o incluso de acostumbrarlos a servirse del orinal[24].

Como hemos afirmado anteriormente, tampoco podemos realizar una simple suma de las características de los individuos de un sistema para obtener conclusiones sobre las características del sistema en su conjunto; por ejemplo, no podemos sumar el número de autoritarios de una comunidad para llegar a conclusiones sobre si la estructura del sistema es o no autoritaria. La razón es que la agregación no tiene en cuenta el contexto estructural e institucional en el que los actores desempeñan sus roles[25]. Algunas de las dificultades reales que plantea el establecer la relación entre la personalidad y el comportamiento político pueden descubrirse examinado el fenómeno del *autoritarismo obrero*.

Pasando al problema de la relación entre el tipo de personalidad y el comportamiento político, son muchos los investigadores que han apreciado la fuerte propensión de la clase obrera a apoyar a partidos autoritarios y no democráticos, y quizás fuera tentador tratar de explicarlo a partir de las disposiciones y personalidades autoritarias formadas por las pautas de socialización familiar propias de la clase obrera. Las primeras investigaciones contenidas en el estudio sobre la *personalidad autoritaria* explicaban algunos de los antecedentes infantiles del autoritarismo, a saber la existencia de padres que mantenían una disciplina rígida y restrictiva. Por ello, uniendo esta conclusión al descubrimiento adicional de que es mucho más probable que las familias obreras hagan uso frecuente del castigo físico de manera autoritaria[26],

[24] G. Gorer y J. Rickman, *The People of Great Russia,* Cressett Press, Londres, 1959. Pero véase R. Lynn, *Personality and National Character,* Pergamon, Oxford, 1971, para un estudio estadísticamente complejo de la distribución de la ansiedad en varios países.

[25] Para algunas de las obras publicadas sobre el problema general de los efectos *estructurales* e *individuales,* véase P. Blau, «Structure Effects»; A. S. Tannenbaum y J. C. Bachman, «Structural Versus Individual Effects», *American Journal of Sociology,* **69,** 585-595 (1964); J. S. Coleman, *Introduction to Mathematical Sociology,* Free Press, Nueva York, 1964, pp. 84-90.

[26] Para un resumen de estas obras, véase V. Bronfenbrenner, «Socialisation and Social Class Through Time and Space», en E. E. Maccoby, T. M. Newcomb y E. L. Hartley (eds.), *Readings in Social Psychology,* Dewey Holt, Nueva York 1958, pp. 400-425.

nos encontramos con una explicación plausible sobre la mayor propensión de la clase obrera a apoyar a movimientos políticos de tipo autoritario.

Pero sería igualmente plausible el argumento de que el autoritarismo de la clase obrera no se debe a una dinámica de la personalidad, del tipo de defensa del ego tal como se define en *The Authoritarian Personality*, sino que es consecuencia de un aprendizaje social. Este tipo podría denominarse *autoritarismo cognoscitivo* [27]. En este caso, el síndrome de características es muy similar al tipo de autoritarismo de defensa del ego, salvo en que sus raíces se encuentran en «las concepciones de la realidad aprendidas (es decir, cognoscitivas) que prevalecen en ciertas culturas o subculturas, más que en el proceso laberíntico de formación de reacciones delineado en la tipología de defensa del ego» [43]. Podría afirmarse que gran parte del mundo social de la clase obrera puede contribuir a tal aprendizaje. Así, los bajos niveles de educación, por ejemplo, predispondrán probablemente a la clase obrera a considerar el complicado mundo político en los términos básicos de blanco y negro, y a preferir aquellos partidos que proporcionen soluciones fáciles y rápidas a los problemas sociales percibidos. Hay muchas pruebas para afirmar que el grado de educación formal de un individuo está en relación estrecha con las actitudes antidemocráticas (véase cuadro 11).

Además, los grupos de status bajo son menos aptos para participar en organizaciones formales, no compran periódicamente revistas y libros, poseen menos información y conocimientos de los asuntos públicos, etc.; todos estos atributos están relacionados, como indican los datos disponibles, con actitudes políticas no democráticas [44]. En otras palabras, los estratos inferiores tienen una probabilidad muy superior de estar aislados de las actividades, conflictos y organizaciones esenciales para un sistema político democrático —«aislamiento que les impide adquirir la visión sofisticada y compleja de la estructura política que

[27] Para una excelente discusión de esta y otras cuestiones relativas a la personalidad y la política, véase F. I. Greenstein, *Personality and Politics*, Markham Publishing Co., Chicago, 1969. En un estudio sobre los prejuicios raciales en Sudáfrica y el sur de Estados Unidos, Pettigrew dice que «En zonas con tradición de intolerancia racial, sigue siendo importante la exteriorización de factores de la personalidad en los que subyace el prejuicio, pero los factores socioculturales son de una importancia excepcionalmente grande y explican la elevada hostilidad racial». T. Pettigrew, «Personality and Sociocultural Factor in Intergroup Attitudes: a Cross-National Comparison», *The Journal of Conflict Resolution*, **II**, 29-42 (1968).

CUADRO 11.   Relación entre la ocupación, la educación y la tolerancia política en Estados Unidos, 1955. Porcentajes de las dos categorías «más tolerantes»

	Ocupación			
	Manual baja	Manual alta	No manual baja	No manual alta
Estudios primarios	13	21	23	26
Algunos estudios secundarios	32	33	29	46
Estudios secundarios	40	48	47	56
Algunos estudios universitarios	—	64	64	65
Estudios universitarios	—	—	74	83

De *Communism, Conformity and Civil Liberties,* de Samuel A. Stouffer. Copyright © 1955, Samuel A. Stouffer. Reproducido con autorización de Doubleday and Company, Inc.

hace comprensibles y necesarias las normas de la tolerancia» [45].

Además de la visión del mundo que la clase obrera adquiere con suma probabilidad, hay otro factor que les hace tender hacia el autoritarismo, su falta relativa de seguridad e independencia económica y psicológica. Se suele señalar que esto les conduce a buscar soluciones inmediatas a su inseguridad, y a encontrarlas con frecuencia en desahogar su hostilidad contra víctimas propiciatorias —judíos, capitalistas, negros, inmigrantes paquistaníes. De manera parecida, su falta de seguridad duradera puede conducirles a buscar soluciones políticas a corto plazo, prestando su apoyo a los grupos extremistas [46].

Para resumir, el conjunto de las experiencias vitales desde la niñez, la educación autoritaria, el bajo nivel de educación, el aislamiento social, el medio educativo y cultural limitado, son circunstancias que contribuyen a que gran parte de la clase obrera tienda a considerar la política, y en general las relaciones personales, en términos relativamente simples como el deseo de acción inmediata, la impaciencia en la discusión y la necesidad de una inmediata gratificación.

De manera parecida, en un estudio comparado, en el que se utilizaba la escala «F», de jóvenes de EE. UU. y de Egipto se halló que tanto los cristianos como los musulmanes del Oriente

Medio obtenían índices más altos que los cristianos de EE. UU. (véase cuadro 12) [47]. El índice más elevado de los egipcios

CUADRO   12

Grupo		Número	Media
Egipto:			
Musulmanes,	hombres	443	68,2
	mujeres	301	67,6
Cristianos,	hombres	143	67,0
	mujeres	79	65,2
EE. UU.:			
Protestantes,	hombres	667	55,8
	mujeres	673	57,2
Católicos,	hombres	221	59,1
	mujeres	99	59,4

De L. H. Milikian, «Authoritarianism and ist Correlates in the Egyptian culture and in the US», *Journal of Social Issues*, **15**, n.º 3, 58-69 (1959).

se explicó por el gran poder de la familia en Oriente Medio, por el bajo nivel de alfabetización, por el énfasis de la religión musulmana en la sumisión y por el escaso desarrollo del sentimiento de comunidad con otras personas ajenas al grupo inmediato [48]. De este modo, lo mismo que ocurre con el autoritarismo obrero de las sociedades occidentales, es muy posible que el mayor índice de autoritarismo de los pueblos del Oriente Medio sea un reflejo del autoritarismo de su medio ambiente.

La idea subyacente a las versiones de la personalidad y del aprendizaje de la teoría del comportamiento es que puede haber factores fundamentales que contribuyan a comprender la forma en que funcionan los sistemas políticos. Al nivel del sistema político, los resultados han sido algo desalentadores ya que es imposible, a todo efecto, determinar los requisitos de la estabilidad y el cambio societal. Además, el concepto de requisitos, de exigencias societales, es muy problemático, no sólo al nivel de las dudas intelectuales sobre la viabilidad del funcionalismo como método, sino también porque «la variedad de roles y de conjuntos de roles existentes en sistemas sociales institucionalmente diversificados a gran escala permite el funcionamiento eficaz de una gama tan grande de modelos de personalidad que sólo se requiere la congruencia más general de la personalidad *básica* con la estructura social en su conjunto como condición mínima para la participación individual en el sistema» [49]. Pero analizándolo al nivel de las unidades constitutivas del sistema político, las consideraciones psicológicas pueden ser de utilidad, por lo que empezaremos por centrar nuestra atención en los estudios sobre la personalidad *básica* para pasar después a los estudios sobre la socialización de los roles de los participantes políticos. La lógica de este orden es la lógica de la sociología política que hace hincapié en las propiedades nacientes de la interacción, y de aquí se infiere que las instituciones operan en una situación más amplia que la de la personalidad de los que desempeñan roles, incluso de importancia, en esas instituciones. Un político puede estar gravemente perturbado psicológicamente, y a pesar de ello verse obligado a actuar de forma muy parecida a otros políticos ante la necesidad de obtener votos, conseguir una ayuda entusiasta, conservar la aprobación de sus colegas y, en general, atender a las exigencias propias del rol de un político[28]. Esto puede ocurrir incluso en los casos en que una institución que muchos pueden considerar desde fuera formada por *tipos raros* —el partido comunista, los distintos grupos extremistas de derechas, los nacionalistas de Cornualles y galeses, etc.— opera la mayor parte del tiempo de acuerdo con las pautas seguidas por los activistas más políticos. Forman comités, establecen delegaciones de responsabilidad, mantienen reuniones sociales, publican escritos legales, se presentan a elecciones, recaudan fondos y dan cuenta de ellos, organizan concentraciones públicas, conceden carnets de miembro y demuestran sin lugar a dudas de otras muchas maneras que las exigencias institucionales limitan la acción y operan con completa independencia de la personalidad.

Cuando se hace hincapié en la socialización adulta en roles institucionalizados y conjuntos de roles, empieza a perder importancia la socialización preadulta, a no ser en el sentido de que las experiencias de joven pueden anticipar los roles del adulto. Tenemos abundantes conocimientos sobre los antecedentes sociales y las supuestas influencias familiares de los legisladores y funcionarios de partido, por ejemplo, y podemos comprender

---

[28] Enfoque muy similar es el de D. Easton, *The Political System,* Knopf, Nueva York, 1953, p. 196, al escribir sobre los dirigentes de partidos cuyas personalidades eran distintas, pero que «habiendo de hacer frente a la existencia de poderosos grupos sociales» tenderán a converger en sus «decisiones y acciones».

que, si las demás circustancias no varían, un joven de familia *política* puede interesarse y participar en la política [50]. Pero estas ideas no nos enseñan nada sobre el *comportamiento de hecho* de las personas políticamente comprometidas, aun cuando nos expliquen muchas cosas sobre los que tienen más probabilidades de comprometerse, ya que el comportamiento político adulto, como hemos insistido, está con frecuencia institucionalmente determinado, o al menos limitado.

Como ya hemos dicho, la razón para relacionar la condición psicológica de una persona con su participación política es que la participación puede considerarse no sólo teniendo en cuenta sus consecuencias para el sistema político —aunque los estudios sobre Lenin, Gandhi, Woodrow Wilson y otros tienen en cuenta las consecuencias políticas[29]—, sino también por sus consecuencias para las necesidades psicológicas del individuo. Desde un punto de vista psicológico, el compromiso político representa para el *inadaptado* una de las muchas actividades que responden a las necesidades individuales del actor, y su *opción* por la política no es una decisión de carácter necesario. La inadaptación puede ser más o menos intensa, y por ello sus expresiones políticas pueden ser más o menos graves y violentas. En un estudio sobre personas muy inadaptadas, internadas en sanatorios mentales, realizado después de haberse recibido amenazas de asesinato contra el presidente norteamericano, se llegó a la conclusión de que los asesinos potenciales más peligrosos eran «personas socialmente aisladas que se adaptan a la tensión simbolizando sus problemas en un idioma político y que se identifican con el presidente a través de la violencia y la muerte» [51]. En un estudio sobre la psicología de los dictadores, el factor fundamental que hacía que la población *necesitara* un dictador era un «debilitamiento del ego colectivo... bajo la influencia de la ansiedad, el temor y la inseguridad». Ante esas condiciones, el ego retrocede a una «etapa infantil y busca ansiosamente ayuda, apoyo y salvación» que encuentra en un líder a quien inviste de una aureola de infalibilidad [52]. Por su parte, el dictador necesita de aduladores, ya que la adulación le permite olvidar, o compensar, «los sentimientos de debilidad e inferioridad basados con frecuencia en frustraciones tempranas o en deficiencias de la virilidad» [53]. De manera parecida, Lasswell traza un tipo psicológico menos extremo que se «caracteriza por fuertes de-

---

[29] Para una prospección de carácter general, véase E. V. Wolfenstein, *Personality and Politics,* Dickenson Publishing Company, California, 1969.

seos insatisfechos de respeto que se proyectan en los objetos públicos», y esta búsqueda de defensa se racionaliza en un interés público. Los orígenes psicológicos del deseo residen en una baja consideración del yo, que trata de aliviar mostrando respeto hacia sí mismo como poseedor del poder. El origen de la baja estima del yo se encuentra en la niñez. Pero no puede afirmarse que el *homo politicus* de Lasswell busque necesariamente el poder político —lo que persigue es el respeto, y puede obtenerlo en mayor grado en los negocios o en una organización religiosa [54].

Un estudio importante sobre la afiliación al partido comunista norteamericano indica que la situación social y económica, el credo religioso, etc., sirven como indicadores útiles de la propensión a adherirse al partido, es decir que las adhesiones no se producen al azar sino que están en relación con un conjunto de características sociales. Sin embargo, puede ponerse también en relación con la afiliación al partido una «susceptibilidad neurótica hacia el comunismo», de acuerdo con la cual la «persona neurótica se adherirá al partido como respuesta a la presión de las necesidades interiores» [55]. Esas necesidades, básicamente la necesidad de reducir tensiones, proceden de una hostilidad inconsciente, de una incapacidad para relacionarse con los demás, de los sentimientos de autorrechazo y de inferioridad que en la mayoría de los casos «resultaban un producto situacional y conforme con los modelos comunitarios». Pero «en un número considerable de casos parecía ser una pauta de hostilidad crónica e inconsciente, producto de experiencias familiares infantiles» [56]. Para estos últimos, el partido es una especie de paraíso terapéutico en el que las necesidades psicológicas son satisfechas por la pseudofamilia de la célula, por las certidumbres de la ideología, por el enemigo institucionalizado del capitalismo al que se puede atacar y destruir. De dos personas, situadas en el resto de las cuestiones en condiciones de igualdad, si una es inconscientemente hostil y destructora y la otra *normal,* hay mayores probabilidades de que la primera se adhiera al partido comunista y que, por lo tanto, proyecte sus problemas personales sobre el sistema político.

Si los examinamos exclusivamente desde el punto de vista de la sociología política, los puntos débiles de tales estudios residen en que, mientras sirven para delinear un mecanismo subyacente al compromiso político, no nos enseñan gran cosa sobre la distribución de tales tipos psicológicos en forma útil para la sociología política. Sabemos bastante sobre los antecedentes familiares, la educación, la situación matrimonial, etc., pero no sabemos si este tipo *se produce sistemáticamente* en una localización estructural más que en otra.

Si pasamos ahora al problema de la relación entre las inclinaciones psicológicas y la estructura social, podemos señalar el intento realizado para explicar la aparición de los grupos políticos de extrema derecha en EE. UU., considerándolo como una reacción frente a los rapidísimos cambios tecnológicos, económicos, políticos y de status que se producen en esa sociedad. Tales cambios han hecho surgir nuevas clases de *desposeídos* —los escalones más bajos de los managers, la antigua clase media independiente, los grados medios del ejército— que reaccionan ante esos cambios a través de una acción política encaminada a volver a la situación de otros tiempos. Por supuesto, esto es imposible, y de esta imposibilidad surge «la política de frustración, de amarga impotencia de los que no pueden comprender... la compleja sociedad de masas que es el sistema político actual»[30]. Norteamericanos de la primera y la segunda generaciones, nuevos habitantes de las ciudades procedentes del campo y todos aquellos antiguos grupos independientes de la América tradicional —el pequeño campesino, el propietario de un garaje, el pequeño comerciante o industrial— se encuentran con que no pueden comprender o competir, y en el caso de los inmigrantes, con que no son aceptados como verdaderos norteamericanos. De esta combinación de «la inseguridad con respecto al status social [y]... la inseguridad sobre la propia identidad y sentido de pertenencia» ha surgido una ansiedad generalizada sobre el status, que se ha proyectado en la labor de la educación de los niños [57]. Se espera que los niños consigan lo que sus padres no pudieron conseguir, y «desde el punto de vista de los niños, sus expectativas toman a menudo la forma de una autoridad tremendamente exigente que no se pone en duda ni se desafía. Al no hallar una salida moderada de concesiones mutuas, esa resistencia y hostilidad tienen que ser suprimidas, y reaparecen bajo la forma de furia destructora interna. Una enorme hostilidad contra

[30] D. Bell, «The Dispossessed», en D. Bell (ed.), *The Radical Right,* Anchor Books, Nueva York, 1964, p. 42. Pero véase R. y B. Wolfinger, K. Prewitt y S. Rosenhack, «América's Radical Right: Politics and Ideology», en D. Apter (ed.), *Ideology and Discontent,* Free Press, Nueva York, 1964, pp. 262-293, quienes muestran que la organización derechista Christian Anti-Communism Crusade (Cruzada cristiana contra el comunismo) está formada por personas de nivel educacional, de posición social y de renta superiores a la media de la zona en la que operan.

la autoridad, que no puede admitirse a nivel consciente, exige una compensación excesiva a gran escala, que se manifiesta en una sumisión extravagante al poder fuerte»[31]. El sujeto imagina que está dominado por astutos enemigos, que el país está cayendo bajo la influencia de fuerzas extranjeras que lo manipulan y controlan, y al efecto le sirven perfectamente las ideologías demonológicas de la derecha radical que considera que el gobierno está dominado por la *izquierda,* que ve en los negros y en los judíos a agentes de complots comunistas y detecta un *socialismo invasor* en todos los actos del gobierno. Les sirven tanto mejor cuanto les permiten a la vez someterse al poder de Norteamérica y dar salida a su agresión contra los inconformistas.

Un tipo de análisis algo diferente centra su atención en las frustraciones que tienen un origen estructural, pero no trata de ponerlas en relación con las pautas de las primeras experiencias infantiles dentro del marco de la familia. La noción primaria es un simple modelo de frustración-agresión, en el que la frustración puede producirse a cualquier edad y no necesariamente en la primera infancia[32]. Los miembros de los grupos sociales menos favorecidos en cuanto a las oportunidades profesionales, los que padecen un descenso de un status anteriormente alto, los que están ocupados en trabajos que el desarrollo de la tecnología está desplazando y los afectados por la complejidad creciente de las grandes instituciones no consiguen comprender lo que está ocurriendo societalmente y «sienten amenazada su posición social por nuevos grupos de *conspiradores extranjeros*» [58]. El resultado psicológico es que notan una falta de control sobre sus vidas, y reaccionan ante ello prestando apoyo a ideologías fundamentalistas que atacan a los intelectuales, a los liberales, a los proyectos de bienestar social, a los países extranjeros y al comunismo. En sus relaciones interpersonales «la forma de la interacción de grupo tiene por objeto, consciente o inconscientemente, al mismo tiempo

---

[31] —— «The Dispossessed», en D. Bell (ed.), *The Radical Right,* Anchor Books, Nueva York, 1964, p. 89. I. Rohter, «The Genesis of Political Radicalism: The Case of the Radical Right», en Roberta Sigel (ed.), *Political Socialization,* Random House, Nueva York, 1970, pp. 626-651, subraya la relación existente entre las opiniones radicales de derechas y una educación religiosa opuesta al modernismo, que no hace sino inculcar la duda en sí mismo, la agresividad y sentimientos profundos de dependencia.

[32] A diferencia de las teorías psicoanalíticas, que son parciales con respecto a la gran complejidad de la vida individual, el tipo de análisis de la frustración-agresión se presta bien a un tratamiento agregado de los datos, como veremos en el capítulo 13.

el satisfacer las motivaciones personales de los participantes y liberar algunos de los sentimientos comunes de alineación y frustración que ha creado el orden social cambiante»[33]. De manera parecida, en un análisis de la John Birch Society se considera que su causa básica es el «cambio y reajuste rapidísimos de las instituciones políticas, económicas y sociales norteamericanas» [59]. Un estudio sobre la organización extremista Front de Libération Québecois (FLQ) de Canadá, muestra que sus miembros están cayendo en un síndrome de inteligencia superior a la media, inmadurez emotiva, adopción de una *religión* marxista secular en sustitución del catolicismo ortodoxo de su educación y rechazo de los valores paternos. Se considera que este síndrome es una respuesta a la vida en sociedad, en la que todas las cartas son contrarias a los franco-canadienses: se encuentran en inferioridad económica, desfavorecidos en el terreno educativo, políticamente débiles y con escaso control local sobre la industria de la localidad[34]. Al igual que la derecha norteamericana, forman parte de una sociedad que prescinde de ellos y a la que consideran —probablemente con razón— controlada por extranjeros, sobre cuyas decisiones principales tienen muy poca influencia. En ese contexto, adoptan una ideología violentamente nacionalista, que goza de un amplio apoyo entre los canadienses franceses, a no ser en lo que a la violencia se refiere, y que ofrece tanto una explicación de su mala situación como un programa de acción. Un atractivo primario de estas organizaciones extremistas es su ideología, que proporciona una base de certidumbre a prueba de argumentos y muy lógica, y da a los desposeídos un sentido de dirección que se les niega socialmente[35].

[33] M. Chelser y R. Schmuk, «Participant Observation in a Super-Patriot Discussion Group», *Journal of Social Issues,* **19,** 27 (1963). R. Hofstadter, «The Pseudo-Conservative Revolt», en D. Bell (ed.), *The Radical Right,* Anchor Books, Nueva York, 1964, p. 81, se refiere a este tipo de situación diciendo que «probablemente se trata de una de las formas más perversas de terapia ocupacional conocidas».

[34] *The Sunday Times,* 18 de octubre de 1970; véase J. Porter, *The Vertical Mosaic,* Toronto University Press, Toronto, 1965, para un estudio detallado del sistema canadiense de élite y la bajísima representación de los canadienses franceses a nivel nacional.

[35] Sobre este punto, véase M. B. Smith, J. S. Bruner y R. White, *Opinions and Personality,* Wiley, Nueva York, 1956; R. Lane, *Political Thinking and Consciousness,* Markham, Chicago, 1969, que estudian las relaciones entre las necesidades psicológicas y la aceptación de ideas, y H. Toch, *The Social Psychology of Social Movements,* Methuen, Londres, 1966, capítulo 3, «The Benefit of Perceiving Conspiracies».

En otro estudio, esta vez sobre la Iglesia de los Musulmanes Negros de EE. UU. y su atractivo para las *masas negras*, se subraya que están «atrapados en los *ghettos* negros» por su status económico, sus hábitos morales y su aceptación de la imagen que los blancos tienen de ellos [60]. Rechazados tanto por el mundo blanco como por la clase media negra que ha aceptado las definiciones que los blancos dan a la realidad, políticamente impotentes y étnicamente despreciados, «resultan abrumados por un sentimiento de total desvalimiento» [61]. En una de sus cartas desde Harlem, James Baldwin señaló el problema con furia sostenida: «Trabajan todo el día en el mundo de los blancos, y regresan por la tarde a su hogar de este barrio fétido. Luchan por infundir a sus hijos un sentido del propio honor y dignidad que les permita sobrevivir. Esto significa, por supuesto, que deben luchar, tercamente, incesantemente, para mantener vivo en sí mismos este sentimiento, a pesar de los insultos, la indiferencia y la crueldad con que se encontrarán sin duda durante la jornada laboral. Conminan pacientemente al dueño de la casa para que repare la calefacción, los desconchones de las paredes, las cañerías; esto requiere una paciencia prodigiosa; pero la paciencia no suele bastar. En su afán por hacer habitables estos tugurios malgastan mucho tiempo. Tales frustraciones, sufridas durante tanto tiempo, están conduciendo al umbral de la paranoia a muchos hombres y mujeres fuertes y admirables, cuyo único delito es el color de su piel» [62]. En esta situación de impotencia que puede derivar en una pérdida de la autoestima, el negro norteamericano puede sentirse atraído por una ideología contraria, que haga hincapié en la virtud de la *negritud,* que prevea la formación de una nación negra en EE. UU., y conforme una adhesión emocional a un centro de poder *negro,* como Egipto, Etiopía, Marruecos o el Sudán. De este modo, la agresión, que existe en potencia en toda persona frustrada, surge en los negros norteamericanos debido a su situación en la sociedad estadounidense, en la que se les niega toda oportunidad de legítima liberación de tensiones «por la cruel y hostil sociedad de los blancos» [63]. Así, los nacionalistas negros pueden hacer frente «a los problemas materiales, culturales, morales y psicológicos que impiden el progreso de las masas negras»[36]. Los Musulmanes Negros tienen especial interés ya que sirven para

---

[36] C. E. Lincoln, *The Black Muslims in America,* Beacon, Boston, 1961, página 71; véase también el capítulo sobre Malcom X en E. V. Wolfenstein, *Personality and Politics,* Dickenson Publishing Company, California, 1969, pp. 40-68.

ilustrar un aspecto al que hicimos referencia anteriormente: que
la actividad *política* no es sino una más de las posibles salidas de
una agresividad de origen social. Los Musulmanes Negros tienen mucho en común con las sectas religiosas que con tanta
frecuencia surgen entre los desheredados sociales, y que pueden
ser alternativas de la acción política para poner las cosas en
orden, o que pueden preceder en el tiempo a una actividad
política organizada, o que pueden desembocar o verse conduci-
das a la acción política [64]. Además, en tales organizaciones
religiosas, la gente puede aprender también técnicas organizativas y de oratoria que podrían ser utilizadas en la escena política
con fines más seculares[37].

6.7. Socialización en roles políticos

El problema de la aplicación de la psicología a la política
radica en que sugiere que la gente se orienta o ambiciona roles
políticos como fuente de transferencia de las necesidades psicológicas a la escena pública. Si esto significa que el conjunto de los
individuos políticamente activos que alcanzan el éxito tienen con
mayor probabilidad problemas psicológicos graves, entonces es
sencillamente falso[38]. Si, por el contrario, quiere decir que los
políticos actúan normalmente al tratar de buscar una proyección,

---

[37] Sobre esta cuestión véase K. Little, *West African Urbanisation,* Cambridge
University Press, Londres, 1965, para una exposición completa de las asociaciones voluntarias en su carácter de sistemas *puente* para la integración de los
conjuntos urbanos en el Africa occidental; véase también E. Wallerstein, *The
Road to Independence,* Mouton, La Haya, 1964, pp. 83-134.

[38] Se trata en este caso de una posición aún más curiosa, teniendo en cuenta
que, en los estudios comparados, se ha encontrado que sólo un 20 por ciento de la
población, aproximadamente, está totalmente libre de tendencias psicopatológicas
apreciables; véase B. M. Rutherford, «Psycho-Pathology, Decision-Making and
Political Involvement», en *Journal of Conflict Resolution,* **10,** 387-407 (1966). Los
datos disponibles muestran que, considerado según diferentes criterios, es bastante frecuente la existencia de rasgos psicopatológicos en la población en
general, véase J. Manis, J. Bravver, C. Hunt y L. Kircher, «Estimating the
Prevalence of Mental Illness», *American Sociological Review,* **29,** 84-89 (1964).
Véase también, J. B. McConaughty, «Some Personality Factors of State Legisla-
tors in South Carolina», en J. C. Wahlke y H. Eulau (ed.), *Legislative Behaviour,*
Free Press, Glencoe, 1959, pp. 313-316, quien afirma que «los dirigentes políticos
eran mucho menos neuróticos que la generalidad de la población masculina». Sin
embargo, J. D. Barber, *The Lawmakers,* Yale University Press, New Haven,
1965, p. 217, afirma que tres de las cuatro categorías de legisladores «se parecen... a las personalidades políticas descritas por Harold Lasswell, que padecían
de fuertes sentimientos de inferioridad o deficiencias personales».

pero que optan por la política y no por otra actividad, hay que explicar por qué eligen la política en vez de otras opciones disponibles[39]. Tampoco se explica la regularidad de comportamiento observable entre los actores políticos dentro de sus marcos institucionales, ni el reclutamiento diferencial para los roles políticos de grupos sociales estratégicos. En un intento de aclarar el complejo problema de la interconexión entre los factores psicológicos y el marco institucional de la acción política, Greenstein sugiere algunas proposiciones, entre las que se encuentran las siguientes:

(1) «Las situaciones ambiguas permiten que se manifieste la variabilidad personal.» Por ejemplo, en los grupos políticos recién formados, como es el caso de partidos y grupos de presión en los que no ha surgido un entramado de expectativas, hay más espacio para que la variabilidad psicológica personal determine el comportamiento. La debilidad del marco puede ser de importancia fundamental, como ocurrió en el caso de Lenin, que pudo manipular el POSDR por un tiempo. Cuando fracasó más tarde, y «se dio cuenta de que era psicológicamente incapaz de compartir el poder, creó su propia organización» [65]. Algo parecido se produjo con la decisión de Hitler de adherirse al Partido de los Trabajadores Alemanes, «el hecho decisivo de mi vida»: era un partido sin «nada, sin programa, sin octavillas, sin nada impreso, sin siquiera un miserable sello de caucho» [66]. Tales situaciones se caracterizan, inicialmente al menos, por la ausencia de expectativas precisas y concretas sobre el comportamiento de los que ocupan una posición, y por lo tanto permiten una considerable libertad de comportamiento.

(2) «El impacto de las diferencias personales en el comportamiento ha aumentado hasta un nivel en el que no hay sanciones que vayan unidas a algunas de las posibles

---

[39] Según un estudio empírico de 550 legisladores y concejales norteamericanos, 125 de ellos (el 22,5 por ciento) consiguieron llegar a cargos políticos a través de su actividad en grupos no políticos de naturaleza cívica, vocacional y religiosa; K. Prewitt, H. Eulau y B. Zisk, «Political Socialisation and Political Roles», *Public Opinion Quarterly*, **30**, 569-582 (1966). R. Browning, «The Interaction of Personality and Political System in Decisions to Run for Office», *Journal of Social Issues*, **24** (1968), afirma que *varios* directores de empresa igualaban a los políticos que estaba estudiando en una dimensión psicológica determinada *(necesidad de logro y necesidad de afiliarse)*, pero que la probabilidad de que los políticos tuvieran padres políticamente activos era mucho más elevada.

líneas alternativas de conducta.» Un ejemplo de esto podría ser el carácter extremadamente previsible del comportamiento en la política entre bastidores llevada a cabo por los diputados de un mismo partido, a pesar de las probables diferencias en sus propensiones psicológicas. Las sanciones, tanto oficiales como no oficiales, contra el comportamiento político díscolo en el seno de un grupo de diputados son tan graves que, a pesar de la variabilidad personal, la mayoría de ellos acaban por someterse a la línea política de su partido en el Parlamento [67].

(3) «... la variación se reduce en la medida en que los individuos estén situados en un contexto de grupo en el que su decisión o actitud sea visible para los demás.» Este factor ha sido demostrado en los estudios de presiones de grupo mencionados anteriormente.

(4) «... las necesidades intensas de seguir el ejemplo de otros tenderán a reducir los efectos de la variación» de otros rasgos psicológicos. Por ejemplo, los datos obtenidos en el sur de Norteamérica indican que la capacidad de ajustarse, más que otros correlativos psicológicos del prejuicio normalmente observados, es un determinante significativo del comportamiento prejuicial en las regiones en las que las normas culturales sancionan positivamente la intolerancia [68].

Otra serie de consideraciones hace referencia a la posibilidad de un comportamiento rutinario, tal como el de votar allí donde existe —en especial en países con un número relativamente reducido de partidos— sólo una oportunidad muy limitada de que la personalidad pueda expresarse de otra forma que no sea la más trivial. Cuando la posibilidad de elección de partido es limitada, tampoco podría esperarse que se mostraran profundas diferencias psicológicas en el voto a un partido o en el apoyo al mismo. A este nivel, pues, otros factores están evidentemente mucho más relacionados con el comportamiento, y desde luego de manera más obvia. Entre estos factores están los grupos de pares y de referencias, la familia, el status socioeconómico, la situación profesional, etc., siendo la personalidad, en el mejor de los casos, una posible variable intermedia bastante atenuada [40].

Aunque estas consideraciones son importantes, también es

---

[40] Es esta consideración la que parece justificar la concepción de L. Froman sobre la socialización, que sería el «aprendizaje de ciertos rasgos relativamente

evidente que un rasgo destacado de la sociedad burocratizada consiste en ajustar al individuo a una pauta de comportamiento rutinario. Esto no quiere decir que los individuos no tengan la oportunidad de expresar en las distintas organizaciones una variabilidad personal de estilos de comportamiento individual, o que la especificación formal de roles oficiales y de jerarquía de roles se corresponda con comportamientos de hecho. Existen, desde luego, normas y expectativas no oficiales que están en oposición, o son complementarias, con las normas y los roles oficiales, y esta dualidad puede permitir al individuo cierto margen para expresar las variaciones personales. Sin embargo, a diferencia del proceso de socialización generalizada del que hablamos anteriormente, el adherirse a un grupo organizado —bien sea una empresa, una secta religiosa, una iglesia o un partido político— supone el aprendizaje de técnicas, actitudes y normas mucho más específicas de esa institución. En este punto nos enfrentamos al problema de los *tipos* de institución y los *tipos* de objetivos de esas instituciones, porque las organizaciones parecen diferir de manera sistemática en cuanto al grado, intensidad, duración y contenido de la socialización requerida para los miembros reclutados por ella. Por ejemplo, la socialización en las prisiones supone, en gran medida, la eliminación de comportamientos sociales y expectativas formadas en el exterior, de forma que el presidiario esté mejor preparado para la rutina altamente despersonalizada de la vida en la prisión. La socialización en una empresa o en un partido político no se ajusta tanto a este modelo. De este modo, al nuevo presidiario se le priva de sus posesiones, se le da un uniforme impersonal, se le corta el pelo a la longitud que prescriben las reglas y en general se le obliga a someterse, por medio de las presiones oficiales y no oficiales ejercidas por los vigilantes y otros presidiarios, a una pauta de comportamiento común y regimentado[41]. De manera parecida, allí donde es funcionalmente deseable disociar al actor del acto, la acción puede estar tremendamente despersonalizada, como ocurre con los

---

estables, y el comportamiento resultante», aunque subraya también «la importancia de la personalidad como conexión entre el *medio* y el *comportamiento*», «Personality and Political Socialisation», *Journal of Politics*, **23**, 341-352 (1961).

[41] Para un examen de los modelos de socialización en las prisiones e instituciones *totales* similares véase E. Goffman, «The Characteristics of Total Institutions», reimpreso en A. Etzioni (ed.), *A Sociological Reader on Complex Organisations*, 2.ª ed., Holt, Rinehart and Winston, Nueva York, 1969. Véase también, M. Janowitz, *The Professional Soldier*, Free Press, Glencoe, 1964, en especial parte 3.

jueces que aparecen rodeados del aparato del boato de la ley, y de forma menos espectacular con los médicos y otros grupos profesionales que disponen de sus códigos rígidos de conducta profesional. Un proceso parecido puede producirse en las burocracias, que exigen a su personal el mantenimiento de una forma restringida de comportamiento en el desempeño de su papel de burócratas.

Las burocracias, tanto si pertenecen a una industria privada como si corresponden a un servicio público o a organizaciones voluntarias, actúan dividiendo procesos complejos en partes constitutivas más simples para conseguir un máximo de eficiencia. Se trata sólo de un elemento de la división del trabajo observada en todas las sociedades avanzadas, y es la causa básica de las limitaciones organizativas a la variación en la conducta del individuo. Es decir, la burocracia es el *tipo ideal* de la organización formal, con su énfasis en la precisión, la racionalidad, la continuidad, etc., que conduce, o se aproxima, a «la total eliminación de las relaciones personalizadas y de las consideraciones no racionales (hostilidad, ansiedad, compromiso afectivo), etc.» [69]. Naturalmente, la cantidad de resocialización requerida estará en relación con el grado de burocratización formal y con el tipo de socialización experimentada *antes* de unirse a la organización. Nos puede servir como ejemplo un estudio sobre los trabajadores de los Apalaches empleados en una organización de lucha contra la pobreza. Estos trabajadores concedían poco valor a la autoridad jerárquica y se adherían a valores mucho más individualistas e igualitarios, que se consideran como antitéticos a un funcionamiento eficiente de la burocracia. Como organización, la burocracia tuvo que absorber a esas personas y resocializarlas, haciéndolas aceptar la autoridad jerárquica característica de todas las burocracias. En el estudio mencionado «se descubrió que los participantes, en relación con la deferencia a la autoridad, se habían socializado a través de su participación en la organización», pero al mismo tiempo se encontró que la burocracia se había acomodado a su entorno social integrando «algunos de los valores de la cultura local en su funcionamiento» [70].

Para el psicólogo, la burocracia *atraerá* probablemente al tipo *compulsivo* que «quiere procedimientos ordenados... trata a las personas como objetos manipulables... evita las situaciones en las que hay muchas *incógnitas* y adopta hacia los demás las formas más suaves posibles» [71]. Se caracteriza por una necesidad de imponer orden, producto de un temor a las situaciones ambiguas o inciertas, para eliminar a las cuales existen las burocracias. Desde luego, desde el punto de vista psicológico, la burocracia puede no ser en primer término un agente de socialización, ya que las actitudes de muchos de los atraídos por ella están ya conformes con sus pautas: se trata más bien de un agente de reunión o concentración de personas compulsivas que siguen «formas rígidas y obsesivas en sus relaciones humanas» [42]. Aunque este enfoque no excluye un elemento de reforzamiento intraburocrático de las actitudes compulsivas, el énfasis se centra en la atracción por la burocracia de las personas más apropiadas en virtud de su predisposición psicológica. Presthus descubrió que, en las dos organizaciones de negocios que estudió, los burócratas con más éxito tenían probabilidades mucho más altas de alcanzar un índice más elevado en una escala de autoritarismo que aquellos con menor éxito. Añadía que los ejecutivos que triunfaban eran reclutados de forma desproporcionada entre los «grupos de clase alta y media-alta, cuyos miembros obtienen normalmente índices bajos de autoritarismo» [72].

La socialización en roles dentro del marco de un partido político puede constituir un proceso más diverso que la socialización en otros roles o conjuntos de roles formalmente más estructurados. Hay posiciones muy diversas según los diferentes niveles de un partido, con distintos grados de posible autonomía individual en esas posiciones, y sabemos muy poco sobre el proceso de adecuar los individuos reclutados a los roles [43]. Pro-

[42] Lasswell, *Personality and Politics,* citado en E. V. Wolfenstein, *Personality and Politics,* Dickenson Publishing Company, California, 1969, p. 37. Véase también A. Inkeles, «Sociology and Psychology», en S. Koch (ed.), *Psychology: A Study of Science,* McGraw-Hill, Nueva York, 1963, p. 354, «...hay bastantes pruebas para afirmar que status particulares atraen con frecuencia, o se reclutan de forma preponderante, entre uno u otro tipo de personalidad»; también R. Browning y H. Jacob, «Power Motivation and the Political Personality», *Public Opinion Quarterly,* **28,** 75-90 (1964), quienes, tras entrevistar a los candidatos perdedores y a ocupantes con éxito de cargos públicos, reforzaron su creencia de que determinados cargos atraen a ciertos tipos psicológicos, ya que ambos grupos eran de estructura psicológica similar. Véase también D. Schwartz, «Toward a Theory of Political Recruitment», *Western Political Quarterly,* **22,** 552-571 (1969), quien comparó los tipos de personalidad obtenidos de una prospección a un grupo de políticos norteamericanos con el de una muestra a nivel nacional, y encontró que los primeros tenían un nivel considerablemente más alto en lo relativo a necesidad de logro, de autonomía, de dominio y de agresión. Por desgracia, el estudio no se ocupa de averiguar si esos rasgos son o no producto del ejercicio del cargo.

[43] El problema es de tiempo: tenemos ciertos conocimientos sobre la base social y las percepciones de roles de los diputados, etc., porque la información es relativamente fácil de conseguir, pero el cambio de los modelos de comportamiento de los nuevos políticos tras experimentar una socialización de rol constituye un problema que se extiende en el tiempo y que resulta costoso observar.

bablemente para la mayoría de los partidos políticos de masas el grado de socialización en el rol de miembro del partido es mínimo, ya que las expectativas de rol no son fuertes y el miembro puede hacer prácticamente lo que quiera: puede ser activo o pasivo, puede acudir a las reuniones de sección o no, leer la *literatura* o escuchar la radio, etc. Por ello, no es probable que difiera mucho del resto de la población, salvo por su superior interés y conocimiento político, por su mayor tendencia a votar, por su status social probablemente superior a la media, etc. Ninguno de estos rasgos lo exige realmente el partido político, y, de hecho, la adhesión a un partido puede ser una consecuencia de estas características más que su causa. Tampoco es probable que el burócrata profesional del partido se diferencie demasiado del burócrata del sector estatal o privado, aunque su compromiso con la organización pueda ser superior. Sin embargo, para la mayoría de los legisladores probablemente se producirá un período de resocialización relativamente intensa, ya que «el legislador individual acepta una serie de limitaciones graves a su posibilidad de actuar con plena libertad»[44]. Estas limitaciones son las reglas del juego legislativo, y existen independientemente de cualquier legislador individual, por lo que, si ha de triunfar, debe aprenderlas y, en gran medida, atenerse a ellas.

Wahlke y sus colegas definieron la tarea del legislador en términos de una serie de roles que, aunque no permitan predecir el comportamiento del legislador en todas las situaciones, «son indicadores efectivos de posibilidades de comportamiento» [73]. El conjunto de roles de un legislador norteamericano comprende los de elaborar leyes, representar distritos electorales y geográficos, roles de grupo de presión, etc., y el legislador puede aportar a éstos un conjunto de expectativas y actitudes. De la interacción de estas expectativas y el conjunto de roles surgen los tipos de roles existentes de hecho en el órgano legislativo, que comprenden el *ritualista,* preocupado por dominar las reglas y procedimientos del proceso legislativo; el *tribuno,* que se considera a sí mismo «como el descubridor, el reflejo, el abogado o defensor de las necesidades y deseos del pueblo», y el *inventor,* para quien su rol primario consiste en formular el bienestar

---

[44] J. C. Wahlke, H. Eulau, W. Buchanan y L. Ferguson, *The Legislative System,* Wiley, Nueva York, 1962, p. 135. Véase también C. Price y G. Bell, «Socialising California Freshmen Assemblymen», *The Western Political Quarterly,* **23,** 166-179 (1970), que estudia con detalle los agentes formales y no formales, los contactos personales, el protocolo en el sentarse y la comida a través de los cuales el nuevo miembro capta los *mores* parlamentarios.

general o medidas políticas concretas. El *inventor* se orienta hacia lo que considera aspectos creativos de su trabajo. Finalmente, está el *agente*. El *agente* se ocupa del compromiso y la integración de intereses y exigencias en conflicto[45]. Se descubrió que estos tipos de roles estaban distribuidos de manera diferencial en los cuatro órganos legislativos de los estados de la Unión estudiados, aunque el *ritualista* aparece con mayor frecuencia que cualquiera de los otros tipos.

Wahlke y sus colegas examinaron más a fondo los modelos de socialización preadulta en su muestra legislativa, estudiando dimensiones como el interés temprano por la política, la influencia de grupos primarios, como los padres, la participación temprana en asociaciones voluntarias, etc., pero no se realizó ningún intento de estudiar la personalidad como posible fuente de la participación política. Tampoco realizaron un estudio longitudinal del proceso de aprendizaje de los distintos tipos de roles que un nuevo político puede adoptar en el órgano legislativo[46]. Pero delinearon los tipos de roles de los legisladores, y, puesto que estos tipos tenían casi el mismo orden de gradación en cuatro estados tan dispares, puede deducirse que los tipos de roles dependen más de la característica sociopolítica de los estados y de la naturaleza del proceso legislativo que de la personalidad básica o de la socialización infantil de los legisladores (véase cuadro 13).

6.8. Conclusiones

Parece, pues, que la socialización de la futura generación política empieza pronto en la mayoría de las sociedades, aun-

[45] Véase también J. D. Barber, *The Lawmakers,* Yale University Press, New Haven, 1965, quien propone una tipología de cuatro tipos de legisladores —legisladores, publicistas, espectadores y reacios—, da una lista muy detallada de las características psicológicas de cada tipo, indica la base sociológica probable de cada uno y demuestra la adaptación de cada uno de los tipos a las tareas del órgano legislativo.

[46] El estudio de K. Prewitt, H. Eulau y B. Zisk, «Political Socialisation and Political Roles», *Public Opinion Quarterly,* **30** (1966), se centra en el período de la vida de los legisladores y concejales en el que se interesan por la política, es decir en la época preadulta y adulta. Partían del supuesto de una estrecha asociación de este período con las orientaciones de rol político de los encuestados, pero sus conclusiones fueron que «la primera socialización política parece no tener relación con los principales aspectos de la orientación del ocupante del rol», mientras que «las consideraciones y presiones institucionales sirven sin duda alguna de guía» a las personas que están en ellas.

CUADRO 13.   Distribución de tipos de roles

Tipos de roles	New Jersey $n=79$	Ohio $n=162$	California $n=113$	Tennessee $n=120$
	%	%	%	%
Ritualista	70	67	58	72
Tribuno	63	40	55	58
Inventor	49	33	36	30
Agente	33	48	27	15

De *The Legislative System,* de John C. Wahlke, Heinz Eulau, William Buchanan y Le Roy C. Ferguson. Copyright © 1962, John Wiley & Sons Inc. Nueva York. Con autorización de John Wiley & Sons Inc.[47].

que sea de forma no sistemática. La mayor parte de los niños comienzan a estructurar su mundo político desde una edad temprana, primero mediante una adhesión afectiva a símbolos políticos destacados, como el presidente, la bandera, la reina, etc., y que con los años van adquiriendo una comprensión racional de la *realidad* que fundamenta esas adhesiones.

Aunque se sabe bastante sobre la pauta modal de desarrollo que siguen los niños norteamericanos en su iniciación de la cultura política, quedan varios campos de problemática. En primer lugar, se ha estudiado relativamente poco la socialización política de subgrupos culturales, lo mismo que el proceso de socialización política en sociedades distintas a la anglonorteamericana. Otra cuestión problemática es la de evaluar las consecuencias del aprendizaje político temprano en el funcionamiento del sistema político. En las sociedades preindustriales la relación entre lo que se aprende en la primera socialización y el carácter y proceso del sistema social es bastante directa. Pero, en las sociedades industriales de mayor complejidad y cambio más rápido, intervienen otras instituciones, grupos y organizaciones entre las primeras experiencias de socialización y la vida adulta. Este hecho por sí solo aumenta las posibilidades de que las actitudes y valores formados tempranamente sean modificados a lo largo del ciclo vital. Tales cambios en las orientaciones individuales no tienen

[47] Desde luego, es posible, como siempre, una explicación alternativa: los órganos legislativos *atraen* a aquellas personas que tienen las orientaciones psicológicas de los tipos de rol que aparecen en los órganos legislativos, de modo que el *ritualista* podría corresponder con el *compulsivo* mencionado anteriormente.

por qué ser como un cataclismo, y puede ocurrir que en sociedades políticas relativamente estables, complejas o de otro tipo, el primer aprendizaje político sufra pocas modificaciones, que pueden suponer un cambio de partido o de ideología política, pero que rara vez conducen a poner en tela de juicio el propio sistema político. Nuestro conocimiento sobre lo que ocurre en sociedades de cambio más rápido es muy escaso. Está unido, de forma más o menos directa a la cuestión de *qué* y *cuánto* se aprende en las primeras etapas de la vida, y en qué medida puede relacionarse lo aprendido con el comportamiento político adulto. Como hemos visto, es muy difícil detectar las conexiones entre la socialización infantil y el comportamiento político adulto y, desde luego, la inmensa mayoría de las investigaciones «que estudian las influencias personales y situacionales sobre el comportamiento manifiesto muestran que pueden hacerse predicciones sobre el comportamiento manifiesto con mayor precisión a partir de un conocimiento de la situación que a partir de un conocimiento de las diferencias personales» [74]. La escuela de la *personalidad básica,* que procede de la tradición freudiana, afirma que lo que aprendemos en la niñez tiene mucho que ver con nuestro comportamiento de adultos. Es difícil evaluar la contribución de este tipo de pensamiento a una compresión del comportamiento político, aun cuando no sea una nueva forma de análisis político.

Un primer error (o herejía sociológica) de esta escuela de pensamiento fue minusvalorar el papel que desempeñan los factores institucionales y estructurales en el comportamiento social. En la actualidad, el problema se centra más en la cuestión de *cuánto* y en qué contexto afecta al comportamiento la personalidad en contraposición con otras variables. Lo que hemos tratado de mostrar en el último párrafo es que deben tratarse con extrema prudencia y escepticismo los supuestos fáciles sobre las relaciones entre las características psicológicas y el comportamiento político.

REFERENCIAS BIBLIOGRÁFICAS

[1] Por ejemplo, R. BENEDICT, «Continuities and Discontinuities in Cultural Condictions», *Psychiatry,* **1,** 161-167 (1938).

[2] M. MEAD, *Continuities in Cultural Evolution,* Yale University Press, New Haven, 1964.

[3] T. PARSONS, *The Social System,* Tavistock, Londres, 1964; T. Parsons y E. Shils (eds.), *Towards a General Theory of Action,* Harvard University Press, Cambridge, Mass., 1951; A. Inkeles y D. J. Levinson, «National

278   Sociología política

Character», en G. Lindzey (ed.), *The Handbook of Social Psychology*, volumen ii, Addison-Wesley, Cambridge, Mass., 1954.

[4]   G. J. BENDER, «Political Socialization and Political Change», *Western Political Quarterly*, 390-407 (1967).

[5]   D. MARSH, «Political Socialization: The Implicit Assumptions Questioned», *British Journal of Political Science*, **I**, 519-531 (1971).

[6]   R. A. LE VINE, «The Internationalization of Political Values in Stateless Societies», en R. Hunt (ed.), *Personalities and Cultures*, Natural History Press, Nueva York, 1967, pp. 185-203.

[7]   —— «The Internationalization of Political Values in Stateless Societies», en R. Hunt (ed.), *Personalities and Cultures*, Natural History Press, Nueva York, 1967, p. 195.

[8]   E. BANFIELD y L. BANFIELD, *The Moral Basis of a Backward Society*, Free Press, Glencoe, 1958.

[9]   R. HARRIS, «The Role of the Civil Servant in West Africa», *Public Administration Review*, **25**, 308-313 (1965).

[10] L. PYE, *Politics, Personality and Nation Building*, Yale University Press, New Haven, 1966, p. 181.

[11] —— *Politics, Personality and Nation Building*, Yale University Press, New Haven, 1966, p. 182.

[12] —— *Politics, Personality and Nation Building*, Yale University Press, New Haven, 1966, p. 184.

[13] —— *Politics, Personality and Nation Building*, Yale University Press, New Haven, 1966, p. 185.

[14] D. EASTON, R. HESS y J. TORNEY, *The Development of Political Attitudes in Children*, Aldine Publishing Co., Chicago, 1967; F. Greenstein, «The Benevolent Leader: Children's Images of Political Authority», *APSR*, **54**, 934-945 (1960).

[15] R. HESS y D. EASTON, «The Child's Changing Image of the President», *Public Opinion Quarterly*, **24**, 632-644 (1960).

[16] F. GREENSTEIN, *Children and Politics*, Yale University Press, New Haven, 1965, p. 39.

[17] P. LAUTER y F. HOWE, «How the School System is Rigged for Failure», *New York Review of Books* (18 de junio de 1970).

[18] R. LITT, «Civic Education, Community Norms and Political Indoctrination», *American Sociological Review*, **28**, 69-75 (1963).

[19] L. WYLE, *Village in the Vaucluse*, Harvard University Press, Cambridge, Mass., 1957, pp. 206-207.

[20] M. KENT JENNINGS y R. NIEMI, «Patterns of Political Learning», *Harvard Educational Review*, **30**, n.º 3, 443-467 (1968).

[21] T. PARSONS, «The School Class as a Social System», *Harvard Educational Review*, **24**, 297-318 (1959), reimpreso en A. H. Halsey, C. J. Floud y C. A. Anderson, *Education, Economy and Society*, Free Press, Glencoe, 1961. pp. 434-455.

[22] D. JAROS, H. HIRSCH y F. J. FLERON, «The Malevolent Leader: Political Socialisation in an American Subculture», *APSR*, **62**, n.º 2 (junio de 1968).

[23] H. ECKSTEIN, *Division and Cohesion in a Democracy*, Princeton University Press, Princeton, 1966, p. 248.

[24] R. ROSE, *Politics in England*, Little, Brown, Boston, 1964, capítulo 2; E. Nordlinger, *The Working Class Tories*, MacGibbon and Kee, Londres, 1967, capítulo 1; G. Almond y S. Verba, *The Civic Culture*, Little, Brown, Boston, 1965, pp. 360-362.

[25] E. NORDLINGER, The Working Class Tories, MacGibbon and Kee, Londres, 1967, p. 14.

[26] R. TURNER, «Sponsored and Contest Mobility and the School System», American Sociological Review, 25, 855-867 (1960).

[27] G. ALMOND y S. VERBA, The Civic Culture, Little, Brown, Boston, 1965, en especial pp. 324-335; L. W. Milbrath, Political Participation, Rand McNally, Chicago, 1965.

[28] R. E. DOWSE y J. HUGHES, «Girls, Boys and Politics», British Journal of Sociology, 22, 53-67 (1971).

[29] K. PREWITT, H. EULAU y B. ZISK, «Political Socialisation and Political Roles», Public Opinion Quarterly, 30, 569-582 (1966).

[30] D. BUTLER y D. STOKES, Political Change in Britain, Macmillan, Londres, 1969, p. 50; M. Abrams, «Social Trends and Electoral Behaviour», British Journal of Sociology, 13, 228-242 (1960), reimpreso en R. Benewick y R. Dowse, Readings on British Politics and Government, University of London Press, Londres, 1968, pp. 61-77.

[31] G. ALMOND y S. VERBA, The Civic Culture, Little, Brown, Boston, 1965, pp. 324-335.

[32] L. W. MILBRATH, Political Participation, Rand McNally, Chicago, 1965, p. 39.

[33] R. ALFORD, Party and Society, Murray, Londres, 1964, pp. 123-171; pero véase también S. Lipset y S. Rokkan (eds.), Party Systems and Voter Alignments, Free Press, Nueva York, 1967, pp. 95-112 sobre Nueva Zelanda.

[34] S. LIPSET y S. ROKKAN (eds.), Party Systems and Voter Alignments, Free Press, Nueva York, 1967, p. 119.

[35] P. WILLMOTT y M. YOUNG, Family and Class in a London Suburb, Routledge and Kegan Paul, Londres, 1960.

[36] E. A. NORDLINGER, The Working Class Tories, MacGibbon and Kee, Londres, 1967, p. 209.

[37] S. M. LIPSET, Revolution and Counterrevolution, Basic Books, Nueva York, 1968, p. 169.

[38] G. ALLPORT, Personality, Holt, Nueva York, 1937, pp. 24-54.

[39] R. CHRISTIE y P. COOK, «A Guide to Published Literature Relating to the Authoritarian Personality Through 1956», Journal of Psychology, 45, 171-199 (abril de 1958).

[40] T. W. ADORNO, E. FRENKEL-BRUNSWICK, D. LEVINSON y R. SANFORD, The Authoritarian Personality, Harper and Row, Nueva York, 1950, p. 482.

[41] N. J. SMELSER, «Personality and the Explanation of Political Phenomena at the Social-System Level; A Methodological Statement», Journal of Social Issues, 24, n.º 3, 123 (1968).

[42] F. I. GREENSTEIN, «Personality and Political Socialisation: The Theories of the Authoritarian and Democratic Character», Annals of the American Academy of Political and Social Science, n.º 361, 81-95 (1965), y también N. Glazer y S. M. Lipset, «The Polls on Communism and Conformity», en D. Bell (ed.), The New American Right, Criterion Books, Nueva York, 1955, pp. 141-166.

[43] F. I. GREENSTEIN, Personality and Politics, Markham Publishing Co., Chicago, 1969, p. 109.

[44] M. KIMAROVSKY, «The Voluntary Associations of Urban Dewellers», American Sociological Review, 11, 686-698 (1946); H. Hyman y P. Sweatley, «Some Reasons Why Information Campaigns Fail», POQ, 11, (1947); S. M. Lipset, Political Man, Heinemann, Londres, 1969.

280   Sociología política

[45] S. M. LIPSET, *Political Man*, Heinemann, Londres, 1969, p. 112.
[46] G. ALMOND, *The Appeals of Communism*, Princeton University Press,
      Princeton, 1954, p. 236; H. Cantril, *The Psychology of Social Movements*,
      Wiley, Nueva York, 1941, capítulos 8 y 9; W. Kornhauser, *The Politics of
      Mass Society*, Routledge and Kegan Paul, Londres, 1960.
[47] L. H. MELIKIAN, «Authoritarianism and its Correlates in the Egyptian
      Culture and in the United States», *Journal of Social Issues*, 15, n.º 3, 58-69
      (1959).
[48] G. H. GARDNER, «The Arab Middle East: Some Background Interpreta-
      tions», *Journal of Social Issues*, 15, n.º 3, 20-27 (1959).
[49] A. INKELES, «Some Sociological Observations on Culture and Personality
      Studies», en C. Kluckhohn, H. Murray y O. Schneider, *Personality in
      Nature, Society and Culture*, Knopf, Nueva York, 1967, p. 587.
[50] A. KORNBERG, J. SMITH y D. BROMLEY, «Some Differences in the Political
      Socialisation of Canadian and American Party Officials», *Canadian Journal
      of Political Science*, 2, 64-88 (1969); L. W. Milbrath, *Political Participation*,
      Rand McNally, Chicago, 1965, capítulo 2.
[51] E. WEINSTEIN y O. LYERLY, «Symbolic Aspects of Presidential Assassina-
      tion», *Psychiatry*, 32, n.º 1, 1-11 (1969).
[52] G. BYCHOWSKI, *Dictators and Disciples*, International Universities Press,
      Nueva York, 1969, p. 242.
[53] —— *Dictators and Disciples*, International Universities Press, Nueva
      York, 1969, p. 242.
[54] H. LASSWELL, «Power and Personality», en H. Eulau, *Political Behaviour*,
      Free Press, Glencoe, 1956, pp. 90-103; esta exposición básica fue publicada
      por primera vez por Lasswell en *Psychopathology and Politics*, Viking
      Press, Nueva York, 1930.
[55] G. ALMOND, *The Appeals of Communism*, Princeton University Press, New
      Jersey, 1965, p. 236.
[56] —— *The Appeals of Communism*, Princeton University Press, New Jersey,
      1965, p. 261.
[57] R. HOFSTADTER, «The Pseudo-Conservative Revolt», en D. Bell (ed.), *The
      Radical Right*, Anchor Books, Nueva York, 1964, p. 88.
[58] M. CHELSER y R. SCHMUK, «Participant Observation in a Super-Patriot
      Discussion Group», *Journal of Social Issues*, 19, 18-49 (1963).
[59] J. BROYLES, «The John Birch Society: A Movement of Social Protest of the
      Radical Right», *Journal of Social Issues*, 19, 51-62 (1963).
[60] E. U. ESSIEN-UDOM, *Black Nationalism*, Dell, Nueva York, 1962, p. 56.
[61] —— *Black Nationalism*, Dell, Nueva York, 1962, p. 66.
[62] J. BALDWIN, *Nobody Knows My Name*, Corgi, Londres, 1965, p. 56.
[63] C. E. LINCOLN, *The Black Muslims in America*, Beacon, Boston, 1961, pá-
      gina 249.
[64] D. APTER, «Political Religion in the New Nations», en C. Geertz (ed.), *Old
      Societies and New States*, Free Press, Chicago, 1963.
[65] S. POSSONY, *Lenin: The Compulsive Revolutionary*, Allen and Unwin,
      Londres, 1965, p. 469.
[66] HITLER, *My Struggle*, Hurst and Blackett, Londres, 1935, p. 100.
[67] R. E. DOWSE y T. A. SMITH, «Party Discipline in the House of Commons»,
      Parliamentary Affairs, 16, 159-164(1963).
[68] T. F. PETTIGREW, «Personality and Socio-Cultural Factors in Inter-Group
      Attitudes», *Journal of Conflict Resolution*, 2, 29-42 (1958).
[69] R. MERTON, *Social Theory and Social Structure*, Free Press, Nueva York,
      1968, p. 250.

[70]   R. B. DENHARDT, «Bureaucratic Socialization and Organisational Accommodation», *Administrative Science Quarterly,* **13,** 441-450 (1968).
[71]   E. V. WOLFENSTEIN, *Personality and Politics,* Dickenson Publishing Company, California, 1969, pp. 36-37.
[72]   R. PRESTHUS, *Behavioural Research on British Executives,* University of Alabama Press, Alabama, 1965, pp. 105-112.
[73]   J. C. WAHLKE, H. EULAU, W. BUCHANAN y L. FERGUSON, *The Legislative System,* Wiley, Nueva York, 1962, p. 243.
[74]   A. WICKER, «Attitudes versus Actions: The Relationship of Verbal and Overt Behavioural Responses to Attitude Objects», *Journal of Social Issues,* **25,** 41-78 (1969).

Capítulo 7
CULTURA POLITICA

7.1. Cultura y política

Ya hemos indicado que los individuos en su interacción generan ideas, expectativas, actitudes y creencias sobre sus actividades comunes; en pocas palabras, que crean una cultura, aunque, por supuesto, la inmensa mayoría de la gente nace y es socializada en una cultura que da por supuesta. Estas ideas culturales se asocian a modelos particulares de comportamiento social de modo que, por ejemplo, los clubs de golf o, para poner un ejemplo más evidente, las comunidades hippies desarrollan un lenguaje semiprivado, una vestimenta distintiva y quizás un código moral propio. Y dentro del contexto comunitario, la adopción de esos lenguajes, modos de comportamiento, etc. simboliza y expresa la solidaridad del grupo frente a los elementos de la cultura de la comunidad más amplia. Esta expresión de solidaridad o asociación puede adoptar un número indeterminado de formas más o menos triviales —apodos en la familia, prácticas rutinarias ligeramente diferentes en los departamentos de una oficina o una fábrica, variaciones menores en la vestimenta, etc.—, pero en otros casos la variación asociacional puede tener mayor importancia, como en el caso de las bandas criminales o los grupos revolucionarios. Sin embargo, la cuestión es que se consideran como variantes de una cultura más general en la que están inmersas.

Tales subculturas pueden tener importancia política, como en el caso del sur de Estados Unidos o de las subculturas tribales de muchos estados africanos, y de la religión o subculturas regionales características de las zonas asiáticas en desarrollo. Tienen significación política porque pueden operar en dirección contraria a la de la cultura *nacional* en desarrollo, de modo que no exista la estabilidad considerada normalmente como consecuencia de una cultura común e interiorizada. La gente puede verse sometida a presiones cruzadas procedentes de los modelos subculturales de comportamiento y de los propios de la cultura nacional más amplia. Pero, como veremos cuando nos ocupemos de la opinión pública, otras subculturas menos importantes pueden servir de hecho para aislar a sus miembros de presiones nacionales potencialmente dañinas.

Para un individuo, la cultura da sentido a las acciones y objetos de la vida social; así un homicida es un brutal asesino en un contexto, y en otro se le honra como a un héroe. En un contexto, un club de golf es sólo un lugar donde se puede tomar una copa, ver a los amigos y jugar al golf, pero en otro contexto puede ser un foco de solidaridad antisemita —además de un lugar donde se puede ver a los amigos no judíos compañeros de golf y de bar. En este caso, aunque uno no sea un jugador de golf antisemita, lo más probable es que la pertenencia continuada al club favorezca, a través de la presión del grupo, la aparición de cierta conformidad con los valores antisemitas. De manera parecida, «El predicador acaba creyendo en lo que predica [y] el soldado descubre en su interior sentimientos marciales cuando se pone el uniforme» [1]. Este proceso suele ser inconsciente, al interiorizar automáticamente el rol, las reglas o la cultura de modo que «desde una perspectiva sociológica, la identidad es otorgada socialmente, mantenida socialmente y transformada socialmente» [2].

Ya indicamos antes, al hablar de Parsons y de la teoría del consenso del orden social, que las normas y valores culturales comunes generalmente aceptados pueden ser considerados como un elemento importante para el mantenimiento del orden social entre individuos físicamente diferentes, y una de las perspectivas sociológicas que se deriva de esta consideración consiste en el estudio de la cultura política como fuente de ideas y postulados sobre el funcionamiento del sistema político. Tal como lo definen dos destacadas autoridades, el término «se refiere a orientaciones específicamente políticas en relación al sistema político y sus distintas partes, y a actitudes relacionadas con el rol del yo en el sistema» [3]. Es decir, que en cualquier sistema político hay «un reino subjetivo ordenado de la política que da sentido a las decisiones políticas, disciplina a las instituciones y significación social a los actos individuales»[1]. La cultura política proporciona al individuo directrices para el comportamiento político, y para la sociedad en su conjunto constituye una estructura de valores y normas que contribuye a dar coherencia al funcionamiento de las instituciones y organizaciones.

El centro de interés para los estudios sobre la *cultura política* se encuentra, pues, no tanto en las estructuras formales e informales de la política, los gobiernos, los partidos, los grupos de presión, etc., o en la pauta de comportamiento político observado en una sociedad, como en lo que la gente *cree* en relación con esas estructuras y comportamientos. Son esas creencias las que dan al comportamiento de los hombres sentido para sí y para los demás. Estas creencias pueden ser de varios tipos: por ejemplo, creencias cognitivas sobre la situación de la vida política, o valores relativos a los fines deseables de la vida política, o actitudes hacia algún estado observado del sistema.

La cultura política es el producto de la historia del sistema político y de los miembros individuales del sistema, y, por ello, está asentada en los acontecimientos públicos y en la experiencia privada. En este sentido, el desarrollo del concepto de cultura política es un intento por llenar el vacío existente entre la interpretación psicológica del comportamiento político individual y el enfoque macrosociológico. Representa, por ello, un intento de volver al estudio del sistema político total sin perder de vista las ventajas que aporta un conocimiento de la psicología individual. En los primeros tiempos del *movimiento conductista* la decisión o el acto aislados tendían a convertirse en el centro de análisis de la ciencia política. Pero, en el deseo de descubrir las bases psicológicas del comportamiento humano, se corría el peligro de ignorar a la comunidad política como entidad colectiva. Era necesario, pues, hallar la forma de poner en relación la psicología y la acción individuales con el agregado social. Producto de esta necesidad fue la adopción del concepto de cultura política procedente de la antropología social. Por ejemplo, al

---

[1] L. W. Pye y S. Verba (eds.), *Political Culture and Political Development*, Princeton University Press, Princeton, New Jersey, 1965, p. 7; obsérvese que hablan de *un reino ordenado* y de *sentido* y no de *reinos ordenados* ni de *sentidos*.

estudiar los orígenes de una sociedad política a través de las ideas comprendidas en el enfoque de la cultura política es preciso considerar el desarrollo histórico de la sociedad en conjunto y la experiencia vital de los individuos que, en último término, personifican la cultura de la sociedad. Partiendo del estudio histórico de la evolución de las instituciones y los valores que componen la cultura política, y de un estudio del proceso de socialización política a través del cual son iniciados los individuos a la cultura, se puede ver cómo afectan las instituciones a los miembros de la sociedad. Esta especificación de la relación entre el proceso privado de socialización individual y el funcionamiento de las instituciones públicas proporciona perspectivas fundamentales sobre la continuidad y el cambio en las sociedades. Este enfoque, que define la cultura política como una «orientación psicológica hacia objetos sociales», difiere de las teorías sobre la socialización infantil en cuanto pone en relación las diferencias de actitudes «con las características del entorno social y las pautas de interacción social, con los recuerdos específicamente políticos y con las diferencias de experiencia relativas a la estructura y realizaciones políticas» [4]. Los autores que acabamos de citar afirman, a continuación, que puede elaborarse una tipología de culturas políticas mediante una combinación de (1) los tipos de orientaciones personales interiorizadas, y (2) los objetos o fines de esas orientaciones. Existen tres orientaciones interiorizadas, que proceden de la obra de Parsons: (1) orientaciones cognitivas, integradas por un conocimiento sobre las reglas, roles, productos, etc. del sistema; (2) orientaciones afectivas, que se refieren a sentimientos sobre el sistema, sus reglas, roles y productos, y (3) orientaciones evaluativas, que comprenden juicios sobre objetos políticos que suponen el uso de valores, información y sentimientos. Estas orientaciones van dirigidas hacia objetos políticos clasificados como (1) las estructuras o roles específicos, como cuerpos legislativos, burocracias, etc.; (2) los titulares de los roles políticos, y (3) los productos de las estructuras de roles, como las decisiones políticas y las aplicaciones legales. A su vez, estos tres objetos pueden expresarse en una dicotomía *input-output,* en la que el primer término se refiere a la corriente de demandas de las sociedades al sistema político, y el último a las conversiones de esas demandas en el seno del sistema político en declaraciones de autoridad. Pueden obtenerse esquemas de orientaciones políticas individuales llenando las casillas de una matriz elaborada a partir de las dimensiones de las orientaciones y objetos de las mismas (véase cuadro 14). Estas combinaciones,

a su vez, permiten obtener tipos de cultura política substituyendo
las dimensiones de la ordenada del cuadro 14.

CUADRO 14.   Dimensiones de orientaciones políticas

	Sistemas políticos como objeto	Objetos *input*	Objetos *output*	Uno mismo como objeto
Cognición				
Orientación afect.				
Evaluación				

. De G. Almond y S. Verba, *The Civic Culture: Political Attitudes and Demo-cracy in Five Nations* (copyright© 1963; Princeton University Press, publicado para el Center of the International Studies, Princeton University y reproducido con autorización).

Siguiendo el procedimiento antes esbozado, los autores elaboran una serie de tipos de cultura política. Son los siguientes:

(1)   *La cultura localista.* En ella las orientaciones del ciudadano hacia los objetos políticos son extremadamente débiles, y
no se pone en relación de manera positiva con las instituciones
políticas nacionales, con las cuestiones y decisiones políticas
nacionales, ni se considera afectado por ellas. Aunque los autores no lo dicen, en el sistema localista el ciudadano que no se
relaciona con objetos nacionales puede, no obstante, estar intensamente implicado en la política *local, tribal* o del pueblo, como
ocurre con frecuencia en regiones en las que según los autores es
más probable encontrar sistemas localistas, es decir en las sociedades tribales africanas y en otras sociedades en las que la
diferenciación institucional y de roles es relativamente simple.

(2)   *La cultura de súbdito.* En ella el ciudadano es muy
consciente del sistema político y sus productos, que pueden
gustarle o no, pero tiene un sentido poco desarrollado de las
instituciones a través de las cuales se canalizan las demandas
societales, y solo un sentido limitado de la eficacia política
personal. En esta cultura, las instituciones *input* (políticas) estarán probablemente poco desarrolladas, como ocurre por ejemplo
en las sociedades hidráulicas analizadas anteriormente.

(3)   *La cultura de participante.* En ella el ciudadano es muy
consciente de los objetos políticos, y posiblemente participa in-

tensamente en ellos, y se halla orientado hacia un rol políticamente activo.

Los tres tipos anteriormente esbozados son semejantes a los
tipos ideales de Weber en el sentido de que rara vez se encuentran en su forma pura, mientras que los tres tipos mixtos descritos
a continuación se encuentran con una mayor probabilidad en el
mundo real. Las tres culturas políticas mixtas serían las siguientes:

(1) *Localista-de súbdito*. En ella el ciudadano sale de los
lazos políticos puramente locales de la cultura localista y empieza
a prestar su adhesión a instituciones gubernamentales más especializadas. En este sistema cultural sigue siendo débil el sentido
del yo como fuerza política, y los partidos políticos y grupos de
presión siguen estando definidos de manera relativamente pobre.
Este es el tipo clásico de las primeras etapas de formación de los
reinos.

(2) *Cultura de súbdito-participante*. En ella los ciudadanos
se dividen en un conjunto relativamente importante de personas
políticamente conscientes y activas, y el resto, que son relativamente pasivas. Los individuos políticamente conscientes son
sensibles a todo tipo de objetos políticos y pueden tener un
sentimiento desarrollado de la eficacia política. Tales culturas
son típicas de Francia, Alemania e Italia a partir del siglo XIX.

(3) *Cultura localista-de participante*. En ella las instituciones *input* (políticas) tienen un carácter relativamente local —asociaciones de tribu o de casta— mientras que las instituciones
output (administrativas) nacionales están bastante desarrolladas,
y existe un estímulo *oficial* a la participación política popular en
forma de concentraciones de masas, apelaciones al nacionalismo,
elecciones nacionales, etc. Sin embargo, tanto las organizaciones
input como *output* pueden estar *colonizadas* por intereses localistas, debilitando así su actuación como órganos de participación
nacional. Pueden encontrarse ejemplos de esta situación en el
ejército, en las burocracias civiles y económicas y en los partidos
de las zonas en desarrollo.

De lo anterior se deduce que una cultura política no tiene por
qué ser necesariamente homogénea, sino que puede ser heterogénea de acuerdo con las dimensiones anteriormente mencionadas,
con predominio de una u otra. Esta situación supone también la
posibilidad de agrupamientos de orientaciones en ciertos sectores

de la población, es decir que no puede descartarse la posibilidad de que existan subculturas políticas, más o menos aisladas de la cultura política dominante, aun en 'las naciones-estado más desarrolladas[2]. Y, desde luego, como veremos más adelante, estas subculturas pueden tener una enorme significación; incluso puede ocurrir que la *cultura política oficialmente dominante* sea de hecho la subcultura de una minoría modernizadora. Según los términos de Almond y Verba, una subcultura puede aceptar la organización *estructural* de la sociedad pero «diferir de modo constante... en el conjunto de las cuestiones de política exterior e interior» [5]. Si el sistema o los agentes del sistema disponen de suficientes recursos —como suele ocurrir en las sociedades industriales— puede mitigarse con frecuencia esta fuente de escisión mediante reasignaciones de valores. Por otra parte, cuando la organización estructural básica de la sociedad es puesta en cuestión por una escisión —como ocurre en muchos países en desarrollo en los que todo un sector de la población no acepta su inclusión en las estructuras estatales básicas— la posibilidad de reasignación es más limitada. En tal situación, el Estado podrá tener que emplear la fuerza para imponer la obediencia.

Almond y Verba llaman *cultura cívica* a su última categoría mixta de cultura política, que comprende la noción de participación en estructuras generalmente consideradas como legítimas pero en las que, al menos para la mayoría de la gente, la vida ofrece un conjunto de oportunidades de compromiso con instituciones localistas y apolíticas, compromiso que contribuye a desarrollar un sentido de la competencia potencial de la persona y un sentido de confianza hacia otras personas. Este sentimiento de competencia y confianza permite que el ciudadano se sienta a gusto con el gobierno, en cuanto no considerará necesario oponerse al gobierno en todas las cuestiones, aunque se creerá competente para asociarse en la oposición a él en cuestiones que considere importantes. De manera parecida, la norma de la participación —que rara vez se plasma en el comportamiento, a no ser con motivo de las elecciones generales— concede al gobierno una considerable libertad de movimientos, pero constituye también una limitación a un posible abuso de su libertad de

---

[2] Como dicen Pye y Verba, «... en ninguna sociedad hay una única cultura política uniforme, y en todas las políticas existe una distinción fundamental entre la cultura de los gobernantes o poseedores del poder y la de las masas, bien sean súbditos localistas o ciudadanos que participan». L. W. Pye y S. Verba (eds.), *Political Culture and Political Development,* Princeton University Press, Princeton, New Jersey, 1965, p. 15.

acción; los ciudadanos pueden asociarse, y están dispuestos a hacerlo, cuando perciben que el gobierno actúa en contra de sus intereses. El ciudadano de una cultura cívica tiene una *reserva de influencia:* es un ciudadano potencialmente activo, cuyo interés en la vida política no es necesariamente grande, pero cuyo nivel de asociación extra-política es alto [6].

La estrategia general de investigación de este enfoque consiste en poner en relación las combinaciones de las orientaciones psicológicas y el comportamiento de hecho con los rasgos estructurales de la sociedad. En este estudio concreto, los autores eligieron cinco países —EE. UU., Italia, Gran Bretaña, México y la República Federal Alemana— y, utilizando un mismo cuestionario para todos los encuestados, pudieron elaborar perfiles de cultura política nacional. No disponemos de espacio para entrar en detalle sobre la obra *The Civic Culture* [La Cultura Cívica], pero nos centraremos sólo en una variable —la competencia del ciudadano o, como a veces se la llama, la eficacia política— y delinearemos los cinco esquemas nacionales de esta dimensión.

La eficacia o competencia es, como señalamos en el capítulo anterior, el sentimiento que algunas personas pueden tener de que su entorno es maleable en cuanto puede cambiar en las direcciones deseadas mediante actos de voluntad personal, y el sentido de competencia política es el sentimiento de que los *inputs* y los *outputs* políticos pueden ser afectados por el ciudadano. El sentido de la eficacia política supone que el ciudadano considere que el sistema es sensible a las demandas. En su investigación, los autores preguntaban a los encuestados si creían que podían influir sobre una regulación nacional o local injusta. En los cinco países, los encuestados tendían a considerar que podían influir en mayor grado en las decisiones locales. Preguntados sobre qué harían para influir sobre el gobierno, el 59 por ciento de los norteamericanos, el 30 por ciento de los británicos, el 28 por ciento de los mexicanos, el 21 por ciento de los alemanes y el 9 por ciento de los italianos respondieron que tratarían de conseguir el apoyo de otras personas o grupos; pero muy pocos (el 1 por ciento aproximadamente en todos los países) mencionaron un partido político como el grupo del que tratarían de obtener apoyo, insistiendo más en grupos informales, como los de amigos o vecinos. Se pensó que ésta era una orientación significativa, ya que indica que la gente considera a los grupos informales como recurso político importante y, además, «significa que algunas de las partes constitutivas básicas de la estructura social han sido incorporadas al sistema político» [7]. El nivel educativo se encuentra en estrecha relación positiva con el sentimiento de competencia, aunque el impacto es diferente en las cinco naciones: cuanto más alto es el nivel educativo de una persona, es tanto más probable que se considere políticamente competente, y en todos los países era mucho más alta la probabilidad de que los varones se consideraran competentes.

Se descubrió que el sentido de la competencia política estaba estrechamente relacionado con la actividad política y con un contacto con las comunicaciones políticas a través de la radio, la TV, los medios informativos y las discusiones personales. A este respecto, la cuestión es que la participación en un sistema que atiende y responde a las demandas y aspiraciones del ciudadano crea probablemente en el participante un sentido de legitimación del sistema, que a su vez produce una cierta estabilidad del mismo. En todos los países, excepto en Alemania e Italia, los que se consideraban políticamente competentes sentían también orgullo por los aspectos políticos de su país[3]. Se partió de la hipótesis, como elemento de cultura cívica, de la existencia de una relación entre la posesión de un sentido de la competencia y la pertenencia a organizaciones voluntarias, y en la investigación se examinó esa relación. En todos los casos, los varones ostentaban el mayor porcentaje de pertenencia a organizaciones voluntarias, y la probabilidad de esa pertenencia era tanto mayor cuanto más alto era el nivel educacional. Además, en todas las naciones existía una relación positiva entre la educación elevada, el sentido de la competencia política y la pertenencia a una organización voluntaria, siendo la correlación más alta para la pertenencia a organizaciones políticas; y en todos los casos, los miembros más activos de las organizaciones se consideraban más competentes que los miembros no activos.

Los autores pasan después a relacionar la competencia cívica con los modelos de socialización preadulta, pero afirman, con razón, «que las experiencias posteriores tienen implicaciones políticas más directas» [8]. Cuando los encuestados podían recordar actos de participación en decisiones familiares se puso este dato en relación, nación por nación, con la distribución de la competencia cívica. Se encontró que dentro de cada nación los niveles más altos de *democracia* familiar en la adopción de decisiones se producían en familias de status ele-

---

[3] Almond y Verba atribuyen la carencia de este sentimiento en Alemania y en Italia a «fuertes discontinuidades históricas». G. Almond y S. Verba, *The Civic Culture,* Little, Brown, Boston, 1965, p. 201.

vado. De manera parecida, era más probable que los que
tenían una educación superior hubieran participado en debates y discusiones escolares que aquellos que tenían un nivel
inferior de educación. Había también importantes diferencias
entre esos países con respecto a si la gente había sido o no
consultada sobre las decisiones en el trabajo, y el nivel de
consulta aumentaba dentro de cada nación a medida que se subía
de status. Así pues, existe una congruencia entre las experiencias
con autoridad en el hogar, la escuela y el trabajo, experiencias que están relacionadas con el status socioeconómico y también
con un sentido de la eficacia personal o, como dicen los autores,
«Las experiencias no políticas con participación aumentan la
disponibilidad individual para desempeñar un rol político activo
y aumentan las probabilidades de que crea en su influencia
política». Si las experiencias son congruentes, probablemente
serán mutuamente afirmativas y acumulativas. Esta es una conclusión importante sobre las culturas políticas en el interior de
cada país y resulta cierta, con excepciones relativamente insignificantes, para los cinco países.
   Los esquemas resultantes de esta investigación giran en torno
a las categorías anteriormente delineadas:

   (1) *Italia.* La socialización familiar es más autoritaria que en
los otros cuatro países: los italianos son reacios a participar en la
política, tienen un bajo sentido de competencia en política, no se
sienten orgullosos de las instituciones políticas nacionales y
tienen poca propensión a participar en organizaciones voluntarias. El entorno social es considerado como amenazador y extraño y es objeto de muy poca lealtad. En resumen, la cultura
política de Italia supone una alienación relativamente grande.
   (2) *México.* En el año 1910, un grupo de revolucionarios
políticos accedió al poder en México haciendo hincapié en el
papel de los pobres en la política, y creando oportunidades para
su participación; pero en muchos aspectos el gobierno es burocrático y corrompido. En líneas generales, la actuación del gobierno no es objeto de gran consideración, pero los mexicanos
combinan un alto sentido de la competencia con una inexperien-
cia y falta de participación políticas. México es un ejemplo
excelente de fuerzas *políticas* que operan en la *sociedad* a fin de
provocar cambios de actitudes —normas de participación cívica—, que, a su vez, pueden tener un impacto en la estructura
política.
   (3) *Alemania Occidental.* Una vez más, ciertos aconteci-

mientos políticos —el nazismo y la derrota en la guerra— han tenido en este país una considerable influencia social. Los alemanes tienen un nivel elevado de educación, están bien informados sobre política y su participación electoral es alta, y tienen un fuerte sentido de competencia con respecto a la administración. Están satisfechos con los fines *output* e *input* pero muestran «una actitud distante en la práctica y casi cínica hacia la política» [9].

(4) *EE. UU.* Norteamérica está muy cerca de la cultura cívica: las normas y los roles de participación están extendidos en la vida social y política, y existe un alto grado de satisfacción con respecto al sistema político. La confianza social es alta y los niveles de partidismo emocional son bajos. Los ciudadanos tienen oportunidades adecuadas de participación local y, si lo desean, pueden adoptar fácilmente una postura pasiva de súbdito. Existe un elemento de desequilibrio debido a una orientación quizá excesiva hacia la participación.

(5) *Gran Bretaña.* Al igual que EE. UU., Gran Bretaña se aproxima a la cultura cívica con roles y normas de participación extendidos; pero, a diferencia de EE. UU., en la cultura política británica existe un fuerte elemento diferencial que permite a los que tienen la autoridad gobernar con pocos obstáculos, en términos relativos de participación [10].

Una investigación como la que acabamos de exponer a grandes rasgos tiene algunos puntos positivos. Otorga atención directa de manera ordenada al contexto normativo propuesto, dentro del cual se considera que tiene lugar el comportamiento político, y ofrece conceptos y técnicas potencialmente útiles para hacer comparaciones entre las naciones. También llama la atención sobre un problema tratado con cierto detenimiento anteriormente, el de poner en relación a los individuos con los macroniveles de la sociedad. En otras palabras, se considera que las uniformidades en el comportamiento proceden en parte de expectativas comunes, muchas de las cuales han sido interiorizadas a través del proceso de socialización. Considerado dentro del contexto del desarrollo político, la idea y, posiblemente, el método de los investigadores pueden ser particularmente ilustrativos al ocuparse de las relaciones existentes entre política y sociedad. Sin embargo, los problemas que se plantean en relación con el estudio de Almond y Verba son muy graves, y los autores son conscientes de algunos de ellos.

En primer lugar, existe un problema técnico-político. El método de prospección se atiene, desde el punto de vista de los investigadores, al programa de investigación *oficialmente* patrocinado, por lo que es poco probable que se indaguen los problemas políticamente delicados del país huésped. Las prospecciones sociales son sumamente costosas y, exceptuando las financiadas por las grandes fundaciones privadas, es muy probable que estén patrocinadas por los gobiernos, hecho que por sí solo podría viciar todo trabajo en los países huéspedes en potencia, a menos que el proyecto fuera aceptable para ellos[4].

El problema se complica en sociedades en rápido cambio, ya que no basta con una sola prospección sino que se requieren una serie en cadena, para poder seguir el camino del cambio cultural.

En segundo lugar, dado que la prospección presupone una cierta interacción verbal, se limita a aquellos sectores de la estructura social en los que es posible esa interacción. Por una parte, presupone un nivel suficiente de alfabetización, condición que no siempre se cumple en ciertas zonas del mundo. Esto significa que si se ha decidido emplear el método de recogida de datos, el muestreo debe limitarse a los sectores de la población capaces de responder a los cuestionarios, y que estén disponibles para responder. Es decir, que los entrevistados pueden no ser el sector políticamente importante de la población, y una imagen de la *cultura política* basada en tales datos puede ser muy engañosa. En otras palabras, el método de prospección social se enfrenta con importantes limitaciones para ocuparse de la *periferia social,* es decir los analfabetos, los viejos, los no participantes, los desheredados, los geográficamente aislados o las guerrillas revolucionarias. Desde luego, estos problemas pueden superarse hasta cierto punto mediante un plan de muestreo adecuado e informado, asegurándose, por ejemplo, que están bien representados en la muestra subgrupos culturales y geográficos importantes. Pero parece insuperable el problema de entregar cuestionarios al Vietcong, a las guerrillas bolivianas, a los Weathermen, etcétera; además, podría resultar un poco costoso en colaboradores de investigación.

En tercer lugar, se plantea un problema más general en relación con las investigaciones basadas en cuestionarios. Parten del supuesto de que las respuestas verbales son reflejo preciso de los estados mentales, y que esos estados mentales dan lugar a pautas de comportamiento. Desde hace tiempo se reconoce que,

---

[4] Para un resumen y exposición clásicos de este tipo de problema, véase I. Horowitz (ed.), *The Rise and Fall of Project Camelot,* MIT Press, Cambridge, Mass., 1967.

en la práctica, esa relación no es simple ya que las respuestas verbales del individuo pueden estar afectadas por todo tipo de influencias. Por ejemplo, las preguntas sobre la *satisfacción* para con la actividad política, el *orgullo* hacia el propio país, etc., pueden estar fuertemente influenciadas por lo que el encuestado considera que es deseable socialmente. Desde luego, la posibilidad de que el comportamiento verbal esté influenciado por normas y expectativas sociales sirve para afirmar que la cultura ejerce cierta presión sobre el individuo, pero son más difíciles de aislar las implicaciones de este tipo de comportamiento verbal en las acciones del individuo. Esto se debe a que las prospecciones sociales con frecuencia no tienen por objeto *determinar* la ubicación estructural del encuestado, a no ser en términos más bien de conjunto y posiblemente remotos. A un hombre con prejuicios hacia los negros puede resultarle muy difícil exteriorizar sus prejuicios si su rol ocupacional es tal que la discriminación suponga para él fuertes costos personales. De modo parecido, la persona sin prejuicios que vive en una zona multiétnica podrá verse obligada a actuar como si tuviera prejuicios para no alienarse asociados de importancia, pero con prejuicios. Poniendo esto en relación con la cultura cívica, podemos encontrarnos con una posible fuente de problemas: la investigación proporciona una imagen agregada de algunos elementos de la cultura política en cuestión, pero *podría* decirnos muy poco sobre el funcionamiento *de hecho* de la sociedad. Suponiendo que sabemos que el *x* por ciento de las personas de la sociedad Y están conformes con esa sociedad, sigue habiendo problemas: (1) ¿es un simple comportamiento verbal? y, de no menos importancia, (2) ¿cuáles son las ubicaciones estructurales? Puede ocurrir que, aunque sea un número pequeño, algunos de ellos ocupen posiciones estratégicas clave, de forma que su desaprobación compense con creces, mediante sus acciones, las opiniones de la mayoría. Puede ocurrir que una minoría muy activa que no comparte una supuesta cultura política tenga, por razón de su actividad, como por ejemplo las guerrillas, mayor significación que una mayoría más pasiva. En este aspecto, al menos, el método de prospección social es demasiado democrático al conceder igual peso a individuos posiblemente desiguales.

Cuestión importante y relacionada con ello es que puede ocurrir que las *imágenes colectivas* de grupos de la sociedad difieran bastante radicalmente en dimensiones no estudiadas suficientemente en *The Civic Culture*. Considerando esta posibilidad, Goldthorpe y Lockwood trazan lo que denominan un

	Perspectiva de la clase obrera	Perspectiva de la clase media
Creencias generales	El orden social está dividido en *nosotros* y *ellos:* los que no tienen autoridad y los que la tienen. La división entre *nosotros* y *ellos* es prácticamente fija, al menos desde el punto de vista de las oportunidades durante la vida de un hombre. Lo que a uno le sucede depende mucho de la suerte; por otra parte, uno ha de aprender a resignarse.	El orden social es una jerarquía de posiciones diferencialmente recompensadas: una escala con muchos peldaños. Los individuos pueden pasar de un nivel a otro de la jerarquía. Los que tienen capacidad e iniciativa pueden superar los obstáculos y crear sus propias oportunidades. El nivel al que llega el hombre depende de lo que él hace de sí mismo.
Valores generales	Deberíamos mantenernos unidos y obtener lo que podamos como grupo. También debe uno divertirse mientras puede, en vez de esperar a ponerse «por encima de los demás».	Todos los hombres deberían aprovechar al máximo sus propias capacidades y ser responsables de su propio bienestar. No se puede esperar llegar a ninguna parte si se desperdicia el propio tiempo y dinero. *El progresar* supone hacer sacrificios.
Actitudes sobre cuestiones más concretas	(sobre el mejor trabajo para los hijos) «Que tenga un oficio.» «Un buen trabajo seguro.»	«Abrirle camino.» «Un trabajo con futuro.»
	(hacia personas que necesitan de asistencia social) «Han tenido mala suerte.» «Nunca tuvieron una oportunidad.» «A cualquiera podría ocurrirle.»	«Con las mismas oportunidades otros supieron manejarse.» «Son una carga para aquellos que tratan de ayudarlos.»

Perspectiva de la clase obrera	Perspectiva de la clase media
(sobre los sindicatos)	
«Los sindicatos son el único medio del que disponen los obreros para defenderse y mejorar su nivel de vida.»	«Los sindicatos tienen demasiado poder en el país.» «Los sindicatos anteponen los intereses de un sector a los intereses de la nación en conjunto.»

modelo de poder o dicotómico de la sociedad, y un modelo de prestigio o jerárquico [11]. En el primero, se caracteriza a la sociedad como dividida en dos clases antagónicas, una de las cuales es mucho más poderosa que la otra. En el segundo modelo, la sociedad es abierta y minuciosamente diferenciada en términos de prestigio. El modelo de poder es el más utilizado por los obreros manuales asalariados, y el modelo de prestigio por los profesionales asalariados o independientes. Las diferencias se expresan esquemáticamente en las págs. 295 y 296.

La cuestión no reside en que esta perspectiva sea mejor o peor que la ofrecida por Almond y Verba, sino más bien en que, aunque estos mencionan la posibilidad de variaciones subculturales, no estudian suficientemente a fondo esta sugerencia y no admiten la posibilidad de que esas variaciones puedan basarse en principios de clase[5].

El último problema, con el que el lector estará ya familiarizado, es la posibilidad de una atribución errónea de causalidad derivada del descubrimiento de una asociación. ¿Puede afirmarse que, como la cultura cívica está asociada con la democracia, la primera sea la *causa* de la segunda? Los autores hacen notar en

[5] Dicotomías similares han sido observadas en EE. UU. por Millers, quien escribe sobre un amplio sector de la sociedad «cuya forma de vida, valores y modelo característico de comportamiento son producto de un sistema cultural distintivo». Con respecto a Alemania Occidental, un estudioso hace notar que la clase obrera y la clase media «constituyen poblaciones aparte que tienen, en su mayor parte, valores independientes y relativamente autónomos». W. Miller, «Lower Class Cultures as Generating Milieu of Gang Delinquency», *Journal of Social Issues,* **14,** 5-19 (1958), y P. Hamilton, «Affluence and the Worker: The West German Case», *American Journal of Sociology,* **71,** 144-152 (1965-66).

su estudio que los hombres sienten mayor seguridad en el terreno político que las mujeres, que las expectativas de trato razonable por la policía son iguales en hombres y mujeres y que las personas con mayor nivel de educación confían en recibir un trato razonable de los funcionarios civiles. Esto podría ser consecuencia de la cultura política, «pero la explicación alternativa, según la cual las diferencias expresan expectativas razonables fundadas en una experiencia común, tiene la gran virtud de la concisión» [12]. El argumento de Barry supone que, en el mejor de los casos, la *cultura política* sigue en importancia a los *hechos* de una situación para explicar el comportamiento de la gente. Los *hechos* hacen referencia a la ubicación estructural del acto y del actor.

Es importante tener en cuenta que los que escriben sobre cultura política *no* insisten en afirmar que haya una relación unívoca entre formas políticas generales —democracia, dictadura, totalitarismo, autoritarismo, etc.— y un modelo cultural particular, sea mixto o no. Prueba de ello puede ser el caso de la cultura política de la democracia.

7.2. La cultura política de la democracia

En el lenguaje del análisis de la cultura política, la principal característica del gobierno democrático se encuentra en que consigue «un equilibrio adecuado entre el poder gubernamental y la sensibilidad del gobierno a los deseos y aspiraciones de los ciudadanos» [13]. Esto supone que el gobierno debe tener capacidad de maniobra y poder para aplicar sus decisiones, pero al mismo tiempo estas decisiones deben adoptarse, cuando menos, a la luz de los deseos y aspiraciones conocidas de los ciudadanos. Debe haber también canales de comunicación oficiales y no oficiales, por medio de los cuales el gobierno pueda conocer los deseos y aspiraciones reales del pueblo. El marco institucional dentro del cual se toman las decisiones gubernamentales puede variar de un sistema político a otro: un sistema presidencialista o un sistema parlamentario, un sistema unipartidista o multipartidista, de parlamento unicameral o bicameral, de organización federal o central, de gobierno local fuerte o relativamente débil, todo ello se considera, en cierto sentido, como epifenoménico o, al menos, como una parte sólo de la imagen. La proposición es, en este caso, que las *buenas* constituciones no son suficientes para asegurar un gobierno democrático; que subyacente a estos distintos sistemas de gobierno *debe* haber una cultura política adecuada. Según Almond y Verba, la cultura política más apropiada para un sistema democrático de gobierno es la cultura cívica, y siempre que la cultura política de un país se desvíe de la combinación ideal carecerá de un gobierno democrático estable y efectivo. De este modo, aunque Italia, Alemania y México *son* democracias formales, se desvían de la cultura política más congruente con la democracia, y por ello no son plenamente efectivas o estables [14].

Tras la idea de cultura política se halla el supuesto implícito, y a veces explícito, de que las sociedades necesitan para su estabilidad de un consenso sobre valores y normas. Por ejemplo, Almond y Verba afirman que «En general, este control de la escisión se consigue subordinando los conflictos a nivel político a ciertas actitudes superiores y más generales de solidaridad» [15]. Según Eckstein, en democracias fuertemente competitivas, puede ser condición de estabilidad la existencia de un sentimiento de «solidaridad superior y muy general» [16]. Desde la perspectiva sociológica, no se trata de una idea nueva, pero como hemos dicho anteriormente, estos valores generales no pueden detectarse por ningún proceso conocido de investigación social.

Al tratar del problema de la relación entre las ideas culturales y la democracia, Eckstein centra su atención en un conjunto más limitado de orientaciones, las que se tienen en relación con el ejercicio de la autoridad. Su proposición básica es que el gobierno será estable en la medida en que su modelo de autoridad sea congruente con otros modelos de autoridad de la sociedad en la que está inmerso [17]. Emplea el término *autoridad* para referirse a las relaciones de superioridad y subordinación entre individuos en las organizaciones y grupos sociales. Otro concepto fundamental de la relación hipotética de Eckstein entre cultura y formas políticas es el de *congruencia*. Los modelos de autoridad son congruentes cuando se parecen mucho unos a otros; por ejemplo, los modelos de autoridad que caracterizan al gobierno británico y a los partidos políticos británicos son congruentes porque ambos modelos consisten en «una mezcla curiosa y muy similar de elementos democráticos, autoritarios y... constitucionales» [6].

---

[6] H. Eckstein, *Division and Cohesion in Democracy*, Princeton University Press, Princeton, New Jersey, 1966, p. 234. Por democracia, Eckstein entiende un modelo de autoridad caracterizado por un alto grado de participación popular en la toma de decisiones, por la elección regularizada entre élites en competencia y

Pero, como hemos dicho anteriormente, es difícil imaginar modelos de autoridad tan parecidos en una sociedad compleja; y algunas relaciones sociales no son fáciles de mantener democráticamente (en concreto, el cuidado de los niños, las cárceles, las organizaciones militares, las organizaciones económicas, etc.). Sin embargo, afirma Eckstein, todavía puede hablarse de congruencia si los modelos de autoridad *se adecúan* entre sí[7]. Una forma de conseguirlo es a través de una imitación parcial de los modelos de autoridad gubernamental por otras estructuras no gubernamentales; por ejemplo, permitiendo la presencia de representantes obreros en los consejos de administración de las organizaciones económicas, o introduciendo las organizaciones sindicales en las fuerzas armadas. Un método más corriente de conseguir la congruencia entre modelos de autoridad diferentes es el establecimiento de un sistema de semejanzas graduales. Para comprender esta idea podemos considerar a las sociedades como conjuntos de sectores más o menos distantes de los gobiernos —las familias están más distantes que los grupos de presión, que están a su vez más distantes que los principales partidos políticos. Los modelos de autoridad social son congruentes si el parecido con el modelo gubernamental aumenta a medida que disminuye la distancia con respecto al gobierno.

Hay un importante elemento cultural en la teoría de Eckstein que gira en torno al empleo de los conceptos de *anomia* y *tensión*. La anomia hace referencia a una ruptura total de las directrices normativas que dirigen o limitan el comportamiento; y la tensión, por otra parte, hace referencia a las expectativas ambivalentes que surgen de normas diferentes o incluso contradictorias. La mayoría de las sociedades contienen tensiones y comportamientos anómicos, pero el problema reside en el grado que alcanzan.

La falta de congruencia entre los modelos de autoridad es una fuente posible de tensión y anomia y, por lo tanto, favorece un comportamiento potencialmente contrario a la estabilidad gubernamental. Por ello, supuesta la probabilidad de que existan

---

la capacidad de respuesta de la élite a las demandas populares. El autoritarismo hace referencia a una participación limitada de las masas en la adopción de decisiones políticas, unida a un alto grado de autonomía de la élite. El constitucionalismo es el sometimiento de la élite a un marco amplio y explícito de reglas positivas y de procedimiento, que sirven de límite fundamental a la autonomía de la élite.

[7] Este concepto no está definido.

sociedades estructuralmente complejas con distintos modelos de autoridad en diferentes sectores de esa sociedad, la incongruencia se reducirá si el sistema gubernamental de autoridad reduce o, al menos, tiene *disparidades equilibradas* que reflejen los tipos de autoridad que se hallan en la sociedad. Las disparidades equilibradas del gobierno reflejan, pues, las variedades de autoridad que se hallan en la sociedad, y mientras este reflejo no se produzca, la relación será inestable. De este modo, en la sociedad de mayor complejidad estructural la forma más adecuada de autoridad política es la mixta, es decir la democracia.

En apoyo de su argumentación, Eckstein pone los ejemplos de la República de Weimar y Gran Bretaña. En Weimar había una grave incongruencia entre un sistema social muy autoritario «plagado de grandes y pequeños tiranos en cada parcela de la vida social», y el nivel parlamentario que se caracterizaba por una *democracia sin reservas* [18]. Si se hubieran «establecido entre [la sociedad autoritaria] y el gobierno ciertas instituciones en las que hubiera relaciones de autoridad mixtas» [19], éstas podrían haber mitigado ese crudo contraste y haber ofrecido al pueblo la oportunidad de entrar en contacto con una cultura que tuviera algo en común con la cultura constitucional u oficial. Tal como estaban las cosas, tanto los partidos políticos como los otros grupos asociativos «eran extraordinariamente autoritarios en su estructura», y lo mismo puede decirse de la administración y de las fuerzas armadas. En último término, la incongruencia fue resuelta por Hitler, quien remodeló la estructura formal del gobierno para hacerla más congruente con el resto de la sociedad.

En Gran Bretaña, por otra parte, los modelos de autoridad en el gobierno y los partidos políticos son similares, y sólo cuando la distancia con respecto al gobierno es relativamente grande disminuyen las semejanzas. Por ello, en los grupos de presión suele haber una presidencia honorífica, después un consejo dominado con frecuencia por un número de personas relativamente pequeño y, a su vez, las personas con más poder del consejo hacen de presidentes de otros comités que asesoran al consejo. El conjunto de los miembros del grupo de presión puede reunirse anualmente, pero esta reunión anual no suele ser sino un órgano de ratificación. Finalmente, existe un cuerpo de funcionarios pagados que son expertos y que trabajan en relación más o menos estrecha con los miembros activos del consejo. Esta estructura es típica de Gran Bretaña, y permite a una élite bastante aislada tomar las decisiones, pero proporciona a la no-élite una oportunidad de participar, criticar y, en algunas circunstancias, influir en los cambios de política. Este modelo es típico de una amplia gama de asociaciones voluntarias, pero en las organizaciones económicas hay mayor ámbito para que surjan modelos autoritarios. También se encuentran modelos autoritarios en las escuelas, aunque menos en las *grammar schools'** y en las *public schools** que en las *modern secondary schools** o en las *technical schools**. Ningún modelo abrupto o discontinuo de autoridad separa a un sector de otro, o al gobierno de cualquier otro sector.

No es preciso criticar con detalle estas conclusiones porque padecen de los defectos ya apuntados en relación con la cultura política más general. Pero conviene señalar que no es posible refutar a Eckstein, pues en un caso la *congruencia* parece explicar la estabilidad (en Gran Bretaña); mientras en otro, en el que hay congruencia en todos los aspectos, salvo en lo que se refiere a un documento constitucional (República de Weimar), esta congruencia no era suficiente para alcanzar la estabilidad; y en un tercer caso (p. 76) la «solidaridad superior y muy general» parece explicar la estabilidad de los estados democráticos competitivos. Pero como no se nos dice, ni podemos decir, cuánta congruencia o adecuación es necesaria para la estabilidad ni, en ausencia de modelos congruentes, cuándo son suficientes para la estabilidad las actitudes superiores y muy generales de solidaridad, no disponemos de ningún medio de probar la teoría.

Los estudios sobre la cultura política suelen centrar su atención en las normas y valores modales de una sociedad política, pero también pueden fijarse en las subculturas, y un rasgo típico de sus procedimientos es el empleo de la prospección social. Para la mayoría de la gente, la cultura política es un conjunto de creencias e ideas más o menos inconexas que no refleja nada y que está interiorizado, o al menos, un conjunto de ideas y prácticas que no se preocupan por ordenarse en algún tipo de coherencia, y el mismo hecho de investigarlas por medio de encuestas puede dar una apariencia algo falsa de coherencia en el

---

* *Grammar School:* Instituto de enseñanza media en el que se sigue un sistema de enseñanza de orientación tradicional. *Public School:* Colegio privado de enseñanza media, en general en régimen de internado y de carácter elitista. *Secondary Modern School:* Equivale a un instituto de enseñanza media cuyo sistema de enseñanza está más actualizado. *Technical School:* Especie de instituto de formación profesional. *(N. del T.)*

comportamiento y las actitudes[8]. Sin embargo, algunos individuos tienen actitudes e ideas mucho más estructuradas formalmente, y este hecho puede tener importancia política, posibilidad
de la que pasamos a ocuparnos en el siguiente capítulo.

REFERENCIAS BIBLIOGRÁFICAS

[1]   P. BERGER, *Invitation to Sociology*, Penguin, Londres, 1966, p. 113.
[2]   —— *Invitation to Sociology*, Penguin, Londres, 1966, p. 116.
[3]   G. ALMOND y S. VERBA, *The Civic Culture*, Little, Brown, Boston, 1965,
      p. 12.
[4]   —— —— *The Civic Culture*, Little, Brown, Boston, 1965, p. 34.
[5]   —— —— *The Civic Culture*, Little, Brown, Boston, 1965, p. 27.
[6]   —— —— *The Civic Culture*, Little, Brown, Boston, 1965, p. 347.
[7]   —— —— *The Civic Culture*, Little, Brown, Boston, 1965, p. 154.
[8]   —— —— *The Civic Culture*, Little, Brown, Boston, 1965, p. 267.
[9]   —— —— *The Civic Culture*, Little, Brown, Boston, 1965, p. 315.
[10] D. KAVANAGH, «The Deferential English: A Comparative Critique», *Go-
      vernment and Opposition*, **6**, n.º 3, 333-360 (1971).
[11] J. GOLDTHORPE y D. LOCKWOOD, «Affluence and the British Class Structu-
      re», *Sociological Review*, **11** (julio 1963).
[12] B. BARRY, *Sociologists, Economists and Democracy*, Collier-Macmillan,
      Londres, 1970, p. 51.
[13] G. ALMOND y S. VERBA, *The Civic Culture*, Little, Brown, Boston, 1965,
      p. 341; véase también H. Eckstein, *Division and Cohesion in Democracy*,
      Princeton University Press, Princeton, New Jersey, 1966; y E. Nordlinger,
      The Working Class Tories, MacGibbon and Kee, Londres, 1967, pp. 219-
      252.
[14] G. ALMOND y S. VERBA, *The Civic Culture*, Little, Brown, Boston, 1965, p.
      364.
[15] G. ALMOND y S. VERBA, *The Civic Culture*, Little, Brown, Boston, p. 492.
[16] H. ECKSTEIN, *Division and Cohesion in Democracy*, Princeton University
      Press, Princeton, New Jersey, 1966, p. 76. Cita a Almond y Verba.
[17] —— *Division and Cohesion in Democracy*, Princeton University Press,
      Princeton, New Jersey, 1966, pp. 225-287.
[18] —— *Division and Cohesion in Democracy*, Princeton University Press,
      Princeton, New Jersey, 1966, pp. 248-249.
[19] —— *Divison and Cohesion in Democracy*, Princeton University Press,
      Princeton, New Jersey, 1966, p. 249.

---

[8] Para una breve, pero excelente, exposición de las cuestiones y problemas
fundamentales de la cultura política, véase D. Kavanagh, *Political Culture*,
Macmillan, Londres, 1972.

Capítulo 8
IDEOLOGIA POLITICA Y OPINION PUBLICA

8.1. Ideología política

Hemos apuntado anteriormente que una ideología política se puede distinguir de la cultura política al menos por su claridad, coherencia y mayor articulación o consistencia interna. A causa de su coherencia relativamente mayor, se piensa a veces que su influencia sobre el comportamiento político real es superior a la de la cultura política. Por consistencia entendemos la capacidad de predecir con seguridad, tras haber descubierto que una persona sostiene una idea, que también defenderá otra idea que aparece conectada *lógicamente* con ella, aunque, desde fuera, la lógica pueda no ajustarse a ninguna concepción de las reglas de la lógica clásica. Por ejemplo, cualquiera se sorprendería al topar con un nazi que odiara a los judíos y al que agradaran los negros. Además, la ideología contiene un conjunto de valores políticos, de situaciones deseadas y, si es posible, por las que se lucha, que se tratan de alcanzar y, en algunos casos, de mantener. Estos valores políticos se asientan generalmente sobre afirmaciones acerca de la naturaleza del hombre —el hombre es egoísta, cooperante, racional, etc.— que llevan a su vez a *deducciones* sobre las formas de sociedad más apropiadas para esa naturaleza. Estos elementos forman la base de la táctica y programa inmediatos del grupo ideológico o partido, en cuanto la táctica y el programa derivan en principio de los valores básicos de la ideología.

La idea de la ideología como fuente potencial de influencia sobre el comportamiento político del sujeto es inseparable de su función de aislamiento del sujeto de las fuentes de crítica y de las perspectivas intelectuales alternativas sobre la sociedad y los problemas sociales. Esta consideración nos conduce a la afirmación de que el sujeto influido por una ideología es notoriamente impermeable a la argumentación y a la crítica que, para el no comprometido, parecen importantes o significativas. Por ejemplo, no resulta muy evidente que Gran Bretaña esté dominada por los judíos o los comunistas, pero para un nazi este mismo hecho es prueba de que, solapados y astutos, los judíos o los comunistas dirigen —desde detrás del escenario— a sus marionetas no judías. ¿Cómo esperar que tan astutos practicantes del arte de la manipulación se revelen a sí mismos, ya que de ese modo serían descubiertos y destruidos? Por tanto, la evidencia de que no existe un número desproporcionado de judíos al frente de todas las grandes compañías, periódicos, etc. lejos de refutar la conspiración judía, es la prueba fehaciente de esa conspiración. En el marxismo, desempeñan una función similar los conceptos de conciencia falsa e intereses *reales* y, claro está, la interpretación marxista del papel de la ideología. Las argumentaciones no se enfrentan con contra-argumentaciones, sino con afirmaciones de que, por ejemplo, los conservadores de la clase obrera no conocen sus intereses reales, o que la contra-argumentación es simplemente una cortina de humo verbal para los intereses económicos o de clase subyacentes. Como señala Gregor, «el analista marxista o casi marxista se ve conducido a una interpretación conspiratoria de la historia, en la que sostienen que los grandes capitalistas de la Argentina (realmente) dirigían el fascismo proletario de Perón y los capitalistas de Rumania crearon (realmente) el fascismo campesino de Cornellu Codreanu» [1]. Así, el sujeto influido por una ideología niega normalmente la existencia de criterios de verdad alternativos.

Otra razón por la cual este sujeto es incapaz de una argumentación razonable con sus oponentes ideológicos, y es conducido hacia explicaciones de conspiraciones clandestinas, se encuentra en su afirmación de que su visión de la evolución mundial no sólo es verdaderamente científica y correcta sino que es *obviamente* así. La incapacidad para comprenderlo sólo puede tener dos causas. Una, que sus oponentes hayan sido engañados por astutos propagandistas, por las malas influencias y la educación que, con el tiempo y un poco de inteligencia, pueden ser contrarrestadas mostrando al antes oponente la luz de la verdad. O, como segunda causa, que sus oponentes sean perversos o su posición social no les permita la aceptación de la verdad. En tales casos, pueden ser eliminados destrozando su base social (en términos generales, es la técnica intelectual marxista), aniquilándolos (técnica nazi), o de ambas formas, como en el caso de Stalin y los kulaks[1]. Cualquiera que sea la solución adoptada, la ideología, a menudo mediante la reducción de sus oponentes a un nivel bestial *(untermensch,* perros corredores, hienas, monos, etc.) distancia las motivaciones ideológicas de sus actos, o de los actos hechos en su nombre, que pueden variar desde la discriminación al genocidio.

La ideología especifica también con más o menos detalle el estado final deseable y los métodos para conseguirlo. Por tanto las ideologías aparecen a menudo como fuentes de un grado muy elevado de actividad política entre los comprometidos ideológicamente. Pero desde otra perspectiva puede suceder que el compromiso ideológico se derive de las necesidades de la personalidad, y en este caso la ideología puede determinar el foco de actividad, pero no explica la actividad misma. En otras palabras, la ideología dirige y satisface impulsos personales que, en otras circunstancias, podrían atenderse mediante otras formas de actividad. Freud, por ejemplo, defendía que las ideologías eran ficciones mentales elaboradas que protegían la personalidad individual: eran una forma de racionalización personal. En esta tradición, Erikson, en su estudio sobre Lutero, establece una teoría que enlaza la ideología y la personalidad, basada sobre una etapa en el desarrollo de la constitución psicológica de una persona que él llama «la búsqueda de la identidad». Como esta búsqueda de la identidad coincide con un período de búsqueda de roles, los jóvenes y aquellos que todavía tienen que formar o establecer una identidad son particularmente vulnerables a las ideologías [2].

Semejante en cierto grado a esta perspectiva es el planteamiento más sociológico que considera que la ideología gira en torno a las principales quiebras sociales que llevan a la gente a buscar una explicación. En esta situación, que se considera como creadora de tensiones, la ideología sirve como método para comprender una situación perturbadora y como guía

---

[1] En el caso de los comunistas chinos parece que las autoridades pensaron que una fuente importante de error era el fallo en la comprensión *intelectual,* al menos por parte de los intelectuales; de ahí los intentos de obtener la convicción mediante la razón y las amenazas. Véase R. J. Lifton, *Thought Reform and the Psychology of Totalism,* Penguin, Londres, 1967.

para la acción necesaria para mitigar la raíz de la perturbación
societal, y, por tanto, el compromiso ideológico es una adhesión
reductora de tensión para el comprometido. A un nivel menos
dramático, las discontinuidades entre la forma de gobierno y
economía, consideradas como una parte inevitable de cualquier
sociedad compleja, las discrepancias entre el beneficio y la be-
lleza del producto industrial, entre los diferentes roles, son
consideradas como fuentes de tensión, y, por tanto, causan perturbaciones entre los individuos. Puesto que el presente es, para
el ideólogo, un tiempo de desorden y resquebrajamiento, un
período en que las cosas se disgregan, es usual que las ideologías
incorporen, o bien un elemento arcaico que vuelve su mirada
hacia un pasado de orden, nobleza y simplicidad, o bien componentes fuertemente futuristas. El fascismo tuvo un elemento
fuertemente arcaico, y el marxismo funde los dos, como hacen
también, aparentemente, los jóvenes radicales ultra-activistas del
Japón contemporáneo [3]. La ideología suministra a esas personas una salida a su tensión, proporcionándoles enemigos simbólicos —los judíos, los rojos, etc.— y capacitándoles para aceptar,
por ejemplo, las largas horas de trabajo y la competencia sopor-
tadas por el pequeño hombre de negocios en EE. UU. en nombre
del progreso económico norteamericano [4]. Pueden surgir contra-
ideologías en torno a estas perturbaciones. Por ejemplo, en
Gran Bretaña, durante la década de 1930, tanto los comunistas
como los fascistas podían alcanzar su máximo impacto político, y
lo mismo sucedía en la República de Weimar. Ambos consiguieron un impacto porque ofrecían explicaciones coherentes de
circunstancias que la mayoría encontraba misteriosas e incom-
prensibles y, por consiguiente, amenazadoras. El atractivo no se
encontraba simplemente al nivel contemplativo de la comprensión, sino también al nivel más activo del cambio y el control. La
ideología proporcionaba así a los hombres la esperanza de controlar su destino, una esperanza que les negaban credos y filoso-
fías políticas más convencionales. En este sentido, la ideología
es, con palabras de Daniel Bell, «la conversión de las ideas en
palancas sociales» [5]. Implicada en esta perspectiva sobre la
ideología está su capacidad para mover a los hombres a entrar
en acción, y, por tanto, su impacto es primariamente emotivo y
sólo de forma secundaria tiene carácter intelectual. Es decir,
aceptando la propensión de los hombres a ser calculadores racionales en la mayoría de las situaciones, una ideología *puede* ser un
mecanismo para trascender este hecho, atrayéndoles de una
forma tan emocional que olviden temporalmente su interés inme-

diato y sean absorbidos en el movimiento ideológico. Visto de esta manera, lo que importa no es en realidad la cuestión de la verdad o falsedad de la ideología, sino más bien su aparente solución a los problemas sociales principales del momento y su capacidad para galvanizar a los hombres en una actividad dirigida a conseguir los fines establecidos en la ideología. «La acción —como dice Eric Hoffer— es un unificador» [6]. La ideología da satisfacción y explicación de las tensiones individuales que los hombres deben soportar durante los períodos de tensión social o en los puntos de quiebra social, y, por esta razón, Bell sugiere que «la función latente más importante de la ideología es abrir la espita de la emoción» [7]. Esta puede ser una interpretación ligeramente pasiva de la ideología, puesto que es posible entender la ideología no simplemente como «la que abre la espita», sino también como *la que crea* la emoción, como en el caso del mito de la huelga general de Sorel. El mito de Sorel, que inspira a la clase obrera un sentimiento de misión y nobleza —del que anteriormente carecía—, crea un sentimiento de *camaradería* de clase entre una clase obrera desmoralizada. El mito de Sorel es algo creativo que produce, entre los que creen en él algo no presente sin la creencia común, un estímulo para la acción del que surge un sentimiento de unidad o solidaridad de clase. Por tanto la ideología (el mito) para Sorel produce la *solidaridad* entre los que creen en aquélla, una solidaridad suscitada por *la sola intuición* y, por lo tanto, impermeable a la nimia crítica de los racionalistas de clase media y de los compromisarios parlamentarios[2].

La perspectiva marxista sobre la ideología difiere de la de Sorel. En el análisis marxista de la ideología hay un elemento histórico mucho más fuerte, en el sentido de que históricamente, por ejemplo, la ideología burguesa (simplificando, el liberalismo de Bentham) fue, en su día, inicialmente revolucionaria y después, con el desarrollo del capitalismo, una descripción parcialmente exacta de la realidad económica y política. La estructura social cambia, en términos generales, con independencia de la ideología, mientras la ideología burguesa continúa siendo la misma. Cuando esto sucede, la ideología burguesa sirve a un doble propósito. Racionaliza el interés de clase de la burguesía con su insistencia en que los intereses de la clase media son idénticos a los de la sociedad en su totalidad. Dentro de la lógica de Marx,

---

[2] G. Sorel, *Reflections on Violence*, Free Press, Chicago, 1950, p. 140, subrayado en el original; sobre este punto véase también D. Apter (ed.), *Ideology and Discontent*, Free Press, Nueva York, 1964, introducción.

esto sólo era cierto en la primera etapa, cuando el capitalismo era una fuerza revolucionaria y económicamente progresista[3]. También sirve para engañar a la clase trabajadora —sugiriéndoles que con un trabajo duro y un ahorro disciplinado pueden convertirse en capitalistas— y para alejar a sectores de esa clase de sus reales intereses de clase; éste es el fenómeno de la *falsa conciencia,* que acaba por desaparecer como consecuencia de las contradicciones cada vez más obvias entre la ideología burguesa y la realidad. Pero, mientras tanto, la ideología sirve para ocultar al proletariado sus intereses reales, que están mejor representados en la ideología de Marx. Escribiendo sobre la filosofía alemana, Marx explica que su tarea «tiene como objetivo desenmascarar a esas ovejas...; mostrar cómo su balido no hace sino imitar en forma filosófica las concepciones de la clase media alemana; cómo la jactancia de esos comentaristas filosóficos sólo refleja la miseria de las condiciones reales en Alemania». Por último, puesto que «la vida no está determinada por la conciencia, sino la conciencia por la vida», se hará patente para todos la disparidad entre la vida y el actual reflejo irreal de la misma en la ideología burguesa, y la ideología hoy conservadora de los burgueses aparecerá como un mero disfraz para los intereses de una minoría [8].

Del mismo modo que la *producción material* de una sociedad se desarrolla y los hombres desarrollan sus *relaciones materiales,* también «varían, paralelamente, su existencia real, su pensamiento y los productos de su pensamiento» [9]. Así, a medida que los procesos de producción se hacen más cooperativos, la propiedad privada de los medios de producción pierde técnicamente toda importancia, y la propiedad, de ser inicialmente un estímulo para la producción y la racionalidad, pasa a ser más bien un estorbo irrelevante, un freno para todo progreso[4]. Reconociendo esta línea de desarrollo, que todavía no ha alcanzado su madurez, Marx insiste en que el comunismo está incipiente en el desarrollo del capitalismo —emergerá algún día en el futuro— de

[3] En este sentido, el concepto de ideología de Marx, que deja de ser la expresión social beneficiosa de un interés social *general,* «y se convierte en una simple racionalización de un interés de clase», es similar a la *fórmula política* de Mosca o a las *derivaciones* de Pareto, que impiden a los hombres ver los hechos objetivos de la dominación de una clase o élite. Las ideologías, vistas desde este ángulo, permiten gobernar de modo más efectivo y económico que a través de la fuerza y son, por lo tanto, funcionales para la élite o clase gobernante.

[4] «Las condiciones de la sociedad burguesa son demasiado estrechas para contener la riqueza creada por ellas», *Communist Manifesto,* Lawrence and Vishart, Londres, 1948, p. 20.

lo que se deduce que «El comunismo no es para nosotros una *situación* que deba crearse, un *ideal* al cual deba ajustarse la realidad. Llamamos comunismo al movimiento *real* que abole la presente situación. Las condiciones de este movimiento resultan de las premisas hoy vigentes» [10]. Por tanto, en último término, el punto de enfoque para Marx no es la ideología, que es un derivado, sino la economía. El conocimiento y la ideología son importantes, puesto que «Para abolir la *idea* de la propiedad privada, es suficiente la *idea* del comunismo»; pero «son necesarias acciones comunistas *concretas* para abolir la propiedad privada real» [11].

Por tanto, las ideologías están, para Marx, históricamente enraizadas y pueden, por consiguiente, perder su vigencia; no obstante, la ideología burguesa, aunque carezca de vigencia en términos del desarrollo técnico de las fuerzas de producción (simplificando, de la economía), se presenta como si tuviera una validez independiente de los intereses de una clase determinada. El punto de vista de Marx es que ésta no es la realidad, aunque tanto la burguesía como el proletariado pueden creer que una ideología es universal y siempre cierta. Por tanto, el punto esencial de la interpretación marxista de las ideologías es que éstas derivan en cierto sentido de la situación social de los hombres y, sobre todo, de su posición de clase, que está determinada, a su vez, por la relación del hombre con las fuerzas de producción. Las ideologías pueden perder vigencia, convertirse en supervivencias irrelevantes de un sistema económico previo, pero pueden conservar su capacidad persuasiva y su atracción emocional, aunque sea de forma atenuada.

Sin embargo, aunque Marx ha realizado una poderosa crítica intelectual de otras ideologías, es difícil creer que su crítica altamente intelectualizada y detallada explique el éxito del ataque. En otras palabras, hay que preguntarse también por qué una ideología determinada obtiene el apoyo de la gente. El mismo Marx parece haber creído que las ideologías ganaban adeptos cuando se podía pensar en un principio que representaban realmente a *toda la sociedad,* cuando sus seguidores aparecían como «la masa total de la sociedad que se enfrentaba con la única clase dominante» [12]. El problema es que esta idea parece dar por supuesto un nivel de adhesión intelectual y sofisticación generales que nadie ha sido todavía capaz de detectar.

Una explicación del *éxito* del marxismo, que no depende de forma tan crítica de la comprensión intelectual, señala que, como ideología, el marxismo tiene una especial resonancia en socieda-

des en las que no se ha desarrollado un fuerte movimiento
sindical, pero en las que la industrialización ha convertido en
anacrónica la doctrina anarquista. En tal situación, el marxismo
puede apropiarse eficazmente del elemento de *protesta* contra los
excesos del industrialismo temprano, y puede transformar también esa protesta en una forma más *organizada* de lo que permite
el principio antiautoritario del anarquismo. Como ideología, el
marxismo también tiene la gran ventaja de aceptar muchos de los
principios liberales básicos, especialmente las proposiciones de
que el hombre puede controlar su entorno mediante la ciencia.
Esto capacita al marxismo para provocar sentimientos similares a
los del antiguo liberal: «materialismo sin complicaciones, creencia en *leyes* económicas y pasión por la industrialización»[5]. Al
mismo tiempo, la tendencia antiestatal del marxismo —la consideración del Estado como el órgano ejecutivo de la burguesía—
incide en la experiencia cotidiana del obrero en las primeras
etapas de la industrialización, en las que el Estado a menudo
impide formar asociaciones, los obreros carecen de poder político, excepto para sufrir la represión de la policía estatal como
alborotadores, pueden encontrarse con que el ejército interviene
en los conflictos laborales, etc. Según este análisis el marxismo
es «una síntesis fundamentada, no sólo en cuanto teoría y movimiento, sino también [en cuanto] estimación intuitiva de la *psicología* social y política de diversas clases»[6]. Lo que aquí afirmamos
es que el poder de atracción de Marx no se debe tanto a su
calidad de exponente de una ideología coherente como a que su
repercusión primaria se encuentra al nivel de las necesidades
psicológicas surgidas de las tensiones sociales propias de una
industrialización temprana. Por ejemplo, una respuesta muy típica a la primera mecanización es el ludismo, en una u otra
forma. El marxismo puede captar al ludita explicándole el lugar

[5] A. Ulam, *The Unfinished Revolution,* Vintage Books, Nueva York, 1960,
p. 107; este párrafo es una adaptación libre de la obra de Ulam. Como la ideología
liberal, el marxismo es optimista al afirmar que los hombres pueden modificar su
entorno para sus propios fines, y también que el fin propuesto por la ideología es
un paraíso terrenal y no celestial. Para una discusión sobre este punto véase C.
Becker, *The Heavenly City of the Eighteenth Century Philosophers,* Yale University Press, New Haven, 1955.
[6] —— *The Unfinished Revolution,* Vintage Books, Nueva York, 1960, p. 132;
el subrayado es nuestro. Una opinión en parte similar es sostenida por R. C.
Tucker, que sugiere que Marx fue un moralista cuyo máximo alegato reside en el
nivel psicológico de la alienación, un concepto que no tiene nada que ver con los
estudios económicos de Marx, *Philosophy and Myth in Karl Marx,* Cambridge
University Press, Londres, 1961.

que ocupa la máquina en el desarrollo económico, defendiendo la esperanza de trascender la máquina y controlarla para el bien del hombre y ofreciendo la forma organizativa (el partido político) a través de la cual puede cambiarse el orden social[7].

8.2. Las ideologías y las zonas en desarrollo

En esta sección partiremos simplemente del supuesto, quizás equivocado, de que, al cambiar de forma inevitable las estructuras sociales, existe la tendencia a explicar, controlar y entender estos cambios a un nivel cultural, y que muchos de estos intentos de explicación adoptan una forma ideológica. En las zonas en desarrollo, el cambio estructural toma la forma característica de la creación de una nación-estado, a partir de un conjunto de grupos sólo débilmente asociados[8]. La debilidad de la asociación se debe a la posible ausencia de un idioma común, a la presencia de subculturas competitivas de lealtades divididas, a la carencia de instituciones de alcance nacional, a las comunicaciones difíciles, etc. Incluso si existe legalmente un gobierno nacional, lo más probable es que el apoyo de que goce sea muy limitado y altamente condicional. En tal situación, el sentido de identificación nacional es extremadamente reducido y la atención de la población se limita a los asuntos del pueblo o tribales [13]. Casi forma parte de la definición de una zona en desarrollo el que su gobierno central carezca de la obediencia casi automática de que gozan los gobiernos en muchas zonas desarrolladas, y, en muchos casos, es visible también la ausencia de las estructuras mediante las cuales se puede obtener esa obediencia. Las zonas en desarrollo carecen de los principios organizativos tradicionales, que han ido erosionándose gradualmente como resultado de sus contactos con Occidente —y el Este—, y su población está

---

[7] Véase E. Hobsbawm, *Primitive Rebels,* Norton Library, Nueva York, 1965, un interesante estudio de los movimientos de protesta que estuvieron débilmente organizados, no supieron relacionar el descontento inmediato con los cambios sociales y económicos que los causaban y que, fundamentalmente, carecieron de una perspectiva del desarrollo histórico.

[8] Nosotros, por supuesto, reconocemos que, antes de las últimas décadas, el mayor problema de tales áreas no era la construcción de la nación sino el colonialismo, pero todavía es cierto nuestro aserto puesto que el gobierno colonial también intenta imponer la unidad sobre la diversidad; véase P. Worsley, *The Trumpet Shall Sound,* MacGibbon and Kee, Londres, 1957, para un excelente estudio del culto del *cargamento* como productor de una forma de integración política en una sociedad muy fragmentada.

sometida, al menos en el sector *modernizado,* a presiones y tensiones[9]. Además de estas limitaciones políticas, sucede también que el gobierno está al frente de un país en el cual el desarrollo económico es normalmente muy limitado, pero en el que, en parte como consecuencia de la difusión de expectativas desde el exterior, la población desea alcanzar niveles de vida superiores. Existe igualmente un deseo, especialmente en el sector occidentalizado de la población, de desarrollo económico rápido, proceso que supone una dislocación social casi sin fin y una miseria generales, a cambio de las cuales aquellos que presionan por un desarrollo económico sólo pueden ofrecer futuras gratificaciones.

Pero cualquiera que sea la naturaleza precisa de los cambios estructurales e institucionales en las zonas en desarrollo, los cambios inciden inevitablemente en los valores tradicionales y en las estructuras normativas de esa sociedad. Estos valores tradicionales pueden considerarse desde el punto de vista de su apoyo o falta de apoyo a las actitudes funcionales para el desarrollo económico y político. Robert Bellah ha señalado que los sistemas de valores característicos de las sociedades tradicionales son contrarios al desarrollo, mientras otros autores, como David Apter y R. A. Le Vine, matizan más sus apreciaciones. En su análisis, Bellah afirma que las sociedades tradicionales tienden a caracterizarse por sistemas de valores prescriptivos [14]. Estos sistemas son altamente_ específicos y abarcan casi todas las situaciones de la vida. Siempre están integrados con valores religiosos últimos y, por tanto, incluso las actividades aparentemente más mundanas tienen una implicación religiosa; por ello, las innovaciones sociales pueden muy bien ser acusadas de herejía. Por consiguiente, según Bellah, tales sistemas son intrínsecamente conservadores e inflexibles. La sociedad moderna, por el contrario, requiere flexibilidad, y un sistema de valores más pragmático o instrumental que no se resista al cambio simplemente porque éste ofende a un conjunto omnicomprensivo de valores religiosos. Por tanto, el punto de vista de Bellah es que una sociedad, para desarrollarse, necesita transformarse ⌐

---

[9] C. Geertz, «Ideology as a Cultural System», en D. Apter (ed.), *Ideology and Discontent,* Free Press, Nueva York, 1964, p. 64, lo expresa como sigue: «La confluencia de una tensión socio-psicológica y una ausencia de recursos culturales, mediante los cuales se obtiene el sentido (político, moral o económico) de esa tensión, y la exacerbación de cada uno de estos factores por el otro, es lo que establece el escenario para la aparición de las ideologías sistemáticas (políticas, morales, económicas)».

ser transformada al nivel de sus religiones; en otras palabras, «... *sólo* una nueva iniciativa religiosa, *sólo* un movimiento nuevo que reclame para sí una finalidad religiosa, puede desafiar con éxito los viejos sistemas de valores y su base religiosa» [15]. Todo movimiento político en una sociedad tradicional semejante, donde la política no tiene una legitimidad independiente, *debe* adoptar un matiz religioso.

Bellah ilustra su argumentación haciendo referencias a Turquía y Japón. Bajo la restauración Meiji, el emperador japonés fue investido, como símbolo del gobierno, de un carácter sagrado que permitió a los jóvenes reformadores samurais «legitimar los inmensos cambios que estaban realizando en todas las esferas de la vida social» [16]. La restauración Meiji fue, esencialmente, un movimiento político para modernizar el país contra la amenaza de penetración occidental; pero, para tener éxito y conseguir que la población aceptase de buen grado los impuestos necesarios para organizar un ejército, una administración y una economía modernas, el proceso tuvo que ser presentado bajo las formas de la religión tradicional que se centraba en el status religioso del emperador. Así, Japón consiguió pasar tan rápidamente de una sociedad *feudal* a una sociedad moderna gracias a la utilización de valores tradicionales. Los dirigentes del período Meiji (1868-1912) utilizaron «valores llenos de significado para los japoneses, que servirían a la vez como principal motivación para que el pueblo apoyara la modernización y como justificación de los cambios sociales necesarios que imponían sacrificios y penosos ajustes» [17]. Así, según Bellah, *las principales motivaciones* y *justificaciones* eran de origen religioso, y esta procedencia religiosa es un elemento necesario en las ideologías de la modernización.

En relación con lo anterior se plantean varios problemas. En primer lugar, ¿es cierto que *todas* las ideologías vigentes en las zonas en desarrollo se basan en la religión? Tal afirmación parecería difícil de justificar, a menos que se definiera la religión de forma tan general que casi cualquier compromiso con el cambio se convierta en religión. No hay ningún elemento claramente religioso, y hay muchos abiertamente anti-religiosos, en el nacionalismo, el marxismo o el fascismo como ideologías del desarrollo. Aun así queda el problema de por qué estas ideologías parecen atraer, al menos inicialmente, a algunos sectores de la población y no a otros; en el caso del Japón, a los jóvenes samurais y no a los viejos guerreros. Además, y esto nos conduce a la sutileza de Apter, no es cierto que todos los sistemas de valores de las sociedades tradicionales sean enemigos del desarrollo económico y político. Por ejemplo, parece que el sistema familiar japonés tradicional mostraba elementos propios de «las relaciones universalistas [descubiertas] en las burocracias e industrias modernas», y, como ha aclarado Saniel, este rasgo fue de crucial importancia, ya que «el sistema familiar del Japón era el núcleo de su estructura social. Un modelo de cohesión para otras unidades sociales básicas» [18].

Apter propone una división dual de los sistemas de valor tradicionales y emplea los términos *de consumación* e *instrumental*. El primer sistema está muy próximo al concepto de los valores tradicionales que tiene Bellah, en el cual «la sociedad, la autoridad estatal, etc., forman parte de un sistema que se sustenta de forma muy trabajada, con una elevada solidaridad, en el que la religión representa la guía del conocimiento». Tales sistemas han sido hostiles a las innovaciones [19]. Los sistemas instrumentales incluyen también la religión, pero la religión es *decididamente secundaria,* y entre los funcionarios existe una gran confianza en las realizaciones; tales sistemas son generalmente receptivos a la innovación, que tiende a no producir graves dislocaciones del orden social y cultural. Por tanto, si Apter está en lo cierto, las ideologías modernizadoras no tienen por qué adoptar necesariamente una forma religiosa. Esto hace posible que en algunas sociedades sea la religión la forma más adecuada para la innovación, mientras que, en otras, una ideología más secular podría ser más efectiva para realizar los cambios. En su estudio sobre las derivaciones sociales de los diferentes niveles de *necesidad de logro,* en los tres principales grupos étnicos de Nigeria, Robert Le Vine aporta pruebas de que (1) la cultura política ibo era una cultura instrumental que «valoraba la destreza, el empuje y la iniciativa profesionales», y que estas virtudes eran importantes para determinar la asignación de status, y (2) que el empeño por triunfar en la sociedad ibo asumía formas ideológicas, especialmente en los escritos del Dr. Chike Obi [20]. También es cierto que buena parte del ímpetu inicial para la independencia nigeriana provino de los ibos, y de partidos dominados por ellos, como el NCNC, lo que, dada la mayor movilidad y mayor nivel de educación de los ibos, significaba que no harían sino beneficiarse de una «nigerización de todas las instituciones políticas del Estado nigeriano» [10].

[10] N. Azikwe, «Political Blueprint of Nigeria», reimpreso por R. Emerson y M. Kilson (eds.), *The Political Awakening of Africa,* Prentice-Hall, New Jersey,

Así, el sistema indígena de creencias de los ibos sirvió a la modernización sin necesidad de una intervención religiosa, y la ideología nacionalista sirvió para legitimar las aspiraciones modernizadoras, que a su vez se podían entender como racionalizaciones de los intereses ibos. Por tanto, en este caso al menos, la ideología cumplió una de sus funciones clásicas —la de racionalización de los intereses— y, además, el caso ibo ejemplifica el *ajuste* entre ideología y cultura política.

También se considera que la ideología tiene una función solidaria en las zonas en desarrollo, donde parece que se utiliza para fomentar un sentido de nacionalidad y comunidad nacional en una población muy variada. A este respecto, los elementos de orgullo racial, como la negritud, y las raíces *históricas,* que aparecen por ejemplo en la utilización de los nombres indígenas de Ghana y Malí, unidos a una explicación del atraso económico y a las propuestas para el avance económico, se funden en un caleidoscopio ideológico. La ideología resultante en las zonas en desarrollo puede ser examinada al menos desde dos perspectivas:

(1)   ¿Quiénes son los ideólogos?, y ¿sirve la ideología como racionalización de sus propios intereses individuales o de grupo?

(2)   ¿Quiénes son los consumidores de la ideología?

La primera cuestión que se plantea es que los ideólogos necesitan al menos un nivel mínimo de conocimientos, y este mínimo es bastante elevado puesto que casi siempre incluye la comprensión real de un idioma extranjero. A su vez, esto suele suponer una educación en el extranjero, lo que significa que (1) a menudo el ideólogo no pertenece a las masas (aunque el extendido sistema de financiación familiar de la educación en Africa mitigue este factor), (2) la persona educada en el extranjero corre el peligro de convertirse en el «hombre de dos mundos», que no se siente parte de ninguno de los dos, ya que su educación extranjera puede haberle enseñado a rechazar los valores y normas tradicionales, sin que sus lazos emocionales hayan sido cortados. Por tanto, el ideólogo puede estar buscando un sentido de identidad personal a través de una ideología ecléctica o mixta que combine valores modernos y tradicionales. Pero dejando de lado esta posibilidad, es también cierto que cualquiera que sea la función que desempeñe la ideología para la persona del intelec-

---

1965, pp. 55-61; para un ejemplo de la ventaja de los ibos en la competencia en campos puramente académicos con otros nigerianos, véase W. Gutteridge, *The Military in African Politics.* Methuen, Londres, 1969, pp. 60-95.

tual, los intelectuales como grupo han desempeñado un papel
vital en la formación y el gobierno de las zonas no desarrolladas[11]. Y, como subrayamos antes, el ideólogo es necesariamente
un intelectual.

Al menos en un sentido importante, las ideologías típicas del
mundo en desarrollo pueden considerarse como una racionalización de los intereses de grupo. Tanto las ideologías nacionalistas
como las del desarrollo económico —bien en la forma del socialismo o del marxismo— conceden una importancia primordial a
los intelectuales. Son los intelectuales que trabajan en los periódicos, los políticos, los que dirigen el sistema educativo en rápida
expansión quienes ocuparán los puestos de los colonizadores,
los que dirigirán la burocracia enormemente acrecentada de los
nuevos estados y quienes, en general, constituirán el directorio
del país. Así, las ideologías que hacen hincapié en el imperativo
de la independencia y del desarrollo dirigido son, con bastantes
probabilidades, racionalizaciones de los intereses de los intelectuales como grupo social, aunque esto *no* quiere decir que *sólo*
sirvan a sus intereses. Sin embargo, en un país como Dahomey
es difícil imaginar a qué otros intereses sirve el gobierno.

La cuestión del consumo ideológico es una cuestión mucho
más delicada, puesto que existen numerosas pruebas de que,
incluso en países con alto nivel de alfabetización, la mayoría de
la población no se enfrenta con los problemas políticos en términos ideológicos. En las zonas en desarrollo, se da también el
hecho de que gran parte de la carga física y económica del
desarrollo recae no en los ideólogos y la élite, sino en las masas,
y, dada la incidencia de la violencia política popular, es difícil
creer que las satisfacciones ideológicas y simbólicas sean tan
generales. De una forma u otra, en los países africanos la
ideología es calificada de socialista, con calificativos que preceden a este término como *africana, de Nkrumah, árabe,* etc. Casi
siempre, la ideología hace especial hincapié en el desarrollo
económico, pero este desarrollo ha de ser africano en el sentido
romántico por el que deben ser preservadas la identidad de la
comunidad y la identidad africana. Es decir, se debe mantener el

---

[11] Véase E. Shils, «The Intellectuals in the Political Development of New
States», *World Politics,* Abril, 1960, reimpreso en J. Kautsky (ed.), *Political
Change in Underdeveloped Countries,* Wiley, Nueva York, 1962, pp. 195-234;
Shils define a los intelectuales de las áreas en desarrollo simplemente como
«todas las personas con una educación moderna avanzada»» (p. 198). Véase
también M. Matossian, «Ideologies of Delayed Industrialisation», en el mismo
volumen, pp. 252-264.

tradicional —y a menudo mítico— sentido africano de la dignidad en el trabajo, de la búsqueda de lo antiguo, de la espontaneidad, de las posesiones comunes, junto con el desarrollo económico, que normalmente se considera como enemigo de tales virtudes[12]. Además, rara vez se considera que el desarrollo económico sea posible o deseable como resultado espontáneo de iniciativas individuales. No es deseable, porque la historia industrial de Occidente aparece como un mal ejemplo del impacto destructivo que el *laissez faire* ha tenido sobre la comunidad[13], y no parece posible porque en Africa, por diversas razones, no hay individuos que dispongan de una acumulación de capital suficiente para financiar empresas a gran escala. La causa se encuentra también en que ningún particular podría financiar la infraestructura económica —tasas de alfabetización superiores, mejores carreteras, mejores servicios de sanidad, mayores facilidades bancarias— sin la que el desarrollo económico es, por necesidad, dolorosamente lento. La vertiente económica de la ideología hace también hincapié en la necesidad imperativa de un *rápido* desarrollo, y este elemento refuerza la necesidad de un cambio económico dirigido. Unidos, estos sectores de la ideología constituyen un enfoque muy diferente al del socialismo europeo, que se basa, si bien vagamente, en la idea de que el problema de la producción ha sido resuelto y que el mayor problema es el de la distribución. El socialismo africano, por el contrario, se ocupa siempre de la producción y de la forma de incrementarla, más que de cómo distribuir lo ya producido[14].

Esta situación supone que el gobierno sólo podrá permitir, en el mejor de los casos, elevaciones bastante limitadas del nivel de vida popular, y que su política fiscal será relativamente dura; en resumen, el gobierno sólo puede proporcionar a la población mejoras materiales limitadas, pero puede distribuir raciones casi

---

[12] Sobre este punto, véase J. Nyerere, «Ujamaa: the Basis of African Socialism», T. Mboya, «African Socialism», en *Africa's Freedom*, Allen and Unwin, Londres, 1964; «The Cabinet of Kenya», en P. Sigmund, *The Ideologies of the Developing Nations*, Praeger, Nueva York, 1968, pp. 269-278, especialmente pp. 269-272; y también la brillante exposición de L. S. Senghor, *On African Socialism*, Pall Mall, Londres, 1964; y para una exposición general, véase W. Friedland y C. Rosberg (eds.), *African Socialism*, Stanford University Press, Stanford, 1964.

[13] Sobre este punto véase L. Bramson, *The Political Context of Sociology*, Princeton University Press, Princeton, 1961, capítulos 1 y 2; y R. A. Nisbet, *The Sociological Tradition*, Heinemann, Londres, 1967, capítulo 3; y también P. Laslett, *The World We Have Lost*, Methuen, Londres, 1965, capítulos 1, 2 y 3.

[14] Este es el factor que explica el interés general en el crecimiento industrial ruso y chino.

ilimitadas de satisfacciones ideológicas y simbólicas. La justificación del sacrificio presente por el beneficio futuro, del individuo a la colectividad, a la gloria de la nación, el orgullo de la participación nacional en los asuntos extranjeros, la excitación de las concentraciones políticas, el nuevo rostro grabado en la moneda nacional, y por qué no, la nueva carretera, la nueva escuela, clínica o pozo, tienen como objetivo demostrar y forjar la lealtad —y persuadir a las masas para que olviden el descontento presente. Explicando los intensos componentes ideológicos y simbólicos de la política indonesia bajo el presidente Sukarno, una autoridad en el tema señala que su uso ha servido para «crear una aceptación manipulada, pero a pesar de todo casi voluntaria, de la autoridad». Y cuando el gobierno controla los medios de comunicación, y no existe una alternativa ideológica organizada frente a la de las autoridades políticas, «los miembros del público político, que no conocen ninguna de esas formas alternativas de concebir el mundo, están casi obligados a adoptar el punto de vista de que 'Hay algo en lo que dice el gobierno'» [21].

Hay pocas pruebas sobre si los regímenes consiguen o no oscurecer realmente los hechos básicos de la situación, pero lo que está demostrado claramente es que «la inmensa mayoría de los campesinos parecen ignorar el significado actual del uso del Ujamaa» [22]. Además, los datos disponibles sobre Tanzania muestran que los campesinos están más interesados en obtener beneficios individuales de sus cosechas que en los ideales colectivistas del Ujamaa, y que, cuando éstos entran en conflicto con aquéllos, son los ideales —la ideología— los ignorados por los campesinos [23]. De modo similar, en Ghana, donde el aparato ideológico —el CPP, el Instituto Ideológico, la prensa ideológica— estaba bastante desarrollado, todo hace pensar que la gente prefería una gratificación inmediata a la diferida. De ahí el fracaso en suprimir la corrupción, las constantes demandas de los diputados en nombre de sus electores de carreteras, escuelas y clínicas, y la ausencia de toda protesta cuando Nkrumah —ciertamente un ideólogo— fue derrocado por el ejército y la policía en febrero de 1966.

Así en respuesta a nuestra pregunta: «¿Quiénes son los consumidores de la ideología?», podemos decir que no es la masa de la población, que parece relativamente no afectada por ella. Desafortunadamente, la respuesta más obvia, por la que los productores de la ideología son también sus consumidores, no admite una negativa tan inequívoca, al menos en el sentido de que no es evidente en absoluto que, una vez en el poder, los ideólogos fundamenten su política diaria en la ideología. En primer lugar, ninguna ideología se establece en una forma puramente predictiva, de manera que sus resultados políticos no pueden deducirse de modo preciso y, por ello, el ideólogo en el poder *siempre* dispone de campo para la argumentación, la maniobra y la interpretación. «Bogrov abogaba por la construcción de submarinos de gran tonelaje y gran autonomía. El partido está a favor de pequeños submarinos de corto alcance. Pueden construirse tres veces más submarinos pequeños que grandes por el mismo dinero. Ambas partes tenían en su favor argumentos técnicos..., pero el problema real reside en una cuestión bastante diferente. Los grandes submarinos significan: una política de agresión en apoyo de la revolución mundial. Los submarinos pequeños significan: defensa de las costas, es decir, autodefensa y aplazamiento de la revolución mundial. Este último es el punto de vista del primer dirigente y del partido» [24]. Bogrov fue desacreditado y ejecutado.

En parte al menos, éste es el factor que cuenta en los antagonismos ideológicos que suelen producirse poco después de que un partido ideológico haya tomado el poder. Tal fue el caso en la purga de Roehm realizada en 1934 en el Partido Nacional Socialista alemán, que fue consecuencia de la actitud mucho más radical de Roehm hacia el ejército alemán y de su creencia de que la parte *Socialista* del título del partido no debía ser ignorada una vez conquistado el poder. Hitler, por el contrario, estaba dispuesto a contemporizar con el Alto Mando. De modo similar, después de 1917 Lenin mantuvo una serie de batallas ideológicas contra la *izquierda* del partido socialdemócrata, y siempre tuvo que insistir en la naturaleza contingente del gobierno bolchevique y en la necesidad de dar prioridad a las consideraciones prácticas sobre, por ejemplo, el control de las fábricas por los trabajadores o el control democrático del ejército. Existía un desacuerdo ideológico general; en parte, la ideología era usada como un arma por el grupo situado fuera del poder para criticar al grupo en el poder (esto fue evidente en el caso de Roehm), pero otro factor derivaba de que los responsables de tomar decisiones prácticas estaban siempre limitados por su mayor conocimiento e inmersión en los datos de la situación. Hitler no era lo bastante fuerte, y él lo sabía, para actuar sin apoyos ajenos al partido. Lenin sabía que, como empresas productivas, las industrias controladas por los obreros serían ineficientes; lo mismo se podría decir de un ejército democrático que se enfrentara al ejército alemán o a los ejércitos blancos. Así, una segunda razón para mostrarse escéptico acerca de la existencia de políticos ideológicos es que, una vez en el poder, el ideólogo se enfrenta con una multitud de consideraciones y presiones que limitan drásticamente su capacidad de aplicar la ideología. El ideólogo en el poder ha de ser un político, ya que tiene que contemporizar con poderosos intereses creados y enfrentarse con problemas cotidianos que no conciernen al ideólogo fuera del poder. En resumen, el ideólogo en el poder es casi una contradicción terminológica: como dijo Lenin, «no es un revolucionario, sino un charlatán».

Esto no quiere decir que el ideólogo en el poder no pueda servirse de la ideología como de una especie de cortina de humo tras la cual operar, aunque, al parecer, el público responde más a los slogans y símbolos que a un conjunto coherente de ideas y creencias, cuya audiencia es muy limitada. Pero, como está demostrado, los slogans y símbolos tienen sólo una vigencia limitada, y aunque puedan quizás tener un efecto limitado en cuanto a desviar la atención popular de los errores y fracasos, a la larga el sistema tiene que proporcionar gratificaciones más tangibles. El no hacerlo supone el hundimiento del régimen, o un autoritarismo creciente.

8.3. La ideología política en las sociedades industriales

Como hemos visto, se considera que en las zonas en desarrollo la ideología está íntimamente ligada con cambios fundamentales de la tradición a la modernidad, y de las naciones-estado políticamente dependientes a la situación de independencia política. La ideología se ocupa en ellas de la *comprensión,* dirección y fomento de los cambios, haciendo así de puente entre lo viejo y lo nuevo. Una consecuencia de esta supuesta relación entre la ideología y los cambios fundamentales es que donde no se produzcan estos últimos es improbable que se dé la primera, al menos como fenómeno social realmente significativo[15]. Este es

---

[15] Se puede encontrar un fascinante paralelo a esta sugerencia de la correspondencia de los cambios ideológicos con los cambios de estructura en diversos estudios sobre las ideologías de los *managers.* Así, R. Bendix en *Work and Authority in Industry,* Wiley, Londres, 1958, contrasta la *ideología empresarial* de los industriales de la primera época y la *ideología de manager* de los industriales del período de madurez. De forma similar, R. Dahrendorf, *Class and Class Conflict in an Industrial Society,* Routledge and Kegan Paul, Londres, 1959, sugiere que con el divorcio entre la propiedad y el control en la industria, la forma más apropiada de legitimación ideológica del *manager* es «algún tipo de consenso entre aquellos que están obligados a obedecer sus órdenes». Así, «el

uno de los temas del debate actual sobre el papel de la ideología en las sociedades industriales actuales, en las que se suele señalar la existencia de una amplia integración social, y donde los niveles de vida son tales que la clase obrera —la clase con mayores posibilidades revolucionarias en el siglo XIX— está ahora interesada en la estabilidad social. A veces se piensa que este proceso se ha acelerado desde 1945, con las frecuentes victorias electorales de los partidos de *izquierdas,* que han conducido *«al asentamiento de los partidos de la clase obrera en las estructuras de gobierno nacional y local»,* y su consiguiente *domesticación* por el sistema establecido[16]. Además, se considera que la gran complejidad de la sociedad industrial necesita no la simplicidad y certeza que se encuentran en las explicaciones de la ideología típica, sino más bien las explicaciones más complejas, contingentes y multicausales que ofrece la moderna ciencia social[17]. Las sociedades desarrolladas, en resumen, fomentan el desarrollo de la ciencia social y ofrecen condiciones adversas para las ideologías. En tales sociedades, las cuestiones en controversia son relativamente menores —ligeros aumentos salariales, una parte mayor o menor dedicada a los servicios sociales básicos, más o menos nacionalizaciones— y no representan el terreno del que surgen las revoluciones. Además, en tales sociedades, se piensa que las nuevas clases obrera y media adoptan una actitud instrumental con respecto a la vida y el trabajo, preocupándose de mejorar los niveles de vida y confort privados [25]. Se deduce de ello que los partidos socialdemócratas, cuyo apoyo proviene sobre todo de la clase obrera y de la clase media baja, mitigarán su aspecto ideológico para mantener la adhesión de aquéllas.

Otro factor que se alega para socavar el atractivo de las ideologías corresponde a «las calamidades como los procesos de Moscú, el pacto germano-soviético, los campos de concentración, la represión de los trabajadores húngaros» que ahora se

---

movimiento de las *relaciones humanas* no es más que un síntoma del cambio de bases de legitimación de la autoridad del empresario, una vez que se han separado propiedad y control» (p. 45).

[16] S. M. Lipset y S. Rokkan (eds.), *Party Systems and Voter Alignments,* Collier-Macmillan, Londres, 1967, p. 22. Subrayado en el original.

[17] Véase, por ejemplo, K. Popper, *The Poverty of Historicism,* Routledge and Kegan Paul, Londres, 1957, aunque no propugna explicaciones de la ciencia social. M. Oakeshott, *Rationalism in Politics and Other Essays,* Methuen, Londres, 1962, ataca también las técnicas ideológicas de la comprensión social.

consideran como resultados necesarios de la mentalidad ideológica[18]. En conexión íntima con este factor está el evidente fracaso de Marx como profeta social y económico, un fracaso que ha minado la confianza en sus ideas[19].

Por tanto, se considera que una combinación de cambios estructurales, decepción histórica ante la política ideológica y la convicción intelectual de que las ideologías no pueden abarcar la complejidad de las sociedades actuales, mina las bases de la ideología como ideal operativo. De esta combinación de factores, el más importante en las obras sobre la «decadencia de las ideologías» en Occidente es indudablemente el estructural; como dice Lipset, «La intensa ideologización y el conflicto agudo son característicos de los sistemas en los que nuevas clases o estratos emergentes desprovistos de derechos políticos, sociales o económicos luchan por conseguir esos derechos; pero aquella ideologización decae cuando a esas clases se les concede la plena ciudadanía»[20]. Naturalmente, como el mismo Lipset hace notar, se trata de una proposición factual, que puede ser cierta, o falsa, y debe ser tratada como tal.

Existe también otra dimensión, más problemática, que se refiere a si *aquellos que proclaman*, en nombre de la objetividad científica, *el fin de las ideologías son ellos mismos ideólogos*. Esta acusación gira en torno a una proposición previamente mencionada, según la cual la situación en la estructura social suele suponer una perspectiva limitada sobre la *realidad total*, pero que la gente considera esta perspectiva reducida como el todo, distorsionando así la imagen en interés de los individuos

[18] D. Bell, *The End of Ideology*, Collier Books, Nueva York, 1961, p. 397; véase también J. Talmon, *The Origins of Totalitarian Democracy*, Secker and Warburg, Londres, 1952, espec. vol. I, capítulo 1, e Introducción; y H. Arendt, *The Origins of Totalitarianism*, Allen and Unwin, Londres, 1958, espec. páginas 305-479.

[19] Aunque debería tenerse en cuenta que ha habido un resurgimiento del interés sobre Marx como historiador analítico y filósofo moral; véase por ejemplo D. McClellan, *The Young Hegelians and Karl Marx*, Macmillan, Londres, 1969 J. Hyppolite, *Studies on Marx and Engels*, Heinemann, Londres, 1969; y do selecciones de las obras de Marx y Engels, R. Freedman, *Marxist Socia Thought*, Harcourt Brace, Nueva York, 1968; S. Avineri, *Karl Marx on Colonialism and Modernisation*, Doubleday, Nueva York, 1969.

[20] S. M. Lipset, «Some Further Comments on 'The Decline of Ideology'» *APSR*, **60**, 17-18 (1966); véase también Lipset, *Political Man*, Mercury Books Londres, 1963, pp. 403-417. «Este cambio (el *fin de las ideologías*) en la vid, occidental refleja el hecho de que los problemas políticos fundamentales de la revolución industrial han sido resueltos» (p. 406).

ubicados socialmente a un nivel similar: «el elemento ideológico del pensamiento humano... está siempre unido a la situación vital del pensador... el pensamiento humano surge, y opera, no en un vacío social, sino en un medio social determinado» [21]. Una implicación de esta idea, conocida como sociología del conocimiento, es que todo conocimiento social es al menos relativo, aunque el mismo Mannheim intentara escapar de esta conclusión afirmando que «los intelectuales socialmente libres» están acostumbrados a «enfocar los problemas diarios desde diversas perspectivas, y no solamente desde una» [26].

La conclusión más importante de este tipo de crítica es que la misma escuela del fin-de-las-ideologías es ideológica y que sus miembros «no escriben como sociólogos o especialistas en ciencias sociales, sino como periodistas y como una cábala ideológica antiautoritaria. Su labor es ideológica, pero, como casi todas las ideologías occidentales desde el siglo XVIII, con un fuerte componente científico que proporciona respetabilidad y un sentido de verdad» [27]. Desde esta perspectiva, los protagonistas del *fin-de-las-ideologías,* sean personalmente conservadores o liberales, sirven a sus propios intereses, derivados de su posición en la sociedad occidental. Se les puede considerar como miembros acomodados de una sociedad en la que las grandes dislocaciones les perjudicarían y, por tanto, ideológicamente muestran «un compromiso positivo con los valores del presente, con el sistema históricamente específico del capitalismo del bienestar» [22]. Su adhesión a la fragmentada dirección social es, como se ha señalado con respecto a los pluralistas, una defensa ideológica del *statu quo* y, además, una defensa del *statu quo* en el contexto de la guerra fría, en la que se identifica al marxismo con el enemigo.

Tenemos aquí un debate en el que cada parte acusa a la otra

[21] K. Mannheim, *Ideology and Utopia,* Routledge and Kegan Paul, Londres, 1960, p. 71, capítulos 2 y 5, contiene los enunciados clásicos de esta concepción de la sociología del conocimiento; pero véase también W. Stark, *The Sociology of Knowledge,* Routledge and Kegan Paul, Londres, 1958; P. Berger y T. Luckmann, *The Social Construction of Reality,* Penguin, Londres, 1967; y H. Speier, *Social Order and The Risks of War,* M.I.T. Press, Cambridge, Mass., 1969, «The Social Determinations of Ideas».

[22] R. Haber, «The End of Ideology as Ideology», editado en F. Lindenfeld (ed.), *Reader in Political Sociology,* Funk and Wagnalls, Nueva York, 1968, pp. 555-576; véase también I. L. Horowitz (ed.), *Power Politics and People: the Colected Essays of C. Wright Mills Ballantine Books,* Nueva York, «The Social Role of the Intellectual», pp. 292-304. Véase también el muy interesante artículo de J. Petras, «Ideology and United States Political Scientists», *Science and Society,* **29,** 192-216 (1965), que describe muy claramente la posición ideológica común a los especialistas en ciencia política más destacados de EE. UU.

de ser ideológica, en el sentido de que cada parte encuentra dificultades para aceptar el significado literal de los argumentos de la otra, chocando al nivel de las motivaciones e intereses. El nivel de la crítica es más elevado que en los encuentros verbales mutuamente insultantes entre nazis y comunistas, pero la lógica de la argumentación no es distinta, puesto que cada parte niega los criterios de verdad de la otra[23]. No es necesario que nos ocupemos aquí de las ramificaciones filosóficas de la sociología del conocimiento, excepto para decir que, en términos científicos, el debate sólo puede resolverse formulando y poniendo a prueba hipótesis concernientes a las relaciones empíricas entre la ideología, el comportamiento social y las configuraciones sociales. En realidad, Lipset ha avanzado una proposición muy vaga pero potencialmente comprobable, que ya hemos mencionado: «La intensa ideologización y el conflicto agudo son característicos de los sistemas en los que nuevas clases o estratos emergentes, desprovistos de derechos políticos, sociales o económicos, luchan por conseguir esos derechos; pero aquella ideologización decae cuando a esas clases se les concede la plena ciudadanía.» Evidentemente, enunciada de esta forma la hipótesis no es suficientemente rigurosa, puesto que no se especifica la *ideologización intensa* o el *conflicto agudo* y también parece existir una relación no especificada entre *ideologización intensa* y *conflicto agudo*[24]. En cierto sentido, si los términos son intercambiables, es decir si *cuando* se da uno se encuentra *siempre* el otro, la tarea de comprobación se hace más simple, ya que el conflicto agudo es más fácil de observar y cuantificar que la ideologización intensa. Pero este supuesto necesita un mayor apoyo empírico. Lo mismo sucede con otras hipótesis contenidas en su formulación, a saber, las que relacionan la ideologización y los *tres* factores independientes, «derechos políticos, sociales o económicos».

Volviendo a formular un aspecto de las proposiciones de Lipset en una forma más manejable, ofrecemos las siguientes

---

[23] Así, en una discusión con Lipset, el profesor La Polombara dice: «Estoy convencido de que la cuestión que estoy planteando aquí no se resolverá de forma rápida o convincente con preguntar simplemente cuál de las *conclusiones* anteriores es más *científica* o qué tipo de cuestiones son o no son investigables»; ¡la discusión versaba sobre el fin de las ideologías! *APSR*, **60**, 11 (1966).

[24] Tampoco disponemos de una formulación explícita sobre la posibilidad de que la relación entre un declinar del conflicto agudo, una intensa ideologización y la admisión a la ciudadanía plena pueda ser de aquellas en las que exista un umbral más allá del cual la relación pueda cambiar o incluso invertirse.

hipótesis: (1) Cuanto mayor es el porcentaje de una población a la que se niega el voto, tanto mayor es el porcentaje de la población ideológicamente consciente[25]; (2) Cuanto mayor es el porcentaje de una población ideológicamente consciente, mayor es la incidencia de la violencia política[26]. Siempre que después especifiquemos lo que queremos decir —en este contexto, mostremos indicadores adecuados— por *ideológicamente consciente* y *violencia política,* podremos comprobar las hipótesis. Naturalmente, puesto que las hipótesis no se derivan de una teoría, la comprobación de las asociaciones propuestas no nos dice nada sobre las causas de estas relaciones, aunque puede resultar posible ofrecer una conexión, preferiblemente deductiva, entre las hipótesis y el nivel de desarrollo económico que Lipset considera íntimamente asociado a la democracia[27]. Sin embargo, el hecho es que las proposiciones de Lipset no han sido comprobadas en la forma estricta en que las hemos presentado. Es casi imposible probar seriamente que se ha producido una disminución de *la consciencia ideológica* en las poblaciones de esas democracias estables que han sabido resolver los principales problemas planteados por la industrialización. Es imposible porque el compromiso y la conciencia ideológicos son algo que están en la mente de la gente, y las mentes necesarias como punto de partida para un análisis histórico son innumerables[28]. Así, afirmamos que la tesis de la decadencia de las ideologías es extremadamente difícil, si no imposible, de comprobar hasta que no se pueda demostrar de alguna forma que el conflicto intenso es *casi siempre* consecuencia de una creciente conciencia ideológica, y que ambas cosas están *casi siempre* asociadas con frustraciones estructurales. Y esto es así porque, en realidad, es posible averiguar a grandes rasgos el alcance de la implicación popular en la violencia política. También es posible localizar las fuentes de las frustraciones estructurales. Sin embargo, hay un

[25] Obviamente *el voto* puede ser reemplazado por otros factores como la educación, un volumen específico por vivienda, un consumo mínimo de calorías, etc.
[26] Discutiremos el concepto de violencia política y las técnicas de hacerlo operativo en el capítulo 13.
[27] Puesto que en su libro *Political Man* Lipset define la democracia en términos puramente institucionales y de participación (p. 45), la relación entre el desarrollo económico y el derecho al voto aparece con claridad, pero la relación entre el voto y la ideología no está en absoluto clara.
[28] Incluso si emprendemos un análisis de contenido de libros, folletos y periódicos, sólo nos dará una pista sobre las actitudes ideológicas de la minoría reducida que los escribió.

cierto número de ejemplos contrarios. Sabemos, por ejemplo, que la no concesión del sufragio femenino en Suiza no ha causado un agudo conflicto o una intensa ideologización de las mujeres. Sabemos también que durante el siglo XVIII francés y en tiempos de la Revolución francesa la participación y la violencia populares no estuvieron motivadas por ningún fervor ideológico, sino por «la necesidad apremiante para el *menu peuple* de pan barato y abundante y de otras cosas esenciales, y de las imprescindibles medidas administrativas que lo aseguraran» [28].

Un rasgo adicional es que posiblemente la escuela del «fin de las ideologías» ha equivocado lo que pudiera ser una tendencia hacia la homogeneidad ideológica en las sociedades industriales avanzadas con la *ausencia* de ideología. De hecho, se puede argumentar que lo que ha surgido en tales sistemas es una ideología oficial del pragmatismo, que celebra el *statu quo*, desecha la violencia política, defiende el pluralismo, es científica, y en la que la política se entiende como un proceso de mutuo ajuste, más que como un reto a la estructura de la sociedad. Todo esto puede ser bueno, y ciertamente pocas personas en Inglaterra o en Norteamérica se sienten inclinadas a rechazarlo, pero no supone el fin de las ideologías, sino simplemente la existencia de una ideología ampliamente aceptada y muy extendida [29].

La concepción de la compulsión de la ideología, según Converse

Hasta este momento, hemos aceptado uno de los supuestos de ambas partes contendientes en la controversia sobre el fin de las ideologías, que consiste en que un número significativo de gente piensa realmente en el carácter estructurado y *lógicamente* coherente de las ideologías clásicas. Que incluso si la mayoría de la gente es incapaz de escribir *Das Kapital, Mein Kampf* o los *Derechos del Hombre,* es capaz de comprenderlo en líneas generales y de relacionarlo con su propia situación. Se trata de un supuesto que necesita expresarse de modo empírico y comprobable, y una tarea preliminar es definir la ideología de manera rigurosa. Hasta ahora, uno de los problemas al usar el concepto de *ideología* ha sido que su propia complejidad y su intrincada estructura intelectual significa que la mayoría de la gente puede ser incapaz de asimilarla plenamente. Para Converse, que ha estudiado estas limitaciones, una ideología política es un sistema de creencias de elevada *compulsión* e *interdependencia,* que proporciona un *carácter central* a los objetos políticos y cubre un amplio campo social, moral, político y filosófico [30]. La idea de la compulsión es fundamental, y caracteriza a un conjunto de ideas en el que «un cambio en el status percibido (verdad, deseabilidad, etc.) de una idea-elemento requeriría *psicológicamente*, desde el punto de vista del actor, algún(os) cambio(s) compensadores en el status de las ideas-elemento en otras partes de la configuración». Esto significa que la capacidad de desarrollar, retener y sostener sistemas ideológicos de creencias supone la capacidad para discernir conexiones lógicas entre las ideas, «... un acto de síntesis creadora característico sólo de una proporción minúscula de cualquier población»; en términos generales, se trata del sector de mayor nivel educativo e inteligencia de la población.

Aunque una gran proporción de la población puede dar muestras de pensamiento ideológico, esto se debe probablemente al hecho de que los elementos de un sistema de ideas se presentan y son difundidos socialmente en *paquetes* que muy a menudo se presentan socialmente en íntima yuxtaposición y que, por consiguiente, la gente llega a considerar como conjuntos *naturales*. Es decir, la gente sostiene ideas relacionadas entre sí como algo socialmente aprendido, pero esto no quiere decir que tales personas sean capaces de discernir la conexión lógica entre las ideas-elemento ni de comprender los imperativos a la acción derivados de esas ideas interrelacionales que ellos sostienen. Como ejemplifica Converse, la gran mayoría de la población norteamericana sabe que los comunistas son ateos, pero esta percepción «no representa más que un hecho». Pocos serían capaces de justificar y explicar la conexión, puesto que carecen de lo que Downs ha llamado *conocimiento contextual* aplicable a una información. Además, la posesión de tal conocimiento contextual está limitada solamente a una pequeña proporción de cualquier población. Por estas razones, Converse afirma que el nivel de pensamiento ideológico disminuye en la misma proporción que la capacidad para recibir y usar información. Analizando los datos obtenidos en una encuesta en Norteamérica, Converse sacaba la conclusión de que sólo el 3 por ciento eran sujetos con capacidad ideológica en sentido estricto, y un 12 por ciento adicional podía alcanzar un conocimiento cercano a este nivel de conceptualización ideológica[29]. El rigor ideológico disminuye cuando decae la información,

---

[29] Véase una conclusión similar en D. Butler y D. Stokes, *Political Change in Britain*, Macmillan, Londres, 1969, que elimina el 70 por ciento de su muestra

y Converse se sirve de esta relación para explicar las conclusiones de otras investigaciones. Por ejemplo, en un estudio de una muestra cruzada del electorado norteamericano, Prothero y Grigg muestran que mientras existe un amplio apoyo a los principios de libertad, democracia y tolerancia, este apoyo se hace menos evidente cuando se refiere a la aplicación específica y directa de los principios[30]. Así mucha gente no advierte las implicaciones de acción que acompañan a una idea, ni se dan cuenta de que la aplicación específica y el principio general pertenecen al mismo sistema de creencias y están relacionados lógicamente. Converse usa también su teoría para explicar el hecho, mencionado en un capítulo anterior, de que históricamente es mayor el porcentaje de las clases sociales superiores que ha apoyado a partidos conservadores o de derechas, que el porcentaje de los estratos inferiores que ha apoyado a partidos reformistas o de izquierdas. Esto sucede porque los estratos superiores tienen un nivel educativo superior y, por tanto, es más probable que se atengan a las compulsiones de los sistemas ideológicos de creencias. Podríamos también añadir para Inglaterra que es posible aplicar una explicación similar a las actitudes más liberales de los laboristas de superior nivel educativo, en contraste con las de los laboristas de más bajo nivel.

A conclusiones similares se llega en otro estudio norteamericano; en él se demuestra claramente que en una muestra nacional cuyo objeto es descubrir las consecuencias en la conducta del mantenimiento de ciertas actitudes, no existe coherencia, y que «casi no existe correlación entre una disposición general que podría suponerse de la mayor importancia política (una ideología) y las variaciones en las actitudes sobre ciertas cuestiones o en las adhesiones a un partido» [31]. Coincidiendo con la conclusión de Converse, cuando aparece la ideología —*islas* de ideología— lo

---

demostrando que no existe conexión en la respuesta entre proposiciones políticas *ideológicamente* conexas, y que también descubre que, en el 30 por ciento de la *élite*, el grado en el que tales asuntos estaban enlazados en el pensamiento de este grupo era muy pequeño; véase especialmente p. 199.

[30] T. Prothero y C. Grigg, «Fundamental Principles of Democracy: Bases of Agreement and Disagreement», *Journal of Politics*, **22**, 776-794 (1960). Cuando a la gente se le presenta la oportunidad, posiblemente embarazosa, de actuar de acuerdo con opiniones generales expresas, pueden no hacerlo así. En un estudio clásico, La Piere acompañó a una pareja china a gran número de restaurantes, hoteles y moteles en EE. UU., y la pareja sólo fue rechazada una vez. Pero cuando, posteriormente, La Piere realizó un sondeo de los propietarios para ver si aceptarían a chinos como clientes, más del 90 por ciento indicaron que se negarían; R. La Piere. «Attitudes v. Action», *Social Forces*, **13**, 230-237 (1934).

hace en las personas políticamente activas, las de mayor nivel educativo y mejor informadas. «Cuanto mayores sean los niveles de educación y de compromiso político del individuo, para el observador detenido es tanto más probable que la construcción analítica del observador dé fruto» [32]. Explicando la ausencia de una conexión entre las actitudes —es decir, una ideología— y entre actitudes y preferencias de partido, los autores afirman que el lazo emocional y social entre una persona y un partido se forma muy pronto en su vida, con anterioridad a un conocimiento completo del programa y la ideología del partido. Así, entre los más informados y educados, aquellos que hayan establecido en época temprana de su vida una relación incongruente, se pasarán probablemente a un partido más congruente con sus actitudes actuales. Esta expectativa, aunque no se cumplía de forma abrumadora, se encontraba en el caso de las personas con actitudes conservadoras que se pasaron del partido demócrata al partido republicano.

Que estos resultados no eran casuales se puede demostrar en otro estudio sobre las opiniones norteamericanas, que establece un espectro operacional y un espectro ideológico, y compara las respuestas a los mismos [33]. El espectro operacional consistía en varias preguntas sobre el papel que debía desempeñar el gobierno federal en la reducción del desempleo, en la subvención de los salarios de los profesores, en el programa de cuidados médicos, en el programa contra la pobreza, etc. Cerca del 65 por ciento de la muestra contestaron que el gobierno federal debería desempeñar un papel *activo* en estos asuntos, y esas personas fueron clasificadas como *liberales*. El espectro ideológico se construyó a base de cinco temas generales, como la iniciativa, si los pobres son culpables o no de su pobreza, si los parados son culpables de su falta de empleo, etc. En el espectro ideológico, sólo el 16 por ciento de la muestra resultó ser *liberal;* en una gran mayoría de los casos había poca correspondencia entre las ideas generales y las ideas sobre casos concretos, y los autores concluyeron que la discrepancia era *casi esquizoide* [34]. Sin embargo, como en los otros estudios, la congruencia entre la ideología y las opiniones específicas era mayor entre los que habían estudiado en colegios universitarios (86 por ciento), y los ricos (83 por ciento), los profesionales y hombres de negocios (87 por ciento) y, cosa interesante, entre los judíos y los negros (88 por ciento)[31].

---

[31] La congruencia entre los judíos puede explicarse porque tienden a estar bien preparados, pero la de los negros es un asunto muy diferente; desgraciadamente los autores no entran en esta cuestión.

Una consecuencia de la definición extremadamente rigurosa de la ideología que da Converse es que sólo una reducida minoría son verdaderos sujetos con capacidad ideológica, que una minoría más amplia se acerca a esta condición y que la mayoría sostiene sus creencias de forma mucho menos estructurada; y esas creencias tienen consecuencias en el comportamiento mucho menos previsibles que las del sujeto con capacidad ideológica. Si tomamos la ideología en su acepción rigurosa, probablemente toda la controversia sobre el fin de las ideologías carezca de precisión en su definición de la ideología y del alcance de la atracción ideológica. Aunque Converse realizó sus investigaciones en EE. UU., no hay razón para creer que no puedan aplicarse en absoluto al Tercer Reich o la Italia de Mussolini por ejemplo. Muchas personas pueden haber pertenecido al fascismo o al NSDP, pero eso *no* significa que fueran *ideólogos* en el sentido en que Converse emplea el término[32]. En ambos casos, los partidos contemplaron un aumento masivo del número de sus miembros *después* de haber alcanzado el poder, y casi con certeza las personas que se unieron a ellos lo hicieron por razones distintas de la atracción ideológica. Desde luego todo hace pensar que el votar por un partido ideológico no es una muestra clara de un compromiso intelectual con la ideología, puesto que en la República de Weimar el voto nazi fluctuó de modo muy significativo de una elección a otra y, además, atrajo los votos de electores que anteriormente se abstenían, pertenecientes siempre a los sectores menos informados y menos ideológicos de la comunidad. «La votación masiva en favor de Hitler no fue motivada por compromisos ideológicos o por el respaldo a un programa, sino por un deseo articulado de hacer constar una protesta derivada del descontento general por parte de los votantes que no estaban comprometidos ideológica ni políticamente» [35].

Dando por supuesto que, en un sentido riguroso, el pensamiento ideológico está confinado a una minoría muy pequeña, se plantea la cuestión de su significación en tanto que determinante del comportamiento político. En primer lugar, como indicábamos en el capítulo anterior, puede ocurrir, especialmente en la sociedad industrial desarrollada, que «la estructura social comprometa el comportamiento en direcciones bastante independientes de los

---

[32] K. Newton, *The Sociology of English Communism*, Penguin, Londres, 1969, p. 155, afirma que «La mayoría de los miembros del partido comunista no son ideólogos comunistas durante el período de militancia en el partido y, en realidad, pocos llegan a serlo, incluso después de un tiempo considerable en el partido».

conocimientos y percepciones específicos de los propios actores» [36]. Poniendo un ejemplo trivial, en una democracia industrial la preferencia de voto está limitada por el número de
partidos, de modo que es muy improbable que el sujeto con una
actitud ideológica tenga al votar la oportunidad de expresar todas
las ramificaciones de su postura ideológica. Sin embargo, esto es
simplificar demasiado, ya que no se tiene en cuenta la fuerza
relativa del compromiso con una ideología que, si coincide con la
preferencia de partido, es probable que amplíe el campo de
intensa actividad en favor del partido[33]. Converse ha mostrado
que existe un incremento significativo en la correlación entre la
ocupación y el voto entre los sujetos con actitudes ideológicas en
comparación con el resto de la muestra.

En segundo lugar, y ésta también es una consideración plan-
teada en el capítulo anterior, incluso si el número de sujetos con
actitudes ideológicas es relativamente pequeño, esto no significa
que políticamente carezcan de significación. Sabemos que se
encuentran entre los individuos con un nivel de educación más
elevado y es, por lo tanto, bastante posible que tengan acceso a
posiciones de influencia que requieren para ingresar en ellas una
educación superior. Junto a esto está la posibilidad de que, si
tales personas se agrupan en torno a organizaciones de medios de
comunicación educativos, *puedan* ejercer influencia sobre la gente, no haciendo de ellos sujetos con actitudes ideológicas, sino
diseminando categorías intelectuales o elementos-idea en consonancia con su ideología. Algo muy parecido se ha dicho de la
BBC y los periódicos en Gran Bretaña. Igualmente, parece cierto
que una minoría ideologizada bastante pequeña puede ejercer una
influencia política que exceda su significación numérica, como es
el caso de los movimientos estudiantiles en Francia, Alemania,
Gran Bretaña y Estados Unidos. No es que creen otros ideólogos, aunque esto también ocurre, sino que más bien convierten a
los que Milbrath llamó *espectadores* en participantes activos en
cuestiones que previamente habían tenido poco impacto. La
creación de ayudas a la investigación por el ejército estadounidense no puede considerarse ya aisladamente —simplemente
como un hecho—, separada de la acción del ROTC*, de la

[33] Si el compromiso es realmente intenso, como en el caso de los testigos de
Jehová en los campos de concentración soviéticos y nazis, puede dejar al
creyente impermeable incluso a la más extrema presión para cambiar sus comportamiento y actuar como otros ciudadanos; es decir, para aceptar el reclutamiento.
Véase B. Bettelheim, *The Informed Heart*, Paladin Books, Londres, 1970, p. 115.

* Reserve Officer Training Corps. Equivalente a las Milicias Universitarias en
España. *(N. del T.)*

independencia universitaria frente al *complejo militar industrial,* de la intervención estudiantil en esferas de la administración universitaria consideradas hasta ahora como sacrosantas, y de la intervención de EE. UU. en Vietnam. Si la mayoría de los estudiantes no ven estas cuestiones a través de un prisma ideológico claro, sin embargo puede afirmarse con casi absoluta certeza que ahora las ven no como acontecimientos discretos, sino como algo conexionado, y a ello les han enseñado los ideólogos [37]. Sirve de ejemplo también una organización de derecha radical típica, la Cruzada Cristiana Anticomunista de Oakland, California, que está compuesta de personas con alto nivel de educación, de elevado status, políticamente activas y con un elevado sentido de la eficacia política, que tienen una ideología desarrollada. Están bien situados para influir sobre su medio y «parecen haber tenido cierto éxito» en la consecución de sus «fines en la política interna del partido republicano de California» [38].

Lo que Converse parece haber descuidado en su formulación es que la minoría ideológica, consciente o incoscientemente, emplea en el lenguaje de su ideología toda una serie de símbolos y términos emotivos que ayudan a un gran número de personas a responder al mensaje. Parte del lenguaje de la ideología es frío, instrumental e insípido, pero otra gran parte es expresivo y está cargado de emoción. Palabras como sangre, vampiro, caníbal, cadenas, explotación, traidor, extranjero, desarraigado, hiena, perro, esquirol, enfermo, antepasado, batalla, lucha, revolución, democracia, imperialismo, madre patria y muchas otras se emplean para atraer una respuesta más amplia que la del lenguaje técnico del código ideológico [39]. Símbolos como la bandera, la estrella negra, la gorra tipo Gandhi, el dashiki*, el bastoncillo de mando, la línea aérea, el corte de pelo al estilo africano, el bigote a lo Zapata, comportan igualmente una carga y resonancia emocionales que ninguna ideología por sí misma puede conseguir. Cantril, en una investigación sobre el lenguaje oficial soviético utilizado como mecanismo de control por el gobierno para inculcar los elementos de la ideología oficial, demuestra que la *libertad* aparece definida en un diccionario soviético corriente como «el reconocimiento de la necesidad», y lo *individual* aparece siempre referido a su relación con lo colectivo [40]. Afirma, además, que, aunque sin «real convicción o entusiasmo», «la ideología soviética es aceptada generalmente» por la población [41]. En EE. UU. muchos símbolos muy evocadores se agrupan en

---

* Prenda estampada que llega hasta medio muslo, procedente del Africa ˉiental y popularizada por los negros de EE. UU. *(N. del T.)*

torno al orden económico, de modo que «*libre empresa* y
propiedad privada son símbolos prácticamente incuestionables,
aún cuando no se usen con propiedad» [42]. Estos símbolos
constituyen una palanca potencial para el ideólogo, que puede
apelar a ellos y provocar una respuesta entre sus oyentes, aunque
éstos no sigan o no comprendan la ideología en conjunto. También pueden utilizarse para impedir el debate sobre cuestiones
políticas que de otra manera podrían ejercer cierta atracción,
hablando por ejemplo de socialismo invasor, burocrático, anti-
americano, extranjero, cosmopolita [43].

Este componente simbólico es el lazo que une al ideólogo con
su principal audiencia, si tiene alguna, y las directrices sociales
implícitas en la ideología con la energía emotiva necesaria para
traducir en acción esas directrices[34]. Aunque la mayoría puede
que no responda a los cuestionarios como si fueran ideólogos,
pueden hacerse eco del mensaje ideológico si éste ofrece, o
puede presentarse como si ofreciera, respuestas para las cuestiones que plantean las transformaciones culturales, económicas o
políticas[35]. Aunque, como afirman los partidarios del fin de las
ideologías, tales cuestiones surjan en su forma más aguda en las
áreas en desarrollo, también es cierto que el racismo, los problemas de Vietnam, de la abundancia privada y la miseria pública y
de la muerte ecológica no son problemas exclusivos de las áreas
en desarrollo. Sólo la última no ha sido todavía ideologizada, y si
una predicción no está fuera de lugar en un libro de texto, ¡es
probable que en los próximos diez años veamos lo que ocurre!

Hemos dicho que la ideología es un sistema de creencias que
incorpora ideas morales, políticas, económicas y filosóficas, mejor o peor organizadas y lógicamente interrelacionadas. Las
ideologías contienen elementos y contenidos simbólicos de una

---

[34] Los ideólogos pueden, sin embargo, carecer de una audiencia: «Tenemos
razón —se dice que exclamaba Dwight MacDonald— pero ellos (las masas) no
quieren escuchar», en L. Feuer, «What is Alienation?», en M. Stein y A. Vidich,
Sociology on Trial, Spectrum Books, Englewood Cliffs, 1965, pp. 127-147.

[35] Tales lenguaje y símbolos son especialmente importantes para el ideólogo
que está fuera de las estructuras oficiales del poder, puesto que es virtualmente
todo lo que tiene para oponer a la policía, el ejército y las estructuras legales y
símbolos oficiales del régimen al que se opone; son, inicialmente al menos, todo
su capital. Puede ofrecer a sus seguidores comprensión, control y esperanzas para
el futuro y la excitación del compromiso, pero exige de ellos sacrificio, una
posible muerte y probables incomodidades. La recompensa *debe* ser elevada, y
una importante recompensa ideológica es la seguridad simbólica de que el futuro
les pertenece. Si el ideólogo consigue el poder, cuando esto se produce,
convertirá normalmente a sus símbolos en oficiales, para reemplazar a los viejos,
aunque estos puedan también emplearse para legitimar a un nuevo régimen.

naturaleza poco específica (el correr de la historia, el hombre está encadenado, la misión histórica de la nación, etc.) de los que los ideólogos derivan afirmaciones y proposiciones más específicas (el capitalismo está en crisis, el Estado es el órgano ejecutivo de la burguesía, la traición de Versalles, la puñalada por la espalda). Estos últimos, a diferencia de los valores más generalizados, pueden ser relacionados específicamente con cuestiones y sucesos concretos. Así, la formulación de Lenin sobre el papel del partido tiene como base inmediata la eficiencia de la policía secreta rusa, pero la base más amplia son las ideas de Marx sobre el desarrollo social. De modo aún más específico, la actitud de los bolcheviques con respecto a las huelgas era positiva, pero siempre tenían que extraerse y presentarse a las masas las lecciones y preceptos organizativos de mayor alcance. Como hemos dicho, la mayoría de la gente no consigue ese grado de integración intelectual y de comportamiento o coherencia, pero tienen ideas y opiniones sobre el mundo que les rodea, y de este hecho pasamos a ocuparnos.

8.4. La opinión pública

Las ideologías, como hemos visto, ponen en relación creencias generalizadas con opiniones y comportamientos más específicos relativos a cuestiones contemporáneas determinadas, y la mayoría de la gente no parece operar a este nivel de coherencia. No obstante, la gente mantiene opiniones y actitudes concernientes al mundo político en que vivimos, y este hecho es importante porque a menudo se piensa que la política del gobierno está «configurada por las opiniones de las comunidades políticas implicadas» [44]. Una opinión se puede concebir como una respuesta verbal pronunciada por una persona ante una cuestión particular, o sostenida por ella acerca de un suceso, persona u objeto determinados. En principio, las opiniones pueden ser totalmente fortuitas y rudimentarias sin ninguna conexión discernible entre sí, pero sólo los psiquiatras suelen entrar en contacto regular con tales personas. Las opiniones de un individuo, en resumen, tienden a agruparse de una manera más o menos regular, y hemos visto que este agrupamiento se puede explicar por factores culturales, por necesidades de la personalidad, por la *lógica* de una ideología y porque las ideas se presentan socialmente en yuxtaposición de forma que es probable que un grupo amplio de personas que mantiene una opinión, mantenga también otra socialmente yuxtapuesta[36].

Entre los factores culturales incluimos las presiones más bien indefinidas que los valores y normas, antes discutidos, ejercen sobre gente. Existe también otro elemento enormemente importante de la presión cultural que probablemente tiene una significación más inmediata en la formación o recepción de una opinión, y que es el medio social de una persona. La gente que pertenece a la misma profesión, clase, ocupación, religión, región, tribu, sindicato, etc., tiende a profesar opiniones similares, aunque, naturalmente, las influencias de estos medios pueden ser *cruzadas* en vez de reforzarse mutuamente.

Las necesidades de la personalidad, como vimos al ocuparnos del concepto de la *personalidad autoritaria,* pueden contribuir también a determinar el agrupamiento de ideas y opiniones, aunque no determinan necesariamente el contenido concreto de tal agrupamiento. Aunque ya lo hemos discutido anteriormente, la cuestión es importante, y puede demostrarse de otra manera utilizando los conceptos de Eysenck sobre las personalidades con inclinación *ruda* y *tierna* que, según explica, son proyecciones de los rasgos de la personalidad extrovertida e introvertida respectivamente [45]. La *inclinación ruda* se asocia —aunque de forma relativamente débil—, con los partidarios del fascismo y el comunismo[37]. Ambos grupos tienen personalidades similares (el dominio y la agresión están asociados estrechamente con ellos), pero sus opiniones sobre muchos temas son diferentes. Por tanto, tales personas adoptarán y usarán sus opiniones como defensas de su ego o como expresiones de otras frustraciones[38].

Al hablar de comunicación y presentación social de ideas agrupadas y de yuxtaposiciones de ideas y opiniones entendemos cosas como la relación entre negro, mal, malo, crimen, oscuri-

[36] Podría añadirse que el concepto de Festinger de disonancia cognoscitiva, o más bien su reducción, también ayuda a explicar la coherencia relativa.

[37] Pero algunas investigaciones posteriores parecen sugerir que los comunistas de los *países democráticos* no obtienen cotas elevadas en la escala F (de personalidad autoritaria); M. Rokeach, *The Open and Closed Mind,* Basic Books, Nueva York, 1960. También hay considerables dudas sobre si la escala de Eysenck era adecuada, puesto que contenía un número de elementos relativos a sentimientos religiosos que concedían a los comunistas cotas altas, mientras sobre otros temas los resultados eran bastante bajos y liberales.

[38] Para un excelente ejemplo de este punto véase R. Cohen, «What Segregation Means to a Segregationalist», en J. D. Barber (ed.), *Readings in Citizen Politics,* Markham Publishing Co., Chicago, 1969, p. 127-139.

dad[39]; blanco, puro, virgen, impoluto, bueno, limpio; rojo, peligro, comunismo, anarquía y destrucción. Estos agrupamientos están a un nivel bastante ingenuo de asociación emotiva. A un nivel más complejo las opiniones tienden también a unirse; que los comunistas son ateos está asociado, en la mente de mucha gente, tan íntimamente como la hierba y el color verde; el capitalismo y la libertad; Dios y Norteamérica; la URSS y el futuro. Estas uniones son todavía bastante generales, pero se puede pensar fácilmente en yuxtaposiciones más específicas: el partido laborista, el obrero y el Estado benefactor; las universidades, la protesta y el pelo largo; la democracia, las elecciones y los partidos.

Algunas personas, como hemos dicho, tienen opiniones puramente fortuitas; pero los mecanismos que hemos esbozado aseguran que la mayoría de las opiniones no son puramente efímeras y *ad hoc*. A estos agrupamientos de opiniones relativamente estables que una persona sostiene de forma concurrente, según hemos visto, podemos llamarlos *actitudes*[40]. La gente tiene actitudes sobre muchas cosas, pero lo que tiene interés político es la distribución de esas actitudes y de las opiniones relacionadas con ellas, su fundamento y cambio, y su influencia en los asuntos públicos. Lo mismo que vimos que las opiniones no están dispersas de forma fortuita en un individuo, también puede esperarse que las opiniones no estén distribuidas fortuitamente en la población, y esta posibilidad puede representar un factor en la recepción de la política gubernamental. La opinión pública se considera a menudo como una especie de agregado de opiniones de toda la población nacional, como en la fórmula «la opinión pública británica pide el mantenimiento de la pena de muerte». Raras veces esta afirmación significa que se ha consultado por ejemplo a un 60 por ciento de la población y ésta ha solicitado el mantenimiento de la horca; con una frecuencia muy superior representa la petición social de un grupo interesado. En otros momentos, parece significar una especie de nebuloso estado de ánimo del grupo, con toda la ambigua metafísica que normal-

---

[39] Para una exposición de estos agrupamientos en Shakespeare, véase P. Mason *Prospero's Magic,* Oxford University Press, Londres, 1962, capítulo 2.

[40] H. Eysenck, *The Psychology of Politics,* Routledge and Kegan Paul, Londres, 1954, p. 112. Sin embargo, los psicólogos sociales emplean el término *actitudes* para significar una disposición por parte del individuo para responder, positiva o negativamente, a objetos o comportamientos sociales o físicos, mientras que las opiniones se reservan para las creencias sobre tales objetos, que pueden estar o no acompañadas por sentimientos positivos o negativos.

mente acompaña a esta idea. Entendemos por opinión pública los productos finales de un «proceso de discusión pública que desemboca en la formación de una o más opiniones ampliamente compartidas en cuanto a la conveniencia o deseabilidad de una decisión política o una línea de acción gubernamental» [46].

Las personas no nacen con opiniones, sino que éstas surgen en su interacción con otros; y no con otros al azar, sino más bien en una interacción estructurada dentro de las familias, escuelas, fábricas y otras instituciones semejantes. A través de estos grupos e instituciones, el individuo adquiere perspectivas culturales generales, y puede adquirir opiniones. Ya hemos discutido el hecho de que el consenso de opinión tiende a producirse dentro de grupos, y que el proceso de comunicación en el interior del grupo es esencial para este consenso. Las pautas de comunicación pueden ser más o menos complejas, dependiendo de factores como el grado de jerarquía dentro del grupo, el nivel de tecnología social y también la distribución del poder en la sociedad. Junto con el desarrollo social y político de las sociedades, se han desarrollado sus sistemas de comunicación. Por sistema de comunicación entendemos las técnicas que una sociedad emplea para enviar y recibir información entre los individuos. Sin comunicación, es imposible cualquier gobierno o relación social.

En cualquier sociedad moderna, surge toda una red de instituciones más o menos formalizadas que se ocupan de las comunicaciones de todo tipo. Normalmente esta dedicación requiere considerables conocimientos técnicos y considerables fondos de capital, como en el caso de la radio, la TV, las editoriales y la imprenta. Esto significa necesariamente que se dirigen a una audiencia masiva, y por esta razón aquéllos que controlan los medios de comunicación son considerados a menudo como conformadores y manipuladores de la opinión de la masa, porque, para la mayoría de la gente, la mayor fuente de información social son los medios de comunicación de masas. Aquí subyace la idea de manipulación, por la que una élite poderosa controla los medios de comunicación y, a través de ese control, selecciona la información que está de acuerdo con los intereses de la élite, y alimenta a la masa con una dieta de material de distracción para mantenerla pasiva. Como dice Wright Mills, «... los medios de comunicación, tal como están organizados y operan, no son sólo una de las causas principales de la transformación de Norteamérica en una sociedad de masas. Son también uno de los más importantes entre los instrumentos de poder, cada vez más numerosos, de que disponen hoy las élites de la riqueza y el poder» [47].

En el aspecto de la comunicación, esta situación se justifica a menudo señalando que se da a la población lo que ésta desea. Quienes creen que los medios de comunicación ejercen una influencia extraordinariamente poderosa en la penetración, formación y cambio de las ideas y opiniones de la gente, probablemente defiendan también, de una u otra forma, la idea de que la sociedad de masas está compuesta por individuos más o menos *atomizados*. Dentro de la sociedad de masas, la atenuación de las relaciones sociales primarias, bajo el impacto de la industrialización, ha tenido como consecuencia el que la población carezca de una sólida identidad individual o de grupo, y que, debido al resquebrajamiento de las costumbres, los hombres hayan perdido las normas tradicionales y se hayan convertido en utilizables y sujetos a la manipulación y la persuasión. Esta visión de la sociedad moderna ha sido reforzada por la auténtica tromba de libros sobre la sociedad de masas, sobre los suburbios sin alma, la situación del trabajo burocratizado y rutinario y el desarrollo de la corporación de negocios moderna.

Un resultado de esta *masificación* de la sociedad es, según se afirma, que se han puesto las bases para la implantación del totalitarismo. El hombre masa, sin relación con las redes primarias e intermedias que podrían proporcionarle su apoyo e integridad, está sujeto a la manipulación de la élite que controla los medios de comunicación. Otro pretendido resultado es el deterioro progresivo del gusto cultural. La economía de la comunicación de masas exige que se llegue a una audiencia cada vez mayor e, inevitablemente, el contenido de los medios de comunicación se acomoda cada vez más al común denominador del gusto[41].

Por desgracia para los teóricos de la sociedad de masas, la mayor parte de la investigación moderna sobre la comunicación de masas y la formación de la opinión proporciona un débil apoyo a esta tesis. Las investigaciones demuestran que la sociedad no está masificada, que la mayoría de las situaciones llamadas burocráticas están penetradas por numerosos grupos informales, que las zonas de viviendas sin alma contienen vecinos, amigos de confianza y redes de relaciones informales directas. Las comunicaciones de masas operan en el contexto de la intervención de un «nexo de influencias mediatizadoras» [48]. El modelo no consiste en un individuo aislado que se enfrenta con

[41] Una selección representativa de ensayos sobre este tema se puede encontrar en B. Rosenberg y D. Manning White (eds.), *Mass Culture*, Free Press, Glencoe, 1957.

los medios de comunicación de masas, sino más bien en la absorción del uso de los medios de comunicación de masas a través del grupo. La investigación sobre la audiencia de estos medios, por ejemplo, muestra que ir al cine, ver la televisión o incluso leer un periódico no es una actividad privada, sino de grupo[42]. Es sabido que la pertenencia a un grupo desempeña un papel importante al formar e influir sobre la percepción de una persona y la evaluación de su medio, que en parte está compuesto por mensajes de los medios de comunicación; por esta razón, la pertenencia a un grupo representa un aspecto vital de formación de la opinión.

En otras palabras, no se ha confirmado la deducción de la tesis sobre la sociedad de masas, según la cual la masa no es sólo un gran número de personas, sino también una *masa* socialmente desorganizada. Incluso el hecho de ir al cine, considerado en algún momento como el ejemplo más claro del comportamiento aislado e individualizado de comunicación, es desde luego un fenómeno social. La decisión de ver una película se toma normalmente después de una discusión social, y se acude a verla normalmente en compañía de otras personas[43].

Existen otras razones para pensar que la gente es más resistente a los mensajes de los medios de comunicación de lo que se había creído. Es evidente que las personas, al servirse de los medios de comunicación, los filtran o seleccionan principalmente sobre la base de lo que ya piensan, o de lo que consideran de utilidad para ellas. Como afirman Berelson y Steiner, «la gente tiende a ver y oír comunicaciones que son favorables o que se adecúan a sus predisposiciones» [49]. Por ejemplo, Lazarsfeld y sus colegas, en uno de sus primeros estudios sobre unas elecciones presidenciales, alcanzaron la conclusión de que el contacto con los medios de comunicación, como prensa y radio, tenía pocos efectos mensurables sobre las preferencias electorales del individuo, porque las personas que tenían mayor contacto con los medios de comunicación estaban ya bien informadas y comprometidas con un partido[44]. El estudio de Merton sobre una serie

[42] Un resumen típico de esta posición: «Es necesario subrayar que el acto de comunicación no es más que una parte de un proceso total de interacción social continua, dentro de una red de relaciones sociales dada.» J. D. Halloran, *The Effects of Mass Communication*, Leicester University Press, Leicester, 1964.

[43] Para una discusión sobre este punto véase E. Freidson, «Communications Research and the Concept of the Mass», *American Sociological Review*, **18**, 313-317 (1953).

[44] P. Lazarsfeld, B. Berelson y H. Gaudet, *The People's Choice*, Duell, Sloan and Pearce, Nueva York, 1944. Sería extraño que no fuese así, puesto que, como

larguísima de emisiones de radio a cargo de una popular cantante, Kate Smith, dirigidas a incrementar las ventas de bonos de guerra a los norteamericanos durante la segunda guerra mundial, mostró que el éxito de la llamada se debió principalmente a que el medio sirvió para canalizar un comportamiento existente, y activar las predisposiciones e intenciones ya presentes [50]. Las campañas a través de los medios de comunicación parecen dar como resultado un aumento del nivel general de la atención e información sobre el tema, pero las actitudes políticas o sociales profundamente enraizadas no cambian, o cambian muy poco[45]. Esta afirmación se puede ilustrar haciendo referencia a las campañas electorales, en las que se podría esperar que la lluvia de propaganda a que está sometido el electorado provocara un cambio de preferencias; en realidad las preferencias de partido reflejan la acumulación gradual de predisposiciones y lealtades a lo largo de la vida de un individuo. Muchas influencias importantes sobre el comportamiento electoral —lealtades al partido de los padres, clase social de los padres, experiencias infantiles, influencia de la esposa, los amigos y compañeros de trabajo— ponen en relación las lealtades de partido con los grupos de contacto directo. Así, durante la campaña para las elecciones presidenciales de 1964, cuando Goldwater intentó sensibilizar al público acerca de varias decisiones del Tribunal Supremo, sólo lo consiguió, si es que consiguió algo, en las cuestiones relativas a los derechos civiles y al rezo en las *public schools,* de las que se habían ocupado ya con bastante amplitud los medios de comunicación[46].

Campbell arguye que en los últimos años de la década de 1920 y en los años 30, el gran incremento de los temas tratados por la radio permitió a las personas de inferior nivel educativo disponer

---

es de suponer, alguna información será disonante con las posiciones ya mantenidas; véase G. Stempel, «Selectivity in Readership of Political News», *Public Opinion Quarterly,* **25,** 400-404 (1961).

[45] Las pruebas de esta afirmación están eficientemente resumidas en D. McQuail, *Towards a Sociology of Mass Communication,* Macmillan, Londres, 1970, espec. capítulo 3. Véase también J. Blumler y D. McQuail, *Television in Politics,* Faber and Faber, Londres, 1968, p. 281: «... incluso en una elección crítica, los medios de comunicación de masas serían impotentes para conseguir cambios importantes en las actitudes de los votantes hacia los partidos y personalidades más destacados.»

[46] W. Murphy y J. Tannenhaus, «Public Opinion and the Supreme Court: The Goldwater Campaign», *Public Opinion Quarterly,* **33,** 31-50 (1968). En un estudio en el Reino Unido se preguntó a la gente si había algo que el otro partido pudiera hacer para que cambiasen su lealtad al suyo: el 69 por ciento dijo que nada de lo que hiciera el otro partido provocaría un cambio de lealtades, R. Rose, *People in Politics,* Faber, Londres, 1970, p. 73.

de más información política, y que la radio consiguió aumentar la participación popular en las elecciones. Pero la TV no ha tenido el mismo impacto. Entre 1952 y 1960 la gama de temas tratados aumentó enormemente, pero ni la participación ni el interés aumentaron. Por ello concluye que «la televisión ha mostrado su capacidad para captar la atención del público, pero todavía tiene que demostrar la rara capacidad de influir sobre él» [51].

La conclusión es, por tanto, que las audiencias de los medios de comunicación de masas no responden a los mensajes en la medida que uno podría haber pensado, y esto sucede incluso con los niños pequeños que podrían considerarse más influenciables que los adultos [52]. Se refuerzan las actitudes existentes (y esto podría ser significativo), y aumenta la conciencia. Como se podía esperar, los datos disponibles sugieren también que, cuando un mismo mensaje llega a través de fuentes muy diferentes, es probablemente más efectivo que en el caso de mensajes en competencia. La mayor debilidad de los medios de comunicación reside, al parecer, en lo que a primera vista podría considerarse su punto fuerte, a saber, sus dimensiones e indiferencia, que los hacen incapaces de atender a las diferencias sutiles de su audiencia. Esta audiencia utiliza los medios de comunicación, como dijimos antes, en el contexto de una red existente de relaciones sociales, que se pueden considerar como aisladoras del individuo con respecto a los medios de comunicación. El conjunto de los datos disponibles muestra que el papel de la influencia personal es mucho más importante de lo que han supuesto los teóricos de la sociedad de masas. Si consideramos la sociedad como altamente diferenciada, podemos lanzar la hipótesis de que el conjunto de mensajes de los medios de comunicación necesita ser interpretado y puesto en relación pertinente con la situación específica de las distintas *audiencias diferenciadas*. Podemos considerar que este proceso de ajuste y de pertinencia se produce a dos niveles. En primer lugar, podemos aludir a los diarios comerciales y profesionales, a los periódicos y emisoras de radio locales. La prensa se mantiene gracias a las organizaciones de intereses y de presión; éstas descomponen los mensajes generales, interpretando e indicando su importancia para audiencias particulares, y proporcionan conocimientos, información e intereses especiales[47]. En segundo lugar, y ésta es un área más

---

[47] Véase D. Truman, *The Governmental Process*, Knopf, Nueva York, 1962, capítulo 7, para un estudio de la función de las comunicaciones de los grupos de interés, y capítulo 8, para un estudio de la propaganda de grupo al público exterior al grupo.

investigada, tiene lugar un proceso similar, pero menos organizado, a un nivel más personal y directo en el orden social. En él los individuos —llamados *dirigentes de opinión*— interpretan, transmiten y discuten los mensajes de los medios de comunicación hablando con sus compañeros de trabajo, en las reuniones sindicales, con compañeros de bar, con amigos, en reuniones informales, etc. Al conocer íntimamente su entorno inmediato, pueden relacionar los mensajes de los medios de comunicación de forma más efectiva y plena de significado con los asuntos e intereses locales de lo que podría esperar cualquier organización impersonal de medios de comunicación. Vista desde esta perspectiva, la relación entre medios de comunicación y audiencia se describe como una «corriente en dos tiempos» en la cual los mensajes son mediatizados, quizá sutilmente *corregidos* e interpretados antes de que alcancen sus *blancos*[48].

Merton llevó a cabo una elaboración complementaria del término *dirigente de opinión,* clasificándolos en *locales* y *cosmopolitas*. El primer grupo está «preocupado por los problemas locales», y el segundo está «orientado de forma significativa hacia el mundo exterior a Rovere, y se considera a sí mismo como parte integrante de ese mundo» [53]. Los locales han vivido probablemente en la misma ciudad durante mucho tiempo, no están interesados en trasladarse a otro lugar, están interesados en conocer a muchos conciudadanos y en la política local y, como el cosmopolita, consideran la información recibida a través de los medios de comunicación no como un artículo de consumo, sino como un «artículo de cambio, que se negociará a cambio de mayores incrementos de prestigio». Ambos grupos pertenecen a un mayor número de organizaciones voluntarias que el ciudadano medio, y se diferencian de éste en sus actitudes y en las satisfacciones que reciben de su condición de miembros. Los cosmopolitas tienen un mayor nivel educativo, leen más revistas pero menos periódicos locales. Un punto importante, que se asemeja al análisis de los pluralistas sobre el poder político local, es que «aunque los más influyentes individualmente tienen una gran

[48] Véase E. Katz y P. Lazarsfeld, *Personal Influence,* Free Press, Nueva York, 1955; A. Campbell, P. Converse, W. Miller y D. Stokes, *The American Voter,* Wiley, Nueva York, 1960, p. 271, informan que alrededor del 25 por ciento de los encuestados que tomaban parte en una elección realizaron «intentos informales de convencer a alguien para que apoyara a un partido o candidato dados», pero sin duda en otros momentos el porcentaje decrece de forma significativa. El concepto de dirigente de opinión fue utilizado por primera vez en 1944 en P. Lazarsfeld, B. Berelson y H. Gaudet, *The People's Choice,* Duell, Sloan and Pearce, Nueva York, 1944.

dosis de influencia interpersonal, son probablemente tan pocos en número que tienen *colectivamente* una participación mínima en la suma total de las influencias interpersonales en la comunidad»[49].

8.5. Gobierno y opinión pública

Al aumentar el nivel de educación de la gente, al interesarse más por los asuntos públicos y estar más directamente afectada por la acción del gobierno, puede considerarse probable que sectores cada vez más amplios del público adquieran un interés mayor en lo que hace el gobierno. Se pedirán al gobierno y a los dirigentes políticos información, explicaciones y respuestas con una frecuencia e intensidad cada vez mayores. Esta situación se refleja en la multiplicación de los servicios de información gubernamentales. En Estados Unidos, ya en 1862, el Departamento de Agricultura empezó a reunir y difundir información sobre sus actividades, y pronto, en 1867, fue imitado por la Oficina de Educación. Otros ministerios asumieron responsabilidades similares antes de fin de siglo. La primera guerra mundial y el New Deal proporcionaron nuevo ímpetu a esta empresa hasta que, en la actualidad, la mayoría de los ministerios del gobierno, militares y civiles, disponen de numeroso personal para la «gestión de la opinión».

Esta tendencia puede reflejar una mayor sensibilización del gobierno ante la opinión pública. Pero además de proveer de información al público, o a sectores del mismo, otra tarea igualmente importante es la de formar y modelar la opinión pública. La intervención del presidente Kennedy, en abril de 1962, con ocasión de una subida de precios decretada por la United States Steel ilustra esta situación. Inmediatamente después del anuncio por la compañía siderúrgica, el presidente Kennedy intervino para inducir a la compañía a abandonar su decisión; esta intervención comprendía una investigación sobre las prácticas de los fabricantes del acero, presiones directas sobre los funcionarios y también la apelación al público en general. Después de constantes presiones, la compañía rescindió su aumento. Este hecho subraya el papel del dirigente político en la conformación de la

---

[49] R. Merton, *Social Theory and Social Structure,* Free Press, Nueva York, 1968, p. 465, subrayado en el original; también en un apéndice (p. 477) Merton afirma que sólo existe una correlación limitada entre estar en una posición elevada de «clase, poder y prestigio jerárquico» y ser un dirigente de opinión.

opinión pública. Se estima que cerca de 65 millones de personas observaron o escucharon la conferencia de prensa del presidente Kennedy el 8 de abril, cuando explicó y justificó la acción del gobierno.

Naturalmente, este tipo de llamada no siempre tiene éxito. El aumento de la información y la discusión, dirigido a influir en la opinión pública, puede muy bien aumentar la intensidad de las diferencias de opinión. Utilizando de nuevo un ejemplo de los Estados Unidos, al aumentar su información sobre Medicare* y las implicaciones de las propuestas del gobierno, la gente adoptó una actitud cada vez más cauta y matizada. A finales de mayo de 1961, el 67 por ciento de gente estaba a favor de Medicare, pero en marzo de 1962 sólo un 55 por ciento estaba a favor, y en mayo del mismo año el 48 por ciento mantenía la misma opinión, que aún disminuyó posteriormente, en agosto, al 44 por ciento. Esta disminución fue paralela a un aumento de la discusión e información sobre la cuestión de Medicare [54].

Tampoco necesita el gobierno escuchar siempre la voz de la opinión pública, como muestra la aprobación del Homicide Act en Gran Bretaña en 1957, ley por la que se abolió efectivamente la pena capital. Desde 1945 un pequeño grupo de abolicionistas había sostenido una difícil lucha contra la mayoría de la opinión pública hasta que, en 1957, consiguieron más o menos sus objetivos. Fue una victoria de una pequeña minoría que, como consecuencia de su mejor organización y de su insistencia, consiguió persuadir al gobierno para que incluyera en el orden del día del Parlamento una legislación apropiada, pese a que la mayoría de la gente estaba en contra de tal decisión [55].

Por tanto, la apertura a los deseos y aspiraciones populares y la influencia del gobierno se encuentran en una relación variable. A pesar de sus recursos relativamente mayores de información y comunicación, los dirigentes políticos no siempre consiguen poner a la opinión pública a su favor. Pues, después de todo, existen tremendas resistencias a todo cambio de opinión. Por una parte, la opinión es a menudo un hábito adquirido a través de la niñez y la madurez. También puede ser reforzada por la pertenencia a grupos, altamente valorada por el individuo, y en la que un abandono o cambio de opinión puede amenazar parte de lo que él valora en ese compromiso con el grupo. Las opiniones desempeñan a menudo una función social, ayudando al individuo a hacer amigos y facilitando su incorporación a grupos en los que

* Programa gubernativo de asistencia médica. (N. del T.)

desea entrar. Sus opiniones también pueden servir a sus intereses. El hombre de negocios, al oponerse a lo que a su parecer es una pesada carga fiscal, está sosteniendo una opinión racionalmente dirigida a servir a sus intereses de retener el nivel más elevado posible de beneficios de su empresa. O, como hemos mencionado anteriormente, la opinión puede servir a una función intra-psíquica que escape a toda argumentación racional.

Con todo, en las situaciones que hemos descrito hasta ahora existen fuentes concurrentes y alternativas de opinión e información que los diversos públicos pueden emplear como deseen. Pero si las fuentes no estuvieran en competencia, sino que se reforzasen y reafirmasen mutuamente, su impacto sobre el público sería muy probablemente superior, y, si el gobierno pudiera controlar todos los medios de comunicación, entonces podría ser capaz de controlar las opiniones de la población. La facilidad con la que podría controlar la opinión se vería incrementada si controlase también el sistema educativo y el contenido de la educación, de modo que los mensajes de los medios de comunicación fuesen congruentes con los difundidos a través de las escuelas. La aproximación mayor a esta situación se consiguió en la Alemania nazi, y en la URSS de hoy. El Tercer Reich duró sólo doce años, y únicamente durante unos cinco años el gobierno controló toda la educación y todos los medios de comunicación; con todo, alguien que soportó aquel sistema insiste en que «Nadie que no haya vivido durante años en un país totalitario puede concebir lo difícil que es escapar a las terribles consecuencias de la propaganda incesante y calculada de un régimen» [56]. De forma semejante, en la Italia fascista el régimen utilizó, en la mayor medida posible, «la familia, el sistema educativo... el entrenamiento físico y militar, el tiempo libre, los deportes y otras asociaciones voluntarias y obligatorias... además del control de los medios de comunicación de masas». Ambos regímenes consiguieron hacer pasar por las escuelas a dos generaciones y obligar a que los mensajes recibidos a través de los medios de comunicación se adecuaran a la política e ideología del régimen, de forma que, para los jóvenes la «propaganda incesante y calculada» no era considerada probablemente como una novedad, sino que al contrario «la forma de vida totalitaria era percibida como *normal*» [57]. En la Unión Soviética, la situación es comparable salvo en la inexistencia, tras la total desaparición de la generación prerrevolucionaria, de un conjunto grande de gente educada dentro de un medio cultural y educacional diferente. En estos países probablemente la opinión pública no tiene ninguna influencia sobre el gobierno.

Hasta aquí hemos visto bastante de pasada algunos de los factores que afectan a la formación de la opinión pública; ahora nos ocuparemos del problema del efecto que tiene la opinión pública sobre la formación de la política gubernamental y las formas en que reaccionan los dirigentes políticos ante la opinión pública. Esta es una cuestión importante, incluso en las sociedades no democráticas, puesto que es más fácil gobernar con un cierto beneplácito que sin él. A pesar de los numerosos problemas ligados a la noción de aprobación, la idea es, no obstante, crucial para la noción de un gobierno democrático que significa, como mínimo, «que los gobernantes buscarán la opinión popular, que le darán importancia, si no la consideran la voz determinante en la adopción de decisiones, y que las personas ajenas al gobierno tienen derecho a ser oídas» [58]. Las autoridades políticas pueden evaluar y apreciar la opinión pública sobre determinadas cuestiones de muchas formas: mediante visitas a los electores, leyendo la prensa, recibiendo a los representantes de grupos de interés a través de los partidos políticos, mediante elecciones, referéndums, sondeos de opinión, etc. Esencialmente, las autoridades intentan evaluar el nivel de apoyo y dirigir información a la población para obtener su apoyo. Al ganar en complejidad el gobierno y la sociedad, las autoridades políticas necesitan instrumentos cada vez más sensibles que les permitan juzgar las reacciones populares. Así, en las elecciones norteamericanas de 1962, dos tercios de los candidatos a senadores, tres cuartos de los candidatos a gobernadores y uno de cada diez aspirantes a un escaño en el Congreso habían encargado que se realizara un sondeo de opinión [50]. Las autoridades políticas hacen un uso creciente de las oportunidades que la radio y la televisión les ofrecen para exponer y definir las cuestiones.

Es difícil dar cuenta concisa y sistemática de la influencia de la opinión pública en los gobiernos, porque, de hecho, se ha trabajado poco sobre este tema. Pero se han realizado numerosas investigaciones sobre el efecto de los grupos de presión en las decisiones políticas específicas del gobierno y, desde luego, este efecto es consecuencia del hecho de que mucha gente interesada en una cuestión particular se unirá a un grupo de presión o

---

[50] L. Harris, «Polls and Politics in the U.S.», *Public Opinion Quarterly,* **27**, 3-8 (1963), pero Harris también escribe que «Ningún sondeo en el que yo haya participado ha hecho del candidato un hombre diferente, ha cambiado su postura sobre una cuestión, ni le ha colocado donde no estaba».

partido. Además, para un gobierno es técnicamente mucho más sencillo consultar a una opinión organizada que a un nebuloso público general. Por si fuera poco, si nos referimos a lo que Almond ha llamado el «nivel de la opinión general sobre la política gubernamental», en el que se considera que existe un «consenso de humor, de estados emocionales moldeados», es muy difícil apreciar el impacto que tal opinión pueda tener en una cuestión específica [59]. Pero a un nivel general, se ha señalado que el gobierno de EE. UU. no pudo adoptar, de hecho, una actitud más conciliadora y flexible hacia la Unión Soviética, durante el período culminante de la guerra fría, a causa de su «consideración de la opinión pública nacional» [60]. Cuando descendemos al nivel de cuestiones más específicas, nos encontramos con que la gente parece adoptar muchas de sus opiniones de los partidos o grupos de presión a los que apoya. Cuando el Reino Unido invadió Egipto durante la crisis de Suez de 1956 —sin ningún tipo de consulta previa al electorado—, se descubrió que la opinión de la mayoría de la gente sobre el asunto giraba en torno a las opiniones de los partidos a los que apoyaban antes de la intervención. En lugar de cambiar las preferencias de partido o las opiniones, parece que «el efecto de Suez condujo con más frecuencia a intensificar los compromisos partidistas existentes que a proporcionar a los activistas en particular, pero también a los electores ordinarios, una razón adicional para su identificación (con un partido)» [61]. En consecuencia, el caudal electoral del gobierno conservador probablemente no se vio afectado. Otro estudio, esta vez sobre la opinión pública en EE. UU. acerca del Tribunal Supremo, demostró que en general la gente sabe muy poco acerca de aquella corte, pero que la tiene en gran estima. El factor asociado con más fuerza a la estima era la afiliación de partido. Los demócratas eran más favorables que los republicanos, lo que reflejaba la actitud más positiva de la jefatura del partido demócrata hacia la corte [62]. Sin embargo, es posible que la causalidad siga la dirección opuesta, como sugiere Key, y que la gente ajuste su intención de voto a sus opiniones. Key se refiere a un sondeo realizado en EE. UU. en 1960, en el que se preguntaba a la gente cuál era en su opinión la cuestión más importante de las elecciones y qué partido estaba mejor preparado para ocuparse de ella. Hubo una tendencia clara en la respuesta al equilibrio [63]. Sin embargo, la posibilidad mayor, dada la débil apreciación cognoscitiva por parte de considerables sectores de la gente, es que tome sus referencias políticas del partido de su elección.

Lo que ocurre, al parecer, es que, para la mayoría de la gente, la política no tiene gran notoriedad o preminencia y que no están especialmente dispuestos a disminuir su ocio o placer para alcanzar una experiencia y conocimiento políticos personales. Como vimos en el capítulo sobre la socialización, la identificación partidista es aprendida en época bastante temprana de la vida de la mayoría de la gente, y la gente usa este compromiso como sustitutivo de un proceso, a menudo laborioso, de consideración intelectual. La afiliación a un partido es un atajo hacia una conclusión que de otra manera se habría alcanzado mediante un proceso más intelectual[51].

Downs argumenta que este proceder es perfectamente razonable, dado que la mayoría de la gente no está dispuesta a cambiar algo que desea —ocio, dinero, paz de espíritu— por la información necesaria para sostener una opinión *informada* [64]. Pero esto abre la posibilidad de que la gente simplemente se deje llevar por la corriente, y haga suya la opinión del partido o del grupo, hasta que surja una decisión crucial —habitualmente con gran carga emocional. Entonces se plantean varias posibilidades: aceptar al partido, pero no la posición particular del mismo; cambiar de partido, abstenerse, cambiar su opinión de acuerdo con la opinión del partido preferido o intentar cambiar al partido inicialmente preferido. En general, las cuatro primeras opciones son más fáciles, porque suponen menos esfuerzo. La abstención parece ser una estrategia a corto plazo, con abstencionistas que vuelven a una posición activa, y cambiar de partido no es muy frecuente incluso por cuestiones como los derechos civiles, tal como ha demostrado el nivel permanentemente elevado de apoyo al partido demócrata en el sur de Estados Unidos. Así, incluso en un tema como el de la raza, los datos disponibles muestran que las opiniones de la gente *no* son tan efectivas para cambiar la posición política del partido como se podría haber pensado.

Un efecto importante de la aceptación de las opiniones del partido que uno apoya es que esta aceptación provoca un agrupamiento de opiniones, de forma que las opiniones de una persona se escalonan; es decir, que, si sostiene una opinión, sostendrá probablemente otra íntimamente asociada con ella. En un estudio realizado en Norteamérica sobre cuestiones de política nacional, se descubrió que esta relación era más fuerte entre aquellos que se consideraban a sí mismos como demócratas o

[51] Pero véase B. Barry, *Sociologists, Economists and Democracy*, Collier-Macmillan, Londres, 1970, espec. pp. 126-136.

republicanos *firmes*. Pero en cuestiones de política exterior, respecto de las cuales las diferencias de los dos partidos son más confusas, menos definidas, no se observó la misma asociación. En política interior, los autores concluyen que los partidos «proporcionan a los seguidores del partido sugerencias que facilitan la estructuración de sus opiniones» [65]. En un estudio realizado en Norteamérica, que omitió *la variable de adhesión a un partido* pero usó otras variables, se confirmaba que no había relación en conjunto entre el mantenimiento de opiniones liberales sobre asuntos internos y de opiniones liberales sobre asuntos internacionales. Incluso sobre asuntos internos, en aquellos grupos de los que se podía esperar que mantuvieran un elevado agrupamiento de opiniones —los participantes, los ricos, los graduados universitarios, etc.—, el agrupamiento estaba muy por debajo de todo lo estadísticamente aceptable (véase el cuadro 15) [52].

CUADRO 15.   Escala de coherencia de liberalismo
para cada tipo de público

Público	Coeficiente medio de escala
Participantes	0,44
Ricos	0,42
Graduados universitarios	0,39
Comprometidos	0,37
Informados	0,35
Población total	0,32
Iguales	0,32
Ineducados	0,28
No-votantes	0,25

Incluso al nivel de las opiniones más específicas sobre cuestiones particulares, encontramos otros factores significativos. En primer lugar, que la mayoría de la gente no tiene ninguna opinión apreciable sobre casi ninguna cuestión —aunque los encues-

[52] R. Axelrod, «The Structure of Public Opinion on Policy Issues», *Public Opinion Quarterly*, **31**, 51-60 (1967), reimpreso en C. Larson y P. Wasburn (eds.), *Power, Participation and Ideology*, David McKay Co., Nueva York, 1969. En el cuadro 15 la columna «Coeficiente medio de escala» indica la probabilidad de que un público *liberal* esté de acuerdo con una decisión liberal, y por tanto de acuerdo con otra similar; es decir, es una medida del agrupamiento de opiniones.

tadores puedan obtener de ellos una respuesta. En este caso pueden esperarse resultados curiosos, como encontró Converse en el análisis de los datos obtenidos en EE. UU. de la misma muestra de gente, empleando la misma pregunta en cada una de las tres entrevistas realizadas con un intervalo de dos años. Cuando analizó los resultados halló que las respuestas individuales a cuestiones de política y actitudes eran casi al azar, es decir, que la mayoría de la gente no tenía opiniones, en sentido estricto [66]. Más importante es que, incluso si una autoridad política está influenciada, en algún sentido, por la opinión del público políticamente informado o relevante, el gobierno siempre se permitirá «una gran libertad para determinar si ha de actuar o no, el momento preciso de hacerlo y la elección de las medidas a tomar» [67]. En ninguna sociedad la autoridad política se contentará con considerarse como simple instrumento *de respuesta,* sino que, como se dijo antes, intentará también una actitud *responsable* tratando de adoptar decisiones políticas que sean coherentes, prudentes y de largo alcance; decisiones que no son necesariamente el resultado de considerar la opinión, posiblemente efímera y mal informada, como *única* guía para la elaboración de una política[53].

Intimamente relacionado con estas consideraciones está el hecho, generalmente aceptado en la actualidad, de que, al menos dentro del marco de la democracia capitalista, las personas que ocupan cargos políticos de uno u otro tipo, los dirigentes de la comunidad y de los negocios, son más tolerantes en muchos aspectos que el resto de la población, al menos en sus opiniones expresas. Se ha demostrado que los dirigentes de los partidos en EE. UU. están más profundamente ligados a los procedimientos democráticos que sus seguidores; hay una probabilidad más alta de que los dirigentes políticos y de negocios concedan la libertad de expresión a comunistas y socialistas que el resto de la gente y, en general, está clara la asociación entre niveles elevados de educación e ideas *liberales* sobre la democracia [68]. Dada esta situación, es evidente que la opinión pública no será enteramente efectiva en muchas ocasiones, puesto que, en cierto sentido, si ha de aprobarse una legislación reformista, iría por delante de la opinión pública.

Existe otro grupo de cuestiones con relación a las cuales la afiliación a un partido parece ejercer una influencia más débil

[53] Sobre este punto véase A. H. Birch, *Representative and Responsible Government,* Allen and Unwin, Londres, 1964, espec. pp. 14-22.

sobre las opiniones de la gente —cuestiones tales como la fluorización, el control de la natalidad, la raza y la pena capital. Aunque la palabra no es satisfactoria, calificaremos de *morales* estas cuestiones en las que la opinión pública suele estar menos fuertemente ligada a la preferencia de partido de lo que es usual en los temas más mundanos. Además, los partidos eluden toda actitud firme sobre estos temas, dada su fuerte carga afectiva [69]. Sobre el tema de la raza, tanto en EE. UU. como en Gran Bretaña se ha descubierto que los electores demócratas en el primer país, y los laboristas en el segundo, pueden apartarse de sus lealtades tradicionales y abstenerse o votar por el partido que adopta actitudes raciales más duras. Sin embargo, incluso en esta cuestión tan explosiva, los datos indican que en Gran Bretaña un amplísimo sector del electorado vota por el mismo partido durante toda su vida adulta y, de todas maneras, la posibilidad de que un partido racista gane unas elecciones es tan remota que, en realidad, la elección del elector racista oscila entre abstenerse o votar por uno de los tres partidos, ninguno de los cuales mantiene su punto de vista. Esto se hizo patente en las elecciones generales británicas de 1964, donde en las 24 circunscripciones en las que la inmigración pudiera haber sido un tema decisorio, la oscilación favorable a los laboristas fue del 3,2 por ciento, exactamente igual a la media nacional del incremento de votos favorables a los laboristas [70]. En EE. UU., los datos disponibles indican que en el Sur muchos blancos desaprueban lo que consideran como una actitud demasiado liberal de la administración federal demócrata hacia los derechos civiles. Hay también pruebas de que el antiguo apoyo al partido demócrata en el Sur está deteriorándose, y está creciendo el apoyo al partido republicano, pero «si se está produciendo una conversión de las adhesiones individuales de una forma que favorece sistemáticamente a un partido sobre el otro en el Sur, el fenómeno es tan débil que hace difícil cualquier análisis de muestreo para el período de 1956-60» [71]. Aunque el partido demócrata está perdiendo apoyo en el Sur, continúa todavía recibiendo los votos de muchos que no apoyan su postura nacional sobre los derechos civiles.

Una cuestión sobre la cual la preferencia de partido demostró no estar relacionada tampoco con la opinión fue la de la abolición de la pena capital en Gran Bretaña, donde, en 1956, un 30 por ciento de los electores conservadores, un 38 por ciento de los laboristas y un 39 por ciento de los liberales votaron por la suspensión de aquélla durante un período de prueba. La opinión sobre la suspensión tampoco estaba relacionada con la lectura de los periódicos, el credo religioso, la edad de salida de la escuela o el sexo [72]. Como cuestión moral, la opinión de los expertos no era tan importante como en las cuestiones más técnicas, y probablemente la mayoría de la gente se sentía capaz de sostener opiniones *firmes*, aunque su nivel de conocimiento factual fuera extremadamente rudimentario. Tanto los gobiernos conservadores como los laboristas se movieron con cautela y «se mostraron extraordinariamente sensibles al estado y tendencia de la opinión pública acerca de esta controversia» [73]. Aunque nunca hubo una mayoría popular en favor de la abolición, la Cámara de los Comunes acabó por inclinarse —en votación libre— por la abolición durante un período de prueba. En esta situación parece que, cuando la opinión del partido no es sólida, un grupo de personas relativamente pequeño y bien organizado, con opiniones firmes, puede ser enormemente influyente[54].

Por lo tanto, en un amplio número de cuestiones, la mayoría de la gente tiende a alinear sus opiniones con las de los partidos políticos a los que apoyan o por los que votan. No lo hacen a menudo sobre cuestiones morales, pero esto no parece afectar a su preferencia de voto. Además, como hemos visto, los mismos órganos políticos disponen de medios bien organizados para intentar conformar la opinión política, aunque todo parece indicar que, por muchas razones, la gente es mucho menos influenciable de lo que se podría haber pensado. Además, no está tampoco claro que, ya sea de hecho o en teoría, los gobiernos sigan o deban seguir a la opinión pública o, más exactamente, la opinión del público informado. Tampoco está claro en qué punto, si es que hay alguno, un gobierno debería consultar al electorado para la elaboración de su política. Finalmente, podría suceder que las decisiones políticas tomadas por una autoridad pública sobre los asuntos controvertidos influyeran, de hecho, sobre lo que la gente piensa sobre el tema, o que cuando la autoridad actúa, la cuestión pasa de la opinión y controversia públicas a la discusión y ajuste técnicos. No hay duda que este proceso se produjo en relación con alguna nacionalización en el Reino Unido, con la fundación del Seguro Nacional de Enfermedad, con la adopción y la abolición del servicio militar obligatorio, etc.

---

[54] Para un caso algo similar, véase R. E. Dowse y J. Peel, «The Politics of Birth Control», *Political Studies,* **13**, 179-197 (1965).

8.6. Conclusiones

No es posible sacar conclusiones generales sobre el tema de la opinión pública y de la política gubernamental, pero sí algunas conclusiones limitadas y provisionales. En primer lugar, el grado de conformidad de las autoridades públicas con la opinión del electorado es un tema de discusión. En segundo lugar, las autoridades públicas no siempre son sensibles a los deseos y aspiraciones del pueblo; su conformidad parece depender de las características de la cuestión, de la división de la opinión y de la organización de las opiniones. En tercer lugar, la mayoría del electorado no tiene una opinión sobre la mayor parte de los temas de política general, en el sentido de haber pensado sobre la cuestión o de tener una información coherente sobre ella. Por el contrario, la mayoría de la gente está más dispuesta a adoptar la línea de un partido que a emplear su tiempo y esfuerzo, y está preparada a confiar en las autoridades públicas. Sin embargo, la opinión pública parece «determinar los límites últimos de la acción permisible del gobierno y... decide sobre ciertas cuestiones cruciales que los expertos del gobierno y las élites evitan hasta que la opinión pública no ha cristalizado»[55].

En cuarto lugar, en el párrafo dedicado a las influencias sobre la opinión pública, observamos que los dirigentes de opinión que entran en contacto con ella ejercen una influencia muy considerable en la narración y adaptación de la información a las necesidades de una clientela especializada, y de aquellas personas cuyas actividades, según hizo notar Key, explican «cómo funcionan los regímenes democráticos».

Finalmente, las autoridades públicas no son receptores pasivos de la opinión, sino que tratan conscientemente de modelarla, organizarla e incluso controlarla, mediante la propaganda, y también tomando decisiones que añaden una nueva dimensión a la situación.

El problema de la relación entre la cultura política, la ideología política y la opinión pública es un problema difícil, pero no tan enmarañado como el de la relación entre esas tres entidades y el comportamiento de los individuos que desempeñan un rol o roles políticos. Probablemente la mejor forma de definir a la

---

[55] H. L. Child, *Public Opinion; Nature Formation and Roles,* Van Nostrand, Princeton, 1965, p. 311. R. Lane y D. Sears, *Public Opinion,* Prentice-Hall, New Jersey, 1964, p. 49, señalan que la opinión pública representa «una considerable limitación sobre la capacidad de un dirigente para propugnar con éxito medidas que no estén de acuerdo en cierto grado con la opinión pública».

ideología política es la de Converse, según la cual se puede considerar como la preocupación de una minoría muy restringida de la población que puede, sin embargo, ser capaz de utilizarla simbólicamente. En términos de comportamiento político, el ideólogo en el poder puede operar *inicialmente* dentro de los *imperativos* de la ideología, pero es evidente que o bien los *imperativos* están abiertos a toda posible interpretación, o las exigencias prácticas de la supervivencia política intervienen pronto para convertir a la ideología en una simple referencia simbólica, como puede afirmarse casi con certeza en el caso del socialismo africano y del *marxismo* en la URSS. La opinión pública o, mejor dicho, las opiniones de los diversos públicos, no se derivan, desde luego, de ninguna noción filosófica sobre la naturaleza humana o los procesos históricos, ni el mantenimiento de una opinión tiene tampoco las mismas consecuencias para el comportamiento que el de una ideología. Tampoco tiene el mismo alcance que la cultura política, que, como hemos visto, se refiere, según la opinión más extendida, a las actitudes, creencias y conocimientos que apoyan o no apoyan la organización institucional general de la sociedad política. La opinión pública opera más al nivel de las autoridades de Easton y sus resultados políticos, y se considera como menos estable que la cultura; después de todo, hablamos de opiniones que cambian *rápidamente,* mientras que la cultura aparece como más duradera.

El principal problema relacionado con todas estas cuestiones es su relevancia para las diversas formas de gobierno y comportamiento político, aunque el enfoque de la opinión pública puede ser «¿qué atención *debería* prestar una autoridad política a la opinión pública?». Una consideración pertinente es que la mayoría de la gente puede tener actitudes, u opiniones, relacionadas con los conceptos de la cultura, opinión e ideología políticas, pero, de hecho, para la gran mayoría de la gente —excepto en los períodos de turbulencia revolucionaria— sus actitudes y opiniones sobre las cuestiones políticas tienen un escaso contenido cognoscitivo, y la política sólo alcanza una importancia limitada para ellos. En el capítulo siguiente estudiaremos el grado de participación política, y examinaremos el proceso electoral, un proceso que señala el límite de la implicación y participación políticas de la mayoría de la gente.

REFERENCIAS BIBLIOGRÁFICAS

[1]   A. J. GREGOR, *The Ideology of Fascism*, Collier-Macmillan, Londres, 1969, p. 12.
[2]   ERIK H. ERIKSON, *Young Man Luther: A Study in Psychoanalysis and History*, W. H. Morton, Nueva York, 1958.
[3]   R. J. LIFTON, «Patterns of Historical Change in Modern Japan», en S. Eisenstadt (ed.), *Comparative Perspectives on Social Change*, Little, Brown, Boston, 1969, pp. 160-175.
[4]   C. GEERTZ, «Ideology as a Cultural System», en D. Apter (ed.), *Ideology and Discontent*, Free Press, Nueva York, 1964, pp. 47-76.
[5]   D. BELL, *The End of Ideology*, Collier Books, Nueva York, 1961, p. 394.
[6]   E. HOFFER, *The True Believer*, Mentor Books, Nueva York, 1958, p. 111.
[7]   —— *The True Believer*, Mentor Books, Nueva York, 1958, p. 395.
[8]   MARX y ENGELS, *The German Ideology*, Progress Publishers, Moscú, 1964, pp. 1 y 38.
[9]   —— —— *The German Ideology*, Progress Publishers, Moscú, 1964, p. 38.
[10] —— —— *The German Ideology*, Progress Publishers, Moscú, 1964, p. 47.
[11] MARX, *Economic and Philosophic Manuscripts of 1844*, Foreign Languages Publishing House, Moscú, p. 124.
[12] —— *Economic and Philosophic Manuscripts of 1844*, Foreign Languages Publishing House, Moscú, p. 62.
[13] D. LERNER, *The Pasing of Traditional Society*, Free Press, Nueva York, 1958.
[14] R. BELLAH, «Religious Aspects of Modernisation in Turkey an Japan», *American Journal of Sociology* (1964), reimpreso en J. L. Finkle y R. W. Gable, *Political Development and Social Change*, Wiley, Nueva York, 1966 pp. 188-193.
[15] J. L. FINKLE y R. W. GABLE (eds.), *Political Development and Social Change*, Wiley, Nueva York, 1966, p. 189. El subrayado es nuestro.
[16] —— —— *Political Development and Social Change*, Wiley, Nueva York, 1966, p. 192.
[17] J. M. SANIEL, «The Mobilisation of Tradicional Values in the Modernisation of Japan», en R. Bellah (ed.), *Religion and Progress in Modern Asia*, Collier-Macmillan, Londres, 1965, p. 125.
[18] —— «The Mobilisation of Tradicional Values in the Modernisation of Japan», en R. Bellah (ed.), *Religion and Progress in Modern Asia*, Collier-Macmillan, Londres, 1965, p. 126.
[19] D. APTER, *Some Conceptual Approaches to the Study of Modernisation*, Prentice-Hall, New Jersey, 1968, p. 116.
[20] R. LE VINE, *Dreams and Deeds*, Chicago University Press, Chicago, 1966, pp. 35 y 76-77.
[21] H. FEITH, «Indonesia's Political Symbols and their Wielders», *Worl Politics*, **16**, 84-96 (1963).
[22] F. G. BURKE, «Tanganyka, the Search for Ujama», en W. Friedland y C. Rosberg (eds.), *African Socialism*, Stanford University Press, Stanford, 1964, p. 201.
[23] D. FELDMAN, «The Economics of Ideology: Some Problems of Achieving Rural Socialism in Tanzania», en C. Leys (ed.), *Politics and Change in the Developing Countries*, Cambridge University Press, Londres, 1969, páginas 85-111.
[24] A. KOESTLER, *Darkness at Noon*, Four Square Books, Londres, 1959, páginas 111-112.

[25] J. GOLDTHORPE, D. LOCKWOOD, F. BECHHOFER y J. PLATT, *The Affluent Worker*, Cambridge University Press, Londres, 1968.

[26] K. MANNHEIM, *Essays on the Sociology of Culture*, Routledge and Kegan Paul, Londres, 1956, p. 105.

[27] W. DELANY, citado en T. La Polombara, «Decline of Ideology; a Dissent and Interpretation», *APSR*, **60**, 5-16 (Marzo, 1966).

[28] G. RUDE, *The Crowd in the French Revolution*, Oxford University Press, Londres, 1959, p. 200; C. Tilly, *The Vendee*, Arnold, Londres, 1964.

[29] R. HABER, «The End of Ideology as Ideology», impreso en E. Lindenfeld (ed.), *Reader in Political Sociology*, Funk and Wagnalls, Nueva York, 1968.

[30] P. CONVERSE, «The Nature of Belief Systems in Mass Publics», en D. Apter, *Ideology and Discontent*, Free Press, Nueva York, 1964, pp. 206-261.

[31] A. CAMPBELL, P. CONVERSE, W. MILLER y D. STOKES, *The American Voter*, Wiley, Londres, 1964, p. 211.

[32] —— —— —— —— *The American Voter*, Wiley, Londres, 1964, p. 214.

[33] L. FREE y H. CANTRIL, *The Political Beliefs of Americans*, Simon and Schuster, Nueva York, 1968.

[34] —— —— *The Political Beliefs of Americans*, Simon and Schuster, Nueva York, 1968, p. 33.

[35] W. SIMON, «Motivation of a Totalitarian Mass Vote», *British Journal of Sociology*, **10**, 338-345 (1959).

[36] P. CONVERSE, «The Nature of Belief Systems in Mass Publics», en D. Apter, *Ideology and Discontent*, Free Press, Nueva York, 1964, p. 231.

[37] K. KENISTON,«Becoming a Radical», en E. S. Greenberg (ed.), *Political Socialization*, Atherton Press, Nueva York, 1970, pp. 110-150 y especialmente pp. 133-135.

[38] R. WOLFINGER, B. WOLFINGER, K. PREWIT y S. ROSENBACK, «America's Radical Right: Politics and Ideology», en D. Apter (ed.), *Ideology and Discontent*, Free Press, Nueva York, 1964, p. 228.

[39] D. LANE, *The Roots of Russian Communism*, Van Gorcum, La Haya, 1969, espec. pp. 119-122, para el análisis de los símbolos bolcheviques en 1905.

[40] H. CANTRIL, *Soviet Leaders and Mastery Over Man*, Rutgers University Press, New Jersey, 1960, pp. 8-9.

[41] —— *Soviet Leaders and Mastery Over Man*, Rutgers University Press, New Jersey, 1960, p. 84.

[42] H. GERT y C. W. MILLS, *Character and Social Structure*, Routledge and Kegan Paul, Londres, 1954, p. 281.

[43] T. ARNOLD, *The Symbols of Government*, Harbinger Books, Nueva York, 1962, y especialmente el nuevo prefacio y el capítulo 1.

[44] R. LANE y D. SEARS, *Public Opinion*, Prentice-Hall, New Jersey, 1964, p. 1.

[45] H. EYSENCK, *The Psychology of Politics*, Routledge and Kegan Paul, Londres, 1954.

[46] J. MCKEE, *Introduction to Sociology*, Holt, Rinehart and Winston, Nueva York, 1969, p. 568.

[47] C. WRIGHT MILLS, *The Power Elite*, Oxford University Press, Londres, 1956, p. 315.

[48] J. T. KLAPPER, *The Effects of Mass Communication*, Free Press, Nueva York, 1960, p. 8.

[49] B. BERELSON y G. STEINER, *Human Behaviour, an Inventory of Scientific Findings*, Harcourt, Brace and World, Nueva York, 1964, p. 529.

[50] R. K. MERTON, M. FISKE y A. CURTIS, *Mass Persuasion,* Harper, Nueva York, 1946.

[51] A. CAMPBELL, «Has Television Reshaped Politics», en E. Dreyer y W. Rosenbaum (eds.), *Political Opinion and Electoral Behaviour,* Wadsworth, Belmont, California, 1968, pp. 318-323.

[52] H. HIMMELWEIT, A. OPPENHEIM y P. VINCE, *Television and the Child,* Oxford University Press, Londres, 1958, espec. capítulos 3 y 4.

[53] R. MERTON, *Social Theory and Social Structure,* Free Press, Nueva York, 1968, p. 447.

[54] H. CHILD, *Public Opinion; Nature, Formation and Role,* Van Nostrand, Princeton, 1965.

[55] J. B. CHRISTOPH, *Capital Punishment and British Politics,* George Allen and Unwin, Londres, 1962.

[56] W. SHIRER, *The Rise and Fall of the Third Reich,* Pan, Londres, p. 308.

[57] G. GERMANI, «Political Socialization of Youth in Fascist Regimes» en S. Huntington y C. Moore (eds.), *Authoritarian Politics in Modern Society,* Basic Books, Nueva York, 1970, pp. 339-379.

[58] V. O. KEY, *Public Opinion and American Democracy,* Knopf, Nueva York, 1961, p. 412.

[59] G. ALMOND, *The American People and Foreign Policy,* Praeger, Nueva York, 1960, p. 158.

[60] M. ROSENBERG, «Attitude Change and Foreign Policy in the Cold War Era», en J. Rosenau (ed.), *Domestic Sources of Foreign Policy,* Free Press, Nueva York, 1967, p. 148.

[61] L. EPSTEIN, *British Politics in the Suez Crisis,* Pall Mall Press, Londres, 1964, p. 172.

[62] K. DOLBEARE y P. HAMMOND, «The Political Party Basis of Attitudes Towards the Supreme Court», *Public Opinion Quarterly,* **33,** 16-30 (1968).

[63] V. O. KEY, *The Responsible Electorate,* Harvard University Press, Cambridge, Mass., 1966, p. 132.

[64] A. DOWNS, *An Economic Theory of Democracy,* Harper and Row, Nueva York, 1957.

[65] A. CAMPBELL, P. CONVERSE, W. MILLER y D. STOKES, *The American Voter,* Wiley, Londres, 1964, p. 202.

[66] P. CONVERSE, «Attitudes and Non-Attitudes; Continuation of a Dialogue», en E. Tufte (ed.), *The Quantitative Analysis of Social Problems,* Addison-Wesley, Reading, Mass., 1970, pp. 168-189.

[67] V. O. KEY, «Public Opinion and Democracy», en E. Walker, J. Lindquist, R. Morey y D. Walker (eds.), *Readings in American Public Opinion,* American Book Company, Nueva York, 1968, pp. 358-367.

[68] H. MCCLOSKY, «Consensus and Ideology in American Politics», *APSR,* **68,** 361-382 (1964); S. A. Stouffer, *Communism, Conformism and Civil Liberties,* Wiley, Nueva York, 1955; J. W. Prothro y C. M. Grigg, «Fundamental Principles of Democracy: Bases of Agreement and Disagreement», *Journal of Politics,* **22** (1960); S. M. Lipset, *Political Man,* Mercury Books, Londres, 1963, espec. capítulo 4.

[69] A. BRIER, «The Decision Process in Local Government: A Case Study of Fluoridation in Hull», *Public Administration,* **48,** 153-168 (1970).

[70] N. DEAKIN (ed.), *Colour and the British Electorate 1964,* Pall Mall Press, Londres, 1965, p. 158.

[71] A. CAMPBELL, P. CONVERSE, W. MILLER y D. STOKES (eds.), *Elections and the Political Order,* Wiley, Nueva York, 1966, p. 225; D. Mathew y J. Prothro, «Southern Images of Political Parties», en A. Leiserson (ed.), *The*

American South in the 1960's, Praeger, Nueva York, 1964, páginas
82-111.

[72]   J. CHRISTOPH, *Capital Punishment and British Politics,* Allen and Unwin,
Londres, 1962, pp. 118-121.

[73]   —— *Capital Punishment and British Politics,* Allen and Unwin, Londres,
1962, p. 172.

Capítulo 9
PARTICIPACION POLITICA

9.1. Participación política

Debería resultar evidente en este momento que la gente participa en política de muchos modos, con diferentes grados de compromiso emocional y a diferentes niveles del sistema. La teoría democrática tradicional considera, en general, que la participación del individuo en una actividad política es una virtud en sí misma. La participación se ha considerado como un deber cívico, como un signo de salud política, como el mejor método para asegurarse de que los intereses privados no sean desdeñados y como una condición *sine qua non* de la democracia. Generalmente, esta perspectiva se predicaba sobre la base de la concepción griega del individuo que no participa en la vida pública como un animal o un idiota, o a partir del punto de vista más calculador del siglo XVIII sobre la participación, como producto consciente de un análisis de las alternativas a la participación —la tiranía o la oligarquía. En cualquier caso, un factor importante de esta concepción de la democracia era que suponía y fomentaba un alto nivel de participación popular.

Hoy, excepto a un nivel valorativo —se debería animar a la gente a participar— sería difícil afirmar que en las democracias la gente muestra altos niveles de participación e interés políticos, salvo en los momentos de elecciones generales. Incluso en éstas, los niveles de participación política en calidad de electores varían bastante según las democracias: en las elecciones presidenciales de EE. UU., vota el 58 por ciento del electorado; en Noruega alrededor del 79 por ciento, en Italia el 90 por ciento, en el Reino Unido alrededor del 80 por ciento, y en Francia vota cerca del 78 por ciento en las elecciones generales. Así, incluso al nivel mínimo de participación electoral, existen considerables variaciones nacionales, pero el nivel general en las democracias es bastante alto. Sin embargo, cuando pasamos a las elecciones locales, la proporción desciende aproximadamente a la mitad, o menos, de la habitual en las elecciones nacionales. Invariablemente, la proporción del interés expreso de los electores en la política, y del nivel de conocimientos sobre las instituciones y hechos políticos —aunque sea variable según los países, y dentro de cada país— es muy inferior al implícito en los modelos clásicos de la democracia. Por tanto, como se indicó en otra parte de este volumen, es necesario otro modelo de los procesos políticos asociados con la democracia.

Definamos la participación política, siguiendo a McClosky, como «aquellas actividades voluntarias mediante las cuales los miembros de una sociedad intervienen en la selección de los gobernantes y, directa o indirectamente, en la formación de la política gubernamental» [1]. En su sentido más amplio, esta definición incluye desde las conversaciones políticas intrascendentes, como las que uno puede mantener en un club, hasta la intensa actividad del miembro de un grupo político marginal. Tales actividades se pueden clasificar en diversas categorías, y nosotros emplearemos la tipología propuesta por Milbrath[1].

Por debajo de cualquiera de las actividades establecidas en el gráfico 4 están los apáticos que, en EE. UU., representan aproximadamente un tercio de la población, y que «literalmente no se dan cuenta del aspecto político del mundo que los rodea». Cerca de un 60 por ciento de la población desempeña roles de espectador, y sólo del 1 al 3 por ciento aproximadamente es plenamente activo, quedando alrededor de un 7 a un 9 por ciento en una situación de transición, de la que pueden ascender o descender[2]. Milbrath dice que su ordenación supone «una cierta lógica interna, una progresión natural hacia la participación en las actividades políticas», y que las personas que participan a un nivel es probable que

---

[1] L. Milbrath, *Political Participation*, Rand McNally, Chicago, 1965, p. 18; su lista no incluye las actividades violentas, de las que nos ocupamos en el capítulo 10.

[2] Véase D. Butler y D. Stokes, *Political Change in Britain*, Macmillan, Londres, 1969, p. 25, para cifras muy similares.

lo hagan también a niveles *inferiores* [2]. Para esta lógica, es central la idea de que el ascenso en la jerarquía supone costes crecientes de tiempo, energía y recursos, y en cada nivel poca gente es capaz o está preparada para hacer las inversiones necesarias. Por eso, uno de los intereses de la sociología política está en dar cuenta de las posiciones que la gente ocupa en la jerarquía de la participación, y esto nos lleva a una consideración de la participación como una consecuencia de las circunstancias sociales, políticas y psicológicas asociadas a ella.

Ocupar un cargo público y de partido Ser candidato para un cargo Solicitar fondos para el partido Participar en un comité electoral o en una reunión sobre estrategia Contribuir con su tiempo a una campaña	Actividades de contendiente
Participar en una reunión o concentración política Realizar una contribución monetaria Establecer contacto con un funcionario público o un dirigente político	Actividades de transición
Llevar una insignia o un marbete político Intentar influir en otro para que vote de cierta manera Iniciar una discusión política Votar Abrirse a los estímulos políticos	Actividades de espectador

GRÁFICO 4. Participación política (De Lester Milbrath, *Political Participation*, © 1965 por Rand, McNally & Company, Chicago, Gráfico 3, p. 18).

Sin embargo, antes de hacer esto, es necesario plantear la cuestión de ¿por qué participar en política? Como dice Lane, «¿de qué sirve al hombre su política?». Lane sugiere varias razones generales, una de las cuales es racional y calculadora, y el resto tiene sus orígenes en otros aspectos de la personalidad [3]. En los párrafos siguientes examinaremos los *correlativos* sociales de esta participación, mientras que aquí veremos algunas de las explicaciones propuestas de por qué la gente participa en política.

Explicación económica de la participación política

«Los hombres tratan de aumentar su bienestar económico o material... por medios políticos.» Se podría señalar, en primer lugar, que existen métodos más directos para fomentar los intereses económicos —trabajando, comprando barato, ahorrando— que la participación en la política, aunque los hombres con bienes de propiedad pueden verse arrastrados a defenderlos cuando son atacados por quienes no los tienen, que, en una democracia, son los más numerosos. Además, los hombres que ya tienen recursos económicos son los que con mayor probabilidad participarán [4], y es bastante probable que, aunque pueda haber un componente económico en esta participación, se busquen también otras gratificaciones como la aprobación de los demás, los sentimientos de poder, las afirmaciones simbólicas del propio mérito y éxito, etc. En resumen, Lane reduce el imperativo económico a un imperativo cultural y psicológico, en el cual el éxito económico está cubierto con otros valores como el éxito mundano, la vanidad y el logro.

La participación como satisfacción de necesidades psicológicas

Algunos hombres necesitan ganar la aprobación de sí mismos y de los demás, y otros necesitan reducir tensiones internas que no son necesariamente políticas en su origen. Esta orientación se corresponde muy de cerca con la discutida en la sección del capítulo 6 que se ocupa de la proyección. Los hombres participan en política sólo secundariamente por sus consecuencias distributivas; aunque la redistribución de la renta, el prestigio, la aprobación y el status pueden desempeñar un papel, el origen de la participación se encuentra en necesidades psicológicas personales. Las reasignaciones abiertamente ambicionadas se persiguen porque simbolizan para el actor en su medio, cualquiera que éste sea, que es poderoso, que puede dominar, que su padre se equivocaba al decirle que era una nulidad, que su esposa se equivoca al negarle la felicidad conyugal, que él puede obtener el amor y el respeto de los que le apoyan. Esta necesidad psicológica de participar puede, sin embargo, estar distribuida de modo diferencial: por ejemplo, la gente de «cultura norteamericana empleará con mayor probabilidad su participación como una ayuda para el ajuste social que otras personas socializadas en otras culturas occidentales» [3].

De modo semejante, algunos psicólogos postulan la existencia de una tendencia instintiva en la gente que se manifiesta en la necesidad de comprender su entorno, y parte del entorno que necesitan comprender es, naturalmente, el político. La necesidad de comprender está basada en la curiosidad, que es instintiva, y puede manifestarse como curiosidad sexual, exploración, filosofía, literatura y política. En política, la necesidad de comprensión puede tomar formas más o menos activas desde la simple atención a los medios de comunicación, la asistencia a reuniones, la lectura de información política, el contraste de las opiniones propias con las de los demás, hasta la búsqueda de un cargo y la oportunidad de una mayor comprensión.

No se considera que ninguna de estas explicaciones sea exclusiva, en el sentido de que algunas personas no puedan estar a la vez motivadas económicamente y también, por ejemplo, intentar comprender, o en el sentido de que algunos hechos políticos no puedan contener un componente más fuerte de lo uno que de lo otro. Pero Lane estableció que son más que una mera clasificación o una tipología de la participación, tal como la que sugirió Milbrath. La dificultad está en que, salvo en la explicación económica, no nos permiten responder a la pregunta ¿por qué algunos hombres proyectan sus necesidades sobre la política —para obtener aprobación, comprensión, atención, para comprender, etc.—, mientras otros no lo hacen? A este respecto, el argumento económico es el más completo, pues, en realidad, los hombres pueden prosperar y defender sus intereses económicos muy bien en política, ya se trate de un interés personal, de grupo o de clase. Las otras dos explicaciones no son autosuficientes en este sentido. Sin embargo, si les añadimos los factores que consideramos más adelante, la mayoría de los cuales subrayan que la oportunidad y los recursos para llegar a estar comprometido políticamente no están distribuidos de forma equivalente o fortuita, estaremos en mejor posición para responder a la pregunta. Volveremos de nuevo a este tema, pero mientras tanto vamos a pasar a ocuparnos de los correlativos sociales —oportunidades y recursos— de la participación política.

9.2. Oportunidades y recursos de la participación política

Algunas de las conclusiones más elaboradas en el estudio del comportamiento político se refieren a la asociación entre la participación política y diversas características sociales, como el sexo, la edad, la ocupación, el tiempo de residencia estable, la educación, la religión, etc. Una de las razones para ello es que cuesta poco obtener los datos sobre estas variables, pues normalmente están disponibles a cargo de la comunidad, pero sólo en muy pocas ocasiones las prospecciones públicas han permitido al investigador llevar a cabo análisis más sofisticados de lo que los estudios contemporáneos han sido capaces de conseguir. Esta situación es, en parte, el resultado del marco legal dentro del que se realizan las elecciones. Aunque las elecciones representan una especie de experimento de masas sobre una población estrictamente definida, en la que se pide a todos los miembros de la población que escojan entre las mismas alternativas básicas, y cada elección es registrada, el hecho es que las decisiones individuales se «cuentan como actos anónimos, separados de sus orígenes» [5]. Las reglas del secreto electoral significan que el análisis de los datos electorales que realiza el especialista debe limitarse a agregar datos, como los cómputos por localidad o circunscripción, y que no puede realizar un análisis directo a nivel individual. Todo esto significa que quienes intenten explicar el comportamiento político empleando datos procedentes de las elecciones, trabajan con desventaja. Sólo indirectamente pueden acercarse a muchas cuestiones relativas al significado social del voto. Debido a la ausencia de datos referidos a los electores individuales, deben usarse diversos *indicadores,* en lugar de datos más directos, lo que hace problemática cualquier interpretación. Pero la amplia actividad desarrollada desde la década de 1920 ha supuesto la reunión de gran cantidad de material, que en gran parte relaciona diversos aspectos de la clase social con el comportamiento político. La conclusión más general es que el status social elevado —ya se mida por la educación, la ocupación o el prestigio— está asociado fuertemente, pero de modo variable, con ingresos elevados, información abundante, conservadurismo, participación política superior a la media y elevado sentido de la eficacia política, y que este sector de status elevado está situado en un medio sometido a numerosos estímulos políticos. También se le puede considerar como bien situados y bien dispuestos para recibir comunicaciones políticas, mientras que los individuos de status más bajo no están tan bien situados ni tan dispuestos para recibir tales comunicaciones. Aquéllos están bien dispuestos debido a su educación, y posiblemente porque proceden de una familia con elevado nivel de conciencia política; están bien situados porque sus ocupaciones les ponen en contacto con las cuestiones políticamente importantes y porque sus capacidades ocupacionales son también políticamente pertinentes. Otro aspecto situacional es que esos individuos de elevado status pueden mantener generalmente numerosos contactos comunitarios con personas como funcionarios, profesores y dirigentes políticos y económicos. Su ubicación y ambiente personales se pueden resumir diciendo que están en el centro político, mientras que aquéllos no tan bien equipados están lejos del centro, más cerca de la periferia, donde las comunicaciones

CUADRO 16. Proporción de la participación
comunitaria y status

Indice de status y categorías	Participación comunitaria	
	Inactiva %	Activa %
Grupo de renta familiar	($N = 212$)	($N = 278$)
Renta inferior	53	22
Renta media	37	36
Renta superior	10	42
	100	100
Grados de escuela terminados	($N = 255$)	($N = 336$)
Ocho o menos	63	24
De nueve a once	18	13
Doce	14	37
Más de doce	5	26
	100	100
Ocupación de los varones encuestados o de los maridos de las mujeres encuestadas	($N = 271$)	($N = 338$)
Profesionales	2	13
Agricultores	39	36
Propietarios	4	21
Empleados	1	9
Trabajadores especializados y semi-especializados	35	18
Trabajadores no especializados	19	3
	100	100

Tomado de D. Krech, R. Crutchfield y E. Ballachey, *Individual in Society*, McGraw-Hill, Nueva York, 1962, Copyright, © 1962, McGraw-Hill Book Company.
Con permiso de McGraw-Hill Book Company.

políticas son más dispersas y, en cualquier caso, tales personas están menos predispuestas a recibir la comunicación política.

Es la distinción centro-periferia y los factores subyacentes a esta distinción lo que explica «la conclusión de que las personas de clase elevada participan con mayor probabilidad en política que las personas de clases inferiores» [6]. Pero debe quedar claro que esta elevada participación en la política es sólo un aspecto de la mayor participación general de la gente de status elevado en su medio (véase cuadro 16).

Sin embargo, no todos permanecen en la misma clase o con el mismo status toda la vida, sino que son móviles entre las diversas categorías de status y clases. En realidad, en las sociedades industriales complejas el movimiento social es característico de amplios sectores de la población.

Tales movimientos, como muestra el cuadro 17, son habituales en las sociedades industriales. Hay pruebas de que el que está

CUADRO 17.   Indices comparados de la movilidad social ascendente y descendente (porcentajes)

País	Población no-campesina Movilidad vertical total a través de la línea entre las clases obrera y media
	%
EE. UU.	30
Alemania	31
Suecia	29
Japón	27
Francia	27
Suiza	23

Cuadro adaptado de S. Lipset y R. Bendix, *Social Mobility in Industrial Society,* University of California Press, Berkeley, 1967, pág. 25[3]. Publicado originalmente por University of California Press; reeditado con permiso de los directores de la Universidad de California.

en ascenso social participa más que el que desciende, como demuestra un estudio sobre la participación de los miembros de los sindicatos holandeses. (Véase cuadro 18) [7].

[3] Véase también T. Fox y S. M. Miller, «Ocupational Stratification and Mobility», en R. Merrit y S. Rokkan, *Comparing Nations,* Yale University Press, New Haven, 1966, pp. 217-237.

CUADRO 18.   Movilidad social y participación

Status comparado con la ocupación del padre, según propia opinión	Participantes	No participantes
	%	%
Inferior	7	40
Igual o superior	93	60
	(100 % = 38)	

Tomado de M. Van De Vall, *Labour Organisations*, © Cambridge University Press, Londres, 1970, p. 162.

Sin embargo, la participación política y su dirección —hacia la derecha o la izquierda— es más problemática. En EE. UU. y en Gran Bretaña, tanto la movilidad ascendente como la descendente tienden a estar asociadas con el desarrollo de actitudes sociales y comportamiento electoral más conservadores. La primera relación se explica generalmente haciendo referencia a las presiones sociales para ajustarse a un nuevo medio, o por la socialización anticipadora. La segunda se explica como compensación de una pérdida, mediante una fuerte identificación con un símbolo del status perdido. Esto es, cualquier resocialización de las personas que han experimentado un movimiento social descendente en su nueva clase puede estar mitigada por un deseo de emulación del comportamiento que les otorga un sentido de superioridad sobre los otros, en este caso la orientación política de su clase de origen [4]. Sin embargo, a veces la movilidad descendente puede ir acompañada del radicalismo político; en otras palabras, sus actitudes se ponen en consonancia con las que prevalecen en el status terminal. Esto parece suceder en Italia, una sociedad donde la individualización y los atractivos de un *milagro económico* han estado acompañados por desigualdades en la retribución, escándalos públicos y corrupción, una burocracia inflexible y otros abusos, y los que sufrieron un descenso, perticularmente interesados en mejorar estas condiciones, se sienten especialmente frustrados por las privaciones y tensiones de su situación, y son atraídos con facilidad por los partidos de izquierda.

[4] Véase E. Maccoby, «Youth and Political Change», *Public Opinion Quartely*, **13**, 23-39 (1954); esta conclusión está confirmada también para el Reino Unido.

Podemos considerar que el status social consiste en un cierto número de atributos sociales —educación, ocupación, renta, raza, religión—, y, de acuerdo con la teoría de la consistencia del status, podemos afirmar que, cuando una persona tiene esos atributos sociales en algún tipo de organización *contradictoria,* puede estar «predispuesta a la participación en movimientos sociales» [8]. Se considera que esta predisposición es producto de la tensión psíquica engendrada por la contradicción de tener, por ejemplo, una renta elevada pero un bajo prestigio étnico, o un status político elevado, pero un status ocupacional bajo. La participación, a un nivel relativamente elevado en la jerarquía de participación, se puede entender como reductora de tensiones (especialmente en los movimientos ideológicos), porque proporciona una oportunidad de cambiar o atacar las estructuras que producen la contradicción [9]. Sin embargo, no todos los tipos de contradicción, sino sólo aquellos de subretribución —etnicidad elevada pero bajo nivel de educación, y ocupación elevada y baja renta— «se ha encontrado que participan en movimientos sociales con voluntad de cambios societales importantes» [10]. Se ha descubierto también que la inconsistencia de status no sólo afecta a la participación, sino incluso al tipo de participación, como en el caso de los choques ocupacionales y religiosos en los que los que estaban en situación contradictoria resultaron ser partidiarios en proporciones muy elevadas de los partidos liberal y socialista [11].

Aunque este tipo de análisis es sugestivo, presenta varias dificultades operacionales. Se puede argumentar que en una sociedad industrial compleja y altamente diferenciada casi nadie muestra consistencia, de modo que, si de verdad uno observa a los participantes de forma continuada, encontrará inevitablemente elementos no consistentes que pueden ser utilizados para explicar la participación. Esto sucede especialmente si se tiene en cuenta la posibilidad de ordenaciones de status distintas de las empleadas normalmente en los análisis de la participación. Por ejemplo, ¿cuál es el resultado en la participación de un prestigio ocupacional elevado y un bajo nivel de atractivo sexual? ¿Son los parlamentarios norteamericanos ex-abogados poco atractivos? El problema consiste en seleccionar las jerarquías de status más importantes y, al examinar diversas naciones, este problema puede ser casi insuperable, especialmente si se trata de naciones con culturas muy diferentes. Por ejemplo, Lenski en su estudio de la inconsistencia del status en varias naciones encontró que la religión católica contaba muy poco en Gran Bretaña, de forma que la discrepancia entre la religión y la ocupación no influía para determinar la preferencia de partido, mientras en Australia, Canadá y EE. UU. si lo hacía [11].

Hasta este momento hemos presentado dos tipologías de participación: la clasificación en contendiente-de transición-espectador, y la dicotomía centro-periferia. También hemos empleado la teoría de la consistencia de status, pero hemos indicado que es relativamente débil. Sin embargo, incluso si las explicaciones sobre la participación política no carecen de dificultades, no es menos cierto que se dispone de una gran cantidad de información sobre los factores sociales asociados con la participación política. A continuación están tabulados algunos de estos hallazgos:

INVENTARIO DE ALGUNOS CORRELATIVOS SOCIALES DE LA PARTICIPACION POLITICA

Educación
La participación de las personas con nivel de educación más elevado resulta más probable.
Confirmado en : Estados Unidos, Finlandia, México, Gran Bretaña, Francia, Italia.
En Noruega la relación se cumple para el voto, pero no para las actividades de contendiente. En Noruega, la existencia de partidos fuertes y socialmente polarizados significa que cada partido puede reclutar activamente a obreros desde el interior de su propio grupo de apoyo del status.

Ciudad-campo
La participación política es menos probable en los campesinos que entre los habitantes de las ciudades.
Confirmado en: Estados Unidos, Finlandia, Gran Bretaña, Noruega, Dinamarca, Suecia.
Datos algo contradictorios en EE. UU.; en el Japón esta relación no se cumple, probablemente porque los japoneses del campo no están más alejados del centro social que los japoneses de las ciudades.

A mayor distrito electoral, mayor proporción de participación.
Confirmado en: Estados Unidos, Reino Unido.

Participación social
Es más probable que los miembros de un sindicato se interesen en política, adopten una posición más firme sobre las cuestiones políticas y voten, que los obreros no sindicados.

Confirmado en: Estados Unidos (con algunas excepciones), Gran Bretaña, Suecia.

La elevada participación en asociaciones voluntarias está asociada con una elevada participación política.

Confirmado en: Estados Unidos, Gran Bretaña, Francia, Alemania Occidental.

La probabilidad de que las personas sometidas a presiones de grupo cruzadas participen es inferior a la de las no sometidas a esas presiones.

Confirmado en: Estados Unidos, Gran Bretaña.

Es decir, la intensa participación en grupos no va acompañada necesariamente de un nivel paralelamente elevado de participación política. La participación en grupos puede *tirar* en direcciones contrarias, y esta situación tiende a estar asociada con un alejamiento de la actividad política.

Residencia

Cuanto más tiempo reside una persona en una comunidad determinada, mayor es la posibilidad de que participe en política.

Confirmado en: Estados Unidos, Finlandia, Gran Bretaña.

Esto es especialmente cierto en las actividades de contendiente. Al parecer, ha de pasar algún tiempo antes que una comunidad esté dispuesta a confiar un cargo a un miembro nuevo.

Ciclo vital

La participación aumenta gradualmente con la edad, pero después de los 50 ó 60 años comienza a declinar.

Confirmado en: Estados Unidos, Gran Bretaña, Francia.

El grupo más apático es el de los ciudadanos jóvenes solteros, que están integrados sólo marginalmente en su comunidad.

Confirmado en: Estados Unidos, Finlandia, Noruega, Gran Bretaña.

La tasa más elevada de participación es la de las personas casadas sin hijos.

Confirmado en: Estados Unidos.

Sexo

La participación en política es más probable entre los hombres que entre las mujeres.

Confirmado en: Estados Unidos, Gran Bretaña, Italia, Francia, Alemania, México, Suecia, Noruega, Japón.

La relación desaparece cuando entran en juego factores como

la clase social y la educación, aunque en el nivel de las
actividades de contendiente la relación se mantiene.

Religión, raza, etnicidad.
Los negros participan menos que los blancos.
Los judíos participan más que los católicos, que, a su vez, son
más activos que los protestantes.
Confirmado en: Estados Unidos, Francia, Bélgica.

Como muestra nuestro inventario, se han acumulado conocimientos considerables relativos a diversos factores sociales asociados con la participación en política a diversos niveles y en
diversos países, pero aún permanece el problema de organizar
esa información dentro del contexto de una teoría general de la participación. No hay explicaciones realmente satisfactorias de la
participación política. Sabemos que los participantes difieren
sistemáticamente en sus características sociales de los no participantes, y podemos observar que los participantes —especialmente al nivel más alto de la jerarquía del espectador y más
arriba— poseen recursos que facilitan su mayor implicación.
Pero no tenemos una teoría capaz de explicar *por qué* utilizan
estos recursos en la actividad política más que en otra actividad.
Ni siquiera los sugestivos conceptos de Milbrath de *centro* y
periferia suministran una explicación. Los factores asociados con
un alto grado de participación política, como los niveles elevados
de educación, la situación urbana, el compromiso social elevado,
el status socio-económico elevado, etc., representan ubicaciones
ventajosas dentro del sistema social para la recepción de información política, la consecución de una mayor influencia en la
política, de un mayor contacto con la vida política, etc. Pero tales
conceptos no explican, excepto en forma negativa, la participación periódica en la política, tanto de forma legítima como
ilegítima, de la *periferia social*. Por ejemplo, no nos ayudan gran
cosa a explicar el auge de los Panteras Negras, el surgimiento de
los grupos de presión *de base*, como las asociaciones de inquilinos, o los disturbios esporádicos que a menudo caracterizan
la vida campesina. En parte, esta deficiencia se debe a que la
mayoría de las investigaciones sobre la participación política
dependen de un tipo determinado de prospección social: la encuesta. La gran expansión de la investigación sobre el comportamiento político, especialmente el comportamiento electoral,
estuvo unida al desarrollo de la elaboración de encuestas, un tipo
de investigación que tiene implicaciones particulares sobre la
teoría que se basa en esos datos. Por una parte, la encuesta

tiende a considerar al individuo como la unidad social básica. Es el individuo el normalmente seleccionado por los procedimientos de muestreo de probabilidades, y quien es entrevistado o al que se le da un cuestionario para rellenar. Además, el análisis se hace sobre la base de los atributos individuales. Por eso, en un sentido muy importante, el individuo se encuentra separado de su contexto social, y se pierde el carácter inmediato, de proceso, de gran parte de la vida social. Aunque, durante el análisis, se agrupe a los individuos sobre la base de sus actitudes o de alguna otra característica social, se pierde fácilmente de vista «el grado en que esos individuos pueden actuar juntos en grupos de forma repentina, bien porque se han formado grupos nuevos o bien porque se han reforzado grupos antiguos, y las predicciones se hacen sobre la base de que tal y tal tanto por ciento de la muestra tiene esta o aquella actitud» [12]. Lo que falta, en otras palabras, es la información sobre procesos, como el desarrollo del consenso de grupo, que ayudan a traducir la actitud en acción.

Existen métodos que intentan superar este excesivo individualismo: una de estas técnicas es el muestreo de intenciones, en el cual los individuos son seleccionados de acuerdo con su posición dentro de la estructura social. Otro método, desarrollado en los estudios electorales de Lazarsfeld y sus colegas, es la proyección de grupos. En este tipo de prospección, se estudia a un grupo de individuos durante un período de tiempo para examinar el efecto que las variables-tiempo pueden tener sobre su comportamiento. Por ejemplo, este tipo de prospección social permitió a Lazarsfeld y sus colegas usar un tipo de análisis *de desplazamiento* para hallar cuál era la proporción de cambio en la

CUADRO 19.   Intención de voto en octubre

Voto de hecho en noviembre	Republicanos	Demócratas	No sabían	No esperaban saber	Total
Republicanos	215	7	4	6	232
Demócratas	4	144	12	0	160
No votaron	10	16	6	59	91
	229	167	22	65	483

De P. F. Lazarsfeld, B. Berelson y H. Gaudet, *The People's Choice,* Columbia University Press, Nueva York, 1948, p. xi.

preferencia de partido durante el período de la campaña electoral. (Véase cuadro 19.)

Si en el estudio se hubiera entrevistado a diferentes grupos de personas en octubre y en noviembre, en lugar de a los mismos, los resultados habrían sido los siguientes: en octubre, el 41 por ciento (167 de 396) de aquellos que habían definido su voto, votaron por los demócratas; en noviembre lo hicieron el 42 por ciento (160 de 392). Esto habría indicado una gran constancia en las actitudes políticas a lo largo de la campaña. Pero, de hecho, sólo las personas de la diagonal principal del cuadro 19 permanecen constantes: 418 de 485 de los encuestados hicieron en noviembre lo que pensaban hacer en octubre, mientras que el 13 por ciento cambió de opinión en un sentido u otro. Este tipo de técnica ofrece al investigador una red más fina en la que aprehender la cualidad dinámica y de proceso de la vida social. En otras palabras, las teorías basadas sobre datos directos son a menudo demasiado estáticas y utilizan variables muy alejadas de cualquier proceso social tangible.

La mayoría de las explicaciones ofrecidas en este campo son *post hoc*. La única teoría general rigurosa utilizable es la elaborada por Downs, que concentra su atención sobre la decisión de votar, pero la teoría puede aplicarse, en principio, a niveles de participación más elevados.

La teoría económica es básicamente una teoría del intercambio, que supone un actor calculador y racional. Un hombre actúa racionalmente cuando minimiza los costos necesarios para alcanzar cualquier fin deseado. Por tanto, un hombre vota —gasta energía— por el partido que está más próximo de sus objetivos. Su cálculo supone lo siguiente: hasta qué punto le beneficiaría (o perjudicaría) que ganase (o perdiese) las elecciones el partido de su preferencia. Debe calcular entonces la posibilidad de que *su* voto sea el voto decisivo, sin el que su partido preferido perdería las elecciones. Si su partido fuera a ganar o perder independientemente de que él votara o no votara, actuaría racionalmente no votando, porque su gasto de energía no afectaría al resultado, es decir, su partido preferido ganaría sin que él incurriera en ningún gasto. La victoria de su partido es un bien colectivo —como una carretera o un parque— en el sentido de que, si gana, él obtendrá una parte tanto si vota (paga) como si no, y es evidente que la mayoría de los *individuos* se benefician más no votando (no pagando). Los partidos pueden intentar reducir los costos en que incurre el elector para adquirir información, actuando de una manera previsible y produciendo ideologías. También puede estar inseguro de la situación electoral, es decir de las posibilidades exactas de que su voto sea decisivo, y, por tanto, la posibilidad casi infinitesimal de que vote cuando tiene una información perfecta se hace ligeramente mayor. En cualquier caso, el problema es: «Incluso la baja concurrencia de un 25 por ciento, por ejemplo, es, en este análisis, claramente contradictoria con la racionalidad» [13]. Por tanto, la teoría económica no puede explicar los niveles elevados de participación electoral, y se necesitan diferentes tipos de explicación para comprender por qué la gente vota como lo hace: por ejemplo, las presiones del grupo para que se vote, los procesos no racionales, como la identificación con los padres, amigos, etc. Las dificultades de adoptar este procedimiento son enormes. En primer lugar, hemos pasado de una teoría a otra. En segundo lugar, incluso si aceptamos que los costos se reducen siguiendo la actitud de los padres, esto no explica las acciones de los padres; es decir, si ayuda a explicar la forma en que uno ha votado, ¿cuál es, entonces, la explicación del comportamiento de los padres? Nos encontramos implicados claramente en una regresión hasta Adán y Eva. Además, si afirmamos que, al votar, el elector está actuando racionalmente al afirmar su lealtad a un partido, a la democracia o a su grupo, parece que nos acercamos mucho a la proposición de que todo lo que hace una persona lo hace porque obtiene algún tipo de beneficio.

Downs, aunque no con completo éxito, intenta enfrentarse con esta dificultad mediante su concepto de la *información política libre,* que, aunque diferencialmente disponible, puede ser aprovechada en cierta medida por todos y, por tanto, es razonable que se produzca la participación al nivel mínimo —el voto— puesto que los costos son extremadamente bajos. También hay una alusión —no más— a una solución alternativa, al escribir que «algunos ciudadanos buscan también la información política directa *simplemente por su valor de entretenimiento*» [5]. Esto indica, sencillamente, que mucha gente no considera la participación política como un costo, sino más bien como un placer en sí, o sin llegar a tanto, que el *acto* de votar está por debajo del umbral de cualquier cálculo de costo-beneficio, aunque la *elección del partido al que apoyar* puede muy bien basarse más en el cálculo. Sin

---

[5] A. Downs, *An Economic Theory of Democracy,* Harper and Row, Nueva York, 1957, p. 23; el subrayado es nuestro. Nos sensibilizamos respecto de este punto después de una discusión con nuestro colega J. Stanyer. Para un desarrollo de la opinión de que la actividad política es una forma de juego, véase H. Kariel, «Expanding the Political Present», *APSR,* **63,** 773-774 (1969).

embargo, aunque se considere la participación como un placer, esta consideración supone todavía la posibilidad de que, para obtenerlo, hay que abandonar otros placeres en competencia con él. Probablemente una explicación más razonable se encuentra en que el cálculo del placer-dolor está tan por debajo del umbral en que pueden intervenir sobre la mayoría de la gente otros factores —el grupo, la familia, la situación en el trabajo, el sentimiento de que se tiene el deber de votar, etc.— que conducen a la exclusión práctica de todo cálculo personal, excepto en el sentido atenuado de que los intereses de grupo-familia-trabajo pueden servir al interés personal.

Sin embargo, dejando de lado esta dificultad, el modelo de Downs resulta eficaz en relación con otros aspectos de la participación. Se puede deducir que, en circunscripciones marginales, es más probable que la gente influya en el resultado de la elección, y esta expectativa está confirmada en gran número de elecciones locales en el Reino Unido[6]. Otra deducción que se podría hacer es que, en las circunscripciones con el máximo de electores, el coste de adquirir información sobre el impacto probable del voto propio sería mayor que en las circunscripciones con menor número de electores; por tanto, *ceteris paribus,* cuanto mayor sea la circunscripción, será menor la participación. Esta inferencia goza de firme apoyo en los datos disponibles sobre la participación en las elecciones locales británicas: «la participación media en las circunscripciones con elecciones reñidas oscilaba desde el 46 por ciento en las ciudades con una población inferior a 50.000 habitantes, a un 32,3 por ciento en las ciudades con más de medio millón de habitantes... la participación media por circunscripción está también en estrecha correlación con las dimensiones de la circunscripción, oscilando del 54,4 por ciento en distritos con menos de 2.000 electores, a un 34,3 por ciento en circunscripciones con 10.000 electores o más» [14]. De modo semejante, se puede inferir que cuanto más reñida cree la gente que va a ser la elección, es decir, cuanto más estrechos sean los márgenes entre los partidos, es tanto más probable que la participación sea elevada. Esto sucede entonces porque el voto marginal tiene mayores oportunidades de ser decisorio. Igual-

---

[6] Véase el apéndice estadístico de P. Fletcher para L. J. Sharpe (ed.), *Voting in Cities,* Macmillan, Londres, 1967, pp. 290-336. En el Reino Unido no se observó la misma relación en la elección general de 1964; véase D. Butler y A. King, *The 1964 General Election,* Macmillan, Londres, 1965, apéndice 2. Pero para 1966, «en circunscripciones marginales, los votantes apáticos era mucho más probable que concurrieran», D. Butler y A. King, *The British General Election of 1966,* Macmillan, Londres, 1966, p. 284.

mente podría esperarse que en una situación semejante los partidos hicieran disminuir los costos de la información para el electorado, intensificando su campaña en busca de votos, su propaganda y sus ofertas de ayuda a los electores en el momento de votar, etc.

También se puede inferir del modelo de Downs que, a medida que aumenta *con el tiempo* el número de electores, es decir, a medida que se integra en el sistema electoral a capas sociales más bajas, la participación decrecerá, ya que el coste de las oportunidades de adquirir información política es más elevado para esos grupos. Esto nos lleva a considerar el tipo de explicación que puede ofrecer un modelo como el de Downs para los hechos conocidos de la participación diferencial según el sexo, la clase social, el nivel de educación y la edad. En realidad, la consecuencia inmediata de un incremento del electorado es una disminución de la participación, pero esto parece subsanarse en elecciones posteriores. En Noruega, por ejemplo, en 1898 se concedió el derecho de voto a todos los hombres mayores de 25 años, aumentando así el número de electores, de 238.000 habilitados y 196.000 registrados en 1897, hasta 440.000 habilitados y registrados en 1900. Pero pasó algún tiempo antes de que ejercieran sus derechos aquellos a quienes se había concedido el voto. En las primeras elecciones nacionales, después de la introducción del sufragio universal masculino, se produjo un descenso del 16 por ciento en el nivel de participación, y hubo que esperar hasta 1924 para que se llegara al nivel de participación masculina alcanzado antes de 1900 [15].

Las cifras más bajas no requieren comentario, pero sí la tendencia ascendente, y esto se puede explicar de dos maneras compatibles ambas con el modelo. En primer lugar, los partidos políticos parecen responder al incremento del electorado rebajando los costos de la adquisición de información, aumentando su publicidad, personalizando la elección y estableciendo focos de atracción de carácter simbólico-ideológico. En segundo lugar, desde el punto de vista del electorado, se puede argumentar que la retribución por la participación sólo se hace patente después de cierto período de tiempo. El no participante puede encontrarse con que *después* de la elección, cuando las decisiones políticas pueden empezar a afectarle desfavorablemente, los costes de su no participación son más elevados de lo que parecía probable antes de la elección.

El modelo de Downs sirve también para explicar los hechos conocidos de la participación inferior de las mujeres, y de la participación elevada de las personas mayores y de nivel educativo más alto. Downs no se ocupa del caso de las mujeres, pero es sabido que participan menos en la discusión política, puesto que aquellas que trabajan tienden a hacerlo en pequeñas empresas y en situación de no sindicadas; y su rol social, especialmente en la vida de la clase obrera, se define con frecuencia como no político. Por tanto, las oportunidades de adquirir información política de forma accidental son mayores en el caso de los varones. Se infiere que el adquirir la misma cantidad de información política que el hombre supone para la mujer mayores sacrificios. De ahí que su participación inferior quede explicada por la teoría, y que la tendencia a seguir la opinión del marido en el voto adquiera también una nueva significación. Al actuar así, lo hacen racionalmente ya que de este modo minimizan los costes. De forma semejante, la elevada participación de las personas mayores —hasta la edad en que el esfuerzo físico es demasiado grande— se puede explicar, en parte, mediante el concepto de Downs de la información libre adquirida accidentalmente. Cuanto más vieja es una persona, mayor es la probabilidad de que haya adquirido mucha más información libre y, *ceteris paribus,* más bajo será el coste de participar en las elecciones. Considerando la educación, un factor al que no hace referencia Downs, encontramos que la educación superior está asociada con (1) el deseo de obtener y asimilar información (el alto nivel de educación está asociado con trabajos *mejores*) y (2) la persona de nivel educacional elevado adquiere una información política libre como subproducto de su educación. Esta situación le proporciona un contexto independiente dentro del cual puede evaluar nueva información. Por tanto los costes de participación para las personas de alto nivel de educación son inferiores, y por consiguiente los porcentajes de participación probablemente serán superiores.

En cierto sentido, todas estas relaciones son triviales, pues la conclusión más significativa, con gran diferencia, acerca de la participación política es que, en todos los países donde se ha investigado, se ha descubierto que la clase social es el determinante general más importante de la preferencia de partido: «Los profesionales y los hombres de negocios, las personas con un nivel de ingresos elevado, las personas con una educación superior a la enseñanza media votarán con mayor probabilidad por un partido que esté a favor de la protección de los intereses económicos y de una escasa legislación social, que las personas con ocupaciones de poco prestigio, con pocos ingresos o con bajo nivel de educación» [16]. La religión, los lazos regionales, los factores étnicos, etc., perturban esta relación, pero no la destruyen. La cuestión es, naturalmente, si se puede explicar esta asociación mediante el modelo de Downs. La respuesta es que, aunque Downs no trató directamente el problema, se puede inferir fácilmente que aquellos que votan porque no haya cambios, están votando por una mínima redistribución de ingresos, de prestigio y de status, a través de los impuestos, los beneficios, etc., y que aquellos que votan por el cambio, votan por algún tipo de redistribución. Cada grupo vota para maximizar sus propios ingresos y, por tanto, actúa racionalmente.

Esta consideración nos lleva a lo que puede ser un importante punto débil de la argumentación de Downs. Parece que la gente actúa racionalmente cuando su objetivo es maximizar sus beneficios y minimizar sus costes. Esto puede ser *cierto* (1) a corto plazo y (2) para un individuo. Pero esto no quiere decir que los beneficios individuales sean beneficios sociales, ni que lo que es ventajoso a corto plazo lo sea necesariamente a largo plazo. Tomemos el caso del empresario que persigue la maximización de sus beneficios. Este objetivo no es equivalente a una innovación socialmente deseable, y en realidad puede ser incompatible con ella. Tomemos también el caso de la élite, políticamente astuta, que está dispuesta a hacer considerables concesiones a las no-élites para reducir la solidaridad de la no-élite. Pueden hacer esto a sus expensas a corto plazo, pero al hacer concesiones favorecen evidentemente los intereses a largo plazo de la élite.

El examen de Downs sobre la participación, y las insuficiencias de este análisis que hemos bosquejado, sugieren que se puede encontrar un análisis más satisfactorio de la participación política en una consideración de la posible intervención de las variables psicológicas.

9.3. Los correlatos psicológicos de la participación política

Las dificultades fundamentales que plantea un estudio de los correlativos psicológicos serán familiares para el lector, pero no está de más insistir en ellas: (1) es muy difícil desligar causa y efecto: aquellos que están más comprometidos psicológicamente ¿son activos como consecuencia de sus necesidades psicológicas, o están psicológicamente comprometidos como consecuencia de las satisfacciones derivadas de la actividad política?; (2) ¿cómo podemos medir los rasgos psicológicos si no es sacando a la luz las respuestas de comportamiento —en este caso verbal— de los sujetos? Esto plantea la posibilidad de que el encuestado mienta, de que las cuestiones sean inadecuadas, de que las respuestas correspondan a lo socialmente aceptado, de responder cuando no procede y, lo más importante, de inferir lo que pasa por la mente de la gente a partir de lo que dicen. Puesto que discutimos con cierto detalle, en un capítulo anterior, el problema de extraer la personalidad *básica* a partir de los rasgos de la personalidad socialmente aprendidos o socialmente derivados, no trataremos ahora este problema, aunque conviene tenerlo presente. Todo indica, de hecho, que los rasgos de la personalidad básica como la rigidez, el sentimiento de culpa, la intolerancia ante la ambigüedad, la depresión maniaca y la ansiedad manifiesta no están en correlación estrecha con la participación política [17]. La participación es un acto social complejo, de modo que no es sorprendente que cualquier rasgo de la personalidad básica tenga sólo una significación muy limitada para explicarla. Para mucha gente, la inversión que psicológicamente se hace en la política es tan débil que probablemente no puede concederse una importancia decisiva a cualquier actividad política en cuanto satisfactora de necesidades psicológicas profundamente arraigadas. Pero esto no significa que, para algunas personas, tal compromiso no sea enormemente importante.

Otros rasgos psicológicos, que deben su origen a un aprendizaje social, parecen estar más relacionadas en conjunto con la participación política que la personalidad básica. Entre estos rasgos aprendidos, se han investigado los siguientes: sentido de la eficacia, sentido de la responsabilidad cívica, sociabilidad, sentido de la alienación y autoritarismo.

Ciertamente los políticos (en el cuadro 20 son personas que «ocupaban y aspiraban a ocupar algún cargo nacional») están más profundamente comprometidos en la política que los electores, y de dicho cuadro se deduce que están menos alienados políticamente y tienen un sentido superior de la eficacia política que la muestra de los electores. Pero, a su vez, el sentido de eficacia y de alienación está fuertemente relacionado con el status social personal [18]. Probablemente lo que sucede es que los recursos de tiempo, educación y oportunidad de la clase media dan a una persona un sentido inicial de la eficacia, y si después participa, es probable que tenga éxito, lo que reforzará ese sentimiento. Sin embargo, la asociación es fuerte, ya que (1) las personas que pertenecen a una organización tendrán proba-

CUADRO 20.   Sentido de eficacia política y de alienación
política de los políticos y los electores

	Sentido de eficacia política		Sentido de alienación política	
	Políticos	Electores	Políticos	Electores
	%	%	%	%
Bajo				
Resultado 0	0	20	66	15
Resultado 1	0	32	21	18
Resultado 2	4	24	9	23
Resultado 3	34	20	2	18
Resultado 4 o más o más alto	62	4	2	26

Tomado de Ian Budge, *Agreement and the Stability of Democracy*, Chicago, Markham Publishing Company, 1970, p. 125[7].

blemente un sentido más elevado de la eficacia política que aquellas que no pertenecen; (2) los de superior nivel educativo pertenecen a más organizaciones que los de más bajo nivel, y (3) hay una fuerte conexión entre pertenecer a una organización, tener un nivel educativo elevado y disponer de cierto sentido de la eficacia [19]. Finalmente, hay una fuerte conexión entre todo esto y la clase social de una persona, como quiera que la definamos. Dentro de la clase obrera británica, la participación en asociaciones voluntarias varía entre los que piensan que pueden influir en una decisión política si lo desean, y los que piensan que no les es posible influir. La pertenencia a organizaciones voluntarias está también en relación positiva con la frecuencia de las conversaciones políticas y con la cantidad de información política de que se dispone [20].

Además, la gente con un alto sentido del deber cívico tiende también a ser más participante que aquellos que no lo tienen, y es más probable que los primeros sean de un status socioeconómico superior a los segundos. Sin embargo, este rasgo está relacionado con más intensidad con el nivel de educación que con el status socio-económico general[8]. De forma análoga, es una conclusión

[7] Los resultados indican asentimiento o disentimiento con una serie de preguntas elegidas para poner en evidencia la eficacia y la alienación.

[8] Para las pruebas, véase L. Milbrath, *Political Participation,* Rand McNally, Chicago, 1965, pp. 61-64.

bien fundamentada que la probabilidad de que las personas anómicas y alienadas participen en política es inferior que en el resto de la población. Las personas anómicas tienden a carecer de dirección social, se sienten inefectivas y a menudo carecen de una estructura central de valores de referencia. Son políticamente despegadas e indiferentes, mientras que los alienados muestran «recelo, desconfianza, hostilidad y cinismo» [21]. Como en las otras relaciones, también hay una fuerte asociación entre el status socio-económico y la anomia y alienación, en el sentido de que la gente que da muestras de estas condiciones es más probable que tenga un índice socio-económico bajo. (Véase cuadro 21.) [22].

CUADRO 21.   Status y alienación (en tantos por ciento)

| Indicadores de status | Alienación | | | |
	Elevada	Baja	Total	(N)
Raza				
Negra	76	24	100	(25)
Blanca	39	61	100	(140)
Ocupación				
Manual	60	40	100	(40)
No manual	31	69	100	(106)
Educación				
0-12 años	57	43	100	(51)
13-15	32	68	100	(31)
16 o más	25	75	100	(64)
Identificación de clase				
Obrera y clase media baja	58	42	100	(38)
Clase media y alta	32	68	100	(100)

El problema, sin embargo, no consiste simplemente en establecer relaciones ni, en los casos que hemos esbozado, en explicarlas, ya que la teoría de Downs y la distinción centro-periferia son adecuadas para este propósito. El problema reside más bien en investigar si se añade algo a las relaciones descubiertas entre la clase social y el status social y las demás características de participación *incluyendo* las características psicológicas, a la vez que se establece una ponderación respecto de la clase y statu~

sociales[9]. Un supuesto es que la asociación aumentará o dismu-
nuirá puesto que la asociación entre cada conjunto de variables
no es perfecta; por ejemplo, no todas las personas alienadas
pertenecen a la clase obrera y no son participantes. Así, si
añadimos una variante psicológica a una variable social, podemos esperar que la primera aumente o disminuya la asociación entre la variable social y la participación política, y esto
demostrará el efecto independiente de las condiciones psicológi-

CUADRO 22.   Comparación de conservadores y liberales,
mediante rasgos clínicos de la personalidad

Variable psicológica	Liberales (N = 190)	Liberales moderados (N = 136)	Conserv. moderados (N = 331)	Conserv. extremos (N = 245)
Hostilidad				
% baja	59	38	26	9
% alta	18	37	46	71
Tendencias paranoicas				
% baja	56	42	28	13
% alta	16	27	37	62
Desprecio de la debilidad				
% bajo	61	33	21	5
% alto	8	18	29	55
Rigidez				
% baja	58	43	29	14
% alta	18	32	41	60
Intolerancia con las flaquezas humanas				
% baja	52	30	17	6
% alta	8	16	23	54

Tomado de H. McClosky, «Conservatism and Personality», APSR, 52, 27-45
(1968), ligeramente abreviado.

[9] Por ejemplo, cuando consideran el un tanto dramático nivel de participación
discutido bajo el título de «Intentos de asesinato dirigido al cargo de Presidente»,
los autores explican que «ni la clase socio-económica ni el empleo parecen
establecer un hilo conductor»; en K. Kirkham, S. Levy y W. Crotty, Assassination and Political Violence, Batam Books, Nueva York, 1970, p. 79.

cas. El cuadro 22 muestra las relaciones entre ciertas características psicológicas y las creencias políticas.

Está claro que las ideas conservadoras (al menos en esta muestra norteamericana) están asociadas de modo bastante definido con rasgos psicológicos clínicos. Además, McClosky muestra también la relación entre el sentido de la responsabilidad social, la anomia, la confianza en sí mismo, la alienación, etc., y la actitud política conservadora. Sin embargo, cuando se introducen variables *sociales* —status y educación— «estos factores dan cuenta, por sí mismos, de una parte significativa de la variación total descubierta en nuestros datos». No obstante, McClosky concluye que «mientras el *alcance* y los grados varían como varían la ocupación, la educación o el conocimiento, la *dirección* y la *magnitud* de las diferencias entre los liberales y los conservadores es la misma para todos los status y niveles educacionales. En resumen, los factores de la personalidad parecen ejercer una influencia bastante uniforme sobre la formación de las perspectivas conservadoras o liberales en todos los niveles

CUADRO 23. La relación del sentido de efectividad personal con la participación política y la participación electoral, según la educación

Educación	Sentido de la efectividad personal			
	Bajo	Medio bajo	Medio alto	Alto
Primaria				
% votantes	43	47	72	82
% participantes	32	34	48	41
N	47	47	60	22
Secundaria				
% votantes	67	79	80	82
% participantes	48	45	62	57
N	67	61	136	34
Universitaria				
% votantes	0	90	90	88
% participantes	0	76	73	86
N	*	29	52	22

* Las cifras de esta columna se funden con la columna adyacente.

De *The American Voter,* de Angus Campbell, Philip E. Converse, Warren E. Miller y Donald E. Stokes, Copyright © 1960, John Wiley & Sons Inc. Con autorización de John Wiley & Sons Inc.

sociales» [23]. Así, la personalidad parece ejercer algún efecto independiente.

Campbell y sus colegas han demostrado que incluso manteniendo constante la variable social educación, el compromiso político y los resultados se incrementan cuando aumenta en el individuo el sentido de la efectividad personal (véase cuadro 23) [24].

La implicación del cuadro 23 es clara, aunque debido a los números reducidos que se manejan no es concluyente: manteniendo constante la educación, el sentido de la efectividad personal ejerce un efecto independiente al incrementar la propensión al voto y la participación. Pero a un nivel de educación superior esta variable particular no ejerce ningún efecto independiente. Campbell concluye que en el medio de status más elevado, la presión del entorno favorece elevados niveles de voto y de participación, pero «a niveles más bajos, el individuo depende más de las motivaciones personales, y por tanto la personalidad se convierte en un factor discriminante más evidente» [25]. De

CUADRO 24. Comportamiento electoral según la educación y la anomia

	Educación inferior a la enseñanza secundaria		Enseñanza secundaria o superior		A	B
	Anómico	No anómico	Anómico	No anómico		
Votaron	20%	37%	46%	58%	0,24	0,15
N.º de casos	82	41	39	78		
A favor de la propuesta	19%	60%	56%	67%	0,21	0,24
N.º de casos	16	15	18	45		
Actitudes favorables	40%	62%	55%	71%	0,12	0,19
N.º de casos	45	26	29	62		

Columna A: la proporción de variación en cada variable dependiente explicada por la educación *independientemente* del efecto de la anomia; Columna B: la proporción de variación de cada variable dependiente explicada por la anomia *independientemente* del efecto de la educación.

Cuadro adaptado de E. McDill y J. Ridley, «Status, Anomia, Political Education and Political Participation», *American Journal of Sociology*, **68**, 205-213 (1962). Copyright © 1962, University of Chicago Press; reproducida con autorización.

forma similar, Agger y sus colegas hallaron que el cinismo político ejercía un efecto independiente sobre la actividad política, por ejemplo en la discusión política con la gente, aunque controlado por la educación [26].

En un estudio sobre la votación a favor y en contra de una propuesta de consolidación del gobierno de Nashville, Tennessee, se pusieron en relación las dimensiones psicológicas de la anomia y la alienación con la característica social de la educación, y estos datos se relacionaron con la participación en la actividad política en torno al cambio propuesto. Se descubrió que las variables psicológicas estaban asociadas con la decisión de votar, pero más todavía con el voto a favor y en contra de la propuesta de consolidación: votó el 28 por ciento de las personas anómicas, frente al 50 por ciento de los no anómicos, pero de las personas anómicas sólo votó a favor el 46 por ciento, mientras que de los no anómicos la proporción fue del 68 por ciento. La educación fue el factor que más contó en la decisión de votar (véase cuadro 24).

Pero, como muestra el cuadro 24, incluso manteniendo constante la educación, la anomia explica alguna de las relaciones de la decisión de votar y de una actividad favorable a la propuesta. Los autores concluyen que «al nivel afectivo, la participación política se puede considerar en términos de una *weltanschauung* negativa (medida mediante escalas de anomia y alienación política); al nivel cognoscitivo, puede ser considerada en términos de carencia de educación, con la consiguiente pobreza de comprensión de los problemas de la comunidad» [10].

Sin embargo, otro estudio de la relación entre las variables psicológicas y sociales de la participación política también dió resultados positivos. En este estudio *la sociabilidad*, «un sentimiento de tranquilidad, afabilidad y confianza en las situaciones sociales, y una disposición a aceptar las responsabilidades que acompañan a las relaciones sociales efectivas», fue puesta en relación con diversos tipos de participación, manteniendo constante el status socio-económico (definido como *renta*) [27]. La probabilidad de que los individuos con altos niveles de sociabilidad participaran en la vida política era significativamente más elevada que entre quienes mostraban niveles bajos de sociabilidad (véase cuadro 25). Pero cuando se incluye el nivel de renta por definición, alta = más de $5.000 anuales, y baja = menos de

[10] Los autores han compuesto también un cuadro que demuestra que la alienación, con independencia de la educación, ayuda también a explicar a la vez la decisión de votar y la dirección del voto.

CUADRO 25.   Sociabilidad y participación.

	Participación baja	Participación elevada
Sociabilidad baja	48	16
Sociabilidad elevada	33	36

$5.000 anuales), la asociación baja bruscamente (véase cuadro 26). Milbrath concluye, no obstante, que «el mismo factor de sociabilidad, aparte de su relación con el status socio-económico, parece ser una variable intermedia significativa que conduce a una participación política mayor»[11].

Ello muestra, pues, que, aunque las variables psicológicas parecen explicar algunas de las relaciones esbozadas antes, no se ha llevado a cabo un análisis multivariante suficiente para que sea posible establecer una conclusión firme. Además, la conexión entre variables sociológicas y psicológicas tiende a ser estrecha. Esto es lo que se podría esperar dada la existencia de una materia como la psicología *social*. Aclarar el peso relativo de los elementos sociológicos y psicológicos en la participación es un problema complejo, y no hace sino aumentar las dificultades mencionadas anteriormente en este apartado.

Es fácil para el especialista en sociología política limitar casi por completo su atención a los aspectos psicológicos y sociales del problema que tiene entre manos, ignorando el marco legal y constitucional dentro del cual está frecuentemente inmerso e

CUADRO 26.   Sociabilidad, renta y participación

	Renta elevada		Renta baja	
	Baja participac.	Elevada participac.	Baja participac.	Elevada participac
Sociabilidad baja	20	10	28	6
Sociabilidad elevada	24	31	9	5

[11] Milbrath proporciona pruebas de x^2 para sus datos; cuadro 25, $x^2p < 0,00$ y cuadro 26, $x^2p < 0,05$, y el segundo es escasamente aceptable. Usando su cifras, calculamos las asociaciones gamma para los dos cuadros: cuadro 2. gamma = 0,6, y cuadro 26, gamma = 0,44; es decir, la asociación disminuye.

problema. Los parámetros políticos de la participación, sin embargo, no pueden ser ignorados fácilmente, puesto que la participación es, en cierto sentido, una función de reglas legales y constitucionales, y de esto es de lo que pasamos a ocuparnos ahora.

9.4. El contexto político de la participación

Quizás el sentido más obvio de la influencia sobre la participación se encuentra en las disposiciones legales, como las pruebas de alfabetización, las disposiciones adecuadas para el voto de los ausentes, los requisitos de residencia, etc. Mediante tales pruebas el negro norteamericano, especialmente en el sur de EE. UU., fue alejado de modo efectivo de la participación legal, y cayó por tanto en la apatía. Es igualmente obvio que la ley puede conceder a sectores más o menos amplios de la población el derecho al voto, y puede facilitar o dificultar la asociación de la población en organizaciones políticas o sociales: dan fe de ello las leyes francesas y británicas en vigor en el siglo XIX, que restringían la existencia legal de los sindicatos, y los grados diferentes en que se concedió el derecho al voto a los ciudadanos norteamericanos, británicos y franceses. Naturalmente esto no significa que los que formalmente carecían del derecho al voto no participasen de otras formas, ni que sus intereses fuesen siempre ignorados. Algunos teóricos británicos, como Edmund Burke, argumentaban que la gente que no tenía derecho legal al voto estaba representada virtualmente por los que lo tenían. Los métodos de participación en tales situaciones varían considerablemente, y es importante observar que, en 1812, durante la campaña peninsular, había estacionadas más tropas en Gran Bretaña que en España. También es importante observar que, incluso en Gran Bretaña, considerada tradicionalmente como un sistema político pacífico, durante los últimos ciento cincuenta años han sido frecuentes los tumultos, disturbios, complots y conflictos laborales violentos [28]. Además, y de forma más pacífica, los que no tenían derecho al voto se lanzaron a agitaciones en favor de la reforma del sistema electoral en el siglo XIX, de la derogación de las leyes de Asociaciones, de la derogación de las leyes de Granos y del establecimiento de una legislación laboral [29]. Actualmente en las sociedades industriales el sufragio universal es casi completo, aunque hay alguna variación en cuanto a la edad, a los problemas de registro, etc.

Cuando el sufragio es universal, es plausible imaginar que,

junto a los factores psicológicos y sociales ya discutidos, las estructuras de partido pueden influir en las tasas relativas de concurrencia electoral y de participación. Hay dos formas en las que esto puede ocurrir. En primer lugar, puede suceder que la participación electoral esté en función del número de partidos que compiten de forma realista para los cargos públicos. Ciertamente, los datos disponibles parecen demostrar que la participación electoral varía independientemente del número de los partidos principales que compiten. La ausencia de una asociación clara es puesta de manifiesto en el Cuadro 27.

CUADRO 27.   Participación electoral y sistemas de partidos

A Sistema de partidos	B Participación electoral (%)
Sistema bipartidista	
EE. UU.	58
Nueva Zelanda	90
Reino Unido	78
Austria	90
Dos partidos y medio	
Alemania Occidental	87
Luxemburgo	71
Canadá	80
Bélgica	87
Eire	71
Multipartidista con un partido dominante	
Dinamarca	84
Suecia	83
Noruega	79
Italia	90
Islandia	86
Holanda	92
Multipartidista sin un partido dominante	
Suiza (sólo sufragio masculino)	28
Finlandia	73
Francia	80

La columna A procede de J. Blondel, *An Introduction to Comparative Government*, Weidenfel and Nicolson, Londres, 1969, p. 157; la columna B está extraída de B. Russett y otros, *World Handbook of Social and Political Indicators*, Yale University Press, New Haven, 1964, pp. 84-85.

El cuadro muestra que no existe relación: en Nueva Zelanda, con dos partidos principales, el promedio de concurrencia es aproximadamente del 90 por ciento, mientras que en EE. UU. y en Gran Bretaña la participación electoral es mucho menor, de un 58 por ciento y un 78 por ciento, respectivamente. Además, en los sistemas multipartidistas, con o sin un partido dominante, la participación electoral es del 79 por ciento; mientras que en Italia, con una estructura similar, es del 90 por ciento aproximadamente; en Finlandia, un sistema multipartidista sin partido dominante, la participación electoral es de cerca del 73 por ciento, mientras que en Israel una estructura similar da el 80 por ciento. Así pues, no existe una relación simple entre la participación electoral y el sistema de partidos. En segundo lugar, se podría pensar que allí donde hay más partidos en competencia por el poder, esta situación proporcionaría necesariamente mayores oportunidades para llegar a ser funcionarios y activistas de los partidos. Pero el número de partidos no parece afectar al porcentaje de personas que participan de un modo más activo que el simple ejercicio del derecho de voto. Parece que en la mayoría de las poblaciones existe una reserva muy limitada de personas que desee y sea capaz de hacer algo más en política que votar simplemente.

Puesto que la participación electoral es casi siempre elevada en los sistemas democráticos industriales, o simplemente democráticos, se deduce que, en el mejor de los casos, la naturaleza de la campaña electoral (ruidosa o tranquila, con discusión de cuestiones *importantes* o *sin importancia,* con participación de muchos o pocos partidos) no influye de forma muy significativa en la participación electoral. Se podría pensar que la polarización ideológica de los partidos debería influir en la participación, ya que aquellos que no apoyasen una ideología tendrían normalmente un fuerte incentivo para votar por la otra. Así Noruega es un país con ese grado de *polarización ideológica,* y sin embargo el porcentaje de participación electoral es casi el mismo que en el Reino Unido, donde los partidos, aunque diferentes, no son desde luego ideológicos. El nivel de participación, además de la participación electoral, es también sorprendentemente semejante a los países no polarizados, con la intervención aproximada del 2 al 3 por ciento de la población en las actividades de contendiente, la asistencia a mitines de alrededor del 7 por ciento, la existencia de un 19 por ciento que pretende haber leído algúna propaganda electoral, y el no-compromiso relativo del resto [30]. Por otra parte, hay pruebas de que durante una crisis, cuando se considera importante la elección, la concurrencia crecerá marginalmente [31]. La siguiente generalización está probablemente muy cerca de ser una ley universal en política: en todos los países democráticos, la participación electoral suele ser superior al 70 por ciento en las elecciones generales, mientras que las formas de participación más fuertes descienden por debajo del 1-2 por ciento. Se ha afirmado que esto es un signo de satisfacción generalizada con la situación del país. Esta conclusión es con certeza demasiado limitada, porque ignora todo un conjunto de actividades como las huelgas y la violencia callejera, que pueden ser indicativas de un profundo descontento frente a elementos distintos de los *obviamente* políticos. Además, ignora la posibilidad, muy real, de que la falta de interés en comprometerse con intensidad es una adaptación prudente, por parte de la mayoría de la gente, a su relativa impotencia para cambiar las cosas; como vimos cuando nos ocupamos del modelo de la élite, la mayoría de la gente carece de los recursos necesarios para intervenir en política de modo efectivo. Finalmente, la mayoría de los datos agregados sobre los que se basan estas generalizaciones ignoran (1) la posibilidad de que no sea a través de la participación electoral como se satisfagan las exigencias políticas de la mayoría de la gente, sino a través de las organizaciones y grupos de presión, y (2) la posibilidad de que, incluso si la gente no·participa en la política nacional, ·puede intervenir esporádicamente en ciertas cuestiones que cobran actualidad y después se apagan. Los movimientos «Campaña para el Desarme Nuclear» y SANE* en EE. UU. son ejemplos que reunen ambas posibilidades, pero aquí describiremos brevemente una pequeña incursión esporádica en la política por parte de un grupo de gente hasta entonces no participantes que fue activada por una simple reivindicación que, al ser atendida parcialmente, dio lugar a la desaparición de la organización. Lo hacemos porque tal participación esporádica está probablemente muy extendida, porque implica a personas que normalmente no son activistas y porque descuidar este tipo de participación conduce a subrayar excesivamente la apatía del elector medio.

A principios de 1965 se formó la Exeter Council Tenants Association [Asociación de Arrendatarios del Ayuntamiento de Exeter] como consecuencia de la introducción de un nuevo proyecto que habría obligado a algunos arrendatarios a pagar

---

* Committee for Sane Nuclear Policy. Es menos radical que la CND (Compaign for Nuclear Disarmament). *(N. del T.)*

rentas más elevadas por sus viviendas oficiales y habría hecho obligatorio para todos los arrendatarios presentar una declaración de ingresos. Los arrendatarios no fueron consultados sobre el nuevo proyecto por los partidos locales ni por los concejales del distrito, y tanto los concejales como los partidos fueron cogidos por sorpresa cuando se formó la Asociación. Los organizadores de la Asociación diferían en casi todo de la imagen clásica del activista político: de los veintidós miembros del órgano ejecutivo sólo tres habían recibido educación formal después de la edad de los catorce años, sólo doce de los veintiuno calificados para ingresar en un sindicato lo hicieron, y de estos doce sólo cinco afirmaron que acudían a reuniones sindicales. Sin embargo, ocho declararon tener amigos políticamente activos, y diez eran miembros de varios tipos de organizaciones voluntarias, pero sólo cuatro afirmaron haber pertenecido anteriormente a algún comité de un sindicato, de una organización social voluntaria o de un partido político. Finalmente, ningún miembro del comité ejecutivo pudo decir que había observado ningún tipo de actividad política —distinta del voto— en sus padres. Así pues, representaban, más o menos, el tipo del ciudadano medio no comprometido.

Sin embargo, este grupo de gente *organizó* comisiones, marchas y consultas con la prensa local, los partidos locales y los concejales, y pocos meses después de haberse formado disputaron cinco escaños en el consejo de la ciudad, obteniendo el 23 por ciento de los votos. Reclutaron para la Asociación el 53 por ciento de todos los arrendatarios de viviendas subvencionadas por el municipio, y eran conocidos por el 99 por ciento de éstos. Como consecuencia de su actividad, este grupo celebró frecuentes reuniones, y pronto surgió un fuerte consenso de grupo acerca de, por ejemplo, los motivos de los concejales para reunirse con ellos y hacer concesiones, y, de forma muy significativa, desarrollaron un punto de vista altamente estructurado y coherente acerca de la política local, que difería profundamente de las opiniones mucho menos estructuradas de la generalidad de los miembros menos comprometidos [32].

Tal comunidad puede considerarse como un campo de interacción social, con reuniones relativamente frecuentes en tabernas, clubs, solares de aparcamientos, etc. Además, el medio es aquí bastante homogéneo socialmente, y la principal característica definitoria —en este caso no ser dueños de una casa— constituye un interés común que es potencialmente una base para la acción común, cuando ese interés se vea amenazado de alguna manera[12]. En el caso de las asociaciones de inquilinos —que se han desarrollado muy rápidamente en Gran Bretaña— el interés común inicial procede de la decisión política, tomada por las autoridades públicas, de construir este tipo de viviendas. Cuando los intereses de los habitantes están aparentemente en peligro, cualquier defensa de esos intereses se convierte autómaticamente en un asunto de carácter político. Pero, nótese bien, no de carácter activo y público para todos los afectados. Sólo una minoría participa, pero una minoría previamente clasificable —al menos, en términos de actividad política— como espectadores o periféricos. Desgraciadamente, no disponemos de ningún estudio sobre tales grupos que centre su atención en su sentido de la eficacia, la anomia, la sociabilidad, etc. Sin embargo, como hemos visto, el electorado no puede ser considerado como una masa homogénea. Esto sugiere naturalmente que aquellos que actúan de modo relativamente pasivo a un cierto nivel pueden ser movilizados a un nivel superior de actividad por sucesos directos y particulares, más que como resultado de sucesos indirectos y generales. Así, aquellos electores políticamente inactivos a los que Budge identificaba por tener un sentido de la efectividad potencial muy cercano del de los políticos pueden estar disponibles para niveles superiores de participación si se produce el estímulo político apropiado [33].

Una consideración que no debe olvidarse cuando se examina la participación política es la posibilidad de que una misma acción pueda tener repercusiones políticas en unas circustancias, y no tenerlas en otras. Consideremos el mismo tipo de circustancias discutido antes, pero en este caso en viviendas privadas. En estas circunstancias diferentes, es mucho más probable que las autoridades públicas no hubiesen intervenido en el asunto. En un caso, la organización intenta influir en las asignaciones de valores de la autoridad, mientras en el otro, no; sin embargo, las acciones adoptadas son básicamente similares, aunque los inquilinos de las viviendas subvencionadas, por ser arrendatarios del municipio, están obligados a adoptar una actividad abiertamente *política*.

Esta consideración sugiere que la participación *política* es una categoría bastante arbitraria, y que las mismas actividades pueden ser calificadas como políticas en un caso, mientras que en otro entrarán en otra categoría, como la económica o la social.

[12] Para una exposición más completa sobre esta perspectiva, véase S. Greer, «The Social Structure and the Political Process of Suburbia», *American Sociology Review,* **25**, 514-526 (1960).

Parece que lo importante es el contexto de la acción más que la acción misma, puesto que en el caso mencionado las actividades de las asociaciones de arrendatarios provocaron respuestas de los partidos locales y de los concejales, mientras que al tratarse de viviendas privadas, esta respuesta es menos probable, ya que los intereses de los concejales pueden estar menos amenazados. Además, la participación política es en sí misma una categoría contextual, en el sentido de que una actividad que en Gran Bretaña tiene un fuerte tinte político no lo tiene en EE. UU. Por ejemplo, al estar en el Reino Unido casi todos los médicos pagados por el Estado, toda demanda de aumento salarial supone necesariamente un arbitraje político, mientras que en EE. UU. esto no ocurre. O, como en el caso de Nueva York y Newark, el salario de los profesores de enseñanza media y primaria es una cuestión política como en Gran Bretaña, pero, a causa de su composición racial, en EE. UU. se convierte en una cuestión simbólica, emotiva y de poder hasta un grado difícil de imaginar en Gran Bretaña. El escribir un estudio literario suele tener muy poca significación política y no se considera como una intervención política en el Reino Unido, mientras en Francia podría serlo, en Rusia lo es a menudo, y en China, siempre. Esto significa que, desde una perspectiva comparada, la actividad política —por ejemplo, la actividad de contendiente o la posición en el centro político— no significa necesariamente lo mismo. La actividad electoral y otras formas de actividad *política* que pueden tener una significación en Gran Bretaña o EE. UU. tienen significados muy diferentes en la URSS y en Africa.

9.5. Participación política: conclusiones

Se hace visible que se ha avanzado poco en la elaboración de una teoría sistemática y coherente que relacione variables sociales, psicológicas y políticas con el acto de la participación en política. La única teoría sistemática adolecía de una importante dificultad, puesto que según sus premisas no se podrían explicar fácilmente los altos niveles de participación, teniendo que introducirse el concepto de umbral mínimo y la noción, más bien curiosa, de que el votar es un acto agradable en sí mismo. Nos queda una masa de datos correlacionados que se explica mediante una teorización *ad hoc*. Esto es un paso adelante importante, pero lo que se necesita es una teoría que relacione los datos de modo constante. El problema es que, sin una teoría semejante, podemos descubrir relaciones casi indefinidas entre, por ejemplo, la concurrencia y, digamos, el nivel de analfabetismo, la correspondencia privada *per capita,* la intervención gubernamental, el número de partidos, etc. Siempre puede *explicarse* la relación en términos de una teoría sociológica parcial. Así, si encontramos, como bien podría ocurrir, que la baja participación electoral está asociada con un alto nivel de ilegitimidad, no sería descabellado intentar una explicación en términos de anomia, que no sólo afecta a la vida moral de la comunidad, sino que somete a la gente a presiones contrarias, induciéndoles a abstenerse de votar. O tomemos como ejemplo el efecto que, según se dice, tiene la movilidad social descendente sobre el comportamiento electoral. Cuando este comportamiento cambia, se señala que el cambio representa una adaptación al status terminal; si permanece *adecuado* al status de origen, se dice que es consecuencia de un mantenimiento del status simbólico. En otras palabras, una buena parte de lo teorizado en este campo (y, podemos añadir, en otras esferas de la sociología política) es *post hoc* y adicional —para explicar cada desviación empírica de la pauta original descubierta, se añade un poco de teoría. Esta es una técnica que los astrónomos ptolomeicos habrían encontrado familiar.

Cuando pasamos al estudio comparado de la concurrencia electoral y la participación, los problemas derivan de la ausencia de estadísticas y de la existencia de diferencias culturales y políticas que dificultan la realización de comparaciones adecuadas. Tomemos como ejemplo la eficacia política, para la cual se dispone de instrumentos de medida normalizados que han sido probados en muchas sociedades diferentes. En una sociedad donde la cultura otorgue importancia a la norma de participación, la baja eficacia puede representar una grave separación del sistema político, pero en una cultura política más sometida, la baja eficacia puede representar simplemente lo que el ciudadano concibe como su papel normal. ¿Diríamos que una distribución general de baja eficacia ciudadana en la URSS representa una norma social, o una grave separación del sistema? Desde una perspectiva ligeramente diferente, tenemos también el problema de comparar los modos de participación de los distintos países. Indiscutiblemente, como indicamos antes, las elecciones no significan lo mismo para todo el mundo, a pesar de que la participación electoral sea generalmente elevada, y que las oportunidades más importantes de participación estén diversamente estructuradas. Lo que parece una huelga sobre salarios y condiciones de trabajo en España puede ser un modo de participación estructuralmente determinado que en otro país puede tomar la forma de disturbios callejeros, o un alto nivel de abstencionismo electoral, o la formación de grupos de presión.

Dadas estas dificultades, ¿hemos sido capaces, no obstante, de acercarnos a una comprensión de la participación política? Lo hemos hecho de dos maneras. En primer lugar, se ha comprobado la posibilidad de demostrar que la participación política tiene un componente a la vez social y psicológico. En segundo lugar, hemos visto que los recursos y oportunidades para tal participación no están igualmente distribuidos y, *vide* Lane, esto nos proporciona una posible explicación de la cuestión: «Dado que todo el mundo tiene la necesidad de ser aceptado, de dominar, de lograr aprobación, de rechazar/aceptar a los padres, de comprenderse a sí mismo y a su medio, ¿por qué algunos eligen hacerlo en el terreno político, mientras otros eligen otro camino?» Aunque es insensato ser dogmático, es bastante probable que esta situación tenga algo que ver con los recursos. No es que toda la periferia carezca de la oportunidad de satisfacer sus necesidades psicológicas mediante la actividad política, pero sí tienen menos oportunidades. Además, estos recursos u oportunidades *no* están distribuidos al azar entre las clases sociales —como quiera que se les defina—, sino que la distribución está marcadamente inclinada hacia las clases o estratos medios de la población. Por tanto, una proposición como la de Dahl, por la que «la probabilidad de que la gente participe en política es menor si su valoración de la recompensa que puede ganar en esa participación es baja, con relación a las recompensas esperadas de otros tipos de actividad humana», es cierta pero no muy útil [34]. No es útil precisamente porque parece ser la clase media —en igualdad de las demás condiciones— la que *constantemente* concede un elevado valor a la participación. Hacia el centro existen mayores oportunidades y, supuesta la racionalidad que postula Downs, es probable que actúen prudentemente para satisfacer sus necesidades aprovechando oportunidades que implican sacrificios relativamente pequeños. Por cierto, esta indicación de que la participación está relacionada funcionalmente con las necesidades puede permitirnos superar la dificultad implícita en el modelo de Downs para explicar otros niveles de participación.

REFERENCIAS BIBLIOGRÁFICAS

[1]   H. McClosky, «Political Participation», *International Encyclopedia of the Social Sciences,* Collier-Macmillan, Nueva York, 1968.

[2]   L. MILBRATH, *Political Participation*, Rand McNally, Chicago, 1965, p. 19.
[3]   R. LANE, *Political Life*, Free Press, Nueva York, 1959, pp. 101-111.
[4]   F. LINDENFELD, «Economic Interest and Political Involvement», *Public Opinion Quaterly*, **28**, 104-111 (1964).
[5]   S. ROKKAN, *Citizens, Elections, Parties*, David McKay Co., Nueva York, 1970, p. 173.
[6]   L. MILBRATH, *Political Participation*, Rand McNally, Chicago, 165, página 116.
[7]   M. VAN DE VALL, *Labour Organizations*, Cambridge University Press, Londres, 1970, p. 162.
[8]   T. GESCHWENDER, «Status Inconsistency, Social Isolation, and Individual Unrest», *Social Forces*, **48**, 477-483 (1968).
[9]   I. GOFFMAN, «Status Consistency and Preference for Change in Power Distribution», *American Sociological Review*, **22**, 275-288 (1957).
[10] T. GESCHWENDER, «Status Inconsistency, Social Isolation, and Individual Unrest», *Social Forces*, **48**, 483 (1968).
[11] G. LENSKI, «Status Inconsistency and the Vote: A Four Nations Test», *American Sociological Review*, **32**, 298-301 (1967).
[12] J. GELTUNG, *Theory and Methods of Social Research*, George Allen and Unwin, Londres, 1967, p. 150.
[13] B. BARRY, *Sociologists, Economists, and Democracy*, Collier-Macmillan, Londres, 1970, p. 15.
[14] P. FLETCHER, «An Explanation of Turnout in Local Elections», *Political Studies*, **17**, 495-502 (1969).
[15] S. ROKKAN, *Citizens, Elections, Parties*, David McKay Company, Nueva York, 1970, pp. 183-184.
[16] R. ALFORD, «Class Voting in Anglo-American Political Systems», en S. Lipset y S. Rokkan (eds.), *Party Systems and Voter Alignments*, Free Press, Nueva York, 1967, pp. 67-93; S. Lipset, *Political Man*, Heinemann, Londres, 1963, capítulo 7.
[17] H. MCCLOSKY, «Political Participation», *International Encyclopedia of the Social Sciences*, Collier-Macmillan, Nueva York, 1968.
[18] L. MILBRATH, *Political Participation*, Rand McNally, Chicago, 1965, pp. 56-57; B. Lazewitz, «National Data on Participation Rates Among Residential Belts in the US», *American Sociological Review*, **27**, 691,696 (1962).
[19] ALMOND y VERBA, *The Civic Culture*, Little, Brown, Boston, 1965, p. 261.
[20] E. NORDLINGER, *The Working Class Tories*, MacGibbon and Kee, Londres 1967, pp. 111-136.
[21] A. CAMPBELL, «The Passive Citizen», *Acta Sociologica*, **6**, 9-21 (1962); M. Clinard (ed.), *Anomie and Devient Behaviour*, Free Press, Glencoe, 1964, espec. pp. 1-56.
[22] F. TEMPLETON, «Alienation and Political Participation», *Public Opinion Quarterly*, **30**, 249-261 (1966).
[23] H. MCCLOSKY, «Conservatism and Personality», *APSR*, **52**, 44 (1968).
[24] A. CAMPBELL, P. CONVERSE, W. MILLER y D. STOKES, *The American Voter*, Wiley, Nueva York, 1960, p. 519.
[25] A. CAMPBELL, P. CONVERSE, W. MILLER y D. STOKES, *The American Voter*, Wiley, Nueva York, 1960, p. 518.
[26] R. E. AGGER, M. GOLDSTEIN y S. PEARL, «Political Cynicism: Measurement and Meaning», *Journal of Politics*, **23**, 477-506 (1961).
[27] L. MILBRATH, «Predisposition Toward Political Contention», *Western Political Quarterly*, **13**, 5-18 (1960).
[28] B. CRIK, «The Peaceable Kingdom», *Twentieth Century*, **173**, 51-60. (1964/5); C. Tilly, «Collective Violence in European Perspective», en H.

Graham y T. Gurr (eds.), *The History of Violence in America*, Praeger, Nueva York, 1969, pp. 4-45.

[29] C. S. EMDEN, *The People and the Constitution*, Oxford University Press, Londres, 1933, espec. capítulos 3 y 4.

[30] S. ROKKAN, *Citizens, Elections, Parties*, David McKay Co., Nueva York, 1970, capítulo 11; A. H. Birch, «England and Wales», y G. Dupeux, «France», en una tirada especial del *International Social Science Journal*, «Citizen Participation in Political Life», 12, 15-26 y 40-52 (1960).

[31] L. MILBRATH, *Political Participation*, Rand McNally, Chicago, 1965, p. 104.

[32] A. BRIER y R. E. DOWSE, «Political Mobilisation: A Case Study», *International Review of Community Development*, 19-20, 327-340 (1968), y «The Politics of the A-Political», *Political Studies*, 17, 334-339 (1969).

[33] I. BUDGE, *Agreement and the Stability of Democracy*, Markham, Chicago, 1970, pp. 130-144.

[34] R. DAHL, *Modern Political Analysis*, 2.ª ed., Prentice-Hall, New Jersey, 1970, p. 79.

Capítulo 10
EL LUGAR DE LAS ELECCIONES
EN EL PROCESO POLITICO

10.1. Las elecciones y el proceso político

Las elecciones representan un mecanismo social, entre otros, para sumar preferencias de un tipo particular. Una elección es, por tanto, un procedimiento reconocido por las reglas de una organización, bien sea un estado, un club, una organización voluntaria o de cualquier otro tipo, en la que todos o algunos de los miembros eligen a un número más reducido de personas para que desempeñen un cargo o cargos de autoridad en el seno de la organización [1]. Como tal, la primera función que mencionaremos es la de proporcionar la oportunidad de una sucesión y transferencia del cargo pacíficas. Una elección no es, naturalmente, el único camino para conseguir estos fines, puesto que es muy sencillo lograr una sucesión pacífica por nombramiento directo, por una regla de primogenitura o aplicando otras reglas de herencia o de idoneidad física, espiritual o mental para el cargo. Es bastante usual que esas otras técnicas de transferencia de autoridad estén mezcladas con la puramente electiva, como en el caso de los impedimentos de edad, sexo, legales o mentales para presentarse a la elección. Sin embargo, formalmente al menos, en los sistemas políticos contemporáneos las elecciones de uno u otro tipo parecen ser la forma establecida de rotación y transferencia de poder, aunque hay una considerable variación en los cargos que se considera que deben ser cubiertos por elección. Por ejemplo, en EE. UU. muchos jueces y funcionarios legales son elegidos, mientras en Europa se utiliza el sistema de nombramiento; y en Yugoslavia, algunos altos funcionarios de las fábricas son elegidos, mientras que en otras partes esta elección es comparativamente rara; en EE. UU. el Gabinete no se selecciona entre los políticos electos, mientras en el Reino Unido sí. La cuestión es que, aunque hay una variación considerable en cuanto al ámbito de las elecciones, en la mayoría de los sistemas políticos contemporáneos hay elecciones de un tipo u otro. El Yale Data Programme informa que entre cien naciones diferentes sobre las que se disponía de información, en noventa y dos se habían celebrado elecciones en los seis años precedentes [2].

En el Oeste, el desarrollo de los sistemas electorales puede estudiarse empleando un modelo ideal de cinco etapas sucesivas. La primera etapa —la fase prerrevolucionaria— estuvo caracterizada por variaciones locales considerables en la práctica de los derechos políticos, estando la ciudadanía ampliamente determinada por la pertenencia a un estado, bien la nobleza, el clero, los artesanos, los comerciantes o el campesinado libre. Las revoluciones norteamericana y francesa señalan el comienzo de una segunda etapa, en la que se normalizaron las reglas sobre los derechos políticos. En conjunto, el acceso a la escena política era restringido, y existía una igualdad formal de influencia entre los ciudadanos. Es la época clásica de la filosofía política de la igualdad formal, del utilitarismo y sus variantes. La ciudadanía en esta época dependía en la práctica de requisitos legales, como la propiedad o la renta, puesto que todavía existía la creencia general de que la dependencia económica suponía necesariamente una falta de independencia, sin la cual sería imposible un juicio político (razonable). Tales restricciones fueron abolidas en la tercera etapa con la aparición del electorado de masas, aunque todavía persistían desigualdades individuales de carácter residual, a menudo en la forma de votos múltiples para los poseedores de un título universitario, hombres de negocios, etc. En esta etapa existe igualmente una variación considerable en la relación votos-representantes. El proceso de movilización de masas continúa en una cuarta etapa, cuando es abolido todo indicio de criterios económicos o sociales significativos como exigencia para votar para los hombres a partir de una edad determinada, pero persisten todavía marcadas diferencias en la relación voto-representación. La quinta, y actual, fase representa una continua *democratización,* con la extensión del sufragio a todos los adultos, la reducción de la edad del voto y de la edad mínima para poder ser representante, la abolición de los requisitos de propiedad y educación para ser representante, los esfuerzos concertados para igualar la relación voto-representación —y el pago a los representantes, con el fin de incrementar el número de legisladores procedentes de las *clases bajas* [1].

Sólo Gran Bretaña, Bélgica y Suecia han pasado por estas cinco etapas de forma que pueda calificarse de secuencia de evolución regular, en contraste con los cambios abruptos y frecuentemente violentos en, por ejemplo, Francia. Varía también el tiempo que han tardado los distintos países en llegar a la cuarta y quinta etapas. En Gran Bretaña tardaron más de cien años en pasar de la *Reform Bill* de 1832 a la abolición del voto múltiple en 1948, y la disminución de la edad para el ejercicio de los derechos políticos en 1969. En Francia, la transición de la primera a la cuarta etapa se hizo en sólo cuatro años, pero la mayoría de los países europeos había optado, al finalizar la primera guerra mundial, por el sufragio universal masculino, y muchos también por el sufragio femenino. Con el fin de la segunda guerra mundial y el consiguiente desmembramiento de los imperios coloniales, el principio de un hombre-un voto ganó el favor general, no sólo en países con bajos niveles de alfabetización, sino también en países que carecían de una tradición de gobierno nacional.

Como medio de integrar a la periferia política en la escena política, las elecciones pueden considerarse como un reflejo de los cambios de opiniones y de concepciones sociales sobre la ciudadanía y la igualdad. Todos son iguales ahora ante las urnas, incluso si no son iguales en otros aspectos, y esta igualdad está simbolizada por el secreto del voto. Al integrar a la periferia en la política, las elecciones pueden contribuir también a la formación de un sentido de comunidad política o de un interés compartido en el sistema político. Como ha dicho Shils, «El poner a toda la población adulta periódicamente en contacto con los símbolos del centro de la vida política nacional debe... tener consecuencias incalculables al estimular a la gente y darle un sentido de su propia significación potencial, y ligar sus sentimientos a símbolos que comprenden a la nación entera» [3]. De esta forma se puede decir que las elecciones sirven para integrar una organización o

---

[1] Para una exposición más completa de estas etapas, véase S. Rokkan, *Citizens, Elections, Parties,* Scandinavian University Books, Oslo, 1970, capítulo 4.

sistema político al mantener la legitimidad de esa entidad. Así, se afirma que en un cierto número de naciones en desarrollo, donde la legitimidad está poco desarrollada, la participación electoral puede arrastrar a los individuos a movilizarse y a participar más y ser más receptivos a la reglamentación de los asuntos públicos, con o sin competencia entre partidos. Por otra parte, las elecciones pueden servir en esos países para exacerbar las divisiones étnicas o religiosas, en especial cuando hay partidos étnicos o religiosos, como ilustra el caso del Congo; y como muestra claramente el fenómeno muy reciente del estado unipartidista, las elecciones por sí mismas, sin ningún acuerdo subyacente por parte de los implicados para adherirse al *veredicto,* no suelen evidenciarse como integradoras. En resumen, una elección muy tranquila y significativa es, casi con certeza, consecuencia y no causa de la integración política.

Las elecciones también pueden considerarse como un método entre otros a través del cual las acciones de los gobernantes pueden estar sometidas a la influencia de los gobernados. Normalmente se considera que este proceso tiene lugar en las formas siguientes. En primer lugar, las elecciones proporcionan una oportunidad a los que se sienten oprimidos para proponer sus propios candidatos y, quizás, para convertirse ellos mismos en gobernantes. En segundo lugar, las elecciones proporcionan a los oprimidos una oportunidad de presentar sus quejas ante quienes aspiran al poder, que probablemente serán especialmente receptivos en esos momentos. En tercer lugar, los gobernantes, anticipándose a las dos primeras posibilidades, pueden estar más dispuestos a cambiar su política para adaptarla a sus electores. Desde esta perspectiva, el papel esencial de la elección es actuar como mecanismo mediante el cual los gobernantes se encuentran limitados y se hacen conscientes de que su posición es contingente, al menos por la existencia de una posibilidad real de que pueden perder el poder. Este es, naturalmente, un elemento esencial del *mito* democrático, idea según la cual los gobernantes son elegidos por y gobiernan con la aprobación del pueblo, y que cuando esta aprobación se retira, los gobernantes tendrán probablemente que enfrentarse a la derrota —y aceptarla— en las elecciones. En cierto sentido, si las elecciones son algo más que un simple rito de solidaridad, es necesario que de algún modo permitan que al menos los intereses de la mayoría se reflejen en la política gubernamental. Se han intentado y sugerido diversos métodos para hacer esta posibilidad más visible para los gobernantes: el mandato, la destitución, el referéndum, la iniciativa popular, mecanismos todos ellos que tienen la función básica de sensibilizar a los que están en el poder ante los deseos de sus electores. Igualmente, las diversas propuestas de reforma electoral están basadas, entre otras cosas, en la idea de que, a través de un mecanismo electoral que hace en cierto modo de la asamblea representativa un microcosmos de los electores, el parlamento será más receptivo para con los electores. Además, el acortamiento del período legal entre las elecciones, la vieja demanda de los cartistas de elecciones parlamentarias anuales, el concepto propio del socialismo gremial de un parlamento de representación profesional, tendían igualmente a reducir la distancia entre gobernantes y gobernados, a través de los mecanismos electorales legales[2].

Las elecciones se pueden considerar, por tanto, como un arma, entre un arsenal, mediante la cual se controla a los gobernantes; otras armas pueden ser la violencia, como los disturbios y el asesinato político, y el ejercicio de la influencia entre las elecciones a través de los grupos de presión, los contactos informales, los sondeos de opinión pública y, a un nivel más raro, la cultura política democrática, o simplemente la prudencia. Pero es más difícil demostrar que las elecciones representan límites reales a los gobernantes[3] que afirmar de modo general que, puesto que un gobernante puede ser reemplazado por una elección, probablemente estará más sensibilizado ante los problemas públicos, y no actuará de un modo arbitrario. Son enormes las dificultades que supone el demostrar la influencia independiente de las elecciones para limitar a los gobernantes. En primer lugar, es preciso demostrar que, sin elecciones, los gobernantes pueden actuar de hecho de modo arbitrario: es decir, necesitamos saber qué habría hecho un gobernante si no hubiera habido una elección. Suponiendo (y es mucho suponer) que esto se pudiera hacer, tendríamos que demostrar entonces que, con independencia de todo el arsenal de que pueda disponer una población, la elección ayuda a poner límites a los gobernantes, y esta tarea es

[2] Para un examen de la idea que subyace a estas diversas propuestas, véase Robert Dowse, «General Elections, Representation and Democracy», en *Parliamentary Affairs*, **15**, 331-346 (1962).

[3] Lipset sostiene que «El electorado tiene *acceso* a las decisiones del gobierno siempre que los políticos se preocupen de las reacciones del electorado, y si ellos no pueden votar por un oponente que favorece una medida diferente», en *Revolution and Counter Revolution*, Basic Books, Nueva York, 1968, p. 404; R. Dahl, *Who Governs?*, Yale University Press, New Haven, 1961, p. 164, establece categóricamente que «los dirigentes electos tienen constantemente presentes las preferencias reales o supuestas de los electores al decidir qué política adoptar o rechazar».

probablemente imposible. Probablemente es imposible en cualquiera de los países totalitarios o autoritarios, donde se celebran
elecciones con regularidad, pero tienen carácter de rito, aunque
no se pueda estar seguro de que los dirigentes no las usen para
calibrar los sentimientos populares. En tercer lugar, para apreciar
el efecto limitador de una elección es necesario saber sobre qué
tema se supone que versa la elección y qué piensa la gente sobre
él. Aunque éste sea un campo relativamente bien estudiado, los
datos sólo tienen un valor limitado para responder a esta cuestión. Esto por dos razones: (1) como veremos, la gente suele tener las nociones más vagas sobre cuáles son las cuestiones, y
cuáles las diferencias de los partidos en torno a ellas, y (2) no
está nada claro que el (los) que ganen(n) las elecciones esté(n)
comprometido(s) a ninguna actuación específica.

Las pruebas de que el nivel de conciencia política de la gente
es muy bajo son casi abrumadoras. Ya hemos aportado un
número considerable de datos que indican que la preferencia en
el voto está determinada, o al menos estrechamente relacionada,
con factores como la clase social, las preferencias electorales de
los padres, los grupos de referencia y el comportamiento religioso. Por sí mismo, este hecho no va en contra de la idea de que la
gente, cuando permite que estas consideraciones influyan en ella,
actúa de forma razonable, o incluso racional. Ni significa que las
elecciones no actúen como correa de transmisión perfectamente
satisfactoria de las preferencias de los electores, siempre que sea
posible demostrar que, incluso si la gente tiene el hábito de votar,
también sabe en favor de qué está votando y contra lo que vota.
Es justamente en este punto donde la conexión es más débil,
aunque, usando el concepto de la *imagen* del partido, se puede
demostrar que, incluso si la gente no está informada sobre las
cuestiones electorales, generalmente la *imagen* del partido que
les atrae se corresponde en términos generales con su historial
legislativo y que ese historial es generalmente favorable a sus
partidarios. Sin embargo, los datos disponibles sobre EE. UU. y
Gran Bretaña indican que los partidarios leales de un partido
tienen a menudo poca idea de los programas del partido, o se
oponen, de hecho, a ellos, y que el resultado de referir correcta-
mente líneas políticas a los partidos es sólo ligeramente mejor
que si la atribución se hiciera al azar[4].

[4] R. Milne y H. MacKenzie, *Marginal Seat,* Hansard Society, Londres, 1958,
p. 121. Pero J. Blumber y D. McQuail, *Televisión in Politics,* Faber and Faber,
Londres, 1968, capítulo 9, demuestran que la capacidad de hacer atribuciones
correctas aumenta durante las elecciones.

En una prospección llevada a cabo en Greenwich, se descubrió que la mayoría de los partidarios laboristas y conservadores estaban en sustancial desacuerdo con muchos aspectos importantes del programa de su partido, mientras que el 21 por ciento de los partidarios del laborismo estaban de hecho más de acuerdo con la política conservadora que con la laborista [4]. Resumiendo los datos disponibles sobre Gran Bretaña, Blondel escribe que «Los electores sostienen puntos de vista que no son los de su partido, pero siguen votando por ese partido» [5]. Como se deducía de nuestro anterior estudio sobre la opinión, la gente parece de hecho estar más dispuesta a cambiar sus opiniones por las de su partido preferido que a cambiar de partido. Por tanto, concluimos que la opinión privada es sólo uno de los factores subyacentes a una preferencia electoral, de modo que no podemos afirmar que la gente se sirva de las elecciones para transmitir sus opiniones o preferencias políticas, puesto que un número sustancial de personas no tiene ninguna. En este sentido, en cualquier caso, es difícil saber de qué forma sirven las elecciones de estímulo o de freno para los gobernantes.

Sin embargo puede suceder que, incluso si para la mayoría de la población las elecciones no son importantes, lo sean para aquellos que gobiernan, puesto que, en realidad, los titulares del poder son frecuentemente derrotados y no hay razón para creer que ellos busquen la derrota. Por ejemplo, en el Reino Unido no es raro que en un período preelectoral se aprueben presupuestos poco duros. Esto indica que los titulares del poder pueden hacerse más sensibles ante el temor de perder las elecciones. Desgraciadamente, las pruebas claras sobre este punto son extremadamente raras; aunque es frecuente tropezarse con afirmaciones de que los políticos navegan según los vientos electorales, es igualmente corriente que los políticos hagan referencias dignas a sus conciencias que no les permiten inclinarse ante cualquier capricho pasajero del público. Aunque no es rara la derrota electoral de un gobernante, es mucho más probable la victoria del titular en una elección que su derrota. En el Reino Unido, alrededor del 75 por ciento de diputados de los dos partidos principales son elegidos más de una vez, y más del 50 por ciento de los diputados de los dos partidos principales son elegidos entre tres y cinco veces [6]. Es bastante raro que un escaño pase de un partido a otro ni siquiera una vez en una década, de forma que en el Reino Unido alrededor del 87 por ciento de los escaños disputados entre 1950 y 1959 permanecieron en el mismo partido [7]. En EE. UU. las cifras comparables son incluso más elevadas[5].

Mucho más difícil es demostrar que las elecciones afectan al comportamiento de los políticos. Jones, en un intento de medir esta dimensión, divide a un conjunto de congresistas estadounidenses en tres grupos: (1) los que perdieron el 5 por ciento de los votos alcanzados en una elección anterior; (2) los que perdieron menos de un 5 por ciento, y (3) los que incrementaron sus márgenes electorales. Compara a continuación estos tres grupos, relacionando su comportamiento preelectoral respecto de una serie de cuestiones económicas y políticas. Se podría haber predicho que aquellos que experimentaron mayores pérdidas habrían cambiado más su comportamiento; pero observó que no había ningún cambio de comportamiento estadísticamente significativo en ningún grupo, y concluyó que «hay base en estos datos para afirmar que un representante no cambiará su política como consecuencia del resultado de su propia elección» [8]. Sin embargo, casi puede afirmarse que el legislador norteamericano es más sensible a la opinión de sus electores que el diputado británico, aunque sólo sea porque el último no tiene la protección de una fuerte maquinaria de partido en el parlamento, o de un partido nacional que le aísle de los fuertes intereses locales [9].

En cualquier campaña electoral es enormemente difícil que la mayoría de la gente sepa lo que se está discutiendo y, lo que todavía es más importante, nadie sabe lo que deciden realmente unas elecciones generales. Está claro, en las recientes elecciones británicas, que se decide cuál es el partido cuyo dirigente ha de formar gobierno, y lo mismo sucede en la mayoría de los estados atlánticos; pero no está en absoluto claro con qué cuestiones importantes está comprometido el dirigente. Puesto que nadie puede decir cuáles son esas cuestiones hasta después de que el gobierno haya asumido el poder, es obvio que las elecciones no pueden comprometer a un gobierno. Pero, puesto

[5] C. O. Jones, «The Role of the Campaign in Congressional Politics», en M. Kent Jennings y L. H. Zeigler, *The Electoral Process,* Prentice-Hall, New Jersey, 1966, pp. 21-41. Pero véase W. Crane, «Do Representatives Represent?», *The Journal of Politics,* 22, 295-299 (1960), que muestra que 84 de 99 legisladores de Wisconsin votaron de la misma forma que habían votado sus distritos en un referéndum. También informa de que los legisladores argumentaron que esto no iba en contra de sus principios, puesto que estaban de acuerdo con sus distritos sobre la cuestión. H. Ingram, «The Impact of Constituency on the Process of Legislating», *Western Political Quartely,* 22, 265-279 (1969) dice que cuanto más activo es un representante como legislador, *menos* probable es que atienda a las consideraciones de los electores.

que los políticos no son conocidos como cuerpo por la claridad
de sus promesas, siendo la ambigüedad el tótem tribal, resulta
muy difícil decir, con alguna certeza, a qué está comprometido el
ganador de unas elecciones, aparte de actuar lo mejor que pueda
en las circunstancias difíciles[6]. Escribiendo sobre las elecciones
presidenciales de 1956 en EE. UU., durante la cual se plantearon
las cuestiones de las pruebas nucleares y del servicio militar
obligatorio, Kelly explica que «ningún candidato dijo nada que
no le hubiera permitido, con coherencia y decoro políticos, (a)
pedir el fin del servicio militar obligatorio, o (b) no pedir el fin del
servicio militar obligatorio». Sobre todas las cuestiones políticas
que se plantearon, «Cada candidato definió su posición en términos tan generales que resultaba casi imposible distinguirla de la
de su oponente» [10]. Incluso aceptando que las cuestiones se
presentasen en una elección con una claridad poco habitual, no
se podría afirmar sin ambigüedad que el partido ganador tenía un
mandato para llevar a la práctica ciertas decisiones, porque, como
sugerimos antes, la gente vota muy a menudo por un partido *a
pesar de* su programa.

De acuerdo con lo anterior, probablemente sería mejor considerar que las elecciones no tienen mucho que ver con soluciones
específicas y que no hacen sino conceder a un grupo gobernante
algo así como una aprobación general a su programa. En muchos
países, incluso esta afirmación resulta excesiva. En países como
la URSS podrían considerarse las elecciones como una ritual
«manipulación pública de una reafirmación personal de la forma
de vida soviética y de la dirección del partido», más que como
una técnica para elegir gobernantes[7]. Y aunque caiga dentro de la
especulación, no es de ningún modo improbable que, en mayor o
menor medida, el elemento ritual esté presente en la mayoría de
las elecciones. Los mitines en la calle que nadie escucha, la
literatura que nadie lee, las paradas, las banderas, las concentraciones de los leales, la reiteración de slogans emotivos, todo ello
hace referencia a ese elemento ritual de las elecciones. Desde
esta perspectiva, McKenzie ha argumentado que las elecciones
son *rituales de elección,* que su carácter aglutinante se deriva de

[6] Véase M. Edelman, *The Symbolic Uses of Politics,* University of Illinois
Press, Urbana, 1964, espec. caps. 6-7, para un estudio extremadamente interesante del lenguaje político.
[7] W. Swearer, «The Function of Soviet Local Elections», *Midwest Journal of
Political Science,* **5,** 149 (1961). E. Jacobs, «Soviet Local Elections», *Soviet
Studies,* **22,** 61-76 (1970), respalda esto, y añade que también proporcionan la
oportunidad de «implicar a un enorme número de personas en el funcionamiento
del Estado, bien como electores o como candidatos a un cargo».

la participación del individuo como elector en un acto social que confiere autoridad legítima a la persona elegida [11]. El acto de votar se convierte así en una expresión simbólica de la identificación del votante con su partido, comunidad, grupo o lo que sea. Desde una perspectiva antropológica, al analizar el papel desempeñado por el ritual en una sociedad tribal, Gluckman dice que es una forma relativamente inofensiva de liberar las tensiones que tienen su origen en el orden social. Todos los individuos han de reconocer las demandas en competencia sobre su tiempo y recursos; las lealtades de grupo entran en conflicto; los intereses individuales pueden entrar en conflicto con los intereses del grupo, y los grupos tienen intereses conflictivos, de forma que «se desarrollan intereses separados, en los cuales varias lealtades entran en conflicto con la unidad moral del grupo más importante» [12]. En esta situación de conflicto endémico, «La reconciliación de las personas en desavenencia se persigue explícitamente a través de la celebración de un ritual... Además, se celebran rituales que a menudo explican y reavivan sentimientos que mantienen un orden moral; inducen ciertos estados de ánimo y sentimientos, enseñan a los hombres a sentir y les enseñan sobre lo que deben sentir»[8].

De forma similar, se puede decir que en las sociedades más industrializadas hay una serie de escisiones fundamentales —entre los ricos y los pobres, entre la ciudad y el campo, entre las regiones, entre las diferentes religiones, entre los grupos étnicos e incluso entre las generaciones— que son fuentes de tensión. Probablemente la escisión más importante es la existente entre los grupos de ingresos inferiores y superiores, y es bastante normal que esta escisión básica encuentre su expresión en las elecciones, en la que los grupos de renta más baja votan por los partidos de la izquierda, y los grupos de renta más alta por la derecha. Como hemos visto, esta sencilla imagen está nublada por factores religiosos, regionales y étnicos, pero como generalización es exacta. Los partidos de la izquierda representan los intereses económicos o sociales de los pobres, que reclaman mayor igualdad, trabajo más satisfactorio y status más elevado, mientras que los partidos de la derecha representan el deseo de los privilegiados de continuar siéndolo[9]. Este hecho es una posible

---

[8] M. Swartz (ed.), *Local Level Politics*, Aldine, Chicago, 1968. Las palabras citadas forman parte de un resumen hecho por Swartz de una serie de estudios sobre lo político y lo ritual en sociedades *simples*.

[9] Para un examen de las pruebas en apoyo de esta afirmación, véase S. Lipset, *Political Man*, Heinemann, Londres, 1963, capítulo 7.

fuente de conflicto y, por supuesto, históricamente ha sido una causa muy corriente de lucha civil. Sacando a la luz esta fuente potencial de conflicto, y desarrollando un conjunto de reglas casi ritualizado, y las actividades de una situación electoral, la posibilidad de un conflicto abierto disminuye. Las elecciones son, por tanto, como dice Lipset, «la expresión de la lucha de clases democrática», en la que el conflicto de clases se institucionaliza, y la elección se convierte no sólo en el método de elegir a un dirigente, sino también en la expresión ritual del orden moral común.

A este respecto se plantea un problema importante. ¿Tienen las elecciones consecuencias más reales que las de afirmar simplemente el orden nacional, que puede ser un orden que funciona sistemáticamente en perjuicio de sectores bastante considerables de la población? Dicho de forma ligeramente diferente, ¿el hecho de que un partido, en lugar de otro, gane una elección provoca cambios significativos en la distribución de los recursos nacionales, o las elecciones son, como algunos afirman, simples mecanismos mediante los cuales los grupos gobernantes seducen a las masas con ilusiones de poder e influencia?

> *Y así, de cualquier modo que vote*
> *voy a parar al mismo viejo bote,*
> *y Mr. Brown y Mr. Grey*
> *bogan a la manera de siempre.*
> E. M. Foster

Es difícil negar que, se tome como se tome, la distribución de recursos en las sociedades industriales es profundamente desigual, y, en conjunto, no hay pruebas para afirmar que esta situación haya mejorado mucho en el siglo XX. Estudiando los datos disponibles sobre el Reino Unido, se señala en un libro que, «Gran Bretaña no es hoy una sociedad mucho más igualitaria que cuando los sindicatos crearon el partido laborista, hace más de sesenta años» [10]. Sobre EE. UU., Kolko dice que entre 1910 y 1957 no halló «ninguna tendencia significativa hacia la igualdad económica» [13]. Generalizando sobre las modernas sociedades capitalistas, John Strachey escribe que «ha exigido

[10] R. Blackburn y A. Cockburn (eds.), *The Incompatibles,* Penguin, Londres, 1967, p. 16. Pero véase A. Carr Saunders, D. Caradog Jones y C. Moser, *A Survery of the Social Conditions of England and Wales,* Clarendon Press, Oxford, 1958, capítulo 11, que muestra una redistribución bastante considerable de la renta *ganada.*

los mayores esfuerzos del 90 por ciento de la población el evitar que disminuyera su participación en el producto nacional... el capitalismo tiene, de hecho, una tendencia innata a la desigualdad extrema y siempre creciente. Pues ¿cómo sería posible si no que todas las medidas igualitarias que las fuerzas populares han conseguido que se dictaran durante los últimos cien años no hayan hecho sino mantener la posición constante?» [14]. Además, hay numerosísimas pruebas de que en muchas otras cuestiones —acceso a la educación, a las posiciones de influencia, la posesión de la riqueza, las expectativas sobre la duración de la vida, etc.— no ha habido ningún cambio importante en la distribución de los recursos, a pesar de que las condiciones de los desfavorecidos hayan mejorado, en conjunto, enormemente en todas las sociedades industriales [11]. En un estudio comparado sobre el efecto que han tenido los partidos socialistas en conseguir una redistribución de los recursos en los países capitalistas, Parkin concluye diciendo que «todo esto debe plantear serias dudas sobre las afirmaciones relativas a la capacidad de los partidos o gobiernos basados en la clase inferior para redistribuir las recompensas materiales de una forma igualitaria». Más bien, lo que parece haber sucedido es que los países que tienen partidos socialistas con éxito electoral son también los países que tienen las mayores tasas de movilidad social ascendente de la clase obrera y el mayor porcentaje de alumnos de la clase obrera en las *grammar schools*. La consecuencia que saca Parkin es que, en los países con tradición de gobierno socialista, el efecto de ese gobierno ha sido «ampliar la base social de reclutamiento a posiciones privilegiadas [más] que igualar las retribuciones asignadas a las diferentes posiciones» [15].

Este estudio, bastante limitado, sirve para que surjan dudas sobre la eficacia de las elecciones como instrumentos en la lucha democrática de clases, al menos si se considera que esta lucha se produce en torno a la posesión de los recursos. Aunque la posición de la mayoría de la gente ha mejorado, puede afirmarse que es consecuencia de factores distintos a la política electoral: entre 1870 y 1950, la relación entre salarios y renta nacional en el Reino Unido pasó del 38,6 por ciento al 41,9 por ciento [12]. Esto

---

[11] ¡Es bastante probable que la intervención gubernamental para mejorar la salud y las condiciones generales de las masas tenga más que ver con las necesidades de la eficiencia bélica y la estabilidad política que con las elecciones!

[12] E. Phelps-Brown y E. P. Hart, «The Share of Wages in the National Income», *Economic Journal*, 62, 253-277 (1952), pero la proporción de los que obtenían este porcentaje relativamente estable de la renta nacional se redujo dramáticamente.

indica que pueden estar equivocados quienes piensan que participando en las elecciones actúan de modo efectivo para cambiar la distribución de los recursos nacionales entre los ricos y los pobres. Igualmente podría inferirse que quienes creen que las elecciones representan un ritual, más que un medio efectivo a través del cual la mayoría de la población puede alterar a su favor la distribución de los recursos, podrían estar en lo cierto. Sin embargo, aunque las elecciones no sean un método especialmente satisfactorio de efectuar una redistribución, pueden ser el mejor medio para elegir gobernantes, puede también ser una fuente útil de reducción de tensiones por medio de la provisión de *pseudoconflictos ritualizados,* y pueden además ser factores importantes en la formación del carácter de los sistemas de partidos. De ello pasamos ahora a ocuparnos.

10.2. Elecciones y sistemas de partidos

Los sistemas electorales se diferencian mucho en sus reglas, pero en términos generales pueden dividirse en dos grandes tipos de acuerdo con la relación entre el número de votos emitidos y el número de representantes. Uno de los tipos, el sistema proporcional, otorga importancia a la relación entre un número determinado de votos y la elección de un número determinado de representantes, mientras que el otro, el sistema de mayoría relativa, divide el país en distritos electorales, en cada uno de los cuales se elige a un solo miembro, el candidato que ha obtenido más votos. Se ha sostenido que esta división es la principal variable que influye en el número de partidos que hay en un país. Esta idea se asocia sobre todo con Duverger, quien ha sostenido que «quizás lo más cercano a una auténtica ley sociológica» es la existencia de una «correlación casi completa entre... el sistema de mayoría simple a una vuelta y el sistema bipartidista: los países dualistas (bipartidistas) usan el sistema de mayoría simple, y los países donde rige la mayoría simple son dualistas» [13].

Por otra parte, el gran número de técnicas proporcionales favorece los sistemas multipartidistas. Son raras las excepciones a esta «auténtica ley sociológica» que derivan de condiciones

[13] M. Duverger, *Political Parties,* Methuen, Londres, 1954, p. 217. El problema es que Duverger un poco más adelante (p. 223) dice que «el verdadero efecto del sistema de mayoría simple está limitado al bipartidismo local», de forma que probablemente defienda la proposición de que su ley sociológica es un *azar* estadístico.

especiales (que son, sin embargo, muy numerosas). Incluso cuando aparecen terceros partidos en sistemas de mayoría simple a una sola vuelta, el sistema opera de tal modo que obliga a volver a las condiciones dualistas *naturales* [14]. Las fuerzas que inducen este resultado son dobles. En primer lugar, un factor mecánico que lleva inevitablemente a una baja representación del tercer partido; y en segundo lugar, una consideración psicológica que induce a los votantes a pensar que si votan por el más débil de los tres partidos, en un sistema de mayoría simple a una vuelta, sus votos se malgastan, y «de ahí su tendencia natural a conceder sus votos al menos malo de los dos adversarios» [15].

Examinemos primero si, en realidad, la relación propuesta por la ley de Duverger existe en el mundo real. Blondel ha mostrado que, en general, los países con sistemas de mayoría simple son probablemente sistemas bipartidistas, mientras que aquellos en los que rigen técnicas proporcionales serían sistemas multipartidistas. (Véase cuadro 28.)

Usando una muestra más amplia que la de Blondel en otro estudio sobre esa relación, Rae dice que los sistemas de partidos están relacionados con bastante fuerza con los sistemas electorales, y adelanta la proposición de que «Las fórmulas de mayoría relativa están siempre asociadas con la competencia entre dos partidos, excepto cuando existen fuertes partidos de minorías locales» [16]. Por tanto, hay una evidencia empírica indicativa de la existencia de una relación entre los sistemas electorales y los sistemas de partidos; pero no es tan fuerte como supone Duverger, por la intervención de cierto número de variables importantes.

La más importante de estas variables es la existencia de partidos minoritarios locales, fuertes y con continuidad, en los países con sistemas de mayoría relativa. Tales partidos minoritarios pueden basarse en la religión, los sentimientos étnicos y lingüísticos, como en el caso de Canadá, donde los candidatos de los partidos minoritarios ganan regularmente cuando compiten con candidatos de los dos partidos principales. Además, la repre-

---

[14] —— *Political Parties*, Methuen, Londres, 1954, pp. 226-227; véase en la pág. 215 su afirmación de que «el sistema bipartidista parece corresponder a la naturaleza de las cosas».

[15] —— *Political Parties*, Methuen, Londres, 1954, p. 226. En realidad los datos indican que, en la medida en que es posible aislar el factor psicológico —o racional—, *no* se produjo en Gran Bretaña durante el período 1892-1966; véase W. Shively, «The Elusive Psychological Factor», en *Comparative Politics, 3*, 115-125 (1970).

CUADRO 28.   Sistemas electorales y número de partidos

Zona Atlántica	Número de países		
	Sistema de mayoría simple, a una vuelta	R. P.* (cualquier sistema)	Otros
N.º de partidos			
2	4	1	1
2 ½	1	4	0
Múlt. con domin.	0	5	0
Múltiple	0	3	1
Total	5	13	2

Todo el mundo				Desconocido
N.º de partidos				
2	10	4	1	6
2 ½	5	8	1	5
Mult. con domin.	1	8	0	2
Múltiple	0	5	1	1
Total	16	25	3	14

* Representación proporcional.

Tomado de J. Blondel, *An Introduction to Comparative Government*, Weidenfeld and Nicolson, Londres, 1969, p. 202.

sentación proporcional, como en el caso de Austria, va unida también a una competencia legislativa entre dos partidos, porque las fuerzas divisorias son demasiado escasas y débiles para apoyar a partidos minoritarios, que reciben sólo alrededor del 10 por ciento del voto popular y del 5 por ciento de los escaños [17]. Tanto en Alemania como en Italia antes de 1919, cuando operaban sistemas de mayoría relativa, no se produjo una división de la representación parlamentaria en dos grupos de opinión homogéneos. En Italia los sistemas de mayoría relativa dieron como resultado la tendencia a elegir a un diputado por su influencia local, sin que el diputado tuviera una lealtad determinada de partido. Cuando se introdujo un sistema proporcional en 1919, no hubo un incremento sustancial en el número de partidos [18]. Nuestra conclusión es que, aunque los sistemas electorales están estrechamente relacionados con los sistemas de partidos políticos, hay otras variables que intervienen, como la heterogeneidad social y los posibles conflictos engendrados por ella, la importancia de las divisiones geográficas del país, la capacidad de los dirigentes de la minoría y todo el complejo de factores históricos, geográficos y sociales que influyen en la formación y la continuidad de los partidos. Por tanto, puede muy bien suceder que «sólo los sistemas (sociales) que puedan producir por sí mismos un equilibrio estructural podrán *permitirse* el sistema (de mayoría relativa) y, por consiguiente, que aquellos sistemas (sociales) que durante un cierto período no lleguen a estar estructuralmente equilibrados, no encontrarán este sistema de mayoría relativa políticamente satisfactorio» [19]. Escribiendo sobre la división social en Francia, Campbell abunda en esta opinión y explica que la introducción de las elecciones por mayoría relativa no influiría probablemente ni en el sistema de partidos ni en el órgano legislativo [16]. Grumm insistió en el mismo punto, y después de estudiar cinco sistemas electorales que habían pasado de la mayoría relativa a la representación proporcional, concluía «que puede ser más exacto afirmar que la R. P. es un resultado más que una causa del sistema de partidos en un país dado. La experiencia ha mostrado que... las elecciones de mayoría relativa producen notorias desigualdades y son inapropiadas cuando se asocian a los sistemas multipartidistas... El juego electoral se convierte en un juego en el que las probabilidades están casi completamente determinadas... Por otra parte algunos partidos, debido a la distribución geográfica de sus votos y la consignación de los distritos, están casi permanentemente subrepresentados o superrepresentados. En último término, uno o más partidos comienzan a pedir una R.P. como medio de reducir las desigualdades... Cuando se han convertido en suficientemente fuertes... entonces hacen efectivas sus demandas de R.P.» [20]. Por tanto, es muy probable que la relación entre sistemas de mayoría relativa y bipartidistas, y entre sistemas proporcionales y multipartidistas esté provocada por los mismos partidos.

[16] P. Campbell, *French Electoral Systems and Elections Since 1789,* Faber, Londres, 1968, p. 32. Hay que añadir aquí que Duverger ha *rechazado* su ley, y ahora cree que «la influencia del sistema electoral es... de menor cuantía en comparación con la de los factores socioeconómicos, e incluso con la de los factores culturales», *The Idea of Politics,* Methuen, Londres, 1966, p. 116.

Examinemos ahora el hecho de que el tercer partido y los partidos subsiguientes estén necesariamente subrepresentados, debido a los factores mecánicos y psicológicos aducidos por Duverger. Este examen puede hacerse considerando los países que han cambiado de un sistema de mayoría relativa a uno proporcional, y hay cinco ejemplos en que esto es posible: Bélgica, Dinamarca, Noruega, Suiza y Alemania [21]. En ninguno de estos países se ha evidenciado que opere la ley de Duverger, y en Alemania «la R.P. sirvió *mejor* que el anterior sistema electoral para negar la representación a los partidos disidentes muy pequeños». En Dinamarca, la introducción de la proporcionalidad en 1920 no hizo aumentar el número de partidos, aunque supuso un ajuste de la representación de los partidos para corresponder con el apoyo electoral de que gozaban. De forma semejante, en Bélgica la tendencia descendente del partido liberal precedió a la introducción de la proporcionalidad en 1900, y no fue detenida por ella. El efecto más obvio del sistema proporcional es que asigna los escaños parlamentarios más de acuerdo con los votos computados, pero no parece influir en gran medida en el número de votos emitidos a favor de un partido, o en el número de partidos capaces de ganar escaños.

Una vez establecido, el sistema bipartidista parece tener un ímpetu propio, y los partidos, como hemos visto antes, se convierten en los principales focos organizadores de la mayoría de la gente cuando ésta actúa políticamente. Por otra parte, si no se establece un sistema bipartidista, como fue el caso de Francia —donde los intereses locales, la tradición histórica, las tendencias pro y anti-revolucionarias, la cuestión clerical, etc., impidieron su aparición, y proporcionaron las bases para un sistema multipartidista—, ningún conjunto de reglas electorales creará fácilmente un sistema dualista. En los sistemas multipartidistas, puede también suceder que el niño no tenga las mismas oportunidades que en los sistemas bipartidistas para conocer y adoptar la afiliación de sus padres, de forma que los partidos *relámpago* pueden ganar adherentes con más facilidad en los primeros, en los que el lazo emocional con un partido es más débil [22]. En una importante crítica al modelo de Duverger, Leys ha ido más allá de una refutación detallada histórica y empírica, y ha demostrado que, en esta formulación, el modelo *predice* de hecho el *inmovilismo,* pero no puede predecir el número de partidos [23]. Utilizando la hipótesis psicológica de Duverger —en los sistemas de mayoría relativa, el elector se da cuenta de que votando por un tercer partido desperdicia su voto, y lo transfiere a uno de los dos partidos principales— Leys muestra que según ella «se establecerán permanentemente en la escena política los partidos que inicialmente consiguieron el primer y segundo lugar en cualquier circunscripción». De aquí se deduce que cualquiera que sea el número de partidos que gane inicialmente un escaño en el parlamento, ese será el número que siempre ganará escaños en el parlamento. Consecuencia de ello es que, en el modelo de Duverger, las reglas del procedimiento electoral —proporcionalidad o mayoría relativa— no pueden influir en el número de partidos que ganen escaños. Si se une esta afirmación con las anteriores sobre los factores locales, regionales, étnicos y religiosos, tendremos quizás una explicación de los sistemas multipartidistas mejor que la anterior. Es decir, si un partido que apela a estos sentimientos consigue ganar, no hay razón para suponer que, en un sistema de mayoría relativa la proposición sobre los votos malgastados opere en contra de él. Si tales partidos menores, o incluso en decadencia, pueden conseguir de algún modo formar una coalición, no es improbable que se inclinen por un sistema proporcional con la esperanza de mejorar su suerte electoral, pero no es probable que consigan más que incrementos marginales en su representación en el órgano legislativo.

10.3. Conclusiones

Una importante consecuencia de este capítulo sobre las elecciones y el orden político es que, por sí mismas, las elecciones tienen muy poca influencia directa sobre la política y las decisiones del gobierno. Probablemente tienen más importancia otras cuestiones, como las presiones que los partidos y los grupos pueden ejercer continuamente, las propias preferencias de los políticos, los factores externos como el estado de la economía y las relaciones exteriores, las consideraciones de la prudencia, etc. Las elecciones quizás tengan un fuerte elemento mítico y ritual. Es obvio que las elecciones ocupan un lugar central en el credo democrático, pero no es fácil justificar empíricamente este lugar central. Por eso, aunque la idea de la influencia electoral sobre el gobierno tiene un cierto status mítico, como sabe bien cualquier antropólogo, los mitos y los rituales no deben ser despreciados. Pues cuando los mitos se han incorporado en la mente de la gente, se convierten en partes determinantes de la realidad social, y, por tanto, ordenan en cierta medida el comportamiento de las masas. Así, los políticos pueden conducirse como si el mito democrático fuese realidad, al menos en el sentido de tomar lo que consideran opinión electoral como referencia al adoptar sus decisiones. Ciertamente, una buena parte de la retórica electoral de los políticos sugiere esta posible interpretación. Al menos una prospección entre los congresistas pone de manifiesto que, aunque el electorado casi no tiene idea del historial legislativo de sus representantes, sin embargo los propios congresistas «creen que su personalidad y su historial son bastante visibles para su electorado» [17].

Considerada de forma más ritualista, la elección puede servir como una forma moralmente válida de interacción social —siempre que se pueda demostrar que la gente cree que es una parte integrante del credo democrático. Ciertamente, los altos niveles de participación, que no supimos explicar sobre bases puramente racionales, pueden tener algo que ver con esta consideración. Es difícil explicar las elecciones soviéticas y chinas, a no ser sobre esas bases. Las observaciones, que representan un lugar común, sobre los políticos que no cumplen las promesas electorales indican que, cualquiera que sea la realidad objetiva, la gente considera que las *promesas* hechas durante las elecciones obligan, y que el no cumplirlas es algo digno de descrédito. La gente se siente vejada cuando se falta a las *reglas* electorales, se interesan en la confrontación de los políticos durante las elecciones, y los mismos políticos se preocupan de observar las formas rituales, como prueba el aparato electoral de los estados unipartidistas de Asia, América y Europa.

REFERENCIAS BIBLIOGRÁFICAS

[1] W. J. M. MACKENZIE, «Elections», *International Encyclopedia for the Social Sciences,* Collier-Macmillan, Nueva York, 1968.
[2] B. RUSSET, H. ALKER, K. DEUSTCH y H. LASSWELL, *World Handbook of Social and Political Indicators,* Yale University Press, New Haven, 1964, cuadro 24, pp. 84-87.
[3] E. SHILS, *Political Development in the New States,* Mouton, Gravenhage, 1969, p. 38.
[4] M. BENNEY, A. GRAY y R. PEAR, *How People Vote,* Routledge, Londres, 1956, pp. 145-146.

[17] W. Miller y D. Stokes, «Constituency Influence in Congress», *APSR,* **57,** 45-56. Esto está confirmado también en C. Cnudde y D. J. McCrone, «The Linkage Between Constituency Attitudes and Congressional Voting Behaviour», *APSR,* **60,** 66-72 (1966).

[5] J. BLONDEL, *Voters, Parties and Leaders*, Penguin. Londres, 1963, p. 80.
[6] P. BUCK, Amateurs and Professionals in British Politics, Chicago University Press, Chicago, 1963, p. 40.
[7] C. O. JONES, «Inter-Party Competitions in Britain, 1950-9», en R. Benewick y R. E. Dowse, *Readings on British Politics and Government*, London University Press, Londres, 1968, pp. 78-87.
[8] —— «The Role of the Campaign in Congressional Politics», en M. Kent Jennings y L. H. Zeigler, *The Electoral Process*, Prentice-Hall, New Jersey, 1966.
[9] E. SHILS, *«The Legislator and His Environment»*, en S. Ulmer (ed), *Introductory Readings in Political Behaviour*, Rand McNally, Chicago, 1961, pp. 85-94.
[10] S. KELLY, «Policy Discussions in Political Campaigning», en J. D. Barber (ed.), *Readings in Citizen Politics*, Markham, Chicago, 1969, pp. 79-81.
[11] W. J. M. MACKENZIE, «Elections», *International Encyclopedia for the Social Sciences*, Collier-Macmillan, Nueva York, 1968.
[12] M. GLUCKMAN, *Politics, Law and Ritual in the Tribal Society*, Blackwell, Oxford, 1965, p. 247.
[13] G. KOLKO, *Wealth and Power in America*, Praeger, Nueva York, 1962, p. 13.
[14] J. STRACHEY, *Contemporary Capitalism*, Gollancz, Londres, 1956, páginas 150-151.
[15] F. PARKIN, Class Inequality and Political Order, MacGibbon and Kee, Londres, 1971, p. 121.
[16] D. RAE, *The Political Consequences of Electoral Laws*, Yale University Press, New Haven, 1967, p. 95.
[17] —— *The Political Consequences of Electoral Laws*, Yale University Press, New Haven, 1967, pp. 94-95.
[18] E. LAKEMAN y J. LAMBERT, «Voting in Democracies», reimpreso en H. Eckstein y D. Apter (eds.), *Comparative Politics*, Free Press, Nueva York, 1963, pp. 281-305.
[19] J. BLONDEL, *Voters, Parties and Leaders*, Penguin, Londres, 1963, p. 32.
[20] J. GRUMM, «Theories of Electoral Systems», *Midwest Journal of Political Science,* **2,** 357-376 (1958).
[21] —— «Theories of Electoral Systems», *Midwest Journal of Political Science,* **2** (1958).
[22] P. CONVERSE y G. DUPEUX, «Politicization of the Electorate in France and the United States», *Public Opinion Quarterly,* **26,** 1-23 (1962).
[23] C. LEYS, «Models, Theories and the Theory of Political Parties», en H. Eckstein y D. Apter (eds.), *Comparative Politics*, Free Press, Nueva York, 1963, pp. 305-315.

Capítulo 11
ORGANIZACIONES POLITICAS

I: PARTIDOS

11.1. Introducción

Los especialistas en ciencia política han sido parciales en el enfoque de su estudio de los partidos políticos; muchos tratadistas eminentes nos han proporcionado estudios descriptivos, históricos, anecdóticos y normativos, pero pocos han intentado explicar realmente el predominio del sistema bipartidista en las democracias occidentales modernas. De forma semejante, aunque gran parte de la población mundial vive bajo sistemas unipartidistas, este fenómeno ha sido relativamente descuidado por los especialistas. En este capítulo trataremos del origen y desarrollo de los partidos políticos, y después examinaremos algunas estructuras y procesos de los partidos políticos en los sistemas competitivos y no-competitivos.

En la medida en que una sociedad crece en su población y en su extensión, los problemas organizativos de mantenerla y coordinarla se vuelven cada vez más complejos. En una tribu, el jefe y sus ayudantes son perfectamente capaces de tomar y ejecutar las decisiones organizativas en nombre de toda la comunidad. En un imperio burocrático, el personal en torno al dirigente es considerablemente más numeroso, puesto que es responsable de la coordinación de un número mayor de personas extendidas en un área más amplia, pero las decisiones todavía son adoptadas por el dirigente y sus colaboradores. En el Estado moderno, sin embargo, la autoridad está repartida y la organización de la sociedad se lleva a cabo mediante administraciones burocráticas complejas, especializadas y formalizadas. Una parte de este numeroso conjunto de decisiones es adoptada por los partidos políticos, influidos por otra forma de organización política de la que nos ocuparemos en el próximo capítulo, los grupos de presión.

El papel del partido político en el Estado moderno incluye, de forma más específica, la práctica y justificación de la autoridad política, el reclutamiento y remoción de los dirigentes, la movilización de la opinión, la ordenación de la política pública y el equilibrio de los intereses de grupo. En resumen, el partido político «proporciona el principal eslabón de conexión entre agencias formales independientes y funcionarios del gobierno, y entre titulares oficiales y no oficiales (extragubernamentales) del poder» [1].

Antes de examinar los diversos factores que han provocado el surgimiento de los partidos políticos, es necesario considerar las diversas definiciones propuestas.

La Palombara y Weiner, en una caracterización funcionalista, afirman que en cualquier tipo de sociedad política un partido parece desempeñar ciertas funciones comunes. En primer lugar, «se espera que organice la opinión pública y comunique las demandas al centro de poder y decisión gubernamentales»; en segundo lugar, «debe articular para sus seguidores el concepto y significado de la comunidad general»; y en tercer lugar, el partido «estará íntimamente implicado en el reclutamiento político —la selección de la jefatura política en cuyas manos residirán en gran medida los poderes y la decisión» [2].

El peligro de ésta y similares formulaciones es que casi llega a descartar a la mayoría de las organizaciones que nosotros llamaríamos partidos políticos. Por ejemplo, se puede considerar hasta qué punto desempeñan esas funciones ciertos partidos, y juzgar si hacen hincapié en ciertas funciones a expensas de otras. Parecería preferible concebir esas llamadas funciones como variables que hay que explicar y estudiar. Aunque la capacidad que tiene un partido para movilizar a la opinión pública y proporcionar a sus seguidores un sentido de la comunidad más amplia y su idoneidad para participar en el reclutamiento político son todos factores asociados con el comportamiento de los partidos políticos, no sirven por sí solos para definir a un partido.

Coleman y Rosberg ofrecen una formulación mejor cuando dicen que «los partidos políticos son asociaciones formalmente organizadas con el propósito explícito y declarado de adquirir y/o mantener un control legal, bien solos, o en coalición o en competencia electoral con otras asociaciones similares, sobre el personal y la política del gobierno de un supuesto estado soberano» [3].

El hincapié hecho en la competencia electoral descarta prácticamente los estados de *partido único,* pero supone un avance con respecto a la definición funcionalista, porque plantea menos problemas e incluye la mayor parte de lo que desearíamos discutir bajo el término *partido.*

La definición «cualquier organización que nombra candidatos para su elección a un parlamento» [4] incluye no sólo a los partidos tradicionales europeos, sino también a aquellos estados de partido único donde el partido pasa al menos por las mociones de la representación legislativa. Incluye también a aquellos partidos a los que, por una u otra razón, no se les permite nombrar candidatos pero que lo harían si pudiesen. Por tanto, omitiendo el elemento competitivo, la definición de partido político puede abarcar también los partidos de los estados unipartidistas. La definición excluye, sin embargo, a los grupos de interés, las camarillas parlamentarias y los movimientos revolucionarios que no nombran candidatos.

11.2. El origen y desarrollo de los partidos

Se ha sugerido que el partido político es la creación de un tipo particular de sociedad política. El término *partido político* surgió en el siglo XIX con el comienzo del gobierno representativo y la expansión del sufragio en Europa y en Estados Unidos. Entonces designaba a un grupo de personas cuyo objetivo era acceder al poder en competencia electoral con uno o más grupos semejantes. Más tarde el término se amplió, por supuesto para incluir a organizaciones que no participan directamente en la competencia electoral, como los partidos menores virtualmente sin esperanza de representar una seria oposición electoral, los partidos revolucionarios que actúan fuera del marco de las elecciones y los partidos que gobiernan en las sociedades totalitarias y dictatoriales.

El partido político es, pues, un tipo de organización política que surge cuando las actividades de un sistema político alcanzan un cierto grado de complejidad que requiere el desarrollo de nuevas y más amplias formas políticas. En particular, la necesidad de fomentar la aparición de partidos aparece cuando aquellos que tratan de ganar o mantener el poder político, dentro de un sistema político complejo y a gran escala, necesitan buscar el apoyo del gran público. Se dice que la influencia de las crisis sociales es fundamental, especialmente las crisis de *legitimidad, participación e integración*. Esto sugiere que el desarrollo de los sistemas políticos supone a menudo crisis caracterizadas por experiencias del sistema como los movimientos desde un sistema de gobierno tradicional a otro más moderno, los cambios en las pautas democráticas, los modos de producción, los sistemas de estratificación, etc., que implican una remodelación de las instituciones existentes o el desarrollo de nuevas instituciones. En lo que se refiere al sistema político, los tres tipos de crisis mencionados antes parecen ser los más importantes. En la práctica, cada una de estas crisis, aunque analíticamente distintas, puede darse en unión con las demás. Esto es especialmente cierto en las sociedades de modernización tardía.

En Europa, la *legitimidad* fue la cuestión en torno a la cual se crearon algunos de los primeros partidos. Cuando las demandas de participación popular y de una descentralización de la autoridad comenzaron a amenazar la legitimidad de las estructuras de autoridad existentes, como en Francia a fines del siglo XVIII , los grupos revolucionarios comenzaron a asumir un carácter popular, buscando gran parte de su apoyo en la población hasta entonces excluida de todo papel político autónomo, es decir, el campesino, los artesanos y la burguesía. De modo similar, los movimientos nacionalistas son a menudo el resultado de crisis de legitimidad. Frecuentemente comienzan siendo pequeños grupos de hombres preocupados por incrementar su influencia sobre los gobiernos coloniales por la apertura de oportunidades para la participación política de los indígenas. Si la administración colonial se niega a atender a las demandas, el grupo nacionalista se da cuenta de la necesidad de aumentar su apoyo popular y, en ese proceso, desarrolla una organización de partido político[1]. Por supuesto, una vez que el electorado activo se amplia y se han desarrollado los parlamentos nacionales, las tareas de recluta-

---

[1] En las sociedades en que la élite nacionalista está relativamente satisfecha con los pasos dados por el poder colonial para mejorar la participación, puede no desarrollarse un partido de masas. Por ejemplo, en Ceilán, el Ceylon National Congress [Congreso Nacional Ceilandés] estaba moderadamente satisfecho con las medidas adoptadas por los británicos para incrementar las oportunidades de

miento político, de integración de los nuevos ciudadanos en el
proceso de desarrollo político, y de toma de decisiones no pueden
correr por más tiempo a cargo de una pequeña camarilla de hombres, sino que necesitan de nuevas formas de organización política. Así, las que hasta entonces no habían sido sino camarillas
bastante inconexas de parlamentarios, comienzan a darse cuenta de
la necesidad de organizar al nuevo electorado. En Gran Bretaña,
por ejemplo, las principales fases de desarrollo de los partidos están
asociadas con las reformas electorales de 1832, 1867 y 1885. En
el conjunto de Europa, al aumentar el número de electores, los
parlamentarios sintieron la necesidad de comités o de organizaciones locales para ampliar y organizar su apoyo en el país. Así,
muchos de los primeros partidos se formaron por iniciativa de los
mismos parlamentarios. Tal fue el caso de los partidos conservador y liberal en Gran Bretaña, los partidos demócrata y
republicano en Estados Unidos, los partidos liberal y progresista en el Japón post-Tokugawa. Los primeros momentos de la
historia de estos partidos están a menudo asociados a facciones
que se unen en torno a un político notable. En Gran Bretaña,
Walpole y Fox, Peel y Canning, Disraeli y Gladstone, y en
Estados Unidos, Jefferson y Hamilton, sirvieron de aglutinadores
de facciones y tuvieron una importancia fundamental para el
desarrollo de la tradición de los partidos. Este carácter personal
y de facción de la primera historia de estos partidos de origen
parlamentario es típico, y está firmemente enraizado en las exigencias del proceso legislativo más que en una acción programá-
tica.

No todos los partidos políticos tienen sus orígenes en lo que
podríamos llamar la *necesidad* de los parlamentarios de controlar
sus circunscripciones. Otros, y los ejemplos clásicos a este respecto están en los partidos socialistas de Europa, fueron creados
fuera de aquel marco. Tales partidos están asociados a menudo,
aunque no exclusivamente, con las crisis de participación: la demanda por parte de grupos nuevos, o ya existentes pero excluidos,
de un papel de mayor participación en el gobierno. Como ya hemos
dicho, los ejemplos europeos clásicos de partidos creados fuera
del marco parlamentario son los partidos socialistas que aparecieron a fines del siglo XIX y principios del XX, y los partidos

---

autogobierno, y no surgió ningún movimiento de masas hasta que no se celebra-
ron elecciones después de la independencia. Véase J. La Palombara y M. Weiner,
Political Parties and Political Development, Princeton University Press, Princeton, 1966, p. 16.

demócrata-cristianos creados como respuesta al éxito de esos partidos socialistas. En las sociedades en desarrollo de Africa y Asia, la mayoría de los partidos existentes en la actualidad se basaron en un principio en movimientos nacionalistas surgidos fuera del marco gubernamental. Mientras que los partidos de masas evolucionaron lentamente en Europa y en Estados Unidos, han sido característicos de muchos nuevos estados desde el principio. Cuando un movimiento nacionalista lucha por conseguir la independencia, su foco natural es un partido de masas que intenta unir a todos los elementos de la sociedad en una demanda común de autonomía. Desde luego, cuando se ha conseguido la independencia, pueden aparecer tensiones derivadas de los agrupamientos tradicionales, como las lealtades de tribu, étnicas o comerciales. En la India, por ejemplo, la Liga Musulmana, de inspiración religiosa, se negó a colaborar con el Partido del Congreso, más secular, que gozaba de un amplio apoyo hindú. El resultado fue la necesidad de dividir el subcontinente. En los años inmediatamente anteriores a la independencia, la clase media y los grupos reclutados de las tribus en la Costa de Oro, se unieron contra el Convention Peoples Party [Partido de la Convención del Pueblo] de Kwame Nkrumah.

Las crisis de *participación* provocadas por las demandas que un nuevo grupo hace al sistema traen consigo además, casi siempre, una crisis de legitimidad y una amenaza para la posición del grupo gobernante, especialmente si el grupo gobernante se muestra insensible a las demandas de quienes desean una mayor participación. En otras palabras, los partidos creados fuera del marco gubernamental nacen a menudo de una situación de la que se deriva un menor compromiso con las instituciones sociales, políticas y económicas existentes. Además, este celo revolucionario o reformista está a menudo asociado con una mayor coherencia ideológica, una mayor disciplina entre los miembros, y una influencia menor del ala legislativa del partido sobre la política y otros asuntos internos del partido. Pero cuanto más capaz sea el partido de sobrevivir a esta incómoda tensión con el sistema político es más probable que acabe integrado en la estructura política existente y comience a asumir el carácter de los partidos más tradicionales. Esto ha sucedido, ciertamente, con muchos de los partidos socialistas y socialdemócratas más importantes de Europa.

Finalmente, las crisis de *integración*, es decir, el problema de la integridad territorial más el proceso por el cual las comunidades étnicas divididas llegan a acomodarse las unas a las otras, ha proporcionado también el contexto en el que surgieron algunos partidos por primera vez. En Europa, se crearon partidos en Alemania, Italia y Bélgica durante tales crisis. En Bélgica, la lucha entre flamencos y valones dio origen a partidos étnicos, y en el Canadá actual, los partidos separatistas franceses están dando sus primeros pasos. En la India, la Liga Musulmana se ha convertido en un partido de masas con la crisis de integración que acompañó a la partición del subcontinente. En otras partes de Asia, grupos religiosos, lingüísticos y tribales han organizado a menudo partidos políticos en oposición al grupo político predominante.

Así pues, la aparición de partidos políticos está relacionada con las crisis experimentadas por los sistemas políticos ampliamente desarrollados, aunque, naturalmente, la situación histórica particular de cada sociedad continúe condicionando el modelo de la relación entre el partido y la sociedad.

Los estudios existentes sobre la organización de los partidos intentan a menudo establecer una tipología de partidos. Ahora bien, como en cualquier intento de este tipo, los criterios que se usan para elaborar los tipos dependen del foco de interés del estudio. Neumann, por ejemplo, pone el acento en los objetivos perseguidos y la posición social, como criterio básico de clasificación [5]. Afirma el valor de la distinción entre los partidos que subrayan el patrocinio y la oportunidad, y los que insisten sobre la pureza ideológica; entre los partidos que están dominados por personalidades y los de carácter más programático, etc. Duverger, por el contrario, hace referencia a las bases de la afiliación como criterio diferenciador [6]. Con arreglo a ello, llama partidos de masas a los de participación directa, mientras que los partidos de cuadros no lo son. Duverger hace también especial énfasis en las unidades organizadoras básicas de los partidos políticos, el *caucus,* la sección, la célula y la milicia. El *caucus* está formado por los comités electorales *ad hoc* de los notables; la sección, por los miembros locales; la célula, por los grupos de miembros distribuidos según su ocupación, y las milicias son las unidades armadas de los partidos.

El primer objetivo, casi definitorio, del partido político es conseguir el poder. Esta es su base lógica. Del contexto social dependen en gran medida los medios que pueda usar el partido, determinando así su organización. Para tratar de estos temas, es conveniente dividir a los partidos según el tipo de sistema político en el que se encuentran inmersos: si están en sistemas electorales con otros partidos rivales, o si se encuentran en sistemas donde son el único partido legal. El sistema electoral es

un importante rasgo estructural de un sistema político. La estabilidad y la regularidad del sistema electoral representan expectativas firmes que condicionan el comportamiento de los partidos
políticos. Por ejemplo, el hecho de que en Estados Unidos haya
elecciones presidenciales cada cuatro años, y que ningún presidente pueda serlo durante más de dos períodos de cuatro años
consecutivos, desempeña un papel innegable en cuestiones como
la selección de un dirigente, la efectividad y la estrategia política
del partido. Además, el método de recuento electoral, bien por
circunscripciones de un sólo miembro, por un sistema de mayoría
relativa o de cualquier otra forma, pueden influir en factores
como la solidaridad de partido, las alianzas electorales, la concentración del apoyo al partido, etc [7].

En este capítulo examinaremos los partidos políticos en los
sistemas competitivos, y después nos ocuparemos de los estados
de partido único. Tradicionalmente, el énfasis académico se ha
puesto en los sistemas competitivos, pero incluso una rápida ojea-
da servirá para convencernos de que, numéricamente, este énfasis
está mal situado. En la mayoría de los estados más poblados
—China, URSS, Indonesia, Pakistán—, existe un régimen autoritario basado en el ejército o un Estado de partido único. Además,
independientemente del número de habitantes o de las dimensiones del territorio, el Estado de partido único no es una desviación
de una norma estadística. Por tanto, antes de examinar la estructura y la evolución de los partidos en los sistemas competitivos y
no competitivos, consideraremos brevemente algunos intentos de
dar cuenta del surgimiento de los dos sistemas.

*Las bases de los sistemas de partidos competitivos
y no competitivos*

Existe una fuerte relación entre el nivel de desarrollo económico y la existencia de un sistema de partidos competitivos [8].
Esta relación también se puede mostrar geográficamente (véase
cuadro 29).

El sistema de partido único puede ser consecuencia de
una regla legal que prohiba los partidos de oposición, o de una
represión más o menos violenta de la oposición; normalmente se
produce una combinación de esos factores. Una segunda causa
del sistema de partido único puede encontrarse en la estructura
de la sociedad. Se han formulado dos argumentaciones casi
contradictorias. Algunos dirigentes africanos han afirmado que

CUADRO 29.   Sistemas de partidos según las zonas geográficas

	Sin partidos	Un partido	Más de un partido	Total
Atlántica	1	2	20	23
Europa oriental y norte de Asia	0	13	0	13
Oriente Medio	10	6	5	21
Sur y Sudeste de Asia	9	3	7	19
Africa, sur del Sahara	9	20	9	38
América latina	2	5	17	24
Total	13	49	58	138
Porcentaje	23%	34%	43%	100%

Fuente: J. Blondel, *Introduction to Comparative Government,* Weidenfeld and Nicolson, Londres, 1969, p. 140.

sus sociedades carecen de las clases sociales desarrolladas que se supone representan la base de los sistemas bipartidistas y multipartidistas de otras zonas. Nyerere ha dicho que la sociedad africana se basa en la familia y no en las clases, por lo que su unidad básica se expresa necesariamente a través del apoyo a un partido único. Escribiendo desde una perspectiva marxista, Madeira Keita explica que, aunque hay divisiones en las sociedades africanas, sin embargo, la *Unión Soudonaise* de Malí «está de acuerdo sobre lo esencial y persigue los mismos objetivos». Que los otros partidos y grupos que había en Malí «se han sacrificado voluntariamente en favor de la Unión» [9]. Este punto de vista se aproxima al contrario, según el cual los aspectos más sobresalientes de esas sociedades son las escisiones y divisiones de una sociedad en desarrollo basada sobre diversas lenguas, religiones, regiones y tradición. Para proporcionar algún tipo de orden y uniformidad a esta variedad es necesario un Estado de partido único. Las naciones nuevas no son sólidas, sus pautas tradicionales de autoridad están seriamente debilitadas, y por ello el régimen de partido único «es necesario en Africa precisamente porque la nación descansa sobre cimientos tan poco firmes» [10]. En resumen, en la mayoría de los estados africanos la elección no se produce entre un régimen de partido único y un régimen multipartidista, sino entre «estados de partido único y la anarquía, o los regímenes militares, o diversas combinaciones de ambos [11].

Huntington mantiene que los sistemas unipartidistas resultan *o bien* de una acumulación de escisiones que se refuerzan mutuamente de modo que la sociedad está bifurcada, *o* de una multiplicidad de escisiones no reforzadas que no están cruzadas por asociaciones secundarias. En estas situaciones, el sistema de partido único se puede producir no de forma espontánea, sino por un esfuerzo de la voluntad: «el producto de los esfuerzos de una élite política por organizar y legitimar el gobierno de una fuerza social sobre otra»[2]. Al igual que otros autores que se concentran sobre el trasfondo social de los sistemas de partido único y de la democracia, Huntington argumenta que la sociedad en desarrollo a menudo no abandona la posibilidad de un sistema moderadamente competitivo. Pero si aparece la oportunidad de desarrollar un sistema moderadamente competitivo y las élites aprovechan esta oportunidad, entonces puede llegar a institucionalizarse de forma que la competencia pacífica sea generalmente aceptable.

Sin embargo, aunque esta explicación nos informa en buena medida sobre la relación entre el desarrollo económico y social y los sistemas políticos competitivos, no explica el número real de partidos en competencia. Al ocuparnos de Duverger en el capítulo 10, vimos que el intento de relacionar el número de partidos con el método de recuento electoral era deficiente. Además, es difícil tomar muy en serio a aquellos que creen que los sistemas bipartidistas surgen cuando la gente es moderada y razonable en sus decisiones políticas, mientras que los sistemas unipartidistas y multipartidistas son producto de sociedades políticamente no moderadas. Otras explicaciones que subrayan que un partido fuera del poder puede hacer promesas más atractivas que uno en el poder, o que la fuerza del partido varía con el ciclo de los negocios, no consiguen dar cuenta de los sistemas de más de dos partidos.

De modo similar, los argumentos según los cuales las decisiones políticas son divisibles básicamente en el *sí* y el *no*, o en *derecha* e *izquierda*, o que el poder político sólo tiene dos lados

---

[2] S. Huntington en S. Huntington y C. Moore, *Authoritarian Politics in Modern Society*, Basic Books, Nueva York, 1970, p. 11. Igualmente al hablar del dominio unipartidista en la política provincial de Canadá, M. Pinard dice que «El dominio de un solo partido se produce por las adhesiones estructurales y no por la homogeneidad de clase», en *Canadian Journal of Economics and Political Science*, **33**, 358-373 (1967).

—dentro y fuera—, no consiguen explicar la existencia de sistemas multipartidistas [12]. Tales argumentos ayudan a explicar las
enormes dificultades bajo las que actúan los terceros partidos.
Examinando el asunto desde una perspectiva ligeramente distinta, aunque los sistemas de voto proporcional se introducen
porque hay más de dos partidos, no obstante, «una vez que se ha
establecido una representación proporcional, ésta contribuye no
sólo a perpetuar los partidos que la establecen sino también a
facilitar la aparición y continuidad de otros partidos minoritarios
no seccionales. Al menos, la representación proporcional facilita
la existencia de tales partidos» [13]. En una explicación de la
persistencia del sistema bipartidista en EE. UU., se demuestra
que el estrecho margen de diferencia entre los votos a los
respectivos candidatos presidenciales no puede ser accidental,
sino que debe ser consecuencia de las fuerzas de equilibrio
existentes en el sistema [14]. Las fuerzas que actúan para restablecer y mantener el equilibrio (ningún partido gana por una
diferencia superior al 15 por ciento) han sido identificadas como
sigue[3]. En primer lugar, alrededor del 75 por ciento de los
adultos mantienen de modo constante sus preferencias de voto
respecto de uno de los dos grandes partidos, de forma que los
terceros partidos se enfrentan con la dificultad de este caparazón
inercial. Y puesto que *el* premio de la política norteamericana
—la Presidencia— es indivisible, se deduce que un tercer partido
que no pueda ganarlo rápidamente queda invalidado como entidad nacional. En segundo lugar, y compensando parcialmente el
primer factor, está la consideración de que, incluso en caso de
derrota abrumadora, el partido derrotado siempre sigue gozando
de la fidelidad a ultranza de una serie de estados de la Unión y
reteniendo escaños en el Congreso, de modo que perder unas

---

[3] A. Campbell, P. Converse, W. Miller y D. Stokes, *The American Voter,*
Wiley, Nueva York, 1964, pp. 552-558. Rose y Urwin demuestran, en un artículo
interesantísimo, que en 19 países de Europa occidental, Escandinavia y América
anglosajona, en los que se celebran elecciones competitivas, de un total de 142
elecciones celebradas desde 1945, «la fuerza electoral de la mayoría de los
partidos de las naciones occidentales... había cambiado muy poco de una década
a otra, o en el término de una generación». Se refieren sólo a partidos que han
participado en tres elecciones y conseguido por lo menos un 5 por ciento de los
votos en una ocasión, de modo que se puede extraer la conclusión de que, una
vez establecido un sistema de partidos, sea éste bipartidista o multipartidista, no
es fácil que entre en escena un nuevo partido. «Persistence and Change in
Western Party Systems Since 1945», en *Political Studies,* **18,** 287-319 (1970).
Véase C. Landé, *Leaders, Factions and Parties,* Yale University Southeast Asia
Studies, monografía 6, 1966, para una exposición fascinante del 'bifaccionalismo
funcional' y los mecanismos sociales que lo producen en Filipinas.

elecciones no supone el hundimiento de un partido que se encuentra en minoría pasajera. Así, un partido está siempre en condiciones de volver a la lucha electoral mientras el otro está en el poder.

El poder no supone un fortalecimiento de un partido: «puede conservar durante un cierto tiempo su mayoría electoral, pero el siguiente *cambio* acusado en el número de votos al partido se producirá como consecuencia de una respuesta negativa del electorado a algún aspecto del comportamiento del partido» [15]. Cuando las cosas van mal en el país, si se produce esta situación, el electorado responde *culpando* al partido que está en el poder en vez de premiar sus aciertos, de forma que no hay una tendencia a largo plazo favorable al aumento de los votos de un partido que haya ejercitado con acierto el poder[4]. Si fuera así, el resultado sería obviamente la dominación eventual de un solo partido a nivel nacional. Como no sucede esto, nos encontramos con una combinación de explicaciones psicológicas, sociológicas e institucionales del sistema bipartidista en los EE. UU.[5].

11.3. Los partidos políticos: su estructura y procesos en los sistemas competitivos

Hemos dicho que la principal característica definitoria del partido es que nombra candidatos para el órgano legislativo. Puede hacer, y normalmente hace, otras cosas, pero ésta es la razón básica que justifica su organización. En los sistemas políticos en los que la designación de los candidatos se realiza en competencia electoral con otros partidos, aparecen ciertos rasgos estructurales que son inherentes a este tipo de organización de partidos. El grado de competencia política de los partidos es un importante factor que influye en el comportamiento de los mismos. Por supuesto, la competencia varía en su nivel, calidad y

---

[4] En una prospección realizada en el Reino Unido, se descubrió que algunas personas consideraban que no era deseable que un partido dominara el gobierno, y que la probabilidad de que estas personas votaran contra un partido en el poder era más elevada que entre otros individuos que no tenían esta opinión; D. Butler y D. Stokes, *Political Change in Britain*, Macmillan, Londres, 1969, pp. 431-437.

[5] Pero obsérvese que esta explicación se expresa en términos de *persistencia*, por lo que no explica las razones por las que un sistema de partidos adoptó en un primer momento una forma determinada. Véase S. M. Lipset, *The First New Nation*, Heinemann, Londres, 1964, pp. 286-317, y S. M. Lipset y S. Rokkan, *Party Systems and Voter Alignments*, Free Press, Nueva York, 1967, Introducción, para un análisis de los orígenes históricos.

duración. En cuanto al nivel, algunos partidos no están capacitados para nombrar candidatos a todos los cargos públicos. En Estados Unidos, por ejemplo, hay muchos más cargos públicos a los que pueden presentar candidatos los partidos que en Gran Bretaña y otros estados europeos. La competencia varía cualitativamente. Algunos partidos pequeños, intensamente ideológicos, nombran candidatos sólo de modo intermitente, y sin embargo compiten en el terreno ideológico con cierto vigor. En algunos sistemas, el que un partido no consiga una mayoría sólo significa un papel menor en una coalición gubernamental, mientras que en otros el fracaso electoral equivale prácticamente a su exclusión del sistema político. Tomemos el ejemplo del partido liberal británico, que, desde la segunda guerra mundial, se ha presentado de modo constante a las elecciones generales con unas listas completas de candidatos, y sin embargo sus éxitos han sido muy limitados. Esta situación ha producido efectos considerables en su influencia política: una influencia que podría haber sido algo mayor si su representación política hubiera estado más de acuerdo con el número de votos de que goza a nivel nacional. El grado de competencia y de monopolio tiene su influencia sobre cuestiones como el reclutamiento y la ideología del partido. Un partido en permanente minoría puede tender a elegir a su dirigente más por su atractivo personal que por su experiencia. Semejantes partidos minoritarios pueden también preservar su pureza ideológicas, al preocuparles menos la victoria o la atracción de un amplio espectro de apoyo popular. Un partido con buenas perspectivas de ganar una elección habrá de tener más cuidado con los candidatos que elige y el programa que presenta.

El primer elemento de esta «situación estructural» es que el partido es una organización «orientada hacia una clientela» [16]. Es decir, en una situación electoral en que el número de votos que el partido puede ganar es la moneda con que *comprar* el poder, el partido, como apunta Michels, se convierte en «una organización siempre ansiosa de nuevos miembros» [17]. En otras palabras, el partido está siempre abierto a nuevos miembros, simpatizantes y votantes. Puede hacer una llamada directa a nuevas inscripciones y gente que trabaje para él, para que aumenten sus posibilidades electorales. Como dice Michels, «el partido ya no busca combatir a sus oponentes, sino simplemente eclipsarlos» [17].

La *apertura* de la estructura de un partido parece estar relacionada con la marginalidad electoral del mismo. En el estudio de Eldersveld sobre la estructura y actividad de los partidos demócrata y republicano en Detroit, se halló que en «los distritos electoralmente dudosos ambos partidos cambiaban su línea, y permitían una dirección socialmente desviante allí donde las exigencias de la situación para la conquista del poder lo requerían o lo permitían» [18]. En otras palabras, allí donde los partidos competían en situación más o menos equivalente, tendían a adoptar prácticas de reclutamiento bastante abiertas.

Esta permeabilidad organizativa plantea varios problemas en lo que respecta a la cohesión interna de la organización del partido. Uno de ellos es que, si el partido está en fuerte competencia por conseguir votos y partidarios, pudiendo verse obligado a apelar a un campo más amplio de intereses y de grupos, debe operar con una filosofía política muy difusa. Debido a su necesidad de ganar votos, y citamos de nuevo a Michels, el partido «sacrifica su virginidad política, entrando en relaciones de promiscuidad con los elementos políticos más heterogéneos...» [19]. Naturalmente, esta dilución ideológica es un grave problema sólo para aquellos partidos que reclaman para sí o defienden algo que puede calificarse como un conjunto de principios ideológicamente coherentes. El mismo Michels hablaba de los partidos socialistas de hace más de 50 años. Pero en los partidos en que no se valora la pureza ideológica, esa dilución no representa un problema tan importante. En el partido conservador británico, por ejemplo, la masa de los miembros del partido no espera que la jefatura se atenga a sus deseos.

Esta apertura organizativa de los partidos crea dificultades adicionales para el control directivo. Como el partido es una asociación voluntaria y nadie está obligado a adherirse a ella, sus miembros sólo permanecerán dentro del partido y participarán en sus asuntos mientras reciban suficientes satisfacciones por su participación. Así, la dirección del partido no puede simplemente exigir obediencia, sino que debe apelar de modo adecuado al interés o a la lealtad de los miembros. Los partidos, pues, no son burocracias en el sentido clásico del término.

Estas consideraciones nos llevan a una imagen del partido político como un agrupamiento de intereses socio-económicos, cada uno de los cuales busca reconocimiento y ventajas políticas. Como tal, el partido puede ser conceptuado como una alianza de subestructuras o coaliciones. Los elementos de la coalición pueden variar enteramente de un partido a otro, de un sistema político a otro. Pueden ser geográficos, económicos, étnicos, religiosos o de cualquier otro tipo, o incluso diversas alas funcionales del partido, como la legislativa o la ejecutiva. Desde este punto de vista, el partido es simplemente un grupo que representa y explota intereses múltiples, y puede conseguir un control directo sobre el gobierno de la sociedad.

Una interesante consecuencia de este punto de vista es que, como organización en un sistema conflictivo, el partido puede dominar de alguna forma los conflictos internos y estabilizar los grupos de coalición, de manera que se pueda alcanzar, con mayor probabilidad, la meta de conseguir el poder. De hecho, esta tensión entre el objetivo del poder y lo que se podría calificar de objetivos de intereses o programáticos es un dilema típico de los partidos en los sistemas competitivos. A este respecto, los estudiosos de los partidos políticos han observado a menudo que la base es más militante y más extremista que los dirigentes parlamentarios, quienes deben prestar la consideración debida a las posibilidades electorales del partido. Como Duverger dice, hablando de los socialistas franceses: «el militante es más revolucionario que los electores, que son escasamente revolucionarios. Y los representantes están naturalmente más dispuestos a seguir a los electores que a los militantes» [20]. Las mismas actitudes que producen el sacrificio y devoción necesarios de los activistas del partido reflejan una intensidad de convicción no compartida por el grueso de la población. Además, esta intensidad de convicción no se ve modificada por las consideraciones prácticas de obtener votos, que influyen en quienes buscan cargos públicos bajo la etiqueta del partido.

Una de las diferencias entre los partidos se encuentra en la forma en que sus dirigentes rehuyen estar demasiado influenciados por la base. En lo que se refiere al partido conservador británico, la dirección puede contar más con sus seguidores, que son conscientes de su papel limitado en la determinación de la política y de la línea de acción del partido[6]. La dirección del partido laborista británico, por el contrario, tiene una menor tradición elitista en la que basarse. Las tensiones entre la dirección y la base representan una característica constante de las conferencias del partido. De hecho, la seguridad de la jefatura laborista se debe con frecuencia al apoyo de los votos de que

    [6] Véase L. Epstein, «British Mass Parties in Comparison with American Parties», *Political Science Quarterly*, **72**, 97-125 (1956). La exposición más completa de las complejidades de las relaciones internas de partido en los principales partidos británicos es la contenida en R. T. McKenzie, *British Political Parties*, Heinemann, Londres, 1955.

disponen los dirigentes de los sindicatos, que son conscientes a su vez del efecto electoral.

Sin embargo, puede suceder que muchos miembros del partido no estén en absoluto interesados profunda y continuamente en la política y en la actividad política, sino que más bien hayan sido atraídos porque sus esposos o esposas son miembros, por la vida social o simplemente por sus compañeros del círculo del partido. Su concurrencia a las reuniones de sección es muy escasa, y los miembros prefieren oír generalidades que ocuparse de cuestiones de política práctica. Por tanto, en la mayoría de las cuestiones, las secciones pueden ser dominadas con bastante facilidad por una minoría reducida, pero exaltada —y que además puede estar bien informada—, y son éstos quienes acuden en general a las conferencias anuales para discutir la política del partido y criticar a la jefatura. Consciente de ello, la dirección del partido puede, excepto en los casos más graves, considerar la conferencia anual no como una fuente de decisiones políticas, sino más bien como una oportunidad de arengar a los fieles y como una caja de resonancia para su política [21].

Esta habilidad mostrada por muchos dirigentes de partido en rehuir la plena responsabilidad ante los deseos de los miembros llevó a Michels a formular su famosa «ley de hierro de la oligarquía».

La ley de hierro de la oligarquía

Escribiendo a comienzos de siglo, Michels se dedicó a reconstruir y poner al día las penetrantes ideas de Marx. Aunque aceptaba la posición de Marx sobre la importancia del desarrollo económico para el cambio social, Michels rechazó la idea de que la democracia y el socialismo fueran el resultado inevitable de las fuerzas económicas que actúan en las sociedades industriales. En su lugar, sostenía que había otras fuerzas operantes que eran suficientemente fuertes para frenar el proceso de democratización de la sociedad industrial. Estas fuerzas eran, en resumen, la naturaleza del individuo humano, la naturaleza de la lucha política y la naturaleza de la organización. Las consecuencias de estas tendencias, según Michels, eran que la democracia desembocaría inevitablemente en la oligarquía, y ésta fue la tesis central de su obra *Political Parties*.

Para poner a prueba esta idea, Michels realizó un estudio de los partidos socialdemócratas de Europa. Su razonamiento consistía en que, si se podían encontrar tendencias oligárquicas «en el mismo seno de los partidos revolucionarios» que afirmaban representar las tendencias opuestas, esto constituiría la «prueba concluyente de la existencia de tendencias oligárquicas inminentes en todo tipo de organización humana que luche por la consecución de fines determinados» [22]. Michels parte en su tesis de un supuesto psicológico, según el cual es inherente a la naturaleza humana el anhelar el poder, y, una vez conseguido, el intentar su perpetuación. La segunda consideración se refiere al problema técnico y práctico de implicar a un gran número de personas en el proceso democrático de la adopción de decisiones. Si se considera que la democracia significa la participación *directa* de las masas en las decisiones, entonces la democracia, tal como ha sido considerada por los teóricos de la democracia de masas desde Rousseau, es imposible. Por ello, según Michels, el mismo número de miembros del partido hace técnicamente imposible que todos los miembros participen directamente en la dirección de sus asuntos. Se hace inevitable, pues, una división del trabajo. La organización comienza a necesitar especialistas, hombres adiestrados en los detalles de la administración organizativa. Como resultado surge una «clase de políticos profesionales, de expertos en la vida política reconocidos y acreditados» [7]. La pericia que poseen los funcionarios del partido les libera de ser servidores de la masa del partido, y la organización se hace cada vez más jerárquica y burocrática. Pronto, los hombres inicialmente nombrados para servir los intereses de la colectividad desarrollan intereses propios opuestos a los de la colectividad. Por supuesto, una vez que los *expertos* han alcanzado sus posiciones comienzan a legitimar su papel refiriéndose al carácter indispensable de su función. Si se discuten sus decisiones, el presentar su dimisión —en apariencia un gesto puramente democrático—, sirve en realidad para recordar a los seguidores la indispensabilidad de los dirigentes.

La posición de los dirigentes es reforzada aún más por la indiferencia y la incompetencia política de las masas y la gratitud

---

[7] R. Michels, *Political Parties*, Free Press, Glencoe, 1949, p. 29. Michels se adhiere a una teoría clásica de la democracia que, en realidad, tiene poca relación con la forma en que ha evolucionado el proceso democrático en Europa y las democracias anglonorteamericanas. Véase, por ejemplo, J. Schumpeter, *Capitalism, Socialism and Democracy*, Allen and Unwin, Londres, 1943. Pero véase G. Hands, «Roberto Michels and the Study of Political Parties», *British Journal of Political Science*, **1**, 155-172 (1971), que detecta tres usos diferentes del término *democracia* en Michels.

y veneración que sienten hacia sus dirigentes. El resultado es una creciente separación *social* entre los dirigentes y las masas. Michels dice:

> Mientras que su dedicación a las necesidades de la vida diaria hace imposible que las masas alcancen un conocimiento profundo del entramado social, y sobre todo del funcionamiento de la máquina política, el dirigente de origen obrero puede, gracias a su nueva situación, familiarizarse inmediatamente con todos los detalles técnicos de la vida pública y aumentar así su superioridad sobre la base [23].

Así, para Michels, el dilema de los partidos socialistas democráticos consiste en que para alcanzar sus objetivos ideológicos precisan de una organización, y la organización conduce de forma inevitable a la aparición de una auténtica oligarquía y de las desigualdades para acabar con las cuales se crearon esos partidos.

Mientras las observaciones de Michels son extremadamente importantes para la comprensión de los partidos políticos, su «ley de hierro de la oligarquía» no es tan *férrea* como él pretende[8]. El estudio de McKenzie sobre los partidos laborista y conservador británicos presenta pruebas de revueltas contra los dirigentes del partido que han conducido a su derrocamiento. En otras palabras, aunque todos los partidos políticos son más o menos oligárquicos (Michels tiene razón en esto; ¿de qué otro modo pueden funcionar los partidos?), esto no significa que los dirigentes del partido puedan ignorar impunemente las aspiraciones y demandas de la base. Las apelaciones ciegas a la lealtad al partido pueden conseguir a menudo su propósito, pero «en escasas ocasiones consiguen cerrar un abismo real entre los dirigentes y los adheridos, cuando este abismo aparece» [24].

A cierto nivel, la tesis de Michels puede también trivializarse: es decir, si por oligarquía entendemos simplemente que las minorías gobiernan, la ley no sólo es irrefutable, sino que también es casi tautológica. Pero esto es un solo aspecto. Con más rigor, la tesis de Michels se puede entender en el sentido de que las élites gobiernan en su propio interés, opuesto al de la base. El problema, pues, se complica. En primer lugar, tenemos la cuestión, en parte normativa, de los intereses *reales* de los grupos implicados. ¿Actúan siempre las élites de forma que subvierten los intereses *reales* de la base? En otras palabras, la prueba de

---

[8] Para una excelente crítica y evaluación de la teoría sociológica de Michels, véase I. M. Zeitlin, *Ideology and the Development of Sociological Theory*, Prentice-Hall, Englewood Cliffs, 1968, capítulo 14.

la dominación oligárquica se encuentra en la respuesta a cuestiones como: ¿actúan siempre unidos los dirigentes?; ¿son prácticamente irresponsables e inamovibles?; ¿hasta qué punto pueden ignorar la *opinión pública?*, etc.

Además, la tesis de la oligarquía parece caer en la falacia que mencionábamos en un capítulo anterior, por la que los orígenes sociales determinan las preferencias políticas. Numerosos estudios han mostrado que los elementos de la clase superior y media están superrepresentados en todos los partidos, incluidos los obreros. Esto se considera a menudo como una prueba del control de la élite. Pero, como hemos visto, los orígenes sociales no determinan directamente las simpatías políticas. Para probar la existencia de una oligarquía, se requiere algo más que determinar su procedencia social.

El análisis de Michels puede incluirse en una determinada tradición europea que considera que los partidos son básicamente organizaciones de defensa de los intereses de sus miembros, especialmente en términos económicos o de clase. En otras palabras, se supone que el partido debe atender los deseos de sus miembros, y el descubrir que no lo hace, como sucede a menudo, significa que ha traicionado su objetivo primario. Unos años antes que Michels, Ostrogorski, que fue el primero en hacer un estudio sistemático de los partidos, se refirió al peligro que representaban para el sistema político los mismos partidos políticos[9]. Ostrogorski argumentaba que la combinación de grandes electorados y las dificultades de gobernar un país industrial hacían necesaria la aparición de partidos políticos nacionales. Debido a que la masa de los ciudadanos era políticamente indiferente, esos partidos políticos podían actuar casi sin temor de ser controlados. Se había creado un monstruo que hacía depender a los ciudadanos y a la mayoría de los políticos de los servicios que la organización pudiera proporcionar. Consideraba que esta situación iba en detrimento del bien común y de la esencia de la democracia. Pero el análisis de Ostrogorski no tenía en cuenta una serie de consideraciones importantes, entre las cuales se encuentran algunas de las ya mencionadas. En primer lugar, supuesta la competencia electoral, es perfectamente razonable pensar que, como consecuencia, los partidos presentarían ofertas competitivas para conseguir el apoyo de los electores. A no

[9] M. Ostrogorski, *Democracy and the Organisation of Political Parties,* 2 vols., Macmillan, Londres, 1902. La mejor exposición breve es la de S. Lipset, *Revolution and Counter-Revolution,* Basic Books, Nueva York, 1968, páginas 362-411.

ser que se asuma una postura radicalmente escéptica, habrá que concluir que las preferencias del electorado determinarán en alguna medida la línea política de los partidos. En segundo lugar, por las razones que hemos esbozado, probablemente exageró la influencia de las minorías organizadoras (el *caucus*) dentro de los partidos políticos. En Gran Bretaña, los datos disponibles indican que los dirigentes parlamentarios de los tres partidos principales pueden controlar la base y la organización profesional. Por otra parte, su temor de que los partidos, que comienzan siendo instrumentos populares, degeneren en organizaciones particulares preocupadas principalmente de sus propios intereses, quizás sea una descripción razonable de la situación. El problema es si los intereses organizativos del partido coinciden o no con intereses más generales. Como hemos visto, es habitual afirmar que, en un sistema de partidos en competencia, esta coincidencia es el resultado de la búsqueda de una mayoría electoral. Suceda o no de esta forma, es difícil imaginar cómo pueden ser transmitidas y agregadas las preferencias, los intereses y opiniones, sin una organización que es un partido, aunque se le designe de otra forma.

Un punto de vista alternativo al modelo oligárquico de Michels y Ostrogorski es el que subraya que la estructura de los partidos está basada en la coalición [25]. Según este punto de vista, se considera que cada individuo o subgrupo dentro del partido posee su propio conjunto de metas *(ordenación de preferencias)*. La organización del partido *negocia* entonces con esos grupos, y «para los propósitos del juego político» llega a un acuerdo de coalición con ellos, y así se desarrolla una «ordenación conjunta de preferencias» de los objetivos organizadores. Esta ordenación es el resultado de los *pagos parciales* a los elementos de la coalición, en base a un cálculo de las fuerzas, necesidades y contribuciones recíprocas a la estructura total del partido. Una vez que se ha consumado la *negociación,* el partido puede actuar, al haber finalizado la fijación de las metas, y puede operar como un *empresario* individual.

Aunque esta visión de los partidos puede ser exagerada, apunta hacia la naturaleza esencialmente pluralista de la organización de los partidos. La política y la acción son el resultado de los procesos de compromiso y de negociación dentro del partido. Incluso en las maquinarias de partido norteamericanas más cuidadosamente estructuradas, por ejemplo, opera un modelo de influencia recíproco entre el *jefe* y sus capitanes de distrito [26]. El análisis de Eldersveld de los partidos demócrata y republicano en Detroit mostró que ambos partidos estaban constituidos por subgrupos moderadamente autoconscientes. En el partido republicano, los grupos de ejecutivos y empleados estaban suficientemente bien orientados y políticamente autoconscientes para exhibir un cierto grado de autonomía y estabilidad. El partido demócrata era un agrupamiento de siete a nueve subgrupos principales —incluyendo los negros, polacos, inmigrantes obreros, etc.— que mostraban también signos de identidad e integridad subestructural de partido [27].

Si esta imagen de los partidos como un «agrupamiento de comunidades, una unión de pequeños grupos» [28] es exacta, habrá de tener claras implicaciones en la estructura de control de los partidos. Debido al carácter *abierto* de los partidos en los sistemas competitivos, y al carácter plural de su estructura interna, es difícil ver cómo puede ser la estructura de control una simple jerarquía burocrática. Sobre el papel, la organización de partido puede corresponder al modelo burocrático weberiano: un sistema ordenado de autoridad, desde los dirigentes hasta el inferior de los trabajadores del partido. En la práctica, a causa de la escasez de trabajadores voluntarios, las recompensas limitadas por el trabajo del partido y el carácter irregular de la lealtad, el partido debe tolerar normalmente un grado considerable de autonomía, iniciativa local e inercia local. Además, la fuerte tendencia a conceder sus votos al partido, la falta de sanciones directivas y la preocupación básica por las elecciones por parte de los dirigentes fomenta aún más la descentralización del control y de la influencia.

No queremos negar que exista una jerarquía, pero en los partidos competitivos no puede ser una simple jerarquía monolítica. Las organizaciones de los partidos varían no sólo en el ámbito o cantidad de control que supone el ser miembro, sino también en la forma en que se distribuye el control entre los diversos roles que comprende la organización. Un modelo que explica, en general, el carácter de la jerarquía de los partidos es la noción de *estratarquía* [29]. Las características generales de la estratarquía son la proliferación del grupo gobernante y la difusión del poder en forma de *órdenes según estratos*, que operan con diversos grados de independencia a través de la organización del partido. Como hemos dicho anteriormente, la misma heterogeneidad de los miembros, las relaciones de coalición, hacen el control centralizado no sólo difícil sino políticamente suicida. Así, «... el partido desarrolla su propio modelo jerárquico de descentralización estratificada de la responsabilidad para el arreglo de los conflictos, en lugar de comprometer la viabilidad de toda la organización llevando ese conflicto a los niveles de mando superiores del partido» [30]. Además, como el partido debe acomodarse a los medios locales y particularistas de la opinión y la tradición, esta acomodación fomenta la aceptación de la dirección, la estrategia y la influencia locales [31].

Aunque este modelo es más plausible que el modelo de la jerarquía centralizada para caracterizar la estructura de autoridad del partido político, podríamos esperar, no obstante, variaciones considerables entre los distintos partidos. Hay pruebas para afirmar que los partidos en posición competitiva favorable, por ejemplo, estarán dominados por sus representantes parlamentarios. El estudio de McKenzie sobre los partidos laborista y conservador británicos sugiere que, en cuestiones decisivas, en cuestiones en conflicto, el centro de poder reside en la jefatura parlamentaria.

Pero tampoco se trata de una simple cuestión de *o/o,* de si la jefatura es suprema o no. La respuesta es a veces *sí* y a veces *no.* En primer lugar, depende en gran medida de la cuestión. Tomando una vez más el ejemplo del partido conservador británico, la sede central nacional no condiciona a las asociaciones de las circunscripciones en la elección de candidato [32]. Esta tarea corresponde principalmente a la responsabilidad de la asociación local. En otras palabras, el estudio de una estructura particular de partido puede revelar una descentralización de la responsabilidad sobre ciertas cuestiones, aunque no sobre otras. Es decir, se puede otorgar una autonomía considerable a las asociaciones locales en su selección de candidatos, pero se concede una menor iniciativa local con relación al programa electoral o a la estrategia parlamentaria.

La distinción de Duverger entre los partidos creados *dentro* y *fuera* del marco gubernamental proporciona una dimensión sobre la cual puede variar la autoridad de la élite. Los partidos organizados *dentro* del marco del poder, por ejemplo, conceden mayor importancia al ala legislativa del partido, mientras que los partidos creados *fuera* del marco gubernamental dan mayor importancia a los funcionarios del partido. Pero esta distinción no debe exagerarse. Como sugerimos anteriormente, muchos partidos creados *dentro* del marco oficial han creado organizaciones de masas como respuesta al sufragio universal y al éxito de la organización de los partidos creados *fuera* de aquel marco. En otras palabras, la nacionalización de la política creó la necesidad, para los partidos orientados hacia las elecciones, de desarrollar organizaciones de masas. En convergencia con esta tendencia, los partidos creados *fuera* del marco gubernamental, una vez que alcanzan la posibilidad de acceder al poder, relajan su organización. La necesidad de coalición, de compromiso y búsqueda del poder requería un grado de autoridad discrecional para los dirigentes parlamentarios. Esta necesidad hacía disminuir la autoridad de los sectores del partido que estuvieran fuera del pequeño círculo parlamentario. Así pues, las diferencias entre los partidos creados *dentro* y *fuera* del marco gubernamental han disminuido.

Además, el hecho de que un partido esté en el poder puede incrementar la influencia del sector parlamentario frente a los otros sectores del partido, mientras que cuando está en la oposición las diferencias entre los distintos sectores pueden ser menos obvias. Pero también se pueden encontrar ejemplos que contradigan esta idea.

Aunque es un lugar común, no deja de ser una observación importante que las élites políticas no actúan en el vacío, y quizás la mejor forma de evaluar la influencia de la élite de un partido es examinando hasta qué punto su posición le concede una influencia sobre el sistema político comparada con la de otras élites. En otras palabras, cuál es la importancia de los canales del partido en comparación con otros canales para llegar, influir o sustituir a quienes están en posiciones de influencia política. En sociedades competitivas relativamente estables, con partidos bien establecidos, el partido es fundamental para el reclutamiento de las élites políticas, ya sea como cauce para las carreras políticas o como agente legitimador del logro de posiciones de mando. En los sistemas en que los partidos sólo tienen una posición precaria *frente a* otros grupos, su papel en el reclutamiento de la élite política es proporcionalmente más limitado.

Sin embargo, incluso en las sociedades en que el alcance del sistema de partidos es amplio, puede ser erróneo concluir que las élites de partido tienen el monopolio de la influencia política. Aunque la posición dominante del partido puede ser estable, puede haber un movimiento de personal de la élite razonablemente rápido. Ninguna jefatura política puede tampoco ignorar en un sistema competitivo las reivindicaciones de otros sectores de la sociedad, como la industria, el ejército, la educación, los sindicatos, etc. En principio, el presidente de Estados Unidos es el hombre más poderoso de la tierra, pero sería insensato pretender que puede tomar decisiones sin restricción alguna[10].

Simplificando, el problema del partido que opera en un sistema competitivo de partidos consiste en reunir individuos y grupos de intereses diversos en una cooperación voluntaria, de forma que puedan alcanzarse las metas colectivas del partido. Lo que hemos sostenido es que, por diversas razones, es teóricamente simplista considerar a los partidos políticos sólo como una extensión burocrática de la jefatura. Además, hemos señalado que, *con relación* al electorado, puede ser incorrecto considerar las élites del partido como si estuvieran en una posición necesariamente dominante. En el párrafo siguiente, intentaremos esbozar una justificación más teórica de estas afirmaciones empíricas, que corresponde a la teoría propuesta por Mancur Olsen.

La lógica de la acción colectiva

Esta teoría representa un intento de construir una teoría formal del comportamiento individual dentro de grandes colectividades[11]. La teoría parte del supuesto de la economía clásica de que el hombre es una criatura racional y calculadora y que, además, siempre actuará de ese modo aunque forme parte de grandes colectividades. La teoría incluye un segundo supuesto según el cual, «... a menos que el número de los individuos de un grupo sea muy pequeño, o a menos que exista coacción o cualquier otro recurso especial para hacer actuar a los individuos en su interés común, los individuos racionales y egoístas no actuarán en favor del interés común o de grupo» [33]. Es decir, un hombre racional hará un esfuerzo proporcional a la recompensa esperada. En el caso de los bienes colectivos (por ejemplo, paradas militares, servicios de sanidad, libertad política, etc.), la contribución de cualquier individuo a su logro no es fundamental, ya que, como consecuencia de la naturaleza de los bienes colectivos, todos los individuos se aprovecharán si se les proporciona

[10] Esto no quiere decir que sus decisiones sean siempre, o incluso ocasionalmente, democráticas en el sentido de seguir la «voluntad del pueblo», sino sólo que no puede hacer lo que quiera, ya que está sometido al proceso de compromiso y reconciliación de valores y medios en competencia.
[11] M. Olsen, Jr., *The Logic of Collective Action*, Harvard University Press, Cambridge, Mass., 1965; véase también S. M. Barnes, «Party Democracy and the Logic of Collective Action», en W. J. Crotty (ed.), *Approaches to the Study of Party Organization*, Allyn and Bacon, Boston, 1968, pp. 105-138.

el bien, incluso aunque sólo hayan contribuido algunos indivi-duos a producirlo. Así, puesto que un miembro individual sólo recibe parte del beneficio del esfuerzo que ha hecho para obtener más bienes colectivos, dejará de perseguir el bien colectivo antes de que se haya obtenido la medida óptima para todo el grupo. Por eso «cuanto mayor sea el grupo, más lejos quedará de obtener la medida óptima de un bien colectivo» [34]. Si se aplica esta óptica a los partidos políticos y se les considera como organizaciones orientadas primariamente hacia los beneficios colectivos, enton-ces, aceptando la lógica de la acción colectiva, la mayor parte de la actividad del partido correrá a cargo de aquellos que persiguen beneficios selectivos, no colectivos. Es decir, aunque la mayoría de la gente se dé cuenta de que se beneficiaría más si el partido al que apoyan estuviera en el poder, reconocen que si su partido ganara, ello ocurrirá igualmente sin su ayuda individual, lo cual significa que ellos podrán obtener beneficios en cualquier caso. El resultado es que el ciudadano medio no estará dispuesto a realizar una aportación significativa en favor de su partido, ya que la victoria proporciona un bien colectivo y no le afecta a él de un modo perceptible. Por otra parte, hay mucha gente con ambiciones políticas personales de uno u otro tipo, y a ellas el partido puede proporcionarles la oportunidad de obtener be-neficios no colectivos, sino personales, como los cargos públicos.

En otras palabras, la máquina política es una estructura organizadora que funciona por incentivos específicos como el patronazgo, y los bienes colectivos, si aparecen, lo hacen como subproductos. «Las máquinas políticas son capaces de desarro-llar estructuras organizadoras bien articuladas... porque luchan principalmente por bienes que benefician a individuos particula-res, más bien que por el interés común de cualquier grupo amplio» [35]. De esta teoría se deducen otras consideraciones interesantes. En primer lugar, la teoría contradice muchos de los postulados de la teoría de grupos de la escuela de Bentley y Truman, según la cual los grupos latentes se movilizarán simple-mente porque tienen intereses comunes. Olsen dice que esta afirmación representa la *falacia anarquista,* suponer que «la necesidad de un incentivo para la cooperación organizada o coordinada... aseguraría la organización y acción de grupo nece-sarias» [36]. De hecho, según la lógica de la acción colectiva, los grandes grupos latentes están en desventaja en la competencia con pequeños grupos preexistentes como consecuencia de sus elevados costes iniciales de organización. ¿Por qué surgen enton-ces tales grupos? ¿Cómo y por qué se crean los partidos políticos, los *lobbies* y grupos de presión? La respuesta de Olsen es que son a menudo un subproducto de otra actividad. La existencia, por ejemplo, de un sindicato o una empresa pueden reducir los costes de la organización política.

La teoría nos proporciona también una perspectiva sobre el comportamiento de la élite del partido. Los miembros del partido que tienen el poder no persiguen un fin colectivo. Persiguen, en cambio, ganancias personales que compensen la inversión que hacen en la actividad de partido. Tales fines pueden ser de *status*, remuneraciones monetarias, etc. Pero en un partido de masas, parte de su inversión debe consistir en atraer a la base. Deben competir por el apoyo de los miembros, y esto obliga a los dirigentes a sublimar los aspectos no colectivos de su lucha y, quizás, como subproducto, a buscar fines colectivos considerados como el precio que han de pagar por conseguir sus propios fines específicos. Además, si han de obtener sus objetivos privados, no colectivos, como la candidatura al poder, el *status* personal, etc., deben ganar las elecciones. Para ganar las elecciones, deben buscar el respaldo de los votos, o al menos suficientes votantes para conseguir el acceso a esos bienes. El estudio de Barnes sobre el Partido Socialista Italiano (PSI) ilustra bien esta situación [37]. Dentro de este partido había dos facciones distintas: un grupo, los autonomistas, que defendían su independencia del partido comunista y la cooperación con los partidos del centro (demócrata-cristianos, socialdemócratas y republicanos); y un segundo grupo, los izquierdistas que, temiendo una pérdida del fervor revolucionario como consecuencia de una cooperación con los partidos del centro, preferían mantener la alianza con los comunistas. El sistema de partido del PSI se basaba en estos dos conjuntos de dirigentes, y los intereses personales de los dirigentes de esas facciones estaban unidos a las diversas consideraciones políticas que subyacen a la lucha por el dominio entre los dos grupos. El grupo de la minoría izquierdista estaba profundamente interesado en la línea política del partido, y temía que un movimiento hacia el centro comprometiese las buenas relaciones de la facción con los sindicatos, de los que los dirigentes recibían puestos extraparlamentarios. Los autonomistas, por el contrario, deseaban conservar sus puestos gubernamentales. En este caso, la democracia del partido se conservaba como subproducto de la búsqueda por diferentes dirigentes de sus beneficios no colectivos.

Así, la teoría de la acción colectiva explica por qué, frente a los miembros del partido y el electorado, el dirigente de un partido está limitado en la persecución abierta de sus propios intereses. O más bien muestra cómo un beneficio colectivo se deriva —lo mismo que en la teoría económica— de la búsqueda de beneficios individuales. Moderando conscientemente sus propios intereses en favor del electorado, el dirigente del partido está limitado por la lógica de su situación. Esta teoría, aunque no nos proporcione una teoría completa de los partidos políticos, sugiere que las motivaciones personales de los dirigentes del partido pueden tener, entre otras cosas, consecuencias organizativas para el partido político. Un dirigente con ambiciones discretas, que no busque ser reelegido o hacer carrera en el servicio público, podría tener sólo necesidades organizadoras efímeras. En este caso, debería esperarse que la organización del partido fuera más débil en torno a esos individuos [38]. Aquellos que tienen ambiciones de mayor alcance deben dedicar mayor atención a la organización y a la relación de ésta con sus objetivos privados. Como ejemplo de lo primero quizás sirviera la campaña para la designación como candidato demócrata del senador Eugene Mc-Carthy, un hombre de ambiciones ciertamente reducidas. Fue notoria la atención superficial que prestó a la organización, en comparación con el esfuerzo organizador de los más ambiciosos Kennedy, por ejemplo. Parece ser también que los parlamentarios con ambiciones progresivas de ascender en el poder fueron más sensibles a las consideraciones políticas y tenían una visión más completa de las complejidades de lo que ambicionaban [39].

Sin embargo, mientras los que se encuentran en la cumbre del poder pueden estar primariamente motivados por el deseo de poder y de sus beneficios, es improbable que tales ambiciones atraigan a un número suficiente de miembros para formar una organización efectiva. La misma naturaleza de la organización impide a la mayoría conseguir el poder; sólo unos pocos pueden tener posibilidades reales de acceso al mismo. Es decir, los dirigentes deben ofrecer alicientes a los no dirigentes si desean que estos últimos mantengan un nivel de actividad suficiente que asegure la ejecución satisfactoria de un mínimo básico de tareas relacionadas con la movilización del apoyo popular y la consecución de elecciones favorables. Puesto que entre los incentivos que pueden ofrecer los dirigentes difícilmente podrían encontrarse sus propios cargos, se deduce que deben ofrecer otro tipo de satisfacciones a los numerosos militantes de base. En Estados Unidos, el patrocinio ha sido una importante fuente de incentivos para los cuadros de base. La mayor parte de los cargos gubernamentales se dispensan, con gran diferencia, a nivel local. Por ello, las unidades locales del partido pudieron convertirse, a menudo, en sistemas de patrocinio cuando los puestos gubernamentales dependían de la discreción de los dirigentes del partido. Estos incentivos materiales significaron que la maquinaria local gozara de gran flexibilidad en la definición de metas y objetivos. Mientras permaneciera el patrocinio y los empleados de base dependieran de aquellos incentivos materiales, las unidades locales podrían operar casi con independencia de la política del partido y conservar la flexibilidad para reaccionar ante los problemas públicos [40]. Estudios realizados en Estados Unidos muestran que muchos de los empleados de distrito se integraron en las tareas del partido atraídos por la remuneración económica, y una elevada proporción de ellos estaba en la nómina pública [41].

Naturalmente, no todos los partidos políticos tienen tanta influencia sobre los cargos públicos como los partidos norteamericanos. Incluso en Estados Unidos, hay indicios de que el sistema de patrocinio está en decadencia [42]. En cualquier caso, es improbable que los incentivos materiales sean fundamentales. Otros tipos de incentivos incluyen los incentivos de *status* y la satisfacción derivada de la misma participación. La identificación de los que trabajan para el partido con un candidato triunfador, el sentido de participación y el compromiso en la actividad política, etc., son a menudo las remuneraciones que pueden extraer de su actividad los que trabajan para el partido.

Finalmente, no se pueden ignorar los incentivos políticos o *de propósito*. En otras palabras, los dirigentes de los partidos, aunque sean totalmente egoístas y calculadores en sus acciones, deben apelar a los intereses, objetivos, ideas, aspiraciones, etc. de los activistas del partido en los que se basan.

De esta manera, concluimos que hay razones teóricas fuertes para afirmar que los intereses individuales son importantes para comprender el funcionamiento de los partidos políticos. También se puede decir que, al menos en situaciones políticas competitivas, es posible que el hecho de la competencia haga que los dirigentes se sensibilicen ante los intereses sociales situados tanto dentro como fuera del partido. Además, visto desde la perspectiva teórica de la lógica de la acción colectiva, podemos ver cómo opera el sistema para limitar a los dirigentes y proveer de bienes colectivos a partir de comportamientos privados. Los partidos con pocas posibilidades de alcanzar el poder político carecen de uno de los más importantes bienes privados que

446   Sociología política

distribuir; tendrán que hacer un llamamiento altamente especializado, lo que significa que es muy poco probable que ganen las
elecciones, o bien pueden presentar convocatorias ideológicas
más amplias.

Puesto que los partidos pequeños están, en efecto, muy
alejados del poder político, es probable que las primeras motivaciones de sus miembros sean ideológicas, y si la organización
desea sobrevivir, se encuentra con el problema de mantener este
compromiso ideológico frente a las exigencias conflictivas. Desde
este punto de vista, la organización *exclusivista* ve facilitada su
tarea en virtud del compromiso inicial, pero le resulta ciertamente más difícil reclutar miembros a causa de las mayores
exigencias de tiempo y esfuerzo que se les hacen[12]. Una vez
reclutados, los miembros están más aislados de los valores y
movimientos sociales en competencia. En otros contextos, este
tipo de exclusivismo organizador es a menudo pronunciado,
suponiendo casi un total aislamiento de la sociedad. Existen
muchos ejemplos, desde los conventos y monasterios hasta comunidades completas, como la comunidad oneida y los hutteri-
tas y, recientemente, las comunas *hippie* de Estados Unidos[13].
En el caso de la organización *abierta,* aunque es relativamente
más fácil hacerse miembro de ella, es también más fácil que el
miembro esté expuesto a presiones cruzadas de diversos tipos,
dado que es libre para interactuar de una manera menos dirigida, más abierta. Si, por ejemplo, un individuo es miembro de
un partido socialista *abierto* menor y también es miembro de un
sindicato que no está enteramente compuesto por individuos de
la misma línea política, en este caso podemos esperar que se
produzcan presiones cruzadas. Tomando un ejemplo de Estados
Unidos, durante la época de McCarthy, el partido socialista
sufrió una disminución más rápida de sus miembros que el
Partido Socialista de los Trabajadores, de carácter más *exclusivista,* a pesar de que la ideología de este último era más izquierdista, y por tanto más expuesta a las acusaciones de *antiameri-
canismo.*

En cierto sentido, por tanto, el partido de orientación *exclu-*

[12] Del grupo entrevistado por Almond, el 29 por ciento mencionó la presión
sobre las relaciones personales como una razón para salirse del partido. Véase G.
Almond, *The Appeals of Communism,* Princeton University Press, Princeton,
1954.

[13] Para una exposición de estas comunidades *utópicas,* véase T. Caplow, *The
Principles of Organisation,* Harcourt, Brace and World, Nueva York, 1964,
capítulo 8.

sivista representa un tipo más viable de organización en un contexto en el que sus ideas y valores estén amenazados. En otras palabras, puede constituir un arma *organizadora,* y su forma de organización y compromisos representa no sólo un arma orientada hacia la revolución, sino también una medida de apoyo y protección mutuas para sus miembros.

Sin embargo, el tipo *exclusivista* ha de enfrentarse con problemas propios. Dado el elevado compromiso y la naturaleza intencional de la pertenencia al mismo, la historia de tales organizaciones está marcada a menudo por conflictos y cismas internos. Esto es especialmente cierto en aquellas organizaciones interesadas en la verdad y pureza doctrinales, que con frecuencia llevan a que se ponga en tela de juicio la autoridad en el seno del movimiento.

El grado en que opera el *exclusivismo* entre los miembros plantea problemas a cualquier organización, grande o pequeña. Pero para un partido menor que tenga una cierta posición establecida en el sistema electoral, las consecuencias son quizás un poco más graves. Si el partido desea seriamente conservar sus posibilidades, debe intentar ganar el apoyo del electorado, al menos de un sector significativo. Como ha mostrado Downs, esta clase de situaciones suele desembocar en una suavización de la ideología del partido. Pero, si en el partido hay una gran proporción de personas profundamente comprometidas con las perspectivas ideológicas, de principios, se planteará un problema para la jefatura. ¿Debe sacrificar la jefatura sus posibilidades electorales y mantener su pureza doctrinal, conservando así el apoyo de sus partidarios más activos y enérgicos, o debe intentar maximizar su atracción del electorado, poniendo así en peligro el apoyo de sus miembros más comprometidos? De este modo, Howe y Coser dan cuenta de que la vida política interna del partido comunista norteamericano mostraba divisiones basadas, en gran parte, en los tipos de compromiso:

Se pueden distinguir dos tipos de orientación política entre los miembros en esta cuestión —y al considerar este hecho... nos aproximamos a uno de los problemas más persistentes y difíciles de la acción política radical (y quizá de la de cualquier tipo): la relación entre la doctrina y la conducta, entre los fines eventuales y los métodos inmediatos, entre la presión en favor del exclusivismo ideológico y la presión de la actualidad política. En el Partido de los Trabajadores de América, que en 1922 estaba todavía lejos de ser una organización leninista, estaban en primer lugar los comunistas confirmados, y en segundo aquellos radicales que habían llegado recientemente del Partido Socialista y a los que los comunistas llamaban burlonamente *centralistas*. Entre estas dos tendencias, cuya incompatibilidad última residía tanto en la política como en el temperamento, existía en el mejor de los casos una alianza incómoda [43].

Este dilema es menor en un partido más grande, que puede quizás afrontar la pérdida de la minoría formada por los que no están orientados hacia la consecución del poder. El partido laborista británico, por ejemplo, puede permitirse reducir a su movimiento juvenil radical con poco daño en sus resultados electorales, mientras que el partido liberal le resulta difícil resistir el empuje de su significativo movimiento juvenil, cada vez más radical.

El dilema es difícil y no hay una ecuación simple que especifique su resultado, al depender de tantos factores de la situación político-social en que se encuentra el propio partido. Uno de estos factores es el éxito o el fracaso del movimiento. Un movimiento estancado o en un lento declinar perderá probablemente miembros y estará sometido a periódicos accesos de apatía. Todo esto podría incrementar el poder de los dirigentes, y la organización empezará así a aproximarse al modelo del partido oligárquico. Sin embargo, si un movimiento organizado tiene éxito, hay quizá una mayor probabilidad de que se le plantee a la jefatura el dilema de tratar de conciliar las metas de obtención del poder con la pureza ideológica.

Pero el mismo éxito resuelve muchos problemas. En un sistema competitivo, el objetivo de conseguir el poder y la burocratización se convierten en esenciales. El simple crecimiento de tamaño asegurará esta última. Los dirigentes comienzan a adoptar un estilo más *articulado* de dirección, tratando de enlazar la organización y sus tácticas con la sociedad en general, y la unicidad de la organización se suaviza en favor de las tácticas de compromiso. Este desarrollo desemboca con frecuencia en la pérdida de los miembros más radicales, pero puede compensarse con los nuevos partidarios surgidos de la difusión ideológica. Lorwin resume la suerte de varios movimientos socialistas europeos:

... los barbudos profetas cedieron el paso a los barbilampiños organizadores, parlamentarios y planificadores. La militancia socialista fue una víctima del éxito socialista, producto a su vez del crecimiento económico... Junto con la militancia socialista, se debilitaron las certezas socialistas. El lema del *socialismo hoy* se convirtió, al menos *sotto voce,* en socialismo... pero no hoy. El socialismo dejó de ser una doctrina, para convertirse en un temperamento político[14].

[14] V. R. Lorwin, «Working-class Politics and Economic Development in Western Europe», *American Historical Review,* **LXIII,** 338-351 (1958). Para una exposición de este proceso en el Reino Unido véase Robert E. Dowse, *Left in the Centre,* Longmans, Londres, 1966.

Esta es la pauta seguida por la mayoría de los partidos políticos que empezaron siendo organizaciones de movimientos radicales, como el partido laborista británico y los partidos comunistas francés e italiano. Las condiciones que les dieron el éxito plantean dilemas organizadores al partido, y la selección de las alternativas tiende a ser más restringida cuando el partido crece y llega a estar virtualmente institucionalizado dentro del sistema.

11.4. Los partidos políticos: su estructura y procesos en los sistemas no competitivos

Los partidos políticos no son un aspecto esencial de un sistema político. Ya hemos dicho que pueden surgir cuando se hallan presentes ciertas condiciones sociales previas. Sin embargo, incluso cuando se dan estas condiciones, los partidos pueden no materializarse todavía por una u otra razón. En primer lugar, pueden ser objeto de represión y disfrutar sólo de una existencia clandestina y esporádica. Hay muchos ejemplos de estados autoritarios gobernados por burocracias militares o civiles que niegan un lugar a los partidos políticos. En algunas áreas excoloniales esta situación se produjo porque la élite dominante consiguió mantener su poder e impedir que surgieran partidos políticos, como en el Vietnam bajo Diem. En otras, los primeros regímenes post-coloniales fueron desplazados pronto por golpes de estado militares o por revoluciones. Esto sucedió en Pakistán cuando el régimen militar de Ayub Khan proscribió los partidos políticos, pretendiendo que agudizaban los problemas de la nación. Se suponía que un partido formal de oposición sólo habría acentuado las diferencias y divisiones existentes, y que no había lugar para debates parlamentarios al estilo de Westminster cuando los conocimientos y la experiencia existentes eran tan limitados, especialmente cuando cualquier talento disponible debía concentrarse en el desarrollo nacional [44].

Pero, aunque los partidos puedan ser reprimidos, la represión no liquida necesariamente sus actividades. Los partidos proscritos continúan actuando a menudo en la clandestinidad. Comienzan a adoptar un carácter clandestino y conspiratorio que influye en el estilo del partido y su visión de la sociedad, y cuando tales partidos resurgen pueden tener importantes efectos a largo plazo sobre la sociedad. Ejemplos clásicos son, naturalmente, el partido bolchevique en Rusia, el FLN en Argelia y el PCC en China. Sus orientaciones hacia la sociedad resultaron fuertemente modeladas por su larga historia de represión y la necesidad de luchar por el reconocimiento y el poder.

En realidad, los regímenes oligárquicos o dictatoriales pueden ver dificultado su funcionamiento adecuado sin la existencia, al menos, de un partido a través del cual pueda operar el régimen. Buen ejemplo de ello es Egipto.

Los oficiales libres del golpe de estado de 1952 dieron por supuesto que el derrocamiento del rey Faruk sería suficiente para poner a la población del lado de los revolucionarios y conseguir su apoyo a las reformas que se consideraban necesarias. Pero, naturalmente, la sociedad egipcia no podía transformarse de la noche a la mañana. Se requería, por el contrario, un sistema de movilizar el apoyo del pueblo, rompiendo la indiferencia de la masa de la población. También se comprobó que la débil situación de la economía de Egipto no se debía sólo a la explotación por sus anteriores gobernantes, sino también a la carencia de recursos y a factores socio-estructurales que necesitaban urgentemente una *nueva dirección*. La conciencia gradual de esta situación por parte de los nuevos gobernantes se refleja en el lento crecimiento de la ideología del socialismo árabe y en la formación de instrumentos de organización política para poner en práctica las nuevas medidas políticas. El gobierno revolucionario comprendió que, para conseguir el desarrollo, necesitaba incrementar la participación política de ciertos grupos, en especial de las masas campesinas, y restringir la participación de la élite política urbana que había ejercido una importante influencia durante el régimen anterior.

Para conseguir estos objetivos, se formaron tres organizaciones políticas sucesivas. La primera, la Coalición de la Liberación *(Liberatión Rally),* se formó después de que se hubieran prohibido todos los partidos políticos. Intentaba llenar el vacío dejado por los partidos políticos anteriores y movilizar el apoyo a Nasser después de su victoria sobre Neguib. La segunda organización, la Unión Nacional, fue organizada después de la invasión anglo-franco-israelí y representó un intento de unificar a la población egipcia en apoyo del régimen. Era una organización más positiva que la Coalición de la Liberación, ya que su objetivo no se limitaba a impedir la formación de otros partidos. La tercera organización, la Unión Socialista, y la adopción de una ideología más explícitamente socialista, correspondieron a la conciencia creciente por parte de la élite de que la cooperación y la movilización de las masas eran necesarias si se querían conseguir los objetivos del desarrollo.

Cada una de estas organizaciones estaba dispuesta en forma de una pirámide de comités, paralelos a los niveles gubernamentales del pueblo, el distrito, la provincia y la nación. Las tensiones que surgieron dentro de las organizaciones reflejaban el dilema ante el que se enfrentan todos los regímenes populistas que están comprometidos con la tarea del desarrollo: la necesidad de movilizar a la población y de prevenir la desviación de los recursos a tenor de las demandas populares de una satisfacción inmediata. Superpuesto a este dilema hay a menudo una crisis de participación, producto de las demandas de participación de grupos relativamente modernizados. En el caso de Egipto, la crisis de participación aún tiene que alcanzar gran intensidad; por eso, el primer propósito de los partidos de masas ha sido servir como «medio para movilizar los sentimientos favorables al régimen y... como medio de hacer a las masas inutilizables por parte de dirigentes alternativos» [45]. Cuando el régimen estuvo establecido más firmemente, el partido de masas sirvió para nuevos propósitos. La educación de las masas en la higiene, la cooperación agrícola, «la articulación de grupos de interés» y la reparación de los agravios individuales fueron funciones adicionales que las organizaciones de masas intentaron cubrir. Pero las exigencias de legitimidad y de integración nacional hicieron aconsejable la organización de un partido de masas con una estructura de liderazgo y la creación de una mayor conciencia de participación popular en las decisiones políticas. Estas tareas están desempeñadas por la Unión Socialista, una de cuyas actividades era enviar representantes al Parlamento. Las actividades del Parlamento eran principalmente de apoyo, y desempeñaron un papel reducido o nulo en el proceso de adopción de decisiones.

De este modo, el caso de Egipto representa un ejemplo de un régimen que crea un partido para que le ayude en las tareas del desarrollo nacional. La República de Turquía, durante el período de 1923 a 1945, bajo el Partido Republicano del Pueblo de Kemal Ataturk, corresponde también a este modelo. Tales partidos son, es especial en sus primeras etapas, grupos rara vez independientes o autónomos, capaces de actuar con una cierta independencia del Estado.

Por supuesto, otros muchos factores son responsables del desarrollo de los estados de partido único. En un cierto número de sociedades coloniales, los movimientos nacionalistas, casi desde el principio, tuvieron que ser clandestinos. Esta situación requería a menudo la formación de *partidos armados* capaces de actuar como fuerzas de guerrilla contra el régimen colonial. Ejemplos de esto son el FLN en Argelia, los comunistas en China y el Viet Minh en Indochina. Tales partidos después de la independencia suelen ver a la oposición o a los partidos rivales con poco entusiasmo.

Hay dos tipos de sistemas unipartidistas, el totalitario y el monolítico. De estos dos tipos, el más frecuente es el sistema unipartidista monolítico, cuya característica básica consiste en ser el único partido legal en un estado. El partido totalitario no es, por supuesto, una novedad empírica, pero su presencia en el poder es bastante poco frecuente.

El partido totalitario

Los partidos totalitarios se ocupan de la reestructuración total de la sociedad. Pero, naturalmente, el éxito trae problemas para el partido, como podemos ver en el caso de la Unión Soviética y en algunos estados de la Europa oriental. El partido comunista soviético se creó durante el régimen autocrático zarista. En ese período, se le negó todo lugar legítimo en el sistema político. Amenazado por la política secreta zarista tuvo, naturalmente, que operar como grupo político clandestino. Su ideología tendía a una revolución, cuya última meta era la destrucción total de la sociedad zarista. Su estructura organizativa reflejaba las condiciones bajo las cuales tenía que operar. En el extremo inferior de la jerarquía estaban las pequeñas organizaciones de *célula,* que unían a los miembros de un mismo lugar de trabajo. Como la *célula* estaba basada en el lugar de trabajo, los miembros tenían contactos más o menos diarios entre sí, fortaleciendo así la solidaridad de partido. Su contacto diario con los problemas del trabajo cotidiano era también un excelente contexto para la educación y la agitación políticas [46]. Permitía a los miembros del partido operar a través de otras organizaciones de trabajo, como los sindicatos. Es muy fácil ver que la estructura de *células* se adaptaba perfectamente a la acción política clandestina. No había necesidad de convocar reuniones, puesto que los miembros de la *célula* estaban en contacto diario y sólo en raras ocasiones era necesario convocarlos como grupo. Era fácil transmitir las órdenes del partido y coordinar la acción. Nótese el diferente concepto de partido político que supone la organización en *células.* Como señala Duverger, el tamaño y la naturaleza de la *célula* no hace de ella un arma apropiada para la lucha electoral [47]. Está ideada para la acción en el lugar de trabajo, no para la participación electoral. No intenta ganar votos, seleccionar representantes o mantener el contacto entre los representantes y los electores, sino que es un instrumento de agitación, propaganda, disciplina y, si es necesario, de acción clandestina. Las células no se comunican unas con otras sino a través del siguiente escalón superior, la sección, que también actúa a base del mismo principio.

Podemos apreciar lo apropiado de esta forma de organización para la acción clandestina. Puesto que las unidades de cada nivel no se comunican directamente entre sí, el peligro de que se desarrollen facciones y cismas o se infiltren agentes está reducido al mínimo. Las relaciones entre los distintos niveles se rigen por el *centralismo democrático*. Este sistema permite, en principio, la libre discusión dentro de cada unidad antes de que el centro tome una decisión, pero una vez que se ha adoptado una decisión debe observarse la más estricta disciplina. Los dirigentes locales son responsables de transmitir al centro los puntos de vista de la base y de transmitir a la base las razones de las decisiones tomadas por el centro. Este principio organizativo, conocido como *centralismo democrático,* sirve para un control muy riguroso desde el centro de la ejecución de sus decisiones.

En principio, esta forma de organización proporciona una firme dirección central, con cierta participación de la base en la toma de decisiones. Pero, por supuesto, se trata de un equilibrio difícil de mantener. Ya en 1905, Rosa Luxemburgo previno contra el poder que podría alcanzar el comité central sobre el partido[15]. Este temor se convirtió en realidad cuando Stalin, en gran medida a través de su control del aparato del partido, consiguió desplazar a sus compañeros que pretendían la sucesión de Lenin. En 1922, cuando Stalin asumió el puesto de secretario del partido, comenzó la transformación de este cargo técnico en político mediante su control de los nombramientos para posiciones clave, y el control a través de ellos del aparato esencial del partido.

Mientras tal centralización del control puede ser un problema menor en condiciones revolucionarias, las condiciones de estabilidad presentan otros factores que producen cambios en la evolución y organización del partido. La totalitarización de la sociedad soviética bajo Stalin amplió enormemente el alcance del parti-

---

[15] Mencionado en F. C. Barghorn, «The USSR: Monolithic Controls at Home and Abroad», en S. Neumann, *Modern Political Parties,* University of Chicago Press, Chicago, 1956, p. 222.

do. Toda la vida social fue organizada, coordinada y politizada de forma creciente. El partido, en otras palabras, sirvió como agente que guió a la sociedad rusa hacia las metas industriales establecidas por Stalin. En el terreno organizativo, el partido amplió su aparato convirtiéndolo en una organización paralela a la burocracia estatal responsable de llevar a cabo los objetivos establecidos por la jefatura del partido. Por ello, un partido totalitario, como el partido comunista soviético, difiere en sus relaciones con el Estado de los partidos de los sistemas competitivos. En primer lugar, al no haber partidos de oposición, cualesquiera diferencias de opinión, si es que se expresan, lo harán dentro del propio partido. Gran parte de la actividad del partido está dirigida a formular y transmitir la doctrina y el *pensamiento correcto*. Para el miembro del partido, el compromiso supone más que un apoyo pasivo. Participa continuamente en el trabajo del partido, de manera que la distinción entre actividades del partido y de fuera del partido queda diluida. Está inmerso en un proceso constante de educación y reevaluación. Como consecuencia de esta elevada inversión requerida de los miembros del partido, el partido es selectivo y pequeño, a diferencia de la mayoría de los partidos de los sistemas competitivos, que tratan de tener el número de miembros más elevado posible, con unas exigencias mínimas para pertenecer a él. En la Rusia soviética, el control central se intensifica mediante medidas destinadas a incrementar la dependencia de los miembros respecto del partido. El ser miembro del partido da acceso a muchas posiciones privilegiadas de poder, responsabilidad y recompensas materiales, y esta situación, junto con la vigilancia de la policía secreta y el terror, hizo que sus adherentes estuvieran en situación de casi total dependencia de los deseos de la jefatura. Bajo Stalin, el régimen creó un sistema de control y equilibrio internos para prevenir que los burócratas del Estado y del partido se desviaran demasiado de la línea promulgada por la dirección. Así, el burócrata estaba sometido a tres criterios de acción: el clásico criterio burocrático de lealtad eficiente y disciplinada al procedimiento administrativo; en segundo lugar, la conformidad con la línea vigente del partido; y, en tercer lugar, las exigencias de la situación relativa a su tarea concreta.

Sin embargo, el mismo éxito del partido en la consecución de control y legitimidad creó otras tensiones dentro de la organización. Las tareas de dirección de la sociedad, de creación de una sociedad industrial y de preparación ante las amenazas exteriores de guerra con Alemania significaron que el partido no podía

ignorar las exigencias de conocimientos prácticos que la pertenencia al partido o la pureza doctrinal no proporcionaban automáticamente. Se necesitaba un gran número de ingenieros, *managers*, economistas y científicos. Mientras el partido, a través
del sistema educativo, intentaba mantener la pureza ideológica,
la diferenciación inevitable de una sociedad compleja creó las
bases para la aparición de intereses distintos de los estrictamente
correspondientes al partido. Los ingenieros y directores de fábricas, por ejemplo, comenzaron a desarrollar perspectivas instrumentales más relacionadas con sus roles de ingenieros o directores que con sus papeles como representantes de un partido
revolucionario. Hay datos para afirmar que de los tres criterios de
acción burocrática de que hablamos antes, la eficiencia se está
convirtiendo en el criterio más importante de éxito o de fracaso.
Parece que se tolera un cierto grado de despreocupación respecto
de la ideología y cierta cantidad de operaciones extra-legales en
nombre de los resultados prácticos. En consecuencia, han aparecido dirigentes en los escalones superiores de las diversas jerarquías burocráticas que son más burócratas efectivos, que grandes
fieles de la pureza ideológica o revolucionaria. En el período
estalinista, el terror y los sentimientos de lealtad nacional impidieron que estas potencialidades de conflicto llegaran a hacerse
demasiado reales, pero después de su muerte, en 1953, éstas
fueron algunas de las cuestiones sobre las que se basó la lucha
por el poder. Lo que sucedió fue que se introdujo dentro del
partido un elemento *tecnocrático,* que influyó inevitablemente en
el funcionamiento del aparato del partido. Se había creado una
tensión entre quienes estaban interesados en el partido y aquellos cuyos intereses estaban más relacionados con la economía, el
ejército u otras instituciones que no estaban necesariamente en
consonancia con la política del partido.

En otras palabras, los problemas del gobierno cambiaron
el carácter del partido revolucionario. Pasados algunos años, el
partido estaba formado por gente que tenía pocos o ningún
recuerdo del período revolucionario. El resultado ha sido una
suavización del control centralizado en favor de una mayor
descentralización, que concede más iniciativa a las unidades
locales y funcionales.

El Partido Monolítico

El partido monolítico está casi siempre asociado al nombre de
un político —Nkrumah, Houphouet-Boigny, Mussolini, Nyerere,

Burguiba, Castro, etc. Su aparición está asociada con una causa —la unidad nacional— y su posición ideológica suele ser nacionalista. Estos partidos pueden llegar al poder a través de las elecciones —el Partido de la Convención del Pueblo, el Partido Demócrata de la Costa de Marfil— o pueden conseguir el poder mediante la lucha armada, como el Destour y los fascistas italianos. Pero, con independencia de la forma de conseguir el poder, es bastante poco habitual que sean expulsados del mismo a través de las elecciones.

Los estados dentro de los cuales surgen los partidos monolíticos suelen estar mal integrados social y políticamente, de forma que el partido que consigue el poder sirviéndose de una pantalla ideológica polariza las demandas de los diferentes sectores de la población. Históricamente, estos partidos surgen cuando el país sólo está modernizado en parte, consideración que en realidad significa la existencia de una población muy dividida, estratificada en términos de religión, etnias, economía y educación. Por esta razón, una ideología particularmente efectiva es la del nacionalismo, que atribuye todos los descontentos y divisiones presentes a la perfidia extranjera o imperialista. Para combatir esta amenaza contra la nación, es necesario unirse tras un líder y su partido. Por tanto, la diversidad natural de intereses e ideas que caracteriza a cualquier sociedad, pero que es más profunda en el país mal integrado, debe ser combatida en beneficio de la seguridad nacional. Básicamente, hay dos técnicas para conseguir rápidamente este objetivo: (1) destruir los fundamentos sociales sobre los que se basa la diversidad, y (2) integrar y asimilar la diversidad dentro del marco del partido. Generalizando, la primera técnica es la del partido totalitario en el poder, mientras que la segunda es más típica del partido monolítico cuando consigue el poder. Inicialmente, el partido monolítico pretende representar los intereses de la nación, o de la nación a crear, y pide el apoyo de todos los que no sean *antinacionalistas* a ultranza; y esta *tradición* continúa después de que el partido consigue el poder. Así los estados africanos de partido único estuvieron dominados inicialmente por partidos que hacían hincapié en la unidad de la sociedad contra los colonialistas, y después de la independencia, cuando el nacionalismo resultaba ocioso como filosofía, los partidos comenzaron a proporcionar el socialismo de uno u otro tipo. Todos estos socialismos tenían en común su naturaleza no exclusivista. Como dice Julius Nyerere «Corresponde al pueblo de Tanganika —a los campesinos, los asalariados, los estudiantes, los dirigentes, a todos nosotros-

hacer que no se pierda esta mentalidad socialista» [48]. De forma similar el Partido de la Convención del Pueblo, en Ghana, incorporó gradualmente a una multitud de organizaciones antes independientes, como los sindicatos y las empresas comerciales, mientras que el *socialismo* se transformaba en Nkrumahismo [16]. Mientras el PCP incorporaba organizaciones cada vez más distintas, tenía lugar un proceso paralelo de adopción de una vacua ideología socialista. Al mismo tiempo, el partido también puede absorber a miembros de la oposición, proporcionando puestos, deteniendo o reprimiendo a sus dirigentes o siendo simplemente un partido mayoritario que permite al gobierno cercar las áreas de apoyo de la oposición.

En los estados africanos, en los que se había conseguido la independencia bajo la guía de un partido dominante, el papel de ese partido solía cambiar de forma considerable. Como hemos visto, el nacionalismo era reemplazado a menudo por el socialismo como ideología oficial, mientras incorporaba la comunidad al partido y muy a menudo intentaba actuar como coordinador de la sociedad para organizar la economía y la nación. Al enfrentarse a los enormes problemas de la organización nacional y económica, el partido se hacía excesivamente complicado y absorbente, bien por la fuerza o la persuasión, de forma que dejaba de tener una identidad separada de la sociedad. Estudiando la situación en Africa a mediados de la década de 1960, Wallerstein concluía que «En efecto, el Estado de partido único se ha convertido en muchos lugares de Africa en el Estado sin partido» [49].

Así, al no destruir su entorno social, el partido monolítico debe llegar a un acuerdo con él, y esto significa un proceso de acomodación con las principales fuerzas sociales. Por ejemplo, los fascistas italianos tuvieron que servirse de la burocracia existente y no eran suficientemente poderosos para controlar la Iglesia católica, incluso suponiendo que deseasen hacerlo. De forma semejante, el régimen del PCP de Ghana intentó controlar la burocracia, pero fracasó y sólo consiguió controlar parcialmente a los jefes. Este proceso tiene lugar también a nivel local cuando las secciones locales del partido son *capturadas* por la estructura social en lugar de dominarla, de forma que en un informe redactado por la sección del Partido de la Convención

---

[16] Sobre este proceso en general en Africa, véase J. S. Coleman y C. G. Rosberg (eds.), *Political Parties and National Integrations in Tropical Africa*, University of California Press, Berkeley, 1964, pp. 318-443.

del Pueblo de una ciudad próxima a la capital de Ghana se concluye que «incluso el poderoso PCP... surge como una institución de Larteh más que como una institución nacional» [50]. Al no poder conseguir el control, han de llegar a un compromiso, y esto abre inmediatamente la posibilidad de que aquellos que en el partido se toman en serio la ideología puedan desilusionarse con el régimen. Las escenas del ideólogo desilusionado que critica amargamente al régimen que ha luchado por establecer es uno de los rasgos típicos de las sociedades en las que se ha establecido el partido monolítico; la Oposición Militar y la Oposición Obrera en Rusia en 1918-1920, la Falange en España desde 1946, los Jóvenes Socialistas en Ghana desde 1961, son ejemplos de esta tendencia. El régimen tiene entonces que decidir si se toma o no en serio la crítica ideológica. Normalmente, las consideraciones prácticas descartan la posibilidad de aplicar una ideología y, de cualquier forma, el régimen en el poder comienza a cambiar su base política desde el apoyo de las masas hacia la burocracia estatal. En ese momento, el partido intenta normalmente penetrar la burocracia civil y las fuerzas armadas, pero la consecuencia normal es que ese intento fracase en el ejército, mientras que parece haber una influencia de la burocracia sobre el partido más que *viceversa*. El peligro es que los viejos lazos emocionales con las masas desaparezcan y que el régimen se haga burocrático y autoritario. Al mismo tiempo, el partido empieza a perder su carácter de partido nacionalmente articulado para convertirse en un conjunto de cábalas locales presididas por un comité nacional que está formado por los dirigentes de esas cábalas; tal es el caso del Partido Democrático de la Costa de Marfil o de los fascistas italianos.

El partido no acaba de distribuir los bienes que de él se esperaban; no aparece el paraíso sobre la tierra, y de ello se ha de culpar a *alguien*. El localismo que asola a los países subdesarrollados, pero que durante la lucha de independencia o la crisis nacional pasa a segundo término, vuelve a convertirse en un factor político de la mayor importancia. Para contrarrestarlo, la jefatura puede intentar desviar la atención popular contra los extranjeros, a quienes acusan de alimentar «el fuego de los intereses localistas y de la ambición y avaricia personal de los dirigentes y los aspirantes al poder» [51].

De este modo el partido, que ha integrado a nivel institucional la diversidad de la sociedad, responde a esta situación diluyendo una ideología ya amorfa. Se hace más dependiente del apoyo burocrático para controlar el país y, por ello, es derrocado fácilmente por las fuerzas armadas que colaboran con la burocracia civil para gobernar el país. Este destino se evita siempre en la sociedad totalitaria, que desde el comienzo trata de destruir las bases sociales de la oposición y, lo que es igualmente importante, reforma también el sistema educativo para poder inculcar valores e ideales que correspondan a los de los dirigentes. Al contemporizar con los intereses sociales creados, el partido monolítico está en posición mucho más débil para obligar a la conformidad con las normas del régimen, puesto que las escuelas pueden estar controladas de hecho por instituciones religiosas, como en Italia y España, o por profesores formados en tradiciones que no son las del régimen, como en los estados africanos de partido único. Lo que suele suceder es que el partido monolítico degenera y se funde con la burocracia y el ejército, como en Italia, España, y Costa de Marfil, o bien es derrocado por los militares.

El Estado de partido monolítico es también bastante inestable por otra razón ya apuntada: el partido está muy íntimamente asociado con el nombre y poder de atracción personal de su líder, que es casi siempre un mortal. Si muere o es exiliado, hay muchas probabilidades de que su partido se hunda, como en el caso del PCP, de los fascistas italianos o del partido peronista argentino.

Como hemos visto, el partido monolítico que domina un país puede ser bastante inestable, pero un partido monolítico también puede tener el poder en la subdivisión estatal de un estado federal estable o, por esta razón, en una federación inestable. Así en EE. UU. hay varios estados, casi todos del Sur, en los que un partido (el demócrata) ha dominado durante muchos años los órganos legislativos y los gobiernos de los estados, y donde obtiene regularmente una mayoría de votos[17]. En Canadá, el partido liberal ha dominado el escenario electoral de Quebec desde 1896 hasta la década de 1950, y en Australia el partido laborista domina la política electoral de Nueva Gales del Sur. De modo parecido, entre 1959 y 1966 las unidades constitutivas de Nigeria estuvieron dominadas por sistemas unipartidistas, mientras que la autoridad central se basaba en una coalición cambiante. Probablemente la explicación del dominio de un solo partido en las regiones de Nigeria era la base étnica de los partidos, que les dificultaba en gran medida la conquista del apoyo y la lealtad de otras regiones. Las explicaciones de la

[17] Véase capítulo 1 de A. Heard, *A Two-Party South?*, University of North Carolina Press, Chapel Hill, 1952, para un examen detallado.

existencia de enclaves unipartidistas en países políticamente más
desarrollados se centran habitualmente en variables socioeconómi-
cas, como el nivel de urbanización, la renta *per capita,* el nivel
de industrialización, el nivel de las escisiones religiosas, etc. Lo
que parece ocurrir es que el enclave de dominio unipartidista en
el Estado federal aparece cuando la renta *per capita* es baja, y
cuando la urbanización y el porcentaje de la población industrial
son bajos. Analizando los datos disponibles sobre Norteamérica,
Dawson afirma que «la competencia de los sistemas de partidos,
al menos desde comienzos de la década de 1930, ha estado
estrechamente relacionada con los niveles elevados de desarrollo
socioeconómico» [18].

Estas relaciones entre la competencia entre los partidos y el
desarrollo social no sorprenderán a aquellos que observaron la
existencia de relaciones similares entre el desarrollo económico y
social elevado y la alfabetización, la educación, la estabilidad
política, el bajo nivel de alienación, la tolerancia política, el
sentido de la eficacia, la tolerancia de la ambigüedad, etc. Por
desgracia, aunque estas relaciones son suficientes para explicar,
o al menos para apoyar las explicaciones de la competencia
democrática que hemos examinado anteriormente, no sirven para
explicar por qué la competencia ha adoptado una forma bipartidista en vez de multipartidista.

11.5. Conclusiones

A pesar de los numerosos estudios existentes sobre los partidos políticos, son muchas las cuestiones que quedan por abordar
o que se han estudiado con demasiada rapidez, mientras que
otros campos, en especial las exposiciones descriptivas e históricas de determinados partidos políticos, parecen haber sido objeto
de demasiados estudios.

El especialista en sociología política debería posiblemente
concentrar menos su atención en los partidos políticos como tales
organizaciones, y estudiar más a fondo las relaciones entre los

[18] R. Dawson, «Social Development, Party Competition, and Policy», en W.
Chambers y W. Burnham (eds.), *The American Party Systems,* Oxford University
Press, Oxford, 1967, pp. 203-237. P. Cutright, «Urbanisation and Competitive
Party Politics», *American Political Science Review,* **25,** 552-564 (1963) apoya
estas conclusiones, lo mismo que T. Casstevens, «The Context of Democratic
Competition in American State Politics», *American Journal of Sociology,* **68,**
536-543 (1963).

partidos y, por ejemplo, las elecciones, la cultura política, la participación política, la ideología, la doctrina y los grupos de presión, para aclarar el papel de los partidos en general y en concreto dentro del marco total de interrelaciones denominado gobierno. Los especialistas en ciencia política, debido a su formación, tienden con frecuencia a realizar un enfoque institucionalizado de fenómenos como los partidos políticos; de ahí su abandono del examen de los partidos como una unidad dentro de una red de relaciones. Es posible que el especialista en sociología política disponga de mejores instrumentos para ocuparse de este tema.

Confiamos en rectificar en el próximo capítulo esta situación hasta cierto punto examinando los grupos de presión, y, en particular, su relación con los partidos políticos.

REFERENCIAS BIBLIOGRÁFICAS

[1] A. Leiserson, «The Place of Parties in the Study of Politics», *APSR*, 51, 943-954 (1957).
[2] J. La Palombara y M. Weiner, *Political Parties and Political Development*, Princeton University Press, Princeton, 1966, p. 3.
[3] J. S. Coleman y C. G. Rosberg (eds.), *Political Parties and National Integration in Tropical Africa*, University of California Press, Berkeley, 1966, pp. 4-5.
[4] F. W. Riggs, «Comparative Politics and the Study of Political Parties: A Structural Approach», en W. J. Crotty (ed.), *Approaches to the Study of Party Organisation*, Alyn and Bacon, Boston, 1968.
[5] S. Neuman (ed.), *Modern Political Parties: Approaches to Comparative Politics*, Chicago University Press, Chicago, 1956.
[6] M. Duverger, *Political Parties*, Methuen, Londres, 1954.
[7] J. Grumm, «Theories of Electoral Systems», *Midwest Journal of Political Science*, 11, 357-376 (1958).
[8] S. M. Lipset, *Political Man*, Heinemann, Londres, 1963, pp. 45-76.
[9] Madeira Keita, «The Single Party in Africa», en P. Sigmund (ed.), *The Ideologies of the Developing Nations*, Praeger, Londres, 1967, pp. 232-233.
[10] R. Emerson, «Parties and National Integration in Africa», en J. La Palombara y M. Weiner (eds.), *Political Parties and Political Development*, Princeton University Press, 1966, p. 296; S. Rothman «One-Party Regimes: A Comparative Analysis», *Social Research*, 33, (1967).
[11] I. Wallerstein, *Africa: The Politics of Independence*, Vintage Books, Nueva York, 1961, p. 96.
[12] D. Smiley, «The Two-Party System and One-Party Dominance», *Canadian Journal of Economics and Political Science*, 24, 312-322 (1958); F. Sorauf, *Political Parties in the American System*, Little, Brown, Boston, 1964, páginas 27-30.
[13] L. Epstein, *Political Parties in Western Democracies*, Pall Mall, Londres, 1967, p. 39.

[14] D. STOKES y G. IVERSEN, «On the Existence of Forces Restoring Party Competitions», *Public Opinion Quarterly,* **26,** 159-171 (1962).

[15] A. CAMPBELL, P. CONVERSE, W. MILLER y D. STOKES, *The American Voter,* Wiley, Nueva York, 1964, pp. 552-558.

[16] S. J. ELDERSVELD, *Political Parties: A Behavioural Analysis,* Rand McNally, Chicago, 1964, p. 5.

[17] R. MICHELS, *First Lectures in Political Sociology,* University of Minnesota Press, Minneapolis, 1949, ed. por Alfred de Grazia, p. 145.

[18] S. J. ELDERSVELD, *Political Parties: A Behavioural Analysis,* Rand McNally, Chicago, 1964, p. 70.

[19] R. MICHELS, *Political Parties,* Free Press, Glencoe, 1949, pp. 374-376; A. Downs, *An Economic Theory of Democracy,* Harper and Row, Nueva York, 1957, pp. 96-141.

[20] M. DUVERGER, *Political Parties,* Methuen, Londres, 1954, p. 192.

[21] R. T. MCKENZIE, *British Political Parties,* Heinemann, Londres, 1955, pp. 188-199 y 485-615.

[22] R. MICHELS, *Political Parties,* Free Press, Glencoe, 1949.

[23] —— *Political Parties,* Free Press, Glencoe, 1949, pp. 81-82.

[24] R. T. MCKENZIE, *British Political Parties,* Heinemann, Londres, 1955, p. 644.

[25] R. M. CYERT y J. C. MARCH, «A Behavioural Theory of Organisational Objectives», en M. Haire (ed.), *Modern Organisation Theory,* Wiley, Nueva York, 1959, pp. 76-89; S. J. Eldersveld, *Political Parties: A Behavioural Analysis,* Rand McNally, Chicago, 1964.

[26] E. C. BANFIELD, *Political Influence,* Free Press, Nueva York, 1961, p. 235-262.

[27] S. J. ELDERSVELD, *Political Parties: A Behavioural Analysis,* Rand McNally, Chicago, 1964, pp. 88-89.

[28] M. DUVERGER, *Political Parties,* Methuen, Londres, 1954, p. 17.

[29] S. J. ELDERSVELD, *Political Parties: A Behavioural Analysis,* Rand McNally, Chicago, 1964, capítulo 5; H. Lasswell y A. Kaplan, *Power and Society,* Yale University Press, New Haven, 1950, pp. 219-220.

[30] S. J. ELDERSVELD, *Political Parties: A Behavioural Analysis,* Rand McNally, Chicago, 1964, pp. 9 y 98-117.

[31] —— *Political Parties: A Behavioural Analysis,* Rand McNally, Chicago, 1964, pp. 98-117.

[32] L. EPSTEIN, «British Mass Parties in Comparison with American Parties», *Political Science Quarterly,* **71** (1956); R. T. McKenzie, *British Political Parties,* Heinemann, Londres, 1955.

[33] M. OLSEN, JR., *The Logic of Collective Action,* Harvard University Press, Cambridge, Mass., 1965, p. 2.

[34] —— *The Logic of Collective Action,* Harvard University Press, Cambridge, Mass., 1965, p. 35.

[35] —— *The Logic of Collective Action,* Harvard University Press, Cambridge, Mass., 1965, p. 165.

[36] —— *The Logic of Collective Action,* Harvard University Press, Cambridge, Mass., 1965, p. 131.

[37] S. BARNES, «Party Democracy and the Logic of Collective Action», en W. Crotty (ed.), *Approaches to the Study of Party Organisation,* Allyn and Bacon, Boston, 1968, pp. 105-138.

[38] J. A. SCHLESINGER, «Political Party Organisation», en J. G. March (ed.), *Handbook of Organisation,* Rand McNally, Chicago, 1965, páginas 764-801.

[39]   J. WAHLKE, H. EULAU, W. BUCHANAN y L. C. FERGUSON, *The Legislative System,* Wiley, Nueva York, 1962, pp. 121-124.

[40]   J. Q. WILSON, *The Amateur Democrat,* University of Chicago Press, Chicago, 1962.

[41]   E. BANFIELD, *Political Influence,* Free Press, Glencoe, 1961, y resumen de J. A. Schlesinger, «Political Party Organisation», en J. G. March (ed.), *Handbook of Organisations,* Rand McNally, Chicago, 1965, p. 770.

[42]   F. J. SORAUF, «The Silent Revolution in Patronage», *Public Administrative Review,* **28,** 20-28 (1960).

[43]   I. HOWE y L. COSER, *The American Communist Party: A Critical History,* Praeger, Nueva York, 1962, pp. 104-105.

[44]   ROBERT E. DOWSE, «The Military and Political Development», en C. Leys (ed.), *Politics and Change in Developing Countries,* Cambridge University Press, Londres, 1970, pp. 213-246.

[45]   L. BINDER, «Political Recruitment and Participation in Egypt», en J. La Palombara y M. Weiner (eds.), *Political Parties and Political Development,* Princeton University Press, Princeton, 1966, pp. 217-240.

[46]   M. DUVERGER, *Political Parties,* Methuen, Londres, 1954, p. 29.

[47]   —— *Political Parties,* Methuen, Londres, 1954, p. 35.

[48]   JULIUS NYERERE, *Africa's Freedom,* Unwin Books, Londres, 1964, p. 73.

[49]   I. WALLERSTEIN, «Decline of the Party in Single Party States», en J. La Palombara y M. Weiner (eds.), *Political Parties and Political Development,* Princeton University Press, Princeton, 1966, pp. 201-214.

[50]   D. BROKENSHA, *Social Change at Larteh, Ghana,* Oxford University Press, Londres, 1966, p. xix; M. Owusu, *Uses and Abuses of Political Power,* Chicago University Press, Chicago, 1970, capítulos 9 y 10.

[51]   KWAME NKRUMAH, *Africa Must Unite,* Heinemann, Londres, 1963, p. xvi.

Capítulo 12
ORGANIZACIONES POLITICAS

II: GRUPOS DE PRESION

12.1. Introducción

Básicamente hay dos tipos de organizaciones que se ocupan formalmente de la política. Del primer tipo, los partidos políticos, nos hemos ocupado en el capítulo anterior: su interés es el gobierno, y en la mayoría de las sociedades avanzadas en las que hay más de un partido compiten por alcanzar el gobierno. En cambio, el otro tipo de organizaciones no pretenden gobernar, pero sí tratan de influir sobre los que gobiernan. Los grupos de intereses, los *lobbies,* los grupos de presión, etc., representan las organizaciones de las que nos ocupamos ahora. Varían enormemente en su poder, dimensiones, influencia y ámbito de interés. Mientras el partido político está directamente interesado en la designación de candidatos para los cargos políticos, el grupo de intereses renuncia a nombrar candidatos para ocuparse de las estrategias de persuasión, del cabildeo y de los sistemas de relaciones públicas [1].

Como podía esperarse, en la práctica resulta a veces difícil delinear la distinción entre los gobernantes y quienes tratan de influir sobre ellos.

En primer lugar, hay grupos de interés que acaban convirtiéndose en partidos políticos. Por ejemplo, los sindicatos británicos del siglo XIX eran importantes grupos de interés que en 1900 contribuyeron a la formación del Labour Representation Committee [Comité de Representación Laborista] para promocionar a candidatos obreros al Parlamento. En 1906 el LRC se transformó en el partido laborista. Es difícil decir cuándo, si es que se produce, un grupo de interés deja de serlo para convertirse en partido político, como ocurre también con los pequeños partidos residuales que compiten en las elecciones presidenciales norteamericanas y en las elecciones generales británicas. ¿Son partidos o grupos de interés? La línea de demarcación se hace todavía más difícil de determinar por la existencia de grupos de interés en estrecha relación de trabajo con un partido político; un ejemplo de esta relación es la que existe entre los sindicatos británicos y el partido laborista. De modo parecido, la Anti-Saloon League [Liga Contra las Tabernas] consiguió, a través de las organizaciones de partido existentes, la enmienda que perseguía de la Constitución de los Estados Unidos [2]. Son numerosos los posibles ejemplos de esta estrecha relación entre grupos de interés y partidos políticos determinados. En algunos sistemas políticos, hay sectores importantes que presentan sus reivindicaciones por mediación de grupos de intereses organizados que operan a través de los principales partidos. En Suecia, las reivindicaciones de los trabajadores manuales se formulan por mediación de la Federación del Trabajo y se canalizan a través del partido socialdemócrata. De modo parecido, los campesinos lo hacen a través del partido del centro, y los empleados a través de los partidos liberal y conservador [3]. La situación es más compleja en Italia porque uno de los sindicatos, la Confederazione Italiana del Lavoro, opera a través de dos partidos políticos, el partido comunista italiano y el partido socialista italiano, y las tres organizaciones están dirigidas por lo que podríamos calificar de directorios entrelazados. Además, la corriente de influencia no va de los grupos de intereses al partido, sino del partido al grupo de interés [4]. En los estados unipartidistas el problema de identificación es, por supuesto, más acusado. Parece que en este caso el propio partido político es el escenario en el que los intereses en conflicto luchan por conseguir la influencia.

Aunque puede resultar difícil separar en la práctica lo que llamamos grupos de interés y partidos políticos, es preciso considerar con cierto detenimiento a qué nos referimos cuando hablamos de *grupo de interés*. Consideramos que el grupo de interés es una asociación de individuos, que no es un partido político tal como lo hemos definido, y cuyo objeto es influir en el gobierno de modo favorable para los intereses del grupo. Nos referimos a grupos constituidos y organizados formalmente, y no a simples categorías como los estratos ocupacionales, las mujeres, los inmigrantes, etc. Estas categorías pueden ser la base de los grupos de intereses, pero no son grupos de interés en el sentido en que los concebimos nosotros.

Otra diferencia entre los partidos políticos y los grupos de interés reside en que los últimos tienden a perseguir un conjunto de objetivos bastante más limitado que los partidos políticos. Al no tratar de obtener una mayoría de votos, los grupos de interés tienen menos necesidad de desarrollar algo parecido a una plataforma política global. Están más ocupados en promover los intereses de un grupo seccional concreto, cualquiera que éste fuere. Como es lógico, esta distinción presenta en algunos casos varios problemas. Un grupo de interés puede alcanzar un grado que le aproxime a un partido político al desarrollar una plataforma más amplia y menos restringida. Un ejemplo típico es el de los sindicatos, especialmente en Europa, que se ocupan de cuestiones y causas importantes para la sociedad en su conjunto, en vez de limitar su interés a las cuestiones laborales. Los sindicatos británicos, por ejemplo, han tratado con frecuencia de influir sobre el partido laborista en cuestiones como la política internacional, el desarme nuclear, la discriminación racial, los problemas sociales y económicos de carácter general, etc. Otro ejemplo de lo que hemos dicho podría ser, quizás, el de los militares en su calidad de grupo corporativo que, aunque tiene sus propios intereses profesionales, también tiene intereses generales, que, en caso de un golpe de Estado, pueden hacerle pasar de su posición de grupo de presión a la de grupo gobernante. En otras palabras, cuando hablamos de un conjunto limitado de intereses nos referimos más a una tendencia general que a una característica definitoria.

El estudio académico de los *grupos de intereses* procede históricamente de la *teoría de grupos* en la política, que ya hemos examinado anteriormente y que en resumen señala que la política es el proceso de asignación de valores sociales, y un proceso que ha de comprenderse mediante el examen de los grupos que toman parte en la elaboración de decisiones. Para algunos tratadistas, el gobierno sería el acoplamiento o equilibrio de los intereses de grupo [5]. Aunque la noción de *grupo* era algo ambigua, la teoría sirvió para dirigir la atención empírica hacia el importante papel desempeñado en el proceso político por lo que nosotros denominamos *grupos de interés.* En otras palabras, sirvió para ampliar el ámbito de los especialistas en ciencia política, obligándolos a ir más allá del estudio formal de los órganos legislativos y los partidos políticos para ocuparse de organizaciones que parecían, en principio, marginales al propio estudio de la política [1].

12.2. Tipología de los grupos de interés

Lo mismo que al hablar de los partidos políticos, no pretendemos detenernos demasiado en la consideración de los distintos tipos posibles de grupos de interés. Sin embargo, un examen aunque sea somero del tema puede darnos también cierta idea sobre los problemas y los campos de interés en el estudio de los grupos de interés.

El término de *grupos de interés* nos aproxima a la concepción usual del mismo: son grupos organizados que persiguen fines definidos con bastante claridad, por lo que una forma evidente de clasificarlos es con arreglo a las características de sus objetivos. De este modo, podemos distinguir entre grupos *de protección* y grupos *de promoción:* los primeros se encargan de la defensa de un sector de la sociedad, y los últimos de la promoción de una causa. En la primera categoría suele incluirse a los sindicatos, las asociaciones profesionales, las asociaciones comerciales, etc.; es decir, las miles de asociaciones que defienden los intereses de un sector particular de la sociedad. En la segunda categoría se encuentran grupos como la Campaña para el Desarme Nuclear, la Real Sociedad Protectora de Animales, etc. La ventaja de esta clasificación es que es fácil de captar. Pero los problemas surgen cuando se examina más de cerca. Una de las dificultades que primero se plantean es la de trazar la línea que separa la defensa y la promoción de un interés. Por ejemplo, los sindicatos pueden desear promover la elaboración de una ley de salario mínimo, como medio de defensa de los intereses de sus miembros. Las organizaciones automovilísticas, que suelen declararse como asociaciones para la protección de los automovilistas, pueden promover una campaña para el mejoramiento de las carreteras.

---

[1] No estamos afirmando que la llamada *teoría de grupos* se ocupe solo de las actividades de los *grupos de interés,* sino que su efecto histórico ha sido estimular este estudio. Véase H. Eckstein, «Group Theory and the Comparative Study of Pressure Groups», en H. Eckstein, y D. Apter (eds.), *Comparative Politics,* Free Press, Nueva York, 1963, pp. 389-397.

Pero incluso aceptando por ahora esas ambigüedades, no está claro que esta distinción sirva gran cosa para aclarar en qué consiste el comportamiento y la estructura de esos grupos. Se ha señalado que los grupos de protección representan sólo a un pequeño sector de la sociedad, por ejemplo los obreros de una industria concreta o los miembros de una profesión, mientras que los grupos de promoción no tendrían esta limitación, sino que en ellos podrían participar todos los sectores sociales. El problema es que, al hacer esta distinción, se están confundiendo varias características. Es cierto que la llamada asociación de protección puede referirse sólo a los miembros de una industria o profesión determinadas, y que por tanto la pertenencia a ella está formalmente prescrita, pero es difícil ver cuál es la conexión precisa de esta situación con el carácter de grupo de protección. De formas quizás diferentes, muchos grupos de promoción pueden limitar también el ingreso. No hay duda de que un sádico con los animales estaría totalmente excluido de la sociedad protectora de animales, y que no tendría sentido para un belicista convencido el participar en la campaña para el desarme nuclear. Existen diferencias, pero no están expresadas claramente por la idea de *protección* o de *promoción,* o por la noción elemental de la limitación de miembros. Los grupos de intereses difieren en términos de clientela. Algunos grupos representan los intereses de un grupo o sector de la sociedad bastante bien definidos, mientras que otros grupos no tienen más clientela comparable que el conjunto de los ciudadanos. Por el contrario, parecen atraer a sus miembros a partir del consenso sobre una cuestión concreta, o porque tienen un conjunto de disposiciones generales sobre unos acontecimientos. Otro aspecto a considerar es que hay que distinguir entre la fuente de reclutamiento y el ámbito de interés. Los grupos de promoción no desean atraer a un sector especial, sino a todo el mundo. De este modo, y para poner un ejemplo de grupo de promoción, la Campaña para el Desarme Nuclear no estaba interesada solamente en el mantenimiento del grupo, sino también en tratar de convertir o educar a los no-miembros en su punto de vista. Pero, por desgracia, también un grupo de protección que no trate de atraerse a la opinión pública puede verse debilitado. La protección supone con frecuencia la educación de la opinión pública, como demuestran las campañas de propaganda de los sindicatos y de las asociaciones comerciales.

Aunque otros utilizan términos diferentes para lo que nosotros hemos denominado *grupos de interés,* la distinción apuntada parece ser la que predomina. Sin embargo, como ya hemos dicho, las tipologías han de engranarse con un problema concreto y, ya que hemos precisado de forma razonable cuál es el fenómeno del que nos ocupamos, parece innecesario continuar. En su lugar, dirigiremos nuestro estudio hacia cuestiones relacionadas con los resultados y funcionamiento de los grupos de interés, con su origen y su relación con el sistema político

12.3. Las bases sociales de los grupos de interés

Se nos plantean dos cuestiones: en primer lugar, el origen de los grupos de interés como un fenómeno de la sociedad política y, en segundo lugar, el origen de grupos de interés concretos. En relación con la primera cuestión, ya hemos esbozado las líneas generales de una respuesta al ocuparnos de los partidos políticos. Entonces señalamos que los partidos aparecían a medida que las sociedades se hacían más complejas y se acercaban más al tipo ideal de la *gesellschaft*. En otras palabras, la sociedad se hace más diferenciada y la vida del individuo más y más segmentada entre las distintas estructuras diferenciadas. Un resultado de este proceso es la aparición de un gran número de estructuras o asociaciones secundarias. Algunas de estas asociaciones empiezan a tratar de ejercer influencia sobre el gobierno —y al hacerlo, se convierten en *grupos de interés*. Este contacto entre el Estado y otras asociaciones está facilitado por el mayor alcance que tiene el gobierno en las sociedades a gran escala, que hace inevitable este contacto con aquellas asociaciones. Esto es especialmente cierto en lo que se refiere a su rol económico. La industrialización lleva consigo una progresiva ampliación y frecuencia de la participación del gobierno en los asuntos económicos y sociales. Prueba de ello es que en las sociedades subdesarrolladas, el gobierno gasta sólo cerca de un 10 por ciento del producto nacional bruto, mientras que en las sociedades altamente industrializadas tiende a ser del orden del 30 por ciento [6].

A medida que la sociedad se hace más compleja y especializada, tenderá a formar nuevas asociaciones:

Con un aumento de la especialización... la proliferación de asociaciones (en el sentido técnico de la palabra); a medida que se hacen más complejas, es decir a medida que aumenta el número de los grupos institucionalizados altamente diferenciados, prolifera el número de asociaciones en la sociedad [7].

Este aumento en el número de asociaciones habrá de tener inevitablemente su influencia en el gobierno cuando el gobierno es importante para el grupo en cuestión.

Sin embargo, como era lógico esperar, los grupos de interés están presentes sin duda en los países en desarrollo, aunque no sean tan numerosos, pero su base social no es tan universal como en el caso de los países más desarrollados. No hay duda que los grupos funcionales como la burocracia estatal, las fuerzas armadas y la policía, junto con los principales comerciantes privados están organizados y son conscientes de sus intereses colectivos. Como el Estado tiene una importancia muchísimo mayor en los países subdesarrollados como medio de hacer carrera, de promoción económica y de *status* que cualquier sector privado, resulta crucial el acceso a la posición donde se toman las decisiones. Por ello, los que están fuera de él han de organizarse necesariamente para conseguir el acceso, y los que están dentro tratan de servirse del aparato del Estado en su propio beneficio. El ejemplo más patente de esta organización de los que están fuera es el de los comerciantes *Sirios* del Africa occidental, quienes, al carecer del título de ciudadanía, carecen de votos pero tienen dinero y organización para tratar de sortear la legislación que va en contra de su ventajosa posición económica. Históricamente, la mayoría de los partidos políticos africanos surgieron también de organizaciones de defensa de sus intereses, de asociaciones literarias y de tribus de uno u otro tipo, de modo que los grupos de presión se sirvieron de organizaciones existentes para influir en los colonizadores. En otras palabras, la base de la formación de los grupos de interés en los países en desarrollo es lo que Almond ha llamado *intereses no asociativos,* como el parentesco, el linaje, la etnia y la región, más que intereses puramente asociativos de trabajo, educación y otras características adscriptivas [8]. Por otra parte, esta base no es la única sobre la que pueden desarrollarse los intereses, aunque probablemente sea la de mayor importancia para la mayoría de la gente.

Una ubicación estructural del interés que tiene una importancia extraordinaria en los países en desarrollo es la organización del propio Estado, que puede ser el principal reclutador de mano de obra especializada. En Africa puede adoptar la forma de un sistema mutuamente reforzado de burocracias ministeriales, universidades y fuerzas armadas en las que puede gastarse un porcentaje muy elevado de los ingresos fiscales totales de un país. Los intentos por disminuir esta carga, o por trasladar la asignación de beneficios de un sector de la élite burocratizada a otro son una fuente importante de inestabilidad política que no se detiene ante el ejército como grupo de presión que asume el control político[2].

Lo que afirmamos es que a medida que una sociedad empieza a aproximarse al tipo *gesellschaft,* comienzan a surgir asociaciones que pueden tratar de influir en la legislación o en otros tipos de acción gubernamental. La base de tales grupos es, en principio, cualquier categoría o *status* socialmente significativos. Los *status* universalmente adscriptivos, como por ejemplo la edad, el sexo y la etnia, pueden constituir la base de la formación de grupos de interés si adquieren una significación política. Un aumento del número de personas en edad de jubilarse puede provocar un aumento del número de asociaciones defensoras de los intereses de los viejos. Una vez formada una asociación, es probable que empiece a buscar influencia política si percibe, y cuando esto ocurre, que los intereses que supuestamente defiende están en peligro. Es difícil precisar la causa que precipita esta actuación. Puede ser simplemente un aumento de las dimensiones del grupo en el que se basa la asociación. En Gran Bretaña, la Liga de Gentes de Color tuvo poco impacto en el público durante casi veinte años de su existencia, tras su fundación en la década de 1930 [9]. Pero cuando el número de personas de color se incrementó en Gran Bretaña de 100.000 en la década de 1950 a cerca de un millón a finales de los años 60, concentrados la mayoría en las grandes urbes, hicieron su aparición muchos más grupos de interés basados en la raza. Surgió la National Federation of Pakistani Associations [Federación Nacional de Asociaciones Paquistaníes], la West Indian Standing Conference [Conferencia Permanente de las Indias Occidentales], la Caribbean Association [Asociación del Caribe], la Indian Workers Association [Asociación de Trabajadores Indios], etc. En otras palabras, la *raza* se convirtió en una cuestión en la medida en que aumentó el número y la densidad de los emigrantes de color. Las personas de color se dieron cuenta de que formaban un grupo con intereses ligados a su color que estaba por encima de sus otros *status* como maridos, padres, obreros, etc. Se convirtieron en una categoría social significativa con la que había que contar como posible amenaza, o como

---

[2] Sobre el crecimiento del aparato estatal en Latinoamérica véase S. Andreski, *Parasitism and Subversion,* Weidenfeld and Nicolson, Londres, 1966, capítulo 3; y para Africa véase R. First, *The Barrel of a Gun,* Penguin, Londres, 1970, p. 61-121. Para una visión sinóptica, véase P. Worsley, *The Third World,* Weidenfeld and Nicolson, Londres, 1964, capítulo 5.

colaboradores del orden establecido. Esta consciencia de sí mismo que adquiere un sector de la sociedad con necesidades e intereses de grupo es fundamental para la aparición de asociaciones destinadas a la promoción de esos intereses. Los factores que estimulan esa propia consciencia son, desde luego, de diversos tipos. Las dimensiones tienen, quizás, su importancia, aunque es poco probable que sean condición necesaria o suficiente. La intercomunicación en el interior del grupo de *status* es otro factor. Los sindicatos no empezaron a tener fuerza hasta que un número suficiente de obreros industriales empezara a darse cuenta de que tenían intereses comunes. Pero, como siempre, las cosas no son tan sencillas. Siempre ha habido un gran número de mujeres, pero, hasta finales del siglo XIX, fueron pocas las asociaciones femeninas. Por ello tenemos también que explicar por qué un agregado de personas empezó de repente a desarrollar esta conciencia de sí mismo. Las dimensiones y un alto grado de intercomunicación en el interior del agregado constituyen probablemente contextos favorables para la aparición de un grupo de interés, más que el catalizador real de su aparición. Muchos de estos tipos de asociaciones nacen en condiciones parecidas a las que se asocian con los movimientos sociales, en los que un grupo se considera amenazado o desfavorecido de alguna manera. Esta amenaza o privación puede no ser material, ciertamente; igualmente importantes son otros factores, como el sentimiento de pérdida de *status,* de abandono de los derechos, o de protección contra otros grupos poderosos que invaden el territorio social de un grupo.

Cuando los grupos experimentan el tipo de experiencias que hemos descrito, son similares a los partidos políticos o a las organizaciones de movimientos sociales emergentes. El camino que sigue la organización después de este momento depende mucho del carácter del sistema político. A este respecto es de importancia crucial el grado en que un grupo puede obtener acceso al aparato gubernamental, y el grado de su influencia. Si no fuera capaz de conseguir cualquiera de estas dos cosas, podría acabar convirtiéndose en un partido político. Una vez más, los sindicatos británicos representan un ejemplo de esta situación. Durante el siglo XIX, lucharon por conseguir la legalidad y un puesto en el sistema político. En esa etapa eran organizaciones muy politizadas que perseguían más que simples mejoras salariales y de las condiciones de trabajo. Esta actividad culminó en la formación del partido laborista. Pero una vez que consiguieron un *status* legitimado y establecieron contacto con el sistema gubernamental, los sindicatos empezaron a adquirir un carácter más limitado, perdiendo gran parte de su fervor ideológico y reformador y aproximándose, en cambio, más a la forma de un grupo de interés típico. De ese modo, si el sistema político puede aceptar como legítimo el *status* de un grupo de interés, entonces éste, una vez que ha surgido, permanecerá. Pero tampoco este proceso es automático. En muchos casos, grupos de interés potenciales rara vez se convierten en reales o, por lo menos, pasan muchos años antes de esta conversión. No podemos aceptar, como hace Truman, la idea de que las asociaciones surgirán espontáneamente del proceso social. Este autor adoptó un punto de vista demasiado benevolente sobre la sabiduría natural de la sociedad al considerar que surgirían espontáneamente grupos en competencia, y que la *mano invisible* de esa competencia aseguraría el equilibrio y los controles sociales, la estabilidad, la participación razonable para todos, y evitaría la satisfacción de intereses seccionales especiales a expensas de otros intereses [10]. Si una gran industria empezara a imponer precios exorbitantes a los consumidores, es de suponer que éstos organizarían un grupo de presión para oponerse a las decisiones de la corporación [11]. Incluso llega a decir que la misma existencia de grupos potenciales, y el temor de que tomen forma, evita que los intereses organizados realicen demanda excesivas.

Por muy cómodo que pueda parecer este esquema, lleva implícitas, por desgracia, varias dificultades. Se basa en premisas insostenibles, como, por ejemplo, que los grupos grandes pueden atraerse miembros y apoyo con la misma facilidad que los grupos pequeños. Pero, debido a la diferencia entre grupos pequeños y grandes grupos latentes, no hay razones para suponer que cuando surgen problemas que los pequeños grupos primarios no pueden solucionar, aparecerán grandes asociaciones voluntarias para hacerse cargo de ellos. En otras palabras, es inaceptable la idea de que las demandas excesivas de un grupo serán compensadas por las demandas de otros grupos [12]. Puesto que los grupos relativamente pequeños serán capaces con frecuencia de organizarse de modo voluntario y de actuar en apoyo de sus intereses comunes, y los grupos grandes no podrán hacerlo, el resultado de la lucha política no será simétrico. La industria oligopolística, que representa un grupo numéricamente reducido, a veces conseguirá que se dicte una legislación fiscal favorable, incluso si la inmensa mayoría de la población pierde como resultado de esta decisión. Es decir que, los grupos pequeños, que normalmente están organizados y son activos, pueden derrotar con frecuencia a grandes grupos latentes que, con arreglo a la teoría democrática, deberían prevalecer.

Lo que falta en el enfoque de Truman y de otros autores es un acuerdo sobre *el modo* en que los daños ocasionados a los intereses de un grupo amplio servirían de incentivo o de estímulo a los miembros de ese grupo amplio para sacrificar sus intereses individuales en beneficio del objetivo del grupo. Es decir, no consiguen mostrar *por qué* el miembro individual del grupo amplio latente apoyará el objetivo de grupo cuando su apoyo no sea en ningún caso decisivo para lograrlo, y cuando se beneficiará probablemente de la consecución de ese objetivo haya contribuido o no a alcanzarlo [13].

Por ello, si los individuos de un grupo amplio latente no tienen incentivos para organizar un grupo de interés orientado a conseguir un beneficio colectivo, ¿cómo puede explicarse que estén tan organizados algunos de esos grupos? Según Olsen, el rasgo significativo de esos grupos es que normalmente se organizan para *otros* fines [14]. Los grandes y poderosos *lobbies* económicos, por ejemplo, son subproductos de organizaciones que gozan de fuerza y apoyo porque desarrollan alguna otra función además de presionar en favor de bienes colectivos. Los *lobbies* de los grandes grupos económicos son los subproductos de organizaciones que tienen la capacidad de *movilizar* a un grupo latente mediante *incentivos selectivos*. Pueden hacerlo porque tienen la autoridad y la capacidad para ser coercitivos, o porque disponen de una fuente de incentivos positivos que pueden ofrecer a los individuos de un grupo latente. Desde luego, las organizaciones puramente políticas no pueden obligar legalmente a la gente a hacerse miembros de ellas. Pero si una organización tuviera una justificación para obligar al ingreso en ella, o pudiera ofrecer otros incentivos a los individuos para que ingresaran, debido a que realiza otra función (por ejemplo, la venta de bienes privados o no colectivos, la provisión de beneficios sociales y recreativos a miembros individuales), podría crear entonces recursos para un *lobby*. «Sólo tal organización podría realizar una oferta conjunta o *venta global* de un bien colectivo y no colectivo que podría estimular a un individuo racional de un grupo amplio a asumir parte del coste de obtención de un bien colectivo» [15]. Por esta razón, pues, hay muchas organizaciones que no sólo desempeñan funciones de *lobby,* sino que también tienen funciones económicas, sociales y recreativas.

Es fundamental tener en cuenta que esta teoría se aplica sólo a los grandes grupos latentes. No es aplicable a grupos menores, porque éstos pueden formar un *lobby.* o conseguir cualquier otro beneficio colectivo, sin incentivos *selectivos.* Esto se debe a que, en algunos grupos pequeños, cada uno de los miembros, o al menos uno de ellos, se dará cuenta de que el beneficio personal derivado de la posesión del bien colectivo es mayor que el coste total que supone el proporcionar una parte de ese bien colectivo; hay miembros que se beneficiarán más si se consigue ese bien colectivo (incluso aunque tengan que pagar el coste total de proporcionarlo ellos mismos) que si no se consigue. De este modo, en un grupo muy pequeño, en el que cada miembro obtiene una proporción sustancial de la ganancia total por el mero hecho de ser pocos en el grupo, puede obtenerse un bien colectivo por la acción voluntaria e interesada de los miembros [16]. Sin embargo, en grandes grupos latentes el individuo no tiene incentivos para sacrificar su tiempo, su dinero o sus esfuerzos voluntariamente con el fin de obtener un bien colectivo, porque su intervención no puede ser decisiva para determinar si se obtendrá o no el bien colectivo, y si se obtiene, mediante los esfuerzos de otros, gozará de él de todas formas. Por ello, como hemos dicho anteriormente, solo apoyará a la organización en la obtención de bienes colectivos si se le obliga a hacerlo, o si goza del apoyo de la organización para obtener otros beneficios no colectivos que desea. Por ejemplo, la American Medical Association, al proporcionar incentivos individuales a sus miembros solamente, tales como la defensa en los procesos por faltas a la ética profesional, la publicación de revistas médicas, etc., puede montar una impresionante organización de presión[3]. Con arreglo a esta teoría, pues, el impresionante poder político de grupos como la AMA es un subproducto de las actividades no políticas de esos grupos, y la debilidad de otros grupos se debe en gran parte a su incapacidad para ofrecer al individuo beneficios no colectivos como incentivos para su adhesión.

En Estados Unidos, y es de suponer que también en la mayoría de las sociedades industriales a gran escala, el mayor grupo de organizaciones de presión es el de los negocios [17]. En comparación con el alto grado de organización de los hombres de negocios, el nivel organizador de otros grupos es muy pequeño. Por ejemplo, se ha estimado que en 1960 «sólo uno de cada dieciséis mil consumidores» eran miembros de la Liga Nacional de Consumidores. Sólo el 6 por ciento de los automovilistas

---

[3] Sobre el AMA véase O. Garceau, *The Political Life of the American Medical Association,* Harvard University Press, Cambridge, Mass., 1941.

norteamericanos eran miembros de la Asociación Automovilística, y solo un 15 por ciento aproximadamente de los veteranos de guerra pertenecían a la Legión Norteamericana [18]. En la década de 1950 en Gran Bretaña, las asociaciones de comercio e industria tenían como miembros prácticamente a todas las empresas de ambos sectores: el 90 por ciento de las grandes empresas y el 76 por ciento de las pequeñas pertenecían a una o más de las 1.300 asociaciones de comercio e industria. En 1957 más empresas manufactureras se afiliaron directa o indirectamente a la Federation of British Industries [Federación de Industrias Británicas], que representaba a cerca de las seis séptimas partes de todas las industrias británicas que empleaban a más de diez obreros. Además, se han formado otras asociaciones de comercio e industria para representar a toda una rama de la industria, como la Sociedad Británica de Constructores de Aviones, la Federación Británica del Hierro y del Acero, la Asociación Británica de la Industria Química, la Sociedad de Fabricantes de Automóviles, etc. [19]. Además, este alto nivel organizador de los hombres de negocios va acompañado de un considerable poder e influencia, a pesar de lo reducido de sus miembros. Parece que el secreto del alto grado de organización y de poder de los intereses económicos se debe precisamente a su número reducido. En otras palabras, la comunidad de los negocios se divide en una serie de *ramas industriales,* cada una de las cuales contiene sólo un pequeño número de empresas. De este modo, en vez de estar sometidas a las limitaciones propias de los grandes grupos latentes, las ramas industriales son con frecuencia suficientemente reducidas en su número como para organizarse voluntariamente en un *lobby* activo. Por ello, mientras casi todos los grupos ocupacionales están formados por miles de trabajadores, los intereses económicos de la sociedad están reunidos normalmente en grupos o industrias oligopolísticos. Así pues, los intereses obreros, profesionales o de los campesinos constituyen grandes grupos latentes que sólo pueden organizarse y actuar de modo efectivo cuando su poder latente se cristaliza en una organización que proporciona poder político como un subproducto. En contraste, los intereses económicos pueden normalmente organizar acciones en defensa de sus intereses voluntaria y directamente, sin necesitar de tal ayuda.

El principal tipo de asociaciones económicas es la asociación de comercio e industria que representa intereses pequeños y especializados. Schattschneider da cifras para la industria de productos metálicos, que consta de 421 asociaciones de comercio e industria inscritas en la *National Associations of the United States*. Ciento cincuenta y tres de esas asociaciones constan de menos de 20 miembros, y la media oscila entre 24 y 50. Una escala muy parecida es válida para las industrias de muebles, de la madera y del papel, en las que el 37,3 por ciento de las asociaciones inscritas tenía menos de 20 miembros, y la media oscilaba entre 25 y 50. Este modelo es representativo de casi todos los demás tipos de industria[4]. Así pues, las asociaciones de comercio e industria suelen ser pequeñas, lo que debe ser la razón principal de que existan muchas de ellas. Muchas proporcionan también otros servicios no colectivos —información comercial, referencias, cobro de deudas, servicios asesores, etc.— que suponen otro incentivo para ingresar en ellas.

Del poder desproporcionado que tienen los *intereses especiales* de sectores particulares de la comunidad de negocios no debe deducirse que la comunidad de negocios en su conjunto tenga un poder desproporcionado en relación con otros grupos de la sociedad, en especial cuando se ocupa de asuntos de interés general de la nación más que de cuestiones de importancia particular. De hecho, la comunidad de los negocios *en conjunto* es un gran grupo latente que tiene los mismos problemas organizadores que otros grupos similares de la sociedad[5]. En apoyo de esta afirmación, Olsen cita el caso de dos importantes organizaciones de Estados Unidos que pretenden hablar en nombre del mundo de los negocios en conjunto, la National Association of Manufacturers y la Chamber of Commerce of the United States. (Asociación Nacional de Fabricantes y la Cámara de Comercio de Estados Unidos). Ninguna de ellas tiene un poder desproporcionado en relación con otras organizaciones similares, como la AFL-CIO, la American Medical Association o la American Farm Bureau Federation (Federación Norteamericana de Consejos Agrarios).

Los principales miembros de la Cámara de Comercio de

---

[4] E. E. Schattschneider, *The Semi-Sovereign People,* Holt, Rinehart and Winston, Nueva York, 1960, p. 32; concluye diciendo: «La política de presión es esencialmente la política de grupos pequeños (p. 35).

[5] M. Olsen, *The Logic of Collective Action,* Harvard University Press, Cambridge, Mass., 1968, pp. 145-146. S. E. Finer, «The Political Power of Private Capital», *Sociological Review,* 3, 279-294 (1955) está de acuerdo con este juicio: «En resumen, no hay un poder político del capital privado en cuanto tal. Existe el poder político de los hombres de negocios británicos, durante un período determinado de tiempo y en circunstancias determinadas; y lo mismo ocurre con los hombres de negocios norteamericanos, alemanes, franceses, latinoamericanos, etc.

Estados Unidos son las numerosas cámaras de comercio locales que se extienden por todo el país. Estas cámaras locales suelen ser pequeños grupos que pueden organizarse con facilidad. A través de ellas los hombres de negocios pueden realizar contactos útiles e intercambiar información y, en general, establecer los lazos informales propios de sus actividades. La Cámara de Comercio de Estados Unidos es una federación de estas asociaciones locales, a las que proporciona información y servicios organizadores. Pero, no obstante, los miembros individuales, e incluso las asociaciones locales, son esencialmente simples unidades individuales en un amplio grupo latente y no pueden realizar ninguna contribución decisiva al éxito de la organización nacional, beneficiándose tanto si han participado como si no lo han hecho.

La Asociación Nacional de Fabricantes constituye realmente un simple grupo pequeño de empresas de grandes dimensiones. Aunque nominalmente la NAM tiene unos pocos miles de miembros, en la práctica es apoyada y controlada por un puñado de empresas realmente importantes que aportan, con gran diferencia, la mayor parte de los recursos económicos de que dispone la asociación [20]. En otras palabras, siguen siendo un pequeño grupo no más poderoso que las organizaciones representativas de los trabajadores, los profesionales o los campesinos. La NAM no siempre ha conseguido evitar que se aprobara la legislación a la que se oponía [21].

La comunidad de los negocios en conjunto, que constituye desde luego un gran grupo latente, no está plenamente organizada. Aunque tiene dos organizaciones que tratan de representarla, gran parte del apoyo de que gozan procede de un pequeño grupo de grandes empresas: no atraen, en otras palabras, el apoyo de toda la comunidad de los negocios. Un pequeño grupo es poderoso en cuestiones relativas a una industria determinada, porque en este caso suele ser la única fuerza organizada. Es menos considerable cuando se trata de asuntos de interés nacional, porque en estos asuntos intervienen la fuerza de trabajo organizada y otros grandes grupos organizados. Por ello, la comunidad de los negocios no es, en definitiva, un grupo de presión excepcionalmente eficaz. Por ejemplo, aunque parece que algunos intereses particulares pueden obtener concesiones específicas, como formas de evasión fiscal, aranceles favorables, etc., la comunidad de los negocios en conjunto no ha podido detener la tendencia hacia una legislación del bienestar social y unos impuestos progresivos [22].

Aunque esta teoría podría parecer que abarca la mayoría de las asociaciones principales de intereses económicos, si no la totalidad, no comprende tan fácilmente los grupos de interés que tienen objetivos sociales, políticos, religiosos e incluso filantrópicos. Su aplicabilidad a las asociaciones compuestas por individuos racionales con interés en un objetivo común parece evidente en el caso de los grupos económicos. Pero, aunque en principio esta teoría de los grandes grupos no se limita a situaciones de comportamiento económico de interés propio, o en las que entran en juego solamente intereses monetarios o materiales, ha de evaluarse con cuidado su posible utilidad en casos no económicos.

Ciertamente, muchas de estas asociaciones no económicas ofrecen una serie de incentivos a sus miembros. Las organizaciones de veteranos de guerra, por ejemplo, no tienen un carácter primario económico o político, sino social. Es decir, atraen a la mayoría de sus miembros por las ventajas sociales que ofrecen: compañerismo, facilidades recreativas, reconocimiento de su condición de veteranos, seguros, etc. Todas estas ventajas sólo alcanzan a los que se adhieren a la asociación, proporcionando de este modo incentivos selectivos a los miembros individuales. Por supuesto, todos los beneficios que la asociación puede conseguir del gobierno alcanzan a cualquier veterano de guerra, sea o no miembro de la asociación. Por ello, el poder político de los *lobbies* de veteranos es un subproducto de los servicios sociales y económicos que proporciona.

Parte de las dificultades de la aplicación de esta teoría a otros grupos no económicos reside en las ambigüedades que pueden acompañar a la noción de racionalidad. Con el fin de salvar la teoría, podríamos sentirnos tentados de ampliar la noción de racionalidad, en el sentido de señalar que los objetivos se «persiguen por medios que son eficaces y efectivos»[6], para incluir todo tipo de comportamiento humano en cualquier contexto posible. De este modo, cuando una persona actúa se supone siempre que lo hace racionalmente en beneficio de cualquier *interés* propio. Incluso si la acción fuera de las llamadas filantrópicas, se supone que el individuo obtuvo mayores beneficios actuando de esa

[6] M. Olsen, *The Logic of Collective Action*, Harvard University Press, Cambridge, Mass., 1968, p. 65. Olsen sostiene que «las relaciones fácilmente calculables y las normas objetivas de éxito y de fracaso en la vida económica» significan que las facultades racionales se desarrollan mejor en estos contextos que en otros. De este modo, esta teoría sería más apropiada para grupos económicos que no económicos (p. 161, nota).

manera que de otra. Aunque la teoría que nosotros hemos analizado aquí no requiere esa ampliación de la noción de racionalidad, su aplicación a organizaciones no económicas podría animar a hacerlo. Así, el individuo que realizara una pequeña contribución a una organización nacional de caridad lo haría, no porque creyera erróneamente que su contribución iba a aumentar de manera apreciable los fondos de caridad, sino más bien porque obtenía así una satisfacción no colectiva, un sentido de valor personal, la alabanza pública, etc. Pero el problema es que cuando se supone que toda acción es racional, la teoría no es correcta sino en virtud de su coherencia lógica, no porque sea empíricamente verificable o cierta [23]. Tampoco tiene utilidad la teoría para comprender a los grupos que defienden causas *perdidas*. A este respecto, son más útiles la sociología y la psicología social que la economía. Hay personas que, actuando de manera aparentemente irracional, apoyan y dedican gran energía a causas imposibles porque de ello extraen otras *satisfacciones,* o porque su cruzada satisface alguna *necesidad.* Este tipo de implicación es *irracional* porque no existe un deseo resuelto y deliberado de relacionar los medios con los fines. En otras palabras, los miembros del Prohibition Party [Liga Antialcohólica] siguen apoyando las actividades de la Liga porque *creen* en su programa, aun cuando, con arreglo a criterios económicos, su apoyo sea *irracional*. Para ellos, desde luego, su compromiso con los objetivos, política y programa no carece en absoluto de sentido. Desde una perspectiva moral o religiosa, creen que es lo que deben hacer. Por ello, el motivo central de sus actividades ha de entenderse en términos de las motivaciones y orientaciones que caracterizan el comportamiento moral, religioso y con frecuencia político.

Se dirá, por supuesto, que esta categoría del compromiso *no-racional* es probablemente muy amplia. Pero, por otra parte, es probable que en el compromiso en los grupos de promoción como la Campaña para el Desarme Nuclear, las distintas asociaciones protectoras de animales y las organizaciones humanitarias, el elemento racional y de cálculo sea bastante limitado. Sin embargo, aunque no dispongamos de pruebas evidentes de ello, es probable que las asociaciones de promoción estén constituidas por un núcleo de personas entusiastas de gran dedicación, muy alejadas de toda distribución calculadora de su tiempo y esfuerzos, y por un conjunto de miembros cuya composición cambia con relativa rapidez. Este último sector puede considerarse, en cierto sentido, como más racional, dado que su gasto previsto de esfuerzo es proporcional al producto final.

12.4. Determinantes de la influencia de grupo

En relación con los modelos de influencia de los grupos de interés hay dos problemas que nos interesan de modo especial: la cantidad de influencia que un grupo es capaz de ejercer sobre las personas destacadas que toman decisiones, y las formas en que se ejerce esa influencia y la dirección que adopta. Desde luego, estas cuestiones son importantes para el éxito o fracaso del intento del grupo por ejercer su influencia. Por ejemplo, y como hemos visto antes, un alto poder potencial ha de utilizarse y dirigirse a través de canales apropiados para que produzca su efecto sobre quienes toman las decisiones. Puede ocurrir también que la facilidad y el privilegio de acceso a quienes toman las decisiones pueda compensar la carencia de otros recursos de poder. En cualquier caso, han de considerarse los recursos de que goza un grupo de interés que le permiten tener cierta influencia sobre el proceso de la toma de decisiones.

Aunque no pueda cuantificarse, no hay duda de que un factor o recurso importante para el éxito es el hecho de que las aspiraciones de un grupo se adecúen o no estén en conflicto con los valores dominantes de la sociedad. El ejemplo que en este terreno nos viene primero a la mente es el de los intereses de los negocios en USA, que operan y presionan sobre el gobierno en un ambiente favorable a los negocios. Los hombres de negocios gozan de mayor prestigio que los políticos y los dirigentes sindicales, se considera al mundo de negocios privados como dinámico frente al gobierno, que aparece como inactivo, y está bastante generalizada la opinión de que lo que es bueno para la General Motors es bueno para Norteamérica. Los *lobbies* del mundo de los negocios gozan de rápido acceso a quienes toman las decisiones, y pueden esperar ser recibidos con ánimo favorable. En el Reino Unido, en cambio, se ha dicho que «los negocios... carecen de identidad social propia», y que cualquiera que sea su identidad tienden a ser una mezcla informe de agresivo Joe Lampton y de blando benefactor público. Tal influencia va de la administración civil al hombre de negocios y no *al revés*, en un proceso que Nettl ejemplificó bien al hablar de los bancos de depósito como *agentes* de Whitehall: «Con poco criterio o autoridad propios, su tarea consiste en tramitar solicitudes, detectar transgresiones... y procesar demandas hacia el interior de manifiesta irrelevancia y eventual aceptación improbable» [7].

---

[7] J. Nettl, «Consensus or Elite Domination: The Case of Business», *Political Studies*, **13**, n.º 1, 22-44 (1965). Una consideración parecida sobre el rol de

Unos intereses que en la sociedad industrial parecen reavivar un cierto ruralismo profundamente arraigado —y conseguir un considerable apoyo financiero— son los de la agricultura. En Gran Bretaña, al menos, el peso electoral de los votos del campo es muy poco importante; sin embargo la ayuda económica recibida de Hacienda por el sector agrícola durante el período 1954-70 alcanzó la suma total de 4.205 millones de libras esterlinas, y en un análisis del tema se concluye que «el peso político de la agricultura reside en sus influencias menos tangibles» [24].

Como ya hemos visto, la cultura política hace referencia al aspecto de la vida social que hasta cierto punto estructura el comportamiento estableciendo objetivos para la actividad legítima, ofreciendo una imagen cognoscitiva del mundo político y determinando las formas y medios apropiados para alcanzar objetivos políticos. Ejemplos de esta cultura son las diferentes concepciones de un diputado en Gran Bretaña y Estados Unidos. Un congresista norteamericano es más sensible a la influencia local que un diputado británico, en parte porque sus electores esperan que sea así y en parte también porque cree que es su deber. El diputado británico, por su parte, considerará probablemente que su deber consiste en exponer su criterio sobre una cuestión determinada, y no en ser simplemente un delegado de las opiniones de sus electores. Por ello, desde el punto de vista de la actividad de los grupos de interés, este ejemplo concreto puede explicar la mayor sensibilización de un congresista ante la presión de los grupos de interés en comparación con su colega británico. Desde luego existe un gran número de pruebas para afirmar que el congresista norteamericano es sensible a las fuertes presiones tanto de los *lobbies* nacionales como de las asociaciones de electores. Pero sería difícil decir si es más sensible a ellas que los diputados de otros estados[8]. Nosotros nos aventuraríamos a decir que en toda sociedad avanzada, en la que el

algunos grupos de presión en los países comunistas —«los escritores y periodistas, los obreros y los jóvenes»— que se limitan a actuar como correas de transmisión, es hecha por H. Skilling, «Group Conflict and Political Change», en C. Johnson (ed.), *Change in Communist Systems,* Stanford University Press Stanford, 1970, pp. 215-234.

[8] Ciertamente, representa mejor la figura del legislador el representante en el Congreso norteamericano que el diputado británico, en el sentido de que el Ejecutivo norteamericano es mucho menos importante que el británico en lo que a promover legislación se refiere. Por ello es más probable que en Estados Unidos los grupos de presión se concentren en los legisladores, mientras que en el Reino Unido los grupos de presión más efectivos operan sobre los departamentos de la administración civil.

gobierno está profundamente implicado en la gestión económica y el bienestar social, se desarrollará como consecuencia natural la actividad de los grupos de interés. Sin embargo, el modelo particular de esa actividad estará estructurado, hasta cierto punto, por la cultura política. Refiriéndonos quizás a algo evidente, diremos que el grado de legitimidad que el grupo de interés conceda al gobierno afectará el alcance de su actividad. Si acepta al régimen como legítimo, tenderá a luchar por medios constitucionales contra las decisiones del gobierno con las que no esté de acuerdo. Por otra parte, si el grupo concede un grado bajo de legitimidad al régimen, se sentirá más libre para acudir a medios extralegales, como el soborno de funcionarios gubernamentales, o para conceder su apoyo a grupos políticos disidentes [25]. Un ejemplo de esto último es el apoyo financiero concedido al partido nacionalsocialista y a otros partidos en Alemania por ciertos sectores de la industria alemana, en un intento de hacer frente al poder creciente del partido socialdemócrata y del movimiento sindical asociado a este partido.

El primer factor concreto que contribuye a determinar el tipo y alcance de la influencia de un grupo de interés es la naturaleza del propio grupo. Al hablar de la «lógica de la acción colectiva», ya hemos visto que algunos grupos pueden, debido a sus otras actividades, desviar algunos de sus recursos hacia las actividades de influencia. Los recursos no comprenden sólo la disposición de la gente a apoyar y participar en las actividades de influencia, sino también el dinero, la mano de obra, la simpatía del público, el nivel organizativo, etc. La utilización de los recursos está limitada, hasta cierto punto, no sólo por los demás compromisos del grupo, sino también por las leyes del sistema político. En Gran Bretaña, por ejemplo, las contribuciones a la campaña de un diputado están limitadas por la ley, y esto restringe las oportunidades de que los grupos de interés financien directamente las actividades políticas de aquél; además, hay que hacer constar en el libro de contabilidad de la compañía todas las contribuciones económicas a los partidos políticos. Desde luego, hay formas y medios de sortear esta limitación, pero ciertamente sirve de freno a las actividades de presión sin trabas por parte de los grupos de interés. No obstante, hay otros muchos canales que los grupos pueden utilizar. Las organizaciones económicas gastan mucho dinero en publicidad y relaciones públicas, como parte de sus actividades cotidianas, y no cuesta mucho desviar parte de esta actividad a influir, no sólo sobre el comportamiento del consumidor, sino también sobre el proceso de toma de decisiones del gobierno [26]. Se estima que en el año 1955, había cerca de 5.000 empresas en Estados Unidos cuyo departamento de relaciones públicas gastaba anualmente en personal supervisor una media de más de 400.000 dólares[9]. Por ello, el coste marginal que a esta escala supone el emprender actividades de influencia política debe ser muy bajo. La utilización de actividades de relaciones públicas quedó ejemplificada gráficamente para Gran Bretaña por un contrato firmado por la BEA en 1967 para la construcción de un avión. Las dos empresas aeronáuticas interesadas, Hawker Siddeley Aviation y la British Aircraft Corporation, emprendieron una campaña de presión y publicidad, en un intento por inducir al gobierno a apoyar su propio proyecto[10]. Los intentos de estas dos empresas por influir en la decisión del gobierno eran casi una prolongación normal de sus actividades económicas habituales de publicidad y relaciones públicas, con la excepción de que en este caso el destinatario era el gobierno y no el consumidor potencial.

Por supuesto, no todos los grupos disponen de los recursos o la inclinación a organizar campañas de influencia en tan gran escala. Las organizaciones profesionales, por ejemplo, rara vez emprenden una campaña de publicidad comparable a las de las grandes empresas. La mayoría de las organizaciones profesionales, como las de abogados, contables, etc., sienten ciertas inhibiciones hacia el uso de la publicidad en gran escala con fines manifiestamente políticos o económicos. Esto no quiere decir, sin embargo, que tales organizaciones no traten de influir en el gobierno de otras formas. Los representantes de esos órganos mantienen con frecuencia una relación de consultas con el gobierno, de modo que, en realidad, forman parte ya de la maquinaria gubernamental de la toma de decisiones. Esta situación es el resultado de la creciente especialización de las actividades del gobierno. Al abarcar tantos aspectos de la sociedad, el gobierno se ve obligado a servirse de asesores especializados que le aconsejen sobre cuál es la decisión política adecuada. Es difícil que un departamento gubernamental posea la información y los

[9] *Fortune* (noviembre, 1955), citado en G. Wootton, *Interest Groups*, Prentice-Hall, Englewood Cliffs, 1970, p. 50. Para detalles sobre la situación británica, véase R. Rose, «Money and Election Law», *Political Studies*, **9**, 1-15 (1961).

[10] Un desarrollo detallado en G. Wootton, *Interest Groups*, Prentice-Hall, Englewood Cliffs, 1970, pp. 51-52. Desde luego, lo mismo es válido para la industria aeroespacial norteamericana, véase I. F. Stone, «In the Bowels of Behemoth», *New York Review of Books* (11 de marzo, 1971).

conocimientos técnicos necesarios sobre *todos* los problemas con los que tiene que enfrentarse, por lo que necesita confiar en el asesoramiento y, en cierta medida, en el criterio del experto en el sector en cuestión. Como ha dicho S. E. Finer sobre Gran Bretaña: «La forma y el funcionamiento del gobierno británico parten del supuesto de que será asesorado, ayudado y criticado por el conocimiento especializado de las partes interesadas» [27]. Hay ejemplos bien documentados de esta relación entre el gobierno y las partes interesadas [28]. En otras palabras, vemos aquí un reconocimiento explícito de la estructura pluralista de los intereses dentro de la comunidad. Esto no significa que el gobierno vaya a aceptar siempre la oferta de asesoramiento, pero casi siempre lo buscará. Quizá quede esto demostrado con la experiencia del ministro de Sanidad, John Wheatley, en la elaboración de un proyecto de ley de la vivienda durante el primer gobierno laborista (1924). Careciendo en principio de toda predilección por la empresa privada, pronto se dio cuenta de que era esencial la cooperación de las empresas constructuras, y solicitó de ellas que nombraran representantes para que participaran en una comisión del ministerio destinada a redactar un informe sobre la vivienda y a hacer recomendaciones para incrementar el número de viviendas para los más necesitados. Basándose en este informe, Wheatley consultó a representantes de los gobiernos locales para atraérselos y suavizar de antemano posibles problemas. Gracias a estas consultas pudo conseguir respaldo para sus ideas, y críticas de los expertos, y por ello pudo afirmar ante las críticas del Parlamento que las partes interesadas lo apoyaban [29]. De este modo, un grupo se encuentra en una posición de influencia potencial muy considerable cuando su no cooperación podría causar ciertos problemas al gobierno, como ocurre con los sindicatos agrícolas, que en general desempeñan un papel considerable en la aplicación de la política gubernamental. Y cuando la no cooperación pudiera ser motivo de graves problemas para el gobierno, es probable que el grupo disponga de un puesto permanente en comisiones asesoras gubernamentales, de las que en Whitehall hay cerca de quinientas [30]. Sin embargo, es probable que la situación que planteó Wheatley no sea típica. Probablemente la mayor parte de la política del gobierno no es fluida, al menos en cuestiones importantes, como pudo comprobar la British Medical Association (Asociación Médica Británica) cuando Bevan elaboraba su proyecto de ley de Sanidad y «estuvo esperando para negociar. Pero no había nada que negociar» [31]. Bevan conocía ya los puntos de vista de la BMA y no estaba de acuerdo con ellos, y sólo se avino a negociar sobre detalles de menor importancia después de que la BMA aceptara los principios generales.

Es pertinente expresar una reserva sobre la afirmación de que los órganos profesionales tienden a no emprender actividades de publicidad y campañas en gran escala. Hay por lo menos una o dos excepciones a la regla. Una de estas excepciones es la American Medical Association (AMA), y otra, la American Medical Political Action Committee (AMPAC), organizada por separado. El médico típico norteamericano es predominantemente apolítico, y su interés principal se centra en el cuidado y tratamiento de los enfermos y en asegurarse un nivel de vida razonablemente elevado, interés profesional que probablemente es más fuerte que en cualquier otro grupo profesional [32]. La AMA limitó sus actividades durante muchos años al mantenimiento y mejora del nivel profesional. Sin embargo, cuando el gobierno consideró que podía extender su campo de acción al sector médico, la AMA empezó a adoptar una postura política más amplia y luchadora para proteger el *statu quo* económico de sus miembros. Se pidió el apoyo y la participación activa de los médicos para impedir que progresaran los cambios propuestos. Frases cargadas de emotividad como «No se puede socializar el maletín del médico», «La piedra angular del comunismo es la medicina socializada», contribuyeron a avivar la actividad política [33]. Como consecuencia, la AMA realiza hoy actividad política prestando apoyo a determinados candidatos por medio de contribuciones, educando al público sobre el papel que desempeña el médico en la comunidad y haciendo política de pasillo, en el Congreso. Así pues hasta los grupos profesionales suelen tener pocos reparos en superar sus inhibiciones ante la actividad política cuando se ven amenazados de alguna manera.

Otro factor que incide en la influencia que un grupo puede ejercer sobre quienes toman las decisiones es la intensidad de su interés en influir sobre los resultados políticos, pues la intensidad del interés *puede* conducir a la adquisición de conocimientos técnicos, y estos conocimientos constituyen una importante baza política. Por ejemplo, unas veinte personas organizadas en varias comisiones parecen haber influido de modo determinante en algunos puntos de la ley de Relaciones Raciales, después que el partido laborista reconoció, cuando estaba en la oposición, la necesidad de elaborar una ley que protegiera de la discriminación a las minorías raciales [34]. Pero debe tenerse en cuenta que el partido laborista y su dirección habían reconocido que se debía hacer *algo*, aunque no se supiera con precisión en qué consistía ese algo o cuál era la mejor forma de conseguirlo, y en esa situación los expertos suelen ser especialmente efectivos. De modo parecido, cuando un gobierno no tiene una política firme sobre un problema o un campo problemático determinado, estará expuesto a sufrir la influencia de los interesados y expertos en el momento de adoptar una decisión política; aunque es más coriente que el gobierno se preocupe de realizar consultas dentro del marco de una política ya definida a grandes rasgos. La consecuencia es que normalmente los grupos de presión pueden influir en asuntos de detalle y de aplicación, pero no en los aspectos generales de una política. Un ejemplo contrario a esta generalización es el caso del *lobby* de la televisión comercial que en la década de 1950 consiguió convencer al gobierno conservador, que en un principio era casi con seguridad contrario a la televisión comercial, para que presentara una ley autorizando la televisión independiente. Un grupo relativamente reducido de personas, muchas de las cuales iban a beneficiarse personalmente, tuvo acceso directo a los diputados conservadores, al gabinete y a la oficina central del partido conservador, y pudo así influir en la legislación por estar situado en un punto central para la actividad de presión[11].

Un ejemplo clásico de la transformación de la intensidad del interés en conocimiento técnico y en influencia se encuentra en el movimiento para el control de la natalidad organizado en Gran Bretaña, que se inició con la creación de la Liga Maltusiana por C. R. Drysdale en 1877. Interesada sobre todo en la cuestión de la población —se consideraba que el aumento de la población era la causa de *todos* los males sociales—, la Liga se dedicó a extender el conocimiento de los métodos anticonceptivos en la clase obrera, y para ello se sirvió de una serie de clínicas para la planificación familiar creadas por ellos, al mismo tiempo que propagaba la idea de que el gobierno debía permitir el asesoramiento sobre los métodos anticonceptivos dentro del marco de los servicios de maternidad dependientes de las autoridades locales. En 1924, las autoridades de dos gobiernos locales que estaban bajo control laborista autorizaron el establecimiento de clínicas para el control de la natalidad dentro de las clínicas locales de maternidad, y como consecuencia el ministro de sanidad amenazó con retirar su subvención. Varias personalidades femeninas del partido laborista fueron en delegación al

---

[11] Para detalles, véase H. H. Wilson, *Pressure Group: The Campaign for Commercial Television,* Secker and Warburg, Londres, 1961.

ministerio, quien se negó a cambiar de actitud. Tras ello, formaron un Grupo para el Control de la Natalidad de los Obreros que ejerció presión sobre el gobierno a través de la conferencia del partido laborista y de los gremios cooperativos. De este modo, existían dos organismos bien organizados y articulados favorables al control de la natalidad, mientras la masa de la opinión pública que carecía de información probablemente permanecía inactiva. La Cámara de los Lores en 1926 (a instigación del vicepresidente de la Liga Maltusiana —Lord Buckmaster) y la Women's National Liberal Federation [Federación Liberal Nacional de Mujeres] en 1927, aprobaron sendas resoluciones en las que se pedía al gobierno la autorización a los centros de protección infantil para asesorar sobre los métodos anticonceptivos. Durante las elecciones generales de 1929, se distribuyó un cuestionario entre todos los candidatos en el que se preguntaba cuál sería su respuesta a una propuesta de autorización a los servicios médicos de los centros de maternidad y bienestar infantil para prestar asesoramiento sobre los métodos anticonceptivos; 182 de los elegidos estaban a favor, 88 en contra y 130 diputados respondieron que decidirían cuando se debatiera la ley. Algunos diputados interesados en la cuestión plantearon cuestiones al gobierno, y en abril de 1930 una conferencia de masas, organizada por el Grupo de Control de la Natalidad de los Obreros y el sucesor de la Liga Maltusiana, aprobó una resolución en la que se pedía al Ministerio que autorizara a los servicios médicos de las clínicas de maternidad y bienestar infantil para asesorar a las personas casadas sobre los métodos anticonceptivos. En julio de 1930, el Ministerio de Sanidad dictó una circular en la que autorizaba tal asesoramiento, y a partir de este momento las distintas organizaciones interesadas en la cuestión del control de la natalidad se dedicaron a presionar para que se ampliara el asesoramiento sobre los métodos anticonceptivos y la provisión de anticonceptivos por diversas razones técnicas [35].

12.5. Conclusiones

Hemos examinado algunas de las características de los grupos políticos distintos a los partidos y de su rol dentro del proceso político. Tales grupos, dijimos, surgen como respuesta a la creciente *distancia* entre los centros de adopción de decisiones societales y los individuos. Por ello, una asociación de grupos de interés puede convertirse, al menos para algunos individuos, en la forma de superar esa distancia al permitir a los representantes de los grupos de interés reunirse, realizar consultas y representar sus intereses ante el gobierno. En segundo lugar, es evidente la mayor intervención del gobierno en la regulación y coordinación de gran parte de la vida social. Consecuencia de ello es que se ha confiado a los funcionarios civiles, debido a su experiencia y conocimiento técnico relativamente mayores, al papel que desempeñan en la solución de los conflictos y a su continuidad en el cargo, un poder discrecional en los terrenos político y administrativo mayor que en otros tiempos [36].

De este modo, la relación entre los grupos de interés y la burocracia se convierte en un importante punto de contacto entre la influencia extraparlamentaria y la configuración de la política pública. La administración puede aprender mucho sobre su posible influencia al realizar consultas, por ejemplo, con órganos no oficiales a quienes puede afectar una nueva reglamentación. Además, la administración puede obtener información útil de los grupos de interés que de otra manera podría no haber obtenido. En algunos casos, la administración puede llegar a delegar parte de su responsabilidad en organismos exteriores, como ocurre normalmente con las relaciones laborales y la seguridad social [37]. Desde luego, esta situación puede acarrear peligros para los principios de la representación democrática: ¿en qué circunstancias la relación entre una burocracia y un grupo de interés es de consulta, de negociación o de subordinación? Esto dependerá, ciertamente, de la variedad y la fuerza de los controles administrativos, políticos y judiciales que estén a disposición del órgano legislativo. La situación es extremadamente compleja. Entre los factores a considerar están el grado de autonomía de que ha gozado tradicionalmente la burocracia, el grado de similitud en cuanto a los orígenes sociales de los funcionarios y los dirigentes de los grupos de interés, el grado de posible transferencia de la administración pública a la privada, etc. [38].

No obstante, el que algunos aspectos de la relación entre los gobiernos y los grupos de interés sean complejos e incluso problemáticos no quiere decir, en absoluto, que esa relación sea innecesaria. Puesto que los gobiernos se elijen —en el caso de que sean elegidos— sólo una vez de cada tres a siete años, es obvio que si no existiera un tipo de conexión organizada con los intereses sociales el sistema estaría expuesto al dicho sarcástico de Rousseau de que se podría ser libre cada cinco años. Planteándolo de forma exagerada y simplista, los grupos de interés constituyen un mandato continuo para el gobierno, y sin ellos ningún gobierno podría considerarse de modo alguno como democrático. Lo que es más, ningún gobierno podría iniciar su labor sin la ayuda de los grupos de interés.

Pasando de estas consideraciones generales a otras más específicas, hemos visto que no todos los grupos latentes forman de hecho asociaciones de intereses. Esto se debe, entre otras razones, a las grandes dimensiones del grupo latente y a la consiguiente falta de incentivos individuales que estimulen la actividad en beneficio del grupo, a la falta de contextos adecuados que faciliten la comunicación de los intereses comunes y, en estados menos desarrollados, a la falta de una cultura política que fomente el desarrollo de este tipo de organizaciones. Además, hemos examinado algunos de los factores que dan forma a las pautas de actividad de los grupos de interés. Entre ellos está la cultura política y las normas constitucionales de un país, el grado de legitimidad que el grupo concede al régimen y la ética y valores particulares del grupo en cuestión.

Indudablemente, aunque los grupos de interés desempeñan un papel clave en el proceso político de partidos complejos, no son, como algunos podrían creer, vitales para la comprensión del proceso de toma de decisiones. Los grupos de interés no actúan sobre un gobierno inerte e insensible, aun cuando el grupo pudiera tener un relación favorable con el gobierno. Los gobiernos están sometidos a otras influencias además de las de los grupos de interés como, por ejemplo, la consideración de los efectos sobre el electorado, su propia estrategia a corto y largo plazo, el interés de sus propios seguidores, etc. Podríamos sentirnos tentados a extraer la conclusión, no obstante, de que los gobiernos tienden a estar más atentos con los grupos que les proporcionan recursos en dinero y apoyo. El hecho de que el mundo de los negocios apoye económicamente en Gran Bretaña y en Estados Unidos al partido conservador y al partido republicano, respectivamente, podría tomarse como prueba de que los gobiernos formados por esos partidos conceden, en conjunto, mayor peso a la presunta influencia de los negocios.

Sin embargo, no es válida una conclusión tan sencilla. Por una parte, este planteamiento supone que el mundo de los negocios actúa siempre como un bloque unitario que lucha por un interés común. Como hemos visto, este supuesto no está justificado. Los intereses de los fabricantes de automóviles no son necesariamente los mismos que los de la industria naval, especialmente cuando ambos compiten por obtener recursos gubernamentales escasos. Además, todo intento de influencia de un grupo de interés es muy probable que provoque una respuesta de otros grupos afectados por la cuestión. Por ello, el gobierno puede tener que llegar a un compromiso, a una conciliación o, al menos, a una consideración detenida de las pretensiones en competencia para no alinearse a sectores significativos de la sociedad.

REFERENCIAS BIBLIOGRÁFICAS

[1] H. ECKSTEIN, Pressure Group Politics, Allen and Unwin, Londres, 1960, pp. 9-11.
[2] P. ODEGARD, Pressure Politics: The Story of the Anti-Saloon League, Columbia University Press, Nueva York, 1928, p. 80.
[3] G. WOOTTON, Interest Groups, Prentice-Hall, Englewood Cliffs, 1970, p. 22.
[4] J. PALOMBARA, The Italian Labour Movement: Problems and Prospects, Cornell University Press, Ithaca, N. Y., 1957, pp. 82-91.
[5] A. BENTLEY, The Process of Government, Principia Press, Evanston, 1949, pp. 258-259; R. E. Dowling, «Pressure Group Theory: Its Methodological Range», American Political Science Review, 54, 944-954 (1960).
[6] K. DEUTSCH, «Social Mobilization and Political Development», American Political Science Review, 55, 493-514 (1961).
[7] D. TRUMAN, The Governmental Process, Knopf, Nueva York, 1951, p. 87.
[8] G. ALMOND y J. COLEMAN (eds.), The Politics of the Developing Areas, Princeton University Press, Princeton, 1960, p. 33.
[9] G. WOOTTON, Interest Groups Prentice-Hall, Englewood Cliffs, 1970, p. 41.
[10] D. TRUMAN, The Governmental Process, Knopf, Nueva York, 1951, páginas 506-516.
[11] J. K. GALBRAITH, American Capitalism, Penguin, Londres, 1963.
[12] M. OLSEN, The Logic of Collective Action, Harvard University Press, Cambridge, Mass., 1968, p. 127.
[13] —— The Logic of Collective Action, Harvard University Press, Cambridge, Mass., 1968, p. 129.
[14] —— The Logic of Collective Action, Harvard University Press, Cambridge, Mass., 1968, p. 132.
[15] —— The Logic of Collective Action, Harvard University Press, Cambridge, Mass., 1968, pp. 133-134.
[16] —— The Logic of Collective Action, Harvard University Press, Cambridge, Mass., 1968, pp. 33-34.
[17] E. E. SCHATTSCHNEIDER, The Semi-Sovereign People, Holt, Rinehart and Winston, Nueva York, 1960, p. 31.
[18] —— The Semi-Sovereign People, Holt, Rinehart and Winston, Nueva York, 1960, pp. 35-36.
[19] S. H. BEER, Modern British Politics, Faber and Faber, Londres, 1968, p. 333; S. Finer, Anonymous Empire, Pall Mall, Londres, 1958, p. 9.
[20] D. D. MCKEAN, Party and Pressure Politics, Houghton Mifflin, Boston, 1949, p. 489.
[21] R. W. GABLE, «NAM: Influential Lobby or Kiss of Death», Journal of Politics, XV, 253-273 (1953).
[22] M. OLSEN, The Logic of Collective Action, Harvard University Press, Cambridge, Mass., 1968, pp. 147-148.

[23]   —— *The Logic of Collective Action*, Harvard University Press, Cambridge, Mass., 1968, p. 160.

[24]   R. HOWARTH, «The Political Strength of British Agriculture», *Political Studies*, **17**, 485-469 (1969).

[25]   F. G. CASTLES, «Business and Government: A Typology of Pressure Group Activity», *Political Studies*, **XVII**, 162 (1969); F. G. Castles, *Pressure Groups and Political Culture*, Routledge and Kegan Paul, Londres, 1967.

[26]   G. WOOTTON, *Interest Groups*, Prentice-Hall, Englewood Cliffs, 1970, p. 50.

[27]   S. E. FINER, «The Political Power of Private Capital», parte II, *Sociological Review*, **4**, 14 (1956).

[28]   S. H. BEER, *Modern British Politics*, Faber and Faber, Londres, 1965, p. 322.

[29]   R. LYMAN, *The First Labour Government*, Chapman and Hall, Londres, 1958, p. 116.

[30]   PEP, *Advisory Committees in British Governments*, Allen and Unwin, Londres, 1961.

[31]   P. JENKINS, «Beban's Fight with the B.M.A.», en M. Sissons y P. French (eds.), *The Age of Austerity*, Penguin, Londres, 1964, p. 245.

[32]   W. GLASER, «Doctor and Politics», *American Journal of Sociology*, **61**, 231 (1960).

[33]   R. JOSEPH MOUSEN, JR. y M. W. CANNON, *The Makers of Public Policy*, McGraw-Hill, Nueva York, 1965, pp. 38-43.

[34]   K. HINDELL, «The Genesis of the Race Relations Bill», *Political Quarterly*, **36**, 390-405 (1965).

[35]   R. E. DOWSE y J. PEEL, «The Politics of Birth Control», *Political Studies*, **13**, n.º 2, 179-197 (1965).

[36]   H. W. EHRMANN, «Interest Groups and the Bureaucracy in Western Democracies», en R. Bendix (ed.), *State and Society*, Little, Brown, Boston, 1968, p. 258.

[37]   —— «Interest Groups and the Bureaucracy in Western Democracies», en R. Bendix (ed.), *State and Society*, Little, Brown, Boston, 1968, p. 260.

[38]   —— «Interest Groups and the Bureaucracy in Western Democracies», en R. Bendix (ed.), *State and Society*, Little, Brown, Boston, 1968, p. 269.

Capítulo 13
LA VIOLENCIA POLITICA

13.1. La violencia

Durante los siglos XVIII y XIX estaba muy extendida entre personas cultas la creencia de que la disminución de la violencia entre los estados y en el interior de cada uno de ellos era concomitante al progreso social. Se consideraba que la violencia era una característica de la infancia de las naciones, que llenaba un vacío existente dentro del marco internacional por la ausencia de un sistema aceptado de derecho y arbitraje internacional. Con buena voluntad y claridad de miras, podrían suprimirse las causas de guerra y tensión civil, ya que éstas eran producto de una incapacidad infantil para superar la satisfacción y los intereses inmediatos, de forma que pudiera adoptarse un enfoque a largo plazo de los intereses comunes. Esta consideración de la violencia como un tipo de error intelectual está en el núcleo central del Cobdenismo, en la política internacional, y del *laissez-faire* en la política nacional. La especulación económica a nivel internacional y la división del trabajo en el interior de cada nación acabarían por obligar a la gente a darse cuenta de que era más lo que tenían en común que lo que les separaba. Con ello finalizaría el período de niñez, y los hombres entrarían en una edad adulta madura de paz social; en el peor de los casos, la guerra sería consecuencia de contactos periféricos con la barbarie: «Las guerras y la destrucción que las acompaña suelen confinarse hoy, en casi todos los países, a las posesiones lejanas y periféricas en las que se entra en contacto con los salvajes» [1]. Este enfoque del progreso se basa en la idea de que, a medida que se desarrolla, la civilización, irá haciéndose más pacífica tanto en el interior como en sus contactos con el exterior. Los actos de violencia política son actos políticos infantiles que muestran una falta de paciencia o del conocimiento necesario para hacer funcionar la maquinaria constitucional, y es esta idea la que se encuentra en la base de las informaciones sobre la violencia de los negros en EE. UU., donde «la mayoría de los medios de información y del pueblo norteamericano comparten la misma opinión sobre la violencia —que carece de sentido, que es arbitraria, inútil, irracional—» [2].

Aunque tales ideas pudieran ser más o menos ortodoxas, existían varias corrientes de pensamiento que se oponían a ellas. Marx y Engels mostraron el reverso de la moneda del *laissez-faire,* afirmando que degradaba a los pobres, y que las doctrinas de la paz social no eran sino expresiones ideológicas de los intereses de la clase dominante. El rechazar la violencia, decía Engels, era una forma de pensamiento «sin vida, insípida e impotente». Tennyson apuntaba la naturaleza dual de la paz social:

VII

Pero estos son los días del progreso, la obra de hombres de espíritu,
Cuando ¿quien sino un loco tendría fe en el género o la palabra de un mercader?
¿Es la paz o la guerra? Una guerra civil, pienso yo, y tanto más vil pues empuña
la espada a escondidas y no abiertamente.

IX

La paz sentada bajo su olivo, despreciando los días pasados,
Cuando al pobre le empellan y hacinan como a una piara de cerdos separados por
  sexos,
Cuando solo viven los frívolos y no todos los hombres mienten;
La paz en su viñedo —¡sí!—, pero la empresa adultera el vino.

X

Y la locura violenta le estalla en el alma al rufián,
Martillando el sucio sendero con gritos de la esposa ultrajada,
Y al pobre le venden cal y yeso, y alumbre en lugar de pan,
Y el espíritu del crimen late en cada afán de la vida.

La inferencia de Tennyson, lo mismo que la de Marx, es que la violencia de la sociedad representa una cuestión de perspectiva. Para las prósperas clases alta y media de su tiempo, el policía —miembro del cuerpo recientemente fundado de los *Peeler**— era

* Miembro de la policía irlandesa que fue creada bajo el ministerio Peel. *N. de T.*

el guardián de la propiedad y el custodio de un sistema jurídico socialmente neutral; pero para los pobres se trataba de un agente de la opresión, lo mismo que hoy representa la *bofia* para algunos y un angel guardián para otros. Como nos recuerda Oscar Wilde, la ley permite ir a cenar al Hotel Savoy tanto a los ricos como a los pobres. En las relaciones entre las naciones, la oposición no veía en absoluto claro que el librecambio fuera beneficioso para todos los países; «es muy poco probable que un niño o un chico que luchan con un hombre fuerte puedan salir victoriosos o incluso ofrecer fuerte resistencia», decía el economista alemás List en sus escritos justificativos del proteccionismo industrial alemán[1]. Y, el tejedor manual de las ciudades indias, al igual que su correspondiente británico de la década de 1830, sufría agudamente las consecuencias de la economía del *laissez-faire* sobre la que carecía de todo control, pero que estaba sancionada por la ley y defendida por las fuerzas armadas de la ley y el orden. Lo que para unos era el orden, el progreso y el avance de la civilización industrial era para otros caos, miseria y opresión legalmente sancionados.

Hoy continúa la tradición del siglo XIX ya que tendemos a considerar los actos de violencia como ilegítimos o patológicos y extraños a un gobierno civil. Cuando más, los herederos de esta tradición sancionarán intelectualmente la violencia como arma política, cuando los procesos *normales* de compromiso y arreglo nieguen de modo sistemático a sectores de la población toda posible presentación de demandas razonables, como en el caso del colonialismo, de la segregación racial y a veces del racismo interno. Sin embargo, hoy como ayer hay personas que se oponen a considerar esa tradición de violencia como algo patológico. Por ejemplo Fanon afirma que toda la experiencia colonial ha revelado la violencia física, psicológica y social ejercida por la nación imperialista contra el pueblo sometido, cuya estructura social autóctona ha sido destruida y, lo que es más grave, cuyos miembros quedan psicológicamente debilitados. Frente a ello resulta imperativo un acto de violencia creadora por parte de los colonizados. Tal violencia no solo debilita la voluntad política de los colonizadores, sino que también fortalece el empeño moral de

---

[1] C. Gide y C. Rist, *A History of Economic Doctrines*, Harrap, Londres, 1923, p. 275. Esta proposición está hoy generalmente reconocida como cierta por los economistas que se ocupan del desarrollo en el Tercer Mundo, en el que la especialización económica —en bananas, café, caucho, cacao, alimentos, petróleo, etc.— ha contribuido con seguridad muy poco a hacer disminuir las diferencias entre los países más y menos desarrollados.

los colonizados. La experiencia común de lucha por la emancipación contribuye a transformar lo que en un principio era un simple agregado en una comunidad nacional [3]. De modo parecido, Mao Tse-tung subraya el efecto psicológicamente liberador que tuvo la lucha armada de los campesinos oprimidos de Hunan, y presenta numerosos ejemplos del modo en que los individuos anteriormente desorganizados se habían organizado para hacer frente a la violencia que les era infligida por parte de los poderosos, resistiendo, a su vez, a la violencia legalmente sancionada [4]. Aunque el marxismo soviético y el clásico no hacen hincapié en este componente *terapéutico* de la violencia, llaman la atención sobre otra consideración, cuyas implicaciones casi siempre se olvidan, la consideración del estado de clase como organización *violenta* en sí misma.

Incluso en enfoques no marxistas o antimarxistas del Estado, la violencia se considera como central para la propia idea de Estado. Por ejemplo, Weber escribió que «el derecho de hacer uso de la violencia se concede a todas las demás asociaciones o individuos sólo hasta el extremo permitido por el Estado; éste es considerado como la única fuente del *derecho* a emplear la violencia» [5]. Por ello, la violencia puede ser ejercitada por un Estado, empleada por agentes que gozan de la sanción del orden legal estatal, y pueden hacer uso de ella los ciudadanos que se enfrentan al Estado y su aparato. Así pues, siguiendo a Nieburg, definimos la violencia política como «los actos de desorganización, destrucción o daño cuya finalidad, elección de objetivos o víctimas, circunstancias, ejecución y/o efectos tengan significación política, es decir que tiendan a modificar el comportamiento de otros en una situación de negociación que tenga consecuencias para el sistema social» [6]. Para nosotros, el elemento importante de la definición es el hincapié en la modificación del comportamiento de otros, lo que supone que pueden existir técnicas para conseguir tales modificaciones además del uso de la violencia. No hay duda de que tales técnicas existen. Muchos gobernantes pueden confiar, en general, en la obediencia habitual, en la gran dificultad de la desobediencia, en el proceso de socialización, en los órganos de persuasión racional y emotiva, en las técnicas para descubrir los deseos de la gente, y en las enormes facilidades de que disponen los gobernantes en relación con los no gobernantes para atender esas demandas. Desde el punto de vista de los gobernados, está claro que la violencia es sólo uno entre un conjunto de métodos para dar a conocer sus sentimientos. Las organizaciones políticas como los partidos y grupos de presión, los escritos y las reuniones informales con los representantes, las manifestaciones pacíficas, las elecciones y la necesidad compartida por todos los gobiernos, de una cooperación al menos mínima de parte de los gobernados, representa un conjunto de fuentes de influencia sobre el gobierno que evitan el recurso a la violencia. Esto supone que tanto los gobiernos como los gobernados pueden, en ciertas circunstancias, recurrir a la violencia; pero antes de analizar con mayor detalle esas circunstancias, nos detendremos un poco en otra distinción relacionada con la violencia.

Los actos de violencia pueden juzgarse como moralmente buenos, malos o neutros según quiénes participen en ellos, contra quién estén dirigidos y quién realice el juicio. Unos términos que se utilizan con frecuencia para formular estos juicios son los de *lealtad* y *legitimidad*. Si los miembros de un grupo o sociedad consideran los actos de violencia como justificables en cierto modo, podremos hablar de actos legítimos. Por ejemplo, los actos de violencia totalmente ilegales cometidos por los colonizadores en América contra la Corona británica, parecen haber gozado de un amplio apoyo local y, en este sentido, esos actos eran legítimos. De la misma manera, no hay duda de que la gente que se manifestó ante la Convención demócrata de Chicago en el año 1968 consideraba que sus acciones eran legítimas, y ciertamente algunas de las manifestaciones eran técnicamente legales. La legalidad dependía de leyes locales dictadas por las autoridades municipales, pero la mayoría de los ciudadanos norteamericanos creía que, fueran o no legales, las manifestaciones eran legítimas [7]. Este factor es de importancia, ya que constituye una fuente importante de apoyo al acoso *legal* ante los tribunales norteamericanos a distintos grupos de protesta minoritarios; si los protestatarios o sus métodos se hubieran considerado por un amplio sector como legítimos, es muy probable que estos cortocircuitos de procesos absolutamente legales hubieran sido mucho más difíciles. Ampliando este factor de la creencia en la legitimidad de los actos violentos desembocaríamos en el conocido axioma guerrillero: «El ejército se mueve entre el pueblo como el pez en el agua». Sin embargo, ningún gobierno desea fomentar una situación en la que se cometan actos de violencia ilegal contra él, por así decirlo, con la aprobación expresa o tácita de una mayoría incluso amplia de la población. Por ello, el gobierno actuará a su vez de tal modo que esa posibilidad resulte muy lejana. Evidentemente, uno de los primeros pasos será declarar ilegales los actos de violencia no permitidos, y reservarse un

monopolio de los principales medios de violencia. Como indicaba
Engels, con la industrialización los principales medios de violencia se hacen más caros y técnicamente más sofisticados, de modo
que sólo están al alcance de los gobiernos y solo ellos disponen
de la capacidad necesaria para hacerlos funcionar [8]. Por ello, en
vez de ser prerrogativa de los grupos disidentes, la violencia es
empleada con mayor o menor frecuencia por el Estado y sus
agentes.

13.2. La violencia y el Estado

En términos generales, hay dos grandes concepciones sobre
el puesto que ocupa la violencia en el Estado. Para una escuela
de pensamiento, la política trata del poder y su distribución y,
como dice Wright Mills, «el último tipo de poder es la violencia»
[9]. El castigo y la violencia legalmente sancionados son una
realidad permanente y representan el agente de cohesión del que
dispone en último término el Estado. La otra escuela no olvida la
posibilidad de que se produzcan los actos legales de violencia,
pero hace mayor hincapié en el consentimiento voluntario, de la
población obtenido mediante la persuasión y la concesión. Los
gobernantes normalmente ganan en *autoridad* obteniendo el consentimiento voluntario de la población, y el éxito de una forma de
gobierno puede juzgarse «por el grado en que se evita la violencia
y se hallan otros substitutivos». Argumentando de manera más
positiva, McIver dice que «La fuerza no es sino un instrumento
de autoridad de un gobierno, que defiende las demandas de un
orden que la fuerza sola no puede crear» [2]. Sin embargo, incluso
aquellos que insisten más en la naturaleza residual de la fuerza o
la violencia afirman que la violencia tiene su puesto, aunque sea
pequeño, ya que reconocen que en ocasiones el Estado puede
tener, aunque sea de mala gana y con carácter temporal, que
recurrir a la coerción. Pero, como vimos en el capítulo 2, son
pocos los que insisten, desde la otra perspectiva, en que gobernar
no sea sino ejercer la fuerza o la coerción. Por ello, lo que
interesa al especialista en sociología política no es si los estados
actúan o no de manera violenta con sus ciudadanos, sino en qué
condiciones suelen hacerlo.

En general, parece que se está de acuerdo en que la práctica

---

[2] Ambas citas, la primera de C. Merriam, se han tomado de E. V. Walter
Terror and Resistance, Oxford University Press, Nueva York, 1969, p. 43.

de la violencia por parte de las autoridades políticas es el resultado de los problemas relacionados con la integración política, y que con frecuencia va asociada al proceso de desarrollo económico. La integración política se refiere, en un principio, al proceso de unión de grupos culturales diferenciados en una única unidad política con una sola autoridad central, y con frecuencia va unida a ella la posibilidad de que dicho proceso suponga también la creación de una conciencia política nacional [10]. Históricamente, este proceso se ha realizado, con poquísimas excepciones, con una violencia extrema, que ha variado desde el asesinato físico de sectores enteros de minorías culturales hasta su deportación forzada, su conversión religiosa y cultural forzada, y los desplazamientos de población en gran escala. Sin embargo, de mayor interés para nuestro estudio es que dicha violencia ha sido practicada por los estados contra sus ciudadanos —o aquellos de quienes afirma que son sus ciudadanos—, y que la violencia ha constituido un instrumento de una política, que a su vez ha consistido en la extensión de la influencia de las autoridades políticas a aquellos que por una razón u otra no reconocían la legitimidad de la autoridad. Desde esta perspectiva, el Estado moderno se asienta sobre la destrucción violenta de las entidades locales autónomas —feudales o tribales— y, de hecho, consiste en una concentración y monopolio de los medios de violencia. Como dice el profesor Stone, al escribir sobre este proceso en Gran Bretaña, «El mayor triunfo de los Tudor fue el éxito final en la afirmación de un monopolio real de la violencia, tanto pública como privada» [11]. Una vez completado este proceso en las sociedades occidentales, se intentaron establecer restricciones a la práctica arbitraria de esa violencia potencial limitando los instrumentos de violencia, la policía y los ejércitos, y a los que de modo inmediato los controlan —reyes, legisladores, burocracias— por medio de las constituciones, contrapesos, divisiones de poder, declaraciones de derechos, tribunales de justicia, etc. Posteriormente, se ha intentado limitar la práctica de esta violencia no sólo en el interior de cada país, sino también a nivel internacional a través de la Liga de Naciones, la ONU, la Corte de la Haya, los tratados, etc. Pero sea cual sea nuestra definición de las últimas etapas, como control de la violencia o como su eliminación gradual, el hecho es que la violencia es el proceso normal a través del cual se han integrado los estados en un primer período.

En una exposición ya clásica de este proceso, Walter ha demostrado que en varias sociedades africanas el terror y la violencia «eran utilizados para resolver crisis de integración social», aplastando las fuentes de resistencia potenciales y reales frente al centro político emergente. El grado de violencia empleada variaba, y la diversidad de grupos integrados bajo una dirección central era organizada a veces «en un orden constitucional que equilibraba, mediaba y estabilizaba las fuerzas en conflicto» [12]. Pero incluso en estos casos, tampoco era raro que se recurriera a la violencia, aunque su utilización correspondiera a autoridades subordinadas. En el caso de Shaka, que se apoderó del estado zulú hacia 1818, la violencia se mantuvo deliberadamente en primer plano porque «el despotismo terrorista depende del impacto que la violencia produce en la conciencia de los testigos, y en la comunicación de su temor a otros más alejados» [13]. Al unificar un estado anteriormente disperso, Shaka acometió contra todos los «individuos y grupos que, si les hubiera dejado tranquilos, habrían tratado normalmente de limitar o desafiar su poder». Realizó una matanza de ancianos e hizo que de una posición de preeminencia pasaran a ser un estorbo, neutralizó la influencia potencial de sus oficiales superiores mediante el terror y prohibiendo que se reunieran sin su presencia, y ejecutó a todos aquellos cuya lealtad fuera objeto de algunas dudas y a muchos cuya culpabilidad era inimaginable[3]. Todo esto para fundir a un pueblo políticamente dispar y que habría de convertirse en una máquina militar de conquista, apoyada por un gobierno completamente reestructurado y controlado, y una economía cuya función principal era proveer al ejército.

A continuación, Shaka empleó el terror para cumplir sus objetivos políticos, y el terror es un tipo de violencia que se caracteriza por ser totalmente arbitrario y caprichoso. Todo puede, en el momento menos pensado, despertar la ira del déspota, todos los individuos son víctimas potenciales y verdugos potenciales. El terror es el caso extremo de la utilización instrumental de la violencia con fines políticos. La violencia normal, si se pueden unir estos términos, puede emplearse también instrumentalmente, pero se utiliza contra los sectores objetivamente *culpables,* que se interponen en el camino de la hegemonía del Estado. Como hemos dicho anteriormente, es muy probable que en el nuevo Estado sean objetivamente culpables grupos cuya lengua, religión, cultura, intereses económicos, etc., les impulsan a formar partidos políticos *antinacionales.* Normal-

[3] Esta violencia arbitraria recuerda mucho a la descrita por H. Arendt in *The Origins of Totalitarianism,* Allen and Unwin, Londres, 1958.

mente, a tales grupos se les integra o desintegra violentamente, pero como muestra el caso de Shaka, existe otro camino, el del terror.

Otro caso típico en el que el Estado emplea la violencia o amenaza con hacerlo es durante el primer periodo de desarrollo económico, en el que se pasa de un sistema artesanal, basado en la agricultura, a un sistema de fábricas de trabajo relativamente intensivo. Durante ese período, que suele ir acompañado de sufrimientos para la gran mayoría de la población, el Estado utilizará o amenazará con utilizar la violencia de dos maneras. Si el desarrollo económico se basa principalmente en la iniciativa privada, el Estado tratará de reducir al mínimo la capacidad revolucionaria de las masas declarando ilegales o semilegales los sindicatos, organizando sistemas eficaces de policía nacional, declarando fuera de la ley la propaganda radical y hasta estacionando tropas en los nuevos complejos industriales o cerca de ellos [4]. Durante los disturbios del *Capitán Swing* ocurridos en el campo inglés en 1830, en los que se destruyó maquinaria agrícola, se mataron animales, se destruyeron cosechas y se quemaron almiares, 1976 personas fueron detenidas, 481 de las cuales fueron deportadas y 19 ejecutadas [14].

Debe añadirse que los gobiernos intervienen también con frecuencia y *con retraso* de modo más positivo aprobando leyes sobre los salarios, introduciendo mejoras en las condiciones de las fábricas, estableciendo leyes de protección a los niños, etc. En esta forma de desarrollo económico, el gobierno proporciona un sistema de coacción *explícita* que protege la estructura social emergente *implícitamente* coercitiva. Un sistema es implícitamente coactivo «cuando la estructura de las instituciones sociales y los valores simbolizados por ellas refrenan el comportamiento de los individuos» [5]. Desde luego, todo el ethos y la estructura del nuevo sistema de fábricas estaban implícitamente impuestos, teniendo la nueva clase obrera que cambiar casi por completo sus pautas de descanso, de consumo y de trabajo.

Sin embargo, cuando el gobierno asume por sí mismo la principal *carga* del desarrollo económico forzado, como ocurre

---

[4] En un importante artículo de L. Spengler, «Economic Development: Political Preconditions and Political Consequences», *Journal of Politics*, **22**, 387-416 (1960), el autor encabeza una lista de lo que debe hacer todo Estado que desee conseguir el desarrollo económico con la condición «Mantenimiento de la ley, el orden y la seguridad».

[5] Sobre esta distinción véase K. De Schweinitz, «Economic Growth, Coercion and Freedom», *World Politics*, **9**, 166-192 (1956-7).

con frecuencia en los países económicamente subdesarrollados, ha de inferirse que está llevando a cabo una política que, aunque a largo plazo puede ser importante para el país, supone sacrificios inmediatos para sectores considerables de la población[6]. Considerado desde una perspectiva puramente económica, aunque por supuesto el desarrollo económico forzado es mucho más que eso, el gobierno debe obtener excedentes. La deportación, la cárcel, el azote y el látigo, e incluso la muerte, era la suerte que esperaba a quienes se rebelaban contra la inhumanidad de las primeras fábricas y minas. Y esta violencia política se practicaba contra una clase obrera o un campesinado generalmente sin derecho al voto para proteger «los escasos ahorros creados por la nueva economía a expensas del nivel de vida de la población» [15] cuyo nivel de vida era ya bajo. Si el Estado no es irresponsable debe limitar el consumo no sólo de las masas sino también de la élite, de cuyas capacidades depende la empresa del desarrollo económico. El proceso de acumulación de capital es una tarea enorme y debe exceder en *cuatro veces* el aumento de la población antes de que pueda dedicarse nada a la industrialización [16]. O, según las estimaciones de W. Rostow, la tasa de acumulación de capital ha de *duplicarse,* pasando de un 5 por ciento aproximadamente de la renta nacional, corriente en los estados no industrializados, a cerca de un 10 por ciento para que sea posible el despegue [17]. Para conseguir este aumento de la tasa de inversión, es necesario limitar el consumo, lo que supone que el Estado tiene que realizar acciones explícitamente coactivas, que pueden variar desde el modelo estalinista hasta el japonés, que obtenía cerca del 85 por ciento de los ingresos totales del gobierno de un impuesto sobre la tierra[7].

Puede estimarse esta relación poniendo en contacto los actos de coacción gubernamental con los niveles de desarrollo económico. A efectos de nuestro estudio, definimos la coacción como el grado de competencia política permitida, y los límites concedidos a la libertad de expresión[8]. El desarrollo económico supone

[6] Para una exposición concisa y muy útil de las actitudes políticas que conducen a que los gobiernos asuman la planificación del desarrollo económico véase H. Myint, *The Economics of Developing Countries,* Hutchinson, Londres, 1964, pp. 165-177.

[7] P. Baran, *The Political Economy of Growth,* Monthly Review Press, Nueva York, 1957, pp. 151-162. En el Japón del siglo XIX, cerca del 50 por ciento de la inversión total la realizó el gobierno, W. McCord, *The Springtime of Freedom,* Oxford University Press, Nueva York, 1965, p. 60.

[8] Véase H. Graham y T. Gurr (eds.), *The History of Violence in America,* Praeger, Nueva York, 1969, pp. 660-663. En el capítulo citado se hace el análisis

que haya por lo menos un 90 por ciento de personas adultas que sepan leer, 65 radios y 120 periódicos por cada 1.000 habitantes, 2 teléfonos por cada cien personas, 2.525 calorías diarias por persona, al menos 1 médico por cada 1.900 personas, un PNB per cápita de 300 dólares anuales, y un porcentaje de población urbana de un 45 por ciento. A niveles muy bajos de desarrollo económico, de hecho en las sociedades tradicionales, el nivel de coacción es generalmente bajo, pero en las sociedades en transición los niveles de coacción gubernamental son los más altos, lo mismo que el nivel de violencia política no gubernamental.

Entre los modelos de crecimiento económico dirigido y no dirigido, puede variar la combinación de coacción explícita e implícita, e incluso en el dirigido la *cantidad* de coacción explícita variará —compárese Japón y la URSS—; pero los datos disponibles indican que siempre habrá una combinación, y que la coacción es casi inevitable[9]. Aunque el rápido crecimiento de los ejércitos y las fuerzas de policía nacionales en los países en vías de industrialización y en los nuevos estados de Africa y Asia no sólo deriva de la necesidad de controlar a una población que sufre las tensiones de la integración política y el crecimiento económico, no hay duda de que este factor también interviene[10]. Lee ha publicado las cifras que aparecen en el cuadro 30 sobre la tasa de crecimiento de las fuerzas de seguridad de varios países africanos después de la independencia.

Si la represión civil no era la única razón que justificaba este crecimiento, desempeñaba sin duda un papel importante, como en el caso de Uganda que temía «las crecientes amenazas a la seguridad provocadas por los refugiados», pero también, como

---

en términos de la modernización política, pero como ésta está muy relacionada con el desarrollo económico, el razonamiento es válido.

[9] Pero véase W. McCord, *The Springtime of Freedom*, Oxford University Press, Nueva York, 1965, en especial, pp. 247-288. Para una comparación utilísima entre las experiencias de Europa occidental y las de las zonas en desarrollo contemporáneas, véase W. Fischer, «Social Tension at Early Stages of Industrialization», *Comparative Studies in Society and History*, 9, 64-83 (1967).

[10] Sobre el crecimiento de la policía en el Reino Unido como respuesta a las tensiones surgidas por la industrialización véase T. A. Critchley, *The Conquest of Violence*, Constable, Londres, 1970, en especial pp. 55-140; sobre la expansión de los militares en Africa, véase J. M. Lee, *African Armies and Civil Order*, Chatto and Windus, Londres, 1969, capítulos 3 y 4; y para un análisis general sobre el papel de los militares en las zonas en desarrollo, véase J. J. Johnson (ed.), *The Role of the Military in Underdeveloped Countries*, Princeton University Press, New Jersey, 1962.

afirma Lee, necesitaba de las fuerzas de seguridad «para protegerse de una posible rebelión abierta de Buganda» [11]. Si lo consideramos en términos de una Relación de Participación Militar (RPM = el porcentaje de adultos en servicio militar entre los 15 y los 64 años), encontramos nuevos datos sobre la relación existente entre el desarrollo económico y la coacción gubernamental. Russett establece cinco categorías de sociedades —primitiva tradicional, de civilización tradicional, sociedades en transición, sociedades de revolución industrial y sociedades de consumo de masas—. En las dos primeras, el desarrollo económico es bajo y el cambio es pequeño; en las sociedades en transición, lo viejo empieza a derrumbarse y la economía se desarrolla. En su análisis estadístico de la relación entre el RPM y la división en cinco grupos, el «papel del gobierno central... en la movilización militar parece aumentar rápidamente en este nivel», que corresponde a la sociedad en transición. Debe hacerse notar que el

CUADRO 30.   Tasas de crecimiento estimadas de las fuerzas de seguridad

País	Ejército Tasa de crecimiento en %	Policía Tasa de crecimiento en %
Kenya	18,9	0
Uganda	48	5,4
Tanzania —disueltos y reorganizados		
Malawi	13,1	4,9
Zambia	13,3	6,0
Ghana	10,4	8,5
Sierra Leona	3,1	6,6
Nigeria (antes del golpe de Estado)	7,0	4,6

De J. M. Lee, *African Armies and Civil Order*, Chatto and Windus, 1969, p. 105.

[11] Véase J. M. Lee, *African Armies and Civil Order*, Chatto and Windus, Londres, 1969, p. 105. Véase también M. Janowitz, *The Military in the Political Development of New Nations*, Chicago University Press, Chicago, 1964, y M. Lissak, «Modernization and Role Expansion of the Military in Developing Countries», *Comparative Studies in Society and History*, **9**, 233-255 (1967), sobre la realización de tareas distintas a la represión civil.

nivel del gasto público —considerado desde otro ángulo, su capacidad de acumulación— aumenta también rápidamente en la etapa de transición[12]. Por ello, como afirma Huntington, la relación entre pobreza y violencia política es falsa ya que, estadísticamente, el nivel de violencia en las sociedades tradicionales es bajo. Más bien es el intento de conseguir niveles económicos más altos el que produce la violencia: «Si los países pobres se muestran inestables, no es porque sean pobres, sino porque tratan de hacerse ricos» [18].

Hemos señalado en este apartado que, históricamente, la formación del Estado ha sido y es un proceso violento, y que el aparato del Estado ha sido y es utilizado contra sectores importantes de la población con el fin de limitar los niveles de consumo para financiar el desarrollo económico. Esta situación se produce sea cual sea la técnica de reasignación de recursos que se adopte. Cuando los dos procesos —de integración nacional y de desarrollo económico forzado— son coetáneos, es muy probable que el nivel de violencia sea especialmente alto, y cuando uno precede al otro probablemente será más bajo, como ocurrió en Europa occidental y en Japón, donde la unificación política del territorio estatal se consiguió mucho antes de que se iniciara un desarrollo económico rápido. Cuando, como ocurre en la mayoría de los países hoy en vías de desarrollo —y en la URSS de los años veinte y treinta—, el territorio nacional no está totalmente unificado étnica, religiosa y culturalmente, es muy probable que el proceso se caracterice por una violencia estatal extrema contra las minorías y contra la mayoría trabajadora. Cuando se superan estas crisis, si llegan a superarse, el régimen está en posición de adoptar una amplia gama de técnicas de mejora que pueden evitar la necesidad de recurrir a la violencia, incorporando a los anteriormente explotados al quehacer nacional y estableciendo así una nueva base de conformidad.

Pero aunque el Estado dispone de un potencial de violencia interna muy superior al de los ciudadanos, también se producen actos de violencia política populares. En el siguiente apartado examinaremos las condiciones que acompañan a esa violencia popular.

---

[12] B. Russett, H. Alker, K. Deutsch y H. Lasswell, *World Handbook of Political and Social Indicators*, Yale University Press, New Haven, 1964, p. 299. Muestra también (p. 319) como al aumentar el RPM disminuye el número de muertes por violencia de grupo interior, «apuntando la idea de que el motivo de la creación de muchas y grandes guarniciones militares bien podría ser la supresión del disentimiento interior».

13.3. Causas y orígenes de la violencia popular

«La violencia, según la frase que se atribuye a Mr. Rap Brown, es tan norteamericana como la tarta de cereza», y, podría añadirse, ¡tan británica como la tarta de melaza, tan francesa como las ancas de rana, y tan alemana como el chucrut! La agresión y la violencia han formado parte de la historia del hombre desde sus comienzos, y quizá debido a ello la idea de que tal comportamiento es inherente al ser humano resulta bastante verosímil. Ya hemos examinado algunos aspectos de este planteamiento en las obras de Hobbes y de Freud, y podemos señalar que se trata de una idea que todavía tiene muchos partidarios. Algunos estudios recientes sobre el comportamiento animal consideran que el comportamiento agresivo o violento, bajo ciertas condiciones, tiene por finalidad la supervivencia. Por ejemplo, se cree que muchos animales y pájaros poseen un instinto territorial por el cual fijan una zona de espacio vital que sostiene a una *familia* o grupo, pero en el que la incursión de otros animales del mismo tipo supone un desafío que obliga a un comportamiento agresivo. Cuando el instinto territorial no se encuentra desafiado, la situación normal es de *paz,* y es poco probable que incursiones ocasionales desemboquen en algo más que en una pseudo-agresión ritualista [19]. Otros autores adoptan un punto de vista diferente, y consideran que la agresión no es un comportamiento instintivo, sino más bien un comportamiento aprendido. Según este enfoque, el hombre aprende que la agresión representa una parte útil de su repertorio de comportamientos a utilizar cuando lo considere conveniente: por ejemplo, un niño la usará para llamar la atención, un adulto para dominar, un grupo para su lucha por adueñarse de valores escasos, etc. [20]. Un tercer enfoque, que es con gran diferencia el más explorado en las ciencias sociales, es la teoría de la frustación-agresión que tiene su origen en la obra de Dollard y sus colegas. El postulado básico de esta teoría es que toda interferencia en un comportamiento con una finalidad determinada provoca una frustración que, a su vez, conduce a respuestas agresivas dirigidas generalmente contra el supuesto agente frustrador [21]. Estudios más recientes indican que el comportamiento agresivo no es sino una entre una serie de respuestas a la frustración, en que pueden incluir también la regresión, la apatía, la sumisión y la evasión [22].

La teoría de la frustración-agresión supone que los individuos y grupos tienen objetivos de un tipo u otro, que gran parte de su comportamiento tiene una finalidad concreta y que, si no se impide de alguna forma ese comportamiento, el grupo o el individuo se conducirán probablemente de manera pacífica. Como es difícil que esta condición de produzca con regularidad, o al menos que se mantenga en todo momento debido a la condición de escasez en que vive el hombre, la teoría predice como resultado más probable un comportamiento agresivo, que será consecuencia de la frustración. Es probable que el individuo o grupo frustrado dirijan su ataque contra la supuesta fuente de frustración —que no tiene por qué ser necesariamente la fuente *real*—, y si su ataque no consigue suprimir la frustración, es muy probable que la agresión se repita. Incluso aunque el ataque tenga éxito, el atacante habrá reafirmado una tendencia a atacar cuando se produzcan frustraciones en el futuro.

Estas ideas forman la base de las explicaciones actuales de la violencia política. Toda persona que se vea frustrada en su intento por conseguir un fin, se irritará y probablemente atacará a la supuesta fuente de la frustración. Los hombres conceden valor a muchos aspectos de la vida social: la riqueza, el status, el poder, la seguridad, la igualdad, la libertad, la nación, etc. Cuando no pueden realizar esos valores, o cuando la consecución de uno supone la pérdida de otro, aparecen la insatisfacción, la ira y con frecuencia la agresión. Las situaciones de este tipo son corrientes en toda sociedad compleja, y se califican de *privación relativa,* que puede definirse como «La tensión provocada por una discrepancia entre el *deber ser* y el *ser* de la satisfacción de valores colectivos» [23]. El *deber ser* se refiere a las condiciones de vida a las que los hombres creen tener derecho, y el *ser* a su percepción de lo posible. Es fundamental al respecto la percepción de la privación: las ideas que tiene la gente sobre la diferencia entre aquello a lo que creen tener derecho y lo que reciben o creen poder alcanzar, con independencia de que los observadores objetivos consideren real o aparente esta privación [24]. Pero es muy posible que un observador objetivo aprecie privaciones de hecho considerables, mientras los desfavorecidos pueden considerar que esta privación forma parte del orden natural de las cosas, contra el que la protesta o la violencia es sencillamente inútil. Esta situación puede producirse porque la gente no haya considerado nunca la posibilidad de que sus condiciones cambien, y de ahí la relativa pasividad de los realmente pobres o desfavorecidos; o bien la gente puede ser consciente de su pobreza y demás privaciones, pero estar convencida de que, como decía Burke, «La paciencia, el trabajo, la sobriedad, la frugalidad y la religión representan lo que les corresponde por

naturaleza» [25]. Las experiencias educativas de Jane Eyre
ejemplifican perfectamente las virtudes de las que hablaba Burke:
«Desearía que se la eduque de manera conforme a sus expectativas, prosiguió mi benefactora; que se haga de ella una persona
útil, que conserve su humildad... Sus decisiones son muy sensa-
tas, señora, respondió Mr. Brocklehurst. La humildad es una
bendición cristiana, especialmente apropiada para las alumnas de
Lowod; por esta razón, me preocupo de que se preste especial
atención a su fomento entre ellas.»

En efecto, la privación relativa es, pues, el grado en que se
siente privado el individuo y, por tanto, está en relación con la
ira y la agresión. La proposición básica es que «la violencia
colectiva potencial varía en gran medida según la intensidad y el
alcance de la privación relativa entre los miembros de una
colectividad» [26]. De este modo, si un grupo tiene un fuerte
sentimiento de privación relativa con respecto a una clase de
valores importante para él, la violencia colectiva potencial es
considerable. Si el grupo considera que la violencia colectiva es
una respuesta legítima a su ira, y que la violencia es el único
medio de dar salida al descontento, la probabilidad que se produzca será grande. En cambio, si el grupo considera que la
violencia es ilegítima, o que tiene pocas probabilidades de éxito,
o que dispone de otras vías para disminuir su descontento, serán
mayores las probabilidades de que se contenga, minimizando así
la violencia potencial.

El hecho de que la privación desemboque o no en la violencia
depende de una serie de factores, entre ellos la intensidad y el
alcance de la privación. La mayoría de la gente experimenta en
algún momento la privación de uno u otro tipo, pero rara vez esta
situación desemboca en la violencia colectiva. Las privaciones
han de ser por tanto, suficientemente intensas y sentidas por un
sector lo suficientemente amplio, o por un sector social situado
en una posición estratégica, para que se cree un potencial de
violencia civil. Como corolario, la intensidad de la privación que
se percibe está relacionada con la intensidad de la violencia. De
este modo, Zeitling descubrió en un estudio sobre la revolución
cubana, que las personas que apoyaron con más probabilidad a
Castro antes de 1959 fueron aquellas que habían sufrido en mayor
grado el paro [27]. Una serie de estudios sobre las intervenciones
militares directas demuestra la importancia de su ubicación estratégica en la sociedad como virtuales monopolizadores de la
violencia organizada. Entre los determinantes de la intensidad de
la privación relativa se encuentran la intensidad del compromiso

con un objetivo o con el mantenimiento de un nivel determinado de valores. Cuánto mayor sea el compromiso de una persona con un valor determinado, tanto mayor será su frustración si se le impide la obtención de tal valor, y tanto mayor será la propensión consiguiente a la violencia. De forma parecida, tanto más violenta podrá ser una respuesta cuanto más cerca esté un grupo de conseguir su objetivo. Además, toda limitación del número de oportunidades disponibles para la realización de valores estará probablemente relacionada con una mayor intensidad del conflicto. Hay numerosos ejemplos de ello. Por citar sólo uno, a mediados del siglo XIX la clase obrera británica, en marcado contraste con la clase obrera francesa, había renunciado a los métodos revolucionarios para inclinarse por las sociedades de ayuda mutua, las sociedades cooperativas, los sindicatos, el esfuerzo personal, el autodidactismo y las peticiones pacíficas de reforma.

Las fuentes de privación residen en los procesos sociales que crean la diferencia entre lo que la gente considera que le corresponde por derecho y lo que recibe, habiéndose identificado los siguientes modelos generales. Un primer tipo es aquel en el que las aspiraciones de la gente aumentan, mientras su capacidad para satisfacerlas permanece constante; a este tipo se le llama sentimiento de privación respecto de las aspiraciones (véase gráfico 5) y está unido a las llamadas revoluciones de expectativas crecientes que tienen lugar en el mundo en desarrollo. Lo que sucede es que el nivel de educación y el aprendizaje de nuevas

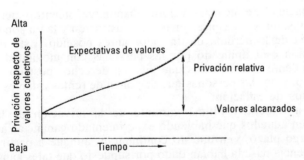

GRÁFICO 5. Sentimiento de privación respecto de las aspiraciones. (Fuente: Ted Robert Gurr, *Why Men Rebel,* copyright © 1970, Princeton University Press; en rústica, 1971; escrito bajo los auspicios del Center of International Studies, Princeton University. Fig. 2, p. 51. Reproducido con la autorización de Princeton University Press.)

510   Sociología política

técnicas, junto con la entrada en contacto con las pautas de
consumo de Occidente, pueden crear aspiraciones de mayores
medios educativos, de mejora del empleo y de niveles superiores
que los sistemas económico y político no pueden satisfacer. De ahí
la frustración, que puede desembocar en la violencia. Los grupos
que se encuentran habitualmente en esta situación son los parados de las ciudades, los semi-educados y los que disponen de
un nivel de educación elevado en muchas zonas de desarrollo.

Un segundo tipo de privación, llamada *privación por decrecimiento* (véase gráfico 6), se refiere a las situaciones en las que

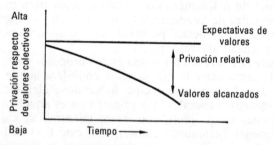

GRÁFICO 6.   Privación por decrecimiento.
(De Ted Robert Gurr, *Why Men Rebel*, copyright © 1970, Princeton Univer-
sity Press; en rústica, 1971, escrito bajo los auspicios del Center of International
Studies; Princeton University. Fig. 1. p. 47. Reproducido con autorización de
Princeton University Press.)

la capacidad de alcanzar valores disminuye, mientras permanecen constantes las aspiraciones. La frustración y la ira son consecuencia de la pérdida de un valor antes poseído. Este tipo de
privación está tipificado por las personas con movilidad social
descendente, por aquellos que pierden derechos poseídos desde
antiguo, y por las personas que disponen de rentas estables en los
períodos de inflación.

Una tercera y última variante de la privación es la que
padecen aquellos que habiendo experimentado ganancias a corto
o a largo plazo, ven que no continuarán, aunque a partir de la
experiencia pasada habían dado por supuesto que tales ganancias
crecientes continuarían. Es la llamada *privación progresiva*
(véase gráfico 7).

Davies ha acudido a la *privación progresiva* para explicar la
rebelión de Dorr en EE. UU., la revolución rusa de 1917 y la

revolución egipcia de 1952, mientras Brinton hizo también hincapié en el mismo factor en su estudio sobre las Revoluciones
Puritana, Norteamericana y Francesa [28]. Todos estos acontecimientos estuvieron precedidos por prolongados períodos de
creciente prosperidad y, en algunos casos, de libertad civil, lo
que hizo creer a la gente que tales beneficios crecientes continuarían —y no fué así—. Por el contrario inmediatamente antes de
las revoluciones, hubo períodos de crisis económicas acompañados a veces de represión política. Por ello, las expectativas se
vieron frustradas y surgió la ira.

Así pues, el análisis de la frustración-agresión hace hincapié en
la violencia socialmente inducida de los gobernados; la agresión

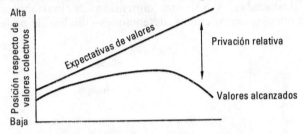

GRÁFICO 7.   Privación progresiva.
(De Ted Robert Gurr, *Why Men Rebel,* copyright © 1970, Princeton Univer-
sity Press; en rústica, 1971, escrito bajo los auspicios del Center of International
Studies; Princeton University. Fig. 3, p. 53. Reproducido con autorización de
Princeton University Press.)

es el producto de una frustración que, por una u otra razón, el
gobierno no quiere o no puede mitigar. Por ello, la teoría puede
enunciarse de la siguiente forma: «si la formación de los deseos
sociales excede la satisfacción de los deseos sociales, se producirá una frustración social que puede sembocar en la violencia» [29]. El proceso de formación de los deseos suele ser más
rápido que el de la satisfacción de los deseos en las sociedades en
vías de industrialización, debido al contacto con grandes posibilidades de consumo a través de la radio, la televisión, el cine, las
revistas, la publicidad, etc. Además, como señalamos anteriormente, el crecimiento económico puede producir de hecho, en un
principio, una disminución, o al menos una parada en el aumento
de las satisfacciones de consumo. Esta teoría ha sido sometida a
prueba, en parte, estudiando la relación entre los actos de violencia política y los niveles de desarrollo económico. La formación
de deseos sería una consecuencia del aumento del nivel de
educación y de la vida urbana, que ofrecen a la gente nuevas

posibilidades de consumo, mientras que la satisfacción de deseos
o la capacidad para atender esos deseos crecientes se considera
reflejada en un índice de posibilidades económicas. El índice de
satisfacción de deseos constaría de los seis apartados siguientes:
PNB, número de calorías, teléfonos, médicos, periódicos y radios. Como indica la teoría, el fracaso en la satisfacción de los
deseos engendrará probablemente violencia; de ahí que se haya
elaborado también un índice de violencia que consta de tres
variables compuestas: (1) desorden, que consiste en manifestaciones de masas, huelgas, detenciones en masa y disturbios, (2)
revueltas de palacio con elementos de participación limitada de la
élite, consistente en golpes de estado y detenciones de personalidades destacadas, y (3) una dimensión de inestabilidad que
supone purgas, deposiciones, detenciones y luchas de poder en el

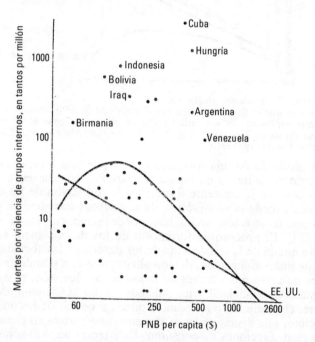

GRÁFICO 8.   Violencia política y desarrollo económico. La violencia política
acompaña al desarrollo económico, al menos en sus primeras etapas.
    Fuente: B. Russett, *Trends in World Politics*, Macmillan, Nueva York, 1965,
p. 137. Copyright © 1965, The MacMillan Company; reproducido con autorización.

interior de las camarillas gobernantes [30]. Sirviéndose de estos índices, los autores llegan a mostrar la existencia de una clara relación entre ellos, arguyendo que cuando la gente está en contacto con un medio de formación de los deseos, sus expectativas aumentan, y que si no se atienden, la violencia aumentará. Confirman también que la violencia es mayor en las sociedades en transición económica (véase Gráfico 8) [31].

Esta relación puede mostrarse también utilizando un índice de modernización política, en el que la tesis subyacente es que existe una fuerte asociación entre la modernización política —que hay que definir— y los niveles elevados de desarrollo económico. Dado que los sistemas modernos de gobierno se definen como flexibles y sensibles a las aspiraciones y deseos de los ciudadanos, y debido a que gozan de economías fuertes, tendrán la capacidad de atender la formación creciente de deseos, y por ello podrán mantener las frustraciones dentro de niveles tolerables. La capacidad de un sistema político hace referencia a su habilidad para reaccionar de manera adecuada a los deseos populares, obteniendo y distribuyendo recursos y desarrollando estructuras como los partidos y grupos de interés que encaucen las demandas, además de los parlamentos, poderes ejecutivos, burocracias, etc., para su tratamiento[13]. Puede considerarse, pues, que la modernización política es un proceso de desarrollo de tales agentes y estructuras. De este modo, Forward ha mostrado que «una burocracia efectiva es la condición previa de un gobierno representativo y estable» [32]. Cutright señala que un legislativo y ejecutivo y estables están íntimamente relacionados con los niveles elevados de posibilidades de comunicación —plasmadas en un índice de consumo de periódicos y papel de prensa, teléfonos y correspondencia privada per cápita—, con un índice de urbanización y un índice de alfabetización y educación [33]. Tanter demuestra que un alto nivel de representación parlamentaria de las minorías, junto con una competencia entre los partidos para la elección del ejecutivo, están relacionadas con la urbanización y el desarrollo económico [34].

Así pues, hay bastantes pruebas sobre la existencia de una estrecha relación entre los niveles de desarrollo económico y la práctica de la violencia política, y sobre la existencia de un nivel de desarrollo económico a partir del cual empieza a disminuir la violencia política. Además, existe una relación entre el desarrollo

---

[13]   Para un análisis útil de este concepto, véase G. Almond y G. Powell, *Comparative Politics*, Little, Brown, Boston, 1966, pp. 190-212.

económico y el político en el sentido de que, en los países económicamente más desarrollados, el Estado es probable que adquiera la capacidad de obtener recursos y de comunicarse con las fuentes potenciales de tensión que pueden hacer necesaria la canalización de recursos hacia ellas. Es plausible que se explique esta conexión entre los niveles de violencia y los niveles de desarrollo económico y político mediante el concepto de privación relativa que conduce a la situación de frustración-agresión.

13.4. Factores inhibitorios de la violencia política

No obstante, los conceptos de privación relativa y de frustración-agresión no explican por sí mismos todas las cuestiones que nos interesan. No nos explican nada sobre las formas que puede adoptar de hecho la violencia —insurrección y guerras civiles, violencia esporádica, golpes de estado, etc. Tampoco nos aclaran demasiado sobre la variedad de respuestas posibles del sistema frente a la violencia, si es empleada por la élite o las masas, o si la violencia está o no muy organizada. Los tumultos, los disturbios y otros estallidos esporádicos de hostilidad son acontecimientos de duración relativamente corta, con muy pocos objetivos a largo plazo claramente definidos. Sin embargo, como respuesta a la privación existen también movimientos sociales con objetivos definidos más claramente que se proponen cambiar o influir, por medio de la acción colectiva, en el orden social vigente. Algunos de esos movimientos pueden recurrir a la violencia, mientras que otros se convierten en grupos de presión que actúan dentro del orden legítimo y que en gran parte lo aceptan. Un ejemplo de ello es el actual movimiento negro y las acciones de protesta en Estados Unidos, que son reflejo de muchos tipos diferentes de protesta: desde los disturbios urbanos, hasta el relativamente pacífico NAACP, pasando por la filosofía violenta de los Panteras Negras. El resultado probable de estos movimientos depende no solo de la privación, sino también del contexto de hecho, y de la reacción, la posición y la fortaleza del régimen [35].

En cierto sentido ambos problemas están unidos, ya que la reacción o la falta de respuesta de la élite política al comportamiento de las masas constituye un determinante fundamental de la forma que adopte dicho comportamiento. Por ejemplo, si el régimen responde con extrema violencia a las huelgas y manifestaciones, a la larga esta actitud puede intensificar el conflicto. Y si la élite política goza de la lealtad de las fuerzas armadas y de la policía, todo grupo disidente que pretenda hacerse con el poder tendrá que lanzarse a una lucha prolongada, al carecer de vías alternativas.

Hemos analizado hasta ahora algunas de las ideas vigentes sobre los orígenes de la violencia política. Pero aunque se pueda pensar en un conjunto de condiciones previas que *podrían* ser necesarias, no quiere decir que sean condiciones suficientes, ya que es muy posible que las sociedades posean ciertos mecanismos inhibitorios de la violencia política. Además, es casi indudable que esos agentes inhibitorios están distribuidos diferencialmente a nivel internacional. Entre los agentes inhibitorios más importantes, los siguientes parecen ser más significativos: el factor cultural, el de desviación, que incluye las reformas, y la capacidad estatal de represión.

En un capítulo anterior hemos analizado cómo contribuye el medio cultural de una sociedad a definir el curso, el sentido y la deseabilidad de diferentes actividades humanas, entre las cuales, por supuesto, se encuentran los actos violentos. Los ejemplos de esta situación son numerosísimos. Así, Bateson detecta entre los balineses «una fuerte inhibición normativa frente a la agresión abierta», Benedict escribe sobre «usos de la violencia culturalmente sancionados contra el espíritu individual» en Rusia, y Kling ha estudiado la consonancia entre «los valores y los estilos impartidos por instituciones no políticas» en Latinoamérica y el predominio de la violencia política [36].

Dentro de los países, se han identificado subculturas de violencia. Analizando las diferentes culturas políticas del Ulster, Rose ha señalado que «El tipo ideal protestante, desde su nacimiento en una familia fuertemente unionista hasta su ingreso en la edad adulta en la Orden de Orange, se diferencia en su concepción del régimen político del tipo ideal católico, que después de pasar por una escuela católica participará en la edad adulta en los deportes gaélicos y en los desfiles republicanos del lunes de Pascua». Del total de encuestados por Rose, a quienes se pidió que expusieran sus primeros recuerdos políticos, el 36 por ciento, sin distinción de religión, hizo mención de hechos violentos, de lo que dedujo Rose que «el protestante o el católico tipo se iniciaron en política en términos explícitamente violentos» [37]. Un caso mejor conocido es el del ghetto negro norteamericano, en el que numerosas investigaciones han mostrado la existencia de formas violentas en la vida cotidiana, en la que parece ser una expectativa cultural el recurso inmediato a la violencia física como forma de valentía o como defensa de una posición» [38]. De las prospecciones sociales realizadas se deduce que esa violencia *social* puede extenderse también a la política, como, por ejemplo, cuando el 29 por ciento de los residentes de Oakland creía que los disturbios representaban una forma justificada de presentar las quejas ante la atención pública[14].

Aunque no establezca una conexión explícita entre las culturas en las que la violencia *apolítica* está normativamente sancionada y la incidencia de la violencia política, Finer afirma que el nivel de cultura política es la principal variable independiente que sirve para explicar la capacidad de los militares para hacerse con el poder político o la influencia de los políticos. Divide a los países según su cultura política —madura, desarrollada, baja y mínima— siendo dobles las pruebas de estos niveles: una dimensión psicológica y otra asociativa. La dimensión psicológica incorpora la creencia de que el ejercicio del poder al margen de las vías reconocidas es ilegítimo, creencia que va unida a la de la existencia de una autoridad soberana y de que «no es legítima la de ninguna otra persona o centro de poder». La prueba asociativa consiste en el grado en que la población está libremente organizada en asociaciones secundarias, como iglesias, clubs, industrias, sindicatos, etc. [39]. Tras ello, Finer puede demostrar que existe una relación estrecha entre estos niveles de cultura política y la capacidad de los militares para influir en las decisiones políticas civiles. Todo ello queda expuesto de manera esquemática en el gráfico 9 [40].

Como podría esperarse de las explicaciones precedentes, los niveles de cultura política están íntimamente relacionados con los niveles de industrialización [41]. Sin embargo, incluso dando esto por supuesto, parece que la cultura política actua como agente inhibidor de los militares en los niveles maduro y desarrollado, mientras que en los niveles bajo y mínimo los militares pueden practicar la violencia contra el régimen más o menos sin trabas. La incidencia y tipos de violencia se relacionan a continuación con la cultura política en el sentido utilizado por Finer, y

---

[14] W. McCord y T. Howard, «Negro Opinions in Three Riot Cities», *American Behavioural Scientist,* **11,** 26 (marzo de 1968). El 51 por ciento de los encuestados en este estudio consideraban que «los disturbios han sido útiles», y en un estudio realizado por Watts el 58 por ciento de los encuestados creían que los disturbios habían servido a la causa de los negros; Tomlinson, «The Development of a Riot Ideology Among Urban Negroes», *American Behavioural Scientist,* **11,** n.º 4, 27-31 (1967-1968).

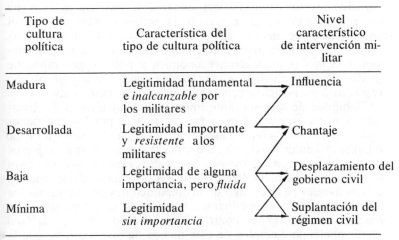

Tipo de cultura política	Característica del tipo de cultura política	Nivel característico de intervención militar
Madura	Legitimidad fundamental e *inalcanzable* por los militares	Influencia
Desarrollada	Legitimidad importante y *resistente* a los militares	Chantaje
Baja	Legitimidad de alguna importancia, pero *fluida*	Desplazamiento del gobierno civil
Mínima	Legitimidad *sin importancia*	Suplantación del régimen civil

GRÁFICO 9.   Cultura política e intervención militar.
Fuente: S. E. Finer, *The Man on Horseback*, Pall Mall, Londres, 1962.

además, no es improbable, como ya hemos indicado, que exista una relación entre las definiciones sociales que condenan la agresión interpersonal y la incidencia de la violencia política [42].

Otro conjunto de respuestas puede clasificarse como desviaciones y concesiones. En el primer caso suponen una nueva canalización de las frustraciones y agresiones hacia objetos secundarios, y en el segundo caso el régimen reacciona atendiendo parcialmente los deseos sociales. Desde el punto de vista del régimen, la primera técnica es relativamente *barata* a corto plazo. Un ejemplo clásico de las tácticas de diversión es el mencionado por Halévy en su exposición sobre la función de la religión metodista en Inglaterra como calmante social en el período de mayor sufrimiento popular de la Revolución Industrial. La religión servía como fuente de compensación emocional de las privaciones físicas, y proporcionaba salida a energías que de otro modo podrían haberse dirigido contra el sistema. La religión actuaba, de acuerdo con el conocido aforismo de Marx, como el «opio de las masas», pero era, como también señaló Marx, «el corazón de una sociedad, sin corazón»[15]. De manera

[15] Véase capítulo 2, «Cristianity and Apollyon», de la magnífica obra de E. Thompson, *The Making of the English Working Class,* Penguin, Londres, 1968; J. Morgan escribía en el *New Statesman* de 23 de abril de 1971 que probablemente los millones de polacos son alcohólicos.

parecida, en un estudio sobre el tema se muestra la estrecha correlación entre el descenso de la actividad económica y el linchamiento de negros en el Sur de EE. UU. [43]. Se ha encontrado también que el antisemitismo está en estrecha relación con una insatisfacción económica y política generales, de modo que cuanto más insatisfecha está una persona o grupo con respecto a su posición económica o política, tanto mayor es la probabilidad de que sea antisemita [44]. Esta técnica de diversión puede emplearse con la mayor frialdad por los régimenes —*pan y circo*—, como muestra el ejemplo del antisemitismo durante el Tercer Reich, que fue utilizado para culpar a los judíos de «los bajos precios agrícolas, de los altos precios en el mercado al por menor, de la adulteración de los productos, de las fuertes cargas fiscales para el pago de las reparaciones de guerra, de los bajos salarios, de las condiciones insatisfactorias de trabajo, y de muchos otros crímenes contra el pueblo ario» [45]. Sería fácil seguir poniendo ejemplos de esta táctica de diversión, ya que la víctima propiciatoria es una de las figuras más familiares de la historia, pero está claro que lo que ocurre en esta situación es que se desvía la tensión de posibles zonas peligrosas, orientándola hacia áreas sustitutivas.

Una técnica de diversión bastante más sofisticada es la que consiste en infiltrarse en las organizaciones de los que se oponen, o es muy posible que lo hagan, a las decisiones políticas y objetivas del régimen. Por ejemplo, es muy probable que el partido comunista de EE. UU. esté plagado de agentes del gobierno; el secretario de Lenin, Malinovsky, fue un agente de la Okhrana lo mismo que casi la mitad de los miembros del comité central de los Socialistas Revolucionarios rusos. La invasión feniena del Canadá en 1870, a cargo de 500 hombres armados, con objeto de cerrar Canadá a Gran Bretaña, fue organizada por un agente del Servicio de Inteligencia británico. Como han demostrado en EE. UU. los agentes de policía que han actuado como radicales y que después han servido de testigos del ministerio fiscal, la técnica no está en decadencia. Probablemente esto es cierto, aunque la forma final de diversión —inventada, como era de esperar, en Rusia, donde la policía de hecho formó y estimuló la formación de organizaciones semilegales, y contribuyó de hecho a la organización de huelgas, disturbios y a más de un asesinato— no está ya vigente [16].

[16] Sin embargo, en una exposición sobre las actividades del servicio de inteligencia en los EE. UU., F. Donner afirma que «se han obtenido pruebas convincentes de provocación en varios casos»; «The Theory and Practice of

Estas tácticas de desviación pueden emplearse solas o, lo que es más frecuente, como parte de un conjunto en el que entran también las concesiones. La capacidad de un régimen para conceder reformas depende de varios factores: el conocimiento de que el pueblo desea reformas, la capacidad para conseguir una reasignación y la disposición a hacer las concesiones. Los regímenes difieren en su capacidad para recibir y reaccionar ante los *mensajes* recibidos del medio ambiente, y se puede establecer que, si no interviene ningún factor de modificación, cuanto mejores son los canales de comunicación entre el régimen y la población, y *viceversa,* tanto mayor es la probabilidad de que se produzcan reformas y tanto menor la probabilidad de que se desencadene la violencia política [46]. La capacidad de reasignación puede considerarse como una función de la capacidad de obtener recursos de la comunidad y, como era de esperar, los gobiernos de los estados ricos tienen una mayor capacidad de obtener recursos que los de los países pobres (véase gráfico 10). Desde

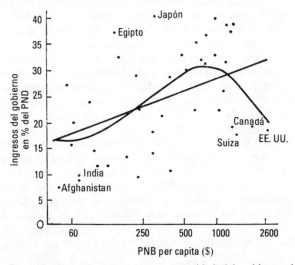

GRÁFICO 10.   Desarrollo económico y capacidad del gobierno de extraer recursos económicos de la comunidad. El papel del gobierno central aumenta con el desarrollo económico, pero puede disminuir a niveles muy altos de desarrollo.
Fuente: B. Russett, *Trends in World Politics,* Macmillan, Nueva York, 1965, p. 133. Copyright 1965, The Macmillan Company; reproducido con autorización.

American Political Intelligence»; en *New York Review of Books,* **16** (22 de abril de 1971).

luego, tales gobiernos tienen también mayor capacidad para atender las demandas de reforma que los gobiernos pobres, pero esos gobiernos pueden perfeccionar también su maquinaria, desmantelando las fuentes potenciales de tensión a través de las agencias de bienestar social, de burocracias más eficientes, de los sondeos de opinión, etc. [17]. La disposición del régimen a conceder reformas es un concepto más vago que los otros, pero depende del conocimiento y la capacidad. De este modo, la redistribución de la tierra o la reforma agraria suele llevarse a cabo por propietarios no agrícolas, y las primeras reformas de las fábricas introducidas en el Reino Unido procedían de un parlamento predominantemente terrateniente. La disposición a la reforma dependerá también de la naturaleza de las demandas realizadas y de si suponen o no el cambio de importantes estructuras sociales.

Finalmente, podemos ocuparnos de la capacidad del régimen simplemente para reprimir toda forma de oposición, y esto, en la mayoría de los regímenes, depende de su capacidad para detectar a los dirigentes de los grupos protestatarios y, al mismo tiempo, para mantener la lealtad de los agentes represores. La detección y la eliminación puede ser más o menos difícil según el grado de apoyo que pueda conseguir el que protesta. Pueda mantenerse la lealtad de las fuerzas armadas y de la policía, pero la cosa no es sencilla. Pueden ser neutralizadas, se puede obtener su lealtad mediante concesiones —lo que supone dejar menos bienes para el resto de la población—, sus miembros pueden ser reclutados o sus oficiales extraídos de la clase dominante que apoya al régimen, o puede imbuirse en ellos una ética puramente profesional que no suponga la intervención política [47]. Cualquiera de estas técnicas es posible aisladamente o en combinación, pero una vez más se descubre que los países en desarrollo tienen una capacidad de mantener la lealtad al régimen por medio de la policía y las fuerzas armadas —capacidad definida por la incidencia comparada de los golpes de estado militares— muy inferior a la de los países más desarrollados [18]. La represión puede ser también con-

[17] En un estudio sobre la redistribución en EE. UU., W. Mitchell concluye generalizando que los gobiernos hacen poco por influir en la distribución de la renta dentro de una sociedad, pero que «en el grado que esa redistribución se produce, va de los ricos a los pobres»; en S. M. Lipset (ed.), *Politics and the Social Sciences,* Oxford University Press, Nueva York, 1969, p. 17.

[18] Para un examen crítico de las obras que tratan del tema y un ejemplo (Ghana, 1966) de intervención militar, véase R. Dowse, «The military and Political Development», en C. Leys (ed.), *Politics and Change in Developing Countries,* Cambridge University Press, Londres, 1969, pp. 213-246.

traproducente, ya que puede generar odio en situaciones en las que una concesión podría haberse ganado el respaldo; muestra también a los que son objeto de la represión la necesidad de organizarse (*vide* Lenin, *¿Qué hacer?*) y resulta rápidamente ineficaz cuando fracasa inicialmente [48].

13.5. Las formas de la violencia política

Pasando al problema de la variedad de formas de la violencia política, se han identificado las siguientes. La clasificación se basa en quién participa en ella, si la élite o las masas, y en si la violencia está altamente organizada o no[19].

(1) *Desorden,* que puede definirse como la violencia relativamente espontánea y desorganizada con amplio apoyo y participación populares, en la que habría que incluir las huelgas, los disturbios y las rebeliones localizadas. Esta forma de violencia está en relación con las privaciones relativamente agudas de la masa del pueblo o de un sector del pueblo, que tiende a estar mal organizado, a carecer de partidos políticos articulados, de acceso a la burocracia estatal, y que en general está escasamente integrado en la sociedad. En su forma típica, esta forma de violencia suele producirse en economías en transición, cuando las formas de privación económica y social son intensas; pero, como demuestra la violencia del ghetto en Norteamérica, no simpre es así. Durante la década de 1960, y después de prolongados intentos legales y cuasilegales para aliviar su posición, en general desfavorecida social y económicamente, los negros norteamericanos recurrieron a la violencia, en especial en el ghetto. El fuerte sentimiento de privación relativa, las concesiones limitadas obtenidas de una sociedad que en términos generales les es hostil y la recepción de creencias contrarias al racismo de los blancos se combinaron para crear un potencial de violencia. La violencia de hecho sería provocada por acontecimientos que antes sólo se aceptaban con resignación —la detención de un negro, la negativa de un dependiente de comercio a atender a un negro o el hecho de tratarle incorrectamente, los rumores de brutalidad policial, etc. Al carecer de control sobre la maquinaria política y de acceso a los que toman las decisiones locales, los

---

[19] Esta tipología procede de T. Gurr, *Why Men Rebel,* Princeton University Press, New Jersey, 1970.

negros empezaron a organizar sus propios partidos, a atacar a la
maquinaria política local como en Cheveland, a pedir el control
de la dirección de las escuelas como en Nueva York, y a organizar disturbios, a responder con disparos a los disparos, y a provocar incendios [49].

(2) La *violencia conspirativa* es la ejercida normalmente,
aunque no necesariamente de manera muy organizada, por segmentos de la élite como el ejército y la burocracia. Suele manifestarse en una violencia mínima, y puede adoptar la forma de un
terrorismo en pequeña escala pero no indiscriminado, golpes de
estado, revueltas de palacio y asesinatos políticos organizados.
Está en relación con una profunda insastisfacción de algunos
grupos de élite por su falta de influencia política, y suele
producirse al margen de las masas cuya participación es extremadamente limitada [50]. La violencia conspirativa, no obstante,
puede hacer referencia a las masas, como ocurrió en Rusia,
donde el objetivo era aislar al gobierno por el terror que acabaría
por «desmoralizar, desorganizar y debilitar» a la autocracia, de
modo que resultara «impotente para adoptar medida alguna destinada a suprimir las ideas y actividades dirigidas al bienestar del
pueblo» [51]. Pero aún en este último caso, el punto débil del
conspirador reside en que al no tener raíces en el pueblo o
carecer de su apoyo, puede ser eliminado con sus mismos métodos sin provocar una reacción general, a menos que pueda hacer
que las autoridades incurran en una represión indiscriminada. Si
consigue hacer que las autoridades legales incurran en una con-
traviolencia excesiva o indiscriminada (como en el caso de Bra-
sil), el pueblo puede llegar a convencerse de que sólo se puede
tener éxito mediante una oposición activa a las autoridades. Lo
mismo que otras formas de violencia, ésta suele producirse en las
economías en transición. No es tanto que se excluya de manera
deliberada a las masas, como que ni siquiera se las considera; ni
tampoco pueden intervenir porque no participan en absoluto en
el gobierno. Las masas suelen ser objetos pasivos de gobierno y
«aceptarán cualquier cambio de gobierno, sea o no legal» [52].
   Cuando se intenta un golpe contra un Estado económica y
políticamente más desarrollado, su éxito es más problemático;
además ni siquiera es probable que se intente, a menos que el
país se encuentre gravemente debilitado por una guerra (como en
el *putsch* de Kapp en 1919), o tenga un débil sistema de partidos
y pase por un período de crisis económica, o se encuentre
afectado por ambas cosas a la vez (como ocurrió en Francia con

el fallido complot de los generales de 1958). En esos países es probable que la población esté políticamente integrada y organizada, que la mayor parte del ejército y de la policía sea leal al Estado y que la población oponga resistencia, como en el *putsch* de Kapp, o pueda ser movilizada: *Francais et Francaise, aidez-moi.*

(3) *Guerra interna,* que, si consigue reemplazar a un régimen, se produce siempre con un alto nivel de organización y, por lo menos, con la aprobación tácita de amplios sectores de la población. En ella hay que incluir el terrorismo en gran escala, las guerras civiles y las revoluciones. La guerra interna suele estar relacionada con una privación progresiva de muchas condiciones de la existencia social, y también con la lucha contra la ocupación extranjera. Si los disidentes consiguen concentrarse en una zona geográfica periférica o en zonas alejadas de un control efectivo del régimen, y si disponen de apoyo exterior, pueden aumentar las posibilidades de una guerra civil. Las guerras internas, como las insurrecciones de tipo guerrillero, proceden con frecuencia, como por ejemplo en Cuba, de una conspiración. Si un régimen posee un ejército leal y razonablemente eficiente, y atenta contra él un grupo disidente que no lo posee, este último para poder derrocar al régimen tendrá que encontrar otras fuentes de fuerza. La posibilidad de conseguirlas depende del grado de respaldo institucional que pueda engendrar en la masa de la población. En otras palabras, para salvar la superioridad militar del régimen las guerrillas tratan de ganarse el apoyo del pueblo. Como escribió el triunfante dirigente guerrillero Mao Tse-tung, «la movilización del pueblo en todo el país creará un vasto mar en el que ahogar al enemigo, creará las condiciones que compensen de la inferioridad en armas y otras cosas...» [53]. En este caso, la guerrilla consigue el apoyo de una ideología que ofrece una interpretación de las privaciones del pueblo y las formas de aliviarlas: reforma agraria para los que no poseen la tierra, autonomía regional para las minorías étnicas, igualdad política, etc. El fracaso de los insurgentes griegos, en 1945-50, en conseguir el apoyo popular, o de los Hukbalabap en las Filipinas, hace patente la importancia que tiene el que los insurgentes consigan canalizar el descontento, y por ello ganarse la lealtad popular. En las zonas de China controladas por los insurgentes, los campesinos fueron organizados en sóviets locales en los que por primera vez se concedía voz a los campesinos pobres y sin tierra. La tierra fue distribuida equitativamente, y se realizaron esfuerzos

por aumentar la productividad de los métodos de explotación agrícola. Se organizó la educación y la industria, y no hay duda de que la sincronización realizada por el partido comunista chino entre las reformas y la lucha revolucionaria por el poder fue una importante fuente de fuerza. Esta estrecha cooperación entre las guerrillas y una población favorable proporciona a las guerrillas los medios para vencer la superioridad militar de las fuerzas del régimen —servicio de información casi perfecto, extrema movilidad, carencia de bases logísticas fijas, y sorpresa [54].

La tipología que hemos esbozado deriva del grado de apoyo que consigan los que se lanzan a acciones violentas, y del grado de organización. Pero podrían utilizarse otras bases de clasificación, como por ejemplo el grado de violencia, su duración e intensidad [55]. También podrían elaborarse unas categorías de acuerdo con los objetivos de los que emplean la violencia. Desde el punto de vista del gobierno, podría ser el mantener la estabilidad, destruir una oposición, imponer la movilización política o económica, etc. Desde el punto de vista contrario, la clasificación podría realizarse según se produzca o no un simple cambio de élite, una reforma de las instituciones sin ningún cambio necesario de sus ocupantes, o como en el caso de las grandes revoluciones, si se persigue o al menos se produce, un cambio del poder y las instituciones sociales básicas [56]. Otro criterio de clasificación deriva de si la violencia procede de un segmento social, como ocurre en el análisis de Marx sobre la revolución, en el caso de los mineros de estaño bolivianos, o quizás con los negros norteamericanos. Cuando los intereses de grupo, el aislamiento social y las escisiones culturales y religiosas se unen para dividir a una población, aumentan las posibilidades de violencia[20]. O también podría intentarse, como hace Hobsbawn, poner en relación la forma organizativa de la violencia y el grado de desarrollo industrial de la sociedad: así, por ejemplo, la industrialización dio origen a «la clase obrera industrial, cuyo auténtico carácter reside en la organización y la solidaridad duradera» que hace inútil el tumulto urbano desorganizado[21].

Gran parte de este capítulo ha dado por supuesto que la violencia política es fundamentalmente un fenómeno de transi-

[20] Véase R. Dahrendorf, *Class and Class Conflict in an Industrial Society,* Routledge and Kegan Paul, Londres, 1959, p. 239; «La intensidad del conflicto de clases disminuye en la medida que los conflictos de clase están disociados en diferentes asociaciones.»

[21] Véase la interesante obra de E. Hobsbawm, *Primitive Rebels,* Norton, Nueva York, 1965; la cita corresponde a la p. 124.

ción del desarrollo económico y político, de modo que en algunas sociedades plenamente desarrolladas la política podría realizarse de forma similar a la de un seminario universitario. Desgraciadamente, el tono de los seminarios universitarios ha cambiado y, en cualquier caso, en los tratados sobre el tema se suele aceptar que la sociedad moderna plenamente *integrada* ha de ser por definición no violenta. En los párrafos siguientes examinaremos más de cerca este supuesto.

13.6. La violencia en las sociedades económicamente desarrolladas

En las sociedades económicamente desarrolladas se da una fuerte estabilidad política al menos en el sentido, de que la violencia política rara vez adopta la forma de una conspiración dirigida a cambiar el régimen, o de una guerra interna; pero es frecuente el desorden. Y esto ocurre tanto en los países electoralmente democráticos como en los que no lo son [57]. La forma que adopta la violencia en esos países es el desorden que, como debemos recordar, supone manifestaciones, huelgas, disturbios y otras formas relativamente desorganizadas; la violencia puede también adoptar la forma de ataques altamente organizados por parte de grupos políticos *periféricos* contra sus distintos *enemigos*. En Europa y Norteamérica, esta forma de violencia no representa una prerrogativa de las clases sociales bajas, sino más bien una forma de protesta que movilizará a diversos individuos con independencia de su posición social. Los objetivos de la violencia en esos países suelen ser muy específicos y rara vez incluyen un cambio de régimen, sino que su intento consiste fundamentalmente en conseguir cambios políticos en esferas como las de los derechos civiles, vivienda, educación, etc.. Normalmente, el interés primario de la mayoría de los participantes en tales acontecimientos es conseguir un fin limitado y específico: igualdad ante la ley, beneficios económicos, mejor educación, control local de los asuntos públicos, etc. Y es precisamente esta falta de perspectiva ideológica integrada lo que diferencia al desorden del modelo clásico de la revolución marxista.

Por otra parte, la dimensión del desorden puede desembocar en una situación revolucionaria si las reivindicaciones pueden hacerse extensivas, de algún modo, a un amplio sector, y si un gran número de personas llega a considerar que, de un modo u otro, estas reivindicaciones están relacionadas entre sí. Por supuesto, éste es el enfoque marxista y el de cualquier otra organización revolucionaria. Así, para Lenin, el papel del partido organizado es presionar para la consecución de reformas, apoyar a quienes presionan para conseguir reformas específicas y, lo que es más importante, enseñar a las masas que las reformas son ineficaces dentro del contexto capitalista. En Irlanda del Norte hay grupos que insisten en que las deventajas económicas y políticas de la minoría católica no son fortuitas sino consecuencia de la propia naturaleza de la estructura social de Irlanda del Norte, y que nada fundamental cambiará hasta que no se cambie esa estructura. Podemos pensar también en el caso de los Panteras Negras en los EE. UU., quienes han entrado en escena después del *fracaso* de organizaciones negras mas *moderadas* en obtener de la sociedad concesiones significativas. Este sector afirma que los negros oprimidos *y* los blancos oprimidos están sometidos a las mismas fuerzas, que la guerra de Vietnam está íntimamente relacionada con la represión de los negros en EE. UU., y que sólo mediante una acción concertada contra la maquinaria global de represión se podrían obtener resultados consistentes. Recientemente, parece que han lanzado sugerencias para una nueva constitución en EE. UU., que comprendería «una vivienda decente para todos, el fin de la brutalidad policial, el fin del servicio militar obligatorio, y un programa educativo que ' enseñaría a nuestros hijos la verdad sobre esta sociedad decadente'» [58]. En Francia, Pierre Poujade pudo unir en un movimiento a campesinos descontentos, tenderos, propietarios de bares y cafés, un sector de la clase obrera de las zonas textiles en decadencia y algunos comerciantes más acomodados al descubrir el origen común de su descontento en los individuos de clase alta y los poderosos, los tecnócratas y los funcionarios[22].

Frente a este intento de integrar en un movimiento de masas las distintas líneas de descontento, el régimen moderno ha podido reunir fuerzas considerables. Como hemos visto, puede hacer concesiones como en EE. UU., y reformas como en Irlanda del Norte; puede recurrir a la fuerza, como ha ocurrido con el hostigamiento de los dirigentes de los Panteras Negras y las

---

[22] P. Williams, *Crisis and Compromise: Politics in the Fourth Republic,* Anchor Books, Nueva York, 1966, p. 174; véase también L. Noonan, *France: The Politics of Continuity and Change,* Holt, Rinehart and Winston, Nueva York, 1970, p. 127, que cita a Poujade, quien se habría dado cuenta de que es «imposible defender a la pequeña empresa sin atacar a los tecnócratas del régimen, que desean hacer de la distribución en Francia propiedad exclusiva de los grandes monopolios».

acciones de policía de las tropas británicas en Irlanda del Norte; y puede emplear todo el peso del Estado para aislar a los dirigentes de tales movimientos de integración. Al mismo tiempo, dados los múltiples puntos de acceso a la influencia de que disponen aquéllos que tienen algo que ofrecer al político o al administrador, gran parte de la violencia política será empleada como recurso político por las minorías relativamente sin poder —los muy pobres, las minorías religiosas y étnicas, los tecnológicamente desposeídos. Además, pueden tratarse de minorías impopulares, incapaces de obtener amplio apoyo y simpatías de la mayoría, y que, por lo tanto, no pueden hacerse oír fácilmente mediante una actividad política normal, y que tampoco pueden hacer valer su caso a través de una actividad revolucionaria. Por ello la posibilidad de conspiraciones o de insurrecciones generales con éxito es mínima en el Estado moderno. Pero, a pesar de todo, hay fuentes de tensiones en las sociedades modernas que conducen a muchos actos de violencia política; en términos generales, tales fuentes son las minorías étnicas y religiosas, algunas cuestiones particulares que a veces toman un tinte ideológico, y algunas innovaciones tecnológicas de diversos tipos.

Violencia étnica y religiosa

Hay pocos países en el mundo desarrollado que no tengan minorías étnicas o religiosas significativas, y allí donde existen esas minorías, existe también la posibilidad de la violencia. Como la minoría étnica o religiosa puede ser también un grupo económicamente desfavorecido —los valones en Bélgica, los católicos en Irlanda del Norte, los no blancos en EE. UU. y el Reino Unido, los bretones en Francia— es difícil determinar las influencias relativas de cada factor. Lo que suele suceder es que tales grupos se han opuesto históricamente a la formación de la nación en su forma actual —Bélgica, Irlanda del Norte y Francia— o, como en el caso de las minorías de color en Gran Bretaña y EE. UU., no han tomado parte en su fundación y están mal integrados. Cuando el conflicto adopta una forma religiosa, esta falta de integración puede verse agudizada por las peticiones de educación particular, de modo que los niños crezcan separados; pueden formarse partidos políticos independientes que representen a la minoría, como es el caso de los numerosos partidos nacionalistas existentes en Europa. Intentan, en parte, moverse dentro del sistema, como en el caso de los movimientos nacionalistas galés y escocés, pero, como todo sistema político acepta el supuesto básico de la inviolabilidad de su integridad territorial, el éxito de este método es muy problemático. En el mejor de los casos, se concederá una cierta descentralización regional. Por ello, la política de compromiso parlamentario constituye para los nacionalistas la política de la frustración, y siempre existe una tendencia a la aparición de un ala que propugne una acción directa más militante, como ocurrió con el IRA después de años de pacíficos discursos parlamentarios, y como está ocurriendo, a escala limitada, en Escocia y Gales.

En estas situaciones, en las que el estado multinacional ha conseguido, aunque no por completo, una homogeneidad de la población, todo nacionalista es motivo de irritación para el régimen y no es probable que pase de ahí, pero cuando la minoría étnica es también una minoría religiosa, como en Irlanda, la situación puede hacerse literalmente explosiva. En EE. UU. el factor religioso no se ha superpuesto al étnico, ya que los negros, en caso de tener creencias religiosas, están organizados en general en sectas protestantes. Para la mayoría de los negros norteamericanos, es evidente que no tienen dónde ir y que por lo tanto deben permanecer, de mejor o peor gana, en EE. UU. Por ello, hasta hace muy poco tiempo se ha insistido no en el separatismo como una nación étnica aparte, sino en la integración política y económica en una nación en la que ya están integrados en cuanto a sus actitudes, en el sentido de compartir aspiraciones comunes a la riqueza, la movilidad social, el éxito, etc. Este desfase entre la asimilación *psíquica* y el rechazo de hecho por parte de la sociedad blanca, junto con la imposibilidad de conseguir por métodos políticos lo que han conseguido otros grupos inmigrantes —status, movilidad social ascendente, prosperidad económica— o, por lo menos, de avanzar en términos relativos al mismo ritmo que el resto de la sociedad, ha conducido a la violencia política[23].

La minoría religiosa que se limita a este carácter muestra de hecho un bajo nivel de violencia en el estado moderno, probablemente porque el estado moderno es un estado secular que, con relación a la religión, trata esas creencias como tantas otras y rara vez ejerce contra ellas una discriminación legal. Esto es particularmente cierto de los estados protestantes, en los que la iglesia y el Estado están separados por razones históricas, mien-

[23] Véase H. Bienen, *Violence and Social Change,* Chicago University Press, Chicago, 1968, capítulo I, «Violence in the Ghetto».

tras que, en general, en los estados católicos la libertad religiosa y política se obtuvieron al mismo tiempo y tienden a estar unidas y a mantenerse la conexión histórica a través de los partidos políticos religiosos. La religión es una fuente de diversidad social en el estado moderno, pero los intereses religiosos son sólo una fuente importante de conflicto violento cuando el elemento religioso coincide con un elemento racial, lingüístico o de clase —como ocurre en Quebec. Lo normal es que la afiliación religiosa esté cruzada con otras afiliaciones, y por tanto quede acallada [59].

Considerados desde el punto de vista de la privación relativa, cuando los grupos étnicos están sometidos a privaciones económicas y políticas constituyen, incluso en los estados modernos una fuente de violencia potencial y real, mientras que la conexión religiosa con la privación es por sí misma débil. Sin embargo, cuando la religión coincide con una clase social baja o, como en Irlanda del Norte, con la desigualdad política y la miseria económica, puede ser una poderosa fuente de violencia política. En términos generales, podemos considerar que esas fuentes de violencia proceden de características adscritas más o menos visibles y más o menos acumulativas. Así la característica más visible y socialmente más acumulativa es la de la raza, especialmente la raza negra, que en el estado moderno frecuentemente coincide *de hecho* con la falta de poder político y de clase. Aunque sólo en cierta medida adscrita la religión no es una característica muy visible pero puede serlo, en mayor grado, cuando coincide (en términos agregados) con una clase y, sobre todo, cuando se le añaden carracterísticas raciales. La mayoría de las características menos visibles, pueden, con dificultad, ser abandonadas pero normalmente, y supuesto el hecho del racismo, la pigmentación de la piel actúa como una frustración y limitación constantes. Cuanto más visible es la minoría, tanto más fácil será excluir a sus miembros de los procesos normales de acomodación típicos de la sociedad moderna, dejándolos así —de no caer en una resignación apática— sólo con la violencia y la protesta ruidosa como único recurso de negociación política [60].

La violencia espóradica

La violencia de la que nos hemos ocupado en el párrafo precedente es el producto de fracasos de integración muy profundos, y es probable que siga constituyendo un rasgo característico de las sociedades económicamente desarrolladas, aunque hay pruebas de que incluso este problema puede ser superado como ha ocurrido con las tensiones religiosas. Otro rasgo distintivo de esta forma de violencia es que proviene de un grupo social fácilmente identificable y claramente definido que posee sus propias tradiciones culturales históricas. Sin embargo, hay otras ocasiones en que la gente puede recurrir a la violencia, por ejemplo como respuesta a acciones o decisiones políticas del gobierno que consideran que no pueden cambiarse a través del proceso político normal. Los participantes en actos de este tipo son menos fácilmente identificables, al no proceder de un grupo cultural bien definido. Son numerosísimos los ejemplos posibles de estos estallidos de violencia más esporádica: el grupo radical de la Campaña para el Desarme Nuclear (CDN), los estudiantes incorformistas, los agricultores franceses, los ocupantes de viviendas desocupadas, los manifestantes contra la gira del equipo de cricket de Sudáfrica, los manifestantes contra la intervención norteamericana en Vietnam, los comunistas y fascistas que organizan las luchas en las calles, los grupos nacionalistas radicales, etc.

Los procesos de negociación normales pueden resultar improcedentes para estas personas, porque las demandas que realizan son tan totales que no pueden obtener eco, o porque el gobierno está comprometido con líneas de acción alternativas, o porque carecen desde el principio del suficiente peso político como para que se preste atención a sus quejas. En la primera categoría podría incluirse a la Unión Británica de Fascistas, al Partido Comunista, a los distintos grupos nacionalistas, a los revolucionarios estudiantiles de extrema izquierda y de extrema derecha, etc. En el segundo grupo, el ejemplo más evidente serían las campañas británica y estadounidense para una reducción unilateral de las armas nucleares. Finalmente, en la tercera categoría entrarían los ocupantes de viviendas desocupadas, los que realizan huelgas de alquileres y los que se manifiestan contra hechos que ocurren en países extranjeros, por ejemplo las protestas contra la discriminación racial, las manifestaciones contra el régimen griego, las marchas pro-Biafra, etc. Estas personas suelen acabar considerando, o comienzan haciéndolo, que los procesos democráticos están enrarecidos o que son un fraude. Así, los fascistas británicos consideraban a la «Democracia parlamentaria como... pasada de moda e inadecuada», y pensaban que servía para desviar la atención de las cuestiones importantes hacia otras insignificantes; y en una defensa reciente de la acción comunitaria directa se decía que el «sistema que tenemos es antidemocrático. Consiste en elegir un *representante* entre un número limitado de opciones previamente seleccionadas por pequeños grupitos y que, una vez elegido, pierde todo contacto con aquellos que lo eligieron» [61]. La violencia es para estas personas un instrumento utilizado para llamar la atención sobre sus demandas, un instrumento que, al asustar a la gente, obliga al gobierno a darse por enterado, consiguiendo también el apoyo de las personas que se enteran de la demanda a través de la publicidad de que es objeto la violencia. Corresponde entonces a las autoridades el reaccionar.

Los sujetos de la protesta no tienen por qué sentir una necesidad emocional de violencia. Su objetivo no es provocar la violencia, sino conseguir apoyos. Sin embargo, la violencia puede producirse con facilidad. Puede surgir por la existencia de grupos que se opongan a los manifestantes, como en el caso de las luchas entre fascistas y antifascistas en las calles de Londres en la década de 1930. La violencia puede surgir también cuando los manifestantes atentan contra la autoridad y la moral de la policía, como en las revueltas en las universidades norteamericanas. O también, como en el caso de los ocupantes de viviendas deshabitadas en Gran Bretaña, las autoridades pueden aceptar un hecho consumado u oponerse a él, en cuyo caso un resultado probable es la violencia.

Los que realizan las protestas amenazan con la violencia, y los resultados violentos no son excepcionales, como en el caso de los manifestantes en contra del régimen griego. Tratan de atraer la atención hacia causas que a su juicio están olvidadas, y que con frecuencia están olvidadas en efecto. De este modo confían en conseguir un amplio apoyo, que a su vez puede obligar a las autoridades a seguir una línea de acción más favorable. Para las autoridades se plantea una doble amenaza. La paz social se ha puesto simbólicamente en entredicho; si ceden, dan muestras de debilidad e invitan así a nuevas acciones directas; y si no lo hacen, pueden provocar la violencia[24]. Cualquiera que sea su respuesta, el resultado será un debilitamiento de su legitimidad, en especial cuando lo que se pide —el fin de la guerra de Vietnan, la vivienda para los que carecen de ella, la democracia en Grecia, la abolición de una política de disuasión nuclear— tiene resonancias emocionales e intelectuales que van

---

[24] Es importante recordar que algunas autoridades son reacias a embarcarse en una colisión violenta, en cuyo caso pueden ser muy vulnerables frente a quienes están decididos a airear una queja, como en el caso de Inglaterra y la resistencia no violenta en la India. Véase C. Cross, *The Fall of the British Empire*, Paladin, Londres, 1970, capítulos 2 y 8.

mucho más allá de la manifestación inmediata. Como son muy pocos los que desean la guerra o se oponen a que se conceda vivienda a los que de ella carecen, el gobierno se encuentra en una posición falsa ante los ojos de muchos que condenan la violencia, pero que quieren *buenas cosas*. Por ello, tales grupos tienden a ser el ala radical de los movimientos no violentos más *respetables* tales como los de la Campaña para el Desarme Nuclear, Shelter, el Movimiento para la Libertad de las Colonias, etc. Como estos grupos más respetables participan con frecuencia en los procesos políticos normales, el gobierno puede verse presionado en dos frentes y, por ello, mostrarse aún más reacio a adoptar mano dura contra el ala radical. De este modo, en Gran Bretaña los Espías para la Paz y el Comité de los 100 actuaron del modo provocador, sacaron a la luz pública planes secretos del gobierno y se enfrentaron a las autoridades en situaciones que podrían haber desembocado fácilmente en la violencia, pero el gobierno se mostró reacio a actuar, en parte como consecuencia del peso relativo del sector respetable que apoyaba a los radicales.

La violencia política de este tipo tiene una intensidad relativamente baja y puede adoptar la forma no de la acción violenta, sino de una *disposición* a responder con la violencia si las autoridades reaccionan ante la provocación con la fuerza. El objetivo es airear las quejas, exponer el fraude de la democracia política y conseguir de los menos comprometidos al menos su simpatía, ya que no la acción, hacia el objeto de la acción. Así en Canadá, en las elecciones celebradas en 1970 el partido nacionalista de Quebec —el Partido Quebecois— obtuvo el 23 por ciento de los votos, pero sólo consiguió 7 escaños de los 108 disponibles (el 6,7 por ciento). Charles Cappon, un dirigente del violento Front Liberation Quebecois, declaraba que «el 29 de abril la democracia había demostrado que era una farsa». Las elecciones fueron seguidas por atentados con bombas y secuestros políticos. El Primer ministro respondió con la declaración del estado de emergencia, que a su vez sirvió para confirmar al FLQ en su opinión de que Quebec era una colonia. Tal comportamiento por parte de los débiles podría comparase, en cierto sentido, con un intento de suicidio, con la asunción deliberada de un riesgo cuyo resultado posible, aunque no seguro es la muerte o, en este caso, la violencia. En términos menos dramáticos, podemos compararlo con la carga de un camión o el aparcamiento de un automóvil en zona prohibida en la que existe un fuerte riesgo de multa, riesgo que se considera como un coste necesario para el fin que se persigue. En este sentido, el actor se sirve de su debilidad como arma en un proceso de negociación del que se siente excluido. Poniéndose en peligro fuerza una respuesta de las autoridades y a este respecto, por lo menos, se convierte en agente negociador. Formalmente, estallará la violencia si las autoridades no están bien preparadas para hacer frente al desafío, caso que podría producirse cuando atienden el reto pero ignoran el objeto, ya que entonces los sujetos del desafío habrán de aumentar la apuesta. De este modo, la agitación para el desarme unilateral pasó de la propaganda y la persuasión a marchas cada vez más multitudinarias, desembocando en sentadas pacíficas y eventualmente en ataques contra propiedades del gobierno. Es problemático saber hasta dónde está dispuesta a llegar cada una de las partes, pero lo importante es que la violencia o la amenaza de recurrir a ella ha pasado de estar fuera de lugar a ser una posibilidad real.

En términos de la fuerza relativa de las partes, la confrontación es desigual, pero a otro nivel no lo es, ya que lo que está en juego es la estructura normativa de la política democrática y su capacidad de sacar a la luz y afrontar problemas de todos los sectores de la sociedad. La amenaza o el uso de la violencia por parte de los débiles constituye una refutación simbólica del monopolio legal de la violencia por el Estado y un desafío al orden de la sociedad moderna, que se basa en la jerarquía, el compromiso y en un proceso obligado como se deduce de palabras como las de *Troilo y Cressida* de Shakespeare: «Los cielos mismos, las plantas y este globo terrestre, observan con orden invariable las leyes de categoría, de la prioridad, de la distancia, de la posición, del movimiento, de las estaciones, de la forma, de las funciones y de la regularidad»*.

La amenaza o el uso de la violencia subvierte este *orden invariable;* supone una amenaza para la imagen de la sociedad buena y bien ordenada, imagen que incluye la conformidad de los desfavorecidos. Por ello, cuando se amenaza con la violencia o se hace uso de ella, es frecuente que corra a cargo o se haga en nombre de los desfavorecidos, y se considere como una violación de un orden natural de las cosas; este hecho, por sí solo, puede hacer que muchos se pregunten seriamente *por qué* hay personas que actuan fuera de los cauces establecidos[25].

* Trad. Luis Astrana Marín, en W. Shakespeare, *Obras Completas,* Aguilar, Madrid, 1972, 15.ª ed.

[25] Esto no debe interpretarse como si los individuos económicamente más prósperos fueran contrarios a la violencia como técnica política. Así una prospección bastante inconcluyente realizada en 1960 por el semanario anarquist ˜ree-

La innovación tecnológica y la violencia

Desde una perspectiva ideal, la sociedad moderna es aquella en la que la innovación es constante y que tiene la flexibilidad estructural suficiente para asumir tal cambio; en la práctica, no simpre se cumple ese ideal. Es posible que el cambio técnico provoque desplazamientos sociales en gran escala, y la consiguiente privación económica y de posición de los desplazados puede convertirse en fuente potencial de violencia si el Estado carece de la capacidad, o no consigue adoptar medidas de mejora. Examinaremos dos tipos de innovación tecnológica: la innovación política y, por así decirlo, la innovación puramente técnica. La innovación política supone acontecimientos como el ingreso en organizaciones supranacionales, por ejemplo el Mercado Común, el establecimiento de distintas organizaciones por medio de tratados, y la ampliación del papel nacional en la política internacional. La innovación técnica habla por sí misma, pero subrayaremos que no supone sino la introducción de formas nuevas, más baratas y rápidas de hacer las cosas, más que el proceso de sustitución de la tradición, las costumbres populares, y lo sagrado por lo racional, lo científico y lo secular que se considera como central en el proceso de modernización, durante el cual «los imperativos de la tecnología no requieren de otra justificación que la de sí mismos» [62].

La innovación política afecta a diferentes grupos sociales de diferentes formas. Por ejemplo, la entrada de Francia en el Mercado Común ha supuesto la ampliación de las oportunidades de exportación para la industria francesa, pero también un aumento dramático de la competencia para el agricultor francés. Las nuevas organizaciones establecidas por medio de tratados son con frecuencia motivo de disturbios estudiantiles y de malestar general en las zonas en desarrollo, pero no tanto en los estados modernos, aunque en Gran Bretaña, en Italia, Alemania, Holanda y Francia se hayan producido violentos disturbios en contra de su pertenencia a la OTAN. Fuentes más importantes de violencia en las sociedades modernas son los cambios en el grado de compromiso que un país experimenta en relación con la política internacional. Por ejemplo, la gradual expansión de la

---

dom, mostraba que las categorías ocupacionales más numerosas «eran la educación y la letra impresa», y que estas personas rechazaban la política de las democracias modernas como un fraude; véase D. Stafford, «Anarchists in Britain Today», *Government and Opposition,* **5,** n.º 4, 480-500 (1970).

esfera de intervención política internacional de los EE. UU. ha sido causa de considerable violencia en ese país. La retirada francesa de Argelia casi provocó una guerra civil, y la violencia política de mayor importancia en el Reino Unido durante la década de 1950 se debió a la invasión de Suez.

La innovación técnica tiene como consecuencia el que algunas técnicas y tradiciones que habían estado vigentes durante generaciones se conviertan gradual y rápidamente en inútiles. Ciertamente, si esta innovación afecta a individuos cuya situación laboral es aislada, su poder organizativo será débil y es poco probable que surja la violencia. Pero cuando comunidades integradas sufren privaciones o se ven amenazadas en su conjunto, el caso es diferente. Un ejemplo clásico es el de los mineros británicos durante el período de entreguerra, en el que una combinación de los costes crecientes de explotación y el aumento de la competencia extranjera obligó a la innovación técnica tanto en la estructura de gestión como dentro de las minas: era el llamado proceso de racionalización. Su consecuencia fue una fuerte tendencia a la reducción de los salarios, un declive de la mano de obra, y la desaparición con la mecanización de viejas pautas de trabajo; durante este período, los mineros se encontraron en la primera línea de la militancia política e industrial. Se trata de un ejemplo extremo, aunque algo comparable ocurrió en Francia, Bélgica y EE. UU.; pero la cuestión es que este proceso de la innovación es constante y que, si no recibe suficiente atención de los gobiernos, puede convertirse en una poderosa fuente de violencia.

13.7. Conclusiones

Hemos señalado que la violencia en la política no es tan irracional como a veces se afirma, y hemos indicado que desempeña un papel central en la formación del Estado, en el proceso de industrialización y, que aunque esté menos extendida en los países desarrollados, representa no obstante una posibilidad siempre presente. También hemos apuntado que hay otros modos de enfocar la violencia, aparte del análisis estadístico y la condena moral. Por ejemplo, hemos mencionado la *aprobación* explícita por parte de Fanon de los actos violentos cometidos contra los opresores coloniales como forma de terapia social, y en el capítulo anterior vimos que Sorel pensaba de modo parecido y que muchos teóricos de la revolución apoyan este enfoque 63]. Algo emparentada con esta idea es la noción de Durkheim, según la cual la sociedad *necesita* que existan sujetos desviados y criminales como objetos sobre los que la mayoría conformista puede centrar su odio. La comunidad reafirma su solidaridad a través del odio hacia los criminales: «De este modo, el criminal, el cabeza de turco, el enfermo mental, en sus diversas formas, permite al grupo reafirmar tanto su identidad social como moral, porque establece indicadores que sirven como hitos normativos» [64].

La violencia política, en especial el desorden, puede interpretarse también como una primera advertencia a las autoridades de que por lo menos un segmento de la sociedad tiene un sentimiento de exclusión, y que alberga quejas que han escapado a la atención de los otros procesos políticos *normales,* pudiendo las autoridades recoger así una información de otro modo inaccesible. Este aspecto puede ser de especial importancia para descubrir las quejas de grupos que carecen de la capacidad, la oportunidad, el derecho legal a participar, o la posibilidad de ganar unas elecciones. Hemos citado el caso de los católicos de Irlanda del Norte y de la minoría negra de EE. UU., que han alcanzado más triunfos a través de la violencia que por los medios pacíficos. Podríamos haber citado también los innumerables casos de países del Tercer Mundo —antes y después de la independencia— en los que infracciones *menores* de la ley —que retrospectivamente pueden considerarse como primeros avisos— fueron objeto de un tratamiento policial en vez de ser considerados como acontecimientos políticos. Disponemos de un ejemplo interesante en el que un estallido de violencia fue tratado como un sistema de aviso; después de unos disturbios ocurridos en Uganda en 1945, la Comisión de Investigación creada para estudiar el caso llegó a las siguientes conclusiones: «Estos disturbios pueden haber constituido una bendición velada, al habernos hecho ver a tiempo algunos de los problemas que es preciso remediar» [26].

También es posible ampliar el análisis, y considerar la violencia como un método de superar lo que Schattschneider ha calificado de movilización de prejuicios, es decir, de poner en primer término cuestiones anteriormente ignoradas o que se consideraban ajenas a toda consideración política [27]. Tales prejui-

[26] Citado en D. Apter, *The Political Kingdom in Uganda,* Princeton University Press, Princeton, 1961, p. 229.

[27] El concepto de Schattschneider es muy similar al de Bachrach y Baratz sobre las *no decisiones* —«La práctica de limitar el ámbito de la toma de decisiones a cuestiones *seguras* manipulando los valores dominantes de la comunidad, los mitos, y las instituciones y procedimientos políticos»; «Decisions and non-Decisions: An Analytical Framework», APSR, **57,** 632-642 (1963).

cios pueden ir o no en contra de los intereses del sector más débil de la comunidad; pero, para poner un ejemplo actual, el problema de la contaminación no se convirtió en cuestión política de importancia hasta que no afectó gravemente a la clase media, del mismo modo que no se planteó el problema del alcantarillado hasta que el cólera afectó al sector de la población que vivía en la zona *mejor* de las ciudades. Podría afirmarse que, a diferencia de lo que ocurre con el sector políticamente poderoso, los problemas de los débiles son ignorados *rutinariamente* por las autoridades, y que es posible que se mantenga ésta o parecida actitud hasta que no se planteen aquellos problemas de modo más o menos dramático. Las reglas del proceso político en las sociedades desarrolladas son valiosas en muchos aspectos y merecen el apoyo, pero tales reglas «son también un medio de ganar el juego si algunos de los jugadores pueden, como de hecho ocurre, redactar las reglas» [65]. Si, como ocurre de modo invariable, las reglas excluyen la amenaza de recurrir a la violencia por parte de aquellos que no tienen voz en la determinación de la política, entonces las reglas frenan, de hecho, más a los débiles que a los fuertes. En efecto, las reglas excluyen acciones como la ocupación de los edificios deshabitados por los que carecen de vivienda, la ocupación de edificios por los estudiantes en señal de protesta, la ocupación de terrenos vacíos para campos de recreo para los niños, etc., aunque en realidad esas acciones hayan obligado a las autoridades a reconsiderar su política. Han sensibilizado a las autoridades al respecto, obligándolas a actuar. No se plantearía el problema de los ghettos si no hubiera violencia en el ghetto, y probablemente no se consideraría en la actualidad en Gran Bretaña urgente el problema de los que carecen de vivienda si no se hubieran realizado sentadas, y los estudiantes no estarían desempeñando el papel que desempeñan en las universidades sin la aparición de la amenaza o la utilización real de la violencia.

REFERENCIAS BIBLIOGRÁFICAS

[1] J. S. MILL, citado en M. St. John Packe, *The Life of John Stewart Mill*, Secker and Warburg, Londres, 1954, p. 303.
[2] T. A. KNOPF, «Media Myths on Violence», *New Society* (12 de noviembre de 1970).
[3] F. FANON, *The Wretched of the Earth*, Penguin, Londres, 1967, en especial la introducción de Sartre y los capítulos 1 y 4; D. Caute, *Fanon*, Fontana, Londres, 1970, capítulo 6.
     MAO TSE-TUNG, *Selected Works*, Foreign Languages Press, Peking, 1967,

vol. I, «Report of an Investigation of the Peasant Movement in Human», pp. 23-59.

[5]   M. Weber, citado en E. V. Walter, *Power and Violence*, APSR, **63**, 35-360 (1964).

[6]   H. Nieburg, *Political Violence: The Behavioural Process*, St. Martin's Press, Nueva York, 1969, p. 13.

[7]   H. Graham y T. Gurr (eds.), *The History of Violence in America*, Praeger, Nueva York, 1969, p. xxxiii.

[8]   F. Engels, *Anti-Duhring*, Foreign Languages Publishing House, Moscú, 1959, pp. 224-240.

[9]   C. Wright Mills, *The Power Elite*, Oxford University Press, Londres, 1956, p. 171.

[10] M. Weiner, «Political Integration and Political Development», *Annals of American Academy of Political and Social Science*, **358**, 52-64 (1965).

[11] L. Stone, *The Crisis of the Aristocracy*, Oxford University Press, Oxford, 1965, p. 200.

[12] E. V. Walter, *Terror and Resistance*, Oxford University Press, Nueva York, 1969, p. 291.

[13] —— *Terror and Resistance*, Oxford University Press, Nueva York, 1969, p. 132.

[14] E. Hobsbawm y G. Rude, *Captain Swing*, Lawrence and Wishart, Londres, 1969, p. 262.

[15] A. Organski, *The Stages of Economic Development*, Knopf, Nueva York, 1965, p. 78.

[16] C. Clark, «Population Growth and Living Standards», en A. Agarwala y S. Singh (eds.), *The Economics of Underdevelopment*, Oxford University Press, Nueva York, 1963, pp. 33-53.

[17] W. Rostow, «The Take-Off into Self-Sustained Growth», en A. Agarwala y S. Singh (eds.), *The Economics of Underdevelopment*, Oxford University Press, Nueva York, 1963, pp. 154-186.

[18] S. Huntington, *Political Order in Changing Societies*, Yale University Press, New Haven, 1968, p. 41.

[19] K. Lorenz, *On Aggression*, Harcourt, Brace and World, Nueva York, 1966; R. Ardrey, *The Territorial Imperative*, Atheneum, Nueva York, 1961; G. M. Carstairs, «Overcrowding and Human Aggression», en H. Graham y T. Gurr, *The History of Violence in America*, Praeger, Nueva York, 1969, pp. 751-763.

[20] A. Bandura y R. Walters, *Social Streaming and Personality Development*, Holt, Rinehart and Winston, Nueva York, 1963.

[21] J. Dollard, L. Doob, N. Miller, O. Mowrer y R. Sears, *Frustration and Aggression*, Yale University Press, New Haven, 1939.

[22] H. Himmelweit, «Frustration and Aggression: A Review of Recent Experimental Work», en T. H. Pear (ed.), *Psychological Factors in Peace and War*, Hutchinson, Londres, 1950, pp. 161-191.

[23] T. Gurr, *Why Men Rebel*, Princeton University Press, New Jersey, edición en rústica, 1971.

[24] —— *Why Men Rebel*, Princeton University Press, New Jersey, 1970; W. Runciman, *Relative Deprivation and Social Justice*, Routledge and Kegan Paul, Londres, 1966.

[25] Citado en E. Thompson, *The Making of the English Working Class*, Penguin, Londres, 1968, p. 61.

[26] T. Gurr, *Why Men Rebel*, Princeton University Press, New Jersey, 1970, p. 24.

[27] M. Zeitling, *Revolutionary Politics and the Cuban Working Class*, Princeton University Press, New Jersey, 1967; B. Wedge, «A Case Study of Student Political Protest: Brazil 1964 y República Dominicana 1965», *World Politics*, **21**, 183-216 (1969).

[28] J. C. DAVIES, «Toward a Theory of Revolution», *American Sociological Review*, **27**, 5-19 (1962); C. Brinton, *Anatomy of Revolution*, Prentice-Hall, New Jersey, 1938.

[29] I. y R. FEIERABEND, «Aggressive Behaviours Within Polities, 1948-62: A Cross-National Study», *Journal of Conflict Resolution*, **10**, 249-271 (1966); R. Tanter y M. Midlarsky, «A Theory of Revolution», *Journal of Conflict Resolution*, **11**, n.º 4, 264-180 (1967).

[30] —— «Aggressive Behaviours Within Polities, 1948-62: A Cross-National Study», *Journal of Conflict Resolution*, **10**, 249-271 (1966).

[31] M. OLSEN, «Rapid Growth as a Destabilising Force», *Journal of Economic History*, 23, 529-552 (1963); R. Tanter, «Dimensions of Conflict Behaviour Within Nations, 1955-60», Peace Research Society, Chicago, 1965.

[32] J. FORWARD en N. Raphael (ed.), *Readings in Comparative Public Administration*, Allyn and Bacon, Boston, 1968, p. 459.

[33] P. CUTRIGHT, «National Political Development: Measurement and Analysis», *American Sociological Review*, **28**, 253-264 (1963).

[34] R. TANTER, «Toward a Theory of Political Development», *Midwest Journal of Political Science*, **11**, 145-172 (1967).

[35] M. LEWIS, «The Negro Protest in Urban America», en J. Gusfield (ed.), *Protest, Reform and Revolt*, Wiley, Nueva York, 1970, pp. 149-190.

[36] G. BATESON, «The Frustration-Aggression Hypothesis and Culture», *Psychological Review*, **48** (1941), citado en T. Gurr, *Why Men Rebel*, Princeton University Press, New Jersey, 1970, p. 167; R. Benedict, «Child Rearing in Eastern European Countries», en R. Hunt (ed.), *Personalities and Cultures*, Natural History Press, Nueva York, 1967, p. 344; M. Kling, «Violence and Politics in Latin America», en P. Halmos (ed.), *Latin American Sociological Studies*, Keele, Sociological Review Monograph, n.º 11, 1967, pp. 119-131.

[37] R. ROSE, *Coverning Without Consensus*, Faber, Londres, 1971, pp. 328 y 334.

[38] M. WOLFGANG, *Patterns in Criminal Homicide*, University of Pennsylvania Press, Philadelphia, 1958, p. 188, citado en Hans Toch, *Violent Men*, Aldine, Chicago, 1969, p. 191.

[39] S. E. FINER, *The Man on Horseback*, Pall Mall, Londres, 1962.

[40] —— *The Man on Horseback*, Pall Mall, Londres, 1962, p. 139.

[41] —— *The Man on Horseback*, Pall Mall, Londres, 1962, pp. 136-137.

[42] L. PYE, *Politics, Personality and Nation Building*, Yale University Press, New Haven, 1962, pp. 164-166; C. W. Anderson, F. von der Mehden y C. Young, *Issues of Political Development*, Prentice-Hall, New Jersey, 1967, pp. 98-108.

[43] B. BERELSON y G. STEINER, *Human Behaviour*, Harcourt, Brace and World, Nueva York, 1964, p. 268.

[44] D. KRECH, R. CRUTCHFIELD y E. BALLACHEY, *Individual in Society*, McGraw-Hill, 1962, pp. 183-185.

[45] R. BRADY, *The Spirit and Structure of German Fascism*, Gollancz, Londres, 1937, p. 66; véase también F. Neumann, *Behemoth*, Gollancz, Londres, 1942, pp. 85-100.

[46] K. DEUTSCH, *The Nerves of Government*, Free Press, Nueva York, 1966, en especial parte 2.

[47] M. JANOWITZ, *The Military in the Political Development of New States,* Chicago University Press, Chicago, 1964; J. Johnson, *The Role of the Military in Under-Developed Countries,* Princeton University Press, Princeton, 1962; S. E. Finer, *The Man on Horseback,* Pall Mall, Londres, 1962.

[48] H. ECKSTEIN, «On the Etiology of Internal War», *History and Theory,* **4,** 133-163 (1965).

[49] R. CONNERY (ed.), *Urban Riots: Violence and Social Change,* Academy of Political Science, Nueva York, 1968.

[50] E. LUTTWAK, *The Coup d'Etat,* Penguin, Londres, 1969; S. E. Finer, *The Man on Horseback,* Pall Mall, Londres, 1962.

[51] N. MOROZOV, teórico populista citado en J. Kirkham, S. Levy y W. Crotty, Assassination and Political Violence, Bantam Books, Nueva York, 1970, p. 528.

[52] E. LUTTWAK, *The Coup d'Etat,* Penguin, Londres, 1969, p. 32.

[53] MAO TSE-TUNG, «On Protracted War», *Selected Works,* Foreign Languages Publishing House, Pekin, 1965, vol. 2, p. 154; C. A. Johnson, «Civilian Loyalty and Guerrilla Conflict», *World Politics,* **14,** 642-661 (1962).

[54] M. OSANKA (ed.), *Modern Guerrilla Warfare,* Free Press, Glencoe, 1964 y *Guerrilla Communism in Malaya,* Princeton University Press, Princeton, 1956; C. Johnson, *Peasant Nationalism and Comunists in Power,* Stanford University Press, Stanford, 1962.

[55] C. TILLY y J. RUDE, *Measuring Political Upheaval,* Centre of International Studies, Princeton, 1965.

[56] S. HUNTINGTON, *Political Order in Changing Societies,* Yale University Press, New Haven, 1968, pp. 264-396.

[57] H. GRAHAM y T. GURR (eds.), *The History of Violence in America,* Praeger, Nueva York, 1969, p. 581.

[58] *The Times,* Londres (7 de septiembre de 1970).

[59] S. M. LIPSET, «Religion and Politics in the American Past and Present», en R. Lee y M. Marty (eds.), *Religion and Social Conflict,* Oxford University Press, Nueva York, 1964, pp. 69-126; R. Alford, *Party and Society,* Rand McNally, Chicago, 1963.

[60] M. LIPSKY, «Protest as a Political Resource», APSR, **62,** 1144-1158 (1968).

[61] R. BENEWICK, *Political Violence and Public Order,* Penguin, Londres, 1969, p. 135; A. Lapping (ed.), *Community Action,* Fabian Society Pamphlet n.º 400, Londres, 1970, p. 35.

[62] R. NISBET, *The Social Bond,* Knopf, Nueva York, 1970, p. 246.

[63] R. DEBRAY, *Revolution in the Revolution,* Grove Press, Nueva York, 1967; E. Cleaver, *Soul on Ice,* Penguin, Londres, 1971.

[64] L. COSER, *Continuities in the Study of Social Conflict,* Free Press, Nueva York, 1967, p. 116.

[65] H. NIEBURG, «The Threat of Violence and Social Change», APSR, **56,** 865-873 (1962).

INDICE ANALITICO